Wilhelm Oncken

Allgemeine Geschichte in Einzeldarstellungen

Wilhelm Oncken

Allgemeine Geschichte in Einzeldarstellungen

ISBN/EAN: 9783741166976

Hergestellt in Europa, USA, Kanada, Australien, Japan

Cover: Foto ©ninafisch / pixelio.de

Manufactured and distributed by brebook publishing software (www.brebook.com)

Wilhelm Oncken

Allgemeine Geschichte in Einzeldarstellungen

Allgemeine Geschichte
in
Einzeldarstellungen.

Unter Mitwirkung von

Felix Bamberg, Alex. Brückner, Felix Dahn, Joh. Dümichen,
Bernh. Erdmannsdörffer, Theod. Flathe, Ludw. Geiger, Richard Gosche,
Gust. Hertzberg, Ferd. Justi, Friedrich Kapp, B. Kugler, S. Lehmann,
M. Philippson, S. Ruge, Eberh. Schrader, Bernh. Stade, Alfr. Stern,
Otto Waltz, Ed. Winkelmann, Adam Wolf

herausgegeben
von

Wilhelm Oncken.

Dritte Hauptabtheilung.

Fünfter Theil.

Das Zeitalter Ludwigs des Vierzehnten.

Von Martin Philippson.

Berlin,
G. Grote'sche Verlagsbuchhandlung.
1879.

Das Zeitalter
Ludwigs des Vierzehnten.

Von

Dr. Martin Philippson,
Professor an der Universität Brüssel.

Mit Illustrationen und Portraits.

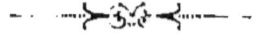

Berlin,
G. Grote'sche Verlagsbuchhandlung.
1879.

Vorwort.

Die nachfolgende Darstellung beruht hauptsächlich auf gewissenhafter und umfassender Benutzung der zuverlässigsten neueren Forschungen, kontrollirt durch die wichtigsten zeitgenössischen Quellen. Möge es dem Verfasser gelungen sein, in den Geist jener Epoche einzubringen und deren mannigfaltiges, buntes und eigenthümliches Leben, allerdings mehr den Außendingen als tief innerlichen Regungen und Gedanken zugewendet, dem Verständniß und dem Interesse der Gegenwart zu nähern! Er glaubte sich deshalb nicht auf die Darstellung der äußern politischen Ereignisse beschränken, sondern auch die geistigen und sozialen Vorgänge bei den verschiedenen europäischen Völkern in den Kreis seiner Schilderung ziehen zu müssen. Denn so versteht er die Ziele, welche die „Allgemeine Geschichte in Einzeldarstellungen", welche ein jedes umfassendere historische Unternehmen sich zu stecken hat.

Der frühern unbedingten Bewunderung Ludwigs XIV. ist jetzt bei den Franzosen, zumal den liberal und republikanisch gesinnten, eine ebenso leidenschaftliche Abneigung gegen diesen Herrscher gefolgt. Der Verfasser suchte vielmehr sich auf einen möglichst unbefangenen und unparteiischen Gesichtspunkt zu stellen, so schwer dies auch gerade bei der Geschichte Ludwigs XIV. einem Deutschen werden mag!

Brüssel, den 9. Februar 1880.

Martin Philippson.

Erstes Buch.

Die Anfänge des großen Königs.

Erstes Kapitel.

Die französische Monarchie von Heinrich IV. bis auf Ludwig XIV.

Die geschichtlichen Ereignisse pflegen sich nicht in streng logischer Konsequenz, in dramatischem Fortgange zu entwickeln; in steter Wirkung und Gegenwirkung wird die Geschichte der Nationen häufig von ihrem Ziele abgewendet und kehrt scheinbar zu ihrem Ausgangspunkt zurück. So hat auch Frankreich sich nicht in kontinuirlichem Prozesse aus dem Chaos des frühen Mittelalters zu dem enggeschlossenen Reiche, zu dem scharf centralisirten Einheitsstaat fortgebildet, der gerade durch dieses feste Zusammenfassen aller nationalen Kräfte zwei Jahrhunderte hindurch Europa in materieller und geistiger Hinsicht zu beherrschen vermochte. Langwierige, dreimal von Neuem beginnende Kämpfe hatte der Vertreter der Nationaleinheit, hatte das Königthum den immer wieder sich erhebenden centrifugalen Richtungen zu liefern. Nachdem die fast unabhängige Aristokratie der großen Lehnsträger, die in ihren heimischen Provinzen wie eigene Herrscher saßen und schalteten, durch Ludwig VI., Ludwig den Heiligen und Philipp den Schönen vernichtet worden war, erhob sich aus der königlichen Familie selbst ein neuer Hochadel; die königlichen Prinzen erachteten sich dem Könige gleich und die ihnen als Ausstattung zugefallenen Distrikte für unabhängige Staaten. Erst die weisen Einrichtungen Karls VII., die zähe Schlauheit und das unerbittliche Richtbeil Ludwigs XI. beugten den Trotz dieser fürstlichen Vasallen. Eine Epoche des Glanzes begann damit am Ende des 15. Jahrhunderts für Frankreich, eine Epoche, die dem Zeitalter Ludwigs XIV. nicht unähnlich ist, nur mit der Beigabe des romantisch-ritterlichen Schimmers und auf der Grundlage einer kräftigen Entwicklung des individuellen Geistes, der noch nicht durch die Einförmigkeit der Centralisation und durch die unbedingte Geltung des in der Hauptstadt herrschenden Tons erstickt war. Während die französischen Monarchen, während Franz I., Heinrich II. erfolgreich mit dem deutschen Kaiserthum und dem spanischen Weltreiche rangen, nahm eine zahlreiche Schaar kühner, fruchtbarer und selbständiger Geister — wir nennen nur Clemens Marot, Franz Rabelais, Peter Ronsart, La Ramée, Johann Goujon, Peter Lescot — auf dem Gebiete der Literatur, Wissenschaft und Kunst für Frankreich die Palme entgegen, welche dem alternden Italien entsank. Das starke Königthum schien sich in dieser ersten Hälfte des 16. Jahrhunderts noch mit einer gewissen Selbständigkeit des kommunalen und provinziellen Lebens zu vertragen, die eben durch ihre Mannigfaltigkeit und naturwüchsige Vielseitigkeit der französischen Kultur die glänzendsten Aussichten eröffnete.

Diesen vielversprechenden Bildungen machten die religiösen Kämpfe ein jähes Ende, die, mit dem Jahre 1562 ausbrechend, mehr als ein Menschenalter hindurch Frankreich mit Bürgerkrieg, Zerrüttung, Brand und Mord erfüllten. Es gelang der Reform trotz anfänglicher großer Erfolge nicht, sich die Menge des Volkes zu erobern. Indem sie, der politischen Richtung des französischen Geistes entsprechend, bald als Partei im Staate auftrat, die sich mit den Forderungen und Intriguen anspruchsvoller und selbstsüchtiger Großen verband, erschien sie dem Volke als Aufstand, als Rebellion gegen alles bestehende Recht und Gesetz, als Widersacherin der Zustände, in denen Frankreich sich soeben glücklich und groß gefühlt hatte. So vollzog sich in den Geistern ein Umschwung, welcher der Reform jede Aussicht nahm, ihre belebende und erfrischende Wirkung auf Frankreich zu äußern, welcher sie festhielt in der unfruchtbaren, ja unheilvollen Rolle einer starken, dem nationalen Staate und der nationalen Richtung feindlichen Partei. Dem Königthum waren in dem langen und erbitterten Kampfe die Zügel entglitten; von einem großen Theile gerade der höheren Stände mit der ganzen Gluth religiöser Feindschaft bekämpft, hatte es den Beistand selbst seiner Freunde durch Opfer und Konzessionen aller Art erkaufen müssen. Provinzen, reiche Städte, die stärksten Festungen wurden den Großen zum Pfand ihrer Dienste, oder, in nothgedrungenen Friedensschlüssen, zur Besänftigung ihrer Feindschaft ausgeliefert. Die also Begabten betrachteten sich nicht mehr als Beamte, als Statthalter und Gouverneure des Königs, der ja um ihre Gunst und ihren Dienst buhlen mußte, sondern als selbständig Berechtigte, welche die ihnen anvertrauten Verwaltungsgebiete zu erblichem Eigenthume besaßen. So entstand eine neue, eine dritte Feudalität. Sie schaltete in ihrem Gebiete so ziemlich nach ihrem Belieben, setzte die Beamten ein, legte Festungen an, hob eigene Truppen aus. Suchte das Königthum sie hierin zu beeinträchtigen, so gebrauchte sie ihre Reichthümer und ihren Einfluß auf Adel und Volk wider jenes und stellte sich an die Spitze irgend einer Sekte von Mißvergnügten, an denen es in diesen unruhigen, wilden Zeiten niemals fehlte.

Es drohte von neuem der Zerfall des Reiches. Zum Glücke blieb die Gegenwirkung nicht aus. Unter den furchtbaren Greueln des Bürgerkriegs, unter den Erpressungen, Verheerungen und Mordthaten beider Parteien, und andererseits unter dem Drucke der Großen, bekümmert über den Verfall der eben noch so glänzenden Macht des französischen Staates, sehnte das Volk sich vor allem nach Ruhe und Ordnung, nach einer starken Centralgewalt, die den innern Frieden des Reiches und seinen Einfluß nach außen wiederherzustellen und zu sichern im Stande sei. Der Mißbrauch der Selbständigkeit und individuellen Eigenart, wie er in jener Zeit der Bürgerkriege sich geltend gemacht hatte, ließ in vollständiger, allseitiger, ausschließlicher Centralisation, im Ersticken jeder Sonderregung einzig und allein das Heil erblicken.

Schloß St. Germain.

So fand Heinrich IV., als er im Jahr 1598 den innern und äußern Frieden hergestellt hatte, die Lage des Reiches. In der Theorie war der königliche Absolutismus überall anerkannt. „Der Wille des Königs macht das Gesetz aus," war staatsrechtlich allgemein recipirter Grundsatz. Er allein hat die gesetzgebende Gewalt, ertheilt Privilegien aller Art, organisirt Verwaltung und Gericht, besetzt die Aemter, versammelt und entläßt die Generalstände, erklärt Krieg und Frieden, ernennt Bischöfe und Aebte. Jedoch in Wirklichkeit standen die Dinge ganz anders. Freilich die gesetzlichen Schranken des Königthums: die Vorstellungen der Parlamente, die Rechte der Provinzial- und Generalstände, waren dürftig genug; um so bedeutsamer die thatsächlichen Hindernisse, die sich der freien Ausübung der königlichen Gewalt entgegensetzten. Zunächst von Seiten jener übermächtigen Aristokratie, dann durch die Reformirten, die Hugenotten, die in geschlossener politischer und militärischer Organisation, mit Provinzial- und allgemeinen Versammlungen, mit Festungen und Geschütz ausgerüstet, vollkommen einen eigenen Staat im Staate repräsentirten und, der ihnen wohlbekannten Feindschaft der großen Mehrheit der Bevölkerung gegenüber, um so eifriger diese ihre exorbitanten Vorrechte wahrten.

Auf die Stärke der öffentlichen Meinung, sowie auf die nie verleugnete Loyalität des niedern und mittleren französischen Adels gestützt, begann nun Heinrich seinen allmählichen, meist ohne äußere Gewalt, aber mit Konsequenz und Nachdruck geführten Kampf gegen diese antiroyalistischen Mächte zu Gunsten des königlichen Absolutismus. Die Großen schloß er grundsätzlich von aller Theilnahme an den Staatsgeschäften aus; in beträchtliches stehendes Heer ermöglichte es ihm, jedes Unabhängigkeitsgelüste bei ihnen durch Drohung oder Gewalt im Keime zu ersticken; zuverlässige Unterbeamte ordnete er ihnen bei, die jeden ihrer Schritte überwachten und ihnen die wirkliche Macht allmählich aus den Händen nahmen. Ohne königliche Erlaubniß durfte Niemand mehr Truppen halten oder Schießvorräthe besitzen. Selbst der niedere Adel, so viel ihm auch Heinrich verdankte, sah sich aus seiner bisherigen Stellung verdrängt, seine Vortheile gemindert. Anstatt das Geld des Staates zu Pensionen an die Edelleute zu vergeuden, wie sie dies eigentlich für ihr gutes, althergebrachtes Recht hielten, zog er es vor, dasselbe zur Unterhaltung seines Heeres, zur Beförderung der Industrie, zur Tilgung der Staatsschulden auszugeben. Die Schwerter und Pistolen des adligen Aufgebotes waren nicht mehr das Entscheidende im Staate.

Allerdings nicht ohne Widerstand ließ sich der Hochadel die maßgebende Stellung entreißen, die er vierzig Jahr hindurch behauptet hatte. Gerade aus dem Kreise von Heinrichs bisherigen Freunden unter den Großen, die sich nun mit Undank belohnt glaubten, ging die schärfste und zum Theil nicht ungefährliche Opposition hervor. Wiederholte Aufstände, im Bunde mit feindlichen Nachbarn, mußten mit Waffengewalt niedergeschlagen werden.

Unter solchen Umständen konnte Heinrich IV. während seiner kurzen

Regierung nicht ernstlich daran gehen, auch die zweite Art der Sondergewalten, die hugenottische Organisation, dem Königthume zu unterwerfen. Er mußte sich damit begnügen, daß die alten freundschaftlichen Beziehungen, die zwischen ihm und seinen früheren Glaubens- und Bundesgenossen nie zerrissen, ein leidliches Verhältniß des Hugenottenthums zur Krone herstellten.

Am leichtesten wurde es dem König, mit den bürgerlichen Freiheiten, soweit dieselben noch bestanden, aufzuräumen. Von der Friedenssehnsucht der Nation getragen, durch seine echt gallischen Eigenschaften bei derselben beliebt, brüdte er die schon arg angetastete kommunale Freiheit zu einem Schaltenwesen herab, vermied er grundsätzlich die Einberufung der Generalstände, von denen unter seinen Vorgängern das Volk so oft das Heil erwartet und durch die es seinen Willen den Königen auferlegt hatte. Aber unvollendet, wie das System von Heinrichs äußerer Politik, blieb auch sein Gebäude innerer Einrichtungen, als das Messer eines fanatischen Mörders vorzeitig seine Laufbahn beschloß (14. Mai 1610). In der verhängnißvollen Crisis, in welche der französische Staat durch den unerwarteten Tod des Königs gestürzt wurde, geschah das einzig Zweckmäßige: die Wittwe, Marie von Medici, ergriff für ihren achtjährigen Sohn, Ludwig XIII, als Regentin die Herrschaft. Aber alle Errungenschaften des Königthums seit zwölf Jahren waren durch den plötzlichen Wechsel wieder in Frage gestellt. Die Prinzen von Geblüt bestritten, nicht ganz mit Unrecht, die Legitimität der neuen Regierung. Von außen drohte gefährlicher Krieg. Die Regentin war als Fremde, als Freundin der verhaßten Spanier, durchaus nicht beliebt. Kein Wunder, daß bei so gefährdeter Lage des Königthums die nur unterdrückten nicht beseitigten Erblichkeits- und Unabhängigkeitsgelüste der großen Beamten und Würdenträger sich von neuem geltend machten. Man zwang der Regentin für die Großen neue Gouvernements und ungeheure Geldsummen ab; man nöthigte sie im Jahre 1614 — zum letzten Male vor der großen Revolution — die Generalstände einzuberufen. Indessen, die siegreichen Gegner des Königthums wußten ihren Vortheil nicht zu benutzen. Der französische Adel sorgte wie in allen Perioden seiner Geschichte nur für sich, und dabei nicht jeder Einzelne für das Ganze, sondern nur für den individuellen, persönlichsten, kleinlichsten Vortheil. Die Prinzen, welche unter den hochtönenden Phrasen der allgemeinen Wohlfahrt, der Ehre des Landes in den Kampf gegen die Regentin gezogen, bedingten in den Friedensschlüssen sich und ihren Anhängern neue Provinzen, Stellen im Staatsrathe, und das von dem armen, arbeitenden Volke expreßte Gold aus — und ließen sonst Alles beim Alten. Die Generalstände endlich zeigten sich wie gewöhnlich völlig geschäftsunkundig und unpraktisch, und wie nicht minder gewöhnlich überwarfen sich auf denselben Adel und Geistlichkeit mit dem dritten, dem Bürgerstande. Schlimmer konnte eine parlamentarische Körperschaft sich nicht benehmen, als diese sehnlichst erwarteten Generalstände von 1614. Sie hatten bewiesen, daß die damalige gesellschaftliche Organisation Frankreichs unfähig

Schloß Fontainebleau.

sei, irgend eine das Königthum auf die Dauer beschränkende und regulirende, sei es aristokratische, sei es volksthümliche Gewalt hervorzubringen. Die Nation war von dem selbstsüchtigen Treiben der Großen auf das Tiefste angeekelt und wandte sich verlangend dem einzigen Schilde gegen diese egoistischen Staats- und Volksverderber, dem Königthume zu. Einzelne Aufstände konnten noch stattfinden; aber im Großen und Ganzen hatte das Verfahren des Hochadels und der Stände unter Marie von Medici endgültig Frankreich den Weg vorgezeichnet, den es nunmehr einzuschlagen hatte — es war der des königlichen Absolutismus.

Freilich Marie von Medici mit ihrem Regiment unwürdiger italienischer Günstlinge war nicht berufen, denselben zu verwirklichen, und ebenso wenig die schwachen Minister, welche in den ersten Jahren Ludwigs XIII. das Staatsruder nur unsicher zu führen wußten.[1]) Diese Aufgabe war einem Größern, einem Genialeren vorbehalten, dem Kardinal Armand du Plessis von Richelieu, der im August 1624 die Regierung übernahm.[2]) Das französische

---

1) Berthold Zeller hat jüngst versucht, den Connetable von Luynes, den ersten Günstling und Minister Ludwigs XIII. zu rehabilitiren, indeß mit geringem Erfolg (Le Connétable de Luynes, Paris 1879.) 2) Aus der Literatur über Richelieu heben wir einige der wichtigsten Werke hervor: Michel Le Vassor, Histoire du règne de Louis XIII., 3. Aufl. Amsterdam 1701, 11 Bände; ausführlich, dabei geistreich, witzig und unterhaltend, aber ohne tieferes Verständniß für die inneren Gründe und die Tragweite der Verhältnisse. Le Vassor war ein emigrirter Reformirter und deshalb durchaus parteiisch in seinen Anschauungen. — H. Bazin, Histoire de France sous Louis XIII. et sous le ministère du Cardinal Mazarin, 2. Aufl. Paris 1846, 4 Bände. Ein mit viel Urtheil und Einsicht geschriebenes Werk. Freilich entbehrt es der Rücksichtnahme auf die hochwichtigen archivalischen Quellen, und steht deshalb nicht mehr auf der Höhe der heutigen Wissenschaft; indeß dieser Fehler ist zum großen Theile ausgeglichen durch den vorzüglichen historischen Takt und die gesunde Kritik, die der Verfasser bewährt. Im Detail seltnem vielfach verbessert und weiter ausgeführt, haben sich die allgemeinen Anschauungen Bazins doch fast überall als richtig und zutreffend bewährt. — Neuerdings hat Marius Topin (Louis XIII. et Richelieu, Paris 1876; seitdem mehrfache Auflagen) versucht, Ludwig XIII., gegenüber der bisherigen Auffassung seiner Begabung und seines Verhältnisses zu Richelieu zu vertheidigen, und zu beweisen, daß der König dem großen Kardinal eine aufrichtige Liebe widmete und sich an dessen mächtiger Thätigkeit mit Eifer, eigenem Urtheile und Selbständigkeit betheiligte. Dieses Unternehmen Topins ist aber als völlig gescheitert zu betrachten. — Avenel, Lettres, instructions diplomatiques et papiers d'Etat du Cardinal de Richelieu (8 Bände, Paris 1853—77, in den Documents inédits sur l'Histoire de France). Diese treffliche Sammlung ist mit Recht chronologisch geordnet, um durch Zusammenstellung des zeitlich Zusammengehörenden die gewaltige Persönlichkeit Richelieus, seine Vielseitigkeit und seine ungemeine Arbeitskraft besser beurtheilen zu lassen. Die minder wichtigen Dokumente sind nur dem Inhalte nach gegeben. Ausgezeichnete Bemerkungen über das Wesen und die Bestrebungen Richelieus finden sich in der geistvollen Einleitung zum ersten Bande. — Man vergleiche noch Caillet, l'Administration en France sous Richelieu (2. Aufl., Paris 1860, 2 Bände). — Ein für alle Male erwähne ich zwei Werke sehr verschiedener Art, die für die Geschichte der ganzen Epoche Ludwigs XIV. unentbehrlich sind. Erstens des

Königthum im Innern allmächlig, nach Außen gebietend, alle andern Staaten überwiegend hinzustellen, war sein doppelter Zweck, den er mit allen Waffen seines Muges, listigen Geistes und einer unbeugsamen Energie, einer unerbittlichen, von keinen Strupeln beengten Consequenz verfolgte. Richelieu hatte keine eigensüchtigen Absichten, er identificirte sich völlig mit dem Königthum, als dessen gewaltiges Werkzeug er sich betrachtete.

Zuerst galt es den Hugenotten.

Richelieu war keineswegs unduldsam, er war vielmehr durchaus geneigt, den Reformirten volle Gleichberechtigung mit ihren katholischen Mitbürgern zu gewähren; aber ihre politischen und militärischen Verbindungen, die sie zu einer fast unabhängigen Gewalt machten, sollten vernichtet, ihre politischen Versammlungen unterdrückt, ihre Festungen zerstört, ihre Heere aufgelöst werden. Sie sollten nicht mehr die Macht besitzen, von den Wällen Montaubans oder La Rochelles den Geboten des Königs zu trotzen. Der große Minister sprach dies sein Programm persönlich den Geistlichen der nach heldenmüthigem Widerstand eroberten reformirten Feste Montauban aus: „Seine Majestät macht in der Eigenschaft von Unterthanen keinen Unterschied zwischen den Hugenotten und den Katholiken".

Richelieu faßte den genialen Plan, die französischen Reformirten mit Hülfe ihrer auswärtigen Glaubensgenossen zu unterwerfen. Indem er den Engländern und Holländern vorspiegelte, an ihrer Seite einen großen Kampf gegen den gemeinschaftlichen Feind, gegen Spanien unternehmen zu wollen, wenn sie ihm nur beiständen, die unbequemen, meuterischen Hugenotten zur Ruhe zu bringen, erhielt er von jenen Seemächten die Schiffe, deren er gegen die reformirten Küstenstädte bedurfte. Nachher betrog er freilich jene um den Preis ihrer Unterstützung, und zog es vor, in allem Frieden die Bezwingung der Hugenotten zu vollenden. So lebhaften Beistand nun auch das getäuschte England denselben gewährte, im Juli 1629 mußten sie sich unterwerfen. Die Befestigungen aller protestantischen Städte wurden niedergerissen, während im übrigen König Ludwig XIII. von neuem den großen Freibrief der französischen Protestanten, das Edikt von Nantes beschwor. Seitdem hörten die Hugenotten auf, als politische Partei von irgend einer Bedeutung zu sein. In doppelter Weise war Richelieu hier der Vertreter nationaler Bestrebungen gewesen: einmal, indem er die dem Volke verhaßten Hugenotten züchtigte und dann, indem er die mit diesen verbündeten Fremden wiederholt schlug.

---

genialen Leopold von Ranke französische Geschichte, vornehmlich im 16. und 17. Jahrhundert (6 Bände, 5. Aufl., Leipzig 1877—79.) Zweitens die Berichte, welche die venetianischen Gesandten am Schlusse ihrer Mission dem Senate einreichten, und die Barozzi und Berchet in ihrer hochwichtigen Sammlung Relazioni degli ambasciatori Veneti nel secolo XVII. zum Abdruck gebracht haben. Diese Berichte, die von gut unterrichteten Augenzeugen, hochgestellten und oft als Vertrauenspersonen benutzten Staatsmännern mit vorzüglicher Menschen- und Sachkenntniß und eindringendem Urtheile geschrieben sind, habe ich oft zu benutzen Gelegenheit gewonnen.

Kardinal Richelieu.
Nach dem Originalgemälde von Ph. de Champaigne. (Paris, Louvre.)

Es war der erste entschiedene Sieg, den seit den Bürgerkriegen Frankreich über eine auswärtige Großmacht davontrug.

Während Richelieu noch mit der Lösung dieses Problemes beschäftigt war, hatte er zugleich mit zahlreichen weiteren Schwierigkeiten zu kämpfen, um so gefährlicher, je weniger er eigentlich des Monarchen sicher war, zu dessen Gunsten und in dessen Namen er stritt. Vergebens hat man sich in neuester Zeit eine „Rettung" Ludwigs XIII. angestrebt; hat man sich bemüht nachzuweisen, daß derselbe mit Geist und Herz verbunden und Eins gewesen sei mit seinem großen Minister. Ludwig war ein Fürst nicht ohne gesunden Menschenverstand, aber wie von schwächlichem Körperbau so auch von beschränktem Geiste und schwachem, furchtsamen Charakter. Er erkannte wohl den unermeßlichen Nutzen, den Richelieus gewaltiger Genius dem Königthume brachte, aber gerade des Mannes unendlich überlegene Größe drückte ihn nieder, er fühlte den Diener als seinen Herrn, und nur widerstrebend fügte sich seine kleinliche Seele in dieses unvermeidliche Verhältniß. Ein Glück für Richelieu, daß der König ihn fürchtete; er wagte nicht die Kette zu brechen, aber er haßte den Gebieter, dessen er sich doch nicht entledigen durfte noch konnte.

Und in dieser schwankenden Stellung wurde Richelieu angegriffen von allen Schattirungen der Opposition, die nicht mit Unrecht in ihm ihren Bändiger und Ueberwinder fürchteten, und ihn deshalb bei Zeiten zu stürzen suchten. Außer der protestantischen erhob sich wider ihn die ultrakatholische Opposition, die ihm trotz seines hohen priesterlichen Charakters die Duldsamkeit gegen die Hugenotten und das zeitweilige Bündniß mit den Ketzern nicht verzeihen mochte. Nur durch einstweilige Zugeständnisse konnte Richelieu sie besänftigen; unerbittlich dagegen zeigte er sich wider seine hocharistokratischen Gegner, die, kühn gemacht durch ihre ungestraften Erhebungen unter der Regentin, sich zu offener Widersetzlichkeit um den jüngeren Bruder des Königs, den Herzog Gaston von Orleans schaarten. Zum Glücke für Richelieu war Gaston ein zwar liebenswürdiger, sein gebildeter, aber im Grunde geistig unfähiger Fürst, dabei von kraftlosem kleinlich egoistischem Charakter, stets einem Günstling hingegeben, aber stets auch bereit denselben zu opfern und zu verrathen. Schon im Jahre 1626 verlangten die Großen für Gaston, der bei der einstweiligen Kinderlosigkeit des Königs präsumptiver Thronerbe war, den Eintritt in den geheimen Rath, um durch seinen Einfluß Richelieu zu beseitigen. Setzte man dies nicht gutwillig durch, so war man entschlossen zur Gewalt zu greifen. Außer Gaston waren noch zwei natürliche Brüder des Königs, die Herzoge von Vendôme, Theilnehmer des Complottes. Aber Richelieu ließ sich von diesem furchtbaren Bunde nicht einschüchtern. Er unternahm es, die Autorität des Königthumes auch gegen des Königs nächste Blutsverwandte aufrecht zu erhalten. Die beiden illegitimen Söhne Heinrichs IV. wurden ohne weitere Ceremonie wie ganz gewöhnliche Sterbliche verhaftet. Gaston, aufgestachelt von dem jungen Grafen Chalais, einem be-

betrachtete, die empfindlichſte Niederlage erlitten, und mußte nun in den fruchtbaren Ebenen der Lombardei die franzöſiſchen Trommeln erſchallen hören. Aber noch mehr; wider die ausdrücklichen Beſtimmungen des Friedens von Chierasco zwang Richelieu den ſchwachen jungen Herzog von Savoyen durch Drohungen und Verheißungen zur heimlichen Abtretung der wichtigen Paßfeſtung Pignerol in den Alpen.

Wie wenig dem Kardinal die katholiſchen Intereſſen als ſolche am Herzen lagen, bewies er zu gleicher Zeit dem deutſchen Zweige des Hauſes Oeſterreich gegenüber. Um nur die Siegeslaufbahn des Kaiſers gegen die deutſchen Proteſtanten zu unterbrechen, vermittelten ſeine Abgeſandten einen Frieden zwiſchen den Polen und dem ſchwediſchen Heldenkönige Guſtav Adolf, damit dieſer freie Hand gegen Oeſterreich und die mit demſelben verbündeten deutſchen Katholiken erhalte. Unausgeſetzt ſtand Richelieu ſeitdem mit Guſtav Adolf über ein Angriffsbündniß gegen die Habsburger in Unterhandlung.

So erſtreckten ſich die Fäden von Richelieus Politik, mannigfach verſchlungen und doch einem einzigen klar erkannten und rückſichtslos verfolgten Ziele zuſtrebend, über ganz Europa. Aber gerade dieſe Politik erweckte ihm neue Schwierigkeiten, die beinahe ſeinen Sturz herbeigeführt hätten. Marie von Medici, urſprünglich die eifrige Gönnerin des Kardinals, war über deſſen wenig kirchliche Politik entrüſtet und machte mehrfache Verſuche, durch heftigſte perſönliche Einwirkung auf ihren Sohn den Miniſter zu beſeitigen. Indeß wie die Brüder des Königs ſo mußte auch deſſen Mutter die furchtbare Macht Richelieus über den Geiſt des liebeleeren Monarchen kennen lernen. Von der Gegenwart desſelben verbannt, floh Marie zu den Feinden Frankreichs, nach den ſpaniſchen Niederlanden, nach Brüſſel (Juli 1631)! Sie hat Frankreich nicht wiedergeſehen. Richelieu, der nie einem Gegner verziehen hat, ließ ſie bald in die äußerſte Dürftigkeit verſinken; arm und verlaſſen lebte und ſtarb die Wittwe Heinrichs IV., die einſtige Regentin Frankreichs in Köln, weil ſie es gewagt hatte, ſich dem Prinzipe des Königthums in den Weg zu ſtellen. Auch der präſumptive Thronerbe Frankreichs, Gaſton, der mit Marien im Bunde geweſen, hielt ſich in Orleans nicht mehr ſicher und floh zu einem der unverſöhnlichſten Gegner ſeines Landes, dem Herzoge von Lothringen. Der Kanzler Marillac, mit ihnen befreundet, wurde abgeſetzt, deſſen Bruder, der Marſchall, obwohl eines Vergehens nicht überführt, mußte das Haupt auf den Richtblock legen. Niemals wohl iſt das Königthum mit ähnlichen Gewaltmitteln gegen die erſten Angehörigen und Diener desſelben verfochten worden!

Indeß ſo tief war der Freiheits- und Unabhängigkeitsſinn in Frankreich noch nicht gebeugt, daß ſolche extreme Maßregeln ganz ruhig ertragen worden wären. Es bildete ſich eine große nicht ungefährliche Koalition. Zumal die Hinrichtung des Marſchalls von Marillac, eines perſönlichen Gegners des Kardinals, durch eine außergeſetzliche, ganz willkürlich gebildete

Kommission, rief tiefe Verstimmung hervor; nicht minder das Schicksal der Königin-Wittwe. Die Parlamente — b. h. die höchsten Gerichtshöfe des Landes — und selbst die noch etwas unabhängiger organisirten Stadträthe, die durch die persönlichen Vorrechte ihrer Mitglieder zu den höhern, privilegirten Ständen gehörten, wollten sich nicht willenlos dem Despotismus Richelieus unterwerfen, und eifrig schloß der Adel sich ihnen an. Selbst die Loyalsten wurden schwankend; denn nach dem Verfahren des Karbinals gegen des Königs Mutter und Bruder glaubte man in ihm nicht mehr den Diener des Königthums zu sehen, sondern einen Verblendeten, der in verruchtem Ehrgeiz auf den Trümmern des königlichen und jedes vornehmen Hauses nur seine eigene Herrschaft begründen wolle. Kräftigen Beistandes von außen waren die Unzufriedenen sicher, da Gaston sich auf das Engste mit dem unruhigen, allezeit dem Kaiser und Spanien ergebenen Karl IV. von Lothringen verbunden hatte. — Schon im August 1631 hatte die Regierung den Gouverneur der Provence, den Herzog von Guise, mit Waffengewalt vertreiben müssen, da er Aufstand drohte. Gefährlicher war, daß auch der Gouverneur der wohlbevölkerten und eifrig unabhängig gesinnten Provinz Languedoc sich dem Herzog von Orleans anschloß, Herzog Heinrich von Montmorency, aus dem erlauchtesten, mit dem königlichen Hause nächst verschwägerten Geschlechte Frankreichs, ein ritterlicher, tapferer, glänzender, liebenswürdiger Kavalier, der eben sein Verbrechen darin sah, mit den Ständen seiner Provinz, mit der Mutter und dem Bruder seines Königs eng vereint, dem anmaßenden Despotismus eines kleinabligen Emporkömmlings entgegen zu treten. Während er im Süden des Reiches die Fahne des Aufstandes entfaltete, brach (Juni 1632) Gaston von Orleans in dessen Osten ein, an der Spitze spanischer und lothringischer Truppen, um Richelieu zu stürzen.

Richelieu gerieth in die gefährlichste Lage. Kein Zweifel, daß dieser heftige Widerstand altberechtigter geschichtlicher Gewalten gegen die aufstrebende Allmacht des Staates und seines Repräsentanten, des Königthums, ebenso wenig der moralischen wie der materiellen Begründung entbehrte. Allein der große Revolutionär, der damals an der Spitze Frankreichs stand, entfaltete eine wahrhaft revolutionäre Thatkraft. Rings von Gefahren umgeben, denen er bei dem mindesten erschreckten Zögern zum Opfer gefallen wäre, greift er unverzüglich überall mit Entschiedenheit ein, aber auch mit dem festen Entschlusse, jeden Feind, der ihm in die Hände gerathen würde, unnachsichtlich zu vernichten. Ein Glück für ihn und damit für die Autorität des Königthumes, daß die verschiedenen Richtungen der Opposition sich so wenig verständigen konnten! Hatten die Großen früher die Hugenotten im Stiche gelassen, so wollten jetzt diese wieder nichts von dem Unternehmen jener wissen. Der hohe Adel selbst war durch Coterien und kleinliche Interessen gespalten, und ein Theil seiner Häupter — wie Condé, Epernon — hielt sich auf der Seite des Karbinals.

Dennoch, nach einigen Erfolgen der Aufständischen würde die Empörung sehr weit um sich gegriffen haben. Aber auf allen Punkten waren die Truppen des Königs, b. h. des Prinzipalministers — so war damals Richelieus Titel — zur Hand. Ein französisches Heer brach in das Herzogthum Lothringen ein, eroberte es in acht Tagen und zwang Karl IV. zu dem Frieden von Liverdun, der ihm wenig mehr als den Namen seines Herzogthums übrig ließ. Der größte Theil dieser Truppen griff dann mit schwedischer Hülfe die Spanier im Kurfürstenthum Trier an und hinderte sie so an jeder Unterstützung der französischen Rebellen. Inzwischen war Gaston freilich in Burgund erschienen, aber ehe er einen Sieg erfochten, wagte fast Niemand sich ihm anzuschließen; schon war die Furcht vor dem Königthum zu groß. So mußte er denn zu Montmorency nach Langued'oc ziehen, wo er in der Thal die Miliz der Provinz für sich und den Gouverneur in Waffen fand. Unter guter vorsichtiger Führung hätten diese zahlreichen Schaaren etwas ausrichten können; der königliche Marschall Schomberg mußte sich mit seinen geringen Streitkräften in einer festen Stellung bei Castelnaubari verschanzen. Als am 1. September 1632 die Aufständischen vor derselben eintrafen, wartete der ritterlich verwegene Montmorency die Einwirkung seiner Artillerie nicht ab, sondern warf sich mit seiner abligen Umgebung tollkühn auf die wohl verwahrten Gegner. Bald stürzte er schwer verwundet nieder und wurde gefangen genommen.

Diese wahnwitzige Attake von Castelnaubari entschied das Schicksal des Aufstandes. Nach dem Falle des allgemein beliebten und verehrten Gouverneurs löste sich die Partei des Widerstandes in Langued'oc von selbst auf, die Milizen warfen eiligst die Waffen fort. Gaston dachte an nichts mehr, als bis zu bessern Zeiten sich mit dem Könige zu versöhnen; und so machte er seinen Frieden mit seinem Bruder, indem er ausdrücklich seine unglücklichen Gefährten der Strenge der Gesetze preisgab, um nur sich und seine reiche Appanage zu retten. Selten hat wohl ein feigerer und niederträchtigerer Egoismus eine immerhin große Sache verunziert! Richelieu war entschlossen, dem Adel ein furchtbares und abschreckendes Beispiel der Strenge zu geben: von dem Parlamente zu Toulouse zum Tode verurtheilt, wurde der letzte Sprößling der Montmorency am 30. Oktober 1632 hingerichtet. Seine sympathische Persönlichkeit, seine edle Haltung im Unglück hatte ihm die Liebe des ganzen Volkes gewonnen. Allgemein wurde der Haß gegen den Kardinal, aber noch größer die Furcht vor ihm. Das *oderint dum metuant* bewährte sich abermals als Regierungsgrundsatz.

Weitere Maßregeln der Strenge folgten. Außerordentliche Gerichtskommissionen durchreisten die Provinzen und verbreiteten überallhin Schrecken. Der Widerstand der Parlamente, der rechtmäßigen Obergerichte, gegen diese gesetz- und verfassungswidrige Justiz wurde mit brutaler Gewalt gebrochen. Freilich verkündete man auch eine bedingte Amnestie, stellte die provinzielle Selbständigkeit im Süden des Reiches in ungefährlichem Umfange wieder her. Aber alle Hofbeamten, Gouverneure, Festungskommandanten, die sich nicht

unbedingt dem Kardinal ergeben gezeigt hatten, wurden entfernt und durch
seine Kreaturen ersetzt. Die Autorität des Staates wurde gewissermaßen
mit der Richelieus identificirt. Der König war ganz in des letztern Gewalt;
dieser Monarch verfertigte selbst für die kürzlich entstandene „Gazette de
France" Artikel, in denen er die Entwürfe und Maßregeln seines Ministers
vertheidigte.

So im Innern völlig beruhigt und sicher, konnte Richelieu sein Augenmerk ganz den äußeren Angelegenheiten widmen. Auch hier lächelte ihm das
Glück. Gustav Adolf, dieser unbequeme Bundesgenosse, der sich durchaus von
Frankreich nicht als Mittel zu dessen Zwecken gebrauchen ließ, starb bei Lützen
den Heldentod. Die nun hülflose Lage der deutschen Protestanten ermöglichte
es Richelieu, sich hier ein doppeltes Ziel zu setzen: einmal, den schwedischen
Einfluß auf die deutschen Verhältnisse durch den französischen zu verdrängen;
und dann, diesen Einfluß zur Erwerbung des gesammten linken Rheinufers
— des steten Objektes der französischen Bestrebungen — zu benutzen. Mit
List, Geld und Gewalt näherte er sich beiden Zielen. Lothringen, Trier
kamen in französische Gewalt; viele elsässische Städte, der Kurfürst von Köln
unterwarfen sich dem französischen Schutze und nahmen französische Garnisonen
auf. Die gewaltige Niederlage der Schweden bei Nördlingen nöthigte auch
jene, sich vollends den Franzosen in die Arme zu werfen.

Doch so leicht sollte die Begründung der unbestrittenen Macht des
französischen Königthumes nach Umwälzung aller bisherigen innern und
äußern Zustände nicht werden. Eine allgemeine Reaktion stellte die Thatkraft
und die Hülfsquellen des Kardinals auf eine harte Probe. Die beständigen
Kämpfe hatten die Steuerkraft des Volkes auf das Höchste angespannt.
Wiederholte nicht unbedenkliche Aufstände, die nur unter furchtbarem Blutvergießen unterdrückt werden konnten, erschütterten zeitweilig die Regierungs-
gewalt. Die Parlamente stellten sich auf Seite der Unzufriedenen gegen den
Minister. Spanien kam den bedrängten deutschen Habsburgern zu Hülfe,
und im Mai 1635 brach der Krieg zwischen den beiden Nachbarmächten
offen aus, um ununterbrochen 24 Jahre lang zu wüthen. Die französische
Armee, des Kampfes entwöhnt, meist aus frisch ausgehobenen Truppen bestehend, zeigte sich durchaus unkriegerisch und weichlich; die Oberbefehlshaber
unfähig, geld- und streitsüchtig. In wiederholten Niederlagen wurden die
Franzosen aus Trier, Lothringen, dem Elsaß vertrieben. Das herrliche
Phantom des linken Rheinufers, das Richelieu schon in Wirklichkeit verwandelt zu haben glaubte, verflog in die Lüfte. Vielmehr rüsteten sich die
Habsburger, den Kampf, mit dem Frankreich sie so willkürlich heimgesucht
hatte, jetzt rächend in dessen Grenzen zu tragen. Während ein deutscher Fürst
und deutsche Truppen im französischen Solde — das Heer Bernhards von
Weimar — mühsam die französische Ostgrenze schützten, drang eine spanisch-
kaiserliche Armee von den Niederlanden aus tief in Nordfrankreich ein; und
im Juli 1636 sahen die entsetzten Pariser die kecken Reiter des nieder-

rheinischen Bauernsohnes Johann von Werth, damals kaiserlichen Generals, vor ihren Mauern erscheinen.

Dieses Mißgeschick, das die Hauptstadt selbst bedrohende Unheil erschütterten noch einmal die Stellung des Kardinals. Ihm vor Allen legte man diese Vorgänge, die falsche Vertheilung der französischen Streitkräfte, die schlechte Auswahl der Führer, zur Last. Das Volk war gegen ihn erbittert, der König selbst bereit, ihn fallen zu lassen. Allein Richelieu und seine Schöpfung zeigten sich dieser furchtbaren Probe gewachsen. Fünfzig Jahre früher würden Adel und Volk sich erhoben, den Minister ermordet, den König zu einem augenblicklichen Frieden mit dem siegreichen Feinde genöthigt haben. Aber Dank den Regierungen Heinrichs IV. und Richelieus selbst hatten Nationalgefühl und politischer Verstand bei den Franzosen ungeheure Fortschritte gemacht. Als Richelieu nach einem Augenblick der Furcht und des Zögerns, die in so bedrohlicher Lage selbst diesem kraftvollen Geiste zu verzeihen sind, sich unmittelbar an die Bevölkerung der Hauptstadt wandte mit der Aufforderung, diese und damit ganz Frankreich zu vertheidigen — machte die momentane Verzagtheit und Mißstimmung der einmüthigsten Begeisterung Platz. Alle richterlichen, gelehrten und bürgerlichen Korporationen boten in reichem Maße Geld dar und die Freiwilligen drängten sich in die neu gebildeten Regimenter. So ging die nächste Gefahr vorüber, und da die Feinde ihren Vortheil nicht ausnutzten, wurden sie wenigstens aus der unmittelbaren Nachbarschaft der Hauptstadt verdrängt. Im Kriege mit dem äußern Gegner gedemüthigt, mit zerrütteten Finanzen, von den höchsten Gerichtshöfen eifrigst bekämpft, mit Intriguen der Höflinge umgeben, von Volksaufständen umtost, harrte Richelieu in diesen ersten trüben Kriegsjahren unerschütterlich aus.

Und langsam, allmählich wandte sich die Fluth. Das Genie des großen Mannes zeigte sich stärker als die Verhältnisse, die es zu erdrücken gedroht hatten. Noch mitten im Mißgeschick wies Richelieu das Anerbieten der Spanier und Kaiserlichen, auf Grund der Besitzverhältnisse vor dem Kriege Frieden zu schließen, stolz zurück. Leider waren es Deutsche, die auf Kosten Deutschlands Frankreich den ersten großen Erfolg erstritten; Bernhard von Weimar eroberte ihm den Elsaß.

Sichtlich erstarkten Frankreichs militärische Kräfte. Im Jahre 1639 wurde die maritime Macht Spaniens durch Vernichtung seiner großen Flotte von 70 Linienschiffen gänzlich gebrochen. Im südlichen Belgien, im nördlichen Italien, im westlichen Deutschland machten die französischen Heere immer entschiedenere Fortschritte. Dazu kamen innere Aufstände gegen die verrottete spanische Herrschaft. Katalonien machte den Anfang 1640, das ganze Königreich Portugal folgte. Frankreich faßte auf der bis dahin unverletzlichen pyrenäischen Halbinsel selbst festen Fuß.

Ueberallhin erstreckte sich die gewaltige, unermüdliche Thätigkeit Richelieus. Gegen König Karl I. von England, der ihm die Täuschung vom Jahre 1626 nie verziehen hatte, setzte der Kardinal — er, der Vorkämpfer der Monarchie in Frankreich — sich mit den aufrührerischen Schotten und dem „langen Parlamente" in engste Verbindung. Jedes Mittel war ihm recht, um allerseits Frankreich zur herrschenden Macht zu erheben. In ganz Europa waren dieser Staat und seine Partei im Vordringen begriffen. Noch wurde er überwiegend von der öffentlichen Meinung begünstigt; noch hatten die europäischen Völker nicht den wahren Werth der schönen Worte kennen gelernt, mit denen Frankreich seine Herrschsucht und Nationaleitelkeit zu verbrämen verstand.

Aber selbst diese mannigfachen Erfolge konnten die Stellung Richelieus nicht sichern. Im Geheimen agitirte die klerikale Partei gegen den Kardinal, der sich den Hugenotten gegenüber viel zu duldsam zeigte. Ein neuer Aufstand mächtiger Großen fand im Jahre 1641 statt, geführt von einem Prinzen von Geblüt, dem Grafen von Soissons. Sie besiegten die königliche Armee vollständig beim Walde Marfée. Diese Niederlage hätte leicht die übelsten Folgen haben können; aber auch im Mißgeschicke blieb das Glück dem Kardinal treu, der Graf von Soissons war in diesem Gefechte gefallen und mit ihm jede Aussicht der Verschworenen auf einen Erfolg ihrer Sache.

Da wurde Richelieu in der eigentlichen Grundlage seiner Macht, in dem Vertrauen des Königs bedroht.

Wir wissen, daß der König seinen Prinzipalminister nur widerwillig ertrug. Derselbe glaubte geschickt zu handeln, indem er dem schwachen Monarchen in dem jungen Heinrich von Cinqmars, dem Sprößling der dem Kardinal innig befreundeten Familie Effiat, einem jungen Manne von liebenswürdigsten geistigen und körperlichen Anlagen, einen persönlichen Günstling gab, der in der That die Neigung des Königs völlig für sich zu gewinnen wußte, und zu der höchsten Hofcharge, dem Großstallmeisteramte, emporstieg. Indeß Cinqmars, ein lebendiger, feuriger, ehrgeiziger Jüngling, wollte sich mit dieser glänzenden Rolle nicht begnügen; das Geschöpf, der Diener, wollte selbst den Meister spielen. Er forderte ungestüm politischen und militärischen Einfluß, den Richelieu ihm rundweg verweigerte. Darüber auf das höchste ergrimmt, suchte Cinqmars den Kardinal bei dem Könige selbst zu verderben und, getäuscht durch die Beweise persönlicher Abneigung, die Ludwig oft genug gegen den Minister äußerte, hielt er seine Sache für gewonnen, und glaubte gegen jenen zu den kühnsten Maßregeln schreiten zu können. Durch den Parlamentsrath de Thou, den Sohn des großen Historikers, setzte er sich mit den unzufriedenen Großen und mit Gaston von Orleans selbst in Verbindung. Nichts Minderes als die Ermordung Richelieus bezweckten sie. Um auf alle Fälle der Hülfe sicher zu sein, schloß Cinqmars' Abgesandter sogar mit den Reichsfeinden, mit den Spaniern, im März 1642 einen geheimen Vertrag, durch welchen Spanien den Verschworenen Geld und Truppen, diese jenem eine freundliche Politik und Rückgabe aller Eroberungen versprachen. Bedarf es eines sprechenderen Beweises, daß die Sache Richelieus die Sache der Monarchie, die Sache Frankreichs war! Genug, Richelieu wußte sich diesen

Erstes Buch. 1. Kap. Die französische Monarchie

Vertrag zu verschaffen; indem er ihn dem Könige vorkegle — schon war Richelieu schwer erkrankt, dem Tode nahe — zog er jenen nicht nur völlig auf seine Seite, sondern bewog ihn auch zur Auslieferung des nichts ahnenden Günstlings und seiner Freunde (12. Juni 1642). Die Nähe des eigenen Todes milderte nicht die Schrecken seiner Rache: Cinqmars und de Thou, welche selbst ihre Richter durch ihre Jugend, ihre Talente und ihre Standhaftigkeit gewonnen hatten, wurden als Hochverräther hingerichtet; der Herzog von Bouillon, den man gleichfalls gefangen gesetzt hatte, erhielt seine Freiheit nur wieder, indem er sein unabhängiges Besitzthum Sedan an Frankreich abtrat, eine Beute, die dieses schon lange begehrt hatte.

Der Triumph Richelieus war vollständig. Es geht dem späteren Betrachter dieser Zeiten fast wie dem Könige Ludwig XIII. Der gewaltige Geist Richelieus, der das Größte wie das Kleinste, die Politik ganz Europas wie jede Palastintrigue umfaßt, ruft Bewunderung und selbst Ehrfurcht hervor; zugleich aber schaudern wir vor der unbarmherzigen, rücksichts- und gefühllosen Grausamkeit, welche dieser Mann gegen seine persönlichen Feinde, die er freilich zugleich als die Feinde des Staates betrachtete, bewiesen hat. Niemals ist so viel erlauchtes Blut unter oft so ungesetzlichen Vorwänden vergossen worden. Wer von den Großen nicht hingerichtet worden, lebte in der Fremde oder sah sich auf entlegene Güter verbannt. Klerus und Parlament wurden nur in so weit in ihren Privilegien bestätigt, als diese dem königlichen Absolutismus nicht unbequem waren; alle solche Hindernisse aber, und wären sie noch so mannsechtbar begründet gewesen, energisch beseitigt. Der niedere Adel gab allmählich die bis dahin noch immer bewahrte persönliche Unabhängigkeit und Ungebundenheit auf, in der er wie kleine Fürsten auf seinen Gütern gelebt hatte, um sich mit Eifer und Ehrgeiz dem Dienste des Monarchen im Heere und auf der Flotte zu widmen. Indem Richelieu die Privilegien der höheren Stände nach unten hin eifrigst wahrte, glaubte er ohne Zweifel die Gefahren zu vermeiden, die sein scharfer, durchdringender Blick aus einem alles gleichmäßig umfassenden Absolutismus des Königthums für dieses letztere selbst erwachsen sah. Aber seine Vorkehrungen erwiesen sich hier als zu schwach. Indem die Bevorrechteten keine eigene Macht mehr besaßen, fast keine obrigkeitliche Gewalt mehr ausübten, erschienen ihre Privilegien dem Volke um so willkürlicher, unnatürlicher und drückender, um so mehr als Anmaßungen ohne Grund und ohne entsprechende Pflichten. Eine solche Aristokratie, deren Vorzug nur in dem Belieben des Königthums noch beruhte, ließ das letztere dennoch unmittelbar der geknechteten Masse des Volkes gegenüber stehen, ohne die heilsamen Zwischenglieder, die sonst in unfreien Staatswesen den direkten Zusammenfluß der höchsten Obrigkeit und der Volksmenge verhindern oder doch abschwächen. Insofern hat man nicht mit Unrecht Richelieu als den Vorbereiter und gewissermaßen ersten Urheber der Revolution von 1789 bezeichnet. Der Adel war entartet, das Bürgerthum noch nicht reif zur Freiheit —

deßhalb war ein gleichmäßig autokratisches Königthum nothwendig; aber doch erwuchsen aus dieser Regierungsform innerhalb eines beweglichen, intelligenten, lebhaft fühlenden Volkes dem Staate und der Gesellschaft schlimme Gefahren.

Auch führte Richelieu die Staatsverwaltung weiter der schroffsten Centralisation, jenem Ideal der Bureaukratie zu, wo einige Minister, unter dem Namen des Königs, nach freier Willkür die Geschicke vieler Millionen unmittelbar entscheiden. Ob zum endlichen Heile des Staates und Volkes? Im Großen und Ganzen sicher nicht! Vielmehr ist Richelieu der Schöpfer jener Allmacht des Beamtenthums — schon lange vor der Revolution — welche als der hauptsächlichste Krebsschaden an dem politischen und socialen Leben des französischen Volkes nagt.

Den Staatsrath machte er zum centralen Werkzeuge der ministeriellen Allmacht. Aus 31 Mitgliedern bestehend, hatte derselbe sich nicht nur mit der Verwaltung der Polizei im weitesten Sinne und der Steuern, sondern auch mit der Entscheidung finanzieller Prozesse und der Verwaltungsjustiz überhaupt zu befassen; unter diesem letzteren Titel griff er je nach dem Belieben der leitenden Minister unaufhörlich in die ordentliche Rechtspflege ein. Aus dem Staatsrathe nahm Richelieu mit Vorliebe seine Werkzeuge: sowohl die Richter der außerordentlichen Kommissionen, die ohne Bedenken außerhalb aller gesetzlicher Formen und Bürgschaften für den Angeschuldigten seine politischen Prozesse führten und entschieden; als auch seine ebenso tyrannischen wie geschickten Verwaltungsbeamten. Unter diesen spielten die wichtigste Rolle die von Richelieu zuerst eingesetzten Intendanten, die hauptsächlichsten Instrumente der königlich-ministeriellen Allgewalt bis zur Revolution. Im Anfang waren die Intendanten nur ausnahms- und zeitweise in die Provinzen entsandt worden, um über die ordentliche Ausübung der Rechtspflege, Eintreibung der Steuern, Ausführung der öffentlichen Arbeiten u. dgl. zu wachen. Aber seit dem Jahre 1635 wurden sie permanent. Sie waren mit polizeilichen, gerichtlichen und finanziellen Befugnissen ausgerüstet, dabei von jeder Verantwortung außer gegen den Premierminister frei und an keine andere Regel, als dessen und ihr eignes Belieben gebunden. Man sieht, das war nicht mehr eine absolute, sondern eine despotische Macht. Sie erstreckte sich selbst über den hochgeborenen Gouverneur der Provinz, nunmehr ein bloßes Schattenbild, das nur noch bei feierlichen Gelegenheiten figurirte. Mit Absicht wählten Richelieu und seine Nachfolger zu diesen furchtbaren Beamten nur jüngere Leute aus dem Bürgerstande, die eben keine andere Macht und keine andere Stütze hatten, als das Wohlwollen des allgewaltigen Ministers! Ihnen gegenüber wurde systematisch die Machtsphäre der ordentlichen Gerichtshöfe, zumal der Parlamente beschränkt. Ein Gesetz untersagte denselben ausdrücklich jede Einmischung in die politischen und administrativen Fragen und wies sie ausschließlich auf das Privat- und kriminalrechtliche Gebiet hin. So gab es in Frankreich keinen Schutz mehr gegen das Belieben der Verwaltung.

20 Erstes Buch. 1. Kap. Die französische Monarchie

Die Höhe der Steuern, die Härte und Unbarmherzigkeit seines Auftretens und der schroffe Gegensatz zu allen volksthümlichen Regungen machten Richelieu trotz seiner unendlichen Verdienste um Frankreich und dessen Machtstellung durchaus unpopulär. So lange er lebte, hielt man aus Furcht mit dem Ausdrucke dieser Meinung zurück. Kaum aber war er am 4. Dezember 1642 seiner langwierigen Brustkrankheit erlegen, bis zum letzten Augenblicke mit ungebrochener Energie den Staatsgeschäften obliegend, so brach der Unwille über ihn in Spottreden und Versen und in Beleidigung seiner von ihm mit Gunstbeweisen überschütteten Verwandten aus. Der König that nichts, um das Andenken seines großen Ministers zu vertheidigen. Bei der Nachricht von seinem Tode hatte Ludwig sich mit dem kurzen, kühlen Nachrufe begnügt: „Da ist ein großer Staatsmann gestorben".

Das Palais Cardinal.

Nicht allein auf politischem, auch auf geistigem Gebiete wollte Richelieu die Ueberlegenheit Frankreichs begründen. Selbst den Werken des Geistes in hohem Grade zugänglich und zugethan, hielt er die Blüthe derselben in seinem Vaterlande für durchaus nothwendig zu dessen Alles überstrahlendem Glanze. Er hegte die Idee, die sich dann überraschend schnell verwirklicht hat, daß wie das Griechische als Weltsprache von dem Lateinischen verdrängt worden sei, ebenso dieses von der französischen Sprache beseitigt und ersetzt werden müsse. Um nun dieselbe hierzu geeignet zu machen, sie zu reinigen und auszubilden, gründete er mit der ihm auf allen Gebieten eigenen Originalität und Folgerichtigkeit im Jahre 1635 die französische Akademie, deren Hauptaufgabe in der Schaffung eines ausführlichen, mustergültigen, französischen Wörterbuches bestehen, die daneben aber auch eine französische Grammatik, Rhetorik und Poetik herstellen sollte. Kurz, sie war bestimmt, gewissermaßen ein ausgiebiges Material zu liefern, mit dem dann ein jeder einigermaßen Begabte ganz bequem Meisterwerke in der französischen Sprache hervorbringen könnte. Man sieht, dieselbe centralisirende Weise, wie in der Politik auch auf dem Gebiete geistiger Produktion: von Staatswegen sollen Poeten und Schriftsteller geschaffen und in reglementsmäßiger Weise in ihrer Arbeit geleitet werden. Eine vom Staate eingesetzte Körperschaft hatte dann ihre Werke zu beurtheilen und nach Gutbefinden zu belohnen. Gewiß hat das ermuthigend und anregend auf die französische Literatur gewirkt und dazu beigetragen, daß selbst ihre minder bedeutenden Werke nicht unter ein gewisses Niveau herabsinken; zugleich aber auch Ursprünglichkeit und Eigenart erstickt, der sogenannten „klassischen Periode" eine Uniformität und Schablonenhaftigkeit verliehen, die von der frischen, genialen, volksthümlichen Kraft, wie sie sich in der französischen Literatur des 16. Jahrhunderts offenbart, sehr weit entfernt sind. Die Feinheit, Gemessenheit und Symmetrie der Form, die geschickte literarische Mache, die auf dem von Richelieu angebahnten Wege erreicht wurden, vermögen nicht zu entschädigen für die Einförmigkeit des Inhaltes und den Mangel an ursprünglichem treibenden Vermögen, welche die unterscheidenden Merkmale der französischen Dichtkunst in dem glorreichen Zeitalter Ludwigs XIV. sind.

Neben die staatliche Bildungs- und Ueberwachungsanstalt für die Literatur trat auch bereits die gesellschaftliche. Schon in den letzten Jahren Heinrichs IV. bildete sich der erste jener vornehmen literarischen Zirkel, die zwei Jahrhunderte hindurch einen so großen Einfluß auf die gebildete Gesellschaft ausüben sollten: in dem Salon der Marquise von Rambouillet fanden sich neben den großen Herren, die Anspruch auf Schöngeisterei machten, auch die hervorragenden Literaten ein, um zum ersten Male jenen gleichberechtigt an die Seite zu treten. Das war denn ein neues wichtiges Mittel zur Bildung aber auch nur zu einer ganz einseitigen Bildung der Schriftsteller. Der „gute Ton" der feinern Geselligkeit rettete vor Roheit und Geschmacklosigkeit, machte aber zugleich Originalität und Eigenart unmöglich. Auch Richelieu hielt in seinem Palaste, dem Palais Cardinal — dem heutigen Palais royal — lebhaft besuchte literarische Zirkel, in denen u. A. Peter Corneille und Voiture zu erscheinen pflegten, letzterer in seinen feinen und eleganten „Briefen" ein Muster der unnatürlichen Galanterie und falschen Zierrerei, die in jenen Salons herrschten.

Das lebhafte literarische Interesse, das damals alle Kreise erfüllte, nahm aber unter dem Einflusse der staatlichen Allgewalt und der gesellschaftlichen Forderungen eine ausschließliche, ganz besondere Richtung. Weder dem

Spiele der Einbildungskraft noch dem strengen Denken überließ man sich, noch wollte man der Natürlichkeit und schlichten Wahrheit nachstreben, sondern als das höchste und dabei eben jedem einigermaßen Begabten nach den Regeln der Kunst erreichbare Ziel erschien die Beredsamkeit, d. h. das Vermögen, über alle Dinge schön und anmuthig mit einem Anschein von Verständniß und in künstlerisch gezirkelter Form zu reden. Das ist in Richelieus Patent zur Errichtung der französischen Akademie deutlich ausgesprochen: die „Beredsamkeit", die eloquence ist die edelste der Künste. Wie ungünstig ein so blos formalistisches, im Grunde auf vollkommener Unwahrheit beruhendes Prinzip auf die gesammte literarische und Geschmacksrichtung wirken mußte, liegt auf der Hand.

In dieser Welt war für einen so originellen und tiefen Geist, wie der große Philosoph Descartes, kein Platz. Er mußte sich nach den Niederlanden zurückziehen, und wies die späteren Aufforderungen Richelieus zur Rückkehr nach seinem Vaterlande ab. Während Descartes, Pascal, Balzac u. A. der französischen Prosa ihre meisterhafte, unvergleichliche Glätte, Klarheit, Sicherheit und Anmuth verliehen, lenkte die Dichtkunst mehr und mehr in eine falsche Richtung. In der dramatischen Poesie hatten noch unter Heinrich IV. der Trauerspieldichter Alexander Hardy in originellen Kompositionen und der Lustspieldichter Larivet, ein nicht ganz unwürdiger Vorläufer Molières, in selbständigere und mehr nationale Bahnen eingelenkt. Aber diese wurden für Jahrhunderte abgeschlossen durch die Zeit Richelieus. Die Trauerspieldichter Rotrou und Mairet erklärten sich für die antiken Vorbilder, die für die französische Sprache und Denkweise so wenig geeignet sind; das maßgebende Wort sprach dann der große Kardinal selbst, der sich für die Antike und sogar für die berühmten „drei Einheiten" des Aristoteles entschied. Sein Wille war Gesetz, in der Literatur ebenso gut wie in der Politik. Die „Klassizität" des französischen Dramas war entschieden, nicht zu dessen Heile! Die Form war ein für alle Male bestimmt, sowohl in Bezug auf die Gestaltung des Dramas selbst als in Betreff der Sprache; und die unbedingte Herrschaft, die sie über den Inhalt ausübte, beschränkte auch Peter Corneille, einen Dichter von kräftigem und energischem Geiste, von vielem Verständniß und seinem Urtheil, der aber dennoch an dem unvermeidlichen Zwange einer falsch verstandenen Antike und der naturwidrigen „Eloquenz" scheiterte.

Und nicht anders in der Kunst!

Durch das Beispiel Nikolaus Poussins, der völlig dem kraftlosen, falsch antikisirenden, mit gelehrten und ganz ungehörigen Zuthaten ausgestatteten Schönheitskultus huldigte, wurde die Malerei in eine ähnliche Richtung gelenkt, wie die Poesie. So unwiderstehlich machte sich der auf das Schematisiren, die trockne Vernünftigkeit, die ausschließliche Regelmäßigkeit gerichtete Volkscharakter überall geltend. Eustach Le Sueur (1617—1655) ist ein recht lebhaftes Beispiel von dessen üblem Einfluß. Dieser trefflich begabte Künstler, von vorzüglicher Korrektheit der Zeichnung und gutem Ausdruck, gab sich einem kränklichen Idealismus hin, der seine Gemälde

Kardinal Mazarin.

aller Kraft und alles Feuers beraubt und ihn ein wahrhaft trauriges ein-
förmiges blasses Kolorit überall durchführen läßt. Noch mehr verfiel die
Skulptur, die schon begann, der mehr malerischen, ausschließlich auf kraftlose
Anmuth bedachten Richtung zu huldigen, die dann unter Ludwig XIV. die
herrschende wurde. Und auch in der Baukunst ertödtete falsche Formen-
strenge und übertriebene Einfachheit die geniale Mannigfaltigkeit, das geistvolle Leben der Renaissance.

Dies waren die Folgen davon, daß der königliche Absolutismus in
Frankreich, zunächst durch einen großen Minister begründet, von Beginn an
alle Richtungen des Volkslebens ohne Ausnahme sich dienstbar zu machen
suchte und wirklich vermochte. Ueberall geistige Regsamkeit und hohes Talent,
Nachwirkungen einer freiern Zeit; aber überall von dem das ganze Volks-
thum beherrschenden Centralismus und Despotismus in kalte einförmige
Regeln gebannt, die bald als Selbstzweck erschienen und darüber den Inhalt,
die geistige Mannigfaltigkeit und Eigenthümlichkeit bis zum Unbedeutenden
einschränkten und verflachten.

Zweites Kapitel.

Die Jugend Ludwigs XIV., Mazarin.

Den großen Kardinal überlebte sein politisches System. Ohne daß er
ausdrücklich seinen Nachfolger dem Monarchen anempfohlen hätte, berief dieser
Richelieu's Lieblingszögling und vertrauten Freund, Mazarin, als den natürlichen Fortsetzer von Richelieu's politischem Werke in den Staatsrath.[1]

[1] Das treffliche Buch von Bazin über die Geschichte Ludwigs XIII. und
Mazarin's ist schon erwähnt. Neuerdings ist Mazarin's Regierung geschildert in den
beiden ersten Bänden von Casimir Gaillardin, Histoire du règne de Louis XIV.
(Paris 1871—76, 6 Bände); leider entspricht dieses Buch seiner großen Aufgabe durchaus nicht. Die Darstellung der politischen und militärischen Ereignisse ist um so
dürftiger, als die archivalischen Quellen gar nicht, die gedruckten sehr mangelhaft und
einseitig benutzt worden sind. Die Arbeit ist höchstens für die Sitten- und Literatur-
geschichte zu gebrauchen, und selbst hier mit großer Vorsicht wegen ihrer äußerst
ultramontanen und zugleich pedantischen Anschauungen. Dieses im Ganzen völlig
verfehlte Werk hat von der französischen Akademie den ersten Preis Gobert erhalten!
— Was Mazarin im Besonderen betrifft, so wird diese Lücke in erwünschtester Weise
ausgefüllt durch A. Chéruel, Histoire de France pendant la minorité de Louis XIV.
(Paris 1879), besten bis jetzt erschienene beiden ersten Theile bis zum Ausbruch der Unruhen
der Fronde im Sommer 1648 reichen. Wie man von Chéruel nicht anders erwarten
durfte, ist dies eine äußerst gewissenhafte, fleißige, und auf den besten Quellen beruhende, vorläufig abschließende Arbeit; die einschlagenden neueren deutschen Werke
sind mit Unparteilichkeit und Gewissenhaftigkeit zu Rathe gezogen. Der einzige Vorwurf, den man Chéruel machen dürfte, ist die übergroße Ausführlichkeit, die hier und
da das Interesse des Lesers ermüdet. — Gleichzeitig erschienen Lettres du Cardinal
Mazarin pendant son ministère. (Vol. I. II., Paris 1879.) — Von älteren Schriften
sei hier angeführt Benjamin Priolo, Ab excessu Ludovici XIII. de rebus gallicis

Giulio Mazarini, geboren am 14. Juli 1602, stammte aus einer mäßig begüterten und, wie es scheint, bürgerlichen sizilischen Familie, die sich in Rom niedergelassen hatte, um am päpstlichen Hofe ihr Glück zu suchen. Nach sorgfältigen Studien in Spanien und Rom wählte der junge Giulio zunächst das Waffenhandwerk und diente als Kapitän der päpstlichen Truppen in den Kämpfen um das Veltlin. Bald aber betrat er, seine wahre Bestimmung erkennend, die diplomatische Laufbahn, und zeichnete sich als Attaché des zur Friedensstiftung in dem oberwähnten mantuanischen Kriege bestimmten Kardinals Pancirola derart aus, daß er diesen selbst ganz in Schatten stellte. Nach solchen diplomatischen Erfolgen vertauschte er den Waffenrock mit dem geistlichen Kleide, das jeder römische Staatsmann tragen mußte; die Weihen hat er freilich nie empfangen. Obwohl geborener spanischer Unterthan, zeigte er doch bei diesen Verhandlungen eine große Vorliebe für Frankreich, dem, wie er deutlich erkannt, die Zukunft gehörte. Auf ausdrückliches Verlangen Richelieus, der ihn sofort hoch schätzen lernte, erschien er mehrfach als päpstlicher Nuntius in Frankreich, wo er sich im Beginne des Jahres 1640 völlig niederließ, ohne bestimmten amtlichen Charakter, als Vertrauter des Prinzipalministers, der ihn zuerst zu wichtigen Verhandlungen im Auslande benutzte, ihm im Dezember 1641 den Kardinalspurpur verschaffte und ihn dann als zuverlässigen Rathgeber und Freund ununterbrochen in seiner unmittelbaren Nähe behielt. Zumal die Leitung der

historiarum libri XII (Paris 1665). Priolt, der Urenkel eines in Frankreich angesiedelten vornehmen Venetianers, hatte sich in der Fronde der Partei der Prinzen angeschlossen und deshalb nach deren Niederwerfung Frankreich verlassen müssen. Von Ludwig XIV. wieder zu Gnaden angenommen, suchte er letzterem durch Schmeicheleien für den König selbst und Mazarin zu gewinnen. Sein Werk, das mit dem Jahre 1664 schließt, wird ferner durch die gesuchte Nachahmung der klassischen Schriftsteller sowie durch Einfügung imaginärer Reden und Aktenstücke verunstaltet. Andererseits enthält es mancherlei interessante Details, besonders über die Unterhandlungen zwischen dem Prinzen und der Königin Anna, Unterhandlungen, an denen er selbst betheiligt war. — Dies Buch führt uns zu der überaus zahlreichen Memoirenliteratur über die Zeit der Fronde. Wir wollen hier nur einige der wichtigsten Denkwürdigkeiten erwähnen: Mémoires de Mademoiselle de Montpensier, éd. Chéruel (2. Aufl. Paris 1866—1869, 4 Bände). Die Prinzessin, Cousine Ludwigs XIV., schrieb ihre Memoiren seit dem Jahre 1653 und arbeitete daran bis zu ihrem im Jahre 1693 erfolgenden Tode. Dieselben sind mit großer Aufrichtigkeit und ungeschminkter Wahrheitsliebe verfaßt und erzählen nur, was die Prinzessin selbst erlebt oder aus sicherer Quelle erfahren hat. Besonders die persönlichen und intimen Verhältnisse des französischen Hofes werden auf das genaueste geschildert. Uebrigens ist „Mademoiselle" eine ausgesprochene Gegnerin Mazarins, der ihre Heirath mit Erzherzog Leopold, Bruder Kaiser Ferdinands III., hintertrieben hatte. — Mémoires du Comte de Brienne (Michaud et Poujoulat, Nouvelle collection des mémoires pour servir à l'histoire de France, 3. Serie, Band 3, Paris 1840). Heinrich August von Loménie Graf von Brienne (geb. 1594, gest. 1666) folgte seinem Vater in dem Amte eines Staatssekretärs, in dem er mit einigen Unterbrechungen bis nach dem Tode Mazarins thätig war. Er bewahrte indeß seine persönliche Unabhängigkeit auch den beiden großen Kardinälen gegenüber, deren Maßregeln er oft widersprach. In seinen Denkwürdigkeiten zeigt italienischen Angelegenheiten wurde Mazarin — so hatte man seinen Namen französirt — völlig überlassen. Scharfsinnig, mit vorzüglichem Gedächtniß ausgestattet, der Rede in hohem Grade mächtig, Alles genau abwägend, nichts dem Zufall überlassend, bereit, sich vor der Gewalt der Dinge zu beugen, um sie besto sicherer im rechten Augenblicke zu bemeistern, ohne Rücksicht auf Treu und Glauben, dem Interesse Alles unterordnend, war Mazarin in der That der vollkommenste Vertreter der seinen, ebenso geistvollen wie gewissenlosen Staatskunst und Diplomatie jener Zeiten: ohne die schöpferischen Ideen Richelieu's, aber durch sein klares Urtheil von deren Richtigkeit und Angemessenheit überzeugt; weniger genial und gewaltig, aber gewandter und listiger; von grenzenlosem Egoismus und unersättlicher Habsucht, aber dieselben doch immer wieder mit dem Interesse des Staates verknüpfend. Eiserner Fleiß und scharfblickende Menschenkenntniß sicherten ihm den Erfolg.

Es war eine gewaltige Last, die Mazarin mit der Erbschaft des großen Kardinals übernahm. Welche Aufgabe, diese ganz Europa umfassende und beherrschende Politik, diese Kriege in Spanien, Italien, Deutschland und den Niederlanden zugleich weiterzuführen! Und welche Fülle von Feindschaft und Haß hatte Richelieu sich und seinen Freunden aufgebürdet! Schon öffneten sich die Thore der Bastille, um einige gefangene Gegner Richelieu's frei zu lassen. An allen Grenzen Frankreichs lauerten die Verbannten,

er sich wahrhaft und aufrichtig, berichtet übrigens meist nur über die Hofintriguen und innern Angelegenheiten, während er die Staatsgeheimnisse, in die er eingeweiht war, sorgfältig verschweigt. Die Memoiren gehen von 1613 bis 1661. — Die Mémoires du Cardinal de Retz (édition Champollion-Figeac, Paris 1873, 4 Bände) haben wegen der geistvollen und hervorragenden Persönlichkeit des Verfassers und wegen ihres originellen, lebhaften, interessanten Styles sich stets eines großen Anflehens erfreut. Die vielfachen Auslassungen und Unrichtigkeiten der Erzählung wurden auf Rechnung des Umstandes gesetzt, daß der Verfasser sie nur für eine Freundin — Frau von Caumartin — also nicht für das größere Publikum bestimmt habe. Indeß ist es klar, daß ein Mann wie der Cardinal von Retz, ehrgeizig und von sich im höchsten Grade eingenommen, eine sehr umfangreiche Geschichte seines Wirkens nicht für eine einzelne Dame schreiben, sondern diese angebliche Bestimmung nur als eine Umkleidung betrachten wird, die dazu angethan ist, das große Publikum noch mehr anzureizen. Die Sorgfalt, mit der er seine Arbeit corrigirte und ins Reine schrieb, bestätigt diese Ansicht. Uebrigens hat man von dem Werthe der Retz'schen Denkwürdigkeiten als historischer Quelle gegenwärtig, wo man Gelegenheit gehabt, sie an dem Maßstabe unzweifelhafter Aktenstücke zu beurtheilen, bei weitem nicht mehr die günstige Meinung, wie ehemals. Retz war durchaus Parteimann; und da er die Abfassung seiner Memoiren erst im Jahre 1672 begann, zum Theil mehr als zwanzig Jahre nach den von ihm geschilderten Ereignissen — die Memoiren reichen bis zum Juli 1655 — so hat seine Einbildungskraft häufig die Lücken seines Gedächtnisses ausgefüllt. Vor allem hat er sich selbst eine um vieles wichtigere Rolle zugeschrieben, als er thatsächlich gespielt hat. — Esssiohre aus dem Leben des Kardinals von Retz hat N. Chantelauze behandelt in seinen beiden Werken: Le Cardinal de Retz, ses missions diplomatiques à Rome; und Le Cardinal de Retz et l'Affaire du Chapeau (2 Bände).

26 Erstes Buch. 2. Kap. Die Jugend Ludwigs XIV.

meist den ersten Häusern Frankreichs angehörend, auf den Augenblick, wo die den Monarchen verzehrende Krankheit ihr letztes Wort gesprochen und damit eine neue Herrschaft herbeigeführt haben würde. Ludwig XIII. stand erst in seinem 42. Lebensjahre, aber er war immer schwach und kränklich

[Faksimile eines Briefes von Kardinal Mazarin, 1656]

gewesen; nach vielwöchentlicher frommer Vorbereitung starb er am 14. Mai 1643, genau an demselben Tage und fast zu derselben Stunde, wo dreiunddreißig Jahre früher sein großer Vater dem Messer Ravaillacs erlegen war. Auf dem Todtenbette empfand er bittere Reue über die lieblose Härte, mit der er seine Mutter in deren letzten Lebensjahren behandelt hatte!

1) Dieses Facsimile giebt einige Zeilen eines an „M. Talon, Intendant de l'armée du Maréchal de Turenne" gerichteten Briefes wieder und lautet: À la Fère, le 1ᵉʳ juillet 1656. — Si M. de Navailles est arrivé au camp, vous aurez eu un renfort de plus de trois mille bons hommes, et une grande quantité d'officiers qui allaient joindre leur corps. Je vous réponds que avec le dit renfort, vous avez plus de treize mille hommes.   Le Card^l. Mazurini.

Zwei Söhne hinterließ der König, beide noch in zartem Alter: Ludwig und Philipp von Anjou. Der Erstgeborne, jetzt Ludwig XIV., war am 5. September 1638 zur Welt gekommen. Von Geburt an ein kräftiger Knabe von regelmäßigen Gesichtszügen, natürlicher Anmuth und Gewandtheit, zeigte er frühzeitig eine große Entschiedenheit des Charakters. Gegen Richelieu hatte das Kind stets eine unüberwindliche Abneigung bewiesen, so daß weder Schmeicheleien noch Züchtigungen ihn vermocht hatten, sich demselben auch nur zu nähern. Man glaubte dem begabten Königssohne die herrlichste Zukunft vorhersagen zu können.

Indeß einstweilen war er ein noch fünfjähriger Knabe, und da des verstorbenen Königs Bruder, Gaston von Orleans, ausdrücklich von der Regentschaft ausgeschlossen worden, so war kein Zweifel, daß des jungen Fürsten Mutter, Anna von Oesterreich, dieselbe zu übernehmen hatte. Damit war aber ein vollständiger Wechsel des politischen Systems zu befürchten.

Anna von Oesterreich (b. h. von Habsburg), die Tochter des spanischen Königs Philipp III., war in ihrem dreizehnten Jahre mit dem gleichaltrigen Ludwig XIII. vermählt worden. Der schwächliche, herzlose Gatte vermochte sich die Liebe der blühend schönen, jungen Frau nicht zu gewinnen, und diese ließ sich in Tändeleien mit dem Herzog von Buckingham, dem außerordentlichen englischen Gesandten in Paris, einem der vollendetsten Männer seiner Zeit, ein. Seitdem hatte Ludwig XIII. die lebhafteste Abneigung gegen seine Gemahlin gefaßt, und Richelieu — sei es, wie man sich erzählte, aus Eifersucht auf Buckingham, sei es wegen der spanischen Gesinnungen Annas — hatte diese Abneigung genährt und bis zu persönlichen Beleidigungen der Königin gesteigert. Freilich hatte sich diese dafür mit allen gegen Richelieus Herrschaft Verschwornen in Verbindung gesetzt. Ihre Freunde, ihre persönlichen Vertrauten schmachteten in der Verbannung oder im Kerker. Eine Versöhnung zwischen ihr und dem Monarchen in dessen letzten Lebensjahren blieb nur oberflächlich und erstreckte sich nicht auf den Kardinal. Kein Wunder, daß alle dessen Gegner, alle Häupter der aristokralischen Faktionen mit dem Tode des Königs ihre Herrschaft herannahen glaubten. Kaum erscholl die Nachricht von dem gefährlichen Charakter seiner Krankheit, als ohne Erlaubniß die Verbannten und Internirten von allen Seiten nach Saint-Germain, dem damaligen königlichen Hoflager, strömten. An ihrer Spitze stand der junge Herzog von Beaufort, durch seinen Vater Vendôme ein Enkel Heinrichs IV., von dem er die Kühnheit und Galanterie, nicht aber Besonnenheit und Klugheit geerbt hatte. Diese jungen hochadligen Herren benahmen sich an dem Krankenbette des Königs mit solcher Keckheit, sie fühlten sich bereits so sehr als Herren des verwaisten Reiches, daß man ihnen den Spottnamen der „Wichtigthuer" — Importants — gab.

Ludwig wollte noch vor seinem Tode Alles thun, um den Sieg dieser Partei und den Umsturz des Werkes, dem er unter der eisernen Hand Richelieus sein ganzes Leben geopfert hatte, zu verhindern. Durch einen feierlichen Willensact, der durch Eintragung in die Register des Pariser Parlamentes Gesetzeskraft erhielt, hatte er am 20. April 1643 seine Gemahlin zwar zur Regentin und Erzieherin ihrer Kinder während deren Minderjährigkeit ernannt, zugleich aber in Wirklichkeit ihre Macht durch einen ihr zugeordneten Regentschaftsrath vernichtet, in dem alle Staatsangelegenheiten nach Stimmenmehrheit zu entscheiden waren.

Anna war entschlossen, diese Bestimmung, die sie als eine Beleidigung und eine Schmälerung ihrer Rechte zugleich betrachtete, nach dem Tode ihres Gatten umzustoßen. Dazu bedurfte sie der Hülfe. Wo aber sollte sie solche suchen? Bei den Importants, die durch ihr kindisch polterndes und anmaßendes Wesen ihre Thorheit und Seichheit hinreichend zeigten? Anna von Oesterreich war, wenn auch nicht hervorragenden Geistes, doch einsichtig genug zu begreifen, daß ein Sieg ihrer bisherigen Freunde die Niederlage des Königthums, dieser monarchischen Gewalt, deren Ausübung sie nun selbst übernehmen wollte, bedeute; und daß deren Sieg überhaupt bei ihrer Nichtigkeit sehr zweifelhaft oder doch nur von kurzer Dauer sein würde. In dieser Stimmung sah sie Mazarin sich ihr nähern. Der Minister und seine Kollegen versprachen ihr, nach dem Hinscheiden des Königs ihr zur Erlangung der unumschränkten Regentschaft behülflich zu sein; sie stellten ihre erprobten Talente, die ganze Beihülfe der mächtig organisirten Verwaltung ihr zur Verfügung. Anna hatte genug Einsicht und Bewußtsein von ihrer königlichen Stellung und Würde, um zu begreifen, daß Klugheit und Pflicht zugleich sie nöthigten, sich mit den Freunden Richelieu's, mit den Vorkämpfern einer starken Monarchie zu verbünden. Damit war die Zukunft dieser letzteren gerettet. Aber vorsichtig verbarg die Königin diese ihre bedingungslose Schwenkung, um alle Unruhen seitens der Aristokratie bei dem Regierungswechsel zu vermeiden. Die Importants glaubten im Besitze der ausschließlichen Macht zu sein, als an jenem 14. Mai 1643 Anna von Oesterreich im Namen Ludwigs XIV. die Regentschaft übernahm. Von den Beschränkungen, die der Verstorbene ihr auferlegte, war bald nicht mehr die Rede; offen unterstützt von den Importants, im Geheimen von den Ministern erhielt sie von dem Pariser Parlamente, dem höchsten Gerichtshofe des Reiches, Befreiung von den lästigen Klauseln. Der erste Gebrauch, den sie von ihrer Gewalt machte, war — zum allgemeinen Staunen — die Ernennung Mazarins zum ersten Minister!

Freilich konnte es nichts Liebenswürdigeres, nichts Verbindlicheres geben, als diesen ersten Minister. Keinen andern Antheil, sagte er, wünsche er an der Herrschaft, als Sorgen und Nachtwachen; auf seine Ehrenstellen, Reichthümer und Statthalterschaften mache er Anspruch, seine Verwandten wolle er mit unerbittlicher Strenge vom Hofe fern halten. Er war zugänglich gegen Jedermann, sanft und milde in Wort und That, von reicher und glänzender Gastfreundschaft. Selbst die königlichen Prinzen und die Importants begannen sich mit einem solchen Gewalthaber zu befreunden, den sie schließlich selbst als gerechten und versöhnenden Schiedsrichter zwischen den entgegengesetzten

Faktionen und Persönlichkeiten für nothwendig erkannten. Und als gar die Nachricht eintraf, daß am 19. Mai der jugendliche Herzog von Enghien, der Sohn des Prinzen von Condé — den man später selbst den „großen Condé" nennen sollte — bei Rocroy einen herrlichen Sieg über die Spanier davongetragen habe, da jubelte das ganze Volk einer Regierung zu, die unter so glänzenden und verheißenden Aussichten nach allen Seiten hin eröffnet wurde. Die Freigebigkeit der Königin, die gern alle Welt für sich gewonnen und mit ihrer Macht ausgesöhnt hätte, schuf in der That für einige Zeit Eintracht und verschwenderisches heiteres Leben unter den höhern Klassen der französischen Gesellschaft. Noch lange nachher priesen die Dichter „die glückliche Zeit der gütigen Regentschaft".

Aber dieser Friede dauerte nicht lange. Die Importants wollten sich der Herrschaft über den Staat bemächtigen, indem sie auf die Zuneigung und Nachgiebigkeit der Regentin sich verließen. Aus Haß gegen das Andenken Richelieus strebten sie im Gegensatze zu dessen energisch nationaler Politik einen sofortigen Frieden mit Spanien um jeden Preis an. Als sich nun Mazarin diesen Plänen widersetzte, als er die Königin auf seine Seite zu ziehen wußte, beleidigten Beaufort und seine Freunde nicht nur die Regentin durch anmaßenden Zorn, sondern ließen sich förmlich in eine Verschwörung gegen das Leben des Kardinals ein. Diese Dinge gaben dem letzteren die erwünschte Veranlassung, den Enkel Heinrichs IV. gefangen zu setzen, die ganze Partei der Importants durch Verbannung auf ihre Güter oder gar außerhalb Frankreichs zu zerstreuen und das Ministerium ausschließlich mit seinen vertrauten Anhängern zu erfüllen (September 1643). Er hieß jetzt nicht mehr allein, er war auch in Wirklichkeit der Hauptminister, mit einer so unumschränkten Gewalt, wie Richelieu sie je besessen. Wie zum Zeichen dessen lebten die Regentin, ihre Kinder und Mazarin zusammen in dem prachtvollen Palaste, den der große Kardinal gebaut hatte. Nicht ganz ohne Grund sprach man von einer zärtlichen Neigung Annas zu Mazarin, dessen Züge an den Geliebten ihrer Jugend, Buckingham, erinnerten. Die eigenhändigen Briefe Annas von Oesterreich an den Kardinal beweisen unwiderleglich, daß ein intimes Verhältniß zwischen ihnen stattgefunden hat. Sie schreibt an denselben oft zwei Liebesbillets an einem Tage. In den Antworten Mazarins spricht sich nicht selten zärtliche Eifersucht aus. Fraglich ist nur, ob diese Verbindung zwischen einer Königin und einem Kardinal wirklich, wie man behauptete, durch eine Art Vermählung sanktionirt worden ist.

Indessen nicht allein die Importants, sondern auch die große Masse der Bevölkerung fühlte sich bald durch die neue Herrschaft enttäuscht. Mazarin war früher hauptsächlich durch seine glücklichen Friedensvermittelungen bekannt gewesen; so hatte das französische Volk, des beständigen Krieges und der Lasten, die ihm derselbe auferlegte, herzlich müde, dem Amtsantritte des Kardinals eine wesentlich friedliche Bedeutung beigelegt. Allein Mazarin wollte keinen der großen Pläne seines Meisters aufgeben, und so ging der

Kampf Jahr für Jahr weiter, und zwar, trotz gelegentlicher Siege, ohne entsprechenden Erfolg. Mazarin verstand nichts von militärischen Dingen, während Richelieu ein vortrefflicher Feldherr und ein noch besserer Kriegsminister gewesen war. Die Catalonier, welche den König von Frankreich als Grafen von Barcelona proklamirt hatten, wurden von den Spaniern wieder unterworfen. Der Herzog von Guise, von dem aufständischen Volke Neapels zum Generalkapitän erwählt, sah sich von der französischen Regierung verlassen und Neapel fiel von neuem der spanischen Tyrannei anheim. In Deutschland wechselte unaufhörlich das Kriegsglück. Während diese Sachlage bewies, daß nicht mehr Richelieus eiserner und Alles umfassender Geist Frankreich beherrschte, wuchs die Last der Steuern in erschreckender Weise, zumal die Freigebigkeit der Regentin in ihren ersten Monaten den Schatz erschöpft hatte. Man behauptete, freilich mit Unrecht, daß Mazarin aus eigennützigen Beweggründen dem Frieden mit Spanien und dem Kaiser widerstrebe. Der Zorn, der daraus gegen die Regierung erwuchs, war um so größer, als der Generalkontroleur der Finanzen, d'Emeri, ein Italiener war gleich Mazarin; um sich zu bereichern, hieß es, schinden die Fremden das arme französische Volk.

Dieser populäre Widerstand hätte, obwohl er hie und da in den Provinzen in offenen Bauernaufständen sich geltend machte, der Centralgewalt keine Gefahr gebracht, wenn sich nicht eine der ersten Körperschaften des Reiches derselben bemächtigt hätte, um durch diese Waffe ihr eigenes Ansehen zu erhöhen: nämlich das Pariser Parlament. Dieser erste und mächtigste unter den obersten Gerichtshöfen des Reiches war schon längst bestrebt gewesen, eine dem englischen Parlamente ähnliche Rolle zu spielen, mit dem er doch außer dem Namen nichts gemein hatte. Bereits im Jahre 1615 hatte er gefordert, die königlichen Ordonnanzen und Edikte, die, um Gesetzeskraft zu besitzen, in seine Register eingetragen werden mußten, bei dieser Gelegenheit einer Prüfung zu unterziehen, sie verändern oder gar verwerfen zu dürfen; auch königliche Beamte, wenn dieselben sich, sei es auch auf königlichen Befehl, ungerechter Handlungen schuldig gemacht, vor sein Forum zu ziehen. Richelieu freilich hatte solchen, man muß es sagen, auf Geschichte und bestehendes Staatsrecht nicht begründeten Anmaßungen des Pariser Parlamentes vorläufig ein Ende gemacht; allein der Widerstand, den es innerhalb seiner bescheidenen richterlichen Sphäre manchen Gewaltthaten des großen Kardinals geleistet, hatte dieser Behörde bei dem Volke Liebe und Verehrung verschafft. Jetzt, einem vermeintlich schwächeren Nachfolger gegenüber, glaubte das Parlament die Zeit gekommen, mit Hülfe der unzufriedenen Menge die Tyrannei zu stürzen, d. h. seine Ansprüche auf Theilnahme an der gesetzgebenden und finanziellen Gewalt durchzuführen. Der Unabhängigkeitssinn der Parlamentsräthe wurde durch den Umstand erhöht, daß ihre Stellen nicht beliebig vom Könige vergeben, sondern ein theuer erkauftes erbliches, nur durch eine juristische Prüfung beschränktes Eigenthum waren.

Unzufriedenheit des Volkes und des Parlamentes. 31

Schon im Jahre 1644 begann der Widerstand des Parlamentes, das die Eintragung aller neuen Steueredikte verweigerte. Als der Kardinal die Opposition zu schrecken versuchte, indem er einen Präsidenten und drei Räthe verhaftete, führte diese Gewaltmaßregel nur zu einer völligen Niederlage der Regierung. Da das Parlament in seiner Gesammtheit drohende Vorstellungen that und wirklich drei Monate lang die Verwaltung der Justiz gänzlich einstellte, gab er nach und setzte die Gefangenen wieder in Freiheit. Dieser Sieg ermuthigte das Parlament nicht wenig. Doch setzte Mazarin durch geschickten Wechsel von Nachgiebigkeit und Beharrlichkeit bei dieser Körperschaft noch mehrere in der That für die Fortführung des äußeren Krieges durchaus nothwendige neue Steuern und Anleihen durch, bis endlich am Beginn des Jahres 1648 der Kampf zwischen dem Parlamente und der Regierung offen ausbrach und die letzte Schilderhebung der selbständigen Gewalten des alten Frankreich gegen den königlichen Absolutismus herbeiführte. Es ist wahr, daß Mazarin selbst sein Benehmen in den letzten Jahren gar sehr geändert hatte. Er zeigte sich abgeschlossen, den Großen unfreundlich, für sich selbst habgierig in höchstem Grade, verschwenderisch mit Geld und Ehrenplätzen für seine Verwandten und Kreaturen. Seine Eigenschaft als Fremder kam hinzu, um ihn allgemein verhaßt zu machen, ohne daß man ihn, wie Richelieu, zugleich gefürchtet hätte.

Als im Januar 1648 fünf abermalige Finanzedikte dem Parlamente übergeben wurden, begann der Widerstand von neuem, zumal da man den hohen Justiz- und Verwaltungsbeamten selbst eine eigene Steuer auferlegen wollte. Die Folge davon war, daß sich sämmtliche Oberbehörden — der Steuerhof, der Rechnungshof, der große Rath — dem Parlamente eifrig anschlossen und mit ihm im Mai 1648 eine förmliche Verbrüderung eingingen, zunächst freilich nur in der eigennützigen Absicht, sich selbst von jedem Beitrage zu den Staatslasten frei zu halten. Indessen bald wurden bei dem erhitzten Zustand der Gemüther die Zwecke dieser Vereinigung weiter ausgedehnt: nichts Minderes als „die Reformation des Staates" wollten die verbündeten Körperschaften herbeiführen. Wirklich gelang es ihnen in Folge des dringenden Geldbedürfnisses des Hofes (Ende Juni), die Einwilligung der Regentin zu diesen revolutionären Zusammenkünften zu ertrotzen.

Und nun riß das Parlament eine Art Diktatur an sich, zu der es nicht das mindeste Recht besaß. Es verfügte mit richtigem Instinkte die Beseitigung der vornehmsten Instrumente der königlichen Allgewalt, die Aufhebung des Amtes der Intendanten. Es ertrotzte die Entlassung des Generalcontroleurs d'Emeri und die Einsetzung einer Kommission zur Untersuchung der Beträgereien der Finanzbeamten. Es hob alle Steuern auf, die nicht mit freier Zustimmung des Parlamentes eingeführt worden seien. Vergebens suchte man die Person des jungen Königs selbst auf die Versammlung einwirken zu lassen. Der König war damals in seinem zehnten Jahre, groß und schlank von Figur; sein Gesicht war nicht gerade regelmäßig schön, aber ausdrucksvoll und bereits in so jungen Jahren voll Würde und Ernst. Fremde Diplomaten rühmen die Ueberlegung und die „Grandezza", mit der er in allen Dingen handelte. Er schien fast zu nachdenklich, zu trüb für sein Alter. Seine geistige Bildung wurde sehr vernachlässigt. Seit mehreren Monaten von einer schweren Pockenkrankheit geheilt, zeigte er noch immer deren Spuren im Antlitz, aber es wurde dadurch nicht entstellt, sondern rief nur die Erinnerung an die Gefahr wach, welcher der junge Monarch kürzlich entgangen war. — Indeß auch der Anblick und die Dazwischenkunft des königlichen Knaben beruhigte die Gemüther nicht. Man schwieg in seiner Gegenwart und registrirte die von dem Hofe getroffenen Entscheidungen ein; aber nur um an dem nächsten Tage mit um so schärferem Widerspruch auf dieselben zurückzukommen.

Der Hof, der bis dahin eine ziemlich klägliche Rolle gespielt hatte, war durch diese Unbotmäßigkeit des Parlamentes und durch dessen immer kühnere Versuche, die Regierung völlig an sich zu reißen, auf das äußerste erbittert. Die Nachricht von einem glänzenden Siege, den Enghien — jetzt durch den Tod seines Vaters Prinz von Condé — am 20. August 1648 bei Lens über die Spanier davongetragen hatte, erhöhte den Muth der Regentin und ihrer Minister. „Das Parlament wird recht traurig darüber sein," rief selbst der junge König bei der Siegesbotschaft aus. Bei dem feierlichen Te Deum, das man am 26. August wegen des Sieges celebrirte, wurden zwei Hauptführer der parlamentarischen Opposition, der Präsident von Blancmesnil und der Rath Broussel verhaftet.

Indessen wenn man durch diese Gewaltthat die Unzufriedenen hatte einschüchtern wollen, verfehlte man seinen Zweck vollständig. Längst hatte das Volk Partei genommen für das Parlament, diese aus dem dritten Stande hervorgegangene Behörde, gegen die Fremden und gegen die Regentin, die, selbst eine Fremde, sich von ihnen beherrschen ließ! Zumal der „alte Broussel", ein würdiger ehrenhafter Greis, war in ganz Paris höchlichst beliebt. In wenigen Stunden war die ganze ungeheure Stadt in Bewegung, die Bürger stürzten bewaffnet aus ihren Häusern, die Ketten, welche damals in der Nacht die Straßen sperrten, wurden vorgezogen, mit der ganzen revolutionären Geschicklichkeit der Pariser Barrikaden gebaut, die wenig zahlreichen Truppen um das Palais royal zusammengedrängt. Das Parlament beherrschte die Stadt. Es begab sich am 27. August in feierlichem Aufzuge zu der Regentin, um die Freilassung seiner gefangenen Mitglieder zu fordern. Nach einigem Sträuben bewilligte sie Anna gegen das Versprechen des Parlamentes, sich einstweilen nur mit den Bedürfnissen des königlichen Schatzes zu befassen.

Man kann sich leicht vorstellen, daß die siegreiche Opposition diese Verpflichtung nicht lange hielt. Der geringste Anlaß genügte, um die Discussion im Parlamente wieder auf das politische Gebiet zu übertragen. Man benutzte den Umstand, daß der Hof seinen gewöhnlichen Herbstaufenthalt außerhalb der Hauptstadt, freilich in ihrer Nähe, zu Rueil nahm, und daß Condé, leicht verwundet, dorthin sich begab, um Paris als mit den Schrecken einer Belagerung bedroht darzustellen. Das Parlament befahl die Verproviantirung der Stadt, die Bewaffnung der Bürger. Blancmesnil sprach dann am 22. September das entscheidende Wort aus: „Alles Unheil", rief er, „kommt von einem einzigen Manne, einem Fremden, dem Kardinal Mazarin!" — und damit war dieser, der Nachfolger Richelieus, der Repräsentant der königlichen Gewalt, der Zielpunkt der Unzufriedenen geworden. Diese benannten sich mit einem ganz sinnlosen Worte, unerklärlich wie so manche andere Parteibezeichnung, als „die Fronde", „die Frondeurs".

Noch einmal gelang es der Regentin, den Frieden herzustellen, indem sie durch Edikt vom 24. Oktober 1648 20 Millionen an Steuern aufopferte. Der Hof kehrte sogar nach Paris zurück; und der westphälische Friede, der an jenem selben 24. Oktober dreißig Jahre des blutigsten Krieges beendete und Frankreich zum Preis mehr diplomatischer List als kriegerischer Tüchtigkeit die glänzende Beute des Elsasses einbrachte, schien eine leichtere Verständigung über die Staatslasten zu versprechen. Allein die Spanier, nicht ohne Grund durch die inneren Unruhen Frankreichs ermuthigt, weigerten sich abzuschließen, und so ging unter Bedingungen, die sich für die Franzosen sehr ungünstig gestaltet hatten, der Kampf in den Niederlanden, an der Pyrenäengrenze, in Burgund und Italien weiter. Und nicht minder im Innern. Das Parlament, berauscht von seinen bisherigen Siegen, eröffnete in den letzten Tagen des Jahres die Feindseligkeiten, zumal gegen Mazarin von neuem. Letzterer hatte bei allen diesen Streitigkeiten bisher — und daraus erklärt sich das planlose Verfahren des Hofes — die größte Zurückhaltung gezeigt, theils um den Konflikt nicht noch mehr zu verschärfen, hauptsächlich aber um die Königin und die Prinzen erst selbst durch die Fronde beleidigen zu lassen und ins Spiel zu bringen, damit die Sache jener unauflöslich mit der seinigen zu verknüpfen. Er hatte sogar seiner Freundin, der Regentin, die blindlings seinen Rathschlägen folgte, vorgeschrieben, sich vor den Prinzen über ihn zu beklagen und ihnen eine Aenderung der Regierung in Aussicht zu stellen. Auch jetzt war nicht er es, sondern der Prinz von Condé, der den verhängnißvollen Rath gab, die Pariser durch die drohenden Zurüstungen einer Belagerung zu erschrecken. In der Nacht vom 5. auf den 6. Januar begab der Hof sich in größter Heimlichkeit von Paris nach dem zwei Meilen davon entfernten St. Germainen-Laye. Die Sache sah einer Flucht ähnlicher als dem Umzuge eines Königs von Frankreich. Ludwig und sein Bruder Philipp wurden um Mitternacht aus ihren Betten gerissen und schlaftrunken nach einem Wagen geführt, der sie außerhalb der Stadt erwartete. Im Schlosse von St. Germain gab es nur für die Regentin und ihre beiden Söhne einige Feldbetten; von den Andern pries sich jeder glücklich, der einige Armvoll Stroh erlangen konnte. Das waren die Anfänge des großen Ludwig, des später allmächtigen Beherrschers der Christenheit! Diese Scenen gruben sich tief in sein Gedächtniß; nie hat er sie dem Parlamente verziehen!

Aber wie sehr hatte Condé sich geirrt, wenn er, als Soldat verächtlich von dem Muthe der Bürger denkend, mit diesem Schritte die Gegner des Hofes einzuschüchtern geglaubt hatte! Auf die Nachricht von dessen Entfernung und von der drohenden Belagerung bewaffnete Paris sich von neuem; und das königliche Patent, welches das Parlament nach der kleinen Stadt Montargis verlegte, wurde von demselben durch Aechtung Mazarins als „Störers der öffentlichen Ruhe, Feindes des Königs und seines Staates" sowie durch den Befehl zur Aushebung von Kriegsleuten beantwortet (8. Jan. 1649). Der Bürgerkrieg war erklärt.

Und damit lebte auch die hocharistokratische Opposition, so schwere Schläge Richelieu gegen sie geführt hatte, wieder auf. Zwar Orleans und Condé waren am Hofe; aber Condé's eigene Geschwister und eine bedeutende Zahl anderer Großen stellten sich an die Spitze der Pariser Milizen. Nichts schien diesem Bürgerkriege zu fehlen, um ihn seinen Vorgängern ähnlich zu machen: die Fronde trat auch mit den Spaniern in Verbindung.

Allein gerade diese Menge glänzender Herren, die sich mit der Fronde verbanden, wurde derselben verderblich. Von jener engherzigen Selbstsucht erfüllt, welche die französische Aristokratie stets zur Niederlage geführt hatte, enthielt sie Niemanden, den ein allgemeines Prinzip, eine großmüthige Begeisterung erfüllte. Alle jene Herren waren nur durch gekränkte Eitelkeit, unbefriedigten Ehrgeiz, persönliche Feindschaften oder Habsucht zu ihrer Opposition veranlaßt und strebten durch dieselbe nichts weiteres an, als möglichst bald unter recht günstigen Bedingungen für jeden Einzelnen mit dem Hofe Frieden zu schließen. Die großen Prinzipien der Freiheit, der Sicherheit der Person und des Eigenthums, der nationalen Regierung, für die Parlament und Volk von Paris sich bewaffnet hatten, traten völlig hinter den kleinlichen Bestrebungen vornehmer Egoisten zurück. Solchen Menschen gegenüber, die den Staat nur als nutzbare Domäne betrachteten, müssen alle unsere Sympathien auf die Seite eines starken Königthums stehen, das sich wenigstens mit dem Wohle und Glanze des Staates identifizirte!

Der Kampf wurde in der That ohne Nachdruck und Thatkraft von beiden Seiten geführt. Gerade deshalb wurden Bürger und Parlament einer Sachlage bald überdrüssig, die nur dem Streite der Höflinge ihre Fortdauer zu danken schien, ihnen die Bequemlichkeiten des Lebens abschnitt, sie in den engen Umkreis ihrer Mauern bannte. Nach längeren Konferenzen zwischen den Abgeordneten des Parlamentes und den Ministern wurde am 1. April 1649 der Friede zu Ruel geschlossen, der außer einer völligen Amnestie für die vorgefallenen Unruhen und der Erlaubniß für den König, innerhalb der nächsten zwei Jahre eine Anleihe von zwölf Millionen Livres aufzunehmen, fast nur persönliche Vortheile für die mit der Fronde verbündeten Großen brachte. Von den prinzipiellen Forderungen des Parlamentes, von der Entfernung der Fremden von der Regierung kein Wort! Wahrlich, solchen Widersachern gegenüber konnte dem Königthume der Sieg nicht entgehen! Auch die Unruhen in den Provinzen, wo Parlamente und Bevölkerungen sich vielfach den Parisern angeschlossen hatten — ein Beweis, wie leicht eine geniale und gewissenhafte Leitung damals der Opposition gegen den königlichen Absolutismus noch hätte zum Siege verhelfen können! — wurden durch den Frieden von Ruel beigelegt. Nur tausende von ernsten und spottenden Epigrammen gegen den Kardinal, die „Mazarinaden", setzten den Kampf noch fort. Nach einigem Zögern kehrte der König nach seiner Hauptstadt zurück. Ja, der verhaßte Generalkontroleur der Finanzen, b'Emeri, durfte seinen Posten wieder einnehmen.

Mit Schadenfreude bemerkte der Kardinal, daß die unzufriedenen Großen und Parlamentsräthe, die Frondeurs, sich bald mit dem Prinzen von Condé überwarfen, der nach oben wie nach unten hin übertriebene Ansprüche erhob und schließlich Mazarin selbst zu beseitigen drohte. An der Spitze der Fronde stand ein ebenso geistreicher wie sittenloser, ebenso gewandter wie eitler, ebenso unwahrer wie gottloser Prälat, Johann v. Gondi, Koadjutor des Erzbischofs von Paris, ein Mann, der durch seine glänzenden und bestechenden Gaben auf die Bevölkerung großen Einfluß gewonnen hatte. Indem Mazarin diesem den Kardinalshut, seinen Freunden neue Belohnungen verhieß, verbanden sie sich mit ihm zum Verderben Condé's, der allen Parteien lästig war. Am 18. Januar 1650 wurden derselbe, sein Bruder — der geistesschwache, körperlich verkrüppelte Prinz von Conti — und sein Schwager, Herzog von Longueville, verhaftet und in das feste Schloß von Vincennes geführt. Die Gouvernements der Gefangenen wurden durch den Hof, an der Spitze einer Armee, schnell zu Ruhe und Gehorsam gebracht.

Mazarin triumphirte. Ohne die furchtbaren Gewaltmaßregeln Richelieu's, ohne einen Tropfen Blut zu vergießen, hatte er die Parteien entwaffnet, Volk und Parlament beruhigt, die Großen getheilt oder unschädlich gemacht. Allein er triumphirte zu früh. Während die Spanier, die inneren Zwistigkeiten benutzend, erobernd in die Picardie einbrachen, erhoben sich in der Guyenne, der südwestlichsten Provinz Frankreichs, die Anhänger des Prinzen von Condé und die mit der Regierung unzufriedenen Bürger von Bordeaux, sowie in Poitou die junge muthige Prinzessin von Condé selbst. Das Parlament von Bordeaux nahm sich der Aufständischen so weit an, daß es die königlichen Befehlshaber für „Feinde des Königs und des Staates" erklärte. Es bedurfte eines ganzen Feldzuges von Seiten des Hofes, um Bordeaux zum Frieden zu nöthigen, während die Spanier ihre Streifereien bis tief in die Champagne ausdehnen konnten, während in Italien, an der Pyrenäengrenze die französischen Heerführer, aller Mittel baar, fortwährend Verluste erlitten.

Diese Unglücksfälle, an denen Mazarin im Grunde unschuldig war, erregten große Mißstimmung in der Bevölkerung; allmählich gewann auch das Mitgefühl mit dem Sieger von Rocroy und Lens die Oberhand, den der Kardinal, der größeren Sicherheit halber, nach dem Havre hatte führen lassen. Die Häupter der Fronde sahen ein, daß ihnen ihre ganze Macht, die Popularität, entschlüpfen werde, wenn sie sich nicht der Sache der Prinzen gegen „den Mazarin" annähmen. Gondi war noch besonders gegen den Minister erbittert, weil der ihm versprochene rothe Hut einzutreffen zögerte. Der schlaue Prälat wußte auch den stets schwankenden und unzuverlässigen Gaston v. Orleans auf seine Seite zu ziehen. Das Pariser Parlament, mit den abligen Frondeurs eng verbündet, verlangte ungestüm die Freilassung der Prinzen; Orleans erklärte gerade heraus, er wolle nicht eher mit der Regentin verkehren, als bis sie „den Fremden" von sich entfernt habe; und diese letztere Forderung wiederholte endlich auch das Parlament (Anfang Februar 1651). Mazarin glaubte diesem Sturme einstweilen weichen zu müssen und verließ den Hof. Er eilte nach dem Havre, um sich wenigstens das Verdienst zu geben, selbst die Prinzen freigelassen zu haben. Indessen Niemand wußte ihm für die erzwungene Großmuth Dank; ihm nach eilte ein Befehl des Parlamentes, den die Königin ausdrücklich billigen mußte: „daß der Kardinal, seine Verwandten und fremden Diener binnen zwei Wochen das Königreich räumen müßten, ohne daß sie unter irgend welchem Vorwand, Grund oder Amt dorthin zurückkehren dürften". Die Königin und ihre Söhne wurden wie Gefangene im Louvre gehalten. Die bisherigen Minister, sämmtlich Freunde Mazarins, mußten ihre Posten aufgeben und sich in die Provinz zurückziehen. Mazarin aber verließ in der That Frankreich und schlug in Brühl, einem Lustschlosse des Kurfürsten von Köln, seinen Wohnsitz auf.

Man hatte von seiner Entfernung die völlige Wiederherstellung des inneren Friedens im Reiche erhofft: gerade das Gegentheil trat ein, wie sich wohl aus dem Charakter der Personen und Körperschaften, die nunmehr die Herrschaft in Händen hatten, leicht erklären läßt. Tumultuarische Versammlungen des Klerus und des Adels fanden in Paris statt. Das Parlament selbst dachte an weiter nichts, als seine Regierung, die einer erblichen Geld-Oligarchie, zu begründen und beleidigte auf das Tiefste Adel und Geistlichkeit. Kein großer allgemeiner Gedanke bewegte diese ideenarme selbstsüchtige intriguante Menge, die sich um die Ruinen des Königthums stritt. Die Pariser Bürger verloren bald die Lust, für die hadernden Privilegirten die Waffen zu führen und kehrten zu ihren friedlichen Beschäftigungen zurück. Der Koadjutor sah sich abermals durch Condé von jedem Einflusse verdrängt; er verbündete sich also wiederum mit der Königin gegen den Prinzen, der Paris verließ und sich in sein Gouvernement Guyenne zurückzog.

Die Erklärung eines neuen Bürgerkrieges — denn als solche wurde die Abreise Condé's allgemein aufgefaßt — fand gerade am Vorabend des Tages (7. September 1651) statt, wo der König mit dem Eintritt in sein vierzehntes Jahr dem Namen nach seine Volljährigkeit erlangte. Dieser Abschnitt wurde nur durch eine Formalität bezeichnet; in Wahrheit blieb die Regierung in den Händen der Königin-Mutter, die aber jetzt den Vortheil hatte, sich überall mit dem Namen des Monarchen decken zu können. Der erste Gebrauch, den der junge König von seiner Autorität machte, war nach dem Südwesten aufzubrechen, um den Prinzen von Coudé und dessen hochsaristokratische Freunde, die förmliche Heere angeworben hatten, zur Unterwerfung zu zwingen. Kaum war der Hof unter diesem Vorwande von Paris entfernt, als der König, auf Veranlassung seiner Mutter, trotz deren wiederholter Versprechungen an das Parlament, heimlich die Aufforderung an Mazarin erließ, von neuem das Königreich zu betreten. Gern gehorchte der Kardinal; aber er wollte dieses Mal nicht als ein bloßer Diener der Königin, den diese gelegentlich aufopfern könne, sondern als eine selbständige Macht erscheinen und warb aus Privatmitteln ein nicht unbedeutendes Truppenkorps. Freilich setzte das Parlament auf seinen Kopf einen Preis, der aus dem Erlös des Verkaufes von Mazarins prachtvoller Bibliothek von 40,000 Bänden bezahlt werden sollte. Der Klerus protestirte gegen die Aechtung Mazarins, indeß nur weil derselbe Kardinal war, nicht etwa aus Vorliebe für ihn. Denn der Sprecher des Klerus wandte dabei auf ihn die Worte der Bibel über den Brudermörder Kain an: Posuit Deus signum in illo, ut non interficeret eum omnis qui inveniaset eum, „Gott setzte Kain ein Zeichen, daß ihn nicht erschlage jeder, der ihn fände". Auch seien die 50,000 Thaler, welche das Parlament auf Mazarins Kopf gesetzt, eine viel zu große Summe, da für Christus nur 30 Silberlinge bezahlt seien! — Uebrigens verhinderte der Beschluß des Parlamentes den Kardinal nicht, am vorletzten Tage des Jahres 1651 an der Spitze von 6000 Mann, alle mit grüner Schärpe, der Farbe seines Hauses, das Königreich wieder zu betreten. Der König, gegen dessen offiziell bekannt gemachten Befehl er handelte, kam ihm selbst entgegen, und im Triumph kehrte er zu Anna von Oesterreich zurück, von der er etwa ein Jahr lang getrennt gewesen war.

Merkwürdiger Weise wagte das Parlament seine Maßregel, um seinen Edikten gegen den Kardinal irgend Nachdruck zu geben; wahrscheinlich wollte es nichts gegen die direkte Autorität des dem Namen nach nun mündigen Königs unternehmen. Auch der Koadjutor, der soeben den rothen Hut erhalten hatte und sich seitdem Kardinal von Retz nannte, verhielt sich ruhig. Dagegen wollten die Großen, an ihrer Spitze Gaston von Orleans, sich die Herrschaft von Richelieus Nachfolger nicht wieder gefallen lassen. Sie bildeten ein Heer, das Orleans und Anjou besetzte, während in der Guyenne der Aufstand fortdauerte. Endlich zeigte also die aristokratische Opposition wieder etwas Kraft; die Zeiten der Bürgerkriege, der Regentschaft Marie von Medicis schienen zurückgekommen. Die Spanier rückten infolge der Aufforderung Gastons in Frankreich ein, und bald zeigten sich ihre rothen Feldzeichen zur Seite der blauen Orleans', der Isabellfarbenen Condés. Aber diesem letzteren vorzüglichen Feldherrn stand ein nicht geringerer gegenüber: der Vicomte von Turenne. Während der ersten Unruhen der Fronde auf Seiten der Unzufriedenen, ja der Spanier, wollte er diesen Frevel, dessen Verwerflichkeit er wohl erkannte, durch große Dienste wieder gut machen. Durch geschickte Manöver nöthigte er die Condé'sche Armee zum Rückzug auf Paris. Auf Antrieb des Parlamentes blieb aber die Hauptstadt beiden kriegführenden Theilen verschlossen. Nach vielen Scharmützeln griff endlich am 2. Juli (1652) Turenne mit weit überlegenem Kräften seinen großen Gegner in der von diesem stark verschanzten Vorstadt St. Antoine an. Von Haus zu Haus getrieben, wäre Condé an den Mauern von Paris erdrückt worden — wenn nicht ein Weib ihn gerettet hätte. Unter so vielen durch Geist, Schönheit und Üppigkeit hervorragenden Frauen, die in diesen Unruhen eine Rolle spielten, zeichnete sich keine so sehr durch Kühnheit und Extravaganz aus, wie die Prinzessin von Montpensier, hierin ihrem Vater, dem feigen Gaston, sehr unähnlich. Aus Begeisterung für den bedrängten Helden, aus Haß gegen Mazarin bestimmte sie den Pariser Stadtrath, sich Condé's anzunehmen. Dieser durfte in die schützenden Mauern einziehen; die Prinzessin soll selbst das erste Geschütz der Bastille gegen die Angreifer abgefeuert haben. Der Pariser Pöbel erklärte sich enthusiastisch für Condé, für Mademoiselle de Montpensier und nöthigte durch einen blutigen Aufstand Parlament und Stadtrath zur Rebellion gegen den König; freilich verließen viele Parlamentsräthe bis zum zweiten Male aufrührerische Hauptstadt und bildeten in Pontoise ein Gegenparlament. Mazarin aber, der wohl einsah, daß der Untergang der Pariser Pöbelherrschaft nicht lange anstehen könne, räumte, um diesen Prozeß zu beschleunigen, noch einmal das Reich (August 1652), an dessen Grenze, in dem Lüttich'schen Städtchen Bouillon, er sich niederließ.

Was er erwartet hatte, traf bald genug ein. Die Prinzen hielten sich unthätig in Paris, wo der Pöbel eine wüste und blutige Schreckensherrschaft führte. Die bessern Klassen wurden derselben bald überdrüßig; zumal der allgemeine Feind, Mazarin, jetzt endgültig entfernt schien, die Prinzen aber auch nicht das Mindeste zu irgend einer bleibenden, grundsätzlichen Reform unternahmen. Wiederholte Deputationen luden den König ein, in seine Hauptstadt zurückzukehren, erhielten aber stets den Bescheid, daß erst die Anstifter der letzten Unruhen d. h. die Prinzen entfernt werden müßten. Die Offiziere der Bürgermiliz zeigten sich auch so geneigt, diese Bedingung mit Gewalt durchzuführen, daß Condé es vorzog, am 13. Oktober aus Paris zu entweichen, wo sofort die alten königlich gesinnten Magistrate von neuem eingesetzt wurden. Acht Tage später, am 21. Oktober 1652, zog der junge Monarch wieder in seine Hauptstadt ein, wo er mit dem größten Jubel begrüßt wurde und unweigerlichen Gehorsam fand. Der schöne Jüngling mit seinen regelmäßigen Zügen, seinem ernsten Ausdruck, seinem würdevollen Benehmen machte einen tiefen Eindruck auf das leicht bewegliche Gemüth der Pariser Bevölkerung. Man vernahm, daß er eifrig

Niederlage der Fronde.

den Rathssitzungen beiwohne; daß er, bei aller Liebe und Anhänglichkeit für seine Mutter, seinem eigenen reiflich überlegten Willen habe und denselben zur Geltung bringe. Orleans und eine Anzahl der unruhigen Großen, zehn Parlamentsräthe, alle Diener der Familie Condé wurden bis auf weiteres aus Paris verbannt. Allmählich wurden die aufständischen Provinzialstädte unterworfen, Ende Oktober auch Condé durch Turenne und Mazarin selbst mit einem starken Truppenkorps nach den Niederlanden gedrängt, wo der Sieger von Rocroy und Lens als Generalissimus in spanische Dienste trat. Es braucht kaum erwähnt zu werden, daß Gaston von Orleans sich nunmehr beeilte, mit dem Hofe seinen Frieden zu machen, der ihm auch leicht gewährt und durch den er jetzt für immer der wohl verdienten Bedeutungslosigkeit überliefert wurde.

Die Fronde war endgültig besiegt, der letzte Empörungsversuch der alten feudalen Gewalten und des Bürgerstandes gegen das absolute, allmächtige Königthum unterdrückt. Die stehende Armee, unbedingt zur Verfügung des Monarchen, von den Parteiungen unberührt, hatte ebenso viel zu diesem Ergebnisse beigetragen, wie die im Grunde unzerstörbare Loyalität und Sehnsucht nach Ruhe und Frieden, welche die große Mehrheit des französischen Volkes beseelten. Aber der wichtigste Faktor für den Sieg des Königthums war doch die Uneinigkeit und erbärmliche Selbstsucht einer jeden unter den Fraktionen der Opposition. Nach einander waren das Parlament, die Großen, das Volk an der Herrschaft gewesen, und niemals hatte es sich um große allgemeine Prinzipien, immer nur um kleinliche, persönliche oder höchstens Standesinteressen gehandelt. Wie konnte da von Begeisterung, von dauernder Theilnahme für die oppositionellen Bestrebungen die Rede sein? Indem sich so alle Parteien unwürdig und unfähig zur Regierung gezeigt hatten, erschien als der einzig angemessene Repräsentant für die Nation, als die einzige Rettung aus dem wirren Getriebe das Königthum. Kein Zweifel, daß dessen Sieg zum großen Theile der beharrlichen, mehr den Thatsachen sich anschmiegenden als ste leitenden Politik Mazarins zu danken war; aber in fast noch höherem Grade der Nichtsnutzigkeit seiner Gegner.

Einer der geistvollsten aber auch moralisch verdorbensten unter diesen, der Kardinal von Retz, wurde noch im Dezember 1652 in das Staatsgefängniß von Vincennes gebracht. Das gedemüthigte Parlament registrirte ohne Widerspruch dreizehn neue Steueredikte. Kein Hinderniß stand mehr der Rückkehr Mazarins entgegen, der am 3. Februar 1653 vom König eingeholt, von allen hervorragenden Persönlichkeiten unterwürfig begrüßt, triumphirend wieder in Paris einzog. Seine Gewalt war jetzt unbestrittner denn je. Die Königin-Mutter widmete sich hauptsächlich ihren immer häufigeren Andachtsübungen und schien in weltlichen Dingen überhaupt keine andern Ansichten mehr zu haben als der Kardinal, dem ste bald ihre Angelegenheiten derart überließ, daß ste ihn selbst bei ihren Almosen um Rath trug. Der junge König beschäftigte seinen lebhaften Geist mit Studien, vor allem aber mit kriegerischen Uebungen, denen er sich zur Freude seiner Unterthanen mit Eifer hingab. Zwar ließ er sich über die Geschäfte des Staates Bericht erstatten und zeigte auch hier und da durch Widerspruch die Selbständigkeit seines Urtheils, allein im Großen und Ganzen ließ er den Kardinal gewähren. Theils folgte er hierin mit Bewußtsein dem Beispiele seiner Mutter, der er in aufrichtiger Liebe ergeben war, theils verehrte er in Mazarin den Führer und Berather seiner Jugend, den aufrichtigen und einsichtsvollen Verfechter der königlichen Autorität, welcher der ernste selbstbewußte Jüngling schon alle seine Bestrebungen unterordnete.

Mazarin hatte viel wieder gut zu machen, denn die inneren Unruhen hatten nicht allein jeden Sinn, jede Begeisterung für Freiheit und persönliche Selbständigkeit ertödtet, sondern auch die äußere Machtstellung Frankreichs erheblich gemindert. Aus Italien, der pyrenäischen Halbinsel und den Niederlanden waren die schwachen vernachlässigten französischen Heere verdrängt worden, im Gegentheile die Spanier an verschiedenen Orten in das Reich eingebrochen. Der große Condé stand jetzt an ihrer Spitze. Nach Stillung der inneren Unruhen betrieb Mazarin energisch den Kampf wider den äußern Gegner. Im November 1653 erschien der König zum ersten Male im Felde, allerdings in vorsichtiger Entfernung vom Feinde. Nach dieser patriotischen Großthat fand die feierliche Krönung des jungen Monarchen in Reims statt. (7. Juni 1654). — Ludwig war damals sechzehn Jahre alt, trug aber das Aussehen eines Zwanzigjährigen. Kein Wunder, daß in seinem Herzen die erste Neigung erwachte, und zwar für eine Nichte des Kardinals, die nicht gerade schöne aber gewandte, geistvolle und ehrgeizige Olympia Mancini. Sie nahm übrigens die Liebe des königlichen Knaben nicht allzu ernstlich, sondern benutzte sie, den Einfluß ihres Oheims noch zu befestigen. Die erste Geliebte Ludwigs XIV. heirathete vielmehr einen savoyischen Prinzen und wurde dann die Mutter des Prinzen Eugen. Ludwig aber faßte erst eine wahrere und bleibendere Neigung für ihre Schwester Maria, die wenigst schöne von den Nichten des Kardinals, die aber für den König den unvergleichlichen Reiz hatte, daß sie ihn wahrhaft liebte. Das Verhältniß war ein durchaus reines und sittliches und Ludwig dachte ernstlich daran, Maria Mancini zu heirathen; Mazarin jedoch — und dies beweist, daß er den Vortheil des Staates und seines Souveräns höher stellte als seinen und seiner Familie Nutzen — entfernte seine Nichte vom Hofe und verbot ihr jeden brieflichen Verkehr mit dem jungen Monarchen. Derselbe weinte bei der Trennung, Marie aber rief verächtlich aus: „Sie weinen und sind der Herr". So vollständig hatte Ludwig sein stolzes Gemüth der Achtung und Verehrung für seine Mutter und seinen väterlichen Freund unterworfen, daß er ihnen selbst in dem Opfer dieser wahren Neigung gehorchte.

Eine ganz andere Vermählung hatte der Kardinal für seinen Zögling

Ludwig XIV. (in jüngeren Jahren).
Nach dem Stiche von P. van Schuppen, 1660. Originalgemälde von D. Dallant.

Allmacht Mazarins: der pyrenäische Friede.

im Auge. Seitdem er die Zügel des Staates wieder fest in Händen hielt, hatte die Gestalt des Krieges sich völlig verändert. Ebensowenig wie Richelieu hatte er ein Bedenken getragen, sich mit der republikanischen Partei in England und zumal mit derem siegreichen Haupte, dem Protektor Oliver Cromwell zu verbünden. Ein alliirtes englisch-französisches Heer drang in die spanischen Niederlande ein, unter dem Oberbefehl Turennes, und vernichtete am 14. Juni 1657 auf den Dünen bei Dünkirchen die Armee Don Juans von Austria, die letzte, die Spanien aufzustellen im Stande war; die Anwesenheit Condés bei den Spaniern, die doch auf seinen Rath nicht gehört hatten, erhöhte nur den Ruhm Turennes. Ganz Flandern fiel dem Sieger in die Hände, dessen Reiter bis vor die Thore Brüssels streiften. Nach diesem furchtbaren Schlage dachte Spanien nur an Frieden, den man durch eine Vermählung der ältesten spanischen Prinzessin Maria Theresia mit Ludwig XIV. besiegeln wollte. Nach einigen vorläufigen Verhandlungen wurden die Negoziationen von den leitenden Ministern beider Reiche, Mazarin für Frankreich, für Spanien Don Luis de Haro, persönlich geführt. In dem Grenzflusse Bidassoa liegt eine kleine Insel, die Fasaneninsel genannt: auf dieser erbaute man einen Pavillon, der durch je eine Brücke mit den beiden feindlichen Ufern verbunden war. Hier fanden die Unterredungen zwischen beiden Ministern statt, von denen so keiner der Würde seines Reiches etwas vergeben hatte. Die Hauptschwierigkeit bestand in zwei Punkten: der völligen Verzeihung und Wiedereinsetzung in die früheren Würden, welche die Spanier für Condé forderten, und der Bedingung eines ewigen Verzichtes auf das spanische Erbe, die sie für die Vermählung Maria Theresias mit dem allerchristlichsten Könige stellten. Das erste erreichten sie edelmüthig durch die Aufopferung einer belgischen Festung, das andere für die Zahlung einer Mitgift von einer halben Million Goldthaler und weil die Franzosen meinten, sich später über ein solches Versprechen leicht hinwegsehen zu können. Auch so waren die Vortheile dieses sogenannten pyrenäischen Friedens, der am 7. November 1659 seinen endgültigen Abschluß erhielt, lediglich auf französischer Seite. Das wichtige Besitzthum der Spanier im Norden der Pyrenäen, die Grafschaft Roussillon, wurde an Frankreich abgetreten, ebenso im Norden die ganze Grafschaft Artois, ein großer Theil des Herzogthums Luxemburg mit dem wichtigen Diedenhofen und eine Reihe südbelgischer Festungen.

Der pyrenäische Friede war die Krönung des Werkes, welches seit König Heinrich IV. die französischen Staatslenker mit ebensoviel Konsequenz wie Geschicklichkeit betrieben hatten: nämlich Spanien des seit dem sechzehnten Jahrhundert behaupteten Uebergewichtes in Europa zu entkleiden, dasselbe vielmehr an Frankreich zu bringen. Durch den Friedensschluß des Jahres 1659 erkannte Spanien, nach fünf und zwanzigjährigem verzweifelten Ringen, die Ueberlegenheit seines Rivalen an. Indem Frankreich seine Südgrenze

bis auf den Kamm der Pyrenäen ausdehnte, indem es im Norden und Nordosten eine fortlaufende Reihe vortrefflicher Festungen erwarb, änderte sich
seine ganze Stellung: bisher eine rein defensive den Spaniern gegenüber,
verwandelte sie sich in eine treffliche Angriffsposition, die ihm jeder Zeit
gestattete, einen militärischen und politischen Druck auf die spanischen Niederlande und auf Norddeutschland auszuüben.

Mit diesem letzteren hatte Frankreich bereits auf andere Weise Fühlung
gewonnen. Im Sommer 1659 schloß Mazarin mit einer Anzahl deutscher
Fürsten — den Kurfürsten von Mainz, Trier, Köln und Baiern, dem Könige
von Schweden für seine Reichsländer, dem welfischen Hause und dem Landgrafen von Hessen — zu Frankfurt am Main ein Bündniß, welches der
„Rheinbund" genannt wurde und die Alliirten zu gegenseitiger Vertheidigung
und gemeinschaftlicher Aufrechterhaltung des westphälischen Friedens verpflichtete. Dieses Bündniß war so wenig eine bloße Formsache, daß man
vielmehr eine gemeinsame Armee aufstellte, zu der alle Theilnehmer ihr
Kontingent beitrugen. Und diese Liga, die sich später noch über eine große
Anzahl anderer Fürsten ausdehnte, sicherte Frankreich einen steten Vorwand
zur Einmischung in die deutschen Angelegenheiten. Wie leicht konnte es
irgend einen seiner kleinen Verbündeten dazu bewegen, sich für bedroht zu
erklären, oder über eine beliebige Verletzung des westphälischen Friedens zu
deklamiren. Dann war ja für Frankreich die Veranlassung gegeben, mit
gesammter Macht die Regelung der deutschen Verhältnisse in die Hand zu nehmen.

Niemals, auch selbst unter Richelieu nicht, hatte Frankreich im Innern
so viel Ruhe, nach Außen eine so glänzende, gebietende Stellung besessen. Condé söhnte sich mit dem Könige aus und begnügte sich mit der
schimmernden, wenn auch machtlosen Stellung, die ihm der Friede bereitet
hatte. Am 3. Juni 1660 fand dem Vertrage gemäß die Vermählung des
jungen Königs statt. Seine Gemahlin war eine kleine aber wohlgestaltete
Dame mit länglichem Gesicht, sanften blauen Augen, hellblondem Haar, dem
traditionellen habsburgischen Munde und strahlendem Teint. Gewandt in
ihrem Benehmen — sie war gleichaltrig mit ihrem Gemahl — von milden
Sitten flößte sie ihrem Gatten, dessen Unverdorbenheit die Zeitgenossen
rühmend hervorheben, im Beginne zärtliche Liebe ein, die sie sich freilich
nicht lange zu wahren wußte.

Und nachdem Spanien also zum Frieden gezwungen war, nachdem
Teutschland zum guten Theile dem französischen Einflusse unterworfen worden,
dehnte der letztere sich auch über den Norden Europas aus. In Holland
schloß sich der Führer der herrschenden, aristokratisch-partikularistischen Partei,
der Rathspensionär Jan de Witt, unbedingt Frankreich an, damit dieses die
vereinigten Provinzen zu Lande vertheidige und dieselbe dafür ihre ganze
Kraft auf die maritime Entwicklung verlegen könnten. Nicht minder verblieb auch der alte Verbündete aus dem dreißigjährigen Kriege, Schweden,
in der französischen Alientel. Hier hatte ein kriegerischer Fürst, Karl X.

Zusammenkunft Ludwigs XIV. mit Philipp IV., König von Spanien, im Jahre 1660 auf der Fasaneninsel.
Nach dem Stiche von C. Jeaurat. 1724. Originalgemälde von Charles le Brun.

Gustav durch seine wiederholten Angriffe auf Polen und Dänemark ein Bündniß aller nordischen Mächte und des Kaisers gegen sich wach gerufen, das ihn in die äußerste Bedrängniß brachte und die künstliche Größe Schwedens mit einem Schlage zu vernichten drohte. Da genügte nach Abschluß des Pyrenäenvertrages die drohende Einmischung Frankreichs, um ohne Schwertstreich den Besiegten zum Sieger zu machen und die Gegner Schwedens zu dem für dieses vortheilhaften Frieden von Oliva zu nöthigen.

So großartig waren die Ergebnisse von Mazarins Regierung. Freilich hatte derselbe die Erbschaft Richelieus angetreten, aber er hatte sie mit Erfolg verwaltet; — und doch wie verschieden waren seine Mittel! Er besaß nichts von jener gewaltigen, unwiderstehlichen Kühnheit Richelieus die, unfähig sich zu biegen, vielmehr Alles brach, was ihr im Wege stand. Er war vielmehr eine langsame, sein berechnende Natur, die vor jedem gefährlichen Hindernisse zurückschreckte, durchgreifenden und zumal strengen Maßregeln durchaus feind, ja die kleinlichsten Mittel nicht verschmähend; aber stets ihrer Ziele eingedenk, bestrebt auf Umwegen und durch zähes Beharren das zu erreichen, was der direkten Aktion zu erlangen nicht möglich gewesen; nie um Hülfsmittel verlegen, gerade in der anscheinend verzweifeltsten Situation die Bahn zu den glänzendsten Triumphen entdeckend. Mazarin war kein eigentlich schöpferischer Geist; aber indem er lediglich die Bahnen seines genialen Vorgängers wandelte, drang er auf ihnen bis zum Ziele durch.

Er der Vielgehaßte, auf dessen Kopf als den eines öffentlichen Feindes man einen Preis gesetzt hatte, erlebte die Genugthuung, daß Alles sich mit Bewunderung ja mit Liebe vor seinen Verdiensten beugte; auch Condé söhnte sich deshalb mit ihm aus. Unumschränkt regierte er über Frankreich. Es gab keine große oder kleine Sache, die nicht von seinem Willen ausging. Er vertheilte alle Aemter, gab den Feldherren Befehle, lenkte die Beschlüsse der Parlamente und Räthe; die übrigen Minister waren nur seine Schreiber; die fremden Gesandten bewarben sich nur um seine Gunst; Geldgeschenke, Würden, kirchliche Pfründen, Statthalterposten vergab er nach seinem Gefallen. Der König beschränkte sich darauf, sich von Allem durch ihn unterrichten und belehren zu lassen; keinen Tag konnte er die Gegenwart Mazarins entbehren. Sonst beschäftigte Ludwig sich mit der Jagd, dem Tanz, dem Ballspiel, den Karten, für die er eine auffallende Vorliebe zeigte, und dem Einexerziren seiner Leibgarden. Die Herrschernatur des jungen Monarchen kam einstweilen nur in seinem würdevollen, mit kühler Zurückhaltung gepaarten, natürlich überlegenen Benehmen zum Ausdruck. Die Herrschaft Ludwigs XIV. bildet keineswegs die majestätische Einheit, in der sie im Gedächtniß der Nachwelt fortlebt. Ihre ersten achtzehn Jahre — und es sind nicht die unrühmlichsten — gehören vielmehr Mazarin, Condé, Turenne an. Sie sind bezeichnet durch glänzende Siege, durch ruhmreiche Eroberungen, durch glückliche Friedensschlüsse; sie sind bezeichnet durch eine nicht minder großartige

Literaturentwicklung. Allerdings schreibt Frankreich noch nicht, wie einige Decennien später, ganz Europa Gesetze vor; dafür ist es aber auch noch nicht zum gemeinsamen Feinde Aller geworden, dafür verbündet sich noch nicht ganz Europa wider dasselbe, dafür nimmt es diplomatisch eine viel günstigere Stellung ein, als unter dem großen Könige!

Freilich verleugnete Mazarin selbst auf dieser Höhe des Lebens nicht seine niedrige Hab- und Gewinnsucht. Nicht zufrieden mit den enormen Gehältern, die er aus seinen zahlreichen Aemtern zog, mit den Gouvernements von Elsaß, Breisach, La Rochelle, Brouage und Philippsburg, mit den Einkünften zweier Herzogthümer und zahlreicher Grafschaften, sowie der vierzig begütertsten Abteien des Reiches, eignete er sich fortwährend aus dem Staatsschatze beträchtliche Summen an und trieb mit den wichtigsten Aemtern einen schamlosen Handel. Der Palast des Kardinals übertraf an Möbeln, Seltenheiten, Statuen, Gemälden, an einem ungeheuren Kapital von Edelsteinen und Silbergeräth die Wohnung des reichsten Königs. Man sähe, wurde damals mit berechtigter Bosheit gesagt, daß dieses das Haus eines Mannes sei, der sehr viel empfange und sehr wenig gäbe. Sein gesammtes Vermögen wurde auf 40 bis 50 Millionen Livres — etwa 240 bis 300 Millionen Reichsmark nach heutigem Geldwerthe — geschätzt. Die vornehmsten Familien Frankreichs buhlten um die Ehre, mit diesem Sizilianer von zweifelhaftem Adel sich zu verschwägern.

Am 9. März 1661 verschied Mazarin, nur siebzehn Monate älter, als Richelieu geworden, nachdem er wie dieser achtzehn Jahre lang Frankreich beherrscht hatte. Ein ausdrücklicher Befehl seines Testamentes verbot die Summe seines Vermögens bekannt zu geben. Der König erhielt nur die schönsten Diamanten und Gemälde des Ministers, soll aber sich mehrere Millionen von der Erbschaft zugeeignet haben. Gewissermaßen um das Andenken seiner Erfolge zu verewigen, stiftete Mazarin das Colleg der Vier Nationen, in dem Jünglinge aus den neuerlich erworbenen Provinzen Elsaß, Pignerol, Roussillon und Artois unterrichtet werden sollten.

Ludwig XIV. war ganz in den Traditionen Richelieus und Mazarins erzogen worden: daß die Ausübung der monarchischen Gewalt von der Person des Monarchen getrennt sein müsse. Während der ersten Jugend des Königs hatte Mazarin dessen Erziehung geradezu vernachlässigt, um seine eigene Herrschaft zu verlängern, später hatte er ihn mehr in die Geschäfte eingeweiht, allein doch nur, indem er sich selbst als den unentbehrlichen Verfechter der königlichen Gewalt hinstellte. In der That schien die Weise, in der er alle Geschäfte dem Kardinal überlassen hatte, anzudeuten, daß er diese für ihn persönlich so bequeme Maxime vollständig theile. Nach dem Tode des Kardinals beschäftigte man sich lediglich mit der Frage, wer nun die Rolle des ersten Ministers übernehmen werde. Aber in dem jungen Monarchen lebten, von Niemandem in ihrem vollen Umfange geahnt, ein fester Wille, eine hohe Meinung von sich selbst und ein maßloser Ehrgeiz.

Das Louvre und die Tuilerien.

Nachdem er seinen väterlichen Freund in dessen letzter Krankheit mit zärtlicher Sorgfalt gepflegt und bei seinem Tode ehrenvolle Thränen vergossen hatte, trat er schon am nächsten Morgen vor die erstaunten Minister mit der Erklärung: „Meine Herren, ich habe Sie zusammen kommen lassen, um Ihnen zu sagen, daß ich bis jetzt zufrieden war, meine Angelegenheiten durch den verstorbenen Kardinal leiten zu lassen; jetzt aber ist es Zeit, daß ich selbst regiere. Sie werden mich mit Ihrem Rath unterstützen, wenn ich Sie darum befragen werde. Ich verbiete Ihnen, auch nur das Geringste, selbst einen Paß ohne meinen Befehl zu unterzeichnen; Sie werden mir täglich persönlich Rechenschaft geben und Niemanden besonders begünstigen."
Die Alleinherrschaft Ludwigs XIV. hatte begonnen!

Drittes Kapitel.

Ludwig XIV. als Alleinherrscher.

So tief hatte die Ueberzeugung sich eingewurzelt, ein Fürst sei nur zum Genuß, nicht zur Arbeit da, daß am französischen Hofe die Willenserklärung des jungen Königs lediglich belächelt wurde. Man erwartete von Tag zu Tage, daß demselben die Last der Geschäfte zu schwer werden und er zu seinen gewohnten Vergnügungen zurückkehren würde, um die Mühe und Verantwortlichkeit der Regierung einem ersten Minister zu übergeben.

Unter denjenigen, die sich auf diesen Posten Rechnung machten, schien niemand dem ersehnten Ziele so nahe, wie Nikolaus Fouquet, Oberintendant der Finanzen[1]. Fouquet, geboren 1615, aus einer alten parlamentarischen Familie, war von Mazarin als Armee-Intendant verwandt worden und hatte sich auf das engste an den Kardinal angeschlossen, dem er während der Fronde treue Dienste leistete. Zur Belohnung für dieselben wurde er von dem Minister, der sich seinen Freunden stets dankbar gezeigt hat, zum General-Prokurator bei dem Pariser Parlamente und im Februar 1653, nach dessen zweiter Rückkehr, zu dem viel umworbenen Posten eines Oberintendanten der Finanzen und zugleich zum Staatsminister ernannt. Ehrgeizig, listig,

---

1) Vgl. A. Chéruel, Mémoires sur la vie publique et privée de Fouquet (2 Bände, Paris 1863); ein Buch, das viel mehr gibt, als sein Titel verspricht. Im Grunde hat Fouquet keine Memoiren, sondern nur einzelne Papiere hinterlassen. Chéruel wählte den Titel „Memoires" statt „Biographie", weil er in seiner Darstellung meist den Zeitgenossen selbst das Wort gibt. Er hat, neben anderen Denkwürdigkeiten von geringerem Werthe, von noch ungedrucktem Material hauptsächlich benutzt: einmal die Papiere, die sich in der Kassette Fouquets fanden, und die wegen der Verheimlichung der Namen und anderer Vorsichtsmaßregeln der Korrespondenten sehr schwer zu dechiffriren waren; dann das Tagebuch Foucaults, des Protokollführers des zur Aburtheilung Fouquets eingesetzten Gerichtshofes. Die Darstellung Chéruels ist ebenso anziehend wie belehrend und wirft ein scharfes Licht auf die Charaktere der hervorragendsten Politiker und Schriftsteller der Zeit.

prahlerisch, den feinsten geistigen und den gröbsten materiellen Genüssen gleich zugethan, hoffte Fouquet aus diesem Posten die Stufe zur ersten, mächtigsten und genußvollsten Stellung der Welt zu machen. Indem er der unersättlichen Habsucht Mazarins diente, erkaufte er sich zugleich die Erlaubniß, seinerseits nicht nur vortheilhafte Geschäfte mit dem Staate zu übernehmen, sondern auch mit vollen Händen aus dessen Schatze zu schöpfen. Aber er speicherte die ungeheuren Summen, die er vertraurente, nicht auf, sondern verwendete sie zu zwei verschiedenen Zwecken, die beide recht deutlich die Anschauungen und Sitten der Zeit bezeichnen. Er erkaufte sich einerseits Anhänger in allen Klassen der höhern Gesellschaft, sowie einige feste Plätze — beides um eine solide Grundlage für seine Macht, sowie eine Zuflucht für alle Fälle sich zu erwerben. Nicht umsonst führte er ein aufwärts klimmendes Eichhorn in seinem Wappen, mit dem Motto: Quo non ascendam? Allein noch viel beträchtlicher waren die Gelder, die Fouquet in fast wahnsinnigem Luxus und schamlosen Ausschweifungen vergeudete. Die Pracht, die Verschwendung waren seit den milden vergnüglichen Anfangsjahren der Regentschaft sehr in Mode gekommen, nicht einmal so sehr bei den Großen, wie bei den reich gewordenen Kaufleuten und besonders den Parlamentsräthen und Steuerpächtern. Ein einziges Ballet kostete dem Veranstalter 10,000 Goldthaler, mindestens 180,000 Mark unseres Geldes; ein einziges Souper bei dem Marschall de L'Hopital 12,000 Goldthaler — 216,000 Mark. Die Ausgaben für Möbel, Tapeten, kunstreiche Maschinerien würden selbst unseren heutigen Finanzgrößen unglaublich erscheinen. Aber alle übertraf an Großartigkeit sowie an der Ungenirtheit, mit der er das unrechtmäßig erworbene Gut ausweist, Fouquet. Durch ganz Frankreich hatte er glänzende Schlösser, mit großen Parks und Wasserwerken, im Innern prächtig ausgeschmückt. Zahllos waren seine Galanterien; die vornehmsten Damen des Hofs zeigten sich seinen Diamanten und ungeheuren Geldgeschenken zugänglich. Viel wurde durch das Gerücht hinzugefügt, aber was alt erwiesen übrig bleibt, ist genügend, um die tiefe Sittenverderbniß dieser Zeit zu bezeichnen. Sie ging Hand in Hand mit lebhaftem literarischem Interesse; und Fouquet liebte es viel zu sehr, seinen Namen vor Mit- und Nachwelt gepriesen zu sehen, als daß er sich nicht zum freigebigen Beschützer der Dichter aufgeworfen hätte. Man muß gestehen, daß er bei Auswahl seiner Pensionäre einen eben so feinen und gebildeten Geschmack gezeigt hat, wie bei der Auswahl seiner Geliebten, die sich fast alle durch geistige Vorzüge auszeichneten.

Im Allgemeinen war während und unmittelbar nach der Fronde die Literatur in unerfreulichem Zustande. Corneille alterte, und seine neuen Stücke fielen durch. Die burlesten Dichter, an ihrer Spitze der kranke, verwachsene Scarron — „der Kranke der Königin" wie er sich nannte, weil er von Anna von Oesterreich eine Pension bezog — hatten den Geschmack des Publikums verdorben: ihre allgemeine Beliebtheit ist der beste Beweis für die tiefe Entäuschung und Grundsatzlosigkeit, welche die Folgen der Fronde waren. Im Gegensatz zu dieser Richtung strebten „die Precieusen" nach äußerster Verfeinerung der Gefühle und des Styles; ihre Meisterin war die Verfasserin bänderreicher, gezierter und total naturwidriger Romane, Mademoiselle de Scudery, deren Salon die Erbschaft des Hotel Rambouillet überkommen hatte. Fouquet richtete durch glänzende Gunstbezeugungen den gebeugten und entmuthigten Corneille auf und veranlaßte ihn, sein Talent noch einmal zum „Oedipe" aufzuraffen. Er vergaß die flachen Spöttereien Scarrons und unterstützte dessen Alter. Pellisson, der intime Freund der Scudery, erhielt von dem Intendanten die glänzendsten Huldbeweise. Und noch größer ist das Verdienst des letztern, ein Genie und ein wahres Talent in ihren Anfängen beschützt und unterstützt zu haben: Molière und La Fontaine. Begeistert priesen die Schriftsteller Fouquet als „Oberintendanten der schönen Künste".

Diese mächtige, glänzende, feingebildete und gewissenlose Persönlichkeit hatte einen förmlichen Plan entworfen, den König unschädlich zu machen. Fouquet hoffte ihn in einen Wirbel von Vergnügungen und Ausschweifungen zu ziehen, die ihn die Staatsgeschäfte vergessen machen würden, inzwischen durch Gefälligkeit und selbstbewußte Anmuth die Neigung des Monarchen zu fesseln und so dessen bevorzugter Minister zu werden. Er rechnete dabei auf seine zahlreichen Vertrauten am Hofe und in den höchsten Behörden, auf die Beihülfe seiner Freundin Olympia Mancini — der verehelichten Gräfin von Soissons-Carignan, die inzwischen ihre alte Herrschaft über das Herz Ludwigs wieder erlangt zu haben schien — und seine Spione und Werkzeuge. Er ahnte nicht, daß der König von seinen ungeheuerlichen Unterschlagungen vollständig unterrichtet und vor seinen Intriguen gewarnt war durch einen andern Mitarbeiter des Kardinals: Jean Baptiste Colbert.[1])

Geboren am 29. August 1619 zu Reims als Sohn eines nur mittelmäßig begüterten Kaufmanns, wurde Colbert durch reiche Verwandte in den Staatsdienst untergebracht, und hatte das Glück, in diesem die Augen Mazarins auf sich zu ziehen, der ihn als seinen Vermögensverwalter anstellte. Als solcher wußte er vortrefflich für sich selbst, aber zugleich mit solchem Scharfsinn und Eifer für die finanziellen Interessen seines Patrons zu sorgen, daß dieser ihn lebhaft Ludwig XIV. empfahl. In der That war Colbert dem Staate gegenüber von strenger Rechtlichkeit, allen Ausschweifungen abgeneigt, von unermüdlicher Arbeitskraft, umfassendem Blicke, gewohnt, sich stets große Ziele zu setzen, dabei freilich eigensinnig, hart bis

---

[1] Lettres, instructions et mémoires de Colbert, par P. Clément (Paris 1862—73, 7 Bände in der großen Sammlung der Documents inédits pour l'Histoire de France). — Derselbe Pierre Clément hat auch die Biographie Colberts verfaßt: Histoire de Colbert et de son administration (2 Bände, Paris 1874); ein außerordentlich fleißiges und unparteiisches Werk, an der Hand der offiziellen Aktenstücke. Die Verdienste und die schweren Fehler der Colbert'schen Verwaltung werden mit vieler Einsicht und Gerechtigkeit abgewogen, wenn auch oft ein tiefer eindringendes Urtheil und ein weiterer historischer Blick vermißt werden.

zur Grausamkeit, habgierig für sich und die Seinigen, und im Ganzen durchaus nicht über die falschen national-ökonomischen Anschauungen seiner Zeit erhaben. Von dem jungen Könige zum Intendanten der Finanzen ernannt, deckte Colbert demselben die Unterschlagungen und Veruntreuungen des Oberintendanten auf, der sich nicht entblödete, dem Monarchen gefälschte Etats vorzulegen, in denen die Einnahmen zu gering, die Ausgaben zu hoch erschienen. Vergebens bemühte sich Ludwig, der die großen Gaben Fouquets in vollem Maße schätzte, denselben durch Andeutungen und Ermahnungen auf einen bessern und ersprießlichern Weg zu bringen: der gewissenlose Minister erhoffte von Tag zu Tage das Gelingen seines schändlichen Entnervungsplanes. Er suchte selbst die Königin-Mutter zu gewinnen durch den doppelten Reiz großer Geschenke und des Versprechens, ihr den Einfluß auf die Staatsgeschäfte zu gewähren, dessen sie seit Beendigung der Fronde halb wider ihren Willen entkleidet worden; und Anna von Oesterreich hatte trotz der bigotten Frömmigkeit, der sie mehr und mehr sich in die Arme geworfen, nicht die Kraft, diesen Verlockungen zu widerstehen.

Daß der König ihn im Amte beließ, ja mit wichtigen Unterhandlungen betraute, schien dem Oberintendanten der beste Beweis für das Gelingen seines mit unglaublicher Keckheit ins Werk gesetzten Planes. Allein Ludwig wahrte sich vor diesen Intriguen mit einer Charakterstärke und einer gedulgigen Verstellung, die zu ahnen man weit entfernt war. Es lag ihm daran, die richtige Zeit abzuwarten, um Fouquet unvorbereitet mit einem furchtbaren Schlage treffen zu können und dadurch die von jenem für den Fall eines Unglückes so sorgfältig vorbereiteten Mittel des Widerstandes unnütz zu machen. Nicht als ob Ludwig, der seiner geistig höchst unbedeutenden Gemahlin bald überdrüssig geworden war, seine feurigen Leidenschaften gezügelt hätte, im Gegentheil wußte man am Hofe bald genug von seinen zahllosen Liebschaften: allein er besaß die Kraft, unter diesen unwürdigen Zerstreuungen den Geist und die nöthige Zeit für die Staatsgeschäfte frei zu erhalten. Er sagte später einmal seinen Ministern: würden sie bemerken, daß irgend eine Frau politischen Einfluß auf ihn gewinne, so sollten sie ihn darauf aufmerksam machen; er verspreche ihnen, binnen 24 Stunden sich von einer solchen Verbindung loszureißen.

Mit List wurde an Fouquets Sturz gearbeitet. Zunächst vermochte man ihn, sein Amt als General-Prokurator, als seiner nicht würdig, zu verkaufen; denn ein Mitglied des Parlaments konnte nur durch dieses selbst in umständlichen Formen gerichtet werden. Fouquet sah sich mit Gunstbeweisen überhäuft — so wenig sicher war doch noch die Ausübung der höchsten Gewalt einem mächtigen Unterthan gegenüber! Der König nahm für sich und den ganzen Hof seine Einladung zu einem Feste in seinem herrlichen Schloß Vaux an; die verschwenderische und prahlerische Pracht, die hierbei entfaltet wurde — die 36 Dutzend goldner und 500 Dutzend silberner Teller, das Souper für 120,000 Livres (700,000 Mark), die Opern, Ballets, Gemälde,

Sturz Fouquets.

Alles die königlichen Schlösser weit übertreffend — brachte den König noch mehr gegen Fouquet auf. Auf einer Reise nach der Bretagne ließ er ihn plötzlich verhaften, am 5. September 1661; gleichzeitig wurden seine festen Sicherheitsplätze überfallen und genommen.

Merkwürdig, daß die öffentliche Meinung in Frankreich, sonst so unerbittlich gegen betrügerische Finanzminister, sich binnen kurzem durchaus für Fouquet erklärte. Die tiefe Verstellung, die Ludwig ihm gegenüber gezeigt hatte, die rasche Gewaltsamkeit seines Sturzes von schwindelnder Höhe hatten hieran wohl ebenso viel Antheil, wie der Eifer, mit dem alle tonangebenden Schriftsteller ihren unglücklichen Gönner vertheidigten. Die mit seiner Aburtheilung betraute Kommission zog die Sache in die Länge; endlich wurde er trotz unerhörter Beeinflussung durch den Hof nur zur leichten Strafe der Verbannung verdammt (Dezember 1664). Der König nahm es auf sich, durch einen Gewaltakt den, wie er meinte, gefährlichen Mann Zeitlebens in eine Festung zu sperren; zu Pignerol in härtestem Kerker ist der Unglückliche erst 1680 gestorben.

Colbert, sein hauptsächlicher Feind und Verfolger, trat seine Erbschaft an; nicht dem Namen nach, denn er wurde als einfacher Commis einem Finanzrathe hochgeborener Persönlichkeiten untergeordnet, aber thatsächlich. Erst acht Jahre später erhielt er den Rang eines Staatsministers, als welcher er auch Oberintendant

Jean Baptiste Colbert.
Nach einem Bild von Jac. Lubin.

der königlichen Bauwerke, der schönen Künste und Fabriken war. Welch' Gegensatz zu dem glänzenden Fouquet, dieser bescheidene Commis, der fünfzehn Stunden des Tages zu arbeiten pflegte, sich um den Hof und die Welt nicht kümmerte und zu Fuß mit einem einfachen schwarzen Sammelbeutel voll Papiere unter dem Arm zum Könige zu kommen pflegte. Wie verächtlich hatte Fouquet auf diesen Plebejer herabgesehen, und doch wie unendlich stand er hinter diesem tiefen, thätigen und zähen Geiste zurück!

Sogleich im Beginne seiner Regierung bewährte Ludwig XIV. die erste Gabe eines Herrschers: einen fast unfehlbaren Scharfblick in der Auswahl seiner Minister und übrigen Diener. Neben Colbert nahmen damals den ersten Rang ein zwei Männer, die gleichfalls in der Schule Mazarins gebildet waren: Lyonne und Le Tellier. Wie Colbert waren sie von verhält-

1) Obiges Facsimile ist der Anfang und der Schlußsatz eines an den Kardinal Mazarin gerichteten Briefes. Es lautet: A Nevers, ce dernier octobre 1650. — J'ai l'esprit tellement rempli de confusion, de chagrin et de désespoir, que je ne sais que dire à V. Excellence. Je suis comblé de ses bienfaits, toute ma famille a reçu et reçoit continuellement des marques de sa bonté. La confiance que V. E. a bien voulu avoir en tous ceux qui portent mon nom, est connue de tout le monde, et néanmoins il s'en trouve un qui a été capable de la trahir........ et je suis, m'estimant indigne de prendre la qualité ordinaire de très-fidèle serviteur de V. E. Colbert.

mißmäßig niederm Ursprunge, denn die Großen und zumal die Prinzen von den Staatsgeschäften auszuschließen, war von Beginn an die wohl überdachte und konsequent ausgeführte Maxime Ludwigs. Der große Condé mußte sich in den nächsten Jahren damit begnügen, dem Könige, dessen Gemahlin und Bruder bei Tafel aufzuwarten! Ludwigs Minister sollen eben nur Geschöpfe seiner Gnade sein, in allem von ihm allein abhängig, genöthigt, ihm von jedem Schritte Rechenschaft zu geben. Dafür ließ er sie in ihren persönlichen Angelegenheiten gewähren und hielt sie gegen alle Anfechtungen aufrecht. Er liebte es nicht, seine Minister zu wechseln: theils weil er wirklich ausgezeichnete Kräfte in ihnen gewonnen hatte, theils weil er durch häufige Aenderungen das Ansehen seiner Unfehlbarkeit in Gefahr gebracht haben würde. Aber daran mußten sie festhalten: sie mußten ihm, wenn auch nur scheinbar, überall die Bestimmung überlassen, auch nicht die leiseste Miene der Selbständigkeit annehmen.

Hugo von Lyonne war der Sohn eines kleinen Edelmannes, ebenso wie Colbert durch Mazarin befördert. Eine genial angelegte Natur, feurig in allen seinen Trieben, wußte er sich weder bei der Arbeit noch bei dem Vergnügen zu zähmen. Tag und Nacht hinter einander konnte er an einem dringenden und interessanten Geschäft thätig sein; dann warf er sich wieder in den wildesten Strudel der materiellen Freuden und Ausschweifungen, um ihnen wenige Minuten der Thätigkeit abzustehlen. Sein lebhafter und durchdringender Geist, unterstützt durch eine unglaubliche Geschäftskenntniß, ersparte ihm freilich viele Mühe. Er war auf das intimste mit den fremden Höfen, mit allen leitenden Persönlichkeiten Europas vertraut, auf das genaueste bewandert in der Geschichte der Diplomatie. Unerschöpflich an Hülfsmitteln, weil ausschauend und verschlagen, war er der genialste Minister des Aeußern, den Frankreich vielleicht je gehabt. Seine Depeschen sind ebenso sachgemäß und genau abgewogen, wie seine politischen Pläne meisterhaft entworfen und ausgeführt. Der König verzieh ihm seine zahlreichen Schwächen, seine Vernachlässigung des Details, seine Verbindung mit Fouquet; immer mehr lernte er ihn schätzen.

Ein ganz anders gearteter Mensch war Michael Le Tellier; ruhig, besonnen, nachdenklich, durch eifrige Mühewaltung und Arbeit den bescheideren Eigenschaften seines Geistes nachhelfend; zurückhaltend ohne Zieret, einfach in seiner Lebensweise, von untadelhaften Sitten, leicht zugänglich und höflich in seinem Benehmen; höchst pflichtgetreu in Ausübung seines Amtes. Er führte allmählich seinen Sohn in die Geschäfte ein, der freilich eine von ihm sehr verschiedene Natur war: Franz Michael Le Tellier, durch Kauf einer Herrschaft Marquis von Louvois.[1]) Geboren 1641, wurde in seinem einundzwanzigsten Jahre seinem Vater für die Geschäfte der Polizei- und Heeresverwaltung beigeordnet, später — 1668 — alleiniger Kriegs-

---

1) Camille Rousset, Histoire de Louvois (3. Aufl. Paris 1864, 4 Bände). Ein ausgezeichnetes Werk von großem bleibenden Werthe! Gegründet auf das reiche Pariser Kriegsarchiv, besonders die eigene Korrespondenz Louvois', auf die Aktenstücke

52 Erstes Buch. 3. Kap. Ludwig XIV. als Alleinherrscher.

minister. Er hatte es schon als Jüngling verstanden, sich die persönliche
Freundschaft des Königs zu erwerben, indem er sich als dessen Schüler bekannte und auf alle dessen Pläne einging: aber dieser junge Günstling wurde
in der That ein großer Minister. Ein Mensch ohne Herz, ohne Gefühl,
höhnisch bis zum Cynismus, aus innerer Vorliebe gewaltthätig und brutal,
hat Louvois sich als Politiker
viele Fehler und Verbrechen zu
Schulden kommen lassen; — als
Administrator war er unvergleichlich. Voll gesunden Urtheils und
klaren Einblicks in die Verhältnisse war er wie zur Führung
schwieriger Verwaltungsgeschäfte
geboren. Allem Phantastischen abgeneigt, hatte er nur einen beschränkten Vorrath grundsätzlicher
Ideen, aber sie den Verhältnissen
anzupassen, sie in Wirksamkeit zu
setzen, eine wunderbare Geschicklichkeit und Gewandtheit. Unermüdlich und voll unbezwinglichen Eifers in seinen Geschäften
— seine offizielle Correspondenz

Louvois.¹)

füllt neunhundert Foliobände! — scheute er sich auch nicht, alle Hindernisse, die
ihm und dem Interesse des Staates im Wege standen, hinwegzuräumen, und
sei es mit roher Gewaltsamkeit.

In der That war der Zustand des Heeres dringend einer Reform
bedürftig; es gehörte noch halb der Feudalität an. Alle Offiziersstellen,
vom Hauptmann aufwärts, waren käuflich, mit Ausnahme derjenigen der
Marschälle und Höchstkommandirenden; und die Subalternoffiziere und Soldaten hingen nicht vom Könige ab, sondern von den Inhabern dieser käuflichen
Aemter. Denn wenn ein Regiment ausgehoben werden sollte, so erhielt ein

---

des Pariser Ministeriums des Auswärtigen, auf die Memoiren und Flugschriften
schildert es die Kriegsgeschichte der ersten dreißig Jahre von Ludwigs Regierung.
Uebrigens ist der Verfasser eifriger französischer Chauvinist, der z. B. die Reunionen
als historische Nothwendigkeit für verdienstlich angibt. Vergeblich bekämpft er die
hinreichend beglaubigte Thatsache, daß Louvois in der Ungnade des Königs starb.

1) Das hier beigegebene Facsimile ist ein Billet des Marquis de Louvois, anscheinend vom 1. Februar 1674, an den Marschall de Turenne. Es lautet: A Saint-
Germain, ce 4 à sept heures du soir. — Les nouvelles que le Roi vient de rece-
voir ne lui laissant point de lieu de douter de la séparation des ennemis, Sa
Majesté m'ordonne de vous faire savoir, qu'elle ne doute pas que vous partiez
demain, comme vous vous l'êtes proposé. Je suis votre très-obéissant serviteur,
de Louvois.

A M. Germain
Dreson

Les nouvelles que le Roy a
eu luy (?) lecrivain pour la
et l'occupation des ennem
m'ordonne de vous faire
n'a dire pas que vous p
comme vous lestez p
votre h. obeissant ser

[illegible]

Oberst oder eine Anzahl Hauptleute dafür Kommissionen, auf Grund deren sie die Soldaten anwarben, kleideten, bewaffneten und beköstigten, um vom Staate nach einem bestimmten Satze für jeden Mann entschädigt zu werden; begreiflicher Weise hing nun auch die Ertheilung der untern Chargen von den Kommissionsinhabern ab, die überdies ihre eigenen Stellen nach Gutdünken verkauften oder vertauschten. Die Bestätigung der Anzustellenden oder der Käufer lag nicht bei dem Könige oder seinem Minister, sondern bei den sogenannten Generalobersten der einzelnen Waffen, der Infanterie, der Kavallerie, der Schweizer u. s. w., deren Aemter gleichfalls ein erbliches und verkäusliches Besitzthum waren. Durch diese Einrichtungen war nicht nur der Centralgewalt jede unmittelbare Einwirkung auf die Beschaffenheit und den Geist des Heeres genommen, war dieses gleichsam in Lehen und Afterlehen gegeben, sondern auch dem Unterschleif Thür und Thor geöffnet. Die Hauptleute und Obersten, denen die finanzielle Sorge für ihre Kompagnie oder ihr Regiment völlig überlassen war, unterlagen einer starken Versuchung, den Staat zu betrügen, indem sie die Truppentheile weit unter dem Sollstande hielten und sich doch für voll bezahlen ließen. Wirklich wurden diese Täuschungen so allgemein ausgeübt, daß sie für selbstverständlich und gar nicht ehrenrührig galten; nur bei Musterungen machte man die Truppentheile vollzählig, indem man für den betreffenden Tag Tagelöhnern, Bedienten und Vagabunden die Waffen in die Hand gab. Die Allgemeinheit dieser Mißbräuche, die zahlreichen und hoch hinaufreichenden Interessen, die mit ihnen verknüpft waren, machten ihre Abstellung sehr schwierig.

Aehnlicher Reform bedursten alle andern Zweige des öffentlichen Dienstes; denn Richelieu und Mazarin hatten zu viel mit der Verfassung des Staates und mit seiner äußern Machtstellung zu thun gehabt, als daß sie dem Detail der Verwaltung hinreichende Aufmerksamkeit hätten widmen können. Die ordentlichen Staatseinkünfte betrugen, nach Abzug aller Kosten und der Zinsen für die Schuld von etwa 200 Millionen Livres, nur 23 Millionen jährlich; und auch sie waren schon bis zur Mitte des Jahres 1663 verpfändet. Die Marine war gänzlich verfallen; der Handel durch den Mangel an Verkehrsmitteln, Land- und Wasserstraßen, durch die zahlreichen innern Zölle, durch die stetten Unruhen, durch die hohen Schulden der übelverwalteten Städte gelähmt. Die öffentliche Sicherheit litt unter den Gewaltthaten der Edelleute, die bei den Gouverneuren und bei den durchaus bestechlichen Richtern Schutz und Schirm gegen jede Verfolgung, selbst gegen Beschlüsse des Staatsraths zu finden gewohnt waren. Ueberhaupt litt die Gerechtigkeitspflege unter der unredlichen Parteilichkeit der Justizbeamten.

Ludwig XIV. ging mit rühmlichem Eifer und Fleiß an die Reform dieser Mißbräuche. Er fühlte sich viel zu sehr als wahrer König, als daß er dergleichen geduldet hätte. Selbstbewußt wie er war, begann er schon damals sich eingehende Notizen über seine Entschlüsse und Thaten aufzuzeichnen, um dieselben der Nachwelt in seiner Auffassung darzustellen.

Seine Zeit war auf das genaueste eingetheilt. Montags und Freitags hielt er Staatsrathsfitzungen, in denen die äußern, die innern und die Justizangelegenheiten von größerer Bedeutung erledigt wurden. Dienstag, Donnerstag und Samstag fanden die Sitzungen des Finanzrathes statt; am Donnerstag Nachmittag vertheilte der König mit seinem „Gewissensrathe", der aus seinem Beichtvater und drei Prälaten bestand, die vakanten kirchlichen Benefizien. Mittwoch und Sonntag blieben dem Könige frei, und er brachte sie meist in einem kleinen Landhause zu, das Versailles hieß, und an dessen Vergrößerung und Verschönerung, da dessen Lage ihm gefiel, er mit persönlichem Vergnügen arbeitete. An den übrigen Tagen benutzte er die Stunden nach Beendigung der Rathssitzungen häufig zur Jagd, die er freilich nur mittelmäßig liebte. Aber jeden Abend erledigte er mit seinen drei Hauptministern die laufenden Geschäfte, ließ sich die ankommenden und abgehenden Depeschen vorlesen und unterschrieb die auszufertigenden Aktenstücke. Jede Bittschrift nahm er an und ging sie selbst durch. Der richtige Takt, das gesunde und zutreffende Urtheil, die Ludwig XIV. in so hohem Grade auszeichneten, ersetzten ihm zum guten Theile die fehlenden Kenntnisse. Er selbst fühlte die Mängel seiner Bildung so tief, daß er eine Zeit lang sich von dem alten Bischof von Rodez täglich eine Stunde lateinischen Unterricht ertheilen ließ, hauptsächlich damit er die Breven Sr. Heiligkeit verstünde. Ueberhaupt trug Ludwig schon damals eine strenge Kirchlichkeit zur Schau, die freilich noch nicht bis zur unduldsamen und finstern Frömmelei seiner spätern Jahre sich entwickelt hatte. Sie hinderte ihn vielmehr nicht an dem Verfolgen immer neuer Liebesaffairen. So ehrerbietig er stets seine Mutter bis zu deren im Jahre 1666 erfolgten Tode behandelte — er redete nie anders denn entblößten Hauptes mit ihr — so hoch erfreut er über die Geburt eines Dauphins am 1. November 1661 war: die Warnungen und Thränen seiner Mutter und seiner Gemahlin hielten ihn nicht von Ausschreitungen zurück. Zum Glücke für sich selbst und den Staat wurde er damals durch eine ernste und dauernde Neigung fast ausschließlich gefesselt: zu der sanften und milden Luise von La Vallière, deren frommer feuerfüllter Sinn, deren abgöttische Liebe zu dem Monarchen sie unfähig machten, ihre Stellung zu mißbrauchen.

Die nöthigste Reform, auf der alle übrigen erst beruhen konnten, war die der Finanzen. Ein Gerichtshof, der zur Untersuchung der Unterschleife eingesetzt worden, verfuhr auf des Königs ausdrücklichen Befehl mit unnachsichtiger Strenge. Die hohen Schatz- und Steuerbeamten, die Steuerpächter, die Bankiers des Staates wurden mit enormen Geldstrafen belegt, die sie oft völlig zu Grunde richteten; untergeordnete Verbrecher sogar mit dem Tode. In den beiden Jahren 1662 und 1663 allein wurden dem Financiers mehr als siebzig Millionen Livres abgenommen; als der Gerichtshof 1669 nach völligem Abschluß seiner Arbeiten aufgelöst wurde, hatte er dem Könige von 500 Individuen 110 Millionen Livres, dem verhältnißmäßigen Geld- und

Metallwerthe nach etwa 650 Millionen Francs unserer Zeit eingebracht. Die Unbarmherzigkeit, die Ludwig und Colbert hierbei erwiesen, wird minder grausam erscheinen, wenn wir erwägen, daß sie dafür die auf die untern Stände so hart drückende Personalsteuer, die Taille, beträchtlich verminderten.

Weniger zu billigen war eine andere Maßregel, die auf Colberts Anrathen getroffen wurde: die Reduktion der vom Staate geschuldeten Renten. Zunächst wurden einige Anlehen unter dem Vorwande, daß der König mit demselben betrogen worden, gänzlich unterdrückt. Als in dieser Maßregel weiter fortgefahren, die noch übrigen Renten aber für den oft sehr niedrigen Preis ihrer Emission eingezogen werden sollten, entstand ein allgemeines Mißvergnügen über diesen unverhüllten und freiwilligen Staatsbankerott. Diese Renten waren ja längst, bei Besserung der öffentlichen Verhältnisse, zu höheren Preisen an zweite und dritte Personen verkauft worden. Die Erregung wurde so allgemein[1]), so drohend, daß selbst Colbert wich; er begnügte sich, die Rückzahlung für fakultativ zu erklären und die noch übrigen Renten um ein Fünftel zu erniedrigen (Dezember 1664). Immerhin waren durch diese willkürlichen und wenig gewissenhaften Maßregeln die Zinsen, die der Staat jährlich zu zahlen hatte, von 15 auf 8 Millionen herabgesetzt.

Das öffentliche Vermögen betrachteten Ludwig XIV. und sein Minister als ein unantastbares Gut, dessen Veräußerung an sich und für immer ungültig sei. Ohne Rücksicht auf den zukünftigen Staatskredit oder auf Privatrechte griffen sie hier schonungslos ein. Die Staatsdomänen, die seit Jahrhunderten verkauft, oft verschleudert worden waren, wurden gewaltsam gegen Rückerstattung des Kaufpreises zurückgenommen, so sehr sich auch seitdem der Werth des Geldes verändert hatte. Von den Adelstiteln, die in Frankreich einen so bedeutenden finanziellen Werth hatten, indem sie von sämmtlichen direkten Auflagen befreiten, wurden alle in den letzten dreißig Jahren erworbenen einfach kassirt. Denn es war Colberts feste Maxime: auf Kosten der Reichern, zumal derjenigen, die aus den letzten Unruhen Vortheil gezogen, die Aermeren zu entlasten.

Aus diesem Gesichtspunkte ging auch seine durchgreifende Steuerreform hervor. Er verminderte grundsätzlich die direkten Abgaben und erhöhte um ebensoviel die indirekten Steuern, nicht aus einer prinzipiellen Bevorzugung der letztern, sondern weil dieselben von allen Einwohnern des Reiches, die unmittelbaren Abgaben dagegen nur von den nichtprivilegirten untern Ständen entrichtet wurden.

Unbedingt lobenswerth war die Aufhebung der die nördlichen und centralen Provinzen von einander trennenden Binnenzölle im Jahre 1664, so daß in Zukunft nur noch an der Grenze Zölle erhoben wurden. Hierdurch wurde allein eine berechnende Handelspolitik möglich. In Bezug auf Verkehr und

---

1) ..... Plus pâle qu'un rentier, A l'aspect d'un arrêt qui retranche un quartier. (Boileau, Satire 8.)

Handel huldigte Colbert dem Protectionssysteme, dem Systeme der Beschützung und Beaufsichtigung des Gewerbfleißes und des Handels durch den Staat. Man meinte es damals noch durch gesetzgeberische Maßregeln erzwingen zu können, daß ein einziger Staat die größte Summe des Weltverkehrs an sich reiße, daß er in bedeutendem Umfange Natur- und Industrieerzeugnisse ausführe und dabei sich fast vollständig freistelle von dem Import fremder Producte. Dadurch wollte man möglichst viel Geld im eigenen Lande anhäufen; denn noch immer sah man in der Menge der Edelmetalle den einzigen Werthmesser des Nationalbesitzes, hielt man das Geld für den einzigen wahren Reichthum eines Volkes. Deshalb diese Alles umfassenden Sperr- und Beaufsichtigungsmaßregeln im 17. und 18. Jahrhundert, wie sie Colbert zum ersten Male folgerichtig durchgeführt hat. Alle Gewerbe wurden in strenggegliederten Corporationen organisirt, in denen die Art der Zubereitung der Waaren durch genaue Reglements bei hohen Strafen vorgeschrieben war. Mit großen Kosten wurden fremde Fabrikanten und Arbeiter in das Land gezogen. Dieses System, dessen Verderblichkeit erst bei seiner consequenten Weiterbildung sichtbar werden sollte, übte einstweilen fördernde und belebende Wirkung auf die französische Industrie. Man mag mit Recht diese einseitige Bevorzugung von Manufaktur und Handel gegenüber dem Ackerbau, dieses sogenannte Mercantilsystem verurtheilen: man wird nicht leugnen, daß Colbert es mit großartiger logischer Folgerichtigkeit erfaßt, thatkräftig und durchdacht ausgeführt und auf Jahrhunderte zum herrschenden in Europa gemacht hat.

Unmittelbar griff Ludwig ein, wo es galt, die letzten Reste von Selbständigkeit dem Königthume gegenüber zu erdrücken. Zumal buldete er von Seiten der Parlamente, denen er die Anregung zur Fronde nie verzieh, keinen Widerspruch. Er ließ sich die Register des Pariser Parlaments bringen und riß alle Blätter heraus, auf denen die gewaltsamen Beschlüsse jener unruhigen Jahre verzeichnet waren. Er demüthigte die Parlamente bei verschiedenen Gelegenheiten, und endlich nahm er ihnen im Jahre 1665 den Titel „souveräne Höfe", auf den sie stolz waren, um ihn durch den bescheidenern „obere Höfe" zu ersetzen. Die Erzählung, er sei beschmutzt von der Jagd mit der Reitpeitsche in der Hand in das Parlament getreten, um demselben seinen Willen kund zu thun, ist freilich nur erfunden; aber er brachte es doch in wenigen Jahren dahin, daß die Parlamente selbst ihr altes Recht der Vorstellungen gegen königliche Edikte nicht mehr auszuüben wagten, sondern dieselben in schweigendem Gehorsam annahmen. Ludwig sagte darüber mit jener kühlen Verachtung, die er besiegten Feinden stets zu zollen pflegte: „Der Gehorsam, den die Parlamente mir bewiesen, zeigte deutlich, daß diese Art Körperschaften nur gefährlich für solche ist, welche sie fürchten."

Nicht größerer Schonung hatte sich der Adel zu erfreuen, wenn er auf Selbständigkeit Anspruch machte. In der That hatte er zumal in den vom Hofe entfernteren Provinzen die Unruhen der letzten Jahrzehnte benutzt, um mit Connivenz der Gerichtsbeamten, „welche das Volk wie eine Milchkuh behandelten", die hülflosen Bauern zu mißbrauchen und auszubeuten. Der König sandte eine Kommission des Pariser Parlamentes nach der Auvergne (1665), um dort für alle benachbarten Provinzen die „großen Tage", d. h. eine feierliche und mit außerordentlichen Vollmachten bekleidete Gerichtsseſſion zu halten. Die Kommiſſion unterſuchte mit größter Strenge die Verbrechen bis tief in die Vergangenheit hinein und beſtrafte die vornehmſten Schuldigen ohne Rückſicht mit Tod, Kerker, Galeeren, Geldbußen. 349 Adelige mußten fliehen, um der Todesſtrafe zu entgehen; 96 wurden verbannt. Die meiſten Güter derſelben wurden eingezogen. Der Adel zitterte, das Volk jubelte. Allen Schuldigen wurde das Recht der Juſtizausübung und der damit verknüpften Abgaben genommen, was dem König ebenſo erwünſcht war wie der Bevölkerung. — Aehnliche „große Tage" wurden dann auch für die Süd= provinzen abgehalten.

Dieſe ſchreckhafte ſchonungsloſe Juſtiz, ausgeübt durch bürgerliche Magi= ſtrate, die ihrerſeits blinde Werkzeuge des königlichen Willens waren, brach für immer den Trotz des franzöſiſchen Adels. Verbunden mit dem Vorgehen gegen Fouquet, gegen die Finanzleute, gegen die Rentenbeſitzer, ließ ſie den Monarchen als unbedingten Herrn über Vermögen und Leben der Unter= thanen erſcheinen. Ein Ton der Hingebung, der Schmeichelei, der grenzenloſen Unterwürfigkeit, ja der Anbetung wurde ihm gegenüber gebräuchlich, wie er ſeit den Zeiten der byzantiniſchen Kaiſer in Europa unerhört war. Dieſe knechtiſche hyperboliſch lobpreiſende Sprache ſchmeichelte durchaus dem despotiſchen Inſtinkt Ludwigs XIV. Heinrich IV. würde ſich mit Ekel von ihr abgewandt haben.

Um dieſes franzöſiſche Königthum nach Innen abſolut, nach Außen mächtig und einflußreich zu erhalten, bedurfte es der Reorganiſation des Heerweſens, dem die beiden Le Tellier, Vater und Sohn, ſich mit Einſicht und unermüdlichem Eifer widmeten. Zunächſt wurden die Stellen der Generalobersten theils unterdrückt, theils ihrer Vorrechte beraubt, ſo daß jeder Offizier vom Könige ernannt oder doch beſtätigt werden mußte. Für die Bewaffnung der Soldaten wurden genaue Vorſchriften gegeben, ſowohl für das Kaliber der Muskete wie für die Länge und Schwere der Pike — denn noch waren nur zwei Drittheile der Infanterie mit Feuergewehren ausgerüſtet. Auf die Unterſchleife in der Zahl der Mannſchaften wurden ſchwere und ent= ehrende Strafen geſetzt, und zur Beauffichtigung der Zahl, der Tüchtigkeit und guten vorſchriftsmäßigen Ausrüſtung der Soldaten Inſpektoren ernannt, die eine ſehr weitgehende Strafgewalt beſaßen. Auf dieſe Weiſe wurde die Armee wirklich zu einer homogenen Maſſe umgeſtaltet, die Diseiplin mit Strenge durchgeführt und den zumal in Kriegszeiten ſo überaus ſchädlichen Betrügereien faſt völlig ein Ende gemacht. Der König hatte ſich eines zuverläſſigen und ſcharfen Werkzeugs für ſeine auswärtigen Entwürfe verſichert.

Frankreichs Macht nach allen Seiten hin zur Geltung zu bringen, war ſein hauptſächlichſtes Streben. Er wollte in jeder Beziehung als der erſte König der Chriſtenheit erſcheinen: darin liegt ſein hauptſächlichſter Geſichts=

punkt für diese äußere Politik. Alle Entwürfe seiner Minister mußten Ludwigs hoher Auffassung von seiner und Frankreichs Stellung dienen. Diese war es, nicht eigentliche Eroberungsgier, die ihn leitete. Gestützt auf ein zahlreiches wohlorganisirtes Heer, auf eine geschickte centralistische Verwaltung, welche alle Kräfte des Staates in der Hand des Königs vereinigte, auf die gewandteste und ehrgeizigste Diplomatie der Welt, zeigte Ludwig frühzeitig dem erstaunten Europa seinen Herrn.[1])

Ludwigs Vermählung mit der ältesten Tochter des spanischen Königs änderte nichts an der seit 150 Jahren gegen das Haus Habsburg gerichteten Politik Frankreichs. Das ungeheure spanische Reich war nur noch ein Schatten seiner früheren Größe. Die beständigen Kriege hatten die Finanzen und die Bevölkerung erschöpft, die Kolonisation tüchtige Kräfte in Anspruch genommen und wüstes Hetzen nach mühelosem Reichthum erzeugt; der geistliche und staatliche Despotismus hatte jede freie und selbständige Regung erstickt, das Volk sich der Eitelkeit, dem Bettelstolze, körperlicher und geistiger Trägheit überlassen; dazu kam ein ökonomisches und Steuersystem, so verkehrt, wie es nur immer gedacht werden kann. Gewerbe und Handel waren künstlich geschwächt, der Ackerbau hierdurch, sowie durch die Anhäufung von Besitz in der todten Hand stark vermindert, die arbeitenden Klassen durch Abgaben erdrückt. Schließlich waren die feineren Gewerbe, soweit sie noch in Spanien existirten, dort ausschließlich in die Hände der Franzosen übergegangen. Den Handel mit den Kolonien sollten nur Spanier betreiben, aber da diese weder Kapital noch Intelligenz und Fleiß in hinreichendem Maße besaßen, so führten ihn fast allein englische und holländische Kaufleute, die sich zur Umgehung des Gesetzes spanische Firmen borgten. So war die Bevölkerungsziffer, die am Beginne des 16. Jahrhunderts 15 Millionen Seelen betragen hatte, in der Mitte des 17. auf 6 Millionen gesunken. König Philipp IV., seit 1621 auf dem Thron, eine gleichgültige, träge, nur sinnlichen Freuden zugewandte Natur, deren Gutmüthigkeit und Schwäche seinem Staate lediglich zum Nachtheile gereichte, war begreiflicher Weise nicht im Stande, diesen tiefgehenden Mißverhältnissen abzuhelfen. Als der wackere, ehrenhafte und umsichtige Don Luis de Haro zur selben Zeit wie Mazarin das Staatsruder erhielt, war es schon zu spät, ein Land zu regeneriren, in dem alle geistigen und materiellen Hülfsquellen versiegt waren. Die einzige Schutzwehr, die Spaniens Größe, bei innerem Verfalle, noch äußerst erhalten hatte, seine treffliche, kriegsgewohnte, auf hundert Schlachtfeldern siegreiche Armee, war auf den Gefilden von Rocroy und Lens und auf den Dünen vernichtet. Und der Tod Haros, welcher in demselben Jahre wie der Mazarins erfolgte, ließ dann den spanischen Staat vollends hülflos zurück.[2])

---

1) Flassan, Histoire générale de la diplomatie française (2. Aufl., Paris 1811), Band III. — 2) Ch. Weiß, L'Espagne depuis Philippe II. jusqu'à l'avènement des Bourbons (2 Bände, Paris 1844).

Wider einen so schwachen Gegner hielt Ludwig Alles für erlaubt. Alle Besserdenkenden in Europa hatten gehofft, daß der westphälische, der pyrenäische und der Olivaer Vertrag den Beginn eines langen Friedens bezeichnen, daß höchstens alle christlichen Mächte sich zur „Vertreibung des osmanischen Aberglaubens" vereinigen würden — ein Ideal, das bis zum Ende des 17. Jahrhunderts die Gemüther beherrschte — aber sie hatten sich bitter geirrt. Nichts lag Ludwig XIV. ferner, als selbstlosen Idealen nachzugehen. Sich selbst, seine Stellung, die französische Krone sah er als maßgebenden und allein zu berücksichtigenden Mittelpunkt der Welt an. Und dabei wußte sein Minister Lyonne mit unvergleichlicher Schlauheit, durch Ueberredung und Bestechung die europäischen Staaten über ihr wahres Interesse, das so klar in der gemeinsamen Bekämpfung der französischen Supremacie lag, zu täuschen und, wenn sie wirklich unter einander wider Frankreich verbündet waren, zu entzweien und zu trennen. Ein ausdrücklicher Artikel des pyrenäischen Friedens verpflichtete Frankreich, den Portugiesen, deren Unabhängigkeit Spanien noch nicht zugeben wollte, keinerlei Unterstützung zu gewähren. Der König und sein Minister machten sich kein Gewissen daraus, trotzdem — freilich nur heimlich — den steten Nebenbuhler durch Sendung von Geld, Offizieren und Veteranen nach Lissabon zu schädigen. Als im Oktober 1661 der spanische Gesandte in London sich mit Hülfe des dortigen Pöbels — schon war das englische Volk durchaus gegen Frankreichs Uebermacht und Anmaßungen eingenommen — den Vortritt vor dem französischen erzwang, nöthigte Ludwig seinen wehrlosen Schwiegervater durch eine Kriegsdrohung, für immer den Vorrang Frankreichs anzuerkennen; alle Veranstaltungen wurden getroffen, um die Abbitte des spanischen Botschafters so demüthigend wie möglich für dessen Vaterland zu gestalten. Die Absicht, die Würde seiner Krone als der ersten der Christenheit unter allen Umständen aufrecht zu erhalten, zeigte Ludwig zu gleicher Zeit England gegenüber. Dieser Staat mußte seinen Anspruch, daß in „seinen Meeren", d. h. den Großbritannien umgebenden Gewässern, alle fremden Fahrzeuge vor den englischen die Flagge niederzulassen und den ersten Gruß zu ertheilen hätten, aufgeben, soweit französische Schiffe in Betracht kamen.

Dieses entschiedene Auftreten gegen die beiden andern Hauptmächte der damaligen Zeit, sowie der Umstand, daß Spanien die weltbekannte Verletzung des pyrenäischen Friedens durch die von Frankreich den Portugiesen gewährte Hülfe, im bemüthigenden Bewußtsein seiner eigenen Schwäche, nicht zu rächen wagte, erhöhten bedeutend das Ansehen des jungen Monarchen, machten seine Gegnerschaft furchtbar und seine Freundschaft begehrungswerth.

Alle Mächte, alle Politiker, die Frankreich scheuten und deshalb haßten, hatten ihre Hoffnung auf den jungen englischen Monarchen, Karl II., gesetzt. Die englische Nation, müde der revolutionären Zuckungen, des wechselnden

60 Erstes Buch. 3. Kap Ludwig XIV. als Alleinherrscher.

Herrschaft wilder Fanatiker und harter Soldaten, unter denen sie seit der Hinrichtung Karls I. im Jahre 1649 gelitten, hatte im Mai 1660 den Sohn dieses Königs auf den Thron zurückberufen und seine Ankunft mit endlosem Jubel als den Beginn einer Epoche gesetzmäßiger und vernünftiger

Karl II. König von England
Nach dem Stich von G. Vertue. 1738. Originalgemälde von Peter Lely.

Freiheit nach innen, nationaler Größe nach außen gefeiert. So schwer auch die Hand des Soldatenfürsten, des Protektors Oliver, auf dem Volke gelastet, seine Politik hatte doch England wieder unter die Großmächte Europas erhoben, seine Flotte hatte sich als die erste Europas bewährt, seine Heere hatten sich würdig gezeigt, an der Seite der Truppen Turennes die von einem Condé befehligten spanischen Veteranenregimenter zu besiegen. Freilich hatte Cromwell sich den Franzosen angeschlossen, aber doch nur für theuren Preis: um die Einräumung von Dünkirchen und Mardyk, wichtigen Brückenköpfen für den Einfluß Englands auf den Kontinent, zugleich Zügeln für die französische Vergrößerungssucht in den Niederlanden. Um so mehr hoffte das englische Volk, das mit seinem richtigen politischen Instinkte die europäische Freiheit lediglich von Frankreich bedroht sah, daß Cromwells Antipode, daß der rechtmäßige König, der Stimme der Nation entsprechend, sich der immer weiter ausgreifenden französischen Politik widersetzen würde; und diese Ansicht wurde von Freund und Feind in Europa getheilt.

Aber wie sehr hatte man sich getäuscht! Karl II., ein Mann nicht ohne lebhaften, witzigen Geist und praktischen Verstand, war doch träge, selbstsüchtig in kleinlichster Weise, unwahr, ohne Erhebung der Seele, den ärgsten Ausschweifungen ergeben, in die er immer tiefer versank. Zwei Gesichtspunkte hatte er vor Augen: ungehindert seinen Vergnügungen leben zu können und die stets wachsenden parlamentarischen Bestrebungen in England, die schon allzugroße Macht der Volksvertretung möglichst niederzuhalten. Zu beidem glaubte er Frankreichs zu bedürfen, um von demselben Geld und im Nothfalle auch militärische Unterstützung gegen seine eigenen Unterthanen zu erlangen; und diesen Wünschen opferte er ohne Bedenken die Ehre und den Vortheil seines Staates. Er trotzte dem Murren seiner Unterthanen, indem er eine katholische Dame heirathete: eine Prinzessin von Portugal, lediglich auf den Wunsch der französischen Regierung, die Portugal an England einen Rückhalt sichern wollte. Und er zeigte sich dem allerchristlichsten Könige noch zu anderen Diensten bereit.

Denn dieser wollte eine förmliche Liga anti-spanischer Staaten zu Stande bringen, als deren Mittelpunkt und Führer natürlich er selbst zu figuriren gedachte. Im April 1662 schloß er mit den Holländern, denen beträchtliche Handelsvortheile in Frankreich zugesichert wurden, ein Angriffs- und Vertheidigungsbündniß ab. Dafür verzichteten die Holländer darauf, Brasilien den Portugiesen ferner streitig zu machen. Karl II. ließ sich ferner von Ludwig bewegen, den maritimen Interessen Englands zuwider seinerseits einen Freundschafts- und Schifffahrtsvertrag mit den Holländern einzugehen. So konnte Frankreich dem weit schwächeren, lief gedemüthigten Spanien mit einer so furchtbaren Klientel von Verbündeten entgegentreten, daß dessen Unterwerfung und damit die Allmacht Frankreichs auf dem Kontinent nur in dem Belieben des französischen Königs zu liegen schien. Alles dieses ließ sich noch aus einer falschen Auffassung der Politik Seitens des englischen Monarchen erklären; was soll man aber dazu sagen, daß Karl II. Dünkirchen, diese kostbarste Eroberung des großen Protektors, im October 1662 für 5 Millionen französischer Livres an Ludwig XIV. verkaufte? Damit verzichtete England darauf, eine selbständige Politik auf dem Festlande zu verfolgen, gab es den damals besten Hafen der südlichen Niederlande auf und überließ dieselben völlig der französischen Willkür. Der eigene Verlust schmerzte in England kaum tiefer, als der neue Gewinn Frankreichs.

Dieses zeigte in der That, daß es keinen andern Willen mehr kenne und achte, als seinen eigenen, daß keine moralische Rücksicht es mehr von der Ausübung einer grenzenlosen Tyrannei zurückhalten werde. Es vergriff sich selbst an dem Vater aller Gläubigen, an dem Papste.

Auf dem Stuhle Petri saß damals Fabio Chigi als Alexander VII. (seit 1655), ein ehrenhafter, rechtlicher, aber schwacher und unentschlossener Charakter. Mit einem solchen Papste, dem man nicht die Kraft zutraute, die Waffen der Kirche anzuwenden, glaubte Ludwig nach Belieben verfahren und an ihm von der Macht Frankreichs ein Beispiel statuiren zu können. — Einer der schlimmsten Mißbräuche in dem arg verwalteten Kirchenstaate war das Recht der fremden Gesandten in Rom, in dem Bezirke ihrer Wohnungen flüchtigen Verbrechern Asyl zu gewähren. Darüber war zwischen dem französischen Gesandten und den päpstlichen Behörden ein Konflikt entstanden, infolge dessen der erstere sein Amt niederlegte. Nun sandte der König 1662 nach Rom den Herzog von Créquy mit dem ausdrücklichen Auftrag, den Papst in seiner eigenen Residenz zu demüthigen. Zu diesem Behufe unterhielt derselbe Klopffechter, die Streitigkeiten zumal mit der korsischen Garde des Papstes hervorriefen. Am 20. August 1662 kam es zu einer förmlichen Schlacht zwischen den Korsen und den Dienern Créquys, bei welcher die letzteren besiegt und selbst einige Schüsse gegen den Palast des Volschafters abgefeuert wurden.

Die französische Regierung legte auf diesen an sich unbedeutenden Vorfall ein Gewicht, das deutlich bewies, wie sehr sie eine Gelegenheit freue, den Papst zur Unterwerfung zu schrecken und zugleich ihren Einfluß in Italien zu befestigen. Vergebens entließ der geängstete Papst seine Garde, vergebens wurden einige Schuldige hingerichtet, vergeben der Gouverneur von Rom, Kardinal Imperiali, zur Legation der Romagna versetzt. Ludwig erklärte sich durch alles dies noch nicht befriedigt, berief Créquy ab, ließ den päpstlichen Nuntius wie einen Verbrecher unter schärfster polizeilicher Aufsicht bis an die Landesgrenze geleiten und zog die päpstliche Grafschaft Avignon ein. Das Parlament und die theologische Fakultät von Paris donnerten inzwischen gegen das Papstthum in den bekannten gallikanischen Phrasen, die seit dem fünfzehnten Jahrhundert stets auf Befehl des Monarchen ertönten. Aber nicht genug. Ludwig sandte endlich 6000 Soldaten in die ihm befreundeten Gebiete von Parma und Modena (Ende 1663), um im nächsten Frühjahr als Vortruppen eines großen französischen Heeres die Feindseligkeiten gegen den Kirchenstaat zu beginnen.

Einer solchen Eventualität wollte Alexander sich nicht aussetzen. Unähnlich seinen großen Vorgängern, die lieber Staat und Leben auf das Spiel setzten, als sich der weltlichen Macht zu fügen, unterwarf er sich im Vertrage zu Pisa (Februar 1664) vollständig der brutalen Anmaßung des „ältesten Sohnes der Kirche". Sein Nepot und der Cardinal Imperiali mußten dem Könige persönlich demüthigende Abbitte überbringen, andere hohe Würdenträger dem französischen Gesandten. Die Corsen wurden für immer unfähig erklärt, im Kirchenstaate zu dienen, ihrer früheren Kaserne gegenüber eine Pyramide mit einer ihr Verbrechen und ihre Strafe enthaltenden Inschrift errichtet. Der Papst versprach „seinen Ministern zu befehlen, dem Botschafter Seiner Majestät die Achtung zu erweisen, die dem gebührt, welcher die Person eines so großen Königs, des von Er. Heiligkeit so sehr geliebten und geehrten ältesten Sohnes der Kirche repräsentirt". Dafür gab derselbe großmüthig Avignon der Kirche zurück.

Spanien war durch die Begünstigung der Portugiesen, durch die gegen dasselbe gebildete umfassende Liga unschädlich gemacht; in Italien galten nach dem Streite mit dem Papste die französischen Waffen mehr als die spanischen: es handelte sich nun für Ludwig und Lyonne darum, auch das deutsche Reich gänzlich dem schwachen Einflusse seiner habsburgischen Kaiser zu entreißen und dafür dem französischen unterthan zu machen.

Teutschland lag noch schwer an den Folgen des dreißigjährigen Krieges darnieder.[1] Es war das Feld gewesen, auf welchem die großen politischen und religiösen Gegensätze, ja auf dem die Gegensätze zweier Weltalter: des mittlern und des neuern, ausgekämpft worden waren. Mit seinem besten Herzblute hatte Teutschland den Sieg der Gewissensfreiheit, der neuen aufgeklärteren Anschauungen, der Entfesselung der Vernunft erkaufen müssen. Der materielle Wohlstand des Reiches, einst so blühend, war durch den Krieg, der seine Landschaft von der Nordsee bis zur Adria und von der Mosel bis zur Leitha verschont hatte, völlig vernichtet. Sollen ja — was freilich schwer festzustellen ist — zwei Drittheile der Bewohner Teutschlands im Laufe des Krieges verschwunden sein! Sicher ist: tausende von Dörfern waren zerstört, viele so gründlich, daß man ihre Stätte nicht wieder zu finden vermochte; fast alle Städte hatten an Reichthum und Einwohnerzahl beträchtlich eingebüßt. Jammer und Elend herrschten auf allen Straßen.

Aber noch bei weitem schlimmer als die materiellen Verluste war der unermeßliche moralische Schaden, den die dreißig Jahre eines wilden Krieges über Teutschland gebracht hatten. Er hatte alle bösen Leidenschaften entfesselt: Selbstsucht, Roheit, Grausamkeit, wüste Genußsucht, grob materielle Gesinnung. Plump und ungelenk wurde in allen Beziehungen das Wesen des Teutschen, überall büßte er den bisher behaupteten Rang ein. Während des Krieges hatten sich Niederländer und Engländer des einst so blühenden hanseatischen Handels bemächtigt. Von allen Colonien ausgeschlossen, von dumpfer Befangenheit erfüllt, vermochte auch nach dem Frieden der hanseische und süd-

---

[1] K. Fr. Hausler, Teutschland nach dem dreißigjährigen Kriege (Leipzig und Heidelberg 1862).

deutsche Kaufmann nicht mehr mit jenen Nationen zu wetteifern. Und wie der Welthandel, so erlahmte auch der innere Verkehr, niedergedrückt von tausenden von Zollgrenzen und Zollstätten. In Bildung und Wissenschaft, in Poesie und Kunst war Deutschland tief gesunken und stand etwa mit dem rohen, verarmten Schweden auf einer Stufe.

Der bisher beste Bestandtheil des deutschen Volkes, die freigesinnten städtischen Bürgerschaften waren völlig geknickt. Die Armuth und die geringe Zahl ihrer Mitglieder nahm ihnen den stolzen Muth und die zuversichtliche Schaffensfreude; kleingeistig und spießbürgerlich verkommen sie fürder in der Sorge für das nächste materielle Bedürfniß, ängstlich, sich nur vor jedem Schaden zu wahren. In den fürstlichen Staaten sah man einen trotzigen, selbstsüchtigen, bald rohen, bald französirenden Adel und ein absolutistisch gesinntes Herrscherthum sich um den Vorrang streiten, mit wachsendem Uebergewichte der letzteren Gewalt. Ueber das Volk aber war hier ein nichtsnutziger Bedientensinn gekommen, der in schrankenloser Unterwürfigkeit nach oben und in kastenartiger Ueberhebung gegen die untersten Klassen sein Genüge fand. Die unwürdigen Fürsten, die zum großen Theile durchaus sittenlosen Höfe wurden von dem Volke mit ehrerbietiger, scheuer Bewunderung betrachtet, ihr kleinliches Ceremoniell, ihre barock pompösen Festlichkeiten als Verkörperungen eines höheren Lebens angestaunt. „Der König ist vergnügt — das Land erfreuet sich": auf diese Tonart sangen die damaligen Dichter. — In dem endlosen Bürgerkriege waren die Liebe zum großen Vaterlande, die Achtung vor dem gemeinsamen Reichsoberhaupte gänzlich untergegangen. Man suchte lieber bei den Feinden Deutschlands, bei Frankreich und Schweden Hülfe, als bei dem Kaiser. Man bekamirte über die zu fürchtende Tyrannei des Hauses Oesterreich, während das Kaiserthum bereits alle direkte Macht verloren hatte, höchstens mittelbar noch einigen Einfluß üben konnte. Mit seltsamer Verkehrung der Begriffe nannte man „patriotisch", was die durch den westphälischen Frieden sanktionirte Einmischung jener Fremden auf Deutschland erhalten mußte, weil man behauptete, nur so die „deutsche Libertät", d. h. die Ungebundenheit der mehr als tausend kleinen Tyrannen zu behaupten; während man als unpatriotisch Alles anklagte, was darauf zielte, Deutschland wieder sich selbst zurückzugeben. Waren ja Dänemark für Holstein, Schweden für Vorpommern nebst Rügen und Wismar, sowie für die Herzogthümer Bremen und Verden Glieder des deutschen Reiches; d. h. nicht zufrieden, diese Landschaften unter ihren Scepter gebracht zu haben, mischten sich jene beiden fremden Staaten auch unaushörlich in die intimsten Angelegenheiten Deutschlands. Nun denke man sich diesem zerfahrenen, rohen, kleinlichen Wesen gegenüber den Eindruck, welchen die politische und militärische Größe Frankreichs, seine liebenswürdigen Sitten, sein feiner Gesellschaftston, seine Fülle an glänzenden Geistern hervorbringen mußte. Kein Wunder, daß französisches Wesen und französische Sprache in dem damaligen Deutschland reißende Fortschritte machten!

Und doch gibt es für die unverwüstliche Kraft, für den starken Kern des deutschen Volkes keinen besseren Beweis, als jenes traurige halbe Jahrhundert nach dem westphälischen Frieden. Dieses selbe materiell und moralisch gebrochene Deutschland, verkleinert, verarmt, heruntergekommen, hat es vermocht, sich ohne allzu große Einbuße, ja nach einer Seite hin mit beträchtlichem Gewinne, gleichzeitig gegen die beiden damaligen Hauptmächte, gegen Frankreich und die Türkei, zu vertheidigen, nach Osten und Westen hin zugleich Feinden Stand zu leisten, von denen jeder ihm überlegen erachtet wurde!

Indeß zunächst war Alles Verwirrung und Zerrüttung. Nur mit Mühe waren bei dem Tode Kaiser Ferdinands III. im Jahre 1657 Mazarins Bemühungen, seinem Könige die Kaiserkrone zu verschaffen, vereitelt worden. Die geistlichen Kurhöfe hatten sich wirklich durch das französische Geld gewinnen lassen; aber die drei protestantischen Kurfürsten, welche fürchteten, ein bourbonischer Kaiser werde ihre Religion unterdrücken, widerstrebten aufs äußerste, und so war es merkwürdiger Weise den Protestanten zu danken, daß endlich nach einem Zwischenreich von fünfzehn Monaten wieder ein österreichischer Prinz, Leopold I., 1658 den Kaiserthron besteigen durfte. Der eigentliche Souverän Deutschlands, der Reichstag, war seit 1663 in Regensburg permanent, wurde aber nur noch von den Gesandten der 314 Reichsstände, nicht mehr von diesen persönlich besucht. Seine Thätigkeit erstreckte sich verfassungsmäßig auf alle Reichsgeschäfte, bei deren Beschließung er freilich überall der kaiserlichen Zustimmung bedurfte. Allein da die Fürsten selbst für das Reich wenig oder kein Interesse hatten, so boten die Berathschlagungen ihrer Gesandten lediglich das Bild buntester Verwirrung. Erledigt wurde fast nichts, außer etwa Fragen des Ceremoniells. Die Beschlüsse des Reichstages, wenn wirklich solche gefaßt wurden, waren sicher, entweder laue oder gar keine Ausführung zu finden.

Das Leben Deutschlands hatte sich in einzelnen seiner Glieder concentrirt. Die zahlreichen und tapfern Schaaren des braunschweigischen Hauses, des Kasseler Landgrafen, des bairischen und des sächsischen Kurfürsten erhielten den Ruhm des alten waffenmächtigen Germaniens aufrecht. Am hellsten aber strahlte in der Misere deutscher Zustände der brandenburgische Kurfürst hervor, Friedrich Wilhelm (1640—1688). Voll unruhigen Ehrgeizes, aber nicht für seine Person, nur für seinen Staat; unerschütterlich in seinen bedächtig und reiflich gefaßten Beschlüssen; mitleidslos den Schwächern, der sich denselben entgegenstellte, niederwerfend; kühn im Augenblicke gefährlicher Entscheidungen; ließ er sich doch nie auf Abenteuer ein, die nicht den Schein des Erfolges für sich hatten und zugleich die Möglichkeit des Rückzuges offen ließen, und wußte er sich geschmeidig vor unbezwinglichen Hindernissen zu beugen — freilich um auf Umwegen doch zum Ziele zu gelangen. Ein tüchtiger Kriegsführer, ein geschickter Verwalter, ein feiner Diplomat, aber völlig skrupellos, ohne Rücksicht auf Recht und Vertrag, mit dem vortrefflichen Zwecke — dem Wohle und der Größe seines Staates — die verwerflichen Mittel entschuldigend, übrigens nicht ohne Sinn für die Ehre und das Heil des weiteren Vaterlandes. Schon hatte er in zwanzigjähriger Regierung großartige Ergebnisse erzielt. Aus äußerster Zerrüttung, fast völligem Untergange hatte er seinen über das ganze nördliche Deutschland zerstreut liegenden Staat zu fester Einheit zusammengefaßt und im westphälischen Frieden für den den Schweden überlassenen westlichen Theil des ihm als Erbe zugefallenen Pommerns überreiche territoriale Entschädigung erlangt. Er hatte Finanzen und Verwaltung geordnet und eine schlagfähige Armee von einigen 20,000 Mann aufgestellt, die seiner sichern und selbstbewußten Politik Achtung zu verschaffen geeignet war. Aus dem Kriege Karls X. Gustav gegen Polen und Dänen, an dem er sich mit verschlagener List, aber auch mit vieler Kühnheit betheiligte, hatte er freilich seinen nennenswerthen Landzuwachs, dagegen den unschätzbaren Vortheil der preußischen Souveränität gewonnen; er war nun unabhängiger Herr im östlichen Preußen — die Grundlage des preußischen Königthums! So hatte er Brandenburg zum mächtigsten der deutschen Reichsfürstenthümer erhoben.

Aber wie geringfügig waren diese kleinen Mächte gegenüber dem geeinten, blühenden Frankreich, das mit seinen gewaltigen Armeen Deutschland zu ersticken drohte. Schon war mit dem Rheinbund Mazarins, von Ludwig erneuert, ein trefflicher Anfang gemacht, und immer fester umschlangen die Bande der französischen Diplomatie und der französischen Heere das Reich. Mit widerwärtiger Mischung von List und Gewalt wurde Herzog Karl IV. von Lothringen genöthigt, seine letzte Festung, Marsal, an Frankreich abzutreten und demselben eine breite Militärstraße westsüdlich und nordsüdlich durch das lothringische Gebiet zu bewilligen. Damit war die militärische und politische Selbständigkeit Lothringens zu Gunsten Frankreichs so gut wie vernichtet (1663).

Um das Reich desto sicherer im Zaume zu halten, erneuerte Ludwig im Oktober 1662 mit Schweden einen Freundschafts- und Handelsvertrag; in einem geheimen Artikel versprach das letztere, mit einer von Frankreich zu bezahlenden Armee von 12,000 Mann die Wahl des Herzogs von Enghien zum polnischen Könige zu befördern. Aber auch Schwedens schwächerer und gedemüthigter Nebenbuhler, auch Dänemark trat durch Vertrag vom August 1663 in den Rheinbund ein, und verhieß, mit Schweden und Frankreich im Bunde „alle Verletzungen des westphälischen Friedens zu verhüten", d. h. sich zum blinden Werkzeuge der französisch-schwedischen Einmischungspolitik in Deutschland zu machen. Bestechungen am dänischen Hofe hatten am meisten zum Abschluß dieses Vertrags gethan.

Schon war in Lothringen ein wichtiges deutsches Grenzland militärisch in die Gewalt Frankreichs gerathen: es lag Ludwig XIV. daran, auch das innere Deutschland an den Anblick und den Durchmarsch französischer Truppen zu gewöhnen. Bei einem neuen gefahrdrohenden Angriff der Türken auf die österreichischen Staaten ließ er sich bestimmen, der aus ganz Teutschland gegen die Feinde der Christenheit gesammelten Armee, als Mitglied des Rheinbundes, 6000 Mann auserwählter Truppen unter dem Grafen Coligny zu Hülfe zu senden. Sie trugen die französischen Fahnen stolz durch ganz Teutschland und nahmen an dem Siege über die Osmanen bei St. Gotthard rühmlichen Antheil. Aber wie wenig Ludwig es mit dieser Hülfe, die noch in demselben Sommer wieder zurückgezogen wurde, ernst meinte, wie vielmehr seine Absicht nur die eben bezeichnete gewesen war, zeigten die freundschaftlichen Unterhandlungen, die er, der allerchristlichste König, sofort von neuem in Konstantinopel begann, und die in der That zur Herstellung des besten Einvernehmens zwischen den beiden Gegnern des habsburgischen Hauses führten. Waren doch die Türken trefflich dazu geeignet, in kritischen Momenten gegen Oesterreich gehetzt zu werden. Was kümmerte es Ludwig, ob dabei in weiten Provinzen das Kreuz dem Halbmond weichen müsse!

In demselben Sommer 1664 marschirte noch ein zweites französisches Heer durch das Reich; es war bestimmt, zu Gunsten des rheinbündnerischen Kurfürsten von Mainz die Reichsfreiheit beanspruchende Stadt Erfurt zu bezwingen. So entschieden französische Waffen die inneren Streitfragen des Reiches, so schienen sie sich immer mehr im Reiche festsetzen zu sollen. Die Eifersucht, die gerechten Befürchtungen vor den Plänen Ludwigs waren es hauptsächlich, die Kaiser Leopold veranlaßten, sogleich nach dem großen Siege bei St. Gotthard einen unvortheilhaften Frieden mit den Türken zu schließen.

Indem Ludwig XIV. unausgesetzt das eine Ziel im Auge hatte, Frankreich in allen Theilen Europas zur alleinherrschenden Macht zu erheben; während alle seine inneren Reformen auf nichts weniger abzielten, als seine Unterthanen glücklich zu machen, vielmehr nur auf Hebung der Hülfskräfte seiner Krone, auf Steigerung seines Glanzes, auf Erweiterung seiner Macht: widmete er sich dieser Aufgabe mit einer Ausdauer und einem Fleiß, mit einem Nachdenken, die an sich bewundernswerth sind. Seine früheren Vergnügungen: Tanz, Ballspiel, weite Ritte, wurden ganz aufgegeben, die Jagd wurde immer seltener; nur ein Tag in der Woche wurde noch dem ruhigen und erquickenden Aufenthalt in den Wäldern von Versailles gewidmet. Diese anhaltende, angestrengte und aufregende geistige Arbeit, verbunden mit den zügellosen Ausschweifungen des jungen Monarchen, begannen seine ursprünglich so feste und kräftige Gesundheit anzugreifen. Oft kehrte sich seine blühende Gesichtsfarbe ins Gelbliche, Uebelkeit und Schwindel befielen ihn, tagelange Kopfschmerzen hinderten ihn am Nachdenken. Er nahm, um diesen Uebelständen zu begegnen, nicht etwa zu einer regelmäßigen Lebensweise, sondern zu Bädern und Arzneien und, nach damaliger medizinischer Unsitte, zu häufigen Aderlässen seine Zuflucht. Schon glaubte man den siebenundzwanzigjährigen Fürsten (1665) auf dem Niedergange seines Lebens begriffen, zu einem frühzeitigen Tode bestimmt. Freilich hat er diese büstere Prophezeiung gründlich zu Schanden gemacht, indem er gerade noch ein halbes Jahrhundert regierte!

Wunderbar ist, wie dieser feurige, vollblütige junge Mann die Kunst der Selbstbeherrschung, des königlichen Benehmens verstand, wie er jede Bewegung, jede Miene, jedes Wort zu berechnen vermochte. Von hohem Wuchs, von kräftigem Körperbau, von majestätisch heiter-ernstem Antlitz war er gegen Jeden gemessen freundlich, Niemanden vorziehend, Niemanden abweisend; weder durfte man vor ihm einen Scherz äußern, noch erlaubte er selbst sich dergleichen mit Andern. So zog er an und blieb doch unnahbar. Mit größter Geduld hörte er Bittgesuche, auch von den niedrigsten seiner Unterthanen an und entließ Niemanden ohne gütiges Wort; schwer war er in Zorn zu versetzen, aber derselbe war dann furchtbar, vernichtend, ohne daß der König dabei seine kühle Selbstbeherrschung verloren hätte. Kleine Unzuträglichkeiten übersah er scheinbar, um den Schuldigen unter der Hand warnen zu lassen. Ludwig sah ein, daß zu einem gut eingerichteten und dauerhaften Absolutismus auch ein Vorherrschen buchstabentreuer Kirchlichkeit gehört; daß der religiöse Autoritätsglaube auch den politischen unterstützt und fördert. Er zeigte sich deshalb höchst achtungsvoll den Geboten der Kirche ergeben und ermangelte nicht, seinen religiösen Pflichten mit der größten Pünktlichkeit nachzukommen. Dasselbe forderte er auch von seiner Umgebung; sah er bei der Messe Herren zu ungehöriger Zeit stehen, so erhielten sie sicher scharfe Mahnung, künftighin ohne Fehl mit der Gemeinde niederzuknieen.

Ludwig liebte es, die Handlungen der Gewalt, deren er sich ohne Bedenken schuldig machte, der Welt gegenüber auf Andere abzuwälzen, um so dem Königthum einen reinern Glanz zu bewahren. Wie später Louvois, diente ihm jetzt dazu Colbert. Hatte in den ersten Anfängen seiner Regierung Michel le Tellier den höchsten Einfluß zu besitzen geschienen, so war derselbe bald weit hinter Colbert zurückgetreten. Der erschien so recht als der Vertrauensmann des Monarchen, jede wichtige Sache wurde ihm zur Begutachtung vorgelegt. Zumal in den finanziellen Angelegenheiten: da glaubte man den Ruin der Finanzmänner, die Benachtheiligung der Staatsgläubiger, die Härte der Salzsteuer vor allem Colbert zuschreiben zu müssen. Allgemein war die Abneigung, der Haß gegen diesen Minister, dessen Aeußeres und Benehmen solche Meinung nicht wenig unterstützte. Er war rauh im Verhandeln, zurückhaltend und doch Unterwürfigkeit fordernd, von wenigen Worten. Kamen auch die Vornehmsten mit Billgesuchen oder Empfehlungen für ihre Freunde zu ihm, er fertigte sie kurz ab: „Mein Herr, ich werde mir die Sache angelegen sein lassen". Der König war inzwischen freundlich und gefällig gegen Jedermann und billigte nichtsdestoweniger die herben Maßregeln Colberts, die sein Einkommen in diesen Jahren auf 81', Millionen Livres brachten. So hatte Ludwig den Grund zu unwiderstehlicher Macht, zu unvergleichlichem Ansehen gelegt.

Viertes Kapitel.
Der Devolutionskrieg.

Unter allen Angelegenheiten, die Ludwig XIV. beschäftigten, lag ihm keine mehr am Herzen, als sich, sei es mit Güte, sei es mit Gewalt, eines Theiles der spanischen Monarchie, oder wo möglich der ganzen zu bemächtigen.[1]) Er fühlte sich dabei durch den jüngsten Friedensvertrag mit dieser Macht wenig beengt, denn er hatte sich eine sehr weitherzige Theorie über solche Abkommen zurecht gelegt, die er selbst bei Gelegenheit ganz offen auseinander setzt. Ebenso wenig wie Versprechungen in Privatgesprächen seien die zwischen Fürsten länger verbindlich, als sie mit den beiderseitigen Interessen übereinstimmen; wie könne man verlangen, daß Fürsten durch solche Verträge das Heil des eigenen Staates dauernd beeinträchtigten? Die Erfahrung beweise, daß sie nie in dieser Art aufgefaßt seien. Er trug deshalb eben kein Bedenken, die Portugiesen zu unterstützen. In dem durch Frankreich vermittelten Heirathsvertrage zwischen dem englischen Könige Karl II. und der Infantin Katharina von Portugal war

1) Mignet, Négociations relatives à la succession d'Espagne sous Louis XIV. 4 Bände, Paris 1834.) Mit diesem Meisterwerke wurde die von Guizot als Unterrichtsminister begründete Sammlung der Documents inédits sur l'Histoire de France würdig eingeweiht. Es ist weder eine fortlaufende Darstellung noch eine bloße Zusammenstellung von Aktenstücken, sondern eine Erzählung, in welche die hauptsächlichsten Theile der wichtigsten einschlagenden Aktenstücke verwoben sind, und die von den minder bedeutsamen Dokumenten den Auszug gibt. Die Geschicklichkeit der Auswahl, die Gewissenhaftigkeit der Darstellung, die Sorgfalt, mit der Mignet Alles beibringt, was über die wahre Beschaffenheit der Dinge, den Gang der Ereignisse, das Leben und den Charakter der Personen, die in den Dokumenten eine Rolle spielen, Aufklärung verbreiten kann: — alles dies verleiht der Arbeit Mignets einen vorzüglichen Werth. Sie ist vollständig, erschöpfend und zugleich für jeden Geschichtsfreund höchst anziehend. Die Einleitung, welche die Vorgeschichte Spaniens und Frankreichs, sowie den allgemeinen Gang der Erbschaftsangelegenheit resumirt, ist eine wahrhaft geniale Leistung. — Mignets, Clements und Rousset's Arbeiten ergänzen sich auf das erwünschteste.

festgesetzt, daß 4000 englische Soldaten und acht Fregatten Portugal zur Verfügung gestellt werden sollten; diese Streitkräfte wurden mit französischem Gelde bezahlt und durch einen Deutschen im französischen Solde, den General von Schomberg, befehligt. Denn Portugal von Spanien loszureißen, diesem einen kleinen aber erbitterten Feind auf der eigenen Halbinsel zu unterhalten, schien Frankreichs bringendes Interesse.

Troß dieses feindseligen Benehmens bemühte sich Ludwig gleichzeitig, von der spanischen Regierung die Erklärung zu erhalten, daß der Verzicht seiner Gemahlin auf die Erbschaft der spanischen Monarchie ungültig sei. Es wurden mehrfache Gründe hierfür beigebracht: die Königin sei bei Ausstellung dieses Verzichtes minderjährig gewesen; nach spanischem Rechte sei der Verzicht auf ein Majorat — und ein solches sei auch die Krone — ungültig; auch sei die als Bedingung des Verzichtes stipulirte Mitgift nicht gezahlt worden. Natürlich wurde diese Zahlung von französischer Seite nicht allzu eifrig gefordert. In der That war nur dieser letzte Grund stichhaltig, da die Verzichtleistung durch ihre Anerkennung in einem feierlichen Staatsvertrage weit über die Sphäre privatrechtlicher Einwendungen erhoben worden war. Die ganze Frage war insofern von hoher Bedeutung, als Philipp IV. außer der Königin von Frankreich nur eine zweite, jüngere Tochter und einen am 6. November 1661 geborenen Sohn, Karl, einen überaus schwächlichen und kränklichen Knaben hatte, dessen Leben durchaus keine lange Dauer versprach. Das Blut der spanischen Habsburger war gänzlich erschöpft.

Die spanischen Staatsmänner hatten zunächst in offiziöser Weise, aber vorsichtig, ohne sich zu binden, die französische Forderung anerkannt, um Frankreich von der Unterstützung der portugiesischen „Rebellen" abzuhalten. Der Herzog von Medina-Sidonia, Haros Nachfolger, schlug Frankreich ein förmliches Angriffsbündniß gegen England und Portugal vor. Indeß Ludwig XIV. und Lyonne waren nicht die Leute, sich zu einem so schroffen Wechsel ihrer Politik durch bloße Verheißungen ohne reelle Tragweite verführen zu lassen. Ebenso wenig wie sein Großvater Heinrich IV. war Ludwig ein Mann der System in der äußern Politik. Er war wie jener bereit, auch mit Spanien zu gehen, ohne Bedenken seine bisherigen Bundesgenossen zu opfern, wenn ihm dafür große reelle Vortheile zufielen. Er erklärte also, auf die ihm angebotene Allianz eingehen zu wollen unter einer doppelten Bedingung: des heimlichen Widerrufs der Verzichtleistung seiner Gemahlin und einer sehr beträchtlichen sofortigen Landabtretung, die in der Freigrafschaft, dem Herzogthum Luxemburg, dem Hennegau und dem Lande Cambray zu bestehen habe. So gegen die Mauer gedrückt, so genöthigt, ihre Vorspiegelungen zur Wahrheit zu machen, verzögerten die spanischen Minister so lange wie möglich ihre Antwort; als dieselbe endlich erfolgte, wies sie den Verzicht durchaus zurück. Wenn sie hinzusetzten, man möge über die Allianz auf Grund der Landabtretung verhandeln, so glaubte Ludwig hierauf nicht eingehen zu dürfen. Denn einerseits meinte er auch hierin nur die

Absicht zu erkennen, ihn möglichst lange von der Unterstützung der Portugiesen abzuhalten, und andererseits hoffte er, durch den Krieg dasselbe und mehr von Spanien erhalten zu können, ohne letzteres durch Unterwerfung Portugals zu kräftigen (September 1662).

Von diesem Augenblicke an war Ludwig zur Bekämpfung Spaniens entschlossen: die Vermählung mit Maria Theresia, bestimmt zur Herstellung des dauernden Friedens, nach dem Europa seufzte, sollte gerade die langdauernde Reihe von Kriegen eröffnen, mit denen Ludwig XIV. fast ein halbes Jahrhundert lang die Welt erfüllte und zerrüttete. Da durch die Geburt des Infanten Karl die Aussicht auf Erlangung der ganzen spanischen Erbschaft in die Ferne gerückt war, so wollte er wenigstens einen für Frankreich besonders wichtigen Theil, beträchtliche Provinzen der spanischen Niederlande, erlangen. Hierzu sollte ihm das sogenannte Devolutionsrecht als Handhabe dienen.

In Brabant und einigen Nachbarprovinzen herrschte nämlich die eigenthümliche Rechtsgewohnheit, daß das Erbe den Kindern einer ersten Ehe ausschließlich gehörte und im Augenblicke einer zweiten Vermählung auf dieselben „devolvirte", während der wieder verheirathete Vater nur den Nießbrauch dieses Vermögens während seines Lebens behielt. Diese sonderbare, ganz lokale und nur für das bürgerliche Recht gültige Gewohnheit wollte nun Ludwig XIV. auf das politische Gebiet übertragen. Seine Gemahlin war das einzige Kind Philipps IV. aus seiner ersten Ehe; folglich sei der katholische König seit seiner Wiedervermählung im Jahre 1649 nur im Nießbrauch desjenigen Theiles der Niederlande, in dem das Devolutionsrecht herrsche, Maria Theresia aber die wahre Besitzerin desselben, die nach dem Tode ihres Vaters in dessen Genuß einzutreten habe.

Es bedarf kaum der Erwähnung, daß dieser Anspruch völlig unbegründet war. Zunächst stand auch hier der feierliche Verzicht Maria Theresias im Wege. Dann war es vor allem durchaus willkürlich, eine civilrechtliche Gewohnheit auf das öffentliche Gebiet, wo sie im ganzen Verlaufe der niederländischen Geschichte nie gegolten hatte, zu übertragen; noch dazu einer großen Monarchie im Gegensatze zu den Grundgesetzen, die sie beherrschten, einen Theil ihrer Provinzen unter Anrufung einer lokalen privatrechtlichen Gewohnheit entreißen zu wollen.

Indessen, es handelte sich hier ja lediglich um einen Vorwand, dem wahre Gültigkeit erst durch den Richterspruch der Kanonen gegeben werden sollte.

Nach dem Abbruche der Widerrufs-Verhandlungen war das Verhältniß zwischen Schwiegervater und Schwiegersohn ein immer feindseligeres geworden. Von Frankreich und England unterstützt, schlugen die Portugiesen nicht nur alle spanischen Angriffe zurück, sondern drangen selbst in Spanien ein. Auf der andern Seite vermählte Philipp IV. seine jüngere Tochter Margarethe im Dezember 1663 mit seinem habsburgischen Vetter Kaiser Leopold unter der ausdrücklichen Bestimmung, daß der zweite aus dieser Ehe geborene

Sohn der Erbe der spanischen Monarchie werden sollte. So war Ludwig ausschließlich auf das glücklich entdeckte Devolutionsrecht angewiesen! Die klägliche Lage der spanischen Monarchie schien ihm hier den besten Erfolg zu versprechen. Die alte Tapferkeit der spanischen Nation hatte einer vollständigen Erschlaffung Platz gemacht; mühsam füllte man die wenigen Regimenter mit italienischen, deutschen, wallonischen Söldnern. Der spanische Adel hielt sich völlig von der Armee fern, die kaum 15,000 Mann Feldtruppen zählte. Noch schlimmer stand es mit der Seemacht. Es gab in Cadix weder Linienschiffe noch Galeeren, die seetüchtig gewesen wären; die Mauren landeten ungestraft an den andalusischen Küsten und nahmen die Schiffe an den Hafenmündungen fort. Am 17. Juni 1665 wurde die spanische Armee von Schomberg bei Villa Viciosa gänzlich, mit Verlust alles ihres Geschützes und ihrer Vorräthe besiegt. Die Unabhängigkeit Portugals von Spanien war entschieden.

Philipp IV. ließ bei der Nachricht von dieser Schlacht den verhängnißvollen Brief zur Erde fallen; „Gott will es!" rief er dumpf. Von diesem Schlage hat er sich nicht mehr erholt. Die Demüthigungen seiner Diplomatie, die Niederlagen seiner Truppen, die Erschöpfung seiner Finanzen, die Schwäche und Kränklichkeit seines einzigen Sohnes bedrückten ihn mit solchem Kummer, daß sein hohes Alter dem nicht mehr gewachsen war. Am 17. September 1665 starb er. Ludwig XIV. konnte sich sagen, seinem Schwiegervater den tödtlichen Streich versetzt zu haben.

Das Testament Philipps schloß noch einmal feierlich das Haus Bourbon von der Thronfolge in Spanien aus. Trotzdem wandte sich Ludwig an die Regentin, die Wittwe Philipps IV., um mit Güte wenigstens die Anerkennung des Devolutionsrechtes durchzusetzen. Allein Maria Anna, eine österreichische Prinzessin, war natürlich dem Interesse ihres Hauses zugethan. Nicht sehr gewandten Geistes, aber festen Charakters, war sie den Drohungen Ludwigs XIV. unzugänglich. Ihr deutscher Beichtvater, Pater Nithard, der einen großen Einfluß auf sie ausübte, bestärkte sie in diesen Gesinnungen. Der französische König erhielt eine unverhüllte Zurückweisung.

Damit war der Krieg entschieden; es handelte sich nur darum, durch die geschickte französische Diplomatie die schon dafür getroffenen politischen Vorbereitungen zu vollenden.

Des holländischen Bündnisses war Ludwig sicher; und das war von nicht geringer Bedeutung, denn die sieben Provinzen der vereinigten Niederlande machten eine der Großmächte des damaligen Europa aus. Im langen achtzigjährigen Kampfe mit der spanischen Marine war ihre Kriegsflotte die erste der Welt geworden; und indem dieselbe die spanische Flagge überall in den Hintergrund gedrängt hatte, war allerorten, im großen europäischen und im transozeanischen Verkehre, die holländische an ihre Stelle getreten. Die wichtigsten spanischen und portugiesischen Kolonien in Südasien sowie das Kap der guten Hoffnung waren von den Holländern erobert worden und wurden durch deren ostindische Aktiengesellschaft ausgebeutet, während die westindische mit den spanischen Kolonien in Amerika einen höchst einträglichen Schmuggel trieb. Noch 1670 berechnete man, daß von den etwa 20,000 Handelsfahrzeugen Westeuropas 5—600 französische, 3—4000 englische, 15—16000 aber holländische seien! Die Kapitalien strömten in Holland so reichlich zusammen, daß der regelmäßige Zinsfuß hier nur drei Prozent betrug. Ihre Küsten voll ausgezeichneter Häfen, ihr im Wasser schwimmendes Land durch riesige Deiche geschützt und mit Kanälen durchzogen, reich, handeltreibend, in kriegerischen und diplomatischen Künsten gewandt, besaßen damals die vereinigten Provinzen eine über ihre Größe und ihre Einwohnerzahl — zwei Millionen Seelen — weit hinausgehende Bedeutung. Auch in geistiger Hinsicht. Zu Staatsämtern waren freilich nur orthodoxe Kalvinisten befähigt, aber sonst gewährte man jedem Religionsbekenntnisse fast unbeschränkte freie Duldung. Die Niederlande wurden die Zuflucht für das sonst auf dem ganzen Kontinent verfolgte freie Wort. Wie Descartes dort die meisten seiner philosophischen Schriften arbeitete, so durfte daselbst auch Bayle sein berühmtes Dictionnaire, den Vorläufer der Aufklärungsperiode, drucken. Malerkunst und Poesie, Philosophie und Wissenschaft blühten in reicher Entfaltung.

Das Staatswesen dieser freien Niederlande war föderativ. Die Generalstaaten, die aus Abgeordneten der sieben Provinzen bestanden und eine permanente Versammlung im Haag bildeten, entschieden, aber mit Stimmeneinheit sämmtlicher Provinzen, alle großen Angelegenheiten des Bundes, wie Krieg und Frieden, Bündnisse, allgemeine Steuern. Allein die eigentliche Souveränität ruhte nicht in den Generalstaaten, sondern in den Ständen jeder einzelnen Provinz, die wiederum, bei dem Vorwiegen des kommerziellen Elementes, hauptsächlich aus den Abgeordneten der Stadträthe bestanden, und ohne deren Zustimmung von den Generalstaaten nichts Wichtigeres abgeschlossen werden durfte. So lief schließlich Alles auf die Munizipalbehörden hinaus, die zumeist in der Hand einiger reicher Bürgerfamilien, einer Art Oligarchie waren. Bei weitem die mächtigste, die ton- und namengebende Provinz war Holland, das allein mehr als die Hälfte der Bundesumlagen zahlte.

Eine so zerfahrene und unbeholfene Verfassung hätte gar nicht funktioniren können, wenn nicht eben das unabweisbare Bedürfniß zur Einsetzung einiger centralen Gewalten geführt hätte. Gerade das Uebergewicht Hollands bot dazu die Möglichkeit. In Holland gab es, wie in den meisten andern Provinzen, einen Statthalter (stathouder), welcher den Oberbefehl über der Provinz Streitkräfte zu Wasser und zu Lande, die Ernennung und Einsetzung der Offiziere aller Grade, die Befugniß, aus der ihm vorgelegten Liste die städtischen Magistrate auszuwählen, und das Begnadigungsrecht besaß. Dieses Amt hatte seit Wilhelm dem Schweigsamen, dem hauptsächlichsten Veranlasser des Freiheitskampfes, das Haus Nassau-Oranien inne; und es wurde nicht allein mit dem Statthalterposten der meisten andern Provinzen, sondern auch mit dem erblichen Generalstatthalterthum der ganzen Republik betraut, mit denselben Befugnissen, die es bisher für die Provinz Holland inne gehabt hatte. In dieser letzteren gab es ferner einen Rathspensionär, eine Art Minister der Stände, welcher die Erledigung der laufenden Geschäfte hatte, die Beschlüsse der Stände vorbereitete, ihnen den Gang der Angelegenheiten vorlegte und für die Ausführung ihrer Edikte sorgte. Der Rathspensionär saß unten an der Ständetafel und hatte durchaus keine beschließende Stimme; aber da er die wahre Seele, der eigentliche permanente Inhaber der Geschäfte war, so übte doch gerade er den hauptsächlichen bestimmenden Einfluß. Indem er nun regelmäßig in die Generalstaaten gewählt wurde, nahm er in diesen bald eine ähnliche Stellung ein, so daß er zu einem Präsidenten oder ersten Minister der Generalstaaten ward.

Es ist natürlich, daß diese beiden obersten Machthaber, der Generalstatthalter und der Rathspensionär, sich bald eifersüchtig gegenüberstanden. Der Gegensatz wurde noch heftiger, indem er sich vertiefte. Der Rathspensionär, der Vertreter der städtischen Oligarchien Hollands, suchte eifrig die höchste und bestimmende Macht in der Republik bei diesem partikularistischen Gewalten zu bewahren; hierbei unterstützt von allen reicheren Bürgern und deren Anhang. Der Statthouder-General dagegen mußte, der Natur seines Amtes nach, auf eine strafferen Centralisirung, auf eine Erweiterung der Rechte der Generalstaaten gegenüber den Provinzialständen und eine Erhöhung seiner eigenen Macht hinarbeiten. Er hatte auf seiner Seite das gesammte niedere Volk, das die reichen Oligarchen bitter haßte, und bei dem dagegen der glorreiche oranische Name überaus beliebt war; die kalvinischen Prediger, die in der Größe der Republik zugleich die der Religion erblickten; endlich das Heer, das unter der oranischen Führung so glänzende Erfolge erlangt hatte.

Der stete Kampf zwischen den beiden Bestrebungen schien für immer entschieden, als der Generalstatthalter Wilhelm II. gerade nach völliger Demüthigung der widerspenstigen holländischen Stände plötzlich im November 1650 an den Blattern starb. Denn da sein Sohn — Wilhelm III. — erst eine Woche nach des Vaters Tode geboren wurde, andere männliche Mitglieder der oranischen Familie aber nicht vorhanden waren, so war auf einmal die oranische Richtung, ohne sonstigen Anhalt in den konstituirten Gewalten, eben nur auf einer einzigen Persönlichkeit beruhend, in völliger Auflösung, und die partikularistisch-republikanische Partei hatte freie Hand. Unter dem Einflusse Hollands wurde auf den Beginn des Jahres 1651 eine konstituirende Versammlung einberufen, die unter andern auf Verringerung der Centralisation abzielenden Beschlüssen besonders auch den faßte, keinen allgemeinen Statthalter mehr zu ernennen. Damit kam die Exekutive gänzlich an die einzelnen Provinzen, von denen nur das kriegerische Seeland die Partikularstatthalterschaft des jungen Oraniers Wilhelm III. beibehielt. — An der

Die freien Niederlande. Jan de Witt. 75

Spitze der Republik stand nunmehr seit 1653 unbestritten das Haupt der aristokratischen Partei, der Rathspensionär von Holland, Jan (Johann) de Witt.¹) Nicht unverdienter Weise. De Witt war ein denkender und wohlunterrichteter Politiker, der die Zustände und die Regierungen der europäischen Länder so gut kannte, wie kaum ein anderer Staatsmann seiner Zeit. Seine Ansichten und Pläne waren umfassend, ohne Kleinlichkeit, stets auf das Große gerichtet. Er war ein geschickter Unterhändler voll feiner Berechnung, und doch aufrichtigen und edlen Charakters, der ihn nie zu schlechten Künsten seine Zuflucht nehmen ließ. Ein vertrauter Schüler Descartes', liebte und begünstigte er Wissenschaft und Kunst. Er verehrte sein Vaterland. Aber alle diese trefflichen Eigenschaften wurden zum Unheil für den Staat verkehrt durch seine unbedingte Hingabe an seine, die anti-oranische Partei. Um den Oraniern jede Möglichkeit zu benehmen, durch das Heer wieder zur Gewalt zu gelangen, ließ er die Landarmee völlig verfallen, indem er desto mehr Nachdruck auf die Marine legte, die ihm als das hauptsächliche Werkzeug der nationalen Größe erschien; gegen einen Angriff zu Lande aber suchte er Schutz in unbedingter Anlehnung an Frankreich. Zumal seit Karl II., der Verwandte der Oranier, der deßhalb einst als Verbannter von Witt aus den Niederlanden vertrieben worden war, den englischen Thron bestiegen hatte und deßhalb ein Krieg mit England nur als Frage der Zeit erschien, trat Witt mit Frankreich in engste Beziehungen. Wohl erkannten die Holländer die ungeheure Gefahr, die ihrer eigenen Freiheit und Selbständigkeit durch die Pläne Ludwigs XIV. drohete, aber die Gefahr, die unmittelbar der Partei erwuchs, durch England die Oranier wieder emporgebracht zu sehen, ließ Witt über das entferntere Unheil des Vaterlandes hinwegbliden. Das Partei- und das mit demselben zusammenhängende kommerzielle Interesse waren ihm wichtiger als das Land selbst!

Wirklich benutzte Karl II. die Abneigung der Engländer gegen ihre damals im Seehandel noch weit überlegenen niederländischen Rivalen, um im Jahre 1664 Feindseligkeiten wider diese zu beginnen, ihnen im Anfange des Jahres 1665 den Krieg zu erklären.

Ludwig XIV. sah demselben nicht ungern. Er war zwar mit den Holländern im engeren, mit den Engländern im weiteren Bunde: aber er sagte sich, daß früher oder später beide Nationen ihr wahres Interesse erkennen und gegen seine belgischen Pläne Front machen würden; weil besser, daß sie mit einander in Streit lagen! Unangenehm war ihm nur, daß die Holländer ihn in Gemäßheit des Vertrages von 1662 um Hülfe angingen, und daß er es nicht wohl vermeiden konnte, ihnen dieselbe zu gewähren, wenn auch mehr gegen den Verbündeten Englands auf dem Kontinente, den kriegerischen Bischof von Münster Bernhard v. Galen, als gegen England selbst. Im Gegentheil nutzte er auch diesen Umstand für sich aus:

---

1) Simons, Johan de Witt en zijn tijd (Amsterdam 1832, 3 Bände).

unter dem Vorwande der Holland zu gewährenden Unterstützung konnte er bequem seine umfassenden Kriegsrüstungen gegen Spanien betreiben. England wurde inzwischen von seinem schwächern Nebenbuhler arg gedemüthigt. Der holländische Seeheld Ruyter konnte die Themse hinauffegeln, einen großen Theil der englischen Flotte auf derselben verbrennen und London selbst in Schrecken setzen. In England herrschte über die schlechte Führung des Krieges, über die schändliche Veruntreuung der zu demselben bestimmten öffentlichen Gelder die bitterste Verstimmung. Um so zugänglicher wurden Karl II. und seine verrätherischen Minister den Insinuationen Ludwigs, der seinem englischen Freunde die ausgiebigste Unterstützung wider alle dessen äußere und innere Gegner, sowie ein reichliches Jahrgeld versprach, wenn derselbe dafür verheiße, die nächsten französischen Unternehmungen nicht zu stören. Karl und seine Diener, denen hierdurch Ungestraftheit und reichliche Mittel für ihre Ausschweifungen in Aussicht gestellt wurden, gingen gern hierauf ein. Was galt ihnen die Macht und das Ansehen Englands!

Lyonne entfaltete auch nach andern Richtungen hin seine immense und überaus geschickte Thätigkeit. Er verhinderte durch die heuchlerischsten Freundschaftsversicherungen Spanien mit Portugal sich zu vergleichen; und diese durch ihn verschuldete Fortdauer der spanischen Feindschaft gegen Portugal benutzte er bei diesem, um es im März 1667 zum Abschlusse eines Bündnißvertrages mit Frankreich auf zehn Jahre zu veranlassen; gegen ein von Ludwig dem portugiesischen Monarchen bezahltes Jahrgeld verpflichtete sich derselbe, jedesmal mit Frankreich zugleich an Spanien den Krieg zu erklären! Das war immerhin ein nicht zu verachtender Bundesgenosse, der, Spanien auf der Halbinsel selbst angreifend, es verhinderte, seine Kräfte nach Belgien zu wenden. Und zu gleicher Zeit kamen mit den Kurfürsten von Mainz und Köln, dem Herzog von Pfalz-Neuburg, Jülich und Berg und dem Bischofe von Münster Verträge zu Stande, in denen diese Fürsten versprachen, den Durchzug kaiserlichen Kriegsvolkes nach den Niederlanden nicht zu gestatten. Französisches Geld, an die Minister jener Fürsten gezahlt, hatte das Meiste zu dem Abschlusse dieser Verträge beigetragen.

So waren durch eine durch ihre Geschicklichkeit und Perfidie sich gleich auszeichnende Diplomatie die belgischen Niederlande völlig isolirt, auf ihre eigenen Kräfte angewiesen. Und wie geringfügig waren diese! Vergebens hatten die Gouverneure Belgiens und der Freigrafschaft den spanischen Hof vor den französischen Entwürfen gewarnt; dieser klammerte sich mit dem Optimismus träger Schwäche an die lügnerischen, zum Theil geradezu sittlich entrüsteten Friedensversicherungen, die Ludwig XIV. selbst noch in dem Augenblicke nach Madrid sandte, als seine Truppen, mehr als 60,000 Mann stark, am 8. Mai 1667 die belgische Grenze überschritten! Ihnen folgte ein Manifest, in welchem die Richtigkeit des Verzichtes seiner Gemahlin versochten und die Solidität des Devolutionsrechtes unter andern Gründen auch auf die Moral zurückgeführt wurde, welche die „Unmäßigkeit einer zweiten

Vermählung mißbillige" — ein herrliches Argument in dem Munde eines Mannes, der schon mehrere uneheliche Kinder besaß!

Die beste Rechtfertigung war jedenfalls die französische Armee unter der Führung Turennes. Von Krieg konnte eigentlich die Rede nicht sein, da die Spanier weder Festungsbesatzungen noch eine Feldarmee zur Verfügung hatten. Die wichtigsten Städte des südlichen Flandern und des Hennegau wurden ohne Widerstand genommen. Das französische Heer hatte keine Gelegenheit gefunden, sich auszuzeichnen; vielmehr hatte es bei einigen ernstlichern Zusammenstößen sich unsicher gezeigt und außerdem durch seine zahllosen Gewaltthaten und Räubereien sich verhaßt gemacht. Schon im September ging es in die Winterquartiere.

Bis jetzt war noch wenig geleistet, die wahren Schwierigkeiten mußten erst noch gelöst werden. Denn der völlig willkürliche, den feierlichsten Versicherungen zuwider erfolgte Ueberfall der spanischen Niederlande mitten im Frieden blieb doch nicht ohne vielfachen Widerspruch. Trotz aller heimlichen Gegenbestrebungen Ludwigs hatten England und Holland im Juli 1667 zu Breda Frieden geschlossen, in welchem ersteres Neu-Amsterdam — von da an New-York genannt — und New-Jersey erhielt, dafür aber Surinam abtreten und den Holländern vielfache Handelsvortheile bewilligen mußte. Dabei erhob sich in beiden Staaten, gegenüber der französischen Gesinnung der Regierenden, die öffentliche Meinung mit wachsendem Unwillen gegen den Raubanfall Frankreichs; sie zwang einerseits de Witt, andrerseits Karl II., sich über die Mittel zur Herstellung des Friedens zu verständigen. Denn mit einer Entschiedenheit, die leider durchaus nicht von angemessenen Mitteln unterstützt wurde, hatte die Regentin von Spanien trotz der heuchlerischen Anerbietungen Ludwigs demselben den Krieg erklärt. Sie hoffte auf England, auf Holland, auf den deutschen Kaiser.

Allein die geschickte Diplomatie Ludwigs XIV. kam allen seinen Gegnern zuvor, indem derselbe sich von einer Seite deckte, von der man die größte Feindschaft wider ihn hätte erwarten sollen. Kaiser Leopold hatte zuerst wirklich Alles aufgeboten, um das Reich zur Unterstützung Belgiens zu veranlassen. Aber seine Bemühungen waren an den Verträgen und Intriguen Frankreichs gescheitert. Hierdurch bereits entmuthigt, überließ er sich um so eher den Einflüsterungen des überaus gewandten französischen Botschafters in Wien, Gremonville, der ihm vorstellte, wie er viel wahrscheinlicher als Verbündeter Frankreichs denn als dessen Gegner einen beträchtlichen Antheil an der spanischen Monarchie erhalten werde. Gremonville wurde auf das Eifrigste von dem kaiserlichen Minister Fürsten Wenzel Lobkowitz unterstützt, der nicht nur durch seine Ueberzeugung gänzlich für die französische Auffassung gewonnen war. Beide Diplomaten brachten am 18. Januar 1668 einen französisch-kaiserlichen Vertrag zu Stande, der in Hinsicht auf eine gemeinschaftliche Theilung der spanischen Monarchie nach dem etwaigen kinderlosen Abgange Karls II. — ganz genau wurden die spanischen Länder bestimmt, die dann jeder der beiden Mächte anheimfallen sollten — auch eine Schlichtung des jetzigen Krieges in einer den Wünschen Ludwigs entsprechenden Weise enthielt. Eine Reihe südbelgischer Festungen und das gesammte Herzogthum Luxemburg oder an des letzteren Stelle die Freigrafschaft sollen dem französischen Monarchen zu Theil werden.

So verrieth Leopold I., trotz der eifrigen Warnungen einsichtiger Staatsmänner, aus eigennützigen Beweggründen seinen habsburgischen Vetter. Man kann sagen, es geschah ihm nur Recht, wenn dabei auch er von Ludwig XIV. betrogen wurde; denn dieser gedachte keineswegs jenen Vertrag zu halten, sondern nur die deutschen Habsburger von den spanischen zu trennen. Das war ihm einstweilen trefflich gelungen. Es versteht sich von selbst, daß dieser Vertrag mit dem tiefsten Geheimniß umgeben blieb; aber die Forderungen Ludwigs, wie sie in demselben ausgesprochen, wurden den leitenden Staatsmännern Englands und Hollands bekannt.

Dieselben verfehlten nicht, durch eine feierliche Komödie die erregte öffentliche Meinung ihrer Völker zu täuschen. Am 23. Januar 1668 wurde zwischen England und den Generalstaaten ein Bündniß abgeschlossen, das nach dem etwas später erfolgenden Beitritt Schwedens den Namen der Tripel-Allianz erhielt. Dieselbe war anscheinend gegen Frankreich gerichtet, um es zum Frieden zu zwingen; aber dieser Friede sollte nicht etwa auf Grund der von Ludwig so schändlich verletzten Verträge, sondern gerade der von ihm selbst gestellten Forderungen zu Stande gebracht werden! Ja die Verbündeten verpflichteten sich für den Fall, daß Spanien auf diese ungerechte Beraubung nicht gutwillig eingehen werde, dasselbe hierzu zu zwingen! Die Minister verfehlten auch nicht, ihr Werk dem französischen König in seinem wahren Lichte, als ein Werk der Freundschaft, darzustellen.

Der tüchtige und energische Gouverneur der spanischen Niederlande, der Marquis von Castel-Rodrigo, wollte sich den Bedingungen der Tripel-Allianz nicht fügen. Darauf brach ganz unerwartet ein französisches Heer, von dem endlich wieder zu Gnaden angenommenen Condé geführt, im Februar 1668 in die Freigrafschaft ein, die man vorher in gewohnter Weise durch das Versprechen, sie wie früher neutral zu erhalten, eingeschläfert hatte. Die überraschte und wehrlose Provinz war in vierzehn Tagen erobert. Hierüber schienen de Witt und Karl II. Feuer und Flamme; der erstere hob allerorten Truppen aus, der englische Monarch ließ sich zum Kriege gegen Frankreich vom Parlament 300,000 Pfund Sterling bewilligen. War doch Alles vorher abgekartet! Ludwig XIV. ließ sich bereit finden, mit dem nun gründlich gedemüthigten Spanien zu Aachen auf Grund der längst stipulirten Bedingungen den Frieden zu verhandeln. Karl II. rieb sich vergnügt die Hände; er hatte mit den 300,000 Pfund ein vorzügliches Geschäft gemacht! Die Tripel-Allianz zeigte sich im Gegentheil Spanien feindlich, das von ihr durch sofortige Kriegsdrohungen gezwungen wurde, die harten Forderungen Frankreichs bis auf die letzte anzunehmen. Am 2. Mai 1668 wurde der Friede zwischen Frankreich und Spanien zu Aachen abgeschlossen. Castel-Rodrigo hatte sich noch zuguterletzt an Holland und England gerächt, indem er nicht die entfernte und militärisch ganz unwichtige Freigrafschaft abtrat, sondern an deren Stelle die sämmtlichen von Ludwig eroberten südbelgischen Festungen, deren Besitz Frankreich eine furchtbare Offensivstellung den beiden Seemächten gegenüber gab. Unter andern minder wichtigen kamen Charleroi, Douai, Tournai, Lille, Courtrai, Bergues in französische Gewalt. Und Ludwig ließ sich diesen für ihn so vortheilhaften Tausch gefallen, obwohl derselbe den mit dem Kaiser und der Tripel-Allianz verabredeten Bedingungen geradezu entgegen war. Auf das Einsichtigste schützte er seine Eroberungen: nicht nur durch starke Befestigung der gewonnenen Plätze, sondern auch durch weises Eingehen auf die Interessen seiner neuen Unterthanen, die in Tournai einen eigenen höchsten Gerichtshof erhielten.

Dieser Krieg, dessen diplomatische Feldzüge ebenso erfolgreich geführt worden waren, wie die militärischen, hob den Ruhm, das Ansehen Ludwigs XIV. und seines Reiches in ganz Europa. Der venezianische Gesandte in Paris findet kaum hinreichend lebhafte Farben, um gebührend Frankreich und dessen König zu verherrlichen: „Gewiß ist es, daß die Tugenden zu ihrem Sitze Frankreich gewählt, daß dorthin die Wissenschaften ihr Nest übertragen haben, daß dort allein die Kriegskunst gelernt werden kann, daß dort die Religion die aufrichtigste Verehrung findet. Die Quintessenz der Menschheit ist in diesem Lande begriffen, Macht und Stärke muß man von dieser Stelle aus erwarten. Ludwig XIV. aber übertrifft alle seine Vorgänger derart in seinen heroischen Tugenden und im Glück, daß, wenn man auf die Gaben und Handlungen dieses großen Monarchen Rücksicht nimmt, man hierin die Geschichte dieser ganzen großen Regierung enthalten findet, weil dieselbe nur von ihm Form, Kraft und so zu sagen das Wesen empfängt."

Fünftes Kapitel.

Die Vollendung des königlichen Absolutismus, Colbert und Louvois.

Der Devolutionskrieg hatte die spanischen Niederlande durch Entreißung ihrer wichtigsten Festungen dem Belieben Frankreichs unterworfen, sie aber doch nicht, wie Ludwig beabsichtigt, zu einer Provinz Frankreichs gemacht. Daß sein Zweck nicht vollkommen erreicht worden, hatte er vor Allem dem Widerstande der öffentlichen Meinung in Holland zu danken; und wenn auch die holländischen Staatsmänner Alles gethan, um den Gegensatz abzuschwächen und Ludwig zu versöhnen, saß doch der Stachel tief in dem Herzen des Königs. Er fühlte sich um so gründlicher gekränkt, je mehr Holland in der That den Gewinn seiner Unabhängigkeit der französischen Unterstützung zu danken hatte, je mehr es Ludwig selbst für Handelsvortheile und für die

Unterstützung gegen England verpflichtet war. Daß die holländischen Staats=
leiter als Veranlasser der Tripel=Allianz seinem Willen vor ganz Europa
scheinbar Gewalt angethan hatten und sich rühmten, Frankreich mitten in
seiner Siegeslaufbahn Halt geboten zu haben, war dem schrankenlosen Herrscher=
gefühl dieses Monarchen ein unerträglicher Gedanke. Von einem Fürsten
hätte Ludwig sich ein solches Benehmen vielleicht noch gefallen lassen; von
Seiten dieser kleinen Kaufmannsrepublik, dieser übermüthigen Krämer, ver=
diente es eine exemplarische Züchtigung.

Zu diesem unmittelbaren politischen Gegensatze, zu dem Gegensatze zwischen
absolutistischer Monarchie und bürgerlicher Republik kam noch der Umstand,
daß der aufblühende französische Seehandel durch die holländische Marine in
drückenden Schranken gehalten wurde, daß das protestantische Wesen, die all=
gemeine Toleranz, die ungezügelte Preßfreiheit in Holland den in allen diesen
Dingen höchst unduldsamen König auf das Stärkste reizten. Deshalb war
es von dem Abschlusse des Aachener Friedens an Ludwigs beherrschender
Gedanke, Holland niederzuwerfen, nicht gerade es zu vernichten, aber es zu
bemüthigen und ihm für immer jede Macht zu nehmen. So heftig war die
Leidenschaft des Königs gegen die Republik, daß er schon sogleich nach dem
Frieden, schon 1668 gegen dieselbe loszuschlagen gedachte. Denn hier, sagte
er, liege der Schlüssel zu Brüssel. Allein auf die Vorstellungen seiner Minister
wartete er geduldig ab, bis die seine Diplomatie Lyonne's das Objekt seiner
Rache von allen Seiten umstrickt, bis ihm Louvois und Colbert die Mittel
für dieselbe in reichstem Maße in die Hand gegeben hatten.

Colbert ist als der eigentliche Schöpfer der französischen Kriegsmarine
zu betrachten, indem er einerseits die Konskription der seemännischen Be=
völkerung für den Dienst des Staates einführte, andererseits die Zahl der
Kriegsfahrzeuge bis auf 300 erhöhte und endlich eine ausgezeichnete, für
die damalige Zeit wahrhaft mustergültige Instruktion für die Flotte er=
ließ. Nicht minder groß war seine Geschicklichkeit in der Verwaltung der
Finanzen. Obwohl er für die fortwährenden Kriege seines Königs Schulden
bis zum Betrage von 260 Millionen Livres aufnehmen mußte, verstand er
es doch durch geschickte und allmähliche Zinsenreduktion es dahin zu bringen,
daß am Ende seiner Laufbahn die an die Staatsgläubiger jährlich zu zahlenden
Summen nicht größer waren, als vor dem Ausbruch der Kämpfe, nämlich
acht Millionen Livres. Die indirekten Steuern erhöhte er freilich beträchtlich
und machte sie zugleich ergiebiger für den Staat. Dieser Theil der Abgaben
wurde nämlich an die Meistbietenden verpachtet, die dem Schatze eine be=
stimmte Summe zahlten und dafür die Einziehung jener Steuern zu ihrem
eigenen Vortheil unternehmen durften. Colbert ließ sich nun nicht, wie
andere Minister, durch Bestechungen Seitens der Pächter zur Herabsetzung
der Pachtsummen bestimmen, so daß die Unternehmer nur geringen Vortheil,
oft selbst Schaden hatten. So gewann der Staat. Die benachtheiligten Pächter
freilich suchten sich auf Kosten der Unterthanen durch furchtbare Erpressungen

schadlos zu halten. Der Steuerdruck erreichte eine zum Theil unerträgliche Höhe, die besonders die arbeitenden Klassen völlig zur Verzweiflung brachte. Man kennt aus den Briefen der Frau von Sévigné die Geschichte jenes armen Bandhändlers aus der Pariser Vorstadt St. Marceau, der, weil die Steuern ihm den Erwerb des nothwendigsten Lebensunterhaltes unmöglich machten, dreien seiner Kinder den Hals abschnitt und auf dem Gange nach dem Galgen lediglich das Bedauern äußerte, nicht auch seine Frau und sein letztes Kind, das diese gerettet hatte, getödtet zu haben. Daß es Colbert gelang, die königlichen Einkünfte von 84 auf 116 Millionen Livres jährlich zu bringen, war durch schreckliche Leiden Seitens des Volkes erkauft. Dieselben sprachen sich in vielfachen Aufständen aus. Freilich Paris wurde durch die imponirende Entfaltung militärischer Kräfte im Zaume gehalten; aber in den Provinzen machte die Unzufriedenheit sich Luft, wo sie es vermochte. Alle diese Unruhen wurden durch die Steuervermehrungen hervorgerufen: es ist dies eine traurige Kehrseite der glänzenden Herrschaft Ludwigs XIV., deren Verherrlicher sich freilich wohl gehütet haben, solcher Umstände zu erwähnen. Colbert war furchtbar verhaßt; in der That konnte nichts seiner Härte gleichkommen. Brauchte der König Ruderer für die Galeeren, so erging an sämmtliche Gerichte des Landes der Befehl, alle Vergehen mit der Galeerenstrafe zu ahnden, welche die Unglücklichen viele Jahre oder ihr ganzes Leben lang mit eisernen Ketten an die Ruderbank schmiedete, Tag und Nacht schwerarbeitend unter der Peitsche des Vogtes, halbnackt, mit ungenügender Kost, ohne Ruhe oder irgend welche Annehmlichkeit des Lebens. Unter den Gerichtspräsidenten fand ein förmlicher Wetteifer statt, den königlichen Galeeren möglichst viele Ruderer zu liefern. Als in Boulogne und Umgegend ein Aufstand gegen eine unrechtmäßig auferlegte Steuer ausbrach (1661), wurden vierhundert Bauern auf die Galeeren geschleppt, auf denen sie bereits nackt, krank, durch das Fieber decimirt anlangten. Zwei Jahre später neue Empörung in der Gascogne gegen die Salzsteuer unter der Führung eines alten Soldaten; es dauerte zehn Jahre, bis sie völlig unterdrückt war. In Berry, in Roussillon, in Languedoc gleichfalls Unruhen, welche durch erbarmungslose Plünderungen und Hinrichtungen bestraft wurden, nachdem ganze Heere gegen sie hatten aufgeboten werden müssen. Und dabei waren die Aufständischen völlig in ihrem Rechte, denn Colbert verfolgte das rationelle, aber den bestehenden Gesetzen und Privilegien durchaus zuwiderlaufende Verfahren, die Steuern in allen Provinzen des Reiches auf den gleichen Fuß zu bringen.

Es war gerade die Landbevölkerung, die unter dem Colbert'schen Systeme am meisten litt. Denn der Minister glaubte vor allem die Industrie und den Handel sei es auch auf Kosten des Ackerbaues begünstigen zu müssen; in jenen meinte er die hauptsächlichsten Quellen des Reichthums für das Volk und den Staat zu finden. Dieses einseitige System, das sogenannte Merkantilsystem, ist, wie angedeutet, durch Colbert zuerst in

Europa in umfassender Weise eingeführt und verwirklicht worden, und leider ist er dafür ein und einhalb Jahrhunderte hindurch Muster und Vorbild geblieben, während die letzten Nachwehen seiner Einrichtungen noch heutigen Tages nicht völlig verschwunden sind. Im Jahre 1667 erging ein neuer Zolltarif, welcher die Abgaben von fremden Waaren derart erhöhte, daß er beinahe einem Verbote der letzteren gleichkam. Natürlich antworteten die anderen handeltreibenden Mächte durch ähnliche Verbote gegen die französischen Erzeugnisse. Und so groß war die rechtlose Gewaltthätigkeit der Regierung Ludwigs XIV, daß sie im Jahre 1670 durch Feindseligkeiten gegen die päpstliche Grafschaft Avignon den heiligen Vater zwang, Schutzmaßregeln, die er nach Colberts Vorgang für die römische Industrie eingeführt hatte, zu Gunsten Frankreichs wieder aufzuheben! Wie die fremden Produkte, die der französischen Manufaktur Konkurrenz machen konnten, durch jene Prohibitivzölle ausgeschlossen wurden, so belegte Colbert, um die Fabrikation durch Billigkeit der Rohstoffe zu fördern, die Ausfuhr der letztern mit absolutem Verbote. Drakonische Strafbestimmungen sollten diese Anordnungen schützen. Besonders wurde auch, um den Preis der Handarbeit niedrig und dadurch die Fabrikate billig zu erhalten, durch Verbot der Ausfuhr und besondere Tarife der Preis des Getreides künstlich verringert, zum großen Nachtheile des Ackerbaues. Die Bauern gaben häufig die Bearbeitung ihrer Felder auf, von der sie doch keinen hinreichenden Lohn erhoffen durften, und von der sie die enormen Steuern entrichten sollten. Wie weit war Colbert von der Einsicht seines Vorgängers Sully entfernt, der Ackerbau und Viehzucht als die beiden Brüste des Nationalwohlstandes bezeichnet hatte! Alle Berichte der Intendanten und Bischöfe stimmen darin überein, daß Elend der Landbevölkerung, also mindestens vier Fünftheile der Nation, als ein unbeschreibliches zu bezeichnen. Die Anpflanzung von Maulbeerbäumen zur Zucht von Seidenwürmern, die Hebung der Viehzucht durch Einführung fremder veredelter Rassen machte diese Schäden nicht wieder gut — Mit bedeutenden Kosten seitens des Staates wurden Industriezweige künstlich aufgezogen, die in Frankreich nicht lebensfähig waren, und nach dem Tode des sie begünstigenden Ministers sofort wieder untergingen. Dennoch hat Colbert wenigstens für die Industrie Frankreichs im Ganzen fördernd gewirkt. Freilich war er der Ansicht aller Despoten, daß man die Menschen auch wider ihren Willen glücklich machen müsse; unbekümmert um die Klagen und Proteste der Gewerbtreibenden nöthigte er ihnen Manufakturen auf, die sie nicht haben wollten, und unterwarf ihre Fabrikation steter Regelung und Controle seitens des Staates, der die Waaren, welche nicht in Gemäßheit seiner Ordonnanzen verfertigt waren, mit dem Namen des unglücklichen Erzeugers an den Galgen hängen und dann verbrennen ließ. Ein Edikt vom Jahre 1673 bestrafte betrügerische Bankerotteure ohne Weiteres mit dem Tode.

Mit größerem Erfolge noch nahm sich der Staat des tief darnieder-

Industrie und Handel unter Colbert.

liegenden französischen Seehandels an. Mit ungeheuren Kosten wurden die Häfen verbessert und erweitert. Die Erbauung neuer Schiffe wurde durch eine Prämie von hundert Sous auf jede Tonne Tragfähigkeit befördert, Ankauf fremder Schiffe durch eine Belohnung von vier Livres per Tonne. Dagegen mußte jedes fremde Fahrzeug 50 Sous auf die Tonne bezahlen, wenn es in einem französischen Hafen ein- und ebensoviel, wenn es aus demselben wieder auslief. Diese Maßregeln blieben nicht ohne die segensreichste Wirkung für die Entwicklung der französischen Handelsmarine. Der französische Exporthandel hatte allerdings schon vor Colbert einen Ueberschuß von 40 Millionen Livres über die Einfuhr ergeben, allein er war fast ausschließlich auf holländischen Schiffen vermittelt worden. Selbst der Verkehr zwischen Frankreich und seinen Kolonien war durch die holländischen Fahrzeuge unterhalten worden. Das Tonnengeld brachte einen für die französischen Rheder ermuthigenden Umschwung in diesen Verhältnissen hervor. Besonders hob sich der fast gänzlich untergegangene Verkehr von Marseille mit der Levante, „dem Indien der Provenzalen!" Ebenso wurde den Engländern der bisherige Alleinbesitz des portugiesischen Handels durch geschickte Verträge entrissen. Die französische Handelsmarine wurde wenigstens zur dritten der Welt. In Rochefort ward ein neuer trefflicher Handelshafen, in Brest ein durch seine natürliche Festigkeit und Ausdehnung unvergleichlicher Kriegshafen gegründet.

Die Sucht, durch Monopol und Staatseinmischung den Verkehr zu heben, veranlaßte Colbert auch, den überseeischen Handel privilegirten und vom Staate unterstützten Gesellschaften zu überliefern. Eine westindische Kompagnie erhielt das alleinige Recht, in Amerika Handel zu treiben. Behufs Gründung einer ostindischen Gesellschaft wurden von der Regierung durch nachdrückliche Empfehlung, ja durch nackten Zwang die Gerichtshöfe und die städtischen Magistrate zur Betheiligung herangezogen, und die Krone gewährte ihr ein unverzinsliches Darlehen von drei Millionen und viele andere Vortheile (1664). Die Insel Madagaskar sollte kolonisirt und der Mittelpunkt für die Operationen dieser neuen Gesellschaft werden. Andere Kompagnien des Nordens, der Levante, des Senegal, der Pyrenäen wurden mit Monopol und Staatsunterstützung gegründet. Aber alle diese Unternehmungen scheiterten nach wenigen Jahren an der allzu straffen Verwaltung von Frankreich aus, an der unsinnigen Einführung der Pariser Rechtsgewohnheiten in jene unkultivirten Gegenden, an der geringen Neigung und dem noch geringeren Geschick der Franzosen zur Kolonisation und an der habgierigen Unredlichkeit der dazu verwendeten Beamten. So bewundernswerth der Fleiß ist, mit dem Colbert für das Gelingen dieser Gesellschaften arbeitete, so verursachten sie doch durch die ungeheuren Geldverluste, zu denen sie sämmtlich Anlaß gaben, großen Schaden. Dennoch ist nicht zu leugnen, daß Colbert durch sie sowie durch den frischen Aufschwung, den er dem französischen Seewesen verlieh, Frankreich wenn auch nicht das blühendste, so doch das ausgedehnteste Kolonialreich der damaligen Welt verschaffte. Später freilich sollte es weit hinter das englische in den Schatten treten; aber bei dem Tode Colberts gebot Frankreich in fremden Erdtheilen über Canada, mit 10,000 Europäern, und Louisiana, d. h. das Mississippiland, auf dem nordamerikanischen Continente; über die westindischen Inseln Sainte-Croix, Saint-Martin, Saint-Barthélemy, Saint-Christophe, Guadalupe, Dominique, Martinique, Sainte-Lucie, Saint-Vincent, Tabago und einen Theil von Haÿti; über Guayana in Süd-Amerika; über ein Gebiet im nordwestlichen Afrika; über Pondichéry und Chandernagor in Ostindien. Es ist kaum nöthig zu bemerken, daß die französischen Kolonien wie die aller andern seefahrenden Staaten damals lediglich zu Gunsten des Mutterlandes ausgebeutet wurden. Nur französische Schiffe durften ihre Produkte einhandeln und nach Europa bringen, und die Bedürfnisse der Kolonisten und Eingebornen nach europäischen Waaren durften nur durch französische Erzeugnisse ihre Befriedigung erhalten.

Mit unbedingtem Lobe müssen wir der Bemühungen Colberts für Verbesserung der Verkehrsmittel gedenken. Der Bau des großen Kanals von Langueb'oc, welcher die Garonne und durch sie den atlantischen Ozean mit einer Anzahl von Flüssen, die sich dem Mittelmeere zuwenden, verbindet, — dieses größte und populärste Werk der Regierung Ludwigs XIV., seit Franz I. geplant und wegen seiner Schwierigkeiten immer wieder aufgegeben, wurde durch Colbert vollendet. Er gewann dafür einen ebenso einsichtsvollen wie geistreichen Ingenieur, Riquet. Im Jahre 1664 begannen die vorläufigen Arbeiten, 1667 wurde der Grundstein zur ersten Schleuse gelegt; eine Medaille wurde auf dieses Ereigniß geprägt, auf der man das Bildniß Ludwigs XIV. mit der stolzen Devise erschaute:

Undarum terraeque potens, atque arbiter orbis.

Die Schwierigkeiten, die man bei Bewältigung der Terrainhindernisse fand, die alle Voranschläge übersteigenden Kosten (17 Millionen Livres, etwa 102 Millionen Francs heutigen Geldes) die lange Dauer der Arbeit entmuthigten bisweilen Colbert und Riquet; der letztere starb vor Vollendung seines großen Werkes. Aber Colbert hielt aus, und am 19. Mai 1681 konnte man die Einweihung des Kanals unter großen Feierlichkeiten vollziehen. Freilich die chimärischen Hoffnungen, die man an seinen Bau geknüpft hatte: die Meerenge von Gibraltar überflüssig zu machen, den Welthandel von ihr weg und in die neue Fahrstraße zu ziehen, konnten sich nicht verwirklichen, da die Herstellung eines für große Seeschiffe brauchbaren Wasserweges von solcher Länge unerschwingliche Summen gekostet haben würde; aber Verkehr, Gewerbe, Ackerbau der südwestlichen Provinzen Frankreichs haben durch ihn die wesentlichste, glücklichste Förderung erfahren.

Mit unermüdlicher Sorgfalt betrieb Colbert den Bau von Landstraßen, die freilich in Frankreich nicht in besserem Zustande waren, als in den

Kolonien. Landstraßen. Kanäle.

übrigen Ländern des damaligen Europa. Er widmete demselben jährlich an 650,000 Livres oder beinahe vier Millionen Francs unseres Geldes, allein aus königlichen Mitteln, abgesehen von den Zuschüssen der Provinzen und Communen. Natürlich wurden vor allen die großen strategischen Straßen nach dem Elsaß, nach Lothringen, nach den neu eroberten luxemburgischen Festungen bedacht. Die unaufhörlichen Kriege hinderten Colbert, seine umfassenden Pläne in dieser Beziehung völlig auszuführen. So konnte man es erleben, daß, wenn der König eine Reise beabsichtigte, auf dem von ihm einzuschlagenden Wege plötzlich Tausende von Bauern aufgeboten wurden, um die Löcher auszufüllen, die Gräben zuzuwerfen, die Hecken wegzuschneiden, die Bäche zu überbrücken. Mit Unrecht hat man deshalb Colbert „einen Vorläufer Potemkins" gescholten.

Ebenso centralisirend, wie auf dem Gebiete des Verkehres, trat Colbert auf dem der Verwaltung auf. Noch einmal in den Kriegen der Fronde waren der Regierung die großen Provinzialgouverneure sehr gefährlich geworden, meist hohe Adelige, die sich, nachdem die von Richelieu eingesetzten Intendanten durch den Sturm der Fronde beseitigt waren, in ihren Gouvernements fast wie unabhängige Fürsten benahmen. Colbert beschloß ihre Macht für immer zu brechen, indem er ihre Würde aller wesentlichen Funktionen entkleidete, ihnen nur die Repräsentation und den leeren Namen beließ. Alle wirkliche Amtsthätigkeit wurde abermals Intendanten übertragen. Wollte ein Gouverneur irgendwo seine Stellung ernstlich nehmen, so sah er sich von Colbert, diesem Kaufmannssohne, auf das Schärfste zurückgewiesen. Die Intendanten dagegen durften sich unausgesetzt Eingriffe auch in die ordentliche Rechtspflege erlauben. Aber so unbedingte Tyrannen sie nach unten sein konnten und sollten, ebenso abhängig waren sie nach oben. Von der Centralgewalt auf beliebige Zeit ernannt, also ihr vollkommen unterthänig, durchbrachen sie erfolgreich die bisherige relative Unabhängigkeit der erblichen Gouverneur- und käuflichen Verwaltungs- und Richterstellen. Sie hatten dem Minister regelmäßig genauen Bericht zu erstatten. So wurde durch ihre Intendanten und deren Unterbeamten, die sogenannten Subdelegirten, die Centralgewalt allmächtig.

Die bisherige Unabhängigkeit der Parlamente paßte begreiflicher Weise nicht in dieses System, und Ludwig XIV. hatte gegen sie noch einen alten Haß auf dem Herzen. In dem „Civilgesetzbuche von 1667", das übrigens in sehr angemessener Weise die Verschiedenheit des Civilprozeß-Verfahrens aufhob und dasselbe schneller und weniger umständlich und kostspielig machte, erklärt der König den höchsten Gerichtshöfen kategorisch: daß das Recht der Gesetzgebung ihm allein gehört. Ihre Vorstellungen (Remonstranzen) gegen ein königliches Edikt dürfen dessen Ausführung nicht verzögern, so lange der Monarch nicht anderer Meinung geworden ist. Ja sie dürfen dunkle oder schwierige Stellen eines Ediktes nicht einmal selbständig auslegen, sondern müssen dabei Se. Majestät selbst um deren Intention befragen! So wurde nebensächlich ein förmlicher Staatsstreich gegen die durch Jahrhunderte lange Gewohnheit geheiligten Rechte der obersten Gerichtshöfe geübt! Im Pariser Parlament wagten einige kühne Räthe gegen diese Gewaltthat zu protestiren; der König bestrafte sie durch Verbannung. Die Sorge für die Polizei in Paris wurde dem Parlament abgenommen und eine besondere hauptstädtische Polizei unter einem General-Lieutenant, der direkt unter dem Monarchen selbst stand, eingerichtet, zu politischen Zwecken ebenso sehr wie zu denen der öffentlichen Sicherheit; das Tragen von Feuerwaffen wurde mit geringen Ausnahmen gänzlich verboten. Neue Gesetze über den Criminalprozeß und über die Wasser- und Forstpolizei erfolgten, welche in einer für das Publikum übrigens nicht unvortheilhaften Art die Freiheit der Richter noch mehr einschränkten. Die neu geschaffene Polizei wurde aber bald das Werkzeug des furchtbarsten Despotismus. Ein königlicher Kabinetsbefehl (Lettre de cachet) genügte, um das darin bezeichnete Individuum auf unbestimmte Zeit der Freiheit zu berauben. Es gab Gefängnisse, die mit den Gerichten nichts zu thun hatten, und die sich nur infolge von Befehlen aus dem Kabinete des Königs öffneten und schlossen. Die Zahl solcher Gefangenen, die man noch aus dem Register des königlichen Kabinetssekretariats ersehen kann, ist eine erschreckend große; und doch sind die geheimsten Fälle darin nicht eingezeichnet! Das Pariser Parlament wurde in der That so gefügig, daß es ohne den mindesten Widerspruch alle finanziellen Edikte der Regierung in seine Register eintrug. Wie sich die Provinzen, fern von dem unmittelbaren Einfluß der Centralregierung, überhaupt länger unabhängig hielten, als die unter dem Auge des Monarchen gestellte und gedemüthigte Hauptstadt, so wagten auch die Parlamente von Rouen und Bordeaux noch 1672, gegen einige neue Lasten zu remonstriren. Sofort kündigte ihnen Colbert an, daß dieses Wagniß den Ungehorsamen „Unannehmlichkeiten zuziehen werde, da Se. Majestät zu bestehen in diesem Punkte sei, um ihnen nicht Beweise seines Unwillens zuzufügen". In der That folgte die Strafe auf dem Fuße. Durch Ordonnanz vom 24. Februar 1673 wurde den Parlamenten ein für alle Male anbefohlen: „die Verfügungen des Königs ohne irgend eine Abänderung, Beschränkung oder andere Klausel, die deren Ausführung verschieben oder verhindern könnte, einzutragen". Freilich haben die Parlamente das Recht, binnen einer kurzen Frist zu remonstriren, aber der König kann darauf verfügen, was er will, und gegen diese Antwort darf keine weitere Remonstranz gerichtet werden. Thatsächlich, wenn auch nicht rechtlich, war damit die Befugniß der Parlamente, gegen königliche Edikte zu remonstriren, völlig abgeschafft; sie wurde bis zum Tode Ludwigs XIV. niemals mehr ausgeübt. Diese einst so selbständigen, unruhigen und trotzigen Körperschaften waren zum Stillschweigen verurtheilt. Sie übten die Justiz aus ganz nach den Wünschen, ja Launen des Herrschers. Es kam vor, daß dieser Leute, die ihm mißfielen, für längst amnestirte Vergehungen von neuem richten und verurtheilen ließ.

Nicht mehr als die Parlamente, diese uneigentlichen und angemaßten Volksvertretungen, duldete die Regierung Ludwigs XIV. und Colberts die wirklichen. Die Generalstände wurden grundsätzlich nicht mehr versammelt; den Provinzialständen, deren relative Selbständigkeit in manchen Theilen des Reiches auf dieselben den günstigsten und anregendsten Einfluß geübt hatte, ward nur noch das Recht der Umlage der Steuern in ihrer Provinz und der Petition gelassen. So war die gesammte Gesetzgebung und Steuerausschreibung uneingeschränkt in den Händen des Königs und seiner Minister. Nicht minder wurde unter dem Vorwande des Mißbrauches, den wirklich zahlreiche städtische Obrigkeiten mit dem ihnen anvertrauten Gemeindevermögen trieben, der letzte Rest der kommunalen Selbständigkeit vernichtet, die gewählten oder erblichen Magistrate durch königliche Beamte ersetzt. Ebenso wenig duldete die Regierung eine unabhängige Presse. Unter den 44 Gefangenen, die sich im September 1661 in der Bastille befanden, waren nicht weniger als 12 Zeitungsschreiber! Im April 1662 brachte man zwei weitere in dieses furchtbare Gefängniß, nicht etwa wegen Beleidigungen gegen die Regierung, sondern weil sie handschriftliche Nachrichten ohne besondere Autorisation derselben verbreitet hatten. Der Polizeistaat erhielt in Frankreich eine wahrhaft ideale Ausbildung, und diese Einrichtungen wurden dann mustergültig für die kleinliche Bureaukratenregierung in fast sämmtlichen Staaten des 17. und 18. Jahrhunderts. In Alles mischte sich die Regierung: wer mit Silber und wer mit Gold gestickte Kleider tragen dürfe, wie man die Kutschen auszuschmücken habe, ob man mit Masken in die Kirchen gehen, wer rohes und wer zubereitetes Geflügel verkaufen dürfe, von welcher Gestalt die Perrücken sein müßten. Der alte freiheitliche und witzige Geist des französischen Volkes rächte sich für diese unerhörte, alle Schichten der Gesellschaft und alle Interessen und Vorkommnisse des Lebens durchdringende Tyrannei durch unzählige Pamphlete und Spottschriften. Aber wehe demjenigen, der sich bei solchem Verbrechen ertappen ließ! Er wurde, nach einem Edikt von 1666 durch den Polizeirichter in letzter Instanz und zwar nach dem Edikt von 1670 zu den strengsten Strafen verurtheilt: zur Folter, den Galeeren, dem Galgen! Trotzdem wurde von dem freien Boden Hollands aus Frankreich fortwährend mit zahllosen Flugschriften gegen den Despotismus Ludwigs XIV. überschwemmt.

Vor diesem gleichmäßigen Absolutismus verminderte sich politisch der Unterschied der Stände, während er social auf das strengste aufrecht erhalten und noch weiter ausgebildet wurde. Der höchstgeborene Edelmann war ebenso unbedingt wie der geringste Tagelöhner den Anordnungen des Intendanten oder des Polizeilieutenants unterworfen; und wenn jener gegen eines der zahllosen Strafedikte verstieß, so erwarteten auch ihn nicht minder als etwa einen seiner Bedienten Gefängniß, Rad und Galgen. Um so glänzender war die gesellschaftliche Stellung des Adels. Da er seine Bedeutung als unabhängiger Stand verloren hatte, suchte und fand er den

Mittelpunkt seiner veränderten Lebensweise am Hofe. Gern sah es der König, wenn nur den Glanz desselben zu erhöhen, die Edelleute ihr Vermögen durchbrachten und dadurch doppelt abhängig von seinem Belieben wurden. Ueberhaupt mußte man, um das Wohlwollen des Monarchen zu erlangen, in seinen Dienst treten und besonders seine Gnade nachsuchen; unabhängig gesinnte Männer, die sich selbständig hielten, haßte er unverhohlen. Die ganze Verwaltung durchzog der Geist des Absolutismus, des unbedingten Gehorsams, der Nivellirung; Alles sollte von oben gelenkt und geleitet werden, in Alles die Beamten sich mischen. Individuelles Leben, provinziale und kommunale Selbständigkeit wurden überall erstickt. Dieses System hat durch seine genaue Ordnung, seine Pünktlichkeit, seine großen Gesichtspunkte und, wo das politische Interesse nicht in Frage kam, durch seine Unparteilichkeit viel Gutes gewirkt und das drückende und kleinliche Joch der lokalen Gewalten gern vermissen lassen. Es hat der französischen Staatsregierung ungeheure und prompte Machtmittel verliehen. Aber es hat die Franzosen auf lange politisch unmündig und unfähig gemacht, das Schablonenartige, Gleichförmige dem französischen Charakter aufgeprägt und, indem es jedes Individuum unvermittelt und in allen Beziehungen unter die drückende Einwirkung des Staates stellte, das Volk gegen diesen selbst und gegen sein Oberhaupt, den König, eingenommen und erbittert. Die Volksstimmung, die noch in der ersten Hälfte des 17. Jahrhunderts durchaus royalistisch war, schlug immer mehr in eine antiköniglische um. Noch auf eine andere Weise hat, wie schon angedeutet, das damalige Regierungssystem die Revolution hervorgerufen und gefördert. Indem dem Adel alle politischen Pflichten abgenommen wurden, ließ man ihm doch die socialen Vorrechte. Er allein bildete den Hof, er wurde im Heere vorgezogen, mit Pensionen bedacht, er war von allen direkten Abgaben frei und durfte seine Bauern durch Frohnden ausbeuten. Solange der Gutsherr zugleich eine politische Behörde gewesen, hatte man diese Vorrechte natürlich gefunden; jetzt wo der Adel gar nichts Besonderes leistete, erschienen sie unnatürlich, drückend und odiös.

Man würde nun doch irren, wenn man nach dieser Darstellung das damalige französische Königthum für völlig unumschränkt halten würde. Vielmehr wurde es auf allen Seiten gehindert durch die Vorrechte des eigentlichen Adels — des sogenannten Degen-Adels, noblesse d'épée — sowie der Inhaber der käuflichen Richterstellen — des Talar-Adels, noblesse de robe — und endlich des Klerus, der eine sehr große Macht besaß, die Glaubens- und Sittenpolizei ausübte und den Unterricht völlig in Händen hatte. Alle diese Gewalten hinderten den König nicht, eine absolute Bestimmung über jede Person und jedes Vermögen in seinem Reiche zu haben; sie hinderten ihn also nicht an Akten wahrhafter Tyrannei; aber, konservativ ihrer ganzen Natur und Stellung nach, behinderten sie ihn und seine Minister erfolgreich in allen fortschrittlichen und polizeilich oder ökonomisch vortheilhaften Maßregeln. Dieser Uebelstand trat freilich weniger unter dem conservativen Ludwig XIV., als in den aufgeklärteren und demokratischer gesinnten Zeiten des späteren 18. Jahrhunderts hervor.

Das ist das Werk Colberts. Unsere Auffassung von demselben wird jedenfalls sehr verschieden ausfallen, je nachdem wir es vom Standpunkte der damaligen Ansichten und Bestrebungen oder der heutigen reiferen und geklärteren Anschauung auffassen. Der erstere Gesichtspunkt ist jedenfalls der allein gerechte, und von ihm aus werden wir unsere Bewunderung einem Manne nicht versagen können, welcher der Verwirklichung der Ideen, die er dem Königthume und dem Lande für ersprießlich hielt, unermüdliche Arbeitskraft, durchdringenden Scharfsinn, gleiche Sorgfalt für das Größte und Kleinste, umfassendste Kenntnisse, zähe Ausdauer gewidmet hat. In allen diesen Eigenschaften sind Wenige Colbert gleichgekommen, hat Niemand ihn übertroffen. Die unter allen Umständen verdammenswerthen Maßregeln aber, wie die erdrückende Last der Steuern und die empörende Härte bei ihrer Eintreibung, sind nicht sowohl die Schuld Colberts als der ununterbrochenen Kriege seines Herrn, gegen die er sich häufig genug mit großem Freimuth, aber ohne Erfolg ausgesprochen hat.

In kirchlicher Beziehung war Colbert ein energischer Verfechter der Rechte des Staates. Er wollte die Zahl der Geistlichen in Frankreich — 87,000 Mönche, 80,000 Nonnen, mehr als 100,000 Weltkleriker — durch beschränkende Maßregeln verringern. Diese Absicht scheiterte zwar an dem Widerstande der gesammten Geistlichkeit und ihrer Freunde; dagegen gelang es ihm, von den 44 kleinen Festtagen 17 zu unterdrücken: ein wahrer Segen für den Wohlstand und die Sittlichkeit des Volkes. Auch setzte er eine Ordonnanz durch, die wenigstens die Errichtung neuer Klöster ohne Genehmigung des Königs auf das strengste untersagte. Colberts Einfluß war es hauptsächlich zuzuschreiben, wenn in Frankreich der Hexen- und Teufelsglaube schon gegen Ende des 17. Jahrhunderts verschwand. Dafür waren aber auch die „Frommen" erbitterte Gegner Colberts, und die am Hofe schon mächtige „Cabale der Devoten" bot Alles auf, ihn zu stürzen.

Einen noch gefährlicheren Feind, als an jener Frömmlerverschwörung, hatte Colbert an seinem Collegen Louvois. Dieser konnte dem früheren kleinen Ministerialbeamten dessen Erhöhung nicht vergeben, während Colbert von dem hitzigen und brutalen Temperament Louvois', nicht ganz mit Unrecht, den Ruin des Staates fürchtete. Dem König war diese Feindschaft zwischen seinen hauptsächlichsten Ministern durchaus nicht unangenehm. War ihm dieselbe doch die beste Bürgschaft dafür, daß sie sich niemals vereinigen würden, sich über seinen eigenen Willen hinwegzusetzen; daß er, der König, Alles erfahren und die Zügel in der Hand behalten würde. Er wußte sie schon jeden an seinem Platze und in seiner Sphäre zu erhalten; und mit geschickt abwägender Hand verlieh er bald dem einen, bald dem andern Gunst und Macht, so daß keiner von beiden das unbedingte Uebergewicht erhielt.

In der That konnte Ludwig Louvois nicht entbehren, um sein Heer zum ersten der Welt zu machen. Mit unermüdlicher Sorgfalt und gründlicher Einsicht arbeitete der junge Kriegsminister an der Vervollkommnung der militärischen Maschinerie. Die Kavallerie- und Infanterieregimenter wurden je auf eine bestimmte gleichförmige Zahl von Mannschaften gebracht, und aus mehreren Regimentern eine Brigade hergestellt, deren Befehlshaber von dem Könige ernannt wurde, also sein Amt nicht kaufen konnte. Durch diese Maßregel wurde eine höhere taktische Einheit hergestellt, die um so nothwendiger war, je zahlreicher die Heere wurden. Man denke sich, daß kein Zwischenbefehlshaber bestand zwischen einem Marschall oder General-lieutenant, der etwa 30,000 Mann kommandirte, und einem Reiteroberst, der 400 Mann unter sich hatte!

Noch wichtiger war die Einrichtung der Spezialwaffen. Louvois zuerst hat drei förmliche Regimenter von 44 Kompagnien zur Bedienung der Artillerie gebildet, während es früher nur, außer den Jahrknechten, Offiziere dieser Waffe gegeben hatte, die sich dann ihre Leute im Bedürfnißfalle von der Infanterie nahmen. Ebenso rief er die Grenadierkompagnien ins Leben, eine Truppe, die Handgranaten in die Feinde zu werfen bestimmt war, und die erst ein Jahrhundert später durch die verbesserten und weitertragenden Gewehre beseitigt worden ist. Eine fernere Spezialwaffe bildeten damals die Dragoner: Infanteristen, die bei Märschen zu Pferde saßen, um schneller vorwärts zu kommen, zum Kampfe aber abstiegen und wie andere Infanteristen fochten. Sie wurden schon seit dem Ende des 16. Jahrhunderts als Plänkler, Rebellen u. s. w. benutzt. Louvois gab dieser wichtigen Waffe eine große Ausdehnung. Endlich konstituirte er im Jahre 1676 das Korps der Ingenieure in bleibender Weise, was vor ihm nur in der spanischen Armee der Fall gewesen war. Auch einige Kompagnien Mineure wurden errichtet, um bei den Belagerungen verwendet zu werden. So ward das französische Heer immer besser, immer genauer den mannigfachen Anforderungen angepaßt, welche die Entwickelung der Kriegs- und Befestigungswissenschaften erhob.

Früher war jeder Soldat gekleidet gewesen, wie es ihm gut schien; nur die Schärpen der Offiziere und der Schlachtruf machten die verschiedenen Parteien kenntlich. Louvois führte allmählich und mit geringen Kosten die Uniformirung ein, die zur Aufrechterhaltung der Disciplin, zur Vermeidung der Desertionen und zur leichteren Orientirung des Feldherrn in der Schlacht so überaus wichtig ist.

Er ging von dem sehr richtigen Gesichtspunkte aus, daß jeder, der zum Kommandiren bestimmt ist, zuerst die Obliegenheiten derjenigen kennen lernen muß, denen er befehlen soll. Deshalb mußte jeder zukünftige Offizier zwei Jahre lang Dienst als gemeiner Soldat thun. Der Bürgerliche wurde ebenso wie der Adlige zum Offizier befördert; selbst Unteroffiziere haben häufig das Lieutenantsbrevet erhalten. Die Offiziere wurden zum fleißigen und regelmäßigen Exerziren ihrer Leute angehalten, was früher in keiner

Die Heeresorganisation unter Louvois.

Armee erhört gewesen war. Freilich ließ sich der hohe Adel, gewohnt, im Heere ebenso ungebunden und selbständig zu verfahren, wie auf seinem Schlosse, diese Bevormundung und Arbeit nicht gutwillig von dem Enkel eines „Roturier" gefallen; allein Louvois' eiserner Wille überwand alle Schwierigkeiten, die sich ihm in den Weg stellten. Die beständigen Inspektionen, die schwersten Strafen ohne alle Rücksicht auf den Rang lehrten auch die Widerspenstigsten Gehorsam. Mißhandlung der Soldaten, Beeinträchtigung ihres Soldes oder ihrer Kleidung, Trägheit im Dienste wurden mit sofortiger Kassation, oft auch mit Gefängnißstrafe geahndet.

Auf diese Weise machte Louvois die französische Armee, die noch im dreißigjährigen Kriege der kaiserlichen, der spanischen, der schwedischen nachstand, die noch in den Kämpfen der Fronde den friedlichen und befreundeten Einwohnern schrecklicher gewesen war, als den Feinden, in Einrichtung und Beschaffenheit zum Muster aller europäischen Heere, das sorglichst nachgeahmt wurde. — Zur Nacheiferung für alle Truppen wurden aus den besten und bewährtesten Soldaten Elitekorps gebildet: in der Reiterei die sogenannte maison du Roi, die königlichen Haustruppen, 3400 Mann; in der Infanterie die beiden Regimenter der französischen und der Schweizergarden. Die Linienkavallerie wurde auf eine Höhe von 47,000 Mann — außer 10,000 Dragonern — die Infanterie auf 120,000 Mann der Feld- und 100,000 der Garnisonregimenter gebracht. Schon seit 1679 wurde das Bayonett an einer leichten Steinschloßflinte in der französischen Armee eingeführt, und seitdem verschwanden, bis zum Ende des Jahrhunderts, sowohl die schweren Luntenmusketen als auch die Piken vollständig.

Eine Armee von solcher Stärke war seit den Tagen der Kreuzfahrer nicht erhört gewesen und sicherte Frankreich das Uebergewicht über alle andern Völker, die freilich seitdem auch die schwere Last großer stehender Heere auf sich nehmen mußten. Aber Louvois begnügte sich nicht damit, in zwei Dezennien diese ungeheure Armee gebildet, disziplinirt, auf das einsichtigste organisirt zu haben. Bisher war die mangelhafte Verpflegung sowohl ein Haupthinderniß für die Beweglichkeit, als auch eine Hauptursache der Indisziplin bei den Heeren gewesen. Durch die Schöpfung fester und beweglicher Magazine verdoppelte Louvois die strategische Brauchbarkeit der französischen Armee, indem dieselben ihr eine größere Freiheit der Bewegung, eine größere Schnelligkeit, Ausdehnung und Dauer der Aktion ermöglichten. Seitdem war das französische Heer jeden Augenblick schlagfähig. — Ebenso wurde durch die Errichtung fester und ambulanter Lazarethe für die verwundeten und kranken Soldaten gesorgt, und den Invaliden ward im Jahre 1670 auf der Ebene von Grenelle bei Paris ein prächtiges Hôtel errichtet. Louvois wußte, daß der Soldat, wenn er seiner Zukunft gewiß war und sah, daß man um ihn Sorge trüge, sich noch einmal so gehorsam zeigen, noch einmal so freudig den Strapazen und Gefahren des Krieges entgegen gehen werde.

Louvois zog auch den Mann heran, dem später im spanischen Erb=
folgekriege hauptsächlich die Rettung Frankreichs zu danken war. Aus
einer armen Adelsfamilie entsprossen, früh verwaist, zeichnete Vauban sich
bei den Belagerungen der ersten Kriege unter Mazarin und Ludwig selbst
derart aus, daß er bald die Leitung des gesammten Militär=Ingenieurwesens
erhielt. Vauban war nicht sowohl Erfinder einer neuen Befestigungsmanier,
als er vielmehr die vorhandene vielfach vervollkommnete und mit freier Ge=
nialität dem verschieden gestalteten Terrain verschiedenartig anzupassen ver=
stand. Er hat 33 neue Festungen erbaut und etwa 300 alte verbessert.
Die Vollwerke, die er an allen Grenzen errichtete und verstärkte, machten
Frankreich für die damalige Kriegskunst so gut wie unbesiegbar. Noch
wichtiger fast wurde Vauban für die militärische Wissenschaft und Praxis
durch sein neues Angriffssystem; namentlich durch die Erfindung und An=
wendung der Parallelen wurde dem Festungsangriff diejenige Gestalt gegeben,
die er im Wesentlichen noch heute hat, und durch die damals der Angriff
entschiedene Ueberlegenheit über die Vertheidigung erhielt. Vauban selbst hat
53 Belagerungen zu glücklichem Ende geführt und meinte, für jede Festung
genau die Zahl der Tage angeben zu können, innerhalb deren sie unter allen
Umständen fallen müsse. Dabei war Vauban auch in den Staatswissen=
schaften ungewöhnlich bewandert und begabt, und wir werden seine bezüg=
lichen Arbeiten noch näher kennen lernen. Diese vielfachen Fähigkeiten, ver=
bunden mit einem edlen Charakter und einer über jeden Zweifel erhabenen
Rechtlichkeit und Uneigennützigkeit, mit einer damals leider so seltenen Sorg=
falt für das Wohl der Menschheit im allgemeinen und jedes Einzelnen,
machten Vauban in Frankreich sehr populär, in ganz Europa gefeiert, geehrt
selbst durch die Feinde! Unaufhörlich war er, besonders im Osten und
Norden, mit der Anlegung jener furchtbaren dreifachen Festungsreihe be=
schäftigt, an welcher einst die siegreichen Heere Marlborough's und des Prinzen
Eugen ihr Ziel finden sollten!

Sechstes Kapitel.
Der Ueberfall Hollands.

Gestützt auf eine centralisirte Verwaltung, vortrefflich geordnete Fi=
nanzen und eine ebenso zahlreiche wie vorzügliche Armee, in allen diesen
Dingen jeder andern Macht weit überlegen, konnte das Frankreich Lud=
wigs XIV. mit schrankenloser Gewalt in die Weltereignisse eingreifen.

Es lag dem Könige vor allem daran, den Holländern jeden Bundes=
genossen zu nehmen und zu diesem Behufe zunächst die Tripel=Allianz zu
sprengen. Zu Hülfe kam ihm dabei die aus Parteileidenschaft und Partei=
einseitigkeit hervorgegangene Verblendung de Witts, der von allen wider sein

Vaterland gerichteten französischen Umtrieben nichts sah oder nichts sehen wollte.

Am leichtesten war Karl II. zu haben; er bot sich von selbst an. Der wenig rühmliche Friede, den England zu Breda mit der kleinen Nachbarrepublik hatte abschließen müssen, hatte selbst in dem gut royalistisch gesinnten Parlamente Karls II. einen solchen Sturm des Unwillens hervorgerufen, daß davor der bisherige erste Minister der Krone, der Kanzler Graf Clarendon seine Entlassung zu nehmen und darauf aus dem Lande zu fliehen sich genöthigt sah. Clarendon war ein beschränkter, zäh konservativer, aber durchaus ehrenhafter, der Religion und der alten Verfassung seines Staates nicht minder als dem Königthum treu ergebener Mann gewesen, und so ließ ihn Karl, der den unbequemen Mahner und Beaufsichtiger haßte, gern fallen; ohne zu bedenken, daß er hierdurch das Recht des Unterhauses, einen diesem mißliebigen Diener der Krone zu beseitigen, und damit im Grunde das Uebergewicht des Parlamentarismus im Staate anerkannte. Zunächst schien die kurzsichtige Berechnung Karls sich zu bewähren. Der Sturz Clarendons versöhnte einstweilen die biedern Landedelleute der bisherigen Opposition, der „Landpartei" country party im Gegensatze zu der Hofpartei; und der König benutzte dies, um ein Ministerium nach seinem Sinne zu bilden, aus fünf Männern, von denen zwei unbedeutend und durchaus von ihm abhängig waren, drei aber zu den verdorbensten Politikern jener unmoralischen Epoche in England gehörten. Spottweise nannte man dies Ministerium nach den Anfangsbuchstaben seiner Mitglieder Cabal, Kabale. Dieselbe legte allerdings dem Könige keine Schranken mehr auf bei seiner Konspiration gegen die von ihm beschworene Verfassung, gegen den Glauben von mehr als neunzehn Zwanzigsteln seiner Unterthanen, gegen die Größe seiner Monarchie. Um die Macht des Parlaments zu brechen und zugleich um die für seine grenzenlosen Ausschweifungen nöthigen Mittel zu erlangen, endlich um dem Katholizismus, dem Karl im Geheimen zugethan war, die Herrschaft in dem widerstrebenden England zu verschaffen, gebrauchte Karl II. französische Subsidien und im Nothfalle französische Truppen; und so machte er sich zum französischen Vasallen. Diese verrätherische Dienstbarkeit Karls unter den Willen des den damaligen Engländern bitter verhaßten Frankreich, fortgesetzt später von Jakob II., ist hauptsächlich zum Verhängniß für diese Stuart'schen Brüder, zur Ursache des Sturzes des Stuart'schen Hauses geworden.

Nach mehrfachen Forderungen Karls und Gegenerbietungen Ludwigs, nachdem auch die Maitresse des englischen Monarchen, Lady Castlemaine, durch französisches Geld gewonnen auf ihren königlichen Liebhaber zu Gunsten der französischen Allianz eingewirkt hatte, — erklärte endlich im November 1669 Karl dem französischen Gesandten seinen dreifachen Willen: sich sofort als Katholiken zu erklären, die Ansprüche Ludwigs XIV. auf die spanische Erbschaft zu begünstigen und mit den Holländern Krieg zu führen. In einem Vertragsentwurf, den er im nächsten Monat nach Paris übersandte, verlangte er dafür von Frankreich eine Summe von fünf Millionen französischer Livres, aus der spanischen Beute Minorca und Ostende, aus der holländischen Walcheren, Cadsand und Sluys, sicherlich ein geringes Gegengewicht gegen den ungeheuren Macht- und Länderzuwuchs, der für Frankreich bestimmt war. Trotzdem war Ludwig mit diesem Anerbieten nicht zufrieden. Die Hülfe Englands gegen Holland und Spanien war ihm gewiß genehm, auch wider die so bescheidene eventuelle Vergrößerung Englands hatte er nichts einzuwenden; um so mehr gegen die sofortige Katholisirung Karls und die Höhe der dazu beanspruchten Summe. Ob England und sein König protestantisch oder katholisch seien, war ihm völlig gleichgültig; dagegen fürchtete er, daß ein so entscheidungsvoller Schritt Karls, wie seine Erklärung als Katholik, in England eine Revolution hervorrufen und dadurch mindestens auf Jahre hinaus die Mitwirkung dieses Staates gegen Holland und Spanien unmöglich machen werde. Karl, dem viel mehr an seinen eigennützigen Plänen und an seinen Vergnügungen lag, als an der Befriedigung seines lauen und dehnbaren Gewissens, ging auch ohne große Schwierigkeiten auf die praktischen Ansichten seines mächtigen Bruders von Frankreich ein.

Im Juni 1670 kam die Schwester Karls, die Herzogin von Orleans, Schwägerin und Vertraute Ludwigs XIV., zum Besuche nach England; was war natürlicher, als daß Karl sie in Dover traf? Aber die Herzogin brachte in ihrem Koffer einen Vertragsentwurf mit, der dann im tiefsten Geheimniß in Dover selbst noch vollzogen wurde und England wider den Willen der ganzen englischen Nation auf das engste mit Frankreich verband. Der offene Uebertritt zum Katholizismus wurde darin bis auf unbestimmte Zeit verschoben und die dazu von Frankreich zu gewährende Summe auf die lächerlich geringfügige Höhe von zwei Millionen Francs zurückgeführt. Bei weitem wichtiger war, daß Karl II. versprach, die Rechte des französischen Herrschers auf die spanische Monarchie zu vertheidigen; am wichtigsten, daß er ihm verhieß, sofort, wenn derselbe es wünsche, 6000 Mann englischer Truppen und fünfzig Linienschiffe gegen die Holländer zu stellen, ferner den englischen Einfluß aufzubieten, um so viele deutsche und nordische Staaten wie möglich in das Bündniß wider „den Stolz und die schwarze Undankbarkeit der Generalstaaten" zu ziehen. Während der Dauer der Feindseligkeiten sollte Karl jährlich 3 Millionen Hülfsgelder von Frankreich beziehen.

Karl II. konnte zur Entschuldigung für diesen Vertrag geltend machen, daß die Holländer bei der Ausführung des Friedens von Breda sich nicht sehr freundschaftlich gegen England erwiesen; daß sie seinen Neffen Wilhelm III. von Oranien vor kurzem ausdrücklich von jedem Oberbefehl zu Wasser und zu Lande ausgeschlossen hatten; daß es wünschenswerth sei, in ihnen den wichtigsten maritimen Nebenbuhler Englands zu vernichten. Aber die erstern Gesichtspunkte waren doch nur von nebensächlicher Bedeutung; und wie unendlich mächtiger zur See, wie gefährlich mußte, wenn der Vertrag von Dover eine Wirklichkeit wurde, Frankreich der britischen Macht gegenüber werden! Im Besitze der spanischen Niederlande mit Antwerpen, in der Oberhoheit über Holland, herrschend über all die Küstenländer der pyrenäischen Halbinsel und Süditaliens, mit den reichen spanischen Kolonien in Amerika, hätte Frankreich ohne Zweifel nicht nur England auf immer von jedem Einflusse auf den Kontinent verdrängt, sondern es auch in maritimer Hinsicht unendlich überflügeln müssen.

Darin liegt der Verrath, den Karl II. und seine drei Mitwisser aus dem Kabalministerium gegen den ihnen anvertrauten Staat ausübten. Dies Werk wurde in würdiger Art gekrönt, indem Henriette von Orleans, die den nichtsnutzigen Charakter ihres Bruders wohl kannte, eine gewandte britannische Schöne mitbrachte, die dann auch wirklich das entzündbare Herz Karls gewann, als Hauptmaitresse Lady Castlemaine verdrängte und als Stipendiatin Frankreichs ihren wankelmüthigen Liebhaber immer wieder an dessen Politik fesselte.

Die Holländer mußten zu ihrem Schrecken erkennen, daß England sehr lau gegen sie wurde, daß es sich weigerte, den Versuch zur Herbeiziehung des Kaisers zur Tripel-Allianz zu machen; wenn sie auch die Größe von Karls Verrath nicht ahnten. Man hätte übrigens denken sollen, daß der Kaiser selbst ohne besondere Verpflichtungen sich hätte berufen fühlen müssen, mit aller Kraft das Uebergewicht Frankreichs zu bekämpfen, das nicht allein mit erdrückender Wucht auf dem deutschen Reiche lastete, sondern auch ihn selbst des ganzen oder doch des beträchtlichsten Theiles der spanischen Erbschaft zu berauben drohte. Hatte nicht Frankreich seit fast zwei Jahrhunderten systematisch das Haus Habsburg bekämpft und es wirklich von dem ersten Range in der Welt zu untergeordneter Bedeutung erniedrigt?

Durch den westphälischen Frieden, zum größten Theile Frankreichs Werk, hatte das Kaiserthum die empfindlichste Einbuße erlitten. Die letzten Reste einer oberherrlichen kaiserlichen Gewalt, die letzten Fiktionen eines deutschen Einheits- oder auch nur Bundesstaates gingen mit diesem Vertrage verloren. Es war den einzelnen Fürsten die Souveränität in ihrem Gebiete ausdrücklich zuerkannt worden; ebenso das Recht, sich unter einander und selbst mit Auswärtigen zu verbinden, unter der wenig bedeutenden Einschränkung, daß diese Bündnisse nicht gegen Kaiser und Reich gerichtet sein dürften. Eine Appellation der Landstände gegen den Landesherrn anzunehmen, also der wichtigste Theil seiner oberrichterlichen Befugnisse, war dem Kaiser entzogen worden. Das deutsche Reich wurde in Wahrheit eine lose Konföderation von Fürsten und Städten, über welche der Kaiser nur das Recht des Vorsitzes übte; die gesammten regelmäßigen Einkünfte des Monarchen, der den prunkvollen Titel eines „Erwählten Römischen Kaisers, allezeit Mehrers des Reiches" führte, beliefen sich auf 13,844 Gulden 32 Kreuzer jährlich!

Kein Wunder, daß der Kaiser wenig Interesse für eine solche Malchi-

nerie hegte, von der man kaum sagen könnte, ob sie den deutschen Habs=
burgern mehr eine Stütze oder ein lästiger Ballast war. Stärker als je
ging nunmehr das Interesse dieser Familie auf die Ausdehnung ihres erb=
lichen unmittelbaren Länderbesitzes. Bis zum Beginne des dreißigjährigen
Krieges war die territoriale Macht der deutschen Habsburger eine sehr ge=
ringfügige gewesen; Tirol, Vorderösterreich und Elsaß, Kärnthen und Krain
hatten Nebenlinien des Hauses gehört, Ungarn war zum bei weitem größten
Theile in der Hand der Türken. Das eigentliche Erzherzogthum Oesterreich
und Böhmen mit Mähren, Schlesien und den beiden Lausitz waren die ein=
zigen Länder, die sich im Besitze der Hauptlinie befanden. Es ist ersichtlich,
daß mit Gebieten von so mäßigem Umfange die habsburgischen Kaiser nicht
mit Mächten wie Spanien, Frankreich und selbst England in materiellen
Wettstreit einzutreten vermochten. Dieser Zustand war nun so lange erträglich
gewesen, als die Kaiserwürde den deutschen Habsburgern immerhin eine hohe
moralische Bedeutung verliehen, als ihr Einfluß auf die Reichsstände doch
noch ein beträchtlicher gewesen war. Indem aber der westphälische Frieden
das Kaiserthum in einen leeren Schall verwandelte, wurde begreiflicher Weise
bei den Habsburgern das Bestreben angeregt, diesen Verlust durch eine Aus=
dehnung ihres unmittelbaren Länderbesitzes wieder einzubringen; sich, da das
Wahlkaiserthum sie nicht mehr zu heben vermochte, durch ein weites Erb=
reich und eine große Anzahl von Unterthanen in der Reihe der europäischen
Großmächte zu erhalten.

Schon während des dreißigjährigen Krieges war dieses Bestreben inso=
fern vom Geschicke begünstigt worden, als durch den Anheimfall der Krone
an die steierische Linie (1619, durch Ferdinand II.) Kärnthen, Krain und
Steier mit dem Hauptlande vereinigt wurden. Elsaß ging an Frankreich
verloren, die Lausitz an Sachsen, aber Vorderösterreich kam durch Todes=
fall gleichfalls an den kaiserlichen Zweig. Endlich ist auch das letzte der alt=
österreichischen Lande, Tirol, 1665 mit den übrigen Ländern vereinigt worden.

So kam ein stattlicher Gebietskomplex zusammen; aber es fehlte viel,
daß derselbe eine seiner Ausdehnung entsprechende Bedeutung besessen hätte.[1])
Die verschiedenen Provinzen waren durch Geschichte, Abstammung, Sprache,
Einrichtungen und Verfassungen von einander geschieden. Der Beamtenstand,
viel zu zahlreich für seine Geschäfte, war ebenso ungebildet wie träge und

---

1) Johann Graf Mailath, Geschichte des österreichischen Kaiserstaates (Sammlung
von Herren und Ukert, Hamburg 1834--50, 5 Bände); Bd. 4. Gewissenhaft und zu=
verlässig, aber noch recht unvollständig, besonders in Betreff der auswärtigen Be=
ziehungen. — W. Coxe, History of the house of Austria (3. Aufl. London 1837,
3 Bände); deutsche Uebersetzung von Tippold und Wagner (vier Bände, Leipzig und
Altenburg 1810—1817), Bd. 3. — J. A. Fehler, Geschichte der Ungarn, 2. Aufl.,
bearbeitet von Ernst Klein (Leipzig 1867—78), Bd. 4 und 5. — J. W. Zink=
eisen, Geschichte des osmanischen Reiches in Europa (Herren und Ukert, Hamburg
und Gotha 1840—63, 7 Bände), Bd. 5.

gewissenlos; Protektionswesen und Schlendrian verdarben das Beamtenthum aller Rangklassen. Die Steuern waren ungleich vertheilt, wurden unzweckmäßig eingehoben und auf wenig geregelte Weise verwendet. Bei dem Mangel an Kredit mußten die Staatsanleihen zu ungeheuren Zinsen, mehr als 10 Prozent negoziirt werden; ja der Staat nahm bei solchen Anlehen statt baaren Geldes Waaren an, die er nur mit großem Verlust in Geld umwandeln konnte! Dazu unverschämte Unterschlagungen seitens der höchsten Finanzbeamten. Man kann denken, in welcher Zerrüttung sich unter solchen Umständen das Finanzsystem befand. Die 12 Millionen Gulden, welche die jährlichen Einkünfte des Kaisers bildeten, reichten nicht einmal zum Unterhalt des Heerwesens aus. Die Industrie war noch in den Kinderschuhen, die reichen Naturprodukte der österreichischen Länder blieben werthlos aus Mangel an Handelsgeist und an den nöthigsten Vorrichtungen für den Verkehr. Die bestgemeinten Versuche, die Industrie zu beleben, scheiterten an der Unreife des Volkes und der Gewissenlosigkeit und Unfähigkeit der damit betrauten Beamten. Weder von Patriotismus noch von einem andern Gefühl, als dem für Wohlleben und bigotte Kirchlichkeit, war in der theils geistig zurückgebliebenen und in ihrer Intelligenz noch wenig entwickelten, theils künstlich verdummten Bevölkerung die Rede. Der stete Geldmangel vereitelte die wichtigsten Unternehmungen oft gerade im entscheidenden Augenblick. Am wirksamsten aber wurde die Machtentfaltung Oesterreichs gehemmt durch den mächtigen türkischen Nachbar, der es unaufhörlich bedrohte, gegen den es seine besten Kräfte verwenden und in ununterbrochener Anspannung aufzehren mußte. Ohne die Beihülfe aus Deutschland wäre es demselben erlegen.

Kaiser Leopold I. (geb. 1640) besaß nichts von denjenigen Eigenschaften, welche die Menschen unwillkürlich unterjochen und mit sich fortreißen. Wuchs und Haltung waren unansehnlich, der Blick düster, halb erloschen, in den letzten Jahren kummervoll und in sich versenkt, das Gesicht durch die starke, herabhängende Unterlippe entstellt. Thatkraft und Entschlossenheit mangelten ihm gänzlich, immer wieder ließ er sich, eine so übertriebene Meinung er auch von seiner persönlichen Würde hatte, die Zügel der Regierung entschlüpfen. Seine vielbelobte Gutmüthigkeit bestand eben zum größten Theile in diesem gänzlichen Mangel an der Fähigkeit, einen Entschluß zu fassen. So überließ er die Geschäfte sich bekehdenden Parteien unter den höchsten Beamten, zum größten Nachtheile jener; und so verlieh er die wichtigsten Stellen nur nach langem Zögern, und dann mehr nach Gunst und augenblicklicher Veranlassung, als nach Würdigkeit. Obwohl er wußte, daß er kläglich betrogen werde, strafte er die nichtswürdigen Beamten nicht. Seine treuesten Diener litten Noth, weil die untreuen die Mittel für sich nahmen! Nicht der Krieg verzehrte so sehr die Einkünfte des Kaisers wie der unglaubliche Unterschleif der Beamten, der für Verwaltung und Heer nicht das Nothdürftigste beließ. Mit dieser Unentschlossenheit vertrugen sich ganz gut eine gewisse passive Widerstandsfähigkeit, eine nie verzweifelnde, selbstbewußte Hartnäckigkeit, ein durch keinen Schicksalsschlag zu erschütternder Gleichmuth, die dem Kaiser in vielen Beziehungen zu Statten gekommen, freilich nur durch die Gunst der Umstände zu glücklichen Endergebnissen gelangt sind. Wie alle echten Habsburger war er den alten Ueberlieferungen in Staat und Kirche ergeben: er war eifriger Katholik und Absolutist, geneigt, jede andere Gesinnung als verabscheuenswerthe Sünde zu betrachten. Gegen protestantische und freiheitliche Bestrebungen kannte er deshalb auch keine Milde und hat mit einer Grausamkeit gegen sie gewüthet, die mit seiner sonstigen Charakterschwäche in seltsamem Kontraste steht. Seine Frömmigkeit ging so weit, daß er nicht nur die politischen Maßregeln, sondern selbst die Feldzugspläne der Prüfung seines Beichtvaters, meist eines Jesuiten, unterwarf. Jeder Reformversuch, selbst der unschuldigste, nützlichste und nothwendigste, scheiterte an dem zähen und borairten Konservatismus Leopolds I. Sein Familienleben war übrigens musterhaft treu und innig, sein tägliches Leben und seine Kleidung genau einförmig nach strengster Etiquette geordnet.

In Ungarn behauptete der Kaiser nur die an den Karpathen gelegenen und dann die westlichen Gespanschaften zwischen der March und dem Baloniervald und endlich den größten Theil von Kroatien. Slavonien, Syrmien, das Banat, sowie die mittel- und niederungarischen Gespanschaften waren in der Gewalt der Türken, und in Ofen residirte ein Pascha. Siebenbürgen und der nordöstliche Theil des eigentlichen Ungarn standen unter der Herrschaft des Hauses Ratoczy, das zugleich die Obergewalt beider Monarchen, des Kaisers und des Sultans, anerkannte. Aber selbst in demjenigen Theile des Königreiches, welches der Autorität der Habsburger untergeben, war dieselbe doch äußerst beschränkt. Noch herrschten sie daselbst nicht als Erbkönige, sondern nur durch Wahl der Magnaten, die rechtlich ebensogut wie auf den Kaiser auch auf einen andern habsburgischen Prinzen hätte übertragen werden können. Die Macht der Krone wurde zudem durch die goldene Bulle Alexanders II. wirksam zu Gunsten des Adels im Zaume gehalten: denn die Reichsstände hatten Gesetze und Steuern zu bewilligen und brachten ihre Beschwerden oft genug laut und selbst beleidigend vor. Mindestens alle drei Jahre mußte der Reichstag zusammentreten; er war gebildet aus der Magnatentafel, wo die Prälaten und Barone selbst oder durch Vertreter erschienen, und aus der Ständetafel, zu welcher die niedere Adel und die königlichen Freistädte Abgeordnete sandten. Jeder Edelmann besaß das Insurrektionsrecht, d. h. die Befugniß, bei Gesetzesübertretungen seitens der Krone die Waffen zu ergreifen. War der König nicht im Lande, so mußte er zu dessen Regierung einen Palatin mit unbeschränkten Vollmachten ernennen. Kein nichtungarischer Beamter durfte angestellt werden, die Anwesenheit fremder Truppen im Lande war durch zahlreiche Gesetze verboten. Die Lokalverwaltung war gänzlich unabhängig von der Regierung in den Händen des Adels, der die einzelnen Distrikte — die sogenannten Gespanschaften oder Komitate — beherrschte. So waren der Regierung die kräftigsten Machtmittel aus Händen genommen. Dazu kamen die religiösen Streitigkeiten zwischen Katholischen und Evangelischen, die sich an Zahl so ziemlich das Gleichgewicht hielten. Jeder Edelmann hatte das Jus reformandi, d. h. die Befugniß, sich und seine Unterthanen zu der ihm beliebigen Konfession zu bekehren; aber es konnte nicht fehlen, daß in der Praxis hieraus oft die ärgerlichsten Mißhelligkeiten entstanden, welche viele Reichstage sprengten und nutzlos machten. Und endlich das stete Streben der habsburgischen Herrscher, die Konstitution und Religionsfreiheit Ungarns zu vernichten! Die Nähe der Türken und Siebenbürger steigerte die allgemeine Anarchie.

Sie stieg auf ihren Gipfel, als Georg II. Rakoczy wegen seiner selbständig mit Polen begonnenen Kämpfe von der Pforte abgesetzt worden war und darüber ein Krieg entstand (1658), der endlich auch den Kaiser in Mitleidenschaft zog (1663). Seine Lage wurde außerordentlich schwierig, da die protestantischen Ungarn, die unter dem niederen Adel noch immer die Mehrheit hatten, über Religionsunterdrückungen, sämmtliche Ungarn aber über die Anwesenheit deutscher Truppen in ihrem Lande klagten und die Stände alle Subsidien verweigerten, während Großvezir Achmed Köprili mit 120,000 Mann erobernd in Ungarn einbrach und bis nach Mähren streifte. Siebenbürgen unmittelbar der Pforte zu unterwerfen, von dem kaiserlichen Ungarn neue Stücke abzureißen, war seine Absicht. Zum Glück erweckte diese allgemeine Gefahr die Christenheit, und von allen Seiten unterstützt, konnte der kaiserliche General Montecucali den vierfach überlegenen Feind im August 1664 bei St. Gotthard besiegen. Allein diese Schlacht wurde mehr dadurch bedeutend, daß sie der erste große Sieg der Christen über die bis dahin unbezwingliche Macht der Türken war und deshalb die deutschen Truppen mit frischem Zutrauen erfüllte, denn durch ihre unmittelbaren Folgen. Der Kaiser, fühlte sich so wenig im Stande, den gewonnenen Vortheil zu verfolgen, daß er schon wenige Tage nach dem Siege mit den Türken den Frieden von Vasvar abschloß, der jenen Neuhäusl und Großwardein überließ, sowie den von den Türken trotz dem Kaiser in Siebenbürgen eingesetzten Großfürsten Apafy bestätigte.

Das war freilich ein trauriger Friedensschluß, über welchen die Erbitterung in dem kaiserlichen Ungarn sehr groß war, zumal er, den Privilegien des Landes zuwider, ohne Befragung des Reichstages eingegangen war. Die oberungarischen Gespanschaften protestirten förmlich wider denselben. Ferner waren die Evangelischen aufgebracht über die zunehmenden Bedrückungen der kaiserlichen Beamten, über die von oben herab begünstigte Proselytenmacherei der Jesuiten, über die mit Waffengewalt ihnen entrissenen Besitzungen. Aber auch die Katholiken beschwerten sich bitter wegen des längeren Verweilens der deutschen Truppen, die, wie man meinte, zur Unterdrückung aller Freiheit benutzt werden sollten. Auch hatten die kaiserlichen Minister gar kein Hehl, daß man je eher besto lieber derselben ein Ende zu machen versuchen müsse. Unter diesen drohenden Umständen traten einige der vornehmsten Adeligen zusammen, um das Vaterland gänzlich von der despotischen Herrschaft der Habsburger zu befreien: der Palatin Weseleny, der Judex Curiae (Oberrichter) Nadasdy, der Ban von Kroatien Peter Zrinyi und der junge Fürst Rakoczy. Allein ihr Plan wurde vorzeitig verrathen, während sie weder bei Apafy noch bei den Türken die gehoffte Unterstützung fanden. Als Rakoczy nun nothgedrungen losbrach, wurde er besiegt und konnte nur durch reumüthige Unterwerfung sowie eine ungeheure Geldsumme sein Leben retten. Nadasdy wurde eingekerkert, Zrinyi, der sich in eine Festung geflüchtet, unter verrätherischen Vorspiegelungen gefangen genommen. Diese beiden wurden dann mit einigen Mitverschworenen nach Wien gebracht und dort hingerichtet (1671).

Damit hatte der Kaiser in Ungarn eine Macht gewonnen, wie nie zuvor. Auch mit den Türken in tiefstem Frieden, hätte er um so mehr in den occidentalischen Angelegenheiten mit voller Entschlossenheit für die Interessen seines Hauses und der europäischen Freiheit überhaupt auftreten können. Gerade jetzt empfing er dazu eine ernste Mahnung. Unter dem Vorwande, daß Herzog Karl IV. den Verträgen zuwider eine Armee unterhalte, ließ Ludwig XIV. im August 1670 ohne weitere Ankündigung ein starkes Heer in Lothringen einrücken; das wehrlos überraschte Land wurde ohne Kampf erobert, die Herzogin selbst in Nancy gefangen genommen, der Herzog entkam nur durch eilige Flucht. Es war eine Gewaltthat ohne Gleichen, mitten im Frieden vollsührt. Und noch mehr, sie war die offene Vorbotin weiteren Unheils; denn in Lothringen sperrte Ludwig XIV. sowohl die Freigrafschaft als auch das Herzogthum Luxemburg gänzlich von dem Hauptheil der spanischen Niederlande ab; er drang damit bis wenige Meilen vor Trier und Mainz vor! Man erwartete allgemein, der Kaiser werde sich das nicht gutwillig gefallen lassen, denn Lothringen war ein integrirender Bestandtheil des Reiches und durch alle Verträge zu Schutz und Trutz mit demselben verbunden. Aber als auf des kaiserlichen Gesandten schüchterne Vorstellungen Ludwig mit der barschen Frage antwortete: ob der Kaiser sein Freund oder sein Feind sein wolle? schwieg Leopold still. Vergebens drängte der kaiserliche Gesandte im Haag, einer der merkwürdigsten und bedeutendsten Diplomaten der Zeit, der Freiherr von Lisola[1]), ein Freigrafschaftler, der mit vielem Scharfblick und bitterem Franzosenhaß sich zum Mittelpunkt des Widerstandes gegen Ludwig XIV. machte, zu einer entschiedenen, würdigen Politik. Leopold stand vielmehr ganz unter dem Einflusse des Fürsten Wenzel Lobkowitz, der jetzt Premierminister war und nur den Rath der Feigheit zu geben wußte: um jeden Preis einen Krieg mit Frankreich zu vermeiden — Gremonville, noch immer französischer Gesandter in Wien, bedrohte Lob-

---

1) Jul. Grohmann, Franz v. Lisola im Haag; Archiv für österreichische Geschichte LI (Wien 1873), S. 1—193.

sowie mit der Veröffentlichung von dessen früheren verrätherischen Correspondenzen mit Frankreich und leitete ihn dadurch, wohin er wollte. Am 1. November 1671 schloß der Kaiser mit Frankreich eine Uebereinkunft, sich in keinen Krieg zu mischen, der außerhalb Deutschlands und Spaniens geführt werde, und den von Frankreich angegriffenen Mächten keinerlei militärischen Beistand zu leisten.¹)

Mit Recht mochte sich Lobkowitz gegen Gremonville rühmen: er sei ein treuer Diener des allerchristlichsten Königs, den er so liebe und verehre wie seinen eigenen Herrn. Denn mit jenem Vertrage hatte Oesterreich zu Gunsten des gefährlichsten Gegners auf seine Rolle als Großmacht verzichtet. Und dabei wußte Lobkowitz genau, um was es sich handelte; er habe, sagte er zu Gremonville weiter, durch den Vertrag vom 1. November Ludwig XIV. die siebzehn Provinzen der gesammten — spanischen und freien — Niederlande verschafft. — Es versteht sich, daß auch unter den Fürsten des ehemaligen Rheinbundes mit Geld und Verheißungen erfolgreich geworben ward. Hier war Frankreich Kurkölns und Münsters sicher; die meisten andern versprachen wenigstens Neutralität.

So weit hatte Lyonne sein Werk geführt. Niemals ist eine große militärische Aktion umfassender und meisterhafter diplomatisch vorbereitet worden. Im Herbst 1671 starb er, von Ausschweifungen und Arbeit zugleich aufgezehrt. Es folgte ihm im Ministerium des Aeußern Simon Arnaud Marquis von Pomponne, bisher Gesandter in Stockholm, ein ebenso ehrenhafter und geradsinniger wie feingebildeter und geschickter Diplomat, der nur in den Augen Ludwigs XIV. den unverzeihlichen Fehler hatte: allzu gerecht und zu wenig brutal und gewaltthätig zu sein. Deshalb warf ihm der König bald „Schwäche und Nachlässigkeit" vor.

Pomponne setzte als Minister die Unterhandlungen fort, die er schon als Gesandter begonnen hatte. Es handelte sich darum, wie England so nun auch Schweden von der Tripel-Allianz loszulösen und damit Holland völlig bundesgenossen- und freundlos den wuchtigen Schlägen des so weit überlegenen Frankreichs und seiner deutschen und englischen Alliirten preiszugeben.

Die hervorragende Rolle, welche Schweden²) durch das Genie Gustav Adolfs, das hohe Talent der Generale aus dessen Schule und die Gunst der Umstände im dreißigjährigen Kriege gespielt, hatte diesem menschen- und gelbarmen Lande das Ansehen einer Großmacht verliehen; aber es blieben viele Keime innerer Schwäche. Einer der vornehmsten war die schroffe Spaltung der Stände. Die alte schwedische Bauernfreiheit existirte nur noch in wenigen nördlichen Distrikten. Der Adel, der sich sorgfältig

---

1) Adam Wolff, Fürst Wenzel Lobkowitz (Wien 1869). Eine vorzügliche, höchst belehrende, durchaus unparteiische Arbeit, die freilich ein trauriges Bild der damaligen österreichischen Verhältnisse entrollt. 2) Geijer, Geschichte Schwedens, vierter Band von Carlson (Gotha 1855, in der Heeren und Ukert'schen Geschichte der europ. Staaten). — Lundblad, Karl X. Gustafs Historia (2 Bände, Stockholm 1825. 1829).

von den übrigen Ständen abgesondert hielt, hatte die meisten Krongüter an sich gebracht und war sehr reich; trotzdem drückte er seine Bauern furchtbar durch Frohnden und Abgaben aller Art. Auch der Bürgerstand war durch zahlreiche Monopolien und unglaubliche Gewerbs- und Handelsbeschränkungen eingeengt und in künstlicher Dürftigkeit erhalten. Die Geistlichkeit war von der Krone und dem Adel durchaus abhängig, roh und unwissend, wie überhaupt Bildung und feinere Sitten in Schweden zu den Seltenheiten gehörten. Das Volk lebte dürftig, um so mehr prahlten die Vornehmen und die durch Beute reich gewordenen Kriegsleute. Der Adel hatte seine hauptsächlichste Stütze im Reichsrathe, an dessen Zustimmung der König bei allen seinen Maßregeln gebunden war, und der bei einer Minderjährigkeit des Monarchen unbedingt die Regierung führte. Da er ausschließlich aus dem Adel besetzt ward, so förderte er auch eifrigst dessen Interessen; es war eine Oligarchie der schlimmsten Art. Während der Minderjährigkeit Christinens, der Tochter Gustav Adolfs, hatte der Reichsrath durch die Verfassung des Jahres 1634 nicht nur seine eigenen Befugnisse bedeutend erweitern, sondern auch festsetzen lassen, daß anstatt der vier altüblichen Stände — Adel, Geistlichkeit, Bürger und Bauer — für gewöhnlich nur ein Ausschuß aus dem hohen Adel und der hohen Geistlichkeit zum Reichstage einberufen werde. Seitdem konnten Bürger und Bauer nirgends mehr Recht finden; tausende der geknechteten Landleute wanderten aus.

Noch einmal hatte Karl X. Gustav (1654—1660) den schwedischen Kriegsruhm hoch erhoben. In ganz Europa sprach man mit Bewunderung von seinen abenteuerlichen Kriegsfahrten tief nach Polen hinein bis an die ungarische und russische Grenze, von seinem Marsche über die gefrorenen Fluthen des kleinen, dann selbst des großen Belt! Und doch wäre schon damals unter der Wucht der gegen Schweden gebildeten Koalition dessen künstliche Größe zusammengestürzt, wenn nicht Frankreich sich seiner angenommen und ihm im Frieden von Oliva die reichen dänischen Festlandsprovinzen Halland, Blekingen und Schonen verschafft hätte.

Aber damit hatte Schweden den Gipfel seines Glückes erreicht. Der plötzliche Tod Karl Gustavs, einige Monate vor dem Friedensschlusse, hatte Schweden von neuem in die Wirren und Uebelstände einer vormundschaftlichen Regierung gestürzt. Die Staatseinnahmen waren geringfügig, kaum 4 Millionen Thaler jährlich, die Schulden hoch. Indeß die treffliche schwedische Armee schien noch immer begehrenswerth. Das wußten die Herren vom Reichsrath und versteigerten deshalb die Interessen des Reiches und das Blut der Landeskinder an den Meistbietenden. Trotz der Verpflichtungen, die man gegen Frankreich hatte, trat man der Tripel-Allianz bei, da dieselbe mehr zu zahlen versprach, als jenes.

Indeß bald konnte Spanien, wollte Holland nicht mehr die halbe Million Thaler jährlich in die leeren schwedischen Taschen entsenden. Seitdem wendete sich die Stimmung dieser „nordischen Gascogner", wie ein

Schweden für Frankreich.

französischer Gesandter sie nannt, „die nach Empfang einer ersten Geldrate an nichts weiter denken, als mit großer Ungeduld den zweiten Termin zu erwarten" — wieder mehr Frankreich zu. Diesen Augenblick benutzte letzteres, um unter Hinweis auf die Bundesgenossenschaft Englands jede feindliche Absicht Ludwigs XIV. gegen die protestantische Religion bei einem Angriffe auf Holland in Abrede zu stellen und deshalb unter großen Versprechungen die Schweden zum Abfalle von der Tripel-Allianz und zum Anschluß an Frankreich aufzufordern. Natürlich betrog man sie nichtsdestoweniger, da sie von den katholisirenden Neigungen Karls II. nichts erfuhren!. Die Schweden boten zuerst, für eine Subsidie natürlich, ihre Neutralität an. Indessen allmählich ließen sie sich durch die Aussicht auf eine stärkere Geldzahlung bestimmen, ihre Beihülfe zu versprechen. Die Holländer bekamen Wind davon, boten auch ihrerseits Subsidien, und nun begann in Stockholm eine förmliche Versteigerung der Allianz. Der holländische und der französische Gesandte wurden wechselsweise von dem Gebote des Gegners unterrichtet. Endlich erfolgt in Anbetracht der größeren Solidität Frankreichs der Zuschlag für dieses. Im April 1672 wurde der Vertrag abgeschlossen, durch welchen Schweden versprach, jeden Reichsfürsten anzugreifen, der die vereinigten Provinzen vertheidigen würde, und zu diesem Behufe 16,000 Mann in Vorpommern aufzustellen. Dafür bezahlte ihnen der allerchristlichste König 600,000 Thaler während des Krieges und 400,000 jährlich vor demselben.

Es war in eben den Tagen, wo Ludwig XIV. die Feindseligkeiten gegen Holland begann. Denn mit Schwedens Anschluß waren seine diplomatischen Vorbereitungen ebenso gut beendigt, wie seine militärischen. 120,000 Mann standen bereit, dem Haß des „großen Königs" gegen die lieben Republikaner Genüge zu schaffen.

Die Holländer hatten lange die Augen vor der drohenden Gefahr verschlossen. Endlich konnten sich die herrschenden Aristokraten nicht mehr der Ueberzeugung verbergen, daß ihr guter Freund Ludwig sehr ergrimmt über sie sei und binnen kurzem über sie herfallen werde. Sie wurden, und Witt mit ihnen, durch diese Entdeckung so niedergeschmettert, daß sie kaum den Gedanken des Widerstandes wagten. Sie bemühten sich nicht um auswärtige Bundesgenossen, ließen den Kaiser abfallen, bezahlten die Schweden nicht, befriedigten aus Parteiinteresse nicht den Wunsch des englischen Königs, seinem Neffen Wilhelm von Oranien eine angemessene Stellung im Staate zu geben. Den Kurfürsten von Brandenburg, der alle französischen Bündnißanerbietungen zurückgewiesen hatte, behandelten sie kühl und abweisend. Durfte man ja Ludwig XIV. bei Leibe nicht reizen, vielleicht ließ er sich noch durch platte Unterwürfigkeit entwaffnen. Mit wahrhaft schmachvoller Selbsterniedrigung bat der niederländische Gesandte de Groot in den ersten Tagen des Jahres 1672 den französischen Herrscher um Frieden: „Befehlen Ew. Majestät, daß wir vollkommen abrüsten; wir werden sofort gehorchen. Dieser Akt des Gehorsams wird den Ruhm Ew. Majestät heller strahlen laſſen, als die Zahl Ihrer Armeen." So tief waren die Enkel der Grafen geſinnten Ludwig erwiderte nur mit verdienter Verachtung und drohender Kälte: „Als ich erfuhr, daß die vereinigten Provinzen verſuchten, meine Verbündeten zu verführen, und mir verwandte Könige angingen, in Offenſivbündniſſe gegen mich einzutreten, beſchloß ich, mich in Vertheidigungszuſtand zu verſetzen, und hob einige Truppen aus; aber ich gedenke im Frühjahr deren noch mehr zu haben, und ich werde mich ihrer zu jener Zeit in derjenigen Weiſe bedienen, die ich als die erſprießlichſte für das Wohl meines Staates und für meinen Ruhm betrachten werde."

Deutlicher konnte man den Krieg nicht ankündigen. Inzwiſchen herrſchte zwiſchen Karl II. und den Holländern ein erbaulicher Weltſtreit, indem jener unerſchöpflich war, die lächerlichſten Vorwände zum Kriege hervorzuſuchen, dieſe unerſchöpflich in Selbſtdemüthigungen, um ihn zu vermeiden. Bald verlangte Karl Genugthuung für

Der große Condé.

Medaillen, die im vorigen Kriege geſchlagen waren; bald, daß die ganze holländiſche Kriegsflotte eine kleine engliſche Yacht zuerſt grüße; bald das ausſchließliche Recht des Fiſchfanges in den engliſchen Gewäſſern u. ſ. w. Indem die Holländer ſich allen dieſen Launen unterwarfen, ermuthigten ſie ihre Gegner noch mehr. Sie ernannten ſchließlich auf Karls Wunſch den Prinzen von Oranien zum Generalkapitän. Nichtsdeſtoweniger überfiel die engliſche Flotte ohne jeden Grund, ohne jede vorgängige Erklärung im März 1672 das reiche levantiſche Geſchwader der Holländer, freilich mit nur geringem Erfolg: wenige Tage nach dieſem ſchändlichen Raubanfall erfolgte Karls Kriegserklärung gegen die Generalſtaaten.

Für Frankreich wurde nicht einmal ein Vorwand geſucht; die franzö

Einmarsch der Franzosen in Holland.

sischen Truppen standen schon längst an der holländischen Grenze bereit. Die thätigsten Anhänger der Franzosen im Reiche waren nämlich die drei Brüder Fürstenberg, von denen der eine in Baiern allmächtig, der zweite Bischof von Straßburg, der dritte Domherr und ausschlaggebender Minister in Kurköln war. Auf seine Veranlassung rief der Kurfürst von Köln im Streite mit seinem Adel die Franzosen zu Hülfe. Diese rückten ein, legten in das feste Neuß eine starke Besatzung, gründeten Magazine. Am 1. April 1672 erklärte Ludwig den Holländern den Krieg. Bald standen 90,000 Franzosen, 30,000 deutsche Bundesgenossen und Söldner derselben am Rhein und an der Maas — denn auch das Bisthum Lüttich gehörte dem Kölner Kurfürsten — geführt von so vorzüglichen Feldherren wie Condé, Turenne und dem Marschall von Luxemburg, unter dem nominellen Oberbefehl des Königs. In wenigen Tagen (Mai, Anfang Juni) fielen alle Festungen des Herzogthums Cleve, die zwar dem Kurfürsten von Brandenburg gehörten, aber wegen einer alten Schuldforderung von den Holländern besetzt gehalten wurden.

In der That waren die letztern gar nicht vorbereitet. Aus Furcht vor der stets oranisch gesinnten Landarmee hatte de Witt dieselbe auch in den letzten drohenden Zeiten nicht vermehrt, die Festungen verfallen lassen. In einem Augenblicke, wo es eine Existenzfrage für die Republik wurde, alle Kräfte unter einem einheitlichen, allgemein angesehenen Oberbefehle zu vereinigen, hatte er das junge Generalcapitanat Wilhelms von Oranien mit solchen Beschränkungen umgeben, daß dasselbe rein nominell war. Jetzt lag die herrschende Partei in hülflosem Schrecken darnieder. Die Natur selbst schien sich mit den übermächtigen Feinde verbündet zu haben; der Sommer war heiß und dürr; die großen Ströme, hinter welchen die Holländer sich unangreifbar dünkten, trockneten zu flachen, leicht durchwatbaren Wasserrinnen aus. Der Untergang Hollands schien gewiß. Das war auch die Ansicht Ludwigs: ein einziger Feldzug sollte Alles beendigen; schon waren für alle festen Plätze der Republik die französischen Befehlshaber ernannt. Aber was dann? Die Eroberung der spanischen Niederlande, die directe oder mittelbare Unterwerfung des gesammten linken Rheinufers, die Unterjochung ganz Europas wären die sicheren Folgen der Ueberwältigung der Republik gewesen. Das sah man auch von französischer Seite voraus. Frau v. Sévigné, die so getreu die Stimmung des Versailler Hofes wiederspiegelt, schrieb damals (13. Juni 1672): „Sie werden sehen, daß der König so vollkommenen Erfolg hat, daß er künftig nur auszusprechen haben wird, welches Stück von Europa er wünsche, ohne daß er sich die Mühe zu geben braucht, selbst an der Spitze seiner Armee zu marschiren; man wird sich glücklich schätzen, es ihm zu geben".

Siebentes Kapitel.

Der erste Koalitionskrieg gegen Ludwig XIV.

Bei dem panischen Schrecken, der vor Frankreichs ungeheuren Zurüstungen und steten Erfolgen sich ganz Europas bemächtigt hatte, war es wahrlich kein geringer Entschluß, das Signal zum Widerstande gegen jenes zu geben. Das hohe Verdienst, damit den Erbtheil vor der französischen Knechtschaft gerettet zu haben, kommt dem großen Kurfürsten, kommt Friedrich Wilhelm von Brandenburg zu. Noch Ende April hatte er den Holländern seine Allianz förmlich aufgezwungen — er allein in Europa! — unter Bedingungen, die für ihn sehr ungünstig waren. Denn dieser wegen seines Eigennutzes so viel verschrieene Fürst hatte mit einer Klarheit und einer Hochherzigkeit des Entschlusses, die weit über gewöhnlichen Egoismus hinausgehen, sehr wohl erkannt und bethätigt, wie es sich hier nicht um Kleinigkeiten, sondern um die Vertheidigung gegen die gallische Universalmonarchie handelte. Dann suchte er auch Dänemark und einige größere deutsche Staaten zum Eintritt in dieses Bündniß zu bewegen. Ueberall war man einstimmig in dem Lobe von Brandenburgs heroischem Auftreten, aber ebenso einstimmig in dem Zurückweisen jedweden eigenen thatkräftigen Vorgehens. Etwas besser glückte es unvermutheter Weise am Wiener Hofe. Man hatte hier die Beweise erhalten, daß Frankreich im Geheimen die ungarischen Rebellen aufgemuntert und mit Geld unterstützt hatte. Die spanische Partei, die am Hofe immerhin stark vertreten war, wußte jetzt ihrerseits den schwachen Kaiser zu gewinnen, so daß Lobkowitz' Einfluß zurückgedrängt wurde. Da die Franzosen Cleve, also Reichsgebiet, besetzt hatten, war der Vorwand gefunden, den schmählichen Vertrag vom November 1671 zu zerreißen. Am 23. Juni 1672 wurde die Uebereinkunst zwischen Oesterreich und dem Brandenburger unterzeichnet: der westphälische, der pyrenäische und der Clivaer Frieden sollen aufrecht erhalten, keine fremden Truppen im Reiche geduldet werden; zu diesem Behufe stellt jede der beiden Mächte 12,000 Mann, und über dies Bundesheer führte der Kurfürst den Oberbefehl. Oesterreich — so meinte Friedrich Wilhelm — war endlich mit ihm zur Rettung Deutschlands, Europas eng vereint.

Es war die höchste Zeit, denn wie eine verheerende Fluth hatten sich die französischen Schaaren über die freien Niederlande ergossen. Ein unerwartet schneller Zusammensturz der so hoch gepriesenen holländischen Macht erfolgte. Die desorganisirte und geschwächte Armee ließ sich fast ohne Widerstand den unbezwinglichen Uebergang über den eigentlichen Rhein oder Led bei dem stark befestigten Tolhuys — wo sich einst vier holländische Soldaten mit Erfolg gegen ein spanisches Heer vertheidigt hatten — entreißen. Dies ist der berühmte Rheinübergang Ludwigs XIV., von Boileau und unzähligen

Erfolge Ludwigs in Holland.

Dichterlingen gepriesen, durch Medaillen verherrlicht, durch den Triumph= bogen der Pariser Porte Saint=Denis verewigt, von Schmeichlern höher ge= schätzt als alle Thaten Cäsars, während ein gewiß kompetenter Richter — Napoleon I. in seinen Memoiren — ihn „eine Operation vom vierten Range" nennt. Ludwig selbst zeigte hier übrigens eine große persönliche Vorsicht, die ihm den geheimen Spott seiner Höflinge und den lauten seiner Freunde zuzog. Aber nun brach der Bischof von Münster in Grönningen ein, Luxem= burg in Over=Yssel, Turenne und der König selbst in Gelderland. Die ent= muthigten holländischen Soldaten überlieferten ohne Schwertstreich ihre ver= fallenen Festungen: Deventer, Zwolle, Doesburg, Zütphen, Arnheim, Nym= wegen, Naarden, Utrecht, viele andere wurden bis zum Ende des Juni er= obert. In der That be= drohte ein barbarisches Manifest des Königs jede Stadt mit Plün= derung, jede Garnison mit Erschießung, die irgend welchen Wider= stand leisten würde. In= zwischen lieferte de Ruyter der vereinten englisch= französischen Flotte eine Seeschlacht in der Souls= bay, die der holländi= schen Marine freilich den Ruhm brachte, den beiden großen Seemächten mit Erfolg Widerstand ge= leistet zu haben, sonst aber keinen Vortheil.

Wilhelm III. von Oranien.
Nach dem Bild von J. Hunthorst; Originalgemälde von de Baen.

Von den sieben Provinzen und den abhängigen Landen — den so= genannten Generalitätslanden — waren nur noch das kleine Seeland und der größere Theil des eigentlichen Holland frei; allein zwei Meilen vor Amster= dam erschienen bereits die französischen Reiter.

De Witt und seine Freunde sahen keine andere Rettung, als demüthigste Unterwerfung; sie boten durch eine Gesandschaft dem französischen Könige im Lager vor Doesburg die Abtretung der Generalitätslande und eine Kriegs= entschädigung von zehn Millionen an. Frankreich würde sich damit an der untern Maas und der Westerschelde festgesetzt, die spanischen Niederlande vollständig umklammert haben. Die Gewinnung ganz Belgiens durch Frank= reich würde dann nur eine Zeitfrage gewesen, das Jahrhunderte alte Haupt=

bestreben der französischen Politik erreicht worden sein. Ludwig aber, durch seinen Haß und durch die Einflüsterungen des hochmüthigen Louvois verblendet, forderte Bedingungen, welche die freien Niederlande zu einem kleinen und hülflosen Vasallen Frankreichs gemacht haben würden: die Abtretung Nymwegens, Südgelderns, der Insel Bommel, Graves und der Grafschaft Mörs, Aufhebung aller Zölle auf französische Waaren und eine jährlich wiederholte Lehnhuldigung.

Da erfolgte der Umschlag. Schon hier zeigte sich, was sich später in Ludwigs XIV. Laufbahn noch so oft bemerkbar machte: einen wie großen Fehler derselbe und seine Minister bei allen ihren klugen und listigen Berechnungen begingen, indem sie, auf die brutale Macht, auf die materiellen Mittel allein zählend, den moralischen Faktor in den Individuen wie in den Nationen völlig außer Acht ließen. Die europäische Menschheit war aber noch nicht zu einer willen- und charakterlosen Heerde herabgewürdigt.

Das holländische Volk war über die kläglichen Ergebnisse der aristokratischen Politik und Verwaltung — Ergebnisse, die es nicht ganz mit Unrecht der einseitigen Parteileidenschaft der Aristokraten zuschrieb — tief entrüstet. Es zwang zunächst die herrschende Faktion, die Dämme zu durchstechen und so das ganze Land unter Wasser zu setzen; dann, mit Aufhebung der frühern Gesetze, den einundzwanzigjährigen Wilhelm III. von Oranien wieder zum Generalstatthalter und Oberfeldherrn mit weitgehenden Vollmachten zu ernennen. In der That hatten diese entschiedenen Maßregeln einen ersten günstigen Erfolg: das Meer, die Grundlage und Quelle der Macht und des Wohlstandes der vereinigten Provinzen, rettete jetzt deren letzte Reste, indem nach Oeffnung der Dämme seine Wogen allerorten das weitere Vordringen der Franzosen hinderten. Aber die entfesselte Volkswuth gab sich damit nicht zufrieden. Auf die Nachricht von den schmählichen Friedensanerbietungen Ludwigs und Karls II. — denn auch dieser forderte von den Holländern die äußerste Demüthigung — wollten sie Opfer haben: Jan de Witt und sein Bruder Cornelis, als Admiral hoch verdient, wurden von dem Pöbel in Amsterdam erschlagen; viele ihrer Freunde mußten fliehen. Eine schreckliche Vergeltung hatte die mehr politischen als moralischen Fehler der holländischen Aristokratie ereilt. Die furchtbaren Greuel, die wie zur Strafe Ludwig XIV. in den okkupirten niederländischen Gebieten verüben ließ, erhöhte nur die Erbitterung des Volkes. Mit fieberhafter Eile wurden Rüstungen betrieben, so daß Wilhelm III. hier und da schon Offensivbewegungen versuchen konnte. Inzwischen vertheidigte de Ruyter mit seiner ungleich schwächern Flotte die Meeresküste gegen die beiden vereinten königlichen Geschwader und wußte noch die reiche ostindische Flotte, das Hauptobjekt der Sehnsucht für den habgierigen englischen Monarchen, unversehrt in die heimischen Häfen zu führen. Die vierzehn Millionen Gulden, die sie mitbrachte, dienten zur Verstärkung der Vertheidigung.

Indeß alle diese Maßregeln würden doch nur einen Aufschub für die

Republik bedeutet haben, wenn ihr nicht von außen kräftige Unterstützung geworden wäre; sonst hätte spätestens der Frost den Franzosen eine Brücke über die Inundation geschlagen.

Zunächst griff das verachtete Spanien zu. Der Statthalter von dessen niederländischen Provinzen war damals der Marquis von Monterey, ein kräftiger unverzagter Kriegsmann, der mitten in dem Unglück und Elend seines Vaterlandes die Erinnerung an dessen glorreiche Vergangenheit, die Hoffnung auf bessere Zukunft nicht aufgeben wochte. In der richtigen Erkenntniß, daß der Untergang Hollands zugleich die Unterwerfung Belgiens unter die rücksichtslos vordrängende Macht Frankreichs bedeute, zögerte er nicht, seine geringen Mittel in die Wagschale zu werfen. Im Juli rückten spanische Truppen in die wichtigen nordbrabantischen Festungen Breda und Herzogenbusch ein und retteten dieselben damit für die Generalstaaten. Aber bei weitem bedeutsamer war es doch, daß der Kurfürst von Brandenburg mit vollen 26,000 Mann, gefolgt von 16,000 Kaiserlichen unter dem hochberühmten Montecuculi, auf den Oberrhein marschirte.

Ludwigs XIV. Benehmen bei dieser Gelegenheit ist höchst charakteristisch für den Monarchen, welcher — der beste Beweis, daß ihm der wahre Genius mangelte! — dem Scheine vor allem zu opfern pflegte. Vor ihm die unendliche Ueberschwemmung, im Osten das sich bildende brandenburgisch-kaiserliche Heer, im Süden die belgischen Rüstungen, sah er wohl ein, daß einstweilen nicht mehr glänzende Erfolge bevorstanden, sondern ein mühevolles Ringen, mit immerhin zweifelhaftem, oder doch wenigstens wechselndem Ausgange. Dem wollte er sich nicht aussetzen, und so kehrte er im Anfang des Augustmonats wieder nach St. Germain zurück, um sich dort für seine leichten Triumphe von Höflingen, gefälligen Damen und erkauften Dichtern als größter Kriegsheld preisen zu lassen und den Weihrauch eleganter und geistreicher Huldigungen zu athmen, während die eigentlichen Schwierigkeiten erst noch zu bewältigen blieben. Luxemburg sollte bei Utrecht die bisherigen Eroberungen schützen, während Turenne die Spanier und vor allem Brandenburger und Kaiserliche zu überwachen hatte. Aus dem französischen Offensivwar ein Vertheidigungskrieg geworden.

Der Kurfürst Friedrich Wilhelm drang darauf, schnell an den Rhein zu eilen, mit den Franzosen zu schlagen. Aber Montecuculi fand immer neue Gründe zum Zögern, zum Ausweichen. Freilich mußte Friedrich Wilhelm aus aufgefangenen Briefen bald erfahren, daß die Wiener Machthaber das perfideste Spiel mit ihm trieben. Loblowitz sagte zu Gremonville, der Marsch der österreichischen Truppen sei nur eine Scheinbewegung, bestimmt, dem Kurfürsten, diesem losgelassenen Pferde, den Zügel anzulegen. Einige Monate später sagte er zu dem Franzosen: der Kurfürst sei ein Prahler, wir wolle hoch hinaus, aber man werde ihn zwingen, klein beizugeben. Der Minister ermahnte die oberdeutschen Fürsten, dem brandenburgisch-kaiserlichen Heere den Zugang zum Rhein nicht zu gestatten; er wollte trotz allem den Frieden mit Frankreich aufrecht erhalten. Montecuculi handelte seiner Instruktion getreulich nach und ließ es dem schwächern Turenne gegenüber zu keiner Aktion kommen. Im Dezember bezogen die Brandenburger in ihrer Grafschaft Mark, die Kaiserlichen in Paderborn Winterquartiere.

Dem Anscheine nach war wenig ausgerichtet. Die Holländer hatten einen Schein des Rechtes für sich, wenn sie in ihrer bedrängten Lage dem brandenburgischen Bundesgenossen, der direkt so wenig für sie that, die Fortzahlung der vertragsmäßigen Subsidien verweigerten.[1])

Und doch hatte diese Diversion Holland gerettet! Wie wenig Aussicht sonst Oranien gehabt hätte, die gesammte französische Armee zu bestehen, beweist der Umstand, daß er nicht einmal dem Heerestheil Luxemburgs überlegen war. Alle seine Offensivversuche waren zurückgewiesen worden, die Franzosen blieben unbeweglich auf dem einmal eingenommenen Gebiete. Auf ausdrücklichen Befehl Ludwigs wurde es auf das schändlichste mißhandelt. Außer den ungeheuren Summen, die für den Staat durch Kriegskontributionen, Fouragirungen, Beschlagnahmen erhoben wurden, eigneten sich Generale, Intendanten, Offiziere und Soldaten zu, was ihnen gefiel. Um den Unglücklichen den letzten Stüber, das letzte verborgene Familienkleinod abzupressen, wurden Marter und Mordthaten ohne Zahl begangen. Vergebens flehten Colbert, Pomponne, einige Generale, selbst Armee-Intendanten um Schonung für die wehrlosen Bevölkerungen; Ludwig folgte lieber den rachgierigen Rathschlägen Louvois. Manger le pays, das Land verzehren, war nach des Königs eigenhändigen Aufzeichnungen sein Befehl. Luxemburg, der mit unvergleichlicher Elastizität und Kühnheit und durchdringendem Scharfblick ebenso viel Habsucht, Grausamkeit und Schwelgerei verband, war der geeignetste Leiter dieser unmenschlichen Exekutionen. „Obwohl der König," hatte ihm Louvois bei einer ähnlichen Gelegenheit geschrieben, „fest überzeugt ist, daß Sie ihn in dem Lande, aus dem Sie kommen, tüchtig bestohlen haben, so ist Se. Majestät doch sehr zufrieden mit dem, was Sie ihm gelassen haben." So cynisch waren Briefschreiber und Empfänger! Jetzt durfte sich ein Intendant ob der Geringfügigkeit der eingesandten Beute damit entschuldigen, „daß er doch zu dem Behufe alle nur denkbaren Grausamkeiten

---

1) Wir geben hier das Facsimile eines Briefes von Ludwig XIV. an den Marschall von Turenne. Dasselbe lautet in moderner Orthographie: A Versailles, le 17 mars 1673. Quoique j'aie ordonné au marquis de Louvois de vous témoigner de ma part la satisfaction que j'ai de ce que vous avez fait pour la gloire de mes armes, je suis bien aise de vous dire moi-même ce qui en est, et que je suis très satisfait de toute la conduite que vous avez tenue en ce rencontre. Le succès heureux que nous avons eu depuis quelque temps, vous doit aussi donner beaucoup de joie. Sachant l'amitié que j'ai pour vous, vous croirez aisément que nous la partageons ensemble. Soyez assuré qu'elle durera toujours, et que vous en recevrez des marques en continuant à me servir comme vous faites.

Louis.

à Versailles le 17

j'envy que faire oretor
le Roy me non
ne m'a point La sa
preson de ce que
fait pour La y loi:
avoir je suis bien
~~........~~ de nous
le pri en est ...
très existant de
conduitte que nous
en ce rencontre ...
heureuse que nous
depuis quelques ...
doit aussi ...

begangen habe". Louvois tröstete ihn vollkommen: „Die Gesammtsumme hat meine Hoffnungen überstiegen. Ich bitte Sie, nicht müde darin zu werden, recht boshaft zu sein und die Dinge in dieser Richtung mit aller nur möglichen Schärfe weiter zu treiben". Seit dieser Zeit war den Herzen der Holländer der tiefste Haß gegen die Franzosen eingepflanzt, der sich dann fast ein Jahrhundert hindurch lebendig erhielt.

Inzwischen wurde die Lage des brandenburgischen Kurfürsten immer bedenklicher. Kursachsen, Schweden drohten, die Bedrängniß Brandenburgs zum Angriffe auf dasselbe zu benutzen. Turenne entriß seinem zögernden Hofe die Erlaubniß, einen Winterfeldzug, damals unerhört, gegen den Kurfürsten zu unternehmen; der letztere wollte noch einmal mit den Franzosen schlagen, allein die Oesterreicher weigerten sich dessen abermals. Ohne beflegt zu sein, hatte Friedrich Wilhelm vor der ganzen Welt die empfindlichste Niederlage erlitten, und zwar infolge nicht allein der Thatenscheu, sondern auch des geheimen Neides der österreichischen Regierung. Bis ins Halberstädtische mußte er sich, von seinen Bundesgenossen verlassen, zurückziehen, er und seine Armee tief entmuthigt. Endlich beschloß er, mit Frankreich zu negoziiren. Nach langem Hin- und Wiederhandeln ging letzteres, nun auch von Spanien ernstlicher bedroht, auf des Kurfürsten Bedingungen ein, die dem am 6. Juni 1673 zu Vossem unterzeichneten Frieden zu Grunde lagen. Friedrich Wilhelm erhält seine von den Franzosen okkupirten Lande mit Ausnahme weniger Festungen zurück, doch muß die brandenburgische Feldarmee östlich von der Weser bleiben. Indem der König ihm 800,000 Livres Subsidien zahlt, verspricht der Kurfürst nur, den Frieden jenes seines Beistand zu leisten, doch so, daß er seinen Reichsverpflichtungen nachkommen darf. Es ist unbegreiflich, wie die sonst so kluge französische Diplomatie diese letzte Bedingung zuließ, die im Grunde nichts anderes bedeutete, als daß, wenn Kaiser und Reich ernstlich in den Krieg zu Gunsten Hollands eintreten wollten, Brandenburg dann sofort wieder an demselben Theil zu nehmen beabsichtigte; daß es nur eine Waffenruhe abschließe, die es bei günstigerer Gelegenheit wieder zu brechen gedenke.

Und in der That schlug die Stimmung im Reiche immer entschiedener um. Die willkürliche Besetzung Lothringens, der Anfall auf Holland, „weil dieses den Unwillen des Königs erregt habe", die furchtbaren Greuel, welche die französischen Truppen dort verübten, der Umstand, daß nach dem Frieden von Vossem Turenne mitten im Reiche, in der Wetterau Aufstellung nahm und dort nach der Weisung Louvois' lebte: er möge die Teutschen nicht gerade vollständig zu Grunde richten — alles dies hatte auch dem Blindesten die Augen geöffnet.

Was that es, daß im Beginne des Feldzuges 1673 Ludwig XIV. selbst die Belagerung von Maestricht unternahm, der letzten Festung der Holländer an der Maas? Freilich fiel sie Anfangs Juli, durch die ebenso geist- wie kenntnißvolle Leitung des Angriffes durch Vauban, aber inzwischen hatte

Ruyter die englisch-französische Flotte dreimal besiegt und die Ostindienfahrer abermals sicher in die heimischen Häfen geführt. Ludwig XIV. meinte Deutschland durch einen scharfen Schlag einzuschüchtern. Der Kaiser hatte von ihm Rückzug der französischen Armee vom Reichsboden, Herstellung Lothringens, Sicherheit Spaniens gegen weitere Verletzung der Friedensschlüsse, Erhaltung Hollands, das bereits genug gedemüthigt sei, gefordert. Die Antwort Ludwigs war der Ueberfall des friedlichen Kurfürstenthums Trier, dessen Herrscher sich auf die Festung Ehrenbreitstein flüchten mußte, ein weiterer Ueberfall auf die freien Reichsstädte im Elsaß, die im westfälischen Frieden ihre Unabhängigkeit bewahrt hatten. Allein diese neuen Gewaltthaten hatten nur den Erfolg, ganz Deutschland gegen den rechtlosen Unterdrücker aufzubringen und zu erbittern. Jedermann sah nun ein, daß in den überschwemmten Ebenen Hollands über Freiheit oder Sklaverei Europas entschieden werde. Der Kaiser entfernte zwar Lobkowitz noch nicht ganz von den Geschäften, aber dessen Einfluß trat doch in den Hintergrund. Nun wurde am 30. August 1673 zwischen dem Kaiser, Spanien, Holland und dem länderlosen, aber von einer kleinen tüchtigen Armee umgebenen Herzoge von Lothringen eine Allianz geschlossen. Das Ziel dieses Bündnisses war Herstellung des westphälischen und des Aachener Friedens mit vereinten Kräften; die Republik verpflichtete sich zu Subsidien an Oesterreich und den Lothringer. Gremonville mußte Wien verlassen und wurde, weil alle seine Gewandtheit schließlich durch Ludwigs Brutalität und Rechtsverletzung nutzlos gemacht worden war, mit dessen Ungnade bestraft. 35,000 Kaiserliche rückten an den Rhein ab. Es war ein eigenthümliches Schauspiel, das Haus Habsburg, wider das hundert Jahre früher die Holländer sich empört, das sie achtzig Jahre lang bekämpft hatten, dieselben jetzt vertheidigen zu sehen gegen England und Frankreich, mit deren Hülfe die holländischen Rebellen sich einst behauptet hatten. Der Beginn des gemeinsamen Kampfes war sehr glücklich. Wilhelm von Oranien überfiel die wichtige Festung Naarden und nöthigte sie zur Ergebung. Montecuculi aber bewies, daß ihm, wenn er nur wollte, die kriegerische Tüchtigkeit nicht abgehe; er drohte in den Elsaß einzufallen, täuschte damit Turennes Scharfblick vollständig, so daß der Marschall sich nicht ohne bedeutende Verluste auf elsässischen Boden zurückzog, und vereinigte sich vielmehr am Niederrhein mit dem Prinzen von Oranien. Das verbündete Heer bestrafte den Kölner Kurfürsten für sein Bündniß mit Frankreich und eroberte seine Festung und Residenz Bonn.

Ein vollständiger Umschwung der Verhältnisse folgte auf den endlichen mannhaften Entschluß des kaiserlichen Hofes. Ludwig XIV., angegriffen von den Teutschen, bedroht von den Spaniern, mußte sich schweren Herzens zum Aufgeben seiner Eroberungen, zur Räumung Hollands entschließen. Wie tief verletzte dies seinen Stolz, wie jubelten seine Feinde darüber! Trotzdem mußte er sich dazu verstehen, denn er gebrauchte die Truppen, die in den holländischen Garnisonen standen, nothwendig anderwärts. Am 2. November begann die Räumung, freilich noch einmal unter gräulichen Plünderungen, Erpressungen und Mordbrennereien. Der Stadt Utrecht allein wurde eine Million Gulden abgenommen! Allein diese Schandthaten machten den französischen Namen nur um so verhaßter in Europa. Im Januar 1674 trat Dänemark in das Bündniß mit Holland ein: ein erwünschtes Gegengewicht gegen die Allianz Schwedens mit Frankreich, die bisher freilich diesem letzteren Staate nur wenig Vortheile gebracht hatte.

Dänemark war ein keineswegs zu verachtender Bundesgenosse. Denn nach den beiden unglücklichen Friedensschlüssen mit Schweden zu Roeskilde und Kopenhagen (gleichzeitig mit Oliva 1660) hatte in jenem Staate eine wohlthätige Revolution gegen das bisherige nichtsnutzige Adelsregiment stattgefunden, das den Staat ausgebeutet, die Krone geplündert und dabei nichts für das Land gethan hatte[1]). Mit Benutzung des allgemeinen Unwillens gegen diese Zustände hatte König Friedrich III. noch 1660 den von dem Adel lange vereitelten Reichstag nach Kopenhagen berufen, um Reformen durchzuführen. Der Adel aber verweigerte jede Konzession, behauptete sein Recht auf Steuerfreiheit und wollte alle Kriegslasten auf die beiden andern Stände häufen. Dieses Verfahren empörte die letzteren um so mehr, je zäger und apathischer sich der bevorrechtete Stand während des Kampfes gezeigt hatte. Nur ein starkes Königthum schien Staat und Volk vor dem Untergange retten zu können; und in diesem Sinne vereinigten sich Geistlichkeit und Bürger wider den Adel, der, von allen Seiten bedroht, zunächst sein wichtigstes Privileg, das Recht der freien Königswahl aufgeben mußte. Die Erblichkeit der Krone wurde öffentlich und feierlich von dem gesammten Adel anerkannt, dessen Mitglieder dem Könige unbedingte Treue schwören mußten. Der Adel war offenbar ebenso muth- und geistlos, wie anmaßend und eben noch übermüthig. Friedrich benutzte die Gunst der Lage mit großer Weisheit und Geschicklichkeit. Die Strömung der öffentlichen Meinung war zu Gunsten der Monarchie. Einige Jahre später erklärte das auf dem Reichstage beschlossene Königsgesetz den König zum schlechthin unumschränkten Oberhaupt in allen geistlichen und weltlichen Dingen, mit ausschließlichem Rechte, Gesetze zu geben und aufzuheben, Steuern aufzuerlegen, Krieg zu beginnen, Frieden zu schließen u. s. w. Diese Umwandlung der Adelsherrschaft in den königlichen Absolutismus, die bald zum Vorbild für die benachbarten Staaten wurde, erwies sich für das zerrüttete und entkräftete dänische Reich um so segensreicher, als die nächsten Monarchen milde und einsichtig regierten und die Hülfsquellen des Staates auch für die äußere Aktion vorzüglich entwickelten.

Aber noch bei weitem wichtiger waren die Vorgänge in England.

---

[1]) Allen, Histoire du Danemarc, traduite par Beauvois (2 Bände, Kopenhagen 1878).

Gleichzeitig mit der Kriegserklärung gegen Holland hatte Karl II. auch den ersten Schritt zu der mit Frankreich verabredeten Katholisirung der englischen Regierung gethan: er hatte die sogenannte Indulgenzerklärung veröffentlicht, durch welche kraft königlichen Begnadigungsrechtes die Aufhebung aller wegen des katholischen Bekenntnisses verhängten Strafen und Ausschließungen ausgesprochen ward. Diese Indulgenzerklärung hatte aber aus einem doppelten Grunde allgemeine Mißstimmung hervorgerufen: aus einem religiösen, weil die überwiegende Mehrzahl der damaligen Engländer den Katholizismus haßte und fürchtete; und aus einem politischen, weil man dem Könige das Recht bestritt, von Gesetzen ein für alle Mal zu dispensiren. Die Unzufriedenheit im Volke wurde erhöht, als in Folge der großen Ausgaben für den holländischen Krieg ein theilweiser Staatsbankerott eintrat, der den Sturz vieler Handelshäuser mit sich führte. Je ruhmloser England den Krieg wider die vereinigten Provinzen führte, je lebhafter durch die Gewaltthaten Frankreichs der alte englische Haß gegen diesen Staat neu aufgeregt wurde, um so mehr wandte man sich auch gegen die auswärtige Politik des Cabalministeriums. In der Parlamentssession des Jahres 1673 erlitt der König eine vollständige Niederlage. Er mußte die Indulgenzerklärung zurücknehmen und vielmehr der sogenannten Testakte beistimmen, die 155 Jahre in Kraft geblieben ist mit ihrer Bestimmung, daß alle Personen, die irgend ein bürgerliches oder militärisches Amt bekleiden sollen, zuvor den antikatholischen Suprematseid schwören, eine Erklärung gegen die katholische Abendmahlslehre unterschreiben und öffentlich das Sakrament nach dem Ritual der Kirche von England empfangen müßten. Mit diesem Opfer seiner Ueberzeugungen und Wünsche hatte Karl II. noch einmal die Summen zur Fortführung des Krieges gegen die Holländer erkauft; aber als neue Niederlagen zur See erfolgten, als man in England diese dem Uebelwollen der Franzosen zuschreiben zu müssen glaubte, die sich absichtlich völlig unthätig gehalten hätten: da war es auch mit der äußeren Politik Karls II. zu Ende. Gedrängt von der einmüthigen öffentlichen Meinung, von dem gesammten Parlamente, mußte er am 19. Februar 1674 mit den Generalstaaten zu Westminster Frieden schließen. Infolge der bedrängten Lage Hollands war derselbe nicht ungünstig für England: die Republik erkannte das Vorrecht für die englische Flagge an, allezeit zuerst gegrüßt zu werden, zahlte dem Könige 800,000 Thaler und gewährte in beiden Indien billige Bedingungen. Die Ziele des heimlichen und verbrecherischen Bündnisses Karls mit Ludwig XIV. waren auf allen Punkten verfehlt. Der letztere war übrigens großherzig genug, die wehmüthigen und im Grunde wahren Entschuldigungen Karls und seiner Minister: sie hätten nicht anders gekonnt, gnädig aufzunehmen. Er antwortete dem englischen Könige: „Ich beklage Sie, anstatt mich über Sie zu beklagen;" und bat um die Fortdauer seiner Freundschaft. Karl war entzückt über diese Sprache, da sie ihm die Aussicht auf abermalige französische Subsidien, unter günstigeren Umständen, eröffnete.

Immer einsamer wurde es um Ludwig XIV. Der intriguante Kölner Domkapitular Fürstenberg wurde als Verräther von kaiserlichen Offizieren zu Köln in Haft genommen. Im Frühjahr 1674 fielen alle Rheinbundsfürsten von Frankreich ab, Münster voran, und verbündeten sich mit Oesterreich. In Deutschland hatten die Gewaltthätigkeiten der Franzosen eine zornmüthige nationale Begeisterung erzeugt, wie man sie seit Jahrhunderten nicht gesehen; Volk und Fürsten riefen um Rache gegen die kecken anmaßenden Fremdlinge, die noch auf ihrem Rückzuge die Pfalz verheert hatten. Selbst der traditionelle religiöse Hader verstummte, niemals waren Protestanten und Katholiken so einstimmig gewesen. Am 24. Mai 1674 wurde der Reichskrieg gegen Frankreich erklärt. Damit hatte auch der brandenburgische Kurfürst einen Vorwand gefunden, sich von neuem an dem Kampfe zu betheiligen. Vergebens hatte Frankreich Alles aufgeboten, um den verwegenen, unternehmenden Mann mit seiner ebenso zahlreichen wie trefflichen Armee zu fesseln: am 1. Juli 1674 zu Berlin schloß er von neuem mit den Verbündeten ab. 16,000 Mann wollte er stellen, von denen die Hälfte die Generalstaaten und Spanien zu unterhalten versprachen. Die Verbündeten gelobten ihn zu unterstützen, wenn eines seiner Länder während des Krieges angegriffen werde, keinen Frieden oder Stillstand ohne ihn zu schließen.

Ganz Europa stellte sich den Franzosen gegenüber. Nun muß man doch sagen: die europäische Koalition, zusammengesetzt aus zahlreichen Staaten mit verschiedenen, oft entgegengesetzten Interessen, leistete gegen das mächtig in sich geeinte und von den ersten Ministern und Feldherren der Zeit geleitete Frankreich durchaus nicht, was man von ihr erwartet hatte. Glänzend bewährte sich in diesem kritischen Zeitraume das materielle und geistige Uebergewicht des damaligen Frankreich, die scharfe, schneidige Organisation, an der so viele große Staatsmänner seit einem halben Jahrhundert gearbeitet hatten. Regelmäßig wiederholte es sich jedes Jahr, daß ehe die Truppen der Verbündeten aus den Winterquartieren vereinigt und zweckmäßig vertheilt waren, die französischen Heere Erfolge gewannen, die dann jene während des ganzen Feldzuges nicht wieder gut zu machen im Stande waren. In der That, wie viel Zeit verstrich, ehe man sich jedesmal über den Feldzugsplan geeinigt hatte, ehe die Truppen in genügender Zahl gestellt waren; und während des Kampfes machten sich die nationalen Eifersüchteleien, die Verschiedenheit der Wünsche und Bestrebungen störend genug bemerkbar. Die Holländer, der nächsten Gefahr entledigt, wünschten den Kampf nur noch so lange fortgeführt, bis ihnen Frankreich Handelsvortheile zugestanden haben würde. Dem Kaiser lag vor allem die Wiedereroberung von Elsaß und Lothringen am Herzen, während ihn Holland und die spanischen Niederlande sehr wenig beschäftigten. Dänemark wollte nur Schweden demüthigen. Die deutschen Fürsten wollten für möglichst große Subsidien möglichst geringzählige Regimenter stellen. Spanien endlich war müde und matt, erschöpft an Geld und Menschen, an geistiger Tüchtigkeit und Kraft der Charaktere. So war für Ludwig

8*

die Koalition freilich in moralischer Beziehung ein schwerer Schlag — denn auf die weitere Ausdehnung der französischen Tyrannis mußte er einstweilen verzichten — aber in Bezug auf den unmittelbaren materiellen Vortheil eher ein Gewinn. Von den holländischen Eroberungen hätte er nur wenig behalten können — jetzt boten sich ihm die wehrlosen spanischen Besitzungen als eine rechtmäßige und hochwillkommene Beute.

Er ließ die Gelegenheit nicht unbenutzt vorübergehen. Ehe noch die Verbündeten bereit waren, fiel Vauban, unter dem nominellen Oberbefehle des Königs, auf die Freigrafschaft, die, von spanischen Truppen fast gänzlich entblößt, nur von ihren Einwohnern und zwar schwach vertheidigt wurde. In sechs Wochen war die Eroberung dieser schönen und reichen Provinz vollendet, waren die Grenzen Frankreichs bis an den Jura ausgedehnt.

Reeller war der Ruhm, den Turenne abermals erntete. Er hatte nicht mehr Montecuculi gegenüber, der, durch Kränkungen und Hemmungen aller Art von Wien her beleidigt, sein Kommando an Bournonville überlassen hatte, einen der gehorsamen und flachen Hofgenerale, wie sie bei dem kaiserlichen Hofkriegsrathe stets so beliebt gewesen sind. Einem solchen Feinde war Turenne, trotz seines schwächeren Heeres, weit überlegen; er schlug ihn bei Sinsheim mit großem Verluste (Juni 1674) und behauptete sich auf dem rechten Rheinufer, auf Kosten der armen Pfalz sein Heer unterhaltend. Zu gleicher Zeit hielt Turennes Nebenbuhler, „der große Condé", den Prinzen von Oranien in Schach und fügte ihm, am 11. August, bei Seneffe wenn nicht eine entschiedene Niederlage, so doch einen empfindlichen Nachtheil zu.

Endlich schien ein besserer Stern den Verbündeten aufzugehen, als der Kurfürst von Brandenburg anstatt mit 16,000 Mann, wie er versprochen hatte, mit beinahe 20,000 im August 1674 am Oberrhein zu den kaiserlichen und Reichstruppen Bournonvilles stieß, um den Elsaß für Teutschland zu erobern. Der ungleich schwächere Turenne mußte vor ihnen weichen. Bei Straßburg, das noch deutsch war, ging es über den Rhein. Man hatte an 50,000 Mann, Turenne — von dem neidischen Louvois absichtlich vernachlässigt — noch nicht die Hälfte. Ungeduldig drängte der Kurfürst zum Schlagen — allein Bournonville spielte eine Rolle, ähnlich wie zwei Jahre früher Montecuculi: es war klar, die Oesterreicher wollten das Ansehen des Brandenburgers nicht aufkommen lassen! Und dabei drohte Schweden, der Verbündete Frankreichs, dem Kurfürsten mit nahem Angriffe; um so mehr wünschte dieser, schnell etwas Entscheidendes im Elsaß zu unternehmen. Aber von den Kaiserlichen bei jeder Gelegenheit im Stiche gelassen, mußte er gleich diesen Winterquartiere nehmen. Die weite Vertheilung derselben benutzte der inzwischen verstärkte Turenne, um unvermuthet über die Vogesen herauszubrechen, die kaiserlichen Reiter bei Mülhausen, die verbündete Nachhut bei Türkheim zu schlagen. Die Alliirten mußten in den ersten Tagen des Jahres 1675 den Elsaß räumen. Die Bewohner desselben, noch durch und durch deutsch, hatten die größte Freude über das Vordringen der deutschen Streit-

Erfolge Frankreichs.

kräfte geäußert. Jetzt sahen sie sich der Rache der Franzosen überliefert, ja von den zuchtlosen verbündeten Truppen auf deren Rückzuge schändlich ausgeplündert!

Der Kurfürst war tief entrüstet, daß ihm Oesterreichs sei es Mißgunst, sei es Schwäche abermals glänzende und ganz sichere Erfolge entrissen und das Heer Turennes vor dem Untergange gerettet hatte. Mußte doch der Prinz von Cranien sich über seinen kaiserlichen Helfer des Souches noch mehr beklagen, der wirklich ganz so handelte, als sei er mit den Franzosen im besten Einvernehmen. In Paris wußte man so gut Alles, was im kaiserlichen Rathe vorging, daß die Generale meinten, es würde besser sein, die Befehle statt an sie lieber gleich nach Paris zu senden. Die österreichischen Heerführer sprachen offen aus, sie wagten in ihren Relationen an den Kaiser nicht ihre wahre Meinung und die wirkliche Sachlage zu berichten, weil dieselbe auf solche Weise nur zur Kenntniß der Franzosen kommen würden. Endlich erreichte den Hauptschuldigen, den Fürsten Lobkowitz, die Strafe, freilich keine genügende. Er wurde vom Hofe verbannt, ein Theil seines großen Vermögens eingezogen. Es ist nicht ganz klar, ob er aus Bestechlichkeit oder aus ganz verkehrter Denkungsart, einer Art Hochmuthswahnsinn, die Alles beherrschen wollte, sein verrätherisches Verfahren getrieben hat. An seine Stelle trat der entschieden antifranzösisch gesinnte Fürst Schwarzenberg.

Indessen die üblen Folgen der bisherigen Handlungsweise der kaiserlichen Minister ließen sich nicht mehr rückgängig machen. Das deutsche Heer war über den Rhein zurückgedrängt, während die Franzosen Maestricht und Trier besetzt hielten, während zugleich in Sizilien ein Aufstand gegen die spanische Mißregierung ausbrach und die Messinesen Frankreich zu Hülfe riefen, das sich beeilte, ihnen eine Flotte mit zahlreichen Kriegsvorräthen zuzusenden.

Ludwigs XIV. Waffen hatten alle Anschläge der Koalition vereitelt. Aber noch entscheidender wurden die Vortheile, die seine gewandte, rücksichtslose, mit Geldmitteln reichlich ausgerüstete Diplomatie davontrug. Sie verstand es, den Verbündeten gefährliche Feinde im Rücken zu erwecken.

Die Entdeckung der ungarischen Verschwörung im Jahre 1671 hatte man in Wien für die Ausführung des längst gehegten Planes zu völligem Umsturze der ungarischen Verfassung, zur Herstellung des weltlichen und geistlichen Despotismus in diesem Lande ausnutzen zu können geglaubt. Der treibende Geist hierbei war derselbe Fürst Lobkowitz, der in der westeuropäischen Politik das Heil des Kaiserhauses in einem Vasallenverhältnisse zu Frankreich zu finden meinte. Schrecklich waren die Schläge, die damals auf die freiheitsstolze ungarische Nation fielen. Ein Blutgericht unter dem General Heister bestrafte zahlreiche Anhänger der Verschwörung. Dem Lande, das doch im Ganzen sich ruhig verhalten hatte, wurde zur Strafe die Unterhaltung einer deutschen Armee von 30,000 Mann auferlegt. Die Befugnisse der Krone wurden für unbeschränkt erklärt. Die Palatinswürde hob man auf und ernannte den Großmeister des deutschen Ordens, Kaspar Ambringer, zum kaiserlichen Gubernator von Ungarn. Diese Maßregeln bezweckten, Ungarn politisch zu unterwerfen, es in staatsrechtlicher Beziehung den Erbländern gleichzustellen; zugleich begann aber auch die religiöse Unterdrückung. Allerorten wurden die evangelischen Prediger vertrieben, die Kirchen den Protestanten entrissen und Jesuiten als Seelsorger eingeführt. Alle evangelischen Prediger und Lehrer aus ganz Ungarn wurden als Theilnehmer der Verschwörung vor Gericht gefordert, natürlich nur damit man willkürlich wider sie verfahren könne. Sie wurden nur begnadigt, wenn sie einen Revers unterschrieben, der sie verpflichtete, keine gottesdienstlichen Handlungen mehr vorzunehmen. Neunundzwanzig Prediger, die sich dessen weigerten, wurden erbarmungslos auf die Galeeren geschickt.

Als einzige Entschuldigung für so willkürliche und gesetzwidrige Maßregeln mag es gelten, daß den stets drohenden Türken gegenüber die Regierung eine festere Einheit im Lande zu begründen angewiesen war. Aber der Hauptgesichtspunkt Leopolds und seiner Minister war doch die Vernichtung der politischen und religiösen Freiheit Ungarns, nicht seine Sicherung gegen die Türken. Allein wenn sie die Widerstandskraft dieses energischen Volkes schon gebrochen wähnten, so waren sie im Irrthum. Ein gemäßigteres, allmähliches Verfahren hätte vielleicht zum Ziele geführt; diese rohe, läppische Anwendung brutaler Gewalt rief überall den Widerstand hervor. Zahlreiche Unzufriedene entflohen nach Siebenbürgen und begannen von hier aus mit Apasys Hülfe den kleinen Krieg gegen die kaiserlichen Truppen. Sie wurden wesentlich angeregt und ermuthigt von Ludwig XIV., der ihnen Geld und Offiziere zur Organisation ihrer Streitkräfte verhieß und auch sandte. In Folge dessen — es war im Jahre 1674 — nahm der Kampf eine ernste Gestalt an, zumal ein hochbegabter Führer an die Spitze der Unzufriedenen trat: Emmerich Tököly, ein zwanzigjähriger Edelmann, der in die frühere Verschwörung verwickelt gewesen, aber entflohen war; ein Mann voll Geist, Kenntnisse und bezaubernder Liebenswürdigkeit. Gleichzeitig erhielten die Insurgenten durch den französischen Einfluß auch von Polen aus Unterstützung.

Dieses Reich[1]) besaß freilich nur noch den Schatten seiner einstigen Macht, und zwar hauptsächlich infolge des unglücklichen Umstandes, daß seit dem Aussterben des Mannsstammes des Jagellonischen Königshauses im Jahre 1572 die Erblichkeit der Krone gänzlich abgeschafft und damit der Willkür des zur Königswahl berechtigten Adels Thür und Thor geöffnet worden war. Der Adel bildete nämlich eine große geschlossene Kaste, innerhalb deren allgemeine Gleichheit herrschte; wenn auch einige Edelleute den Titel Grafen und Fürsten führten, rechtlich war der ärmste Edelmann dem reichsten gleich. Der König wurde nunmehr bei seiner Wahl einer Kapitulation, den sogenannten Pacta

---

1. Hüppe, Verfassung der Republik Polen (Berlin 1867).

Convents, unterworfen, die begreiflicher Weise seine Macht und damit die Einheit des Staates zu Gunsten des souveränen Adels mehr und mehr schwächten. Es blieben jenem außer der Verleihung aller Würden, die aber immer auf Lebenszeit geschah, nur die formellen Gerechtsame der Einberufung der Reichstage und der Veröffentlichung der auf ihnen gefaßten Beschlüsse. Die Verwaltung, soweit überhaupt von einer solchen die Rede sein konnte, lag gänzlich in der Hand der großen Kronbeamten, die allerdings vom Könige ernannt, allein damit auch unabsetzbar waren. So war kein eigentlicher Mittelpunkt der Staatsgewalt vorhanden, und diese völlig zersplittert. Die Individualität innerhalb des bevorrechteten Standes hatte den Staat gänzlich überwuchert. Ja, die Unordnung war in die Form des Rechtes gekleidet, indem der Adel einer Provinz oder auch des ganzen Reiches, wenn er sich von der Staatsgewalt benachtheiligt glaubte, sich zu einer Konföderation zusammenschließen durfte, die dann mit allen Mitteln eines unabhängigen Staates zu verfahren hatte. Da auf dem Reichstage zu einem Beschlusse Einstimmigkeit des Landboten, d. h. der durch strenge Instruktionen ihrer obliegen Wähler gebundenen Abgeordneten der einzelnen Distrikte nöthig war, so verwandelte sich oft selbst der Reichstag, um etwas durchzusetzen, in eine Generalkonsöderation, wo die Geschäftsordnung eine weniger drückende war. Je unabhängiger nun der Adel nach oben stand, desto stärker unterjochte er die Bauern, die, ohne Hülfe und Recht, schnell von ihrem früheren Wohlstand zum Elend und zu jammervoller Knechtschaft herabsanken. Einen Bürgerstand gab es — mit Ausnahme der deutschen Städte in Westpreußen — nicht, und so auch weder Industrie noch Handel.

Im November 1673 war die polnische Krone von neuem vakant geworden. Während Oesterreich die Kandidatur des Prinzen Karl von Lothringen beförderte, unterstützte Ludwig schließlich diejenige des Kronsfeldherrn Johann Sobiesti, und zwar weniger weil dieser kriegerische Edelmann, der sich durch wiederholte Siege über die Türken ausgezeichnet hatte, der geeignetste Herrscher für das wankende polnische Reich war, als weil er durch seine Gemahlin, die Tochter eines kleinen französischen Adligen, und durch eine jährliche Pension von 20,000 Livres zur französischen Partei gehörte. Während nun die österreichischen Kassen, wie gewöhnlich, leer waren, brachte Ludwigs XIV. Gesandter, Bethune, 850,000 Livres baar und außerdem an jährlichen Pensionen 60—70,000 Livres mit. Kein Wunder, daß er durchdrang: im Mai 1674 wurde Johann Sobiesti zum Könige erwählt, d. h. im Grunde Bethune, der seitdem viel unumschränkter über Polen gebot, als der Schattenkönig selbst. Der letztere mußte sich sofort zur Bekämpfung des Kurfürsten von Brandenburg und zur Unterstützung der ungarischen Insurgenten verpflichten. Von den Türken bedroht, konnte die polnische Regierung zwar nicht sofort offen Partei nehmen, aber sie ließ doch zu, daß zahlreiche polnische Reiterschaaren die Reihen der aufständischen Ungarn verstärkten. Ebenso bewog Bethune durch wiederholte geheime Sendungen nach Siebenbürgen dessen

Stände, zur Bekämpfung des Kaisers ein Bündniß mit Frankreich und den ungarischen Insurgenten zu schließen. Dadurch gewannen die letztern immer mehr Boden und zwangen den Kaiser, einen bedeutenden Theil seiner Streitkräfte vom Rhein an die Karpathen zu entsenden.

Während also durch den sizilischen Aufstand und durch den von Frankreich gewonnenen Herzog von Savoyen die Spanier, durch die ungarische Empörung und die Feindschaft Polens der Kaiser beschäftigt war, gelang es gleichzeitig der französischen Diplomatie, den Kurfürsten von Brandenburg für ihren Herrn völlig unschädlich zu machen. Lange hatten die Schweden sich gesträubt, ihren 1672 gegen Frankreich eingegangenen Verpflichtungen nachzukommen, indeß eine neue Subsidie von 350,000 Goldthalern, neue Bestechungen von 50,000 Goldthalern an die Leiter des Staates machten allem Zögern ein Ende. Um den Brandenburger von dem verbündeten Heere abzuziehen, rückte in den letzten Wochen des Jahres 1674 Feldmarschall Karl Gustav v. Wrangel mit 15,000 Mann in die Kurmark ein. Es war ein neues Meisterstück der französischen Politik. Vergebens wandte sich Friedrich Wilhelm an seine Alliirten um Hülfe; sie verweigerten ihm sämmtlich die vertragsmäßige Unterstützung und überließen ihn seinem Schicksale, während die Schweden immer härter in den wehrlosen Marken und Pommern auftraten, mit Lieferungen, Brandschatzungen, Plünderungen greulicher Art; nur die Altmark wurde von ihrer tapfern bäuerlichen Landwehr gegen jeden Einfall der unbarmherzigen Feinde vertheidigt. Da beschloß Friedrich Wilhelm, die Dinge am Rhein gehen zu lassen, wie sie wollten, der Schweden Keckheit aber mit gesammter Macht ernstlich zu züchtigen und womöglich mit dem gänzlichen Zusammensturz ihrer deutschen Herrschaft, mit der Befreiung der deutschen Nord- und Ostseeküsten von ihrem Joche zu bestrafen.

Jedoch die Leidenschaft, die den Kurfürsten erfüllte, verdunkelte nicht seine planmäßige Besonnenheit. Er ließ zunächst die Schweden in seinen Landen schalten und walten, um vorerst sein Heer, das in Franken Winterquartier genommen hatte, völlig wieder zu dem entscheidenden Kampfe in Stand zu setzen. Endlich, im Anfang des Juni 1675, war er bereit. Es war ein Augenblick von der größten Wichtigkeit, die verhängnißvollste und bedeutsamste Episode in dem ganzen thatenreichen Leben Friedrich Wilhelms. Wrangel wollte über die Elbe setzen, wo der Kommandant von Magdeburg mit ihm in verrätherischem Einvernehmen stand, dann wollten sich Hannoveraner und Münsteraner mit ihm vereinigen, Halberstadt und Minden besetzen, so der brandenburgischen Herrschaft zwischen Oder und Weser gänzlich ein Ende bereiten, ganz Norddeutschland unter schwedisch-französische Herrschaft bringen. Das hätte sicherlich die Katastrophe der ganzen europäischen Koalition herbeigeführt. Im letzten Momente griff nun der Kurfürst mit heldenmüthiger Entschlossenheit ein. Es galt, die Schweden — jetzt 20,000 Mann — in ihren weit zerstreuten Quartieren zu überraschen. Nur mit der Reiterei und 1200 Infanteristen — das Gros hatte dem rapiden Marsche nicht folgen

Schweden gegen Brandenburg: Fehrbellin.

können — sagte Friedrich Wilhelm am 21. Juni in Magdeburg an. Der Feind hatte keine Ahnung von seinem Kommen. Am 25. wurde ein schwedisches Dragonerregiment in Rathenow an der Havel überfallen und zusammengehauen. Damit hatte der Kurfürst sich in die Mitte geschoben zwischen den schwedischen Feldmarschall, der mit dem kleineren Theile seines Heeres bei Havelberg, und den Generallieutenant Waldemar v. Wrangel, der mit dem größeren Theil in Brandenburg stand. Sogleich brach der Kurfürst mit der Reiterei gegen den letzteren auf, um ihn zunächst kampfunfähig zu machen, während er seine 1000 Musketiere zur Beobachtung des Feldmarschalls in Rathenow zurückließ. Bei Fehrbellin, am 28. Juni neuen Styles — 18. des alten — 1675 wurden die weichenden Schweden ereilt. Sie zählten 4000 Reiter, 7000 Fußgänger, 38 Geschütze, die Brandenburger nur 6000 Reiter und 13 Geschütze; aber sie waren siegesfroh und zuversichtlich, die Schweden bestürzt. Der Kurfürst ordnete den Angriff auf die ungedeckte rechte Flanke des Feindes an, und er glückte durch die Tapferkeit der Reiter, die vorzügliche Verwendung der wenig zahlreichen Artillerie und die schweren Fehler des Gegners. Mit einem Verluste von mindestens 4000 Mann wurden die Schweden völlig geworfen; sie flüchteten bis an die Seeküste, ohne innezuhalten, und dabei schmolz durch Desertion ihre ganze Streitmacht auf 6500 Mann zusammen.

Die Niederlage der Schweden, jener für unbezwinglich gehaltenen Soldaten, durch ein um die Hälfte schwächeres Korps Brandenburger machte einen unermeßlichen Eindruck. Das deutsche Nationalgefühl entzündete sich an diesem glänzenden Siege, und die Verbündeten und Nachbarn, die noch eben so kleinmüthig oder gar feindlich gewesen, beeilten sich nun, an dem Siege theilzunehmen. Der Reichskrieg wurde an Schweden erklärt. Die münsterschen und hannöverschen Truppen setzten sich, mit 6000 Brandenburgern vereint, in Marsch, um in das schwedische Herzogthum Bremen einzufallen, das sie dann auch, bis auf das feste Stade, eroberten. Dänemark nahm Wismar. Der große Kurfürst selbst gewann Schwedisch-Pommern; nur Stettin, Anklam, Stralsund und Rügen blieben dort den Schweden.

Freilich war letzteren ihr Angriff auf Brandenburg übel bekommen. Immerhin aber hatten diese und die anderen durch die französische Diplomatie bewirkten Diversionen Ludwig XIV. vor der entschiedensten Niederlage bewahrt, die ihm sonst die überlegenen Kräfte der Koalition bereitet haben würden.

Wie gewöhnlich, hatten allerdings im Beginne des Feldzuges 1675 die Franzosen die Ueberlegenheit gehabt. Sie besetzten die feste Citadelle von Lüttich, eroberten Dinant, Huy und Limburg und beherrschten mit diesen Orten und Maestricht weithin die wichtige Maaslinie, die ihnen gestattete, mitten zwischen den niederländischen Besitzungen bis nach Holland vorzubringen. Allein im Juni erschien eine immerhin starke kaiserliche Armee im Felde, dieses Mal zum Glücke unter der Führung des alten Montecuculi, dessen Unzufriedenheit man wohl oder übel hatte beschwichtigen müssen. Er stand abermals Turenne gegenüber. Die beiden großen Feinde bestritten sich nach Art der damaligen Kriegskunst mit geschickten Märschen und Gegenmärschen mehr denn mit Schlachten, bis am 27. Juli eine Kanonenkugel dem glorreichen Leben Turennes bei Saßbach ein Ende machte, dieselbe Kugel, die dem neben ihm stehenden Artilleriegeneral Saint-Hilaire einen Arm fortriß.

Der Tod Turennes, der von Freund und Feind nicht allein wegen seines militärischen Genies, sondern auch wegen seines edlen Charakters höchlichst bewundert und geschätzt war, rief in Frankreich eine größere Trauer und Niedergeschlagenheit hervor, als der Verlust einer großen Schlacht. Und nicht mit Unrecht. Die ihres Führers beraubte französische Armee mußte über den Rhein zurück, den Montecuculi noch einmal bei Straßburg überschritt, um in den Elsaß einzubringen.

Und zugleich erlitten die Franzosen an einer andern Stelle die erste entscheidende Niederlage in diesem Kriege. Der alte Karl IV. von Lothringen rückte mit seinen eigenen Truppen sowie verschiedenen norddeutschen Kontingenten zur Wiedereroberung Triers vor; um dieses zu entsetzen, nahete Marschall Créqui. Aber bei der Konzer Brücke über die Saar griffen ihn die deutschen Truppen Lothringens, am 11. August 1675, mit solchem Ungestüm an, daß er mit Zurücklassung des Geschützes, Gepäckes, aller Vorräthe und 2—3000 Gefangener in die Flucht geschlagen wurde. Nur 4000 Mann konnte Créqui wieder zusammenbringen, um sich mit denselben nach Trier zu werfen, das aber dennoch nach einer dreiwöchentlichen Belagerung der Armee Karls von Lothringen übergeben werden mußte.

Der große kombinirte französisch-schwedische Angriff auf das westliche Nord- und Mitteldeutschland war gänzlich abgeschlagen, vielmehr noch das Kurfürstenthum Trier befreit, das kaiserliche Banner in den Elsaß getragen worden. Allein nun zeigte sich der Uebelstand, daß die Brandenburger, Dänen und Münsteraner mit dem feurigen, thatkräftigen Kurfürsten Friedrich Wilhelm gegen die Schweden, daß zahlreiche kaiserliche Truppen unter den jüngsten und unternehmendsten Generalen wider die Ungarn beschäftigt waren. Während Ludwig XIV. acht neue Marschälle ernannte und mit zahlreichen Verstärkungen auf den Kriegsschauplatz entsandte, wurden die Lücken der deutschen Heere nicht ausgefüllt und blieben diese unter ihren alten Feldherren. Montecuculi, von den Jahren und Krankheiten gebeugt, wagte gegen Condé nichts zu unternehmen und zog sich schließlich wieder aus dem Elsaß zurück. Der hochbetagte Karl IV. von Lothringen war soeben im Begriff, erobernd in das Gebiet seiner Väter, das ihm so schmählich entrissen, wieder einzubringen: da starb er. Man verglich ihn mit Moses, der das Land der Verheißung nur im Augenblicke des Todes noch hatte schauen dürfen. Nach seinem Ableben zerstreute sich sein Heer.

Frankreich war, wenn auch mit einigen Verlusten, noch einmal gerettet. Im Gegentheil hatte es trotz einer spanischen Flotte Truppen und Lebensmittel in Messina landen können, das darauf König Ludwig XIV. als seinem

Tod Turenne's und Ruyter's.

Souverän anerkannte. Und inzwischen hielt Karl II. abermals das englische Nationalinteresse für eine lumpige Geldsumme verschachert. Das Parlament forderte gebieterisch den Kampf für das glaubensverwandte Holland, gegen die französische Tyrannei; aber gegen eine Pension von 1½ Millionen Francs jährlich vertagte Karl II. dasselbe auf Ludwigs Geheiß im Dezember 1675 auf 15 Monate. Karl war nur noch der Statthalter des französischen Monarchen. Ja noch mehr. Trotz der entschiedenen Proteste seiner Minister unterzeichnete und siegelte ganz allein, ohne deren Gegenzeichnung, Karl mit Ludwig einen Vertrag, durch welchen sie sich wechselseitig versprachen, auf keinen Vorschlag zu hören, der dem Vortheil des Andern zuwider wäre, mit der Republik oder andern Mächten nur gemeinschaftlich einen Vertrag einzugehen: also ein enges Freundschaftsbündniß. So geheim diese Verabredungen auch gehalten wurden, ihre Folgen waren allzu deutlich, als daß man sie nicht geahnt hätte. Damals sagte der päpstliche Nuntius in Wien ganz öffentlich: Karl II. werde über sich das Ende seines Vaters bringen.

England gegenüber gesichert, spannte Ludwig XIV. alle Kräfte seines gehorsamen Reiches an, um die Niederlagen des letzten Jahres durch um so entschiedenere Vortheile wieder wett zu machen. Den murrenden Unterthanen wurden neue Steuern abgepreßt, um neue Regimenter zu errichten, neue furchtbare Geschütze zur Eroberung der belgischen Festungen herzustellen. Schon früh im Jahre 1676 begannen die Kämpfe in einer für die Franzosen sehr rühmlichen Weise: am 8. Januar trug der französische Seeheld du Quêsne, ein Hugenotte, einen glänzenden Seesieg bei Stromboli über de Ruyter davon, der die Franzosen aus den sizilischen Gewässern hatte vertreiben wollen. Als ein spanisches Geschwader Ruyter verstärkt hatte, griff der alte Admiral bei Catania, im Angesichte des Aetna, noch einmal die Franzosen an; aber ein Kartätschenschuß zerschmetterte ihm beide Beine (22. April). Er hatte den noch größeren Schmerz, sich abermals besiegt zu sehen, und starb acht Tage später. Einstimmiges Bedauern, auch Seitens der Franzosen, folgte dem „holländischen Turenne".

Inzwischen war Ludwig XIV., immer den genialen Vauban zur Seite, in die spanischen Niederlande eingefallen, wo er eine Festung nach der andern eroberte. Ihm entgegen Wilhelm III. von Oranien mit Holländern und Spaniern. Ludwig rückte mit seinem überlegenen Heere kühn auf den Gegner los, kam ihm bis auf Kanonenschußweite nahe und — verschanzte sich vorsichtig. Diese eigenthümliche Illustration zu dem von hundert Poeten gepriesenen Heldenthum des „großen Königs" war angeblich dem Rathe Louvois' zu danken, der es allzu gefährlich fand, die Autorität des Monarchen der Möglichkeit einer Niederlage auszusetzen. Später hat Ludwig über diese übermäßige Klugheit, die damals seiner Feldherrnlaufbahn ein Ende machte, stets heftigen Aerger empfunden und, da er selbst natürlich unfehlbar war, sie Louvois zur Last gelegt, der von nun an bei seinem Herrn sich nicht mehr der alten Beliebtheit zu erfreuen hatte.

Kurze Zeit darauf verließ der König sein Heer, das er damit einer wahren Verlegenheit entledigte; aber auf daß nicht ein Anderer blühendere Lorberreu pflücke, als er selbst, nahm er Vauban und einen großen Theil der Truppen mit sich, so daß Marschall Schomberg — auch ein Hugenott, deutscher Abstammung — genug damit zu thun hatte, den Prinzen von Oranien zur Aufhebung der Belagerung Maestrichts zu nöthigen und während des weitern Verlaufes des Feldzugs in Zaum zu halten.

Vortheilhafter war für die Verbündeten der Feldzug dieses Jahres am Rhein. Obwohl die kaiserlichen Truppen fast sämmtlich in Ungarn beschäftigt waren, unternahm doch der gleichnamige Nachfolger Karls von Lothringen im Herzogthume — von dem er freilich einstweilen nur den leeren Namen besaß — und im Kommando über die Reichsarmee die Belagerung der wichtigen Festung, welche die Franzosen damals am rechten Rheinufer besaßen, Philippsburgs. Dieselbe vertheidigte sich heldenmüthig, indeß der Befehlshaber der elsässischen Armee, Luxemburg, dessen hohe militärische Gaben häufig durch seine schwelgerische Bequemlichkeit beeinträchtigt wurden, überließ sie ohne ernstlichen Entsatzversuch ihrem Schicksale. Anfang September mußte sie endlich kapituliren, und damit hatten die Franzosen ihren festen Brückenkopf, ihr stetes Ausfallsthor nach dem südlichen Teutschland verloren. In Frankreich war man untröstlich über den Verlust dieser Stadt, „die", wie Bossuet noch zwölf Jahre später sagte, „den Rhein so lange unter der gallischen Herrschaft gefangen gehalten hatte".

Allein im Ganzen, das ließ sich nicht verkennen, war dieses Jahr 1676 doch den Franzosen günstig gewesen. Die holländische und die spanische Flotte so gut wie vernichtet, Oranien in Unthätigkeit erhalten, eine Anzahl südbelgischer Festungen verloren: besonders auf die Holländer machte das einen tiefen Eindruck. Schon längst war in der Republik die Friedenssehnsucht erwacht. Seit der Räumung des holländischen Territoriums hatte man dort eigentlich keine greifbaren Gründe mehr für den Krieg. Die Niederlagen Schwedens wurden nicht gern gesehen, denn man fürchtete davon eine Schädigung der protestantischen Interessen in Norddeutschland und an der Ostsee. Der Prinz von Oranien hatte keinerlei große Thaten verrichtet, hatte den Enthusiasmus, mit dem seine Machterhöhung begrüßt worden war, bisher nicht gerechtfertigt. Man glaubte, er ziehe den Krieg absichtlich in die Länge, um mit Hülfe des Heeres, mit dem Beistande Englands, ja Frankreichs sich eine absolute Herrschaft in der Republik zu gründen. Die so tief gedemüthigte aristokratische Partei erhob von neuem ihr Haupt; schon im Sommer 1675 durfte sie darauf dringen, in Nymwegen einen Friedenskongreß zusammen treten zu lassen. Man war selbst geneigt, einen Sonderfrieden mit Frankreich zu schließen, ihm die Besitzergreifung ganz Belgiens zu gestatten, so verderblich dies für den Bestand der Republik sei. In den egoistischen Seelen überwog die Sehnsucht nach Ruhe, nach dem friedlichen Wiederaufleben des Handels, nach dem Aufhören der Kriegslasten das höhere staatliche

Interesse und die den Bundesgenossen gelobte Treue. Die Verluste des Jahres 1676 gaben den Ausschlag: im Herbst noch wurde der Kongreß zu Nymwegen eröffnet.

Freilich stand der Friede noch erst in weiter Aussicht! Der Kaiser verlangte Bezahlung der Kriegskosten und Rückführung der Dinge auf den Stand des westphälischen Vertrages; Spanien den Status von Aachen; Dänemark und Brandenburg gleichfalls Vergütung der Kriegskosten und Sanktionirung ihrer den Schweden abgenommenen Eroberungen; der Herzog von Lothringen die Rückgabe seines Landes; die Holländer Maestricht und für den Prinzen Wilhelm dessen von den Franzosen okkupirtes Fürstenthum Oranien. Der französische König aber war keineswegs geneigt, sich durch solche Bedingungen den Preis seiner Anstrengungen entreißen zu lassen, sich der europäischen Koalition gegenüber als Besiegter zu bekennen.

Ludwig beschloß, den Ansprüchen der Koalition durch einen „Ruthenschlag" ein Ende zu machen. Louvois verdoppelte seine fieberhafte Thätigkeit: die Magazine an den Grenzen strotzten von Vorräthen, die noch im Winter den Wiederbeginn der Feindseligkeiten gestatteten. Im stärksten Frostwetter erschienen zwei französische Heere Anfang März vor Valenciennes und St. Omer. Die überraschten Garnisonen von Valenciennes, dann von Cambrai, zwei sehr wichtigen Festungen, kapitulirten nach kurzer Zeit. Um St. Omer zu retten, eilte Wilhelm von Oranien, nachdem er schnell einige holländische und spanische Truppen aus den Winterquartieren gesammelt hatte, herbei. Hier kommandirte Luxemburg, der einstweilen die Belagerung aufhob und auf der Ebene von Cassel am 11. April 1677 den Prinzen vollständig schlug; es war ein glänzender Sieg des genialen Marschalls: 7000 Todte und Verwundete, 2500 Gefangene, 80 Fahnen und Standarten, alles Geschütz, alle Vorräthe hatten die Verbündeten eingebüßt. Nach dieser Niederlage ergab sich auch St. Omer. Mit den Eroberungen dieses kurzen Winterfeldzuges war die Provinz Artois völlig für Frankreich gewonnen, dasselbe im Besitze der ganzen Ober-Schelde.

Der französische Monarch meinte, das werde genügen, um die Verbündeten in Nymwegen zu günstigern Friedensbedingungen für Frankreich zu schrecken; aber weit gefehlt! Frankreich genoß damals eines so intensiven Hasses, daß derselbe die Furcht vor ihm bei weitem überstieg. Das englische Parlament verlangte vom Könige dringend die Kriegserklärung gegen Frankreich; „entweder Krieg gegen die Franzosen," sagten die einflußreichsten Mitglieder des Unterhauses, „oder Bürgerkrieg". Gegen eine neue Subsidie von zwei Millionen Francs vertagte zwar Karl II. unaufhörlich das Parlament, aber er sah doch ein, daß damit seine Lage wirklich eine von Tag zu Tag gefahrvollere wurde. Konnte man doch in den vornehmsten englischen Häusern Reden hören, wie: „So lange der Franzose den König von England nicht in die Bastille setzt, oder sie ihm nicht den Kopf wegschlagen, wie seinem Vater, wird es nicht besser werden". So ungeheuer war die Erbitterung! Karl II. drängte also den französischen Herrscher eifrig zum Frieden, sonst werde ihn selbst die Erregung seines Volkes zum Kriege zwingen. Andererseits rüsteten sich Wilhelm von Oranien, oft geschlagen, aber nie besiegt, nach jeder Niederlage mit neuen Entwürfen und Mitteln auftretend, und Karl V. von Lothringen, von verschiedenen Seiten her in dieses letztere Land einzufallen.

Es war abermals der unglückliche Elsaß, der zunächst den Angriff der Verbündeten zu ertragen hatte, und die Leiden, die derselbe ihm verursachte, verbitterten die Stimmung der Bevölkerung immer mehr gegen Teutschland. Um dem Feinde jeden Anhalt zu nehmen, hatte Louvois mit der ihm eigenen rücksichtslosen Grausamkeit die Mauern der niederelsässischen Städte zerstören, das flache Land gänzlich verheeren lassen. Die Wüste um und hinter sich, fand Lothringen vor sich den Marschall von Créqui, den Besiegten der Konzer Brücke, der aber jetzt seinen früheren Fehler durch so geschickte Manöver wieder gut machte, daß jener schließlich zum Rückzuge auf Trier mit nicht geringem Verluste genöthigt wurde. Gleichzeitig gelang es Luxemburg, durch seine bloße Annäherung Oranien zur Aufhebung der Belagerung von Chaleroi zu nöthigen. Nach dem Abzuge Lothringens, als die Verbündeten sich bereits ruhig in die Winterquartiere vertheilt hatten, brach dann Créqui eiligst über den Rhein und griff die Hauptstadt des damaligen österreichischen Breisgau, Freiburg, an. In neun Tagen war sie zur Kapitulation gezwungen (Mitte November). Der Verlust Philippsburgs war glänzend gerächt, eine noch bessere Position im südwestlichen Deutschland gewonnen.

Unter so unglücklichen Umständen für die Verbündeten hätten die Holländer sicher den Frieden abgeschlossen, den sie so eifrig wünschten, wenn nicht zwei Dinge sie daran verhindert hätten: die Hartnäckigkeit des Prinzen von Oranien und ihre eigene kaufmännische Habsucht. Vor allem Oranien war die Seele des europäischen Widerstandes gegen die französische Weltherrschaft und hat sich dadurch um ganz Europa unsterbliche Verdienste erworben.

Wilhelm Heinrich von Oranien hatte eine herbe Jugend verlebt. Sein Vater war vor seiner Geburt gestorben und hatte ihn dadurch der Aufsicht und dem Belieben einer entschlossen anti-oranischen Partei überlassen. Zarter Gesundheit, wurde er unter biesen trüben Eindrücken doppelt ernst, in sich gekehrt, ja mürrisch. Aber er machte in ihnen auch eine harte und treffliche Schule diplomatischer Kunst durch, der Fähigkeit, weil ausschauende Pläne sorgsam zu verbergen, um doch mit aller Kraft an ihrer stufenweisen Ausführung zu arbeiten. Frühzeitig wandte er sich den öffentlichen Dingen zu; für die Vergnügungen vornehmer Jugend hatte er keinen Sinn; die gewaltige Leidenschaftlichkeit, die er hinter seinem kalten Aeußern verbarg, war nur auf seine politischen Pläne gerichtet. Indem er naturgemäß seine eigene Herrschaft in den Niederlanden und später in England stets im Auge behielt, war doch vom Beginn seiner staatsmännischen und militärischen Thätigkeit an sein allgemeineres größeres Ziel: Vernichtung der französischen Tyrannei über Europa.

Diesem Zwecke waren seine stärksten, ununterbrochenen Anstrengungen gewidmet; beständig arbeitete er daran, eine allgemeine europäische Koalition gegen Frankreich zu Wege zu bringen und — war ihm dies geglückt — sie zusammen zu halten. Persönlich unliebenswürdig, auf dem Schlachtfelde meist unglücklich, kränklich, verdrießlich und laß; aber flar sich seiner Ziele bewußt, unerschütterlich, niemals verzweifelnd, bereit, seine Person bei jeder Gelegenheit der großen Sache zu opfern, den regen persönlichen Ehrgeiz stets in den Dienst der Allgemeinheit beugend: ist Wilhelm III. von Oranien, wenn auch keine anziehende, so doch eine bewundernswerthe und in ihrer Art unvergleichlich großartige Persönlichkeit.

Jetzt hatten seine Gegner, die Aristokraten und Partikularisten, die auf Frieden drängten, die Gunst der öffentlichen Meinung in den vereinigten Provinzen auf ihrer Seite. Wagte doch einer von ihnen, van Beuningen, als Gesandter Hollands in London gegen Karl II. den hochverrätherischen Antrag: derselbe möge sich nicht durch die Verbündeten zum Eintritt in die Koalition verleiten lassen; es sei der feste Wille der Generalstaaten, unter allen Bedingungen Frieden zu schließen.

Indeß „unter allen Bedingungen" galt den Generalstaaten nur für ihre Bundesgenossen, für dieselben Mächte, die durch ihren Beitritt Holland von dem sichern Untergange gerettet hatten, und die sich jetzt durch Opfer an Frankreich dafür abfinden mochten; nicht aber für sich selbst, da sie den so überaus günstigen Handelsvertrag beanspruchten, den Frankreich, um sie gegen Spanien zu gewinnen, im Jahre 1662 mit ihnen abgeschlossen hatte. Da Ludwig XIV. auf den Rath Colberts ihnen solche Vortheile auf Kosten der französischen Industrie und Verkehrsthätigkeit nicht einräumen wollte, so beschlossen sie immerhin, den Krieg noch ein Jahr hindurch weiter zu führen.

Ein neuer Bundesgenosse wichtigster Art schien ihnen zu erwachsen; es hatte den Anschein, als ob Karl II. endlich dem Drängen seines Volkes, den Vorstellungen seines Neffen von Oranien, dem unzweifelhaften Interesse seines Staates entsprechen und auf die Seite der Koalition treten würde. Von ihm eingeladen, kam Wilhelm III. im Oktober 1677 nach England herüber. Es handelte sich um eine überaus wichtige Angelegenheit.

Karl II. nämlich hatte keine legitimen Kinder, sein Thronerbe war sein Bruder, Herzog Jakob von York. Dieser wiederum hatte nur zwei Töchter, die übrigens, auch nach dem Uebertritt ihres Vaters zum Katholizismus, eifrige Protestantinnen geblieben waren. Nach dem Tode Yorks mußten also die älteste seiner Töchter, Maria und deren etwaige Nachkommen Beherrscher Englands werden. Deshalb war die Vermählung Marias eine Sache von der schwerwiegendsten Bedeutung. Ludwig XIV., überallhin den Blick gerichtet, wo es einen Vortheil — mehr für seine Dynastie als für sein Land — zu erhoffen gab, hatte das wohl erkannt und bewarb sich um die Hand Marias für seinen Dauphin. Wenn er nicht nur auf jede Mitgift verzichten, sondern dem englischen Monarchen noch drei Millionen Livres baar heraus-

zahlen wollte, so war das wahrlich nur ein geringes Opfer für ein unge=
heuerliches Ziel. Wie Ludwig auf der einen Seite die spanische Erbschaft
mit seinem Reiche zu vereinigen gedachte, so auf der andern auch Groß=
britannien! Das ganze westliche und südwestliche Europa, dazu fast sämmt=
liche Kolonien der neuen Welt wären zu einer einzigen Macht vereinigt
worden, so groß, so überschwenglich, daß die Römerherrschaft dagegen ver=
schwinden mußte. Die ganze Erde hätte dann nur noch den einen Herrn
in Paris gekannt!

Aber das hätte das englische Volk nie zugegeben. So verlockend für
Karl II. das französische Gold, so zugethan Jakob von York diesem Plane
war — Karl wollte sich nicht durch eine französische Vermählung der prä=
sumptiven Erbin den unverlöschlichen Haß seines Parlaments und Volkes
aufladen. Gegen den Willen Yorks betrieb er die Vermählung von dessen
Tochter Maria mit ihrem Vetter von Oranien: am 31. Oktober 1677
fand die Verlobung statt, schon am 14. November wurde die Trauung
vollzogen.

Ludwig XIV. äußerte nur einen Augenblick seinen Unwillen über die
rücksichtslose Vereitelung seiner Pläne seitens seines Pensionärs von England;
dann versuchte er, wie diesen so Oranien zu dem französischen System herüber=
zuziehen. Handelte es sich doch für Ludwig darum, nicht allein Holland zu
gewinnen, sondern auch England nicht zu verlieren. Er bot dem Prinzen
die souveräne Herzogskrone von Geldern, Maestricht, Limburg. Aber nicht
durch solche Verlockungen vulgärer Herrsch= und Ehrsucht war Wilhelm III.
zu gewinnen: stillschweigend lehnte er ab. Die Vertraulichkeit zwischen ihm
und Karl II., dem er ja die so vortheilhafte Vermählung allein zu danken hatte,
wuchs, und schließlich einigten sich beide Fürsten über Friedensbedingungen,
die Karl Frankreich vorzuschlagen übernahm. Sie waren wesentlich vortheil=
hafter für das leztere, als die am Ende des vergangenen Jahres von den
Verbündeten aufgestellten: die Freigrafschaft, sowie Cambrai und die beiden
artesischen Städte Aire und St. Omer sollten Frankreich bleiben, von einer
Zahlung der Kriegskosten durch dasselbe war nicht die Rede.

Trotzdem verwarf Ludwig auch diese Anträge, und sprach vielmehr in
den stärksten Ausdrücken sein Befremden aus über die Zumuthung, seine
„gerechten Eroberungen", gemacht im Vertheidigungskriege gegen grundlose
Angriffe, aufgeben zu sollen. Wie um zu weitern „gerechten Eroberungen"
den Weg zu ebnen, griffen die französischen Truppen mitten im Dezember
die belgische Festung St. Ghislain an. In England loderte nun der Un=
wille, die Furcht, der Haß so mächtig empor, daß Karl sich zur Ein=
berufung des Parlaments entschließen mußte. „Es handelt sich um die Krone,"
erwiderten er und York entschuldigend den Vorwürfen des französischen Ge=
sandten. Die Anhänger der Koalition triumphirten; trat England ihr noch
bei, so schien ihr Sieg, die Demüthigung und Schwächung Frankreichs
gewiß!

Und doch war dieses seinem Siege nie näher gewesen. Mit starker, einheitlich geschlossener Macht, mit konzentrirten Mitteln, mit sicherer Leitung stand Ludwig XIV. seinen zahlreichen, materiell überlegenen, aber in sich uneinigen, gespaltenen, zerfahrenen und vielfach im eigenen Innern zerrütteten Feinden gegenüber. Auf allen Seiten ging die goldene Saat auf, die seine Diplomatie mit reichen Mitteln ausgestreut hatte.

Sobieski, der polnische König von Ludwigs Gnaden, hatte auf dessen Andrängen im Herbste 1676 nach glorreichen Siegen über die Türken mit denselben einen ungünstigen Frieden zu Zurawno geschlossen, der Kaminiec, den Schlüssel zum südlichen Polen, den Türken überlieferte. Es war dies nur geschehen, um die Kräfte Polens nach einer Richtung zu lenken, die nicht dem letztern, sondern lediglich Frankreich selbst vortheilhaft sein konnte: nämlich nach Ungarn zur Unterstützung der Insurgenten. So wurde denn auch der Friede von Zurawno in Frankreich als ein wichtiger Sieg begrüßt. Vergeblich suchte der Papst den Sobieski zur Weiterführung des Krieges gegen die Ungläubigen zu bestimmen, denen ja der ungarische Aufstand schließlich auch zum Vortheil gereichen mußte. Die Abhängigkeit von Frankreich und das französische Gold waren stärker bei Sobieski als die Stimme der Religion und des nationalen Vortheils. 6000 Polen kamen den empörten Ungarn zur Hülfe, die nun im Oktober 1677 einen vollständigen Sieg über die kaiserlichen Truppen bei Kolab davontrugen; dieser Vortheil brachte dann in den ganzen Karpathengegenden den allgemeinen Unwillen über das rohe und übermüthige Benehmen der kaiserlichen Truppen zum Ausbruche. Oberungarn ward dem Kaiser entrissen, schon bangte man in Wien vor den geschwinden ungarischen Reitern; es wurde fast unmöglich, noch kaiserliche Truppen an den Rhein zu senden. Zum Zeichen des engen Bündnisses zwischen Ungarn und Frankreich zeigten die Münzen Tökölys auf dem Rande die Umschrift: Ludovicus XIV. Galliae Rex Defensor Hungariae.

Was half es der Koalition, daß inzwischen die Schweden eine Niederlage nach der andern erlitten? Daß die vereinte holländisch-dänische Flotte unter van Tromp und Juel die schwedische im Juni 1676 bei Oeland vernichtete, daß die Dänen in Schonen große Fortschritte gemacht, daß Kurfürst Friedrich Wilhelm ihnen mit dänischer und hannoverscher Hülfe ganz Vorpommern, auch Stettin abgenommen hatte? Die Schweden, auf den Beistand Frankreichs vertrauend, setzten den Kampf nichtsdestoweniger fort und zogen dadurch 50—60,000 Mann der besten Truppen und zwei große Flotten von der Bekriegung Ludwigs XIV. ab. Dieser Verlust wog aber um so schwerer, als Spanien bei der in aller Heftigkeit dort wieder ausbrechenden Finanznoth sein Heer in den Niederlanden bis auf eine verschwindend kleine Zahl verringern mußte!

Und nicht allein im fernen Osten und im Norden wußte Ludwig sich Freunde zu erwerben. Er hielt im deutschen Reiche selbst den Kurfürsten von Baiern gefesselt durch Geld und durch die Aussicht auf die Heirath der

130   Erstes Buch. 7. Kap. Der erste Koalitionskrieg.

bairischen Prinzessin mit dem Dauphin; der Kurfürst wagte zwar nicht, geradezu mit Frankreich zu gehen, stellte aber sein Kontingent nicht mehr zum Reichsheere und verkündete, seine Einquartierung in seinem Lande weiter zuzugeben. Mehrere andere Reichsstände drohten, dem Beispiele Baierns zu folgen.

Auch in Holland war die Friedenslust gerade durch jene englische Heirath Wilhelms III., welche die beste Bürgschaft für einen günstigen Fortgang des Kampfes zu geben versprach, lebhaft gesteigert worden. Man mißtraute dort sehr dem gewissenlosen Ehrgeiz des Stuart'schen Hauses, und die Verbindung des Oraniers mit dem letztern schien den allen Befürchtungen, derselbe werde mit der Hülfe seiner englischen Oheime seine absolute Gewalt in den freien Niederlanden begründen wollen, neue Kraft zu geben. Welche Gefahr für die Zukunft unter allen Umständen, wenn der Generalstatthalter zugleich König von England wurde: Gefahr zugleich für die innere Freiheit und für die äußern und kommerziellen Interessen der Republik. Die öffentliche Meinung erklärte sich immer unverkennbarer für die Oligarchen; nur schleuniger Friede, Abdankung des Heeres schien der drohenden Macht des Oraniers einen Damm vorziehen zu können.

Und der König von England selbst? Er schloß zwar am 10. Januar 1678 im Haag einen Vertrag mit den Generalstaaten, der, der Tripel-Allianz ähnlich, die mit Oranien verabredeten Bedingungen zu Grundlagen des Friedens machte und nach beiden Seiten hin erzwingen zu wollen erklärte. Durch dieses Uebereinkommen wurden aber nicht nur die nordbeutschen Alliirten beider Mächte mit ihren Eroberungen gegen Schweden aufgeopfert, sondern es traten auch England und Holland gewissermaßen aus der Koalition aus und als parteilose Vermittler zwischen die Kriegführenden, denen sie ja allen — den Verbündeten so gut wie Frankreich — ihre eigenen Bedingungen aufzuzwingen anbündigten. Wirklich wurden diese letztern ein Vorwand zur Anknüpfung abermaliger Unterhandlungen zwischen Karl II. und Ludwig XIV.

Dieser war entschlossen, sich günstigere Bedingungen zu erkämpfen; er wußte wohl, daß es dazu nur noch einiger wohlgezielter Streiche bedurfte. Seine Truppen hatten inzwischen fast ganz Sizilien erobert; aber er fürchtete, daß, wenn die englische Flotte mit der holländischen sich vereinigte, jene abgeschnitten und zu Kriegsgefangenen gemacht werden würden. Um seine Feinde nicht durch einen solchen Triumph zu ermuthigen, und um seine eigenen Kräfte zu konzentriren, räumte er jene Insel, auf der er so viele Jahre hindurch die besten Streitkräfte Spaniens beschäftigt hatte. Plötzlich brach dann — Anfang März 1678 — ein großes französisches Heer in Flandern ein und stand vor Gent, mitten in dem feindlichen Lande. Die Art, wie diese Belagerung zugerüstet, vorbereitet und ins Werk gesetzt worden, war ein Muster von Geschicklichkeit und zutreffender Berechnung seitens Louvois'. Schon nach acht Tagen war die volkreichste und nach Brüssel wichtigste Stadt der spanischen Niederlande in der Gewalt der Franzosen, die sich sofort auf Opern warfen, auch dieses wegnahmen. Nichts schien der klugen Berechnung, den ungeheuren Mitteln, der militärischen Gewandtheit und dem ungestümen Muthe der Franzosen widerstehen zu können. In der That gibt es keinen bessern Beweis für die Trefflichkeit des von Louvois ausgebildeten Heeres, als die Geschicklichkeit, welche Ingenieure, Artilleristen und Soldaten bei der Eroberung fester Plätze bewiesen, während die Verbündeten darin fast ausnahmslos unglücklich waren. Noch niemals war dieses Heer so vollzählig gewesen, wie im Jahre 1678: 187,600 Infanteristen, 60,600 Reiter zählte es, mit den technischen Truppen und den Troßknechten, Arbeitern u. s. w. zusammen an 300,000 Mann. Damit konnte man einer Welt in Waffen widerstehen! Noch Richelieu hatte seine großen Erfolge mit Heeren von 40—50,000 Streitern gewonnen. Mit Mühe schützte Oranien Brüssel.

In König Karls Hand lag es damals trotz alledem, den französischen Uebermuth zu brechen. Viele Tausende drängten sich in London zum Kampfe gegen den verhaßten Nationalfeind, so daß es nicht mehr nöthig wurde, den Soldaten ein Handgeld zu bezahlen. Das Parlament bot unbeschränkte Bewilligungen, wenn es nur sicher wäre, daß dieselben wirklich zum Kriege wider Frankreich würden verwendet werden. In ganz Europa sagte man sich, daß lediglich England den Franzosen ein Gegengewicht bieten könne. Aber Karl II. betrachtete die Dinge nur vom kleinlichsten Gesichtspunkte: er wollte sich nicht durch einen Krieg abhängig machen vom Parlament, von einem protestantisch gesinnten Heere. Immer wieder sagte er dem französischen Gesandten, im Grunde sei seine Absicht, nicht mit Frankreich zu brechen. Bitter äußerte sein eigener Minister Danby zu demselben Gesandten: „Wenn Cromwell an der Spitze der englischen Nation stände, so dürfte Ihr König mehr Respekt haben!" Lieber wandte Karl sich an Ludwig XIV.: wenn dieser ihm auf drei Jahre sechs Millionen französischer Livres — nach heutigem Geldwerthe etwa 36 Mill. Francs — jährlich zusichere, so werde er die Verbündeten zur Annahme billiger Friedensbedingungen nöthigen und die Einberufung des Parlamentes unterlassen.

Dieses ehrlose und verrätherische Anerbieten Karls wurde von Ludwig XIV. mit kaum minder verwerflicher List ausgebeutet und bestraft: er beschloß, den englischen König hinzuhalten, ihm aber nichts zu zahlen und bei dem geringsten Zeichen von Feindseligkeit den wichtigen Brief, den er in Händen hatte, zu veröffentlichen und dadurch England derart in innere Verwirrung zu stürzen, daß dasselbe nach außen vollständig brach gelegt sei. Man muß sagen, die Stuarts haben ihr Schicksal reichlich verdient; denn niemals ist es früher oder später geschehen, daß ein Monarch ehrlos genug war, für schnödes Geld gegen sein eigenes Volk mit dessen entschiedensten Gegner zu konspiriren.

Und gleichzeitig setzte sich die aristokratische Partei in Holland mit dem französischen Könige in Verbindung.

9*

132   Erstes Buch. 7. Kap. Der erste Koalitionskrieg.

Ludwig erkannte, daß in dieser Koalition kein Halt, kein Zusammenhang mehr sei, daß sie nur der Gelegenheit harre, sich aufzulösen, aus einander zu fallen. Hier bedurfte es von seiner Seite weniger der Geschicklichkeit, als eines imponirenden, erschreckenden Auftretens; höchstens die Holländer waren wegen der immerhin noch starken Oranischen Partei gefährlich, die mußten gewonnen werden. Am 15. April 1678 übergab er in Nymwegen sein Ultimatum, worin er alle seine Zugeständnisse für die einzelnen Mächte aufstellte: bis zum 10. Mai wolle er daran gebunden sein, länger aber nicht. Die Völker Europas, die in jene geheimen Intriguen nicht eingeweiht waren, sahen mit unwilligem Staunen, wie der eine Mann dem ganzen scheinbar wider ihn verbündeten Welttheile Gesetze vorschrieb. Großartig wie niemals zuvor war die Stellung Ludwigs XIV.

Wie fein war das Ultimatum darauf angelegt, die Holländer von der ohne sie machtlosen Koalition abzuziehen! Gegen die andern Staaten überaus hart, gestand es der Republik Alles zu, was dieselbe nur wünschen konnte: nämlich die Rückgabe von Maestricht und die Erneuerung des für sie überaus vortheilhaften Handelsvertrages von 1662. Ihr zu Liebe verlängerte Ludwig die Gültigkeit des Ultimatums bis auf den 15. August. Aber so sicher fühlte er sich zugleich seiner Sache, daß er erklärte, die zur Herausgabe für Holland und Spanien bestimmten Städte nicht eher räumen zu wollen, als bis zuvor Schweden völlig befriedigt sei. Es war dies in der That ein Akt rühmlicher Bundestreue, aber zugleich eine neue Beleidigung für die Alliirten, denen Ludwig, ein Besiegter, sein souveränes Belieben aufdrängen wollte.

Darauf ließen die Dinge sich wieder kriegerischer an; die Stuarts hätten den sofortigen Ausbruch einer Revolution befürchten müssen, wenn sie sich auch dieses hätten bieten lassen. Das Schicksal Karls I., Straffords und Lauds war noch nicht vergessen, das zeigte sich in der trotzigen Haltung des Parlaments und Volkes wie in der furchtsamen des Königs und seiner Minister. Auch die Generalstaaten drohten die Verhandlungen abzubrechen. 9000 Engländer standen schon in Flandern kampfbereit, andere sollten folgen, die Flotte war zum Auslaufen fertig. Da gelang es den geheimen Unterhandlungen Karls II., Ludwig zu einiger Nachgiebigkeit zu bewegen. Indem die schwedischen Gesandten in Nymwegen, ohne die Bewilligung, ja zum schweren Aerger der heimischen Regierung, bestimmt wurden, auf jene Bedingung zu Schwedens Gunsten zu verzichten, fiel das Haupthinderniß des Friedens hinweg. Das Ganze war eine unwürdige Komödie. Während Karl II. öffentlich seine Kriegslust betheuerte und auf die Unzuverlässigkeit der Generalstaaten schalt, ließ er diese heimlich wissen, er habe sich längst mit dem Könige von Frankreich verständigt. So gab den Ausschlag. Am 10. August 1678, zu Nymwegen, unterzeichneten die holländischen Bevollmächtigten mit den französischen den Frieden auf Grund des Ultimatums vom 15. April. Der offizielle Bevollmächtigte Englands, Sir William Temple,

Der Friede zu Nymwegen.

der von seinem Könige nicht mit in das Geheimniß gezogen war, verweigerte seine Mitunterschrift.

Karl II. burfte nun laut auf die Untreue und den Wankelmuth der Holländer schelten. In der That wurden von allen Seiten die lebhaftesten Vorwürfe gegen dieselben erhoben. Um ihretwillen hatte Europa zu den Waffen gegriffen, es hatte sie gerettet, und nun ließen sie es im Stiche. Freilich sie erhielten Vortheile genug, aber dafür wurden ihre Verbündeten schwer geschädigt. Von den beiden Staaten, die zuerst für sie die Waffen ergriffen hatten, sollte Brandenburg all' die glorreich gewonnenen schwedischen Eroberungen wieder herausgeben, Spanien gar die ganze Freigrafschaft und die wichtigsten südbelgischen Festungen — darunter Ypern, Valenciennes, Cambrai — an Frankreich abtreten. Auch Lothringen behielt das letztere. Es war ein feiger und egoistischer Bruch aller moralischen und buchstäblichen Verpflichtungen der Holländer. Auch Wilhelm III. war voll Zorn: noch im letzten Augenblicke, ehe er den wirklich schon erfolgten Abschluß des Friedens erfahren hatte, suchte er denselben zu verhindern, indem er Luxemburg in der Abtei St. Denis bei Mons angriff; die Schlacht blieb unentschieden. Am nächsten Tage erfuhr er den Abschluß zu Nymwegen.

Am schwersten wurde durch denselben Spanien betroffen, aber dieses Reich war auch am wenigsten im Stande, den Kampf fortzusetzen. Zu der zunehmenden Schwäche, zu der materiellen und geistigen Erschöpfung hatten sich noch innerer Zwist und Hader gesellt.

Auch nachdem 1675 der junge König Karl II. großjährig geworden, hatte seine Mutter Maria Anna die Regierung weiter geführt, ganz im österreichischen Sinne, im Sinne der habsburgischen Familieneinheit. Allein sie zeigte sich doch ihrer Aufgabe durchaus nicht gewachsen. Sizilien war im Aufstand und verzehrte mit die Einkünfte Neapels und Mailands. Der belgische Krieg, so geringfügig die dafür verwandten spanischen Streitkräfte waren, stürzte die Finanzen in die äußerste Zerrüttung. Das amerikanische Gold und Silber floß nur durch Spanien, um sich sofort in die Taschen seiner Gläubiger zu ergießen. Die Monarchie Karls V. wurde bankerott, weil sie 10—12,000 Mann in Flandern unterhalten mußte; denn größer war zuletzt das spanische Contingent nicht.

Die Unzufriedenheit mit diesem Regierungssystem war in Spanien allgemein. Schon früher hatte ein Pöbelaufstand in Madrid die Königin-Mutter gezwungen, ihren vertrauten Beichtvater, Großinquisitor und Minister, den deutschen Jesuiten Neidhard aus dem Reiche zu entfernen; allein sie hatte dafür einen anderen Günstling, Valenzuela, zum unumschränkten Herrn des Staates und des Königs gemacht, der, mit den besten Absichten, doch die Lage des Reiches nur verschlimmerte, und dabei durch Stolz und Herrschsucht die Großen und den jungen Monarchen selbst erbitterte. Im Januar 1677 fand eine Palastrevolution statt, an deren Spitze Karl II. sich persönlich stellte oder gestellt wurde. Der Günstling mußte fliehen — er wurde

später nach den Philippinen verbannt — die Königin-Mutter sich in ein
Kloster zurückziehen. Die Regierung übernahm seitdem des jungen Monarchen natürlicher Bruder, Don Juan d'Austria, ein allerdings mehr ehrgeiziger und glänzender als besätigter Mann, der schließlich dem Staate in
seiner Hinsicht aufzuhellen vermochte. Da nun Maria Anna durchaus österreichisch gewesen, so schloß sich Don Juan naturgemäß der französischen Partei
an. Maria Anna hatte den jungen König mit der einzigen Tochter des
Kaisers aus seiner Ehe mit der Infantin Margarethe, Maria Antonia, ver-
heirathen wollen; Don Juan dagegen plante eine Vermählung seines jungen
königlichen Bruders mit Marie Luise, der Tochter des Herzogs von Orleans,
also Nichte Ludwigs XIV, durch ihren Vater, Nichte Karls II. von England
durch ihre Mutter. Bei solchen Entwürfen war Don Juan zufrieden, in
dem Verfahren der Holländer einen Vorwand zum Frieden zu finden. Selbst
die Opfer, welche derselbe forderte, schätzte man in Madrid nicht zu hoch.
Hätte man sich doch des ganzen entfernten Belgien, gegen ein anständiges
Aequivalent in der Nähe Spaniens, gern entledigt. Am 17. September
schloß auch Spanien seinen Frieden mit dem König von Frankreich.

Und nunmehr konnte dieser letztere auch dem englischen Monarchen gegenüber die Maske abwerfen. Bis dahin hatte er denselben immer mit der
Hoffnung auf die geforderten 18 Millionen geködert, ja im Mai einen förmlichen Vertrag darüber mit ihm abgeschlossen. Jetzt hieß es plötzlich, Karl
habe durch die Sendung der 9000 Engländer nach Flandern den Vertrag
gebrochen, er bekomme also nichts. Mit Schmerzen mußte Karl Stuart erkennen, daß er der betrogene Betrüger, ja daß seine Lage heillos verschlim-
mert sei. Die Generalstaaten verfehlten nicht, zu ihrer eigenen Entschuldigung so viel, wie sie nur selbst wußten und ahnten, von dem zweideutigen
Verfahren des englischen Königs aufzudecken. Noch mehr: Ludwig hatte erkannt, daß der letztere weder materiell noch moralisch hinreichend stark sei,
daß Frankreich unter allen Umständen auf ihn zählen könne. Auch verzieh er ihm nicht die drohende Haltung, die Hinübersendung jenes englischen
Armeekorps nach Flandern. Es schien ihm vortheilhafter, durch heimlichen
Krieg gegen den König England in inneren Zwist und Unfrieden zu erhalten
und damit brach zu legen. Die Hinterlist und Ehrlosigkeit Karl Stuarts
begann sich in furchtbarer Weise wider ihn selbst zu kehren!

So harrten nur noch der Kaiser, die deutschen Reichsfürsten und Dänemark im Kampfe gegen Frankreich aus. Leopold I. schloß mit den aufständischen Ungarn einen Waffenstillstand, um scheinbar seine ganze Kraft gegen
Frankreich wenden zu können. Allein dieses sandte sein in den Niederlanden
nun frei gewordenes Heer an den Rhein, und vor der überlegenen Macht
mußte der Herzog von Lothringen nach der Pfalz sich zurückziehen, die
abermals der Schauplatz der französischen Verwüstungen wurde. Der Brandenburger, der inzwischen auch die Insel Rügen in ruhmvollem Kampfe den
Schweden abgenommen hatte, ermahnte den Kaiser zum Ausharren; er und

seine nordischen Alliirten würden ihm mit voller Kraft beistehen. Aber Leopolds Regierung war nach gewohnter Weise, wo es nicht kleinen Privatvortheil galt, kraft- und muthlos; sie stimmte den Anträgen Frankreichs nur noch nicht zu, weil dieses sogar die schmähliche Forderung einer freien Militärstraße durch das Reich zur Niederwerfung der nordischen Alliirten stellte.

Indeß war man am kaiserlichen Hofe entschlossen, schlimmsten Falles auch hiervor nicht zurückzuschrecken; und so war es demselben gar nicht unangenehm, daß gerade in dieser entscheidenden Zeit der Kurfürst von Brandenburg im eigenen Lande bedrängt und damit der Vorwand gegeben wurde, auf jedes Zusammenwirken mit ihm zu verzichten, ihn aufzuopfern.

Johann Sobieski hatte die eine Hälfte der Bedingungen, unter denen Frankreich ihn auf den polnischen Thron gesetzt, bereits erfüllt durch seine Unterstützung der ungarischen Insurgenten; zu der zweiten Hälfte, der Bekämpfung Brandenburgs, war er um so geneigter, als er dabei auf die Wiedergewinnung des östlichen, des sog. herzoglichen Preußens hoffen durfte. Er ermunterte also die Schweden, von Livland aus einen Einfall in Preußen zu thun, und gestattete ihnen, Werbungen in Polen anzustellen. So wurde der schwedische Feldmarschall Horn in den Stand gesetzt, in der Mitte des November 1678 unvermutheter Weise mit 16,000 Mann die preußische Grenze zu überschreiten. Wäre er schnell vorgegangen, so hätte er leicht das gänzlich wehrlose Land erobern können; aber er ließ sich durch einige hundert Mann aufgebotener Landbevölkerung wochenlang am Memel aufhalten.

Kurfürst Friedrich Wilhelm erkannte wohl, wie bedenklich gerade in den damaligen entscheidungsvollen Wochen das Verweilen eines schwedischen Heeres auf brandenburgisch-preußischem Boden sei; und mit der ihm eigenen blitzähnlichen Energie suchte er diesem Stande der Dinge ein Ende zu machen. Mit 10,000 Mann rückte er schon im Januar eiligst von den Marken und Pommern nach Preußen. Sobald die Schweden vernahmen, daß der Sieger von Rathenow, Fehrbellin und Rügen nahe, begaben sie sich auf den Rückzug; sie wurden aber so energisch verfolgt, daß derselbe sich bald in Flucht verwandelte. Die Kälte des in jenem Jahre sehr frühzeitigen Winters, die Feindschaft der von jenen gemißhandelten Bauern trugen dazu bei, das schwedische Heer binnen kurzem auf 8000 Kampffähige herabzubringen. Die brandenburgische Infanterie folgte der vorangeeilten Reiterei auf Schlitten, mit denen sie über das festgefrorene Frische und Kurische Haff fuhr — gegen die Schweden, wie einst diese selbst unter Karl X. Gustav über den kleinen und großen Belt. Endlich hatte man die Feinde eingeholt, von denen eine große Menge in wiederholten Gefechten niedergehauen oder gefangen wurde. Nur 1500 Kampffähige brachte Horn wieder über die livische Grenze zurück. — Dieser zwölfwöchentliche Feldzug war der ruhmreiche Beschluß von Friedrich Wilhelms Kriegszügen (Februar 1679).

Denn während er seine Ueberlegenheit über die Schweden noch einmal auf das kräftigste bethätigte, hatte die allgemeine politische Lage sich immer mehr zu seinem Nachtheile verändert. Trotz aller Ableugnungen und Verheißungen hatte der Kaiser am 5. Februar 1679 zu Nymwegen auch seinen Frieden mit den Franzosen geschlossen. Derselbe beließ Freiburg im Breisgau dem allerchristlichsten Könige, verfügte die vollständige Rückgabe aller frühern Besitzungen an Schweden und stellte wirklich den Franzosen eine Cloppenstraße durch das Reich frei, um die nordischen Alliirten mit den Waffen zum Frieden zu zwingen! Der Kaiser hatte erwogen, daß Brandenburg gar nicht den Rest Pommerns erhalten dürfe; denn habe es Schweden nicht mehr zu fürchten, so werde es auch die Freundschaft Oesterreichs nicht mehr suchen. Braunschweig und Münster schlossen sich diesem Vertrage an, der noch einmal Frankreichs Oberherrschaft über das elend zerklüftete Deutschland besiegelte. Die Franzosen rückten bereits in das brandenburgische Rheingebiet, in das Herzogthum Cleve, ein. Der Kurfürst war sich wohl klar, daß er und Dänemark allein nicht den Franzosen, den Schweden und den Polen zu widerstehen vermöchten. Doch suchte er wenigstens Stettin durch Unterhandlungen mit dem allmächtigen Könige von Frankreich zu retten, um deren willen er mit Aufopferung der Cleve'schen Festungen bis Mitte Mai 1679 wiederholte Waffenstillstände schloß. Vergebens: Ludwig XIV. bestand allen Berlockungen und Zurrbietungen des listigen Brandenburgers gegenüber mit ehrenvoller Festigkeit auf volle Wiederherstellung seines schwedischen Bundesgenossen. Nach Ablauf des Stillstandes — noch waren die erschöpften Truppen aus Preußen nicht wieder heran — nahm Marschall Crequi mit 30,000 Mann ganz Cleve und Mark ein und drang unter tapferer Gegenwehr der schwachen brandenburgischen Abtheilungen bis Minden vor. Keine Hand rührte sich für Brandenburg; umsonst rief dieses die Holländer und den Kaiser um die infolge der Verträge von 1674 ihm geschuldete Hülfe an. Schon drohten die Franzosen, die Verhandlungen abzubrechen; schon standen im Schloßhofe von St. Germain die Kuriere bereit, um dem Marschall Crequi den Befehl zu weiterm Angriff zu bringen — da traf die Vollmacht vom Kurfürsten ein, zu unterzeichnen. Schweren Herzens opferte er das durch vierjährige Kämpfe ruhmvoll Erstrittene. Am 29. Juni 1679 abgeschlossen, gab dieser Friede von St. Germain en Laye — das letzte Nachspiel der Verträge von Nymwegen — Schweden ganz Vorpommern zurück; nur den Strich am rechten Oderufer behielt der Kurfürst, dem Frankreich 300,000 Goldthaler Kriegsentschädigung zu zahlen versprach. Wehmüthig und zornig zugleich soll Friedrich Wilhelm ausgerufen haben: Exoriare aliquis nostris ex ossibus ultor! Das wäre nicht gegen den loyalen Feind, sondern gegen die falschen Alliirten, zumal den Kaiser gegangen. Richtig war es jedenfalls, wenn er hinzufügte: nicht Frankreich, sondern die Treulosigkeit seiner Verbündeten zwinge ihn zu diesem Frieden; sie würden denselben einst bitter zu bereuen haben!

Nun folgte — September 1679 zu Fontainebleau — auch der König von Dänemark. Er mußte nicht nur alle seine Eroberungen ohne jede Ent-

schädigung zurückgeben, sondern sah sich auch von dem übermüthigen Groß=
könig an der Seine den Titel: Majestät verweigert — zu dem Schaden noch
der Spott!

So war das Friedenswerk vollendet. Ludwig XIV. hatte Europa ge=
zwungen, seinen Bedingungen sich zu unterwerfen; dem ganzen gegen ihn
verbündeten Erdtheil hatte er sich überlegen gezeigt. Freilich war dieser
Triumph mit dem Ruin der arbeitenden Klassen seines Reiches erkauft
worden; freilich war er weniger den französischen Waffen als den geschidten
diplomatischen Umtrieben und Bestechungen zu danken gewesen — aber das
Ergebniß war doch dasselbe. Ludwig hatte den Zweck nicht erreicht, den er
sich beim Beginne des großen Kampfes gestellt: die Demüthigung Hollands
auf immer. Aber was er erlangt hatte, war fast noch mehr; abgesehen von
einem weitern wichtigen Stück Belgiens, abgesehen von der Freigrafschaft,
die sein Gebiet trefflich abrundete, das Bewußtsein der Ueberlegenheit auch
der Gesammtheit der andern Staaten gegenüber und damit das Bewußtsein
der eigenen Allmacht. Von nun an scheute er vor nichts mehr zurück. Er
fühlte sich als Herrn der Welt, die übrigen Völker fürchteten ihn als solchen,
und sie sollten ihn als solchen empfindlich kennen lernen. Vielleicht hätte
er seine Absicht durchgesetzt, vielleicht seine Universalherrschaft — seine
„Monarchie" sagte man damals — dem unwilligen aber machtlosen Erdtheil
auferlegt, wenn es nicht im äußersten Winkel Europas auf jenen Dünen,
an deren geöffneten Thoren sein Glück schon einmal gescheitert war, einen
kränklichen, mürrischen, bisher in allen Unternehmungen unglücklichen Mann
gegeben hätte, der mit klarer Einsicht und festem Willen ihn als den einzigen
Feind der öffentlichen Freiheit und Ruhe erkannte und mit zäher Ausdauer
bekämpfte: Wilhelm III. von Oranien.

Allein der mochte einstweilen auf ununterbrochenen Jagden seinen leiden=
schaftlichen Grimm über den Nymweger Frieden ausloben, während alle
Nationen sich, wie von Schrecken gelähmt, vor dem großen Könige am
Seinestrand beugten. Seit Karl dem Großen hatte es nicht seines Gleichen
gegeben.

Zweites Buch.

Ludwig XIV. als Beherrscher Europas.

Erstes Kapitel.

Ludwig XIV. und sein Hof.

Ludwig XIV. hatte das höchste Ziel seines Strebens erreicht: Frankreich, d. h. er selbst überstrahlte alle Völker; er wurde von allen gefürchtet, als Herr der Welt betrachtet und war in der glücklichen Lage, den andern zu befehlen und die Geschicke der Fürsten nach seinem eigenen Belieben zu gestalten.

Dieser Mittelpunkt der Welt, dieser Ludwig XIV., war damals 41 Jahre alt, von hoher Statur und ebenmäßigem Körperbau. Die Gesundheit und Kraft seiner leiblichen Entwicklung diente nur der Majestät, die, mit Anmuth jeder Bewegung und angeborner Würde vereint, ihn als schon von der Natur zum Königthum bestimmt erscheinen ließ. Die gesunde Kraft seines Wesens setzte alle in Erstaunen; Ermüdung und Entbehrungen schienen an diesem ehernen Körper abzugleiten. Freilich widmete Ludwig XIV. seinem leiblichem Wohlergehen, wie allem, was seine Person betraf, ein ernstes Stu-

Ludwig XIV.

dium. Selbst an beschäftigten Tagen mußte er den Spaziergang nicht. Er liebte die Jagd keineswegs, aber trotzdem betrieb er sie in der Gluth des Hochsommers wie in den Frösten des Winters, um sie dann plötzlich im aufregendsten Momente zu unterbrechen und dadurch zu zeigen, wie wenig ihm an der Jagd um ihrer selbst willen liege. Durch diese, wie durch militärische Uebungen hatte er nicht allein die in früheren Jahren so häufigen Nervositäten, sondern auch seine Neigung zum Embonpoint überwunden, den er für durchaus unverträglich mit der Würde des größten Fürsten der Christenheit hielt. Im Jahre 1675 führte Ludwig die majestätische Lockenperrücke ein, die von Versailles aus die höheren Klassen ganz Europas eroberte. Seine Miene war stets ernst, aber nicht unfreundlich, sein Benehmen gnädig und verbindlich, so daß die Wohlthaten, die er ertheilte, dadurch doppelten Werth erhielten. Der angenehme Klang seiner metallreichen Stimme unterstützte seine mehr klare und zutreffende, als gerade beredte Ausdrucksweise. Doch liebte er es keineswegs, mit Anträgen und Bittgesuchen überrascht zu werden, sondern ließ Alles erst dem betreffenden Staatssekretär vorlegen, damit nicht durch einen Irrthum seine Unfehlbarkeit beeinträchtigt werde. Ueberhaupt war er bedächtig in seinen Urtheilen und Beschlüssen, geleitet einestheils von seinem klaren Verstande, anderntheils aber von seinem grenzenlosen Egoismus und unermeßlichen Ehrgeiz.

Aufregung und Leidenschaft zu zeigen, hielt er für durchaus unangemessen, Verstellung und unerschütterliches Gleichmaß für die höchsten Tugenden des Königs. Ungerührt wie die Gottheit sollte der Monarch über das Irdische sich erheben. Niemand erinnerte sich, seine schönen kalten Züge von Grimm oder Kummer entstellt gesehen zu haben. Als der Dauphin, sein einziger legitimer Sohn, dem Tode nahe schien, ließ er, um seine Unruhe über ein so folgenschweres Ereigniß zu verbergen, an eben demselben Abend die Tafel mit fröhlicher Musik erheitern. Dem Hinscheiden seiner Gemahlin opferte er einen kurzen Tribut von Thränen, um dann sofort den gewohnten gleichmäßigen Ausdruck wieder anzunehmen. Der Verlust einer Geliebten, seiner natürlichen Kinder, seiner Minister ging an seiner äußerlichen Unbeweglichkeit spurlos vorüber. Nicht anders im Glücke. Wenn sein Beispiel zur Sittenlosigkeit ermunterte, so wachte er doch mit größter Strenge darüber, daß äußerlich sein Hof das Gepräge des Ehrbaren und Ziemlichen trug. Seine Galanterie gegen die Damen war eine hoheitsvolle, nie fiel etwas Unpassendes vor. Gegen die Frauen zeigte er überhaupt, nach der von seiner Mutter ererbten spanischen Weise, die größte Achtung. „Niemals," sagt Saint-Simon,*) „ging er vor der geringsten Haube

---

*) Die beste Ausgabe der berühmten Memoiren von Saint-Simon ist die von Chéruel und Regnier (Paris 1873, 20 Bände). Saint-Simon (geboren 1675, gestorben 1755) hatte die Materialien zu seinen Memoiren während seines ganzen Lebens angehäuft; 229 Bände voll handschriftlicher Notizen und Denkwürdigkeiten existiren noch von ihm im Archiv der auswärtigen Angelegenheiten zu Paris. Indeß er redigirte diese Memoiren erst in seinem Alter, zwischen 1743 und 1752, was ihrer Glaubwürdigkeit nicht gerade zu gute kommt. Ein eindringender und höchst scharfbildender Beobachter, in der Hofluft aufgewachsen, mit den hauptsächlichen maßgebenden Persönlichkeiten Frankreichs wohl bekannt, scheint er auch aufrichtig der Wahrheit nachgestrebt zu haben. Indessen seine lebhafte Einbildungskraft führt doch sehr häufig die Lückenhaftigkeit seiner Kenntnisse aus; und vor allem er war ein leidenschaftlicher

vorüber, ohne seinen Hut zu lüften, selbst vor Kammerfrauen, die er auch als solche kannte. Wenn er aber mit Damen redete, so bedeckte er sich erst, nachdem er sie verlassen hatte."

Beharrlich in der Zuneigung und im Widerwillen ließ er seinen Freunden kleine Verschuldungen gern durchgehen, war aber in der Bestrafung großer, und zumal solcher, die gegen seine Autorität oder Würde gerichtet waren, unerbittlich. Dagegen konnte man ihm mit Schmeicheleien niemals zu viel bieten; während jeder Widerspruch, auch der bestgemeinte

Bartelmann, voll der übertriebensten und lächerlichsten aristokratischen Vorurtheile. Sein Ideal ist: die Herzöge-Pairs müssen regieren, wie in dem Mittelalter (das er sich nach seiner Phantasie arrangirte!). Alle, die diesen Ideen nicht huldigen, nicht zu der aristokratisch-quietistischen Partei gehören, verfolgt er mit der kleinlichsten und schonungslosesten Feindschaft: so Mazarin, Anna von Oesterreich, Ludwig XIV. selbst, Louvois, Frau von Maintenon, die Bastarde des Königs, Vendôme, Villars und viele andere. Wenig geeignet für die große Politik, unwissend in der Kriegskunst, selbst literarisch nur mangelhaft gebildet, liebt er es, wichtige Ereignisse aus kleinen Ursachen zu erläutern und macht den Skandal zum Mittelpunkte der Geschichte. Doch ist er ein geschickter Erforscher des menschlichen Herzens, voll unvergleichlicher Kunst, Menschen und Dinge zu schildern. Sein Stil, obwohl oft unkorrekt, ist kräftig, malerisch und ausdrucksvoll. Ueber die Geschichte seiner Handschriften gibt Auskunft Hrn. Baschet, Le duc de Saint-Simon, son cabinet et l'historique de ses manuscrits (Paris 1874). — Man vergleiche noch A. Chéruel, St. Simon, considéré comme historien de Louis XIV. (Paris 1865); ein Buch, das bei Gelegenheit der Biographie und der Kritik St. Simons einige sehr wichtige Beiträge zur Geschichte Mazarins und Ludwigs XIV. bringt, dem letzteren übrigens zu günstig gestimmt ist. — Sehr wichtig für die Geschichte des französischen Hofes zur Zeit Ludwigs XIV. sind auch — gewissermaßen ein Pendant zu den Memoiren der Mademoiselle von Montpensier: — die Briefe der Pfalzgräfin Elisabeth Charlotte, verehelichten Herzogin von Orleans (herausgegeben von H. Holland, Stuttgart 1867 ff.). Eine aufmerksame, wenn auch keineswegs sympathische Beobachterin der Vorgänge am Hofe Ludwigs XIV., den großen Ereignissen und den hervorragenden Persönlichkeiten nahe genug, um sie beurtheilen und schätzen zu können, aufrichtig und ungeschminkt, oft leidenschaftlich und sogar cynisch in ihren Ausdrücken — gibt sie werthvollere Nachrichten, als die meisten französischen Memoiren der Zeit. — Endlich erwähnen wir noch des Journal du marquis de Dangeau avec les additions inédites de St. Simon (édition Feuillet de Conches, Paris 1854, 19 Bände). Der Marquis de Dangeau, ein literarisch gebildeter Höfling Ludwigs XIV., auch auf höheren Verwaltungsposten und nebensächlichen Gesandtschaften beschäftigt, begann mit dem 1. April 1684 ein Tagebuch, in dem er pünktlich Tag für Tag die Geschichte des Hofes von Versailles niederschrieb, mit großer Trockenheit, aber mit ebenso großer Genauigkeit und Wahrheitsliebe. Er ist übrigens von grenzenloser Bewunderung für Ludwig XIV. erfüllt, voll Ergebenheit für Alles, was dem großen Könige nahe stand. Sein Tagebuch, das bis 1720 geht, schildert genau die Physiognomie des Hofes von Versailles und ist auch besonders wichtig für Bestimmung zweifelhafter Daten. St. Simon hatte sich eine Abschrift davon machen lassen, der er zahlreiche eigene Bemerkungen hinzufügte: Personalschilderungen, Anekdoten, Bemerkungen über Vorrechte, Genealogien, die Adelsrangklassen u. dergl.; mit allen oben angedeuteten Vorzügen und Fehlern seines Schriftstellerthums. Darin verhöhnt er beständig Dangeau, dessen Memoiren ihm doch zur Grundlage für seine eigenen Arbeiten dienten.

und bescheidenste, ihm unerträglich war. Geldgierig von Natur, zwang er sich um des Glanzes willen zu Verschwendung und Pracht. Ebenso sehr wußte er sich auch, von Anlage keineswegs muthig, aus Rücksicht auf seine Würde zu Ruhe und Kaltblütigkeit in der Gefahr zu nöthigen. Jede seiner Bewegungen, jede seiner Verbeugungen, jedes seiner Worte war berechnet, und doch von angeborener Anmuth. Sein ganzes Leben war ein Theaterspielen, aber mit solcher Kunst, daß nur die Scharfsichtigsten es bemerkten.

Dies erhabene, höchst selbstbewußte Königthum war mit einer Etiquette umgeben, die einem der Gottheit geweihten Kultus nicht unähnlich war. Damit sollte das Königthum eben weit und unvergleichlich über alle Klassen der Nation erhöht werden. Ludwig XIV. wollte nicht mehr, wie sein Großvater, „der erste Edelmann" seines Reiches sein, sondern eine über die höchsten Spitzen der Aristokratie sich unnahbar erhebende Persönlichkeit. Jeder Schritt war auf das genaueste geregelt. Anders waren die Gebräuche in Versailles, anders in Marly, anders in Trianon, anders in Fontainebleau. Die Zahl der Hofchargen und der dem Könige persönlich zu leistenden Bedienungen wurde beträchtlich vermehrt. Die Großen des Reichs drängten sich vom Lever an bis zum Abend in den Vorzimmern des Königs, in den Gängen, die er passiren mußte, in der Kirche, die er besuchte, in den Gärten, die er durchschritt. So lebten sie in müßiger, vergoldeter Knechtschaft, während die eigentlichen ernsthaften Geschäfte von Plebejern geführt wurden. Des Morgens um acht ließ Ludwig sich wecken; es war das größte Vorrecht, bei dem Aufstehen des Königs und bei seiner Morgentoilette zugegen zu sein; die vornehmsten Herren betrachteten es als hohe Gunst, ihm das Hemd, das Waschwasser, das Morgenkleid reichen zu dürfen. Bei der Messe, die der Monarch, wenn er wohl war, nie versäumte, mußte der ganze Hof in feierlichem Aufzuge zugegen sein. In gotteslästerlicher Weise wandten da die Höflinge dem Altare den Rücken, das Gesicht dem im Chore knienden Könige zu! Wenn der König, wie gewöhnlich, „vom kleinen Couvert" speiste, durfte höchstens seine Gemahlin neben ihm sitzen: sein Bruder, seine Söhne und Enkel durften stehend zuschauen, Monsieur — sein Bruder — mußte ihm von Zeit zu Zeit die Serviette reichen. Glänzender war die Abendtafel, zu der fast regelmäßig eine größere oder kleinere Anzahl von Hofleuten durch Namensaufruf geladen wurde; man betrachtete auch dies als ein großes Glück. Jedes Gericht, das man dem Könige auftrug, wurde in feierlichem Aufzuge, geleitet von elf Hofmeistern mit weißen Stäben in der Hand, von der Küche auf die Tafel gebracht. Bei dem Niederlegen waren wieder die Vornehmsten und die Günstlinge zugegen, abermals war jede Handreichung an die Bevorzugten vertheilt, und nicht eher verließ man den Beherrscher der Welt, als bis er sich in sein Bett zur Ruhe niedergelegt hatte. So war derselbe vom Erwachen bis zum Einschlafen mit Anbetung, mit Dienstbarkeit von Seiten der erlauchtesten und berühmtesten Personen Frankreichs umgeben. Das Leben jedes Einzelnen schien nur um den Einen

Ludwig XIV.
Nach dem Stich von Pierre Drevet, 169?—1739; Originalgemälde von Hyacinthe Rigaud.

Hofceremoniell. 145

sich zu drehen, nur in den Strahlen zu existiren, die von diesem Einen ausgingen. Am spanischen Hofe war wohl das Ceremoniell, nicht aber die Vergötterung des Monarchen so weit getrieben worden! Es lag jedoch in diesem Byzantinismus auch viele politische Berechnung. Konnte Unabhängigkeitsgefühl, konnte ein selbständiger Sinn Personen verbleiben, die sich darum stritten, dem Könige die Schüssel zu reichen oder ihm den Rock aufzuknöpfen?

Und dieser gleichmäßige, unerschütterliche, hoch erhabene Fürst zittert inmitten seiner künstlichen Gottähnlichkeit! Beständig ließ man die Briefe der Unterthanen öffnen und stattete über dieselben Ludwig Bericht ab, ob sich nicht eine Verschwörung in denselben verberge. Niemals ist ein Sou-

Schloß von Versailles in den ersten Jahren der Regierung Ludwigs XIV.

verän ängstlicher gehütet worden. Die Schweizer und die französischen Wachen umgaben den Palast, in dem er sich aufhielt; die Garde-du-Corps hielten die inneren Gemächer besetzt; ja, der König ging nicht von einem Zimmer in das andere, ohne daß der Weg von diesen zuverlässigen Hütern bewacht worden wäre. Wenn ein Unbekannter vor den König gelassen wurde, mußte sich der Wachtkommandant so aufstellen, daß er jeder Bewegung des Bittstellers folgen und ihn rechtzeitig an einem etwaigen Attentate auf die geheiligte Person verhindern konnte. Unter die Garde-du-Corps wurden nur geborene Franzosen von erprobter Zuverlässigkeit zugelassen. Der erste Kammerdiener schlief immer vor dem Bette des Königs, aber außer ihm noch häufig Bontemps, der älteste und treueste unter allen Dienern Ludwigs. Groß war dessen Furcht vor dem Tode; bekannt ist, daß er nur deshalb St. Germain mit Versailles vertauscht haben soll, weil man von jenem Schlosse aus die Thürme der Kathedrale von St. Denis, der Grabkirche der französischen Könige, stets vor Augen hatte!

Wie seine Vorgänger Ludwig XI. und Heinrich IV: hielt auch Ludwig XIV. die Großen, so gnädig er sie behandelte, so unmittelbar er sie an seine Person fesselte, doch grundsätzlich von allem Einfluß auf die Staatsgeschäfte fern. Nur Geschöpfe seiner Gunst wollte er bei denselben beschäftigt sehen, die lediglich von ihm abhingen, von ihm alle Macht ableiteten, auf seinen Wink wieder in das Nichts verschwinden mußten. Der König arbeitete auch nach wie vor unausgesetzt in seinem Berufe — er wollte der Herr über alle Dinge und Verhältnisse nicht bloß scheinen, sondern auch sein. Die Stunden des Tages waren so genau eingetheilt, daß für Arbeit und für Vergnügen Zeit blieb; das Große und das Kleine wurden mit demselben Ernst behandelt, denn in allem, was auf den Monarchen sich bezog, sollte es überhaupt nichts Kleines geben. Nicht eine Viertelstunde ließ der König unbenutzt. Außer der regelmäßigen Theilnahme an den Sitzungen des Staats-, des Finanz- und des Regierungsrathes (Conseil des dépêches) vergaß Ludwig auch nicht, mit seinem Minister des Aeußern, mit seinem Kriegs-, seinem Marine-, seinem Bautenminister u. s. w. selbst über das Detail des Dienstes zu konferiren. Nicht minder war der sogenannte Gewissensrath noch in Thätigkeit, der jetzt aus dem Erzbischofe von Paris, dem königlichen Beichtvater und dem Kanzler bestand, und nach dessen Gutachten der Monarch die Bisthümer und geistlichen Pfründen vertheilte. Geheimnisse mußte er trefflich zu wahren.

Indeß so eifersüchtig er auf seine Macht war, so sehr die Minister den Schein wahren mußten, als ob jeder Beschluß von ihm ausgehe, so sorgfältig sie in ihren Entwürfen und Berechnungen selbst offenbare Fehler machten, damit der König das leichte Verdienst habe, sie zu korrigiren: war Ludwig doch zu ungebildet, es fehlte ihm zu sehr an militärischen und administrativen Gaben, die ganze Maschinerie war auch allzu ausgedehnt und verwickelt, als daß er nicht dem allgemeinen Schicksale der Fürsten, der Abhängigkeit von seinen Dienern verfallen wäre. Freilich mußten sie es geschickt anfangen. Sie mußten ihre Ansichten von weit her, allmählich und wiederholt dem Könige vortragen, so daß dieser sie zuletzt für seine eigenen hielt und von selbst den Wünschen der Minister entgegenkam. Sie mußten jeden Beschluß als von ihm ausgegangen darstellen, jedes Verdienst des Gelingens ihm zuschreiben. Ludwig besaß auch hinreichend scharfen Blick, um zu erkennen, ob er gut oder übel, ob seinen Zielen entsprechend oder nicht bedient sei: so hatten seine Minister scharf auf ihre eigene Thätigkeit zu achten, durften nicht nachlassen und ermatten, und zwar um so weniger, als der König seine Ungnade lange zu verheimlichen pflegte, bis sie plötzlich vernichtend auf den Schuldigen niederfiel. Um die Kontrole über jene zu verstärken und zu erleichtern, ließ der König jeden seiner Unterthanen — frei

Regierungsweise Ludwigs. 147

sich unter den oben erwähnten Vorsichtsmaßregeln — vor sich, verkehrte persönlich mit den fremden Gesandten, besichtigte Häfen und Festungen, ließ die Truppen häufig Revue passiren. Aber so groß war doch die Ueberlegenheit des Geistes, daß trotz aller dieser Vorsichtsmaßregeln Ludwig in der innern Politik vollständig von Colbert, in der äußern und den militärischen Angelegenheiten von Louvois geleitet wurde. Dieses ganze System aber, mit der unermüdlichen Thätigkeit und steten Wachsamkeit und Aufsicht der Centralregierung, mit der Unbeugsamkeit in den einmal gefaßten Beschlüssen, verstärkt und geheiligt durch den konstanten Willen und die unbegrenzte Strafgewalt des Monarchen, bildete ein so künstliches und unzerreißbares Netz über das ganze Reich, daß kein Unterthan sich gegen dessen drückende Maschen zu sträuben, kein Fremder der Bewunderung sich zu entschlagen vermochte.

Wie unterwürfig sich ein jeder dem Meister dieser großen Maschinerie, dem Könige, zeigen mußte, beweisen wohl am besten die Ausdrücke, in denen ein wegen seiner Grobheit berüchtigter Plebejer und zugleich wegen seiner enormen Verdienste vom Monarchen hochgeschätzter Minister, Colbert, an denselben schrieb. Einige Proben mögen genügen, um sich vorzustellen, wie nun erst die feinen und eleganten Höflinge sich benahmen, die keine Empfehlung hatten, als eine auf geistreiche Weise schweifwedelnde Unterwürfigkeit. Im Jahre 1672 preist Colbert die Fehler, die sein Sohn in der Staatsverwaltung machen würde, „höchst glücklich, wenn sie werden bemerkt und korrigirt werden von dem besten Herrn, dem erleuchtetsten aller Menschen, dem größten und mächtigsten Könige, der jemals den Thron bestiegen!" 1673: „Alle Feldzüge Ew. Majestät haben einen überraschenden und erstaunlichen Charakter, der die Geister unterjocht und ihnen nur die Möglichkeit des Bewunderns gibt, ohne daß man des Vergnügens genösse, ein ähnliches Beispiel zu finden." 1674: „Man muß, Sire, schweigen, bewundern, Gott alltäglich danken, daß er uns unter der Herrschaft eines solchen Königs wie Ew. Majestät hat geboren werden lassen, der keine anderen Grenzen seiner Allmacht mehr kennt, als die seines Willens." Auf solche unverschämten und lästerlichen Schmeicheleien pflegte Ludwig mit herablassender, würdevoller Gnade zu antworten, wie jemand, dem solches von Recht und Natur wegen zukommt. Gegen seine Gemahlin bewahrte er stets eine achtungsvolle Ehrerbietung, die freilich von der ursprünglichen Liebe weit entfernt war. Maria Theresia, eine sanfte fromme Frau, mehr den himmlischen als den irdischen Dingen zugethan, erleichterte dem Könige dieses Verhältniß, indem sie weder über die hinreichend öffentliche Untreue ihres Gemahls, noch über das Unrecht, das er ihrem Vater und Bruder anthat, die mindeste Bekümmerniß oder Unzufriedenheit sich merken ließ. Niemals machte sie Anspruch auf Theilnahme an den Staatsangelegenheiten. Im Juli 1683 starb sie eines plötzlichen Todes.

Weit mehr Einfluß und Ansehen am Hofe hatten die Maitressen des

10*

Königs.¹) Die bigotte, stets von Reue geplagte und doch dem Könige mit leidenschaftlicher Liebe ergebene La Vallière wurde durch ihre Erhebung zur Herzogin nicht über das sittlich Bedenkliche ihrer Lage getröstet. Dazu kam, daß auch sie den feurigen Sinn des jungen Monarchen nicht auf die Länge zu fesseln vermochte. Auf der Triumphreise, die Ludwig im Sommer 1667 nach Flandern mit seinem ganzen Hofe unternahm, um demselben seine neuen Eroberungen zu zeigen, und auf der er nicht allein die Königin, sondern auch die La Vallière mit sich führte, ließ er sich durch die Anmuth und die leichte geistvolle Unterhaltung sast noch mehr als durch die Schönheit einer Hofdame seiner Gemahlin, der Madame von Montespan fesseln. Die Königin und die bisherige Favoritin litten unsäglich unter diesem neuen Verhältnisse. Als der Gemahl der Schönen sich mit demselben nicht zufrieden geben wollte, entging er nur durch eilige Flucht der Einschließung in die Bastille, während der Gatte der Herzogin von Montausier, welche die Kupplerin bei dieser Gelegenheit gespielt hatte, zum Dante dafür zum Erzieher des Dauphin ernannt wurde! So schamlos schlug Ludwig XIV. in seinem unbegrenzten Egoismus der Moral, der Zukunft seines einzigen Sohnes und der seiner Gemahlin geschuldeten Achtung zugleich ins Gesicht!

Mademoiselle de la Vallière.

Mehr aus Verdruß, sich verschmäht zu sehen, und aus Eifersucht, als aus religiösen Motiven zog die Herzogin von la Vallière sich im Winter 1671 in ein Kloster zurück, aus dem sie an den König einen zärtlichen Abschiedsbrief richtete. Derselbe erfüllte auch zum großen Theil seinen Zweck: der König brach in Thränen aus, sandte seinen getreuen Colbert in das Kloster und ließ seine frühere Geliebte zurückbringen. Seitdem konnte man das erbauliche Schauspiel genießen, den Monarchen im Angesicht seiner Gemahlin mit beiden Maitressen zugleich zärtlich verkehren zu sehen. Auf seinen Jagden saß er auf einem Sitze zwischen beiden, auf seinen Kriegszügen folgten sie

---

1) Arsène Houssaye, Mademoiselle de la Vallière et Madame de Montespan (Paris 1860).

ihm ebenso wie die Königin, so daß das Volk spottweise von den drei Königinnen sprach. Indessen auf die Länge konnte die stille sanfte La Ballière der geistvollen, kecken und bei weitem schöneren Montespan nicht die Wage halten. Mit Kränkungen überhäuft, trat sie abermals im April 1674 in ein Kloster der Karmeliterinnen ein, um, wie sie der Oberin sagte, eine Freiheit abzulegen, von welcher sie immer einen schlechten Gebrauch gemacht habe. Unter dem Namen Schwester Louise vom Erbarmen erbaute sie fürder die Welt durch die Dauer und Strenge ihrer Buße.

So nah berührten sich in der bunten Welt dieses französischen Hofes die größte Ausschweifung und der Ernst der Kirche! Ludwig XIV. war dieser letztern nicht nur äußerlich, sondern von jeher, und zwar mit zunehmendem Alter in immer höherm Grade, auch von Herzen zugänglich. Der große König hatte Furcht vor dem Tode, und wie er auf dem Schlachtfelde nur mühsam seinen Muth aufrecht erhielt, so schreckte er daheim vor den Strafen des zukünftigen Lebens zurück. Auch Frau von Montespan hatte dies zu empfinden. Als ihr am grünen Donnerstag des Jahres 1675 wegen ihres öffentlichen Ehebruchs die Sakramente versagt wurden, konnte sie mit ihren Klagen darüber bei dem Könige nicht durchdringen; vielmehr wußten bei dieser Gelegenheit Bossuet, der berühmte Bischof von Meaux, und einige andere fromme Männer Ludwig zu dem Versprechen zu bestimmen, daß er die Favoritin nie wieder sehen wolle. Indeß diese religiöse Aufwallung hatte um so kürzeren Bestand, je mehr Leute es gab, die mit schlauer Berechnung für die Montespan den König beeinflußten; einer ihrer ergebensten Diener war Colbert! Die Maitresse kam nach wenigen Wochen an den Hof zurück, und bald sah man sie wieder öffentlich an die Schulter des Königs gelehnt. Als Bossuet den letztern an seine Versprechungen erinnerte, wies derselbe ihn schroff zurück: er wolle nicht dulden, daß man seinen Willen beschränke. Die gute Königin selbst fügte sich bereitwillig in die Wiederanknüpfung dieses Verhältnisses, weil es den Monarchen erheiterte. Nun muß man doch sagen, daß Ludwig XIV. die Maxime, die er für seinen Sohn niederschrieb: daß bei Liebschaften eines Königs nur das Herz und nicht der Geist betheiligt sein dürfte, auch wirklich bethätigt hat. Auf den Gang der Staatsangelegenheiten übte die Montespan keinerlei Einfluß. Sie begnügte sich, öffentlich als Favoritin des Monarchen anerkannt zu sein und sich als solche mit ungeheurem Glanze zu umgeben. Großartige Schlösser wurden für sie erbaut, Le Nôtre erschöpfte seine Kunst in duftigen Gartenanlagen für sie, schwelgerische Feste wurden für sie gegeben, die Minister beeilten sich jeden ihrer Wünsche zu erfüllen, die ersten Dichter Frankreichs besangen sie. Auf ihren Reisen führte sie zwei sechsspännige Kutschen, zwei Vorrathswagen, sechs Maulthiere, 45 Diener mit sich; die Behörden hatten sie wie eine Souveränin einzuholen und zu begrüßen.

Und wie Gemahlin und Maitressen, so gingen an diesem Hofe auch eheliche und illegitime Kinder neben einander, als ob es nicht anders hätte sein können. Der Dauphin Ludwig, geboren am 1. November 1661, wurde in einer Einfachheit und Abgeschlossenheit erzogen, die deutlich bewies, wie sehr der König die Erinnerung vermieden haben wollte, daß ein Nachfolger für ihn heranwachse. Der Herzog von Montausier behandelte ihn mit einer Strenge, ja Rauheit, die dem Hellershelfer der Montespan schlecht anstand. Noch in seinem sechzehnten Jahre hatte er keinen eigenen Hausstand, wie es doch selbst bei minder großen Prinzen damals Sitte war. Man hatte die jugendliche Seele des Dauphins durch gelehrten Unterricht mehr überladen und erdrückt als erhoben und geläutert. Für ihn hat Bossuet sein Handbuch der Universalgeschichte, eine Art politischen Lehrbuches geschrieben, freilich vom katholisch-religiösen Standpunkte aus; die lateinischen Klassiker mußte er in den bekannten Ausgaben ad usum Dolphini studiren, in denen alle schwierigen Stellen in trivialer Weise erklärt und alle sittlich anstößigen fortgelassen waren. Dieses Erziehungssystem vernichtete jeden Schwung, jede Selbständigkeit in dem Jüngling, der überhaupt körperlich wie geistig mehr seiner Mutter als seinem Vater glich. Es war klar, daß der letztere auf Kosten von Frankreichs Zukunft in der Gegenwart ohne Nebenbuhler, ohne Furcht vor der aufgehenden Sonne verbleiben wollte.

Madame de Montespan.

Der Dauphin war nur von mittlerem Körperbau, von seinem regelmäßigen Gesichte, das durchaus an den habsburgischen Typus erinnerte. Ruhig und gleichmäßig war sein Charakter; dem Vater gegenüber schien er gar keinen Willen zu haben, und mit natürlicher oder angelernter Scheu beugte er sich vor demselben in gehorsamer Bewunderung. Aber unähnlich demselben, vermochte er sich nur schwierig und stotternd auszudrücken. Der König selbst wirkte nur ungünstig auf seinen Sohn, sprach mit wenig Achtung, ja mit Geringschätzung von demselben und schloß ihn grundsätzlich von aller Theilnahme an den Staatsangelegenheiten aus. Freilich mußte er ihn, bei zunehmendem Alter des Prinzen, bisweilen zur Armee schicken; aber auch dann immer unter strenger Aufsicht, die ihn in seinen eigenen und des Heeres Augen mehr bemäntigte als hob. — Im achtzehnten Jahre ver-

Die Kinder Ludwigs.

mählte man ihn mit Maria Anna Viktoria, der geistvollen und graziösen, wenn auch nicht schönen Tochter des Kurfürsten von Baiern, den dadurch Ludwig XIV. unauflöslich an Frankreich zu fesseln hoffte. Seitdem war der Dauphin etwas freier gestellt, wurde der lästigen Lehrer und Beaufsichtiger enthoben und erhielt natürlich einen eigenen Hausstand. Allein die Gunst der Natur blieb dem Königssohne, für den die französische und die spanische Erbschaft bestimmt war, dem sein Vater auch die Nachfolge im römisch-deutschen Kaiserthume zu verschaffen suchte, den also die Weltmonarchie zu erwarten schien, versagt: Ludwig der Fromme nach Karl dem Großen! Eine lange schwere Krankheit hatte bald nach seiner Vermählung sein Leben bedroht; gereitet erholte er sich wieder, aber er wurde ungeheuerlich beleibt für sein Alter, mehr aufgeschwemmt als rüstig. Unmäßig im Essen und in körperlichen Uebungen beeinträchtigte er immer von neuem seine Gesundheit. Jagd, Spiel, Theater nahmen seine Zeit in weit höherm Maße in Anspruch, als ernste Beschäftigung. Freigebig und mit seinen Freunden und Vertrauten gesprächig und herablassend, hatte er doch nichts von der Feinheit und Würde des Benehmens, die seinen Vater in so hohem Grade auszeichneten. Seine Gemahlin, die ihn nach einigen Jahren mit zwei Söhnen — den Herzögen von Burgund und Anjou — beschenkte, liebte er zärtlich und ausschließlich. Man glaubte von ihm weder Großes noch Uebles erwarten zu dürfen.

Bei weitem mehr Neigung zeigte Ludwig für seine unehelichen Kinder, die er sämmtlich nach kürzerer oder längerer Zeit anerkannte. Er war häufig in ihrer Gesellschaft, er bereitete ihnen allen eine glänzende Stellung: sie erhielten den Namen von Bourbon, wie die ebenbürtigen Prinzen von Geblüt, und einen Rang zwischen diesen und den einfachen Herzögen. Sein älterer Sohn von der Montespan wurde Herzog von Maine genannt und mit der wichtigen Stellung eines Generalobersten der Schweizer bedacht; der jüngere ward Graf von Toulouse. Die Töchter wurden nur mit Prinzen von Geblüt vermählt, die sich freilich dadurch erniedrigt glaubten, aber nicht zu widersprechen wagten: so die Tochter der La Vallière mit dem Prinzen von Conti, die älteste Tochter der Montespan gar mit dem Enkel des großen Condé; endlich die jüngste Tochter derselben Mutter mit dem Sohne seines Bruders, mit einem Manne, der eine Zeit lang bei der Krankheit des noch kinderlosen Dauphin zur Nachfolge im Königthume berufen zu sein schien! Es liegt in dieser Bevorzugung seiner natürlichen Kinder bei Ludwig XIV. wohl nicht allein die Vaterliebe vor, sondern — wie in allen Verhältnissen seines Lebens — zugleich die Berechnung. Alles, was vom Königthume herrührte, sollte über alles andere Menschliche emportragen, sollte den Anspruch auf die höchste Ehrerbietung erheben können. Die erlauchtesten Namen Frankreichs sollten hinter diese Bastarde zurücktreten, nur weil dieselben den verliebten Launen des großen Königs entsprossen waren. Erschienen sie im Parlament, so empfing sie jedesmal ein Huissier desselben und begleitete sie wieder zurück, so lud man sie mit dem Hute in der Hand ein, ihre Stimme abzugeben; während die Herzöge-Pairs nur bei ihrer Reception in das Parlament die Ehre des Empfanges und der Rückbegleitung genossen und bei der Abstimmung ohne weitere Ceremonie namentlich aufgerufen wurden.

Das waren aber große und wichtige Dinge in der vornehmen Gesellschaft des damaligen Frankreich. Das Ceremoniell, die Rangabstufung spielte dort fast eine ebenso hervorragende Rolle, wie auf dem Reichstage zu Regensburg. Wer dem andern bei feierlichen Gelegenheiten voranzugehen habe, wer das Recht des kleinen oder des großen Eintritts in die königlichen Gemächer, welche von den Damen das Privileg habe, in Gegenwart der höchsten Herrschaften auf einem Tabouret Platz zu nehmen — man lese nur die berühmten Memoiren des Herzogs von St. Simon, um zu sehen, welche enorme Bedeutung diese Dinge in einem Jahrhundert hatten, das auf Symbole und Aeußerlichkeiten bei weitem mehr Werth zu legen pflegte, als unsere heutige nüchterne und kahle Zeit. Nun muß man nicht glauben, daß das Leben an diesem Hofe sehr angenehm und erfreulich gewesen wäre. Zerstreuungen freilich gab es genug: es waren oft Tage, wo man vom Morgen bis Nachmittags 3 Uhr jagte, dann bis sieben Abends spielte, hierauf bis 10½ Uhr der Komödie beiwohnte, zum Nachtessen ging und endlich noch bis 3 Uhr früh tanzte. Indeß meist war Alles genau abgezirkelt. Das Leben einer schönen und ansprechenden Geselligkeit ist Gleichheit und Zwanglosigkeit; aber am Hofe Ludwigs XIV., wo jeder Augenblick und jede Bewegung durch ein strenges Ceremoniell geregelt war, wo sich überhaupt Alles um einen Einzigen drehte, da war steife Förmlichkeit und Angst, diesem Einen etwa zu mißfallen, zu Hause. Bei Tafel wurde gar nicht geredet, auch sonst niemals über Politik, nur über die Vorfälle des alltäglichen Lebens: lediglich Liebesintriguen, Neid, Bosheit konnten in solcher Atmosphäre gedeihen. Vor allem hatte man sich jeden Moment zu bewachen, daß man auch nicht durch das kleinste Versehen auf diesem schlüpfrigen Boden ausglitt! Die einzigen wirklichen Zerstreuungen, bei welchen der steife Zwang etwas nachließ, waren Spiel und Theater, denen man denn auch in grenzenlosem Uebermaß ergeben war. Der König begünstigte zumal die erstere Zerstreuung, das Spiel, um die vornehmen Familien mehr und mehr zu ruiniren und dadurch jeder Macht zu berauben. Es kam vor, daß man an einem Abend 100,000 Pistolen verlor. Der Herzog von Orleans mußte seine Edelsteine zum Pfand setzen. Dazu kamen die glänzenden Festlichkeiten. Der Herzog von Vendôme z. B. gab in seinem Schlosse Anet eine Reihe von Festen, bei denen die Musik Lullis, sowie alle Tänzer und Tänzerinnen der Pariser Oper mitwirkten, und von denen eines 100,000 Livres kostete. Da die Großen nicht mehr in politischen Thaten, im Einfluß auf die Staatsgeschicke wetteifern durften, so suchten sie ihren Ehrgeiz in Aeußerlichkeiten, im Ueberstrahlen ihrer Genossen durch Pracht und Luxus. Wenn sie ins Feld zogen, strotzten ihre Uniformen und Waffen von Edelsteinen, schleppten sie alle Ge=

müsse des Lebens in zahlreichen Wagen mit sich und kleideten auch ihre Truppentheile möglichst prächtig. Die Folge von dem allen war, daß eins der fürstlichen Vermögen nach dem andern verschwand, daß eine der großen Familien nach der andern in Armuth versank und unterging. Der Herzog von Bendôme mußte Häuser und Güter im Werthe von fast 2½ Millionen Livres zur Befriedigung seiner Gläubiger verkaufen. Der Herzog von Chaulnes behielt von seinem Vermögen von 2,700,000 Livres kaum 300,000 übrig. Der König gefiel sich dann darin, diesen Leuten, die sich an seinem Hofe zu Grunde gerichtet, durch einträgliche Aemter, Geldgeschenke, Pensionen oder — auf eine für ihn noch bequemere Weise — durch Schutzbriefe gegen ihre Gläubiger zu Hülfe zu kommen und damit zugleich ihre Knechtschaft zu besiegeln. Solche Wohlthaten vermochten begreiflicherweise nur vorübergehend zu helfen: immer mehr jener großen Familien, die einst gegen Karl IX., Heinrich IV., Ludwig XIII. und in der Fronde gegen Ludwig XIV. selbst gekämpft hatten, starben aus, und ihre Güter fielen an die Bastarde des Königs. Der letzte Herzog von Guise starb im Jahre 1671. Der Herzog von Longueville hatte nur einen halb blödsinnigen Sohn, der in die Kirche eingetreten war. Das Haus Bouillon war nach Verlust seines souveränen Fürstenthums Sedan in völlige Bedeutungslosigkeit versunken. Die Rohans wurden durch die schimpfliche Hinrichtung eines der Ihrigen gedemüthigt. Die Soissons-Carignan wurden ohne Rücksicht auf ihre Verwandschaft mit Mazarin ihrer einträglichen Stellen als Generalobersten der Schweizer und Oberintendanten des Hauses der Königin beraubt. Die Base des Königs, das Fräulein von Montpensier, die einst in der Fronde eine so hervorragende Rolle gespielt hatte, mußte den größten Theil ihrer Besitzungen dem jungen Herzog von Maine hinterlassen.

In den „Precieuses ridicules" verspottet Molière in dem falschen Marquis Mascarille diese entarteten Nachkommen trotziger Dynastiengeschlechter, welche in ihren Bändern und der modischen Form ihrer Stiefel, in dem Schnitte ihrer Röcke und in der Fülle ihrer Perrücken ihren ganzen Ehrgeiz suchten. Die höfischen „Marquis" wurden von ihm in vielen Stücken so unbarmherzig mitgenommen, daß dieser Rang zu einem spöttischen Gattungsnamen wurde. Und je abhängiger sich diese Großen nach oben fühlten, um so brutaler verfuhren sie gegen alle niedriger Stehenden, um so unbarmherziger preßten sie für ihre Schwelgereien und ihre Kleiderpracht ihre Bauern aus, um so skrupelloser mißbrauchten sie die Töchter des Volkes für ihre Gelüste. Ludwig XIV., freilich nur als getreuer Schüler Richelieus und Mazarins, hat dem hohen Adel jene unmögliche Stellung gegeben, die zu den furchtbaren Repressalien der Revolution führte.

In Paris ließ sich der König nur bei feierlichen Gelegenheiten sehen, wo seine Anwesenheit dort unvermeidlich war. So brennend die Pariser ihn auch um Rückkunft in ihre Mauern baten, um den Glanz des Hofes wieder vor Augen zu haben, so große Anerbietungen sie ihm selbst dafür machten,

154   Zweites Buch. 1. Kap. Ludwig XIV. und sein Hof.

er hielt sich geflissentlich von der Hauptstadt fern. Die Erinnerung an die
revolutionären Vorgänge der Fronde, zumal an jene Nacht, wo er als Knabe
aus dem Bette gerissen worden war, um nach dem öden St. Germain zu
flüchten, flößte dem Könige eine unüberwindliche Abneigung gegen seine
„guten Pariser" ein. Aber noch mehr. Er wollte nicht an einem Orte
verweilen, wo die Menge des Volkes die Majestät in den Schatten treten ließ;
er zog es vor, in einer selbstgeschaffenen Residenz zu thronen, wo es nichts

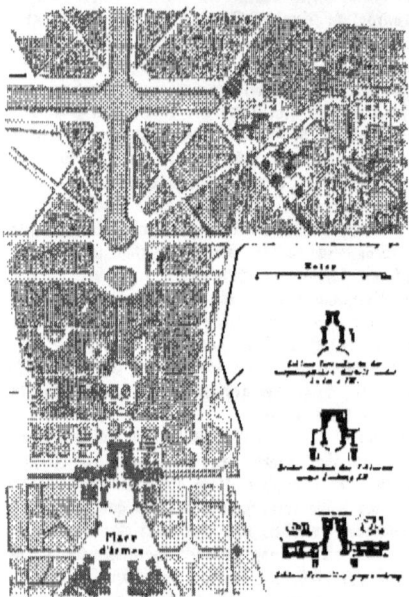

Grundriß des Schlosses von Versailles.

gab, was nicht von ihm
ausging oder auf ihn
Bezug hatte, wo das Kö‑
nigthum, der Hof, die
königlichen Diener und
Arbeiter die ganze Welt
bildeten. So mächtig er
auch war, er fürchtete
die Kraft einer großen
empörten Volksmenge:
keinen Augenblick sollte
es zweifelhaft sein, daß
er der Stärkste in seinem
Reiche sei.

Die gewöhnliche Som‑
merresidenz der franzö‑
sischen Könige war St.
Germain gewesen, in
dem auch Ludwig XIV.
im Anfange seiner Re‑
gierung sich häufig auf‑
hielt. Indessen trotz der
Vorstellungen Colberts,
der die öffentlichen Gel‑
der nicht gern unnütz
vergeuden ließ, begnügte
sich Ludwig nicht mit
jenem Schlosse. Mag es

nun sein, daß er, wie erwähnt, den Anblick der Grabeskirche von St. Denis
scheute, mag er — was wahrscheinlicher ist — den Ehrgeiz gehabt
haben, selbst der Schöpfer seines Wohnsitzes zu sein: er begann jenes
Waldschlößchen von Versailles, in welchem er früher Ruhe und Erholung
zu suchen gewohnt gewesen war, mit ungeheuren Kosten zu dem groß‑
artigsten Palaste auszubauen, den je ein Monarch bewohnt hat, würdig
des mächtigsten Königs der Christenheit. Nichts schien Versailles zu dieser
Rolle zu bestimmen. Die Gegend war öde und verlassen, einförmig. Die

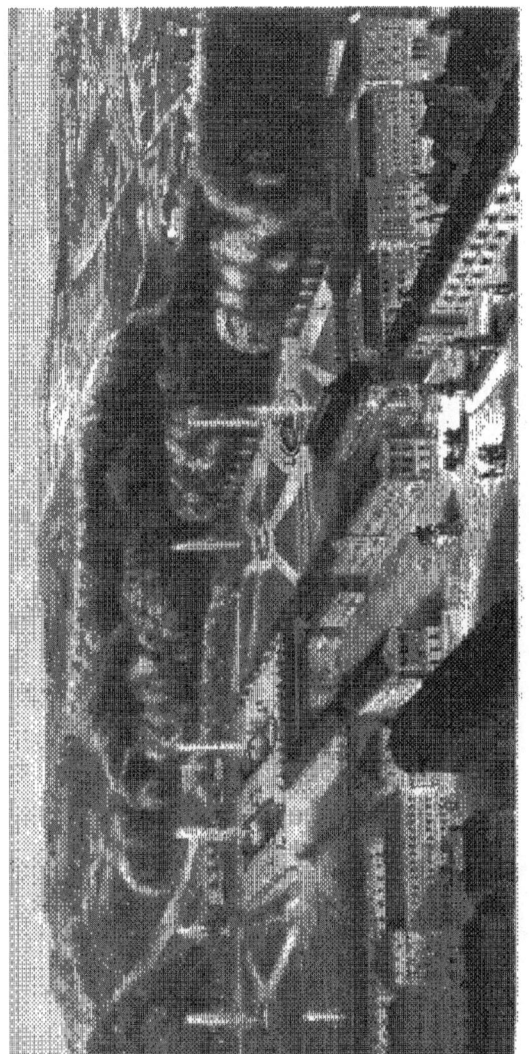

Schloß Versailles.

Luft war ungesund, das Wasser geradezu verderblich. Aber wie später Peter der Große, gedachte Ludwig XIV. die Natur seiner Willkür zu unterwerfen. Es war im Jahre 1678, unmittelbar nach dem Frieden von Nymwegen, daß er diesen vermessenen Plan faßte. Wirklich war Versailles, wie man damals sagte, „eine Favoritin ohne Verdienst". Die Arbeiter starben massenhaft bei den Bauten in der ungesunden Sumpfatmosphäre; allnächtlich wurden Wagen voll Todter fortgefahren. Trotzdem beharrte Ludwig, unterstützt von dem großen Baumeister Mansard, bei dem riesigen Werke. Man bedenke, daß zu gleicher Zeit zu Trianon, zu St. Germain, zu Marly und für die Montespan zu Clagny auf Kosten des Königs, zu Meudon auf Kosten des Dauphin gebaut wurde. Colbert erhob sich zuletzt gegen die ungeheuren

Das Schloß von Versailles von der Terrasse aus gesehen.

Summen, welche diese fieberhafte Thätigkeit allmählich verschlang — fast so viel wie die Ausgaben der Marine betrugen. Vergebens, er machte sich dadurch nur dem Monarchen verhaßt. Bisweilen arbeiteten in Versailles allein 22,000 Menschen und 6000 Pferde. 30,000 Soldaten sollten den Eurefluß nach Versailles ableiten, obwohl derselbe 80 Fuß höher lag als die höchsten Punkte dieses Ortes; aber ansteckende Krankheiten, die in diesem Arbeitslager ausbrachen, machten die Ausführung des grandiosen Entwurfes unmöglich, nachdem derselbe riesige Kosten verursacht hatte. Wer würde dabei nicht an die alten Pharaonen erinnert, welche gleichfalls die Kraft und die Gesundheit von Hunderttausenden für ihre eigene Verherrlichung aufopferten! So entstand ein Werk, mehr glänzend, staunenswerth als schön zu nennen. Deutlich sieht man, daß es nicht nach einem einheitlichen Plane, sondern allmählich, bald hier ein Gebäude, bald dort ein anderes, errichtet worden ist. Alles ist prächtig, üppig beforirt, prahlerisch, kolossal, aber ohne wahre Schönheit, ohne durchgebildeten Styl, ohne einen Zug, der die Seele erfreut oder erhebt. Von einiger Entfernung gesehen, scheint das Hauptgebäude mit seinen beiden langen Flügeln ohne irgend eine monumentale Gliederung, flach, gleichförmig, mit unbedeutenden Vorsprüngen und Winkeln, nur eine einzige unermeßliche und langweilige Mauer zu sein. Höchstens von der Pariser Seite aus bietet das kleine aber pittoreske Schloß Ludwigs XIII. in seinem Kontraste mit den darum angehäuften Bauten seines Sohnes einen überraschenden und gerade durch die Unregelmäßigkeit einigermaßen erfreulichen Anblick. Aber in den Palästen aus Ludwigs XIV. Zeit ist Alles todte Gleichförmigkeit, ohne Idee und Gliederung! Was half es, daß selbst das Dach von staunenswerther Pracht war, mit vergoldeten Ziegeln? Für den Garten wurden, nach dem Rezept des Gärtners Wilhelms von Oranien, tausende von hochgewachsenen Stämmen ausgegraben und verpflanzt, während die Soldaten die Kanäle und Becken für die zahllosen Teiche und Wasserkünste gruben,

Aus den Gärten von Versailles: Die Fontaine der Diana.

während Le Nôtre ein ungeheures und doch langweiliges Gewirre von beschnittenen Alleen und Bosquets, von Tempeln, Theatern und Lauben, Grotten aller Art aus den unglücklich mißhandelten Bäumen anlegte. Die ganze Natur ist verstümmelt, verunstaltet, in den Dienst des großen Königs gezwungen, der mit seinem unermeßlichen Hofstaate in diesem grünen Palaste unter freiem Himmel seine langweilig steifen und wohlgezirkelten Empfangssäle aus dem Schlosse wiederfindet. Ein Heer von Statuen bevölkert diese künstliche Natur; aber ebensowenig wie der Park wirklich ein Garten, sind diese Jupiter, Juno, Venus, Neptun wirklich die klassischen Gottheiten der Antike. Jupiter ist Ludwig XIV. ohne Perrücke und blausammtnen Rock; Venus und Minerva sind die Montespan oder La Vallière; Apollo ist ein

„Marquis" mit theatralisch abgezirkelter Miene, der unglücklicher Weise seine Bekleidung vergessen hat; Mars ein eleganter, ausschweifender, selbstbewußter Marschall von Frankreich. Die allen Götter sind offenbar Höflinge Ludwigs XIV., die in lebenden Bildern mitwirkten. Steinerne Monarchen und Nationen liegen unter den Füßen eines steinernen Herkules oder Alexander, der natürlich wieder kein anderer ist als der „große König". Niemals hat wohl eine Institution eine solche Assimilationskraft bewiesen, wie infolge des ungeheuerlichen fast naiv zu nennenden Egoismus, welcher eben nichts als sich selbst kannte, der Hof Ludwigs XIV.! Alles und jedes, was in seinen Bereich kam, mußte sich ihm anpassen: Garten, Wald, Wasser, Berg, Men-

Das Schlafzimmer Ludwigs XIV. im Schloß von Versailles

schen und Götter. Und im Mittelpunkt dieser künstlichen eigenartigen Welt: Ludwig XIV.

Hier hatte man eine Stadt von 50—60,000 Einwohnern, die nur für ihn da war. Jede von den ungeheuer langen Alleen und Avenuen läuft auf seinen Palast aus. Die Schlösser der vornehmsten Familien des Reiches umgaben denselben, wie ihre Insassen alltäglich den Monarchen. In allen Straßen wohnen seine Minister, Hofleute, Beamten, Diener, Handlanger. Rings bedeckt sich die Umgebung mit zahllosen Gebäuden, wo die Leute sich aufhalten, die gern täglich vor dem Angesichte des Monarchen erscheinen. Alle die vergoldeten Equipagen, die man rollen sieht, fahren dem Eingange des königlichen Waffenplatzes zu, dessen prächtig steifsinige Architektur eine angewiſſene Verkörperung dieſes majeſtätiſch würdevollen, aber jedes eblern Aufſchwunges baren, nur ſtets mit ſeiner eigenen Größe beſchäftigten Königsthumes iſt, das hinter ſeiner Rieſenfaçade wohnt. Ein ſolches Königthum mußte freilich Paris verabſcheuen, wo ſich ſtündlich Hunderttauſende bewegten, die ganz andere Intereſſen hatten als das gnädige Lächeln oder das Stirnrunzeln des Monarchen, wo der Hof verſchwand neben der fleißigen Induſtrie, dem emſigen Verkehre, dem unabhängigen Leben einer ſelbſtgeſchaffenen, natürlich entwickelten Großſtadt.

Und auch im Innern des Palaſtes von Verſailles nur Ludwig XIV., keine Erinnerung an den Ruhm der Vorgänger, an Philipp Auguſt, Ludwig den Heiligen, Karl VII., Franz I., Heinrich IV., an die Kreuzzüge, Bouvines, die Jungfrau von Orleans, Jvry, Rocroy! Wenn der König die große Treppe hinaufſtieg, ſo erblickte er ſich ſelbſt, wie er Spanien bemüthigte und Holland überfiel. In der wunderbaren großen Galerie, vierzig Toiſen lang und 36 Fuß breit, mit 17 Fenſtern und gegenüber 17 Arkaden aus Spiegelglas, jedes Fenſter und jede Arkade durch einen Marmorpfeiler getrennt, über den Bogen Trophäen und Amoretten als beſte Sinnbilder von Ludwigs XIV. Regierung — in dieſer Galerie ſah Ludwig abermals nur ſich, von allen Tugenden und Vorzügen in allegoriſchen Geſtalten umgeben, ſeine Feinde niederſchmetternd, den Rhein bändigend, die Hydra der Koalition als Herkules niederſchlagend, mit ſeinem Schilde den erſchreckten kaiſerlichen Adler gegen die Türken ſchützend, die Säulen des Herkules mit dem nec plus ultra Karls V. umſtürzend. Welch' anderer Menſch als Ludwig XIV. würde es ertragen haben, überall nichts als ſeine eigene Apotheoſe zu ſehen?

Dies Verſailles koſtete dem Könige zuſammen an 150 Millionen Livres, die dem innern und dem Tauſchwerthe nach etwa 900 Millionen Francs des heutigen Geldes entſprechen. Aber ohne Rückſicht auf dieſe enormen Ausgaben, auf die wachſende Zerrüttung ſeiner Finanzen, auf den unerträglichen Steuerdruck wollte Ludwig neben dieſer Prachtreſidenz — die ſeit 1682 ſeine regelmäßige und ſtändige Wohnung wurde — noch ein Landhaus haben, natürlich nach ſeiner Façon, für die Einſamkeit, natürlich ſo weit ſie ſich für einen irdiſchen Gott eignet, der nie der Anbetung und des Weihrauchs entbehren kann. Er wählte ſich dafür ein feuchtes Gehölz zwiſchen Verſailles und St. Germain, Marly. Man muß bemerken, daß Ludwig für ſeine Wohnſitze ſtets die Reize der Natur vermieden hat; offenbar fühlte er ſich durch Schönheit beengt, welche die Blicke auf ſich zog, ohne von ihm geſchaffen worden zu ſein: je häßlicher und unbedeutender aber ein Ort war, um ſo herrlicher konnte ſich an ihm die Macht des „Königs Sonne", des Roi soleil, bethätigen! Dieſes Landhaus enthielt einen großen Pavillon für ihn und ſeine Familie, 12 kleinere mit je zwei Wohnungen für die bevorzugten Höflinge, die er dorthin einlud, eine Kapelle, eine Kaſerne für die Leibwächter, Wirthſchaftsgebäude. Auch hier Blumen=

Schloß von Versailles. Hofansicht.

beete, geradlinige Alleen, nicht minder geradlinige Bosquets, Wasserbassins, Kaskaden, Springbrunnen, Statuen mit süßem Lächeln, Pilaster, korinthische Säulen, Trophäen, Inschriften. Dieses Marly war nun aber bestimmt, die höchste Verherrlichung für den König zu enthalten: seine Darstellung als Sonne, furchtbar verzehrend für ihre Feinde, wohlthätig belebend für die Gerechten, die täglich anbetend vor ihr knieen. An dem Hauptgiebel erschien der Sonnengott auf seinem Wagen, und die zwölf kleinen Pavillons um den großen schienen die zwölf Arbeiten jenes oder die Bilder des Thierkreises,

Aus den Gärten von Versailles. Die Bäder des Lords.

die sich rings um die Sonne schlingen, zu bedeuten. Die Sonne wurde von nun an das Lieblingssinnbild des Königs für sich selbst — im Französischen ist ja dieses Gestirn männlichen Geschlechtes. Im Innern sah man die Wände der Gemächer durch Gemälde von der Meulens bedeckt, welche Belagerungen darstellten, die unter Ludwigs persönlicher Anwesenheit zu glücklichem Ende geführt worden waren.

Dicht bei Versailles wurde ein zweites Landhaus, das große Trianon, erbaut; Fontainebleau — das hauptsächlich für die königlichen Jagden diente — Chambord wurden vergrößert und verschönert. In den zwölf Jahren nach dem Frieden von Nymwegen allein kosteten die königlichen Bauten die Summe von 74,374,631 Livres, was heute 446,247,706 Francs entspricht und auf das Jahr 37,187,315 Francs ausmacht!

Dieser wahnsinnige Bauluxus, in welchem Ludwig seine Größe für die späteste Nachwelt zu verkörpern gedachte, hat seine Finanzen in den Friedensjahren erschöpft und die alten siegreichen Regimenter durch die Krankheiten, welche die harte Arbeit in ungesunder Umgebung in furchtbarem Umfange

Aus den Gärten von Versailles: Die Colonnaden.

unter ihnen erzeugte, zum guten Theile vernichtet. Mehr als 30,000 der kriegsgewohnten Soldaten waren bei jener tollen Ableitung der Eure untergegangen, und alte erfahrene Offiziere riefen aus: es sei das schlimmer, als wenn jedes Jahr drei Schlachten verloren gegangen wären! Wie in der alten Tragödie, so hat auch hier der frevle Uebermuth die Strafe der rächenden Gottheit unmittelbar nach sich gezogen!

Aber weder in den alten Zeiten noch in den neuern gab es je ein so glänzendes Schauspiel wie dieser Hof Ludwigs XIV., wie diese prächtige Schaar von zwei- bis dreitausend pompös gekleideten Priestern und Priesterinnen, die täglich in marmornen, vergoldeten und reich bemalten Tempeln den Herrn der Welt, den König Sonne anbeteten.

Zweites Kapitel.

Ludwig und die französische Literatur, Wissenschaft und Kunst.

Ueber den Glanz und den Ruhm der Gegenwart vergaß Ludwig der Zukunft nicht, und wie in den Säulen und Statuen von Versailles, so wollte er auch in Erzählung und Lied für die Nachwelt weiter leben. Er meinte das Urtheil der Geschichte ebenso beherrschen und blenden zu können wie die Meinung seiner Zeitgenossen. Er überschüttete Gelehrte und Dichter mit Wohlthaten; aber er wurde dabei durchaus nicht von einer platonischen

Liebe und Begeisterung für Wissenschaft und Poesie geleitet, sondern was er darin suchte, war lediglich wieder er selbst, sein Ruhm, seine Verherrlichung. Colbert setzt das sehr unverblümt auseinander: „Diese großen Männer, entzückt, sich unter einer so hohen Protektion zu sehen, bilden den Plan, die Geschichte unseres Fürsten in aller Weise zu «machen», nämlich die seines Reiches lateinisch, französisch, in poetischen Werken der verschiedensten Art, in Lobreden und andern Werken der Beredsamkeit, sowie in Medaillen; die seines Privatlebens, wo man im Einzelnen alle so logischen Bewegungen seines Geistes sowie die Dinge, die er gesagt und gethan hat, und in denen sein bewunderungswürdiger Verstand erscheint, gleichfalls in allen Weisen schildern wird." Colbert umgab sich mit einem kleinen Comité von gelehrten Dichtern, in welchem die Medaillen für alle merkwürdigen Ereignisse des Jahres entworfen, die lobpreisenden Inschriften für die königlichen Gebäude ersonnen und alle Lobgedichte auf den König, die in unendlicher Fülle einströmten, geprüft und verbessert wurden, um dann durch die Druckerei des Palastes selbst dem Publikum übergeben zu werden. Aus diesem Comité entstand die Akademie der Medaillen, Inschriften und schönen Wissenschaften — ein Titel, der genau ihrer ursprünglichen Bestimmung entspricht.

Aber dieser Kreis von Lobspendern genügte nicht; man mußte in ganz Frankreich, in ganz Europa die Anregung zu dem großen Konzert von Lobsprüchen auf den König Sonne geben, man mußte sich zahlreiche „Trompeten der Tugenden des Königs" sichern. Das war die Ursache für die vielfachen Pensionen an Schriftsteller und Gelehrte, Pensionen, aus denen man fälschlich Ludwig XIV. ein hohes Verdienst hat machen wollen. Wie alle Dinge, so betrachtete er auch die Werke des Geistes nur in Beziehung auf seine eigene Persönlichkeit. Uebrigens waren die einzelnen Pensionen nicht bedeutend; niemals wurden für die französischen Schriftsteller mehr als, alles in allem, 80,000 Livres jährlich ausgegeben. Unter einer Menge von jämmerlichen Mittelmäßigkeiten, die kein anderes Verdienst besaßen, als den König, des Dauphin Geburt, Ludwigs Großthaten in schlechten aber bombastischen Versen besungen zu haben, fiel dieser goldene Regen auch frühzeitig auf einen jungen, noch unbekannten Mann, der Racine hieß. Allein auch ausländische Gelehrte wurden mit Wechseln auf die Bankiers des allerchristlichsten Königs, begleitet von schmeichelhaften Briefen beehrt: Niederländer, Deutsche, Italiener, merkwürdiger Weise lauter wenig bedeutende Männer, von denen man hoffen konnte, daß die ihnen ertheilten Ehren und Vortheile sie zum Preise des hohen Wohlthäters veranlassen würden. Wirklich verherrlichte der Straßburger Wagenseil in deutscher Sprache die Bemühungen Ludwigs und Colberts für Handel und Industrie, während Dati „den Duft der Tugenden Seiner Majestät" über die Gefilde Italiens verbreitete. Jedenfalls muß man zugestehen, daß Ludwig seinen Zweck, sich selbst für alle Zeit zu glorifiziren, nicht kleinlich auffaßte, daß er auch für den Ruhm, der aus den Werken des Geistes erwächst, Sinn und Verständniß besaß.

So liebte er es, sich nicht nur mit Höflingen, Staatsmännern und Feldherren, sondern auch mit den ersten literarischen Größen seines Landes zu umgeben. Strahlen von ihrem Glanze fielen auf ihn zurück und erhöhten den hellen Schein der königlichen Sonne; er erschien als Mittelpunkt auch der intellektuellen Bestrebungen, als Inkarnation des französischen Geistes nach allen seinen Richtungen hin. Er wollte nicht allein sagen: L'Etat c'est moi, sondern: La France c'est moi, Ich bin Frankreich. Von der königlichen Huld angelockt, schaart sich wirklich um ihn der Kreis der Schriftsteller, auf seine Bestrebungen und Anschauungen gehen sie ein, sie sind seine Diener, gleich wie Colbert und Louvois, wie Turenne und Luxemburg, sie fügen sich in die Rolle, ihre Fähigkeiten und ihren Fleiß gleichsam nur zum Ruhme des Einen zu besitzen und anzuwenden. Sie sind wie der Chor lobpreisender Engel um den Thron der Gottheit. In diesem blasphemischen Sinne dachte sich Ludwig XIV. selbst das Verhältniß, er, der sich zum Wahrspruche gewählt hatte: Deo minor sed orbe maior, „Kleiner als Gott, aber größer als der Erdkreis!"

Ludwig XIV. erklärte sich im Jahre 1672, als der Protektor der „französischen Akademie", bisher stets ein höherer Würdenträger, gestorben war, selbst zum Protektor dieser, wie erwähnt, von Richelieu gestifteten Körperschaft, die allezeit die vierzig ersten Schriftsteller Frankreichs enthalten sollte. Der König erhob die Literatur also in die unmittelbare Umgebung seines Thrones. Noch mehr: die Versammlungen der „französischen Akademie" sollten im Louvre, also im königlichen Palaste stattfinden. In denselben sollte vollständige Gleichheit des Ranges herrschen, da das höchste literarische Verdienst mehr gelten müsse als Geburt und soziale Stellung. Bei jedem Hoffeste wurden sechs Einladungen an die Mitglieder dieser Akademie versendet, die damit den höchsten Beamten des Staates, den vornehmsten Edelleuten gleichgestellt wurden. Außer dieser längst bestehenden Académie française, außer der schon erwähnten neugegründeten Académie des Médailles, Inscriptions et Belles Lettres, schufen der König und Colbert noch die Académie des Sciences für die Naturwissenschaften jeder Art und die Mathematik. Sie wurde auf das reichlichste ausgestattet mit Laboratorium, Sternwarte, physikalischem Kabinet, Bibliothek. Und nicht minder wurde für die Künste gesorgt: auch sie sollten im Dienste des großen Monarchen stehen, seine Thaten verherrlichen, seine Schlösser schmücken, seine Feste verschönern, auch sie sollten die majestätische Würde und wohlgezogene Regelmäßigkeit wiedergeben, die von der Person Ludwigs XIV. ausstrahlte. Zunächst wurde, nach dem Vorbild jener literarischen Musteranstalten, eine „Akademie der Malerei" begründet, die mit richtiger Einsicht eine Vervollständigung durch eine französische Malerschule in Rom empfing. Wir werden sehen, wie vortrefflich die damals in Italien herrschende Malerei zu der Richtung paßte, welche der französische Nationalcharakter angenommen hatte, und wie jene deshalb halbigst in Frankreich recipirt und nachgeahmt wurde. Die jungen Leute, die man

Peter Corneille.
Nach dem Stiche von Drevet. Originalgemälde von Charles le Brun.

Die Akademien. 163

auf zwei Jahre nach Rom schickte — sechs Maler, vier Bildhauer, zwei Architekten — wurden vom Staate unterhalten, mußten sich dafür aber auch verpflichten, nur für den Dienst des Königs zu arbeiten. Man sieht, Alles lehrt immer wieder auf diesen einzigen Mittelpunkt zurück — Aus der Versammlung von Architekten, welche Colbert frühzeitig zur Entwerfung und Berathung der königlichen Bauten gebildet hatte, ward 1670 die „Akademie der Baukunst". Dann kam schon im nächsten Jahre die „Akademie der Musik", eine persönliche Schöpfung Ludwigs XIV., der von der Tonkunst die hauptsächlichste Verherrlichung seiner zahllosen großen und kleinen Festlichkeiten erwartete. Nach den Akademien andere wissenschaftliche Institute: der Jardin des Plantes — damals wirklich seinem Namen entsprechend ein botanischer Garten, zumal für Medicinalpflanzen; die königliche Bibliothek, die in den Palast Mazarins in der Rue Vivienne verpflanzt und von den armseligen 10,000 Bänden, die sie ausgemacht hatten, fortwährend durch Ankäufe von ganzen Sammlungen und einzelnen Werken, sowie durch zahlreiche Manuskripte, die zum Theil mit großen Kosten und Gefahren aus den entferntesten Ländern des Orients gesammelt wurden, zur ersten und reichhaltigsten Bibliothek der damaligen Welt vermehrt ward. Gelehrte wurden ausgesandt, um zum Zwecke paläographischer und diplomatischer Studien die Bibliotheken und Archive des Auslandes zu durchforschen.

Inmitten des Koalitionskrieges mochte sich Ludwig rühmen, daß er „durch die Kämpfe nicht verhindert wurde, einen Theil seiner Sorgfalt dem Aufblühen der Literatur und der Künste zu widmen". Es war dies immerhin die edelste Seite seines sultanischen Egoismus, und ihr verdankt er nicht am wenigsten den Glanz, der noch jetzt „das Zeitalter Ludwigs XIV." umstrahlt.

Als Ludwig den Händen des sterbenden Mazarin das Staatsruder entnahm, war die große Dichterschule, die in Richelieu und Fouquet ihre Förderer und Gönner gefunden hatte, ausgestorben. Madeleine von Scudery freilich fuhr fort, mit ihren ebenso sentimentalen wie vielbändigen Romanen die empfindsame Welt zu beschenken und „den großen Cyrus als einen verliebten, thränentropfenden, löschpapiernen Helden" darzustellen. Dieser selben Schule der „Precieusen" entstammten auch die Tragödiendichter nach der Mode, Quinault und Thomas Corneille, welcher letztere nichts von der Kraft und der Individualisirung, nichts von der Macht der Sprache seines ältern Bruders besaß. Leere Phrasendrescherei, endlos ausgesponnene; unwahrscheinliche und künstlich zusammengefügte Situationen, hohle Deklamationen über Gefühl und Tugend: diese Dinge sollen entschädigen für den gänzlichen Mangel an Leben, Bewegung und Handlung. Der ältere Corneille selbst lebte zwar noch und gab von Zeit zu Zeit Dramen heraus, aber er war nur noch der Schatten seiner einstigen Vorzüge, man erkannte an, daß trotz einzelner „entzündender Verse" seine „Kraft gestorben" sei.

Aber die Herrschaft des großen Königs bezeichnet auch die höchste Ausbildung jener freilich sehr einseitigen und beschränkten Literaturrichtung, die

11*

man als die „klassische" Zeit der französischen Dichtung bezeichnet. In Peter Corneille hatte noch die selbständige Charakterisirung ein dürftiges Anrecht behauptet, man vernimmt in seinen oft erhabenen Versen noch Nachklänge aus der freieren Zeit Heinrichs IV., Mariens von Medici und der Fronde: sein Nachfolger, sein unter dem jungen Ludwig XIV. siegreicher Nebenbuhler Racine, geschickter in der Anordnung, fließender in der Sprache, besitzt doch bei weitem weniger Kraft und Eigenthümlichkeit. Seine zart empfindenden, in Liebesländeleien sich ergehenden Helden und Heldinnen mit ihrer eleganten, wohltönenden, liebenswürdig einschmeichelnden Sprache sind echte Abbilder der Gesellschaft von Versailles und Marly. Griechen, Römer, Juden, Asiaten:

Jean Racine.
Nach dem Stich von P. Drevet; Originalgemälde von J. B. Santerre.

wie sie auf der Bühne mit Perrücke, kleinem Hütchen und Galanteriedegen erschienen und sich Monsieur und Madame anredeten; so dachten, fühlten und sprachen sie sämmtlich als Höflinge Ludwigs XIV., der in den pompös würdigen Helden dieser Stücke hier und da Anklänge an seine eigene Halbgott-Natur finden mochte. Alexander, Agamemnon, Titus waren Ludwig XIV. Boileau, Racines Freund, erkannte es an, „daß Racine, neue Wunder erzeugend, die Gemälde aller seiner Helden nach Ihm formte". Ungefähr gleichaltrig mit dem Könige, wie dieser zugleich von Ehrgeiz und Liebeslust verzehrt, wie dieser mehr durch die Eigenschaften des Kopfes als des

Herzens ausgezeichnet, fühlte Racine sich zu Ludwig hingezogen und von demselben beeinflußt. Es zeichnet so recht das Zeitalter Ludwigs XIV., daß ein so hohes Talent wie Racine, das auf sich selbst und seinem Ruhme hätte stehen, aus sich selbst und seinem Ruhme seine Befriedigung und Anregung hätte ziehen müssen, vielmehr Trieb und Leib ausschließlich von der wechselnden Gunst des Monarchen erwartete. In diesem sah er sein Ideal; der Zorn des Königs beschleunigte Racines Tod; nur zu sehr hatte derselbe sich bemüht, das schönredende, anmuthige, kraftlose Hofleben des großen Königs getreulich zu kopiren.

Racine behauptete ein Nachahmer der Antike zu sein, er studirte die griechischen Trauerspiele mit der Feder in der Hand, um die „Schönheiten" und „Wahrheiten" aus denselben zu ziehen und für seine eigenen Dichtungen zu verwerthen. Auch darin folgte er nur der Mode seiner Zeit, des königlichen Hofes. Wenn die höfischen Dichter Ludwig preisen wollten, verglichen sie ihn mit Cyrus oder Alexander, stellten sie ihn über Cäsar, ließen sie Venus und Minerva ihn mit ihren Gaben überschütten, Ceres und Merkur auf sein Geheiß seine Völker segnen, nannten sie ihn einen Herkules oder Mars. Die Bildhauer schmückten seine Schlösser ausschließlich mit Gestalten und Scenen aus der alten Geschichte und Mythologie. Aber ebenso wenig wie der große König auch nur das Mindeste von antiker Gesinnung an sich hatte, ebenso wenig wie die lächelnden oder theatralischen Steinmenschen von Versailles der klassischen Ruhe und natürlichen Majestät, der göttlichen Ein-

Facsimile von Racine.[1]

fachheit der antiken Bildhauerwerke glichen: ebenso wenig ist in den geschraubten Hofscenen Racines von dem tiefen Ideeninhalt, der gewaltigen Leidenschaft, der psychologisch geistvollen Rede des Aeschylus und Sophokles zu finden. Die drei Einheiten, die äußerlichen Formen, hatte er aus ihren Werken entnommen, von ihrem Geist war nichts in seinen Dramen zu finden. Die „Regeln" sind genau beobachtet, aber von dem, was der Antike zu Grunde liegt: dem ewig und einfach Wahren, ist bei Racine noch weniger als bei Corneille zu finden. Der Wohllaut der Sprache allein und die milde Sanftmuth der Empfindungen, die Kennzeichen einer hoch ausgebildeten, aber übermäßig verfeinerten Civilisation sind es, die Racine bis auf den heutigen Tag

---

1) Dieses Facsimile ist ein Bruchstück eines an M. Boileau-Despréaux gerichteten Briefes. Es lautet: A Paris, ce lundi 20. janvier. — J'ai eu des nouvelles de mon fils par M. l'archevêque de Cambrai, qui me mande qu'il l'a vu à Cambrai jeudi dernier, et qu'il a été fort content de l'entretien qu'il a (ou) avec lui.... Je suis à vous de tout mon coeur.   Racine.

einen gewissen Rang unter den Dichtern bewahrt haben. Aber Niemand wird mehr, mit Ausnahme einiger französischer Schulmeister, in der sogenannten und in Wahrheit sehr unklassischen Klassizität des 17. Jahrhunderts, wie sie in Racine ihre höchste Ausbildung gefunden hat, das vollendete Ideal der Dichtung erkennen.

Wie wir in Racine mehr Rhetorik finden als wahre Poesie, so herrschte auch sonst in der Dichtkunst des Zeitalters Ludwigs XIV. der praktische, ohne Erhebung auf das Nützliche und Vortheilhafte gerichtete Sinn vor, der von Ludwig auf sein ganzes Volk überging. Von Freiheit, Manneswürde, weiblicher Tugend, Selbständigkeit des Denkens und Handelns sollte ja in diesem Frankreich nicht mehr die Rede sein, sondern nur von äußerer Decenz, Unterwürfigkeit unter die Gebote der Kirche und des Staates, von Betriebsamkeit, damit der König recht viel Steuern ziehe, von gewisser Sittlichkeit des Volkes, damit er aus fruchtbaren Ehen viele Soldaten habe, von mechanischer Tapferkeit, damit er siege, und politischer Gewandtheit, damit er seinen Staat gut im Zaume halte; von Poesie zum Amusement des Hofes und von Wissenschaft ad usum Dolphini. Der Stolz des Adels sollte darin bestehen, mit möglichstem Glanz die Umgebung des Monarchen zu verherrlichen, sich der Auszeichnungen des letzteren würdig zu machen. Nach seinem persönlichen selbstischen Vortheil mochte ein jeder streben, aber ein Gemeinsames, Vereinigendes sollte nirgends bestehen.

Kein Wunder, daß der kühle praktische Verstand, die nüchterne Erwägung, die Kritik in der Literatur Ludwigs XIV. vorherrschen. Ihr hervorragendster Repräsentant ist Boileau. In seinen kalten aber wohlgedrechselten Versen suchte er die tyrannische Herrschaft der Regel, der Etiquette und des gesunden, d. h. flachen Verstandes, wie sie damals überall im Leben überwog, auch in der Dichtkunst ausschließlich zu begründen; was ihm nur allzu wohl gelang. In seinen „Satiren" griff er mit dem Verkehrten, Uebertriebenen, Unnatürlichen auch allem Enthusiasmus, alles dichterische Feuer, den überirdischen Flug des Genies, kurz Alles an, was die wahre Poesie ausmacht und verherrlicht. Die Vernunft, d. h. der nüchterne Verstand allein werden als der wahre Ausgangspunkt und das wahre Ziel der Dichtkunst empfohlen. Man möchte fragen, was diese dann anders sei, als eine gereimte und emphatische Prosa? Kein Wunder, daß Boileau als das höchste Genre der Poesie das zierliche, um einen einzigen Gedanken elegant sich drehende Sonett erschien, das mit gehöriger Kenntniß der Metrik und mit ausdauerndem Fleiße schließlich ein jeder Gebildete zu Stande bringen kann. Seine „Episteln" sind denn Musterwerke dieser wohlgezogenen, höfischen, anständigen Muse: Lobgedichte an Ludwig XIV., der obligate Preis des Landlebens von Seiten eines Höflings, der es höchstens in Marly oder Fontainebleau kennen gelernt hat, Selbstverherrlichungen und dergleichen. Dann als Gipfel seiner Thätigkeit, gleichsam die positive Ergänzung zu den Satiren, „die Kunst zu dichten" die Art poétique. Hier wird dem dramatischen, lyrischen, elegischen, komischen, ja selbst dem Sonettdichter genau vorgeschrieben, wie er es anzustellen habe, zum Ideal seiner Kunst vorzudringen. Ueberwindung der unzähligen Schwierigkeiten, unermüdete Arbeit, Anstrengung, Fleiß, Alles dies wird nöthig zum großen Dichter erklärt; aber Genie? Davon ist nicht die Rede. Das wäre nach Boileaus Auffassung nur eine störende Zugabe, die sehr leicht vom Kultus der allein selig machenden „Vernunft" ablenken könnte. Was bewundert er an Molière? „Sage mir, Molière, wo find'st Du Deine Reime?" Das bezeichnet den ganzen Boileau, der für das Haupterforderniß eines Dichters das ausdauernde Sitzfleisch hielt. Seine beste Gabe war sein Witz, doch auch im Grunde eine mehr verstandesmäßige als dichterische Eigenschaft, wie sie in seinem anziehenden komischen Gedichte „Der Chorpult" (le Lutrin) unterhaltend und fesselnd hervortritt.

Dieser Boileau war begreiflicher Weise ein Mann nach dem Herzen Ludwigs XIV., dessen Neigungen und Bestrebungen durchaus entsprechend und da er noch dazu seinen Fleiß zu hyperbolischen Schmeicheleien für den König Sonne verwandte, so wurde er ein Hauptgegenstand der königlichen Freigebigkeit. Er erhielt zuerst einen Jahrgehalt von 2000 Livres und wurde dann auf die schmeichelhafteste Weise an den Hof ge-

Nicolas Boileau des Preaux.
Nach dem Stich von Edelinck; 1704. Originalgemälde aus im Besitz.

zogen; seine pompöse Beschreibung des Rheinübergangs Ludwigs vom Jahre 1672 brachte ihm die Ernennung zum Reichshistoriographen, die jedoch glücklicher Weise für die geschichtliche Wissenschaft keine weiteren üblen Folgen hatte. Durch direkte Vermittelung des Königs ward er Mitglied der Akademie, obwohl die meisten der vierzig „Unsterblichen" den herben Censor haßten.

Derselben Richtung gehört der unvergleichliche Fabeldichter La Fontaine an, den man nicht mit Unrecht den allerfranzösischten Dichter genannt hat, d. h. Verehrer des gesunden praktischen Verstandes, leicht und liebenswürdig, mehr belebt als leidenschaftlich, gefühlvoll ohne Enthusiasmus, moralisirend und spekulirend ohne Rigorismus und mit bequemer Anpassung an die positive Religion. Viele dieser Eigenschaften würden in einer höhern Dichtungsart ein Fehler sein, stehen aber der leichten, graziösen Fabel, die weder Tiefe des Gedankens noch der Empfindung verlangt, sehr wohl an; populär, wie sie gemeint ist, darf sie ohne Schaden bei La Fontaine die bequeme Moral wiederspiegeln, mit deren schön klingenden allgemeinen Phrasen sich damals so gern die Unsittlichkeit und der Egoismus in allen Einzelfällen verknüpften und beschönigten. Das erschien auch in La Fontaines Persönlichkeit; der Fabeldichter ist nothwendigerweise Moralist, und doch war er so offenbar, so cynisch sittenlos, daß er damit bei dem wohlanständigen Hofe Ludwigs den größten Anstoß erregte. Da der König ihn auch als einen Freund des unglücklichen Intendanten Fouquet haßte, so gelang es La Fontaine trotz allen Bettelns und Schmeichelns nicht, einen Gunstbeweis des Monarchen in Gestalt einer Einladung zum Hofe oder — noch greifbarer — einer Pension zu erhalten. Der liebenswürdigste, angenehmste, gewandteste der damaligen Poeten, der künstlerisch naive Spiegel seiner und zugleich aller Zeiten fand vor Ludwig keine Gnade. Im Grunde ist das ganz angemessen. Die Dichtungsart La Fontaines ist zu volksthümlich, zu natürlich, zu wenig geschraubt und majestätisch, um Ludwig XIV. genehm zu sein. Wollen wir den unheilvollen Einfluß des großen Königs auf die Literatur bezeichnen, so können wir das nicht besser als durch den Hinweis, daß gerade dieselben Eigenschaften La Fontaine für immer geltend und populär gemacht haben, welche Ludwig XIV. abstießen. Man könnte dagegen Molière anführen, der an jenem Hofe und doch auch zu allen Zeiten Anerkennung und gerechte Bewunderung findet; aber Molière hatte zuerst bittere Kämpfe zu bestehen, und ein Genie ersten Ranges, wie das seine, muß selbst in den verschrobensten, unnatürlichen und falschen Verhältnissen den Sieg erstreiten.

Mit der Fabel eng verwandt ist die Gattung der Moralisten, und es ist für die verstandesgemäße Richtung des französischen Geistes zu jener Zeit sehr bezeichnend, daß dieselbe eigentlich damals gerade begründet wurde. Ihr

Jean de la Fontaine.
Nach dem Bilde von F. Lupin; Originalgemälde von H. Rigault.

wahrer Schöpfer ist der Herzog von La Rochefoucault, der einst in den Streitigkeiten und Liebeshändeln der Fronde eine unglückliche Rolle gespielt und seitdem sich in ziemlich melancholische Beschaulichkeit zurückgezogen hatte, aus welcher dann seine geistvollen, schwermüthigen, oft wahren und immer glänzenden „Maximen" entstanden. Oberflächlicher, barmherziger, abwechselnder, für die große Menge anziehender find La Bruyere's „Charaktere", eine Reihe moralifirender Abhandlungen, nicht geschrieben, wie die „Maximen" aus der Tiefe eines verwundeten Gemüthes, um wieder schmerzlich zu treffen, sondern von der leichten Hand eines Philosophen für die Welt, der lächelnd und gefällig zu belehren gedenkt. — Von diesen leichten moralischen Skizzen ist der Weg nicht weit zu den musterhaften Briefen der Frau von Sévigné, diesem sein geschliffenen Spiegel der ganzen Zeit. Wie erkennt man sie hier wieder, diese eleganten Höflinge, die heimlich über ihre eigene Knechtschaft spotten, von fern mit scheuer Ehrfurcht den nicht geliebten Monarchen umgeben, mit äußerlicher Frömmigkeit eine sehr ausgesprochene Vorliebe für die Güter dieser Welt verbinden. Geistvoll, witzig, formgewandt, aber nicht lies, keineswegs bösartig, aber gleichgültig, ist Frau von Sévigné höchst charakteristisch für die Zeit Ludwigs XIV. Und endlich wurde auch der Roman in nicht ungefälliger Weise über die Manierirtheit der Scudery erhoben durch Frau von La Fayette, die Verfasserin der „Prinzessin von Cleve".

Weil über allen diesen Schriftstellern — es sind nur die Führer einer zahllosen Schaar minder bedeutender Geister — steht an Genie und ewiger Wahrheit der größte Dichter, den Frankreich überhaupt hervorgebracht hat, Molière. Wie jeder Lustspieldichter, bedient auch Molière sich derjenigen Vorbilder, die seine Zeit ihm gewährte; er gibt ein treues Porträt der Sitten, Vorzüge und Fehler der damaligen höhern Gesellschaft. Was für den Tragifer ein Vorwurf, ist für den wahren Lustspieldichter eine Nothwendigkeit. Die großen Eigenschaften des Menschen gewinnen, wenn sie frei von allen momentanen Verdunklungen über eine weite Zeitentfernung hinaus gesehen werden; die kleinen Eigenschaften, die der Komiker schildert, werden durch die Verschiedenheit der Zeitalter bis zur Unkenntlichkeit umgestaltet. Die wahre und echte Komödie hat immer der Gegenwart den Spiegel vorgehalten und neue schöpferische Ideen in dieselbe geworfen. Aber das Geniale bei Molière ist eben, daß er sich über das Wechselnde und Vergängliche zum Bleibenden und Ewigen zu erheben versteht. Seine Personen tragen das Gewand der Zeit, sind aber in ihrem innersten Wesen unvergängliche Typen der Menschennatur, wie sie stets und in jeder Epoche sich wieder erneuern. Wir vergessen die barocken Formen, die gewundenen Reden, die falschen Galantrien der damaligen höfischen Konvenienz, wenn unter der veralteten Hülle uns dieselben Menschen entgegen treten, deren Schwächen uns im eigenen Leben hundertmal lächerlich oder ärgerlich geworden find. Wo exiftirten sie nicht, diese scheinheiligen Heuchler, diese herzlosen Geizhälse, diese ewig eifersüchtigen greisen Ehemänner mit ihren koketten jungen Frauen,

170 Zweites Buch. 2. Kap. Französische Literatur, Wissenschaft u. Kunst.

diese Emporkömmlinge, die sich in höhere Gesellschaftssphären drängen und nur Lächerlichkeit einernten; diese Hypochonder, die sich den gesunden Leib mit allen Arzneien der Heilkunst und der Quacksalber füllen? Sind etwa die schöngeistigen Blaustrümpfe seit den Femmes savantes ausgestorben, oder die genial ausschweifenden Bürgersöhne, seitdem sie nicht gerade mehr von Sganarelle und Mascarille ausgebeutet werden, oder die anmaßenden Emporkömmlinge des Bourgeois gentilhomme, oder endlich die ebenso unwissenden wie übermüthigen, aus ihrer Fadheit und Geistesarmuth über Alles aburtheilenden Junker, seitdem sie nicht mehr als „Marquis" auf der Bühne selbst Platz nehmen? Molière ist nicht sofort mit einem einzigen Schritte zu seiner Höhe emporgestiegen. Ausgehend von der Posse, schuf er dann komische Intriguenstücke ohne tiefern Inhalt, wie den Étourdi und den Dépit amoureux, ging zu dem oberflächlichern Charakterlustspiele über, wie es uns in der École des maris, der École des femmes, dem Avare entgegentritt, um endlich die geheimsten und schwierigsten Probleme der Menschennatur im Misanthrope, Tartuffe, den Femmes savantes mit sicherer, nie fehlender Hand zu lösen. Und dazu, besonders in seinen besten Werken, welche Kraft, welcher Wohllaut, welche Sicherheit und frische Ursprünglichkeit der Sprache! — Nach einigen Schwierigkeiten und Kämpfen hatte Molière, dieser Sohn eines Tapezierers, das Glück, von dem großen Könige selbst unter seinen allmächtigen Schutz genommen zu werden. Ludwig XIV., der Wohlanstand und tadellosen Schein über Alles schätzte, wurde wohl nicht so sehr durch die tiefen Eigenschaften der Molière'schen Stücke angezogen, als durch den Kampf, den dieselben gegen die Verkehrtheiten und Lächerlichkeiten der Gesellschaft eröffneten und führten. Es schien ihm, als ob der große Dichter dazu bestimmt sei, die Schatten, welche das glänzende Bild seines, des Monarchen, Hofleben entstellten, durch das scharfe brennende Licht seines Witzes zu zerstören. Geschickt angebrachte Schmeicheleien für den König Sonne verdarben gerade die Sache Molière's nicht, und so erwarb sich Ludwig ein unbestreitbar großes Verdienst, indem er jenen gegen dessen natürlich zahlreiche und einflußreiche Feinde — alle die sich in den Komödien getroffen und verletzt fühlten — unter seine allmächtige Protektion nahm. Und endlich hatte Ludwig XIV. auch ein hinreichend klares und gesundes Urtheil, um zu erkennen, daß Molière's unsterbliche Werke eine der glänzendsten Verherrlichungen seines eigenen Königthums sein würden. Mit jenem sichern Instinkte, den er zumal in den ersten Hälfte seiner Regierung nie verleugnete, machte er sich auch dieses Genie zu eigen, damit es zu den Strahlen beitrage, die für alle Zeiten von dem Gestirne des großen Königs ausgehen sollten. Besonders lebhaft war der Kampf um den Tartuffe. Die Frömmler fühlten sich zu tief getroffen, als daß sie nicht alle Mittel gegen dieses Stück aufgeboten hätten. Der Pariser Erzbischof verdammte es in einem Hirtenbriefe; der erste Präsident des Pariser Parlamentes, Lamoignon, untersagte seine Aufführung; der große Kanzelredner Bourdaloue predigte gegen dasselbe: aber nach vierjährigem Ringen erwirkte Molière von Ludwig XIV. die Erlaubniß zur Darstellung. Ludwig allein hat dann 1673 die ehrenvolle Beerdigung des Dichters und Schauspielers gegen die Unduldsamkeit der rachgierigen Geistlichkeit durchgesetzt.

Molière.
Nach dem Stich von Besamelet. Originalgemälde von J. Bourdon.

So unendlich nun Molière sich über die Richtung zutreffender, witziger, bei bombastischer Phraseologie doch im Grunde nüchterner Verständigkeit erhob, die wir als das Kennzeichen des französischen Geistes im 17. Jahrhundert, und zumal im Zeitalter Ludwigs XIV. erkannt haben: ausge-

172 Zweites Buch. 2. Kap. Französische Literatur, Wissenschaft u. Kunst.

gangen ist doch auch er von ihr. Das Sitten- und Charakterlustspiel ist nur eine andere, höhere und kunstvollere Bethätigung derselben Weise, die sich in der literarischen Kritik Boileaus, in der moralischen La Rochefoucaults und La Bruyeres, in der fabulirenden La Fontaines ausspricht. Nicht mit Unrecht hat der letztere seine Fabeln „ein Theaterstück in hundert Akten" genannt. Und wie die politischen Institutionen, die Heinrich IV., Richelieu und Ludwig XIV. begründeten, sehr gegen ihre Absicht und Meinung zur Revolution führen mußten, so auch diese rein verstandesmäßige, kritische, praktische, berechnende, witzige Geistesrichtung. In Molière, La Rochefoucault, La Fontaine haben wir die Vorläufer Voltaires und der Encyklopädisten. Die Mystik ist der beste, wenn auch bisweilen unbequeme Bundesgenosse des Despotismus; der logische und kritische Geist dient demselben freilich eine Zeit lang vortrefflich, aber nur um bald die immer lästiger drückenden Fesseln zu zerreißen und sich gegen den Herrn selbst zu wenden. Wie der vollendetste Repräsentant dieses Geistes in der Verwaltung, Colbert, am Ende mit dem Könige zerfiel, wie der rechtschaffenste und einsichtigste Vertreter desselben in praktischer Mathematik und Nationalökonomie, Vauban, schließlich ein Buch schrieb — die Dîmes royales — welches das ganze bisherige Regierungssystem scharf angriff und dem Könige höchst mißfällig war: so und noch entscheidender trat bald auch die Opposition seitens dieser von Ludwig so gepflegten Richtung in der Literatur hervor. Das Leben dieses Königs sollte nicht zu Ende gehen, ohne daß sich diese Erscheinung in überraschender Weise zeigte; er sollte noch selbst die Früchte seiner egoistisch ausgeworfenen Saat keimen sehen. Unmittelbar an den großen König knüpfen die ersten Vorläufer einer Umwälzung an, die er, die Colbert, Louvois, Racine, Molière als unmöglich verlacht hätten, welche die Staatsmänner und Schriftsteller seines Nachfolgers aber und dieser selbst bereits für unvermeidlich erkannten.

Die großen Schriftsteller Ludwigs XIV. stammten alle aus einer früheren freieren und individuell unabhängigern Zeit; sie waren sämmtlich schon fertig gebildet, als dieser Monarch die Herrschaft nach dem Tode Mazarins in die Hand nahm. Daß sein Regierungssystem nicht selbst schöpferisch und geistig anregend wirkte, dafür gibt es wohl keinen bessern Beweis, als die Abspannung, die in der zweiten Hälfte seines Königthums eintrat. Nachdem die genialen oder hoch talentirten Männer, die vor seinem Regierungsantritte geboren und entwickelt waren, gestorben, standen keine mehr auf, die ihnen auch nur im entferntesten gleich gekommen wären. Diese ungünstige Wirkung von Ludwigs selbstischem Despotismus auf die französische Geistesenergie zeigt sich noch deutlicher, als in der Literatur, wo sie doch nur allmählich eintrat, in der Kunst. Der Grund ist, daß Ludwig und Colbert, welche auf die Literatur nur mittelbar wirkten, auf die Künste einen directen Einfluß ausübten, sie wohl überlegt und gewaltsam unter das System der Einheit und Uniformität drückten, das dem staatlichen Organismus eingesenkt war. Jeder selbständige Schwung, jede eigene Anregung in den Künsten wurde bewußtermaßen erstickt, jeder Kunstzweig in das Hofkleid gezwängt.

Die Malerei knüpfte an das italienische Vorbild der Schule der Caravaggi an. Hatten diese die derbe Natürlichkeit zu ihrem Ziele erkoren, so artete dieselbe auf dem Boden Frankreichs unter dem Einflusse des allein herrschenden höfischen Tones in eine, von allem Idealismus freilich noch weiter entfernte, gezierte Natürlichkeit, d. h. in das Streben aus, die Natur in den gesellschaftlich konventionellen Formen, verschönert und aufgeputzt für die Bedürfnisse des Monarchen und seiner Umgebung wiederzuspiegeln. Hatte sich Le Sueur noch, hauptsächlich infolge des eifrigen Studiums von Rafaels Meisterwerken und dann seiner eigenen mehr innerlichen und in sich vertiesten Natur von dieser verderblichen Richtung fern zu halten vermocht, so kam sie, längst durch andere vorbereitet, zu völligem Siege in Ludwigs Lieblings- und eigentlichem Hofmaler, Charles Le Brun (1616—1690), welcher infolge des königlichen Schutzes die Kunst mit demselben rücksichtslosen Despotismus beherrschte, wie Ludwig den Staat. Er war ein Künstler von großem Talent, von reicher Phantasie und leichter Gewandtheit der Darstellung, dabei von vielen archäologischen Kenntnissen; aber ohne innern Ernst, ohne den geringsten Sinn für irgend ein ideales, in die reinen Höhen des Gedankens und des edlern Gefühls erhebendes Streben. „Seine Gemälde,“ sagt ein berühmter Kunsthistoriker, „sind als die blendenden Dekorationen jener pomphaften aber innerlich hohlen Regierung zu betrachten; bei allem Aufwand an Gestalten und Farben entbehren sie sowohl des innern Gefühles und der individualisirenden Durchbildung, wie der künstlerischen Gemessenheit und Klarheit.“ Diese auf bloßen Glanz und Schimmer berechnete, der innern Erhebung aber entbehrende Manier entsprach und gefiel Ludwig so, daß er Le Brun zum unbedingten Herrscher im Reiche der Kunst machte; von ihm allein gingen die offiziellen Bestellungen, gingen Belobungen und Auszeichnungen aus, und das benutzte Le Brun, welcher einen niedrigen und kleinlichen Charakter hatte, um nur seine knechtischen Schüler und Nachahmer aufkommen zu lassen. Originelle Geister unterdrückte er mit allen Mitteln der List und Gewalt. Durch zahllose Schlachtenbilder und allegorische Gemälde verherrlichte Le Brun den Ruhm Ludwigs XIV., und schließlich ging es in der Malerei wie in der Tragödie: mochten Le Brun und seine Schüler Griechen, Römer, Juden oder Perser darstellen, es waren immer die Höflinge, Maitressen und Krieger des „großen Königs“. Gerade dies entsprach aber dem in seinem Egoismus beschränkten Geiste Ludwigs XIV. Le Bruns Nachahmer, unter denen Noel Coypel der bedeutendste war, sind gar nicht weiter anzuführen, da sie eben nur blindlings dem allmächtigen Lieblinge des Königs folgten. Von Le Brun und seiner Schule datirt die traurige Entartung der französischen Malerei, der Uebergang zu hohler, theatralischer Manierirtheit, die als der tiefste Verfall aller Kunst zu betrachten ist. Merkwürdig ist dabei der Umstand, daß gleichzeitig untergeordnete Gattungen der

174 Zweites Buch. 2. Kap. Französische Literatur, Wissenschaft u. Kunst.

Kunst in erfreulicher Weise blühten. Mignard, der freilich Le Brun auf das bitterste haßte, war ein vorzüglicher Porträtmaler, fein, anmuthig und graziös, ohne geziert zu sein. Vorzüglich aber sind die damaligen ausgezeichneten, im Einzelnen noch unübertroffenen Leistungen in der Kupferstecherei hervorzuheben, die Meister ersten Ranges, wie Drevet, Edelinck, Nanteuil aufzuweisen hatte.

Milo von Kroton und der Löwe. Von Pierre Puget.

Aber diese Trefflichkeit in der Nachahmung — denn auf solche laufen doch die genannten Kunstzweige hinaus — kann ganz gut mit dem Mangel an idealem und schöpferischem Geiste zusammen bestehen.

Noch unmittelbarer als Michelangelo Caravaggio die französische Malerei, beherrscht der Neapolitaner Lorenzo Bernini (1598—1680) die französische Plastik. Seine übertrieben naturalistische, auf blendenden Effekt und rohen Sinnenkitzel hinauslaufende Manier sagte Ludwig XIV. derart zu, daß derselbe ihn nach Paris berief, mit fürstlicher Auszeichnung empfing und zu seinem Berather für alle Werke der Bildhauerkunst und Architektur erkor. Bernini arbeitete auch des großen Königs Büste, die man noch im Museum von Versailles sehen mag, mit der ganzen theatralischen Majestät eines egoistisch kalten, perrückenumwölkten Pseudo-Jupiter. Der französische Hauptrepräsentant der Bernini'schen Richtung wurde dann Franz Girardon (1628 bis 1715). Wie sein Lehrer und Meister schuf er in Versailles einen Raub der Proserpina: in den Armen eines karikaturenhaft lüsternen Pluto sträubt sich ein wenig zum Scheine die Göttin, der man bei ihrer komödiantisch nutzlosen Geberde ansieht, wie wenig Ernst es ihr mit dem Widerstande sei. Noch mehr in die manierirte Weise verfällt Peter Puget (1622—1694), der ganz auf den Effekt losarbeitet, sei es in weichlichen, mehr malerischen Formen und Gestaltungen, sei es durch plumpe Wiedergabe des Häßlichen und Furchtbaren. Wir werden sehen, daß bei der Fortdauer der Regierung des großen Königs diese verkehrte Richtung eine immer unumschränktere Herrschaft gewinnt und immer traurigere Folgen mit sich führt, daß diese Periode wie die Malerei so auch die Plastik Frankreichs in kläglichen Verfall bringt. Das Einzige, was noch blieb, war übrigens auch hier die Porträtdarstellung, in der zumal der Lyonese Coyzevox Werke von mustergültiger Feinheit und Naturwahrheit geschaffen hat. Das Grabmal Mazarins von Coyzevox, jetzt im Louvre, wäre einer bessern Zeit würdig.

Was die Baukunst anbetrifft, so kann man nicht sagen, daß es ihr an edlen und würdigen Aufgaben gefehlt hätte. Schon ist der großen Schloßbauten gedacht worden, in denen sich das Genie der Meister der Renaissance in unsterblicher Weise bewährt haben würde. Aber damit noch nicht genug. Ludwig XIV. schätzte von allen Künsten am höchsten die Architektur, weil ihre Werke am meisten in die Augen fallen und vor allem die Macht und den Reichthum dessen, der sie veranlaßt hat, vorführen — während bei der Plastik und der Malerei der Besteller gänzlich hinter den Meister zurücktritt. Außer jenen Schlössern baute er, wenn auch mehr auf Colberts Antreiben, an Monumenten, die von seinen Vorfahren begonnen waren, wie dem Louvre und den Tuilerien und deren Verbindung durch eine lange Galerie, wie sie schon Heinrich IV. geplant hatte. In der Hauptstadt wurden auch außer den königlichen Palästen viele prächtige Bauten errichtet; unter vielem andern der „Platz der Eroberungen", der heutige Vendômeplatz, mit seiner Reihe gleichartiger und glänzender Gebäude, damals für die Ministerien, Akademien und Bibliotheken bestimmt. Aber unter allen Künsten war es gerade diese Favoritin des Königs, an der sich die von ihm begünstigte und beförderte falsche Richtung des Geistes am meisten rächte, sie, die den Mangel an Schwung und Erfindungsgabe nur durch hohles Uebermaß und langweilige Pracht zu ersetzen wußte. Vergebens preist man noch hier und da Ludwigs beide Hofbaumeister, Mansard Cheim und Neffe: sie verstanden nichts, als für viele Hunderte von Millionen Livres riesige und im Einzelnen überladene, im Ganzen aber kleinliche und nüchterne Gebäude zu errichten. Bei weitem das Beste ist Claude Perraults Hauptfaçade des Louvre mit ihrer grandiosen Säulenreihe vor den obern Geschossen; aber Perrault stammte noch aus der früheren Zeit und ist nie ein Liebling Ludwigs XIV. geworden.

Das sind also die Verdienste des Königs um die Künste: er hat sie durch seine Gunst nur zu Grunde gerichtet, er hat in seinen selbstischen Umarmungen jeden edlern Keim in ihnen getödtet. Noch einmal gießen einige

176 Zweites Buch. 2. Kap. Französische Literatur, Wissenschaft u. Kunst.

hervorragende Geister zweiten oder dritten Ranges, aus früheren Epochen hervorgegangen, Licht über den Beginn seiner Regierung, die damit in verborgtem Schimmer erscheint — aber bald erlischt Alles, und eine erschreckliche Geistesarmuth tritt ein, die sich nur hinter dem gezwungenen und albernen Lächeln des Höflings oder dem Grewel wilder und barbarischer Naturscenen zu verbergen weiß, oder auch — in der Architektur — dem blödesten Auge in ihrer kahlen Nacktheit erscheint.

Der Marmorhof unter Ludwig XIV. — 2. Aufführung der Alceste 1674.

Und wie steht es um die Wissenschaft?

Während der ganzen Regierung Ludwigs XIV. gab es keinen großen Historiker, keinen bedeutenden Rechtsgelehrten, keinen Naturforscher ersten Ranges. Alles, wozu Schwung, Begeisterung, Leben, Seele erforderlich ist, konnte nicht existiren unter dem einförmigen, ertödtenden, Alles absorbirenden Despotismus Ludwigs. Nur er in ganz Frankreich sollte gehört werden — und so verstummten seine Unterthanen.

Um so mehr wurde der geduldige, anspruchslose, ausdauernde Fleiß begünstigt und gepflegt, das nüchterne, trockene Gelehrtenwesen, zumal wenn sie dem Staate und dem Königthume unmittelbaren Nutzen zu bringen versprachen.

Da wurde Karl Dufresne Herr du Cange hoch geschätzt, besonders wegen seiner „gallo-byzantinischen Geschichte" und seiner „Geschichte des Konstantinopler Reiches unter den französischen Kaisern", in denen er die Großthaten der Franzosen im Oriente berichtet, so den nationalen Ruhm vergrößert und den spätern Verdiensten des Hauses Oesterreich um die

Vertheidigung der Christenheit gegen die Moslemin ein Gegengewicht verleiht. Der König interessirte sich deshalb für diese Arbeiten, Colbert unterstützte sie eifrig. Aber für seine beiden bewundernswerthen Hauptwerke, das „Wörterbuch der mittlern und spätern Latinität" und das „Wörterbuch des Spät-Griechischen" fand er bei den Machthabern keine Ermuthigung, denn was sollten sie dem großen König nützen? Dagegen erhielt wieder Baluze Hülfe, als er die „Kapitularien der französischen Könige" herausgab, die Gesetzbücher jener alten Vorfahren Ludwigs XIV., deren lange Reihe den Stolz der französischen Monarchen allen andern Herrschergeschlechtern gegenüber ausmachte. Ganz fern von der unmittelbaren königlichen Einwirkung, aber doch unter dem Einflusse der herrschenden Richtung auf die glorreiche Vergangenheit Frankreichs im Mittelalter entstanden die unschätzbaren geschichtlichen Arbeiten der Benediktiner-Kongregation von Saint-Maur. Hier soll nur Mabillon erwähnt werden, der durch sein epochemachendes Werk „Ueber die Diplomatik" (1681) der ruhmreiche Begründer einer für die genaue und zuverlässige Kenntniß des Mittelalters unentbehrlichen historischen Disciplin wurde. Die philologische Thätigkeit steht in gar keinem Zusammenhange mit dem Ruhme Ludwigs XIV.; fein Wunder, daß sie vernachlässigt wurde, und daß die großen französischen Philologen des 16. und beginnenden 17. Jahrhunderts keine würdigen Nachfolger fanden: am meisten ragten die doch nur mittelmäßigen beiden Dacier, Mann und Gattin, hervor.

Und ebenso war es in den Naturwissenschaften. Nur was unmittelbaren praktischen Nutzen versprach, wurde gefördert und begünstigt. Auf diese Weise aber erzieht man sicherlich keine großen Gelehrten. Der König empfahl seiner neu gestifteten Akademie der Wissenschaften ausdrücklich an, sich mit Fortschritten zu befassen, die eine unmittelbare und praktische Anwendung fänden. Knechtisch gehorchte man dieser Vorschrift. Man arbeitete hauptsächlich an Maschinen für die Wasserkünste des Königs, an Vervollkommnung der militärischen Zerstörungswerkzeuge und an Karten für den Gebrauch der Soldaten und Seeleute. Nennen wir noch die physiologischen und analomischen Arbeiten Perraults und Duverneys, die auch nur in Hinsicht auf die praktische Medizin verfolgt wurden, so haben wir so ziemlich die naturwissenschaftlichen Fortschritte in der ersten Hälfte von Ludwigs Regierung erschöpft.

Die Philosophie, die in der vorhergehenden Zeit in außerordentlichen Männern, wie Descartes, Gassendi, Pascal geblüht hatte, konnte unter einem autokratischen und dabei streng kirchlichen Herrscher, wie Ludwig XIV. war, nicht zur ungestörten Entfaltung kommen. Die Luft in dem Frankreich Ludwigs XIV. war der freien philosophischen Entwickelung nicht günstig. Dem Leichname Descartes' verweigerte der König eine feierliche und auszeichnende Bestattung, denn der große Denker war ihm widerwärtig. Da mußte sich die Philosophie mit epigonenhaften Gegnern des Cartesianismus, wie Huet und Daniel, oder nicht minder unselbständigen Vertheidigern desselben, wie Geulinx und dem mystischen Malebranche, begnügen.

178 Zweites Buch. 3. Kap. Ludwig XIV. und die Kirche.

Kurz, auf allen Gebieten trotz anscheinendem Glanzes und vieler von oben her beförderter Rührigkeit ein Rückgang des französischen Geistes unter der Einwirkung Ludwigs XIV!

Drittes Kapitel.

Ludwig XIV. und die Kirche.

Je tiefer unter dem Drucke des allseitigen Despotismus der Regierung die alte gallische Unabhängigkeit und Freiheit des Denkens sank, desto größern Ansehens genoß die Geistlichkeit: nicht nur wegen der streng kirchlichen Richtung des Monarchen, sondern weil sie zugleich einen integrirenden Theil der Staatsmaschinerie ausmachte. Der König war bei Weitem mehr als der Papst der Herr der französischen Kirche. In ihrer stattlichen Organisation von 18 Erzbisthümern, 101 Bisthümern, 750 Mannes- und mehr als 200 Frauenklöstern, von zahllosen Domherrnstellen und andern reichen Pfründen war sie doch durchaus, ja gerade durch dieselbe von der Krone abhängig. Alle diese Benefizien, die zum großen Theile reine Sinekuren waren, hatte der König zu vergeben, während dem Papste nur ein in der Praxis völlig illusorisches Bestätigungsrecht geblieben war. Mit allen Hoffnungen auf Beförderung, Reichthum, Macht war also die Geistlichkeit auf den König und nur auf diesen angewiesen. Die adeligen Familien, die sich durch ihre Verschwendung ruinirt hatten, rechneten auf die einträglichen geistlichen Stellen für ihre jüngern Söhne und Töchter nicht nur zur Versorgung derselben, sondern auch um ihren eigenen Vermögensverhältnissen wieder aufzuhelfen. So war die Kirche mit den festesten Banden an das Königthum geknüpft, und wenn Ludwig sich ihrer annahm und sie vertheidigte, so verfocht er damit nur seine eigene Autorität. All' ihr Ansehen, all' die ungeheure Macht, die sie über die Gemüther des Volkes besaß, wandte sie an, um den unbedingten Gehorsam gegen das Königthum zu lehren und dasselbe zu verherrlichen.

Richelieu hatte bei der Wahl der Bischöfe genau darauf geachtet, daß bei ihnen Wissenschaft mit Sittenreinheit und Sorgfalt für die Kirchenzucht sich innig verbinde. So zog er einen vorzüglichen Episkopat und durch diesen einen ausgezeichneten Klerus heran, der in der That das Recht hatten, einen großen Einfluß auf die Nation auszuüben, und der mit kirchlicher Frömmigkeit doch zugleich einen aufrichtigen Patriotismus verbanden. Es ging in der Kirche wie auf den übrigen geistigen Gebieten. Die hervorragenden Männer, die hier das Zeitalter Ludwigs XIV. verherrlichen, verdanken sämmtlich ihre Ausbildung einer früheren Zeit. Vortreffliche Theologen und Kanzelredner entstammten dieser Schule Richelieus. Bourdaloue zeichnete sich durch die Klarheit der Darstellung im Reden und Predigen, durch die

demander avec
un/ l'honneur de
leur designon ce n'est
e liaison qui ch
avente a par l'autre;
il ne par l'on mesk
mande pour lay
toute regarzapble

humblette
ferveur
frere de meaux

Kraft seiner dialektischen Beweisführung, durch den Ernst seiner ruhigen Beredsamkeit auf das glänzendste aus. Sein Zeitgenosse Flechier, Jesuit wie Bourdaloue, wirkte mehr durch die Kraft seiner Phantasie, durch wahr-

Jacques Benigne Bossuet, Bischof von Meaux.[1]
Nach dem Stich von E. Roy; Originalgemälde von Hyacinthe Rigaud.

haft dichterische Anlage, durch den Fleiß, den er auf künstlerischen Satzbau und Wohllaut der Rede verwandte. Bourdaloue beeinflußte mehr den Verstand, Flechier das Gemüth der Zuhörer. Von den Jesuiten erzogen ward

---

[1] Wir geben hier das Facsimile von dem Anfangs- und Schlußsatz eines Briefes von Bossuet an den Prinzen von Condé bei. Es lautet: Monseigneur, — Si je prends la liberté de demander avec toute l'instance possible à V. A. S. l'honneur de sa protection pour M. le président de Lyvery, ce n'est pas seulement par l'étroite liaison qui est entre lui et moi, par la parenté et par l'amitié, mais parce qu'il est digne par son mérite de la grace que je vous demande pour lui.... Je suis avec tout le respect possible, Monseigneur, de V. A. S. Le très-humble et très-obéissant serviteur, J. Bénigne E. de Meaux. — A Paris, 1 mai 1682.

auch Bossuet (geb. 1627),[1]) der hervorragendste Theologe dieser Zeit, dessen Verdienste freilich häufig übertrieben worden sind. Unübertrefflich in der Gewandtheit, Geschicklichkeit und Feinheit der Darstellung, musterhaft durch blühenden und energischen Styl, voll Geist und Schwung, lassen seine Schriften doch an Gründlichkeit und Gelehrsamkeit Vieles zu wünschen übrig. Auch seine Milde und Unparteilichkeit werden fälschlich gelobt; er war einer der unerbittlichsten Gegner nicht allein des Protestantismus, sondern auch der Protestanten, und hat seinen großen Einfluß auf den König durchaus nicht zur Milderung von deren Schicksal angewendet. Sagt er doch in seiner „Abhandlung über die Universalgeschichte": „Wer nicht leiden will, daß der Fürst in Religionssachen Gewalt gebraucht, weil die Religion frei sein müsse, befindet sich in einem gottlosen Irrthume." Durchaus orthodox römisch-katholisch, lehrte er sich nur dann gegen den Papst, wenn die Interessen der französischen Bischöfe oder der Krone, die sie beschützte, in Streit mit dem-selben kamen. Freilich stand er nicht an — und das wird ihm für immer Lob verschaffen — dem Könige in milder Weise seine Vergehungen vor-zuhalten; aber viel häufiger und nachdrücklicher sind doch in seinen Predigten die Ermahnungen zum Gehorsam gegen den Herrscher, die Verherrlichungen des großen Monarchen, mit aller Kraft und Schönheit von Bossuets unvergleich-licher Beredsamkeit vorgetragen.

Wie dem auch sei, diese Kirche hatte wesentliche Verdienste. Was sie für die Armen, für die Milderung der rohen Sitten, für die Abstellung der Prozeßwuth that, wird ihr auf ewig zum Ruhme gereichen. Indeß Lud-wig XIV. begründete hier eine vollständig andere, verschiedene Richtung. Er hatte vor allem im Auge, sie zu einem Werkzeuge seiner Macht, zu einer vom Hofe durchaus abhängigen Anstalt zu machen, und er besetzte deshalb ihre höheren Stellen fast ausschließlich mit bedürftigen Adeligen und seinen persönlichen Günstlingen. Oft sah man Kinder zu den höchsten Aemtern der Kirche befördert. Einer dieser kindlichen Prälaten, Croissy-Colbert, war noch nicht fünfzehn Jahre alt; sein Hofmeister begleitete ihn überall und ließ auch wohl gelegentlich Sr. Gnaden dem Bischof körperliche Züchtigung zu Theil werden. Ludwig XIV. spricht sich über sein kirchenpolitisches System in seinen Memoiren unbefangen aus. Ich bin, sagt er, unumschränkter Herr und habe deshalb das volle und freie Verfügungsrecht über alle Güter, die kirchlichen ebenso gut wie die weltlichen, um davon je nach den Interessen des Staates Gebrauch zu machen. Deutlicher kann man wohl die Kirche dem Staate nicht unterwerfen, gründlicher sie nicht zu einer bloßen Staats-anstalt ohne selbständige Bedeutung herabsetzen! Ja, fährt er fort, die Geist-lichen sind selbst noch mehr gehalten als alle anderen, dem Könige zu dienen, weil die Pfründeninhaber Alles, was sie besitzen, nur vom Könige haben. Auf diese Weise wurde freilich die Abhängigkeit der französischen Kirche von

---

[1]) Réaume, Bossuet (Paris 1860-70, 5 Bände).

dem Monarchen eine immer vollständigere, und man kann den Ultramontanen nicht ganz Unrecht geben, wenn sie meinen, daß die vielgerühmten Freiheiten der gallikanischen Kirche hauptsächlich darin bestanden, den Willen des Königs anstatt den des Papstes zu thun. Der Prinz von Condé sagte laut: wenn der König es vorzöge, zur protestantischen Predigt nach Charenton zu gehen, so würden die Prälaten die ersten sein, ihm dahin zu folgen.

Die allgemeine Kirche wurde damals gespalten durch den Streit zwischen Jansenisten und Jesuiten. Cornelius Jansen, Bischof von Ypern, hatte in seinem 1640 erschienenen Buche „Augustinus" die Lehre dieses Kirchenvaters über die Gnadenwahl, die ja auch den deutschen Reformatoren zur Grundlage gedient hatte, wieder erneuert und weiter ausgebildet. Nicht aus eigner Kraft vermöge der Mensch sich aus den sündhaften Begierden zu erheben, sondern nur durch die Gnade Gottes, die seinen Willen reinigt und bessert und ihm das Wohlgefallen an der Tugend einflößt. Nicht durch einzelne gute oder kirchliche Handlungen könne der Mensch sich von der Sünde befreien, sondern nur durch die von Gott ihm eingegebene Liebe zu diesem selbst. Damit trat Jansen vor allem der Lehre der Jesuiten, deren äußerlichem Sichabfinden mit der Verschuldung entgegen.

Durch Jansens Freund, den Abt du Verger de Haurane von St. Cyran wurde der Jansenismus auch in Frankreich heimisch gemacht, und zwar dem französischen Charakter gemäß sofort in praktischer Form. Sich erniedrigen, bilden, von Gott abhangen, dem weltlichen Leben entsagen, stellte du Verger als die umgängliche Forderung für den Weg zur Gnade auf. Bald fand er bei ausgezeichneten Männern Beifall. Staatsmänner, berühmte Advokaten zogen sich seinen Ansichten gemäß in die Einsamkeit zurück. Vor allem aber ward in einem Nonnenkloster, dem nach Paris verlegten Port royal, die Lehre Jansens und des Abtes von St. Cyran die allein herrschende.[1]) Sie kam jedoch bald mit den autoritativen und absolutistischen Bestrebungen der französischen Regierung jener Zeit in unversöhnlichen Gegensatz. Wie sollte dieselbe es dulden, daß die Jansenisten sich mit dem Grundsatze der alleinigen Abhängigkeit von der göttlichen Gnade und strenger Prädestination gewissermaßen von den irdischen Gewalten befreiten und deren Einfluß beschränkten? daß sie mit ihrem Leben voll Entsagung und Askese dem ganzen auf äußern Pomp und Glanz begründeten Regierungssystem schnurstracks entgegen handelten? Schon Richelieu ließ St. Cyran in das Gefängniß setzen. Nach dem Tode des Kardinals befreit, starb er wenige Monate darauf.

Er hatte eine Schule begründet, die sich mit reißender Schnelligkeit unter allen denjenigen ausdehnte, welche durch Dogmen, kirchliche Formen, das hierarchische System sich nicht befriedigt fühlten und eine mehr innerliche Genugthuung und Erhebung suchten. Gerade die gebildeten und geistig

---

1) Sainte Beuves sehr gewissenhafte und geistvolle Untersuchung: Histoire du Port Royal (3. Aufl. Paris 1867, 6 Bände).

hervorragenden Kreise der französischen Gesellschaft schlossen sich mit Begeisterung dieser Richtung an, die in Port royal ihren Mittelpunkt behielt — dieselben Kreise, die vier Menschenalter früher sich vorzugsweise dem Protestantismus in die Arme geworfen hatten. Streitschriften von eminenter geistiger Schärfe, Erbauungsbücher von ergreifender Religiosität gingen von diesem Kreise aus: ein tiefer Denker wie Pascal, ein Dichter wie Racine, ein Gelehrter wie der Historiker Tillemont. Auch im Klerus fand der Jansenismus zahlreiche Anhänger, der übrigens in seiner Heimath, den Niederlanden, gleichfalls eine große Verbreitung gewann.

Er wendete sich offenbar gegen die Richtung, die in dem damaligen Katholizismus die herrschende war, indem er die Kirche aus ihrem äußern Glanze entkleiden und zu der alten Einfachheit zurückführen wollte. Ferner betonte er die bischöfliche Gewalt, als von Christus unmittelbar eingesetzt, gegenüber der später entstandenen Macht des Papstthums. Endlich hatte Jansen kein Bedenken getragen, einen Satz des Augustinus, der vom römischen Stuhle verdammt worden war, trotzdem für richtig anzunehmen: denn der Papst verwerfe oft eine Lehre nur um des kirchlichen Friedens willen, nicht weil er sie für falsch halte. Diese Umstände mußten dem Papstthum frühzeitig den Jansenismus verdächtig machen: schon Urban VIII. hatte denselben bald nach seinem Entstehen verworfen. Da aber das nicht feierlich geschehen war, so blieb es ohne große Einwirkung, und zumal in Frankreich bekannten sich selbst zahlreiche Bischöfe zum Jansenismus. Der Kardinal Retz machte noch 1660 aus demselben eine Waffe gegen Mazarin und dessen Regierung.

Denn revolutionär war der Jansenismus in seinem innersten Kern, revolutionär gegen die bestehenden kirchlichen Anschauungen und Formen, und revolutionär gegen das Wesen des damaligen weltlichen Regierungssystems. Ueberhaupt erschien jede Auflehnung gegen das Uebertommene Ludwig XIV. als Verbrechen und das Auftreten Retz' rief das erste energische Einschreiten gegen jenen hervor. Man hatte jetzt einen trefflichen kirchlichen Anhalt. Papst Innocenz X. war durch die Jesuiten sowie durch die Anhänger der päpstlichen Unfehlbarkeit veranlaßt worden, am 1. Juni 1653 eine Bulle zu erlassen, durch welche er fünf von den Jesuiten als Grundlehren des Jansen bezeichnete Sätze als ketzerisch, lästerlich und fluchbeladen verdammte. Freilich war damit die Sache nicht entschieden, denn die Jansenisten behaupteten fest, diese verurtheilten Sätze stünden in ihres Meisters Buche gar nicht und seien von demselben nie in dem Sinne, wie man ihn in Rom aufgefaßt, geglaubt worden. Die französische Regierung aber veranlaßte nun, im Februar 1661, eine Versammlung der Geistlichkeit, um in einem Formulare, das von allen geistlichen Personen des Reiches unterschrieben werden sollte, die Identität der von Jansen gelehrten und von Innocenz X. verdammten Sätze und damit die Verurtheilung des Jansenismus überhaupt auszusprechen. Der neue Papst, Alexander VII., ein eifriger Anhänger der Unfehlbarkeit, ward vermocht, dieses Formular als richtig und wahr anzuerkennen.

Aber auch hier hatten die Jansenisten, die durchaus als gute Katholiken sich behaupten wollten, einen Einwand: eine Erklärung dieser Art überschreite die Befugniß der päpstlichen Macht; der Papst könne nicht soweit unfehlbar sein, Thatsachen als richtig zu behaupten, die falsch seien. So nahm dieser Streit die Ausdehnung auf ein Gebiet, das ihm ursprünglich ganz fremd gewesen war: das der Grenzen der päpstlichen Gewalt.

Die Nonnen von Port royal weigerten sich, jenes Formular zu unterzeichnen. Der Erzbischof von Paris bot Alles auf, sie zu überreden, sie konnten sich aber nicht überzeugen, daß ihre geliebten verehrten Lehrer verfluchte Ketzer seien. Da sah man den Erzbischof in das Kloster kommen, mit dem Polizei-Lieutenant und 200 Polizeisoldaten; 8 Kutschen standen vor der Thür. Die widerspenstigsten unter den Damen wurden hineingesetzt und nach fremden Klöstern gebracht; wieder andere hielt man in dem Tochterkloster, Port royal des Champs, förmlich gefangen (1664). Die weltlichen Bekenner des Jansenismus mußten sich versteckt halten, da man diejenigen, die man fand, in die Bastille warf. Gegen vier Bischöfe, welche die Formel nicht unterzeichnen wollten, wurde der Absetzungsprozeß eingeleitet.

Allein gerade die Standhaftigkeit der Jansenisten verschaffte ihnen zahlreiche Freunde, zumal der mächtige und anmaßende Jesuitenorden bei den übrigen Klerikern meist verhaßt war. Die altberühmte und ehrwürdige theologische Fakultät von Paris, die Sorbonne, erklärte sich gegen die Unfehlbarkeit des Papstes, wie die Jesuiten und die Römer sie lehrten, nur in einer allgemeinen Versammlung der Kirche liege die Unfehlbarkeit derselben. Vielmehr sei der Papst einem solchen Konzile unterworfen, auch habe derselbe keinerlei, auch nicht eine mittelbare, Gewalt über das Weltliche. Das Parlament, immer den römischen Ansprüchen abhold und zum guten Theile von jansenistischen Anschauungen erfüllt, beglückwünschte die Sorbonne wegen dieser Sätze, und was wichtiger, der junge König war nicht abgeneigt, sich ihnen anzuschließen. Er hatte mit dem richtigen Herrscherinstinkte, der ihm stets eigen war, erkannt, welche Gefahren für die weltliche Macht die Lehre von der päpstlichen Unfehlbarkeit in sich birgt. Er befahl die Erklärung der Sorbonne öffentlich bekannt zu machen. Man konnte damals schon dieselben Dinge hören, die heut zu Tage so vielfach geäußert und besprochen werden: die Lehre von der päpstlichen Unfehlbarkeit werde alle Gebildeten und Denkenden aus der Kirche treiben; es sei nichtswürdige Lästerung, einen Menschen der Gottheit gleich zu stellen. Neunzehn französische Bischöfe protestirten in einem Schreiben an den heiligen Vater gegen „dieses neue und unerhörte Dogma". Ja, die Partei des Widerstandes erhielt auf den Versammlungen der französischen Geistlichkeit der Jahre 1665 und 1666 die Oberhand; sie gingen den König an, den Klerus seines Reiches, die freieste und zugleich ergebenste Körperschaft desselben, in seinen Rechten zu beschützen.

Ludwig XIV. war durchaus nicht abgeneigt, **sich des Klerus anzunehmen.**

Er hatte soeben (1662—64) einen erbitterten Streit mit dem Papste gehabt; wer stand ihm dafür, daß derselbe sich nicht bald wieder erneuern und er dann der Hülfe der heimischen Bischöfe bedürfen würde? Indem der Widerstand gegen Rom den besondern jansenistischen Charakter verlor, hörte er auch auf, die Abneigung des Monarchen hervorzurufen. Der Nachfolger Alexanders VII., Clemens IX., ein milder versöhnlicher Mann, hielt es an der Zeit einzulenken, den Frieden in der Kirche wieder herzustellen. Durch seinen Nuntius ließ er (1668) mit den Abgeordneten des französischen Episkopats eine Erklärung vereinbaren, die auch ein Jansenist unterschreiben durfte: sie enthielt nur die Verdammung der fünf Sätze in dem Sinne, welchen der Papst hineingelegt, aber nicht mit dem Vermerk, daß dies auch wirklich der Sinn des Jansenismus sei. So war die Autorität des römischen Stuhles gewahrt, der Anspruch aber auf Unfehlbarkeit auch in den Thatsachen zurückgenommen und endlich das Dogma von der wirksamen Gnade sowie die ascetische Lebensrichtung der Jansenisten unberührt geblieben. Im Grunde war es ein Sieg des Jansenismus über die Unfehlbarkeitsbestrebungen des Papsthums. Einige arme Nonnen, einige Doktoren und Bischöfe hatten den konsequenten Fortschritt der päpstlichen Allmacht auf ein und ein halbes Jahrhundert gehemmt, zurückgedrängt!

Nun kamen die soeben Verfolgten wieder zu Gunst. Der König sprach von den vier Bischöfen mit Achtung und nahm offene Jansenisten in seine Umgebung auf. Die Klöster Port royal von Paris und Port royal des Champs wurden wieder in alter Weise hergestellt. Mit Pomponne, dem Minister des Aeußern nach dem Tode Lyonne's, erhielt der Jansenismus sogar ein Ministerportefeuille. Er war immerhin noch oppositionell und bewahrte damit die eigenthümliche Anziehungskraft der verbotenen Frucht, ohne daß eine konsequente und ernstliche Verfolgung ihn eingeschränkt hätte. So breitete er sich mit reißender Schnelligkeit weiter aus, aber im Gegensatze zu Rom, dessen geheime Feindschaft er wohl kannte. Der Tag war nicht fern, wo Ludwig XIV. sich diesen Elementen anschloß, während gerade die aufrichtigsten und hervorragendsten Verfechter des Jansenismus ihren im Grunde streng kirchlichen Charakter durch eifrige Opposition gegen die weltliche Macht bewiesen.

Wenige Jahre nach dem Abschluß dieses Friedens erhielt nämlich Ludwig Gelegenheit, Frankreichs und seine eigene Unabhängigkeit Rom gegenüber in schroffster Weise zu behaupten. Der Streit brach über die sogenannte Regale in den vier südlichsten Provinzen Frankreichs Guyenne, Languedoc, Provence und Dauphiné aus[1]. Dieselben waren die einzigen, wo der König nicht das Recht besaß, während der Vakanz eines bischöflichen Stuhles

---

1) G. J. Phillips, Das Regalienrecht in Frankreich (Halle 1873), giebt eine ebenso gründliche wie unparteiische Darstellung des ganzen Kampfes zwischen Ludwig XIV. und Innocenz XI.

dessen Einkünfte einzuziehen und die von demselben abhängigen unteren geistlichen Stellen zu besetzen. Dieses Recht nannte man eben die Regale. Schon längst hatte Ludwig XIV. dieselbe auch auf jene vier egemplen Provinzen auszudehnen gestrebt, war aber durch den hartnäckigen Widerstand des Klerus daran verhindert worden, bis er am 10. Februar 1673 eine Deklaration erließ, welche jede fernere Opposition verbot und die Regale für immer in ganz Frankreich gültig erklärte. Diese Angelegenheit, an sich unbedeutend, hatte dadurch einen wichtigen Hintergrund erhalten, daß durch die Aussprüche allgemeiner Konzilien wiederholt verboten worden war, die Rechte weltlicher Gewalten in der und über die Kirche ohne deren Zustimmung auszudehnen. Und eine solche Ausdehnung war die willkürliche Aneignung der Regale durch die Krone in den vier Provinzen ohne Zweifel. Die Frage war demnach: ob die weltliche Gewalt sich über die Beschlüsse der allgemeinen Konzilien, also der Kirche, in nicht eigentlich theologischen, sondern kirchenpolitischen, die äußern Einrichtungen der Kirche betreffenden Fragen hinwegsetzen dürfe? — Eine Frage, die bekanntlich noch in unserer Zeit Gegenstand erbitterten Streites ist.

Die Mehrzahl der französischen Bischöfe auch in jenen vier Provinzen unterwarf sich der bestimmten Willensäußerung des Königs ohne weiteren Widerstand; das System Ludwigs in kirchlichen Beförderungen hatte bereits seine Früchte getragen. Nur zwei Bischöfe wagten es sich zu widersetzen, Männer, die bisher an der Spitze jener ascetischen jansenistischen Schule gestanden, und, selbst von unsträflichem Lebenswandel, ihre Diözesen mit unerbittlichem Ernste verwaltet hatten: Pavillon von Alet und Caulet von Pamiers. Sie handelten nur der Lehre des Jansenismus gemäß, wenn sie jede Einmischung der weltlichen Gewalt in die kirchlichen Angelegenheiten zurückwiesen. Der Streit kam bald zum offenen Ausbruch. Der König hatte nämlich gedroht, allen Bischöfen, die der Deklaration nicht gehorchen würden, das Verleihungsrecht kirchlicher Stellen zu nehmen und es schon zu ihren Lebzeiten in der Regale, d. h. durch eigene Verleihung auszuüben. Als der König nun demgemäß in der Diözese Alet verfuhr, und dort einige sogenannte Regalisten ernannte, belegte Bischof Pavillon dieselben durch eine Ordonnanz mit der Erkommunikation (1676). Auf einen Beschluß des Staatsrathes, welcher diese Ordonnanz aufhob, der Bischof nahm keine Rücksicht; und gegen die Kassirung der Ordonnanz durch den Metropoliten Pavillons, den Erzbischof von Narbonne, legte jener, bereits auf dem Sterbebette, Appellation an den Papst ein. Nach seinem Tode (1677) war der Bischof von Pamiers noch der einzige, der dem Könige das Regalierecht in Südfrankreich bestritt; auch er appellirte vor dem entgegengesetzten Urtheile des Erzbischofs von Toulouse an den Papst. Hier schritt Ludwig mit Strenge ein: dem widerspenstigen Prälaten wurden die Temporalien gesperrt, so daß er nur von den Almosen lebte, die ihm benachbarte Amtsbrüder heimlich spendeten.

Der zweite Nachfolger Clemens' IX., Innocenz XI., gleich jenem von

friedlichen Intentionen beseelt, hatte dem Kampfe um die kirchlichen Gerechtsame lange schweigend zugeschaut; er fürchtete offenbar, mit dem übermächtigen Könige in Streit zu gerathen. Aber das energische Vorgehen desselben
regte doch auch in ihm das Bewußtsein an, daß es sich hier um eine grund-
sätzliche Frage handle, deren Wichtigkeit weit über die unmittelbare Bedeutung
des betreffenden Objektes hinausgehe. Nicht minder entscheidend schien ihm
die Sache, als einst der Investiturstreit. Nach wiederholten ermahnenden
Breven drohte er endlich im Dezember 1679 mit kirchlichen Strafen, wenn
der Monarch nicht seine ungerechten Ansprüche gegen die südfranzösischen
Kirchen aufgebe.

Dieses Breve verfehlte aber völlig seine Wirkung. Die französische
Geistlichkeit war mit allzufesten Banden an das Königthum gefesselt, sie war
allzu systematisch zu unbedingtem Gehorsam gegen dasselbe angehalten und
bearbeitet worden, als daß sie sich nicht sofort bei dem drohenden Konflikt
zwischen Rom und der französischen Krone auf die Seite der letztern gestellt
hätte. In ihrer Versammlung vom Sommer 1680 richtete sie an den König
eine Versicherung ihrer Treue und Ergebenheit für einen Monarchen, „der
durch seinen Glaubenseifer und sein Ansehen alle übertreffe, ihres Abscheus
gegen die Bosheit gewisser stürmischer und unruhiger Geister, die den besten
Intentionen Sr. Heiligkeit zuwider, seinen Namen und seine Autorität zur
Uebung von Privatrache mißbrauchen".

Gegen diese entschiedene Parteinahme des französischen Klerus wider
das Oberhaupt der Kirche war das Verfahren des Königs noch milde zu
nennen. Er sandte den von Innocenz selbst als Vermittler gewünschten
Kardinal d'Estrées zu diesem Zwecke nach Rom. Allein ein neuer Zwischen-
fall machte jeden Ausgleich unmöglich.

Im August 1680 starb auch Bischof Caulet von Pamiers, und die
Domherrn, welche ihm ihre Ernennung verdankten, schritten, ohne ihre rega-
listischen Kollegen zuzuziehen, zur Ernennung zweier Generalvikare, welche
die Regalisten sämmtlich mit der Exkommunikation belegten. Die Regierung
aber schritt mit Waffengewalt ein, schleppte die Domherren ins Gefängniß,
und als der größte Theil der Geistlichkeit der Diözese sich weigerte, die
von dem Erzbischof von Toulouse als Metropolitanen neu eingesetzten Generalvikare anzuerkennen, wurde auch gegen ihn mit Verbannung und Einkerkerung
vorgegangen.

Diese Ereignisse, besonders aber der Verrath, den die hohe französische
Geistlichkeit zu Gunsten des Staates an den kirchlichen Interessen übte, versetzten den Papst in den höchsten Zorn. In einem Schreiben an das Kapitel
von Pamiers bestätigte er alle dessen Maßnahmen und erklärte alle Handlungen sonstiger Personen, die sich unter irgend einem Namen die Autorität
eines Generalvikars anzueignen wagten, für ungültig. Ueber den Erzbischof
von Toulouse aber, der sich so rückhaltlos der Regierung zur Verfügung
gestellt hatte, verhängte er ohne weiteres die Exkommunikation (Januar 1681).

Dieses päpstliche Breve erregte unter der französischen Geistlichkeit eine noch größere Aufregung als bei der Regierung. Die Einmischung in die innere Diözesanverwaltung, die ohne jeden kirchlichen Prozeß über einen Erzbischof verhängte Exkommunikation erschienen als unerträgliche Eingriffe in die Freiheit der gallikanischen Kirche. Einige Prälaten, unter ihnen Bossuet, gingen den König um Einberufung einer Versammlung der französischen Geistlichkeit an; und Ludwig XIV., der wohl wußte, daß sein Klerus ihm ergebener sei als dem heiligen Stuhle, berief dieselbe auf den Oktober 1681. Er stellte ihr von vornherein ein bestimmtes Programm, er bezeichnete die Kandidaten, welche die einzelnen Kirchenprovinzen zu wählen hätten. Daß sich der Klerus dies bieten ließ, ist der beste Beweis für seine Verwandlung in bloße Staatsbeamten. Auch während der Verhandlungen hörte der König nicht auf, die Beschlüsse der Versammlung zu beeinflussen. Dieselben waren im Grunde nur der Ausdruck des königlichen Willens. Um zu zeigen, daß er durchaus nicht auf das eigentlich kirchliche Gebiet übergreifen gedenke, verzichtete er auf die Ernennung zu den geistlichen Stellen während der Sedisvakanzen; aber nur um so nachdrücklicher forderte er das Zugeständniß, die finanziellen Rechte, welche die Regale der Krone verlieh, auch über die vier bis dahin befreiten Provinzen ausdehnen zu können. Indem der Klerus dem Könige diese Befugniß, also das Recht, sich in kirchenpolitischen Fragen über die Entscheidungen der kirchlichen Gewalten hinwegzusehen, gegen den ausdrücklichen Entscheid des Papstes völlig zuerkannte, kam es überhaupt zu Verhandlungen über die Machtbefugniß des heiligen Stuhles. Früher hatte die gallikanische Kirche ihre Unabhängigkeit mit rühmlichem Eifer gegen die Krone ebenso gut wie gegen Rom zu behaupten gesucht: jetzt bedachte man, daß der König stark, der Papst aber schwach sei, und suchte deshalb die gallikanische Freiheit nur im Kampfe gegen den letzteren. Auf Colberts Rath ging der König auf diese Gelegenheit ein, den Einfluß des Papstes in Frankreich zu Gunsten der Krone zu mindern und an diesem Gegner, der ihm schon manche Unannehmlichkeiten verursacht hatte, eine empfindliche Rache zu nehmen. Zunächst mußte die Versammlung am 3. Februar 1682 den Papst zur Nachgiebigkeit gegen einen König ermahnen, der sich so glänzende Verdienste um die katholische Kirche erworben habe. Gegen die in der Pamiers'schen Bisthumsangelegenheit erlassenen Breven wurde ein feierlicher Protest erhoben. Aber hieran wurde eine bei Weitem wichtigere prinzipielle Erklärung geknüpft, die niemand Geringeren als Bossuet zu ihrem Verfasser hatte. Derselbe hatte übrigens mildernd eingewirkt, da der Bischof von Tournai geradezu die Möglichkeit der Ketzerei Seitens des päpstlichen Stuhles ausgedrückt haben wollte. Aber auch die berühmten vier Sätze, die am 19. März 1682 auf Veranlassung Bossuets von der Versammlung des französischen Klerus angenommen wurden, bedeuten noch einmal einen Sieg der nationalen Bestrebungen und der bischöflichen Selbständigkeit innerhalb der Kirche gegenüber dem Alles erdrückenden Absolutismus des Papstthums, wie er seit Jahrhunderten von diesem angestrebt wurde. Leider waren die Beweggründe, aus denen dieser wichtige Schritt hervorging, keine reinen und edlen und so war auch seine Wirksamkeit von geringer Dauer: sie verdankten ihre Entstehung nur dem Drucke des Hofes, und die Gallikaner von 1682 waren nur die gehorsamen Diener der weltlichen Macht.

Im ersten dieser Sätze erklärte man, daß die päpstliche Gewalt sich eben nur auf geistliche nicht aber auf weltliche Dinge erstreckt; daß die Könige deshalb nicht durch den Papst abgesetzt, noch ihre Unterthanen von ihrem Treueide entbunden werden können. Zweitens: in Gemäßheit des Konzils von Konstanz steht die päpstliche Gewalt unter den Beschlüssen allgemeiner Kirchenversammlungen. Drittens: die päpstliche Gewalt hat sich zu regeln nach den allgemein angenommenen kirchlichen Gesetzen und insbesondere nach den Rechten und Gewohnheiten der gallikanischen Kirche. Viertens: die Entscheidungen des Papstes in Sachen des Glaubens sind einstweilen für alle Katholiken gültig, stehen aber definitiv erst fest, wenn die allgemeine Kirchenversammlung sie angenommen hat. — Einstimmig wurden diese Sätze von den vereinigten Prälaten genehmigt.

Kein Zweifel, daß diese Versammlung unter vielen Gewaltthaten seitens der Behörden gebildet, und daß die vier Artikel unter dem Drucke der Drohungen und Versprechungen des Königs angenommen worden waren; kein Zweifel, daß sie keineswegs unverbrüchliche Dogmen, sondern nur eine Meinungsäußerung der anwesenden Vertreter der französischen Kirche sein sollten. Immerhin machten sie die Lehre der französischen Geistlichkeit aus und waren bestimmt, für alle Zeit das Verhältniß Frankreichs zum römischen Stuhle zu regeln und festzusetzen. Der König war hoch erfreut über die Deklaration, und schon am nächsten Tage, am 20. März 1682, befahl er, daß alle geistlichen Lehrer sie unterschreiben, daß in allen geistlichen Lehranstalten sie vorgetragen, von allen französischen Klerikern sie acceptirt werden solle. Damit aber war der Krieg zwischen der französischen Kirche und dem Papstthume erklärt; denn ohne eine tausendjährige Vergangenheit aufzugeben, konnte das letztere die in den vier Thesen ausgesprochenen Grundsätze nicht billigen. Schon das Schreiben der Versammlung vom 3. Februar in der Regalienangelegenheit war von Innocenz XI. als ein feiger Verrath der Bischöfe an den Rechten der Kirche aufgefaßt worden. In seiner Antwort vernichtete er den in jenem enthaltenen Beschluß und sprach die Hoffnung aus, „daß auch Ihr nach besserer Untersuchung der Sache durch einen schnellen Widerruf Euer Gewissen und den guten Namen der französischen Geistlichkeit rettet". Der König fürchtete doch, daß die entschiedene Sprache des heiligen Vaters auf die Bischöfe Eindruck hervorbringen werde: an demselben Tage — dem 9. Mai 1682 — wo die Antwort des Papstes einlief, wurde die Versammlung vertagt, dann überhaupt aufgelöst. Es läßt sich nicht leugnen, der König hatte mit großer Geschicklichkeit operirt. Er hatte seinen Klerus gleich anfänglich durch eine wichtige Konzession gewonnen, er hatte dann in jenen aus seinem eigenen Kabinetsrath hervorgegangenen vier Artikeln die Interessen der französischen Krone und der französischen Geistlichkeit auf das Innigste verbunden. Nachdem die Versammlung ihre Schuldigkeit gethan, wurde sie aufgelöst, während anzunehmen ist, daß nach jener päpstlichen Antwort doch auch die Stimme der Bedenklichkeit in ihr zur Geltung gekommen sein würde. Ludwig XIV. behauptete, ein streng kirchlicher Herrscher zu sein; aber es war eine Kirchlichkeit nach Art Karls V. und Philipps II. von Spanien, welche sich als die mächtigen Schutzherrn der Kirche und diese als ihr wichtigstes politisches Werkzeug betrachtet hatten. Von einer Unterordnung der weltlichen Gewalt unter die geistliche, wie man sie in unsern Tagen als ein Axiom kirchlicher Gesinnung aufstellt, war bei den frömmsten Herrschern des 16. und 17. Jahrhunderts nicht die Rede.

Nun fehlte doch viel, daß man sich in Rom den Prätentionen des französischen Monarchen und seiner Geistlichkeit ohne weiteres gefügt hätte. Innocenz XI. war entschlossen, sich nicht, wie Alexander VII., durch die unwiderstehliche weltliche Machtentfaltung Ludwigs einschüchtern zu lassen: er wolle, sagte er, keine Bündnisse schließen, um sich in Rom mit Gewalt zu behaupten, sondern sich nur der geistlichen Waffen bedienen, um das zu vertheidigen, was ihm gehöre. Und er blieb nicht allein in diesem Kampfe. Nicht nur daß am römischen Hofe selbst viele Karbinäle und Theologen für ihn Partei nahmen — das war ja natürlich — sondern fast in der ganzen katholischen Christenheit trat man auf seine Seite. Die Fakultäten der katholischen Universitäten außerhalb Frankreichs, angesehene Prälaten der spanischen und ungarischen Kirche verwarfen die mit dem Satze durchaus und in den härtesten Ausdrücken. In Frankreich selbst fanden sich unter dem niedern Klerus, der stets lieber das ferne Rom, als den nahen Bischof allmächtig sehen wollte, viele, die in heimlich verbreiteten Schriften die Versammlung von 1682 und deren Wert angriffen.

Schließlich hielt der Papst sich von allzu heftigen Schritten zurück und schlug einen andern gemäßigtern Weg ein, der nach seiner Meinung sicherer zum Ziele führte. Er verweigerte denjenigen niedern Geistlichen, die jener Versammlung beigewohnt hatten und dann vom Könige zu Bischöfen ernannt wurden, die Institution. Sie hätten sich, sagte er, durch ihre kecke Ueberhebung, unberufen Glaubenslehren und Beschlüsse über den heiligen Stuhl aufstellen zu wollen, zum Bisthume untauglich gemacht.

So empfindlich dies auch war, Ludwig XIV. wußte sich zu helfen. Auf Bossuets Rath wurden die von dem Könige Ernannten, die bei dem Papste keine Bestätigung fanden, von den betreffenden Kapiteln zu Generalvikaren erwählt und hatten so fast alle geistlichen Befugnisse des Bisthums, während der Monarch ihnen die ihm selbst während der Sedisvakanz zukommenden Temporalien übertrug. Immer größer wurde in den nächsten Jahren die Zahl der Diözesen, in welchen diese anormalen Zustände um sich griffen. Aber Ludwig XIV. behauptete seine Position. So stellte Frankreich auch in kirchlicher Hinsicht sich kühn der übrigen Welt entgegen, ein in sich abgeschlossenes Gemeinwesen, das nach allen Seiten seinen Willen behaupten, seine Absichten durchführen wollte. Wie in weltlicher Beziehung Ludwig allein das Schicksal der Welt, die Gestaltung der Staaten ausschließlich zu bestimmen beanspruchte, so hatte er in geistlicher die Prätention, durch seine eigenen abhängigen Kleriker über die wichtigsten kirchenpolitischen Fragen die endgültige Entscheidung zu geben. Widerstand fand er freilich auf beiden Gebieten, Gegner, die sich ihm nicht ohne weiteres zu unterwerfen gedachten: es fragte sich, ob er seine Ansprüche würde durchsetzen können.

Man wies übrigens schon damals darauf hin: wie es eine altüberlieferte Gewohnheit der französischen Regierung sei, ihren Klerus aufzustacheln und zu unterstützen, wenn sie selbst in Zwiespalt mit den Päpsten sei, dagegen ihn zu unterdrücken und die gerühmten gallikanischen Freiheiten leichten Kaufes hinzugeben, wenn sie den heiligen Vater auf ihrer Seite habe; und so von diesen beiden Mächten, die vereint leicht gefährlich werden könnten, eine gegen die andere aufzuwiegeln, sie getrennt zu erhalten und von ihnen wetteifernd Vortheile für die Krone zu erpressen. In der Vergangenheit hatte sich diese Politik des französischen Königthums vortrefflich bewährt; Colbert hatte sie im Rathe seines Monarchen laut angerathen; leicht möglich, daß Ludwig XIV. sie bei seinem Verfahren vor allem im Auge hatte. Pflegte ja dieser Herrscher nicht Grundsätze um ihrer selbst willen, sondern nur so lange zu behaupten, wie sie seinem und seines Staates greifbarem Vortheil entsprachen. Das ist das Alpha und Omega all' seines Thuns.

Viertes Kapitel.

Unterthanen und Regierung in der Blüthezeit Ludwigs XIV.

Der ungemeine Aufschwung der französischen Macht im 17. Jahrhundert wäre undenkbar gewesen ohne die allseitig schnelle Entwickelung, welche der Wohlstand und die Bevölkerungszahl des Reiches in diesem Zeitraume genommen hatten. Die Fremden, welche im Beginne der Selbstregierung Ludwigs XIV. nach Frankreich kamen, wurden von dessen Vorzügen so überwältigend beeinflußt, daß ihnen für die Mängel und Schattenseiten kein Auge blieb. Nicht genug wußten sie zu rühmen die herrliche Lage des Reiches an den beiden wichtigsten Meeren, die Fülle der Früchte jeder Art, die es hervorbrachte, die Menge und Trefflichkeit der Straßen, den Wasserreichthum der großen und kleinen Ströme, die Größe und Gewerbthätigkeit der zahlreichen Städte, die Schönheit der bald sanften bald großartigen Landschaften, die Milde und Gesundheit des Klimas; und dann wieder die Betriebsamkeit der Bewohner, ihr höfliches und freundliches

Wesen, die Abwesenheit aller Rohheit, ihren Muth, ihre Religiosität, ihren frischen Unternehmungsgeist. Gefürchtet und mächtig nach außen, erschienen die Franzosen doch zugleich liebenswürdig, geschickt in allen Gewerben und Künsten des Friedens. Während sie sich von fremder Einfuhr fast ganz frei gemacht, wurden ihre eigenen Waaren in allen übrigen Ländern Europas begierig gesucht wegen ihrer geschmackvollen und soliden Bereitung: viele Millionen strömten dafür jährlich in das Reich. Der Landbau gewährte hinreichendes Getreide, die besten Weine der Welt, die feinsten Oele, die trefflichsten Gemüse, die reichlichste Rohseide. Wo wurden noch so viele und herrliche Gebäude errichtet, wo blühte so die Malerei, wo Literatur und Dichtkunst, wie in Frankreich? Die Zahl der Bewohner hatte am Schlusse der Bürgerkriege wenig über zehn Millionen Seelen betragen; bei dem Tode Heinrichs IV. schon dreizehn Millionen; im Jahre 1676 schätzte man sie bereits auf achtzehn Millionen.

Als Mittelpunkt dieses weiten und schönen Reiches, welches selbst die Gegner bereitwillig als das mächtigste und begünstigteste der Christenheit priesen, galt noch immer, obwohl der König es vermied, Paris. Wie trefflich war es als Hauptstadt gelegen: ein Kurier, der in Paris zu Pferde stieg, konnte in dreimal vierundzwanzig Stunden bis zu dem entferntesten Punkte des Reiches gelangt sein. Bereits schätzte man die Menschenmenge, die an Einheimischen und Fremden sich in den finstern und engen Straßen von Paris drängte, auf eine halbe Million und bemerkte staunend, daß dieselbe täglich mehrere Tausende von Goldthalern in den königlichen Schatz fließen ließ. Paris war schon damals der industrielle und commerzielle Mittelpunkt des Reiches. Man bewunderte weniger den Erfindungsgeist der Pariser, als vielmehr ihre merkwürdige Fertigkeit, die Erfindungen der Andern nachzuahmen und zu vervollkommnen. In Seide und Tuch übertrafen die Pariser Fabriken die englischen, in Gold- und Silberstickerei die lombardischen, in Glas- und Krystall die venezianischen. Paris ward vor allem die Hauptstadt der Luxusindustrie. Die Regierung selbst unterhielt dort zwei industrielle Etablissements, deren Erzeugnisse in der ganzen Welt als mustergültig betrachtet wurden: nämlich die Fabrik der Gobelins und die sog. Seifensiederei, die aber in eine Fabrik kunstvoller Möbel umgewandelt worden war. Ueberhaupt ließ Colbert Paris, die Hauptstadt, nicht die Ungunst des Königs entgelten, indem er, wie schon erwähnt, das Louvre und die Tuilerien ausbaute, den Vendôme-Platz und ein Observatorium dort anlegte. Aber noch mehr: die fieberhafte Thätigkeit, die in unsern Tagen das zweite Kaiserreich auf die Verschönerung d. h. die Modernisirung von Paris verwandt hat, fand ihr Vorbild in Colbert, der in seinem nüchternen, streng logischen und auf das Nützliche ausschließlich gerichteten Geiste keine Sympathie vorfand für die wunderbaren Monumente des Mittelalters. Unbarmherzig wütheten Hacke und Schaufel gegen die Denkmäler des gothischen Baustyles. Die zahllosen Thürme, Erker, Vorsprünge, Durchgänge mit ihrer drückenden und beengenden, aber malerischen und mannigfaltigen Unregelmäßigkeit verschwanden vor langen, geraden und für jene Zeit — allerdings nicht für die verwöhnten Städter des 19. Jahrhunderts — breiten Straßen, welche die Umgebung des Louvre, der Tuilerien, des Place royale der Lust und dem Licht zugänglich machten. Zum Vergnügen der Pariser wurde der Tuileriengarten angelegt; zur Hebung ihrer Gesundheit führte man Wasserleitungen in die Stadt und überwölbte die ungesunden Bäche, welche die Unreinlichkeiten der Hauptstadt durch dieselbe weiterführten; Springbrunnen reinigten die Atmosphäre und ergötzten zugleich das Auge. Glänzende und kostbare Quais verschönerten die Ufer der Seine und erleichterten mit den zahlreichen Landestellen, Hafenbassins und Brücken den Verkehr. 5000 Laternen erleuchteten Nachts die Straßen und machten sie gangbar und sicher. Am wichtigsten aber wurde für Paris die Umwandlung seiner Befestigungen in breite, baumbepflanzte, unvergleichlich schöne und prächtige Straßen, die noch den Namen Boulevards bewahren. Ein doppelter Zweck wurde hierdurch erreicht. Einmal verschwanden jene Wälle, von denen herab die Pariser so oft und noch zuletzt in der Fronde, dem Königthume und dessen Heeren getrotzt hatten; während die Sicherheit der Hauptstadt gegen äußere Feinde durch die dreifache Reihe von 130 festen Plätzen an den Grenzen hinreichend geschützt erschien, lag sie selbst dem Souverän jederzeit offen und zugänglich da. Und andrerseits erhielt sie durch diesen Umbau die schönsten Straßen der Welt, glänzende Verkehrsadern, einen herrlichen und unvergleichlichen Schmuck. Doch nicht dieser, sondern der erstere Zweck war der ausschlaggebende. Denn noch immer fürchtete die Regierung die Hauptstadt. Hier, sagte im Jahre 1671 Colbert zu seinem Sohne, münden alle großen Angelegenheiten des Reiches, hier werden sie entschieden; alle Schwierigkeiten, welche die Regierung findet, gehen von den großen Körperschaften aus, die hier ihren Sitz haben; sobald hier der Wille des Königs geschieht, wird er in ganz Frankreich anerkannt. Man sieht, daß die politische Bedeutung von Paris nicht erst von der großen Revolution her datirt. Die Niederreißung der Wälle erschien nur als Entwaffnung dieser gefährlichen Großstadt. Aber auch damit nicht genug. Ihr schnelles Wachsthum flößte neue Befürchtungen ein: würde es der Verwaltung und der Polizei noch möglich sein, dieses Häusermeer, diese Volksmenge zu überwachen und in Ordnung zu halten? So suchte man den reißenden Strom zu dämmen durch ein 1672 erlassenes Patent, welches die Erbauung von Häusern jenseits der Vorstädte verbot. —

Indessen unter der Einwirkung der beständigen Kriege, die Ludwig XIV. führte, der ungeheuren Lasten, welche dieselben dem Lande auferlegten, Colberts unerbittlich fiskalischen Regierungssystems und seiner grundsätzlichen Benachtheiligung des Ackerbaues gewann Frankreich allmählich ein anderes, trüberes Aussehen. Schon im Jahre 1678 warnt in seinem offiziellen Berichte der venezianische Gesandte, man dürfe den Anblick von Paris, wo die reichsten und gewandtesten Menschen zusammenströmten, nicht mit dem Zustande der Provinzen für identisch halten, wo der Adel durch die ihm auferlegte übermäßige Verschwendung verarmt, das Volk aber erdrückt sei unter den zahllosen Abgaben und Lasten. Unaufhörlich wurden während des Krieges neue Steuern eingeführt, angeblich nur für das vorübergehende Bedürfniß; in Wahrheit aber für immer. Die Beschwerden des Krieges wurden auch im Frieden nicht wieder abgeschafft. Nach der Veröffentlichung des Friedens von Nymwegen gab sich die Regierung einen Anschein von Großmuth, indem sie sechs Millionen an rückständigen Steuern erließ; aber es waren dies nur solche Beträge, die von den Beamten als uneinbringlich bezeichnet worden waren! Nicht ungestraft entfaltete Frankreich die beispiellose militärische Macht, die ganz Europa schreckte und in Schach hielt. So hoch auch die Steuern waren, sie reichten doch noch nicht hin, die Armee völlig zu unterhalten, und ein großer Theil der Last wurde wieder auf das arme Volk abgewälzt: die Nicht-Privilegirten waren zur unentgeldlichen Einquartierung durchmarschirender Soldaten verpflichtet. Zumal in den Grenzprovinzen war diese Last so drückend, daß nach gut beglaubigten Zeugnissen Herrschaften, in denen man früher sieben bis achthundert Heerdfeuer gezählt hatte, deren nur noch etwa dreißig enthielten! In jenem selben Jahre 1678 schreibt der berühmte englische Philosoph Locke auf seiner Reise durch Südfrankreich: „Der Kaufmann und Arbeiter geben die Hälfte ihres Verdienstes dem Steuersammler. Ein armer Buchhändler in Niort, der niemals Fleisch ißt, beherbergt und beköstigt zwei Soldaten, denen er täglich drei Fleischspeisen geben muß. Die der Vermögenssteuer unterworfenen nichtadligen Ländereien haben fast gar keinen Werth mehr; in einigen Jahren sind die Pachtpreise um die Hälfte gesunken." In dem harten Winter des Jahres 1684 kamen Tausende aus Mangel an Nahrung, Kleidung und Feuerung um. In den Straßen von Paris selbst fand man jeden Morgen Männer, Frauen und Kinder erfroren. Die goldstrahlenden Höflinge, die zu den üppigen Festen von Versailles fuhren, mußten auf den Wegen an todten Unglücklichen vorüber. Das waren die tiefen dunklen Schattenseiten der glänzenden Regierung Ludwigs XIV. Immer mehr nahmen Elend und Hunger unter der armseligen Landbevölkerung zu, immer mehr verringerte sich die Zahl derselben. Der üppige Boden des gesegneten Frankreich konnte dessen Kinder nicht mehr ernähren, denen zu Gunsten des Glanzes und der Macht eines Einzigen, zu Gunsten eines verkehrten ökonomischen Systems der letzte Blutstropfen ausgepreßt wurde. Von Theilnahme, Mitleid, Herz für die „Canaille" war freilich bei dem „großen Könige", seinen ebenso selbstsüchtigen wie knechtischen Ministern, bei seinen glänzenden Höflingen nicht die Rede!

Man meinte vielfach, die Verarmung des größten Theiles der Unterthanen sei geradezu ein Regierungsgrundsatz des Königs: es solle alles Geld in seine Kassen zusammenfließen, niemand solle die durch Besitz bedingte Unabhängigkeit inne haben, außer er selbst, damit eben alle um so geneigter seien zu seinem Dienste, von diesem ausschließlich das Heil zu erwarten hätten. Unzweifelhaft richtig war eine solche Anschauung in Betreff des Adels. Durch die Ausgaben, welche der König ihnen vorschrieb, grundsätzlich ruinirt, durch harte Strafen und willkürliche Belohnungen allen Unabhängigkeitssinnes beraubt, stürzten sich die ersten Geschlechter Frankreichs blindlings in die Knechtschaft; auf eine Botschaft des Hofes, oft durch den niedrigsten Beamten übermittelt, gingen sie gehorsam in den Krieg, und nicht minder gehorsam in Elend und Verbannung. Den ungestümen und unruhigen Muth, durch welchen der Adel so oft der Krone gefährlich geworden war, bethätigte er jetzt in deren Dienste auf zahllosen Schlachtfeldern. Freilich empfand er das Drückende und Unziemliche seiner Lage, freilich beklagte er in vertrautem Kreise, das Werkzeug des eigenen Unglücks sein zu müssen: wir brauchen nur die berühmten Denkwürdigkeiten des Herzogs von St. Simon zu durchblättern, um den deutlichen Ausdruck dieser geheimen Unzufriedenheit, dieser stillen Opposition der französischen Aristokratie zu finden. Sie wünschte innigst, die Sache, der sie dienen mußte, vom Mißgeschick betroffen zu sehen, damit die Staats=Glückseligkeit, die sie erdrückte, sich verringere. Aber niemand wagte es, sich der Sklaverei, unter der alle seufzten, zu entziehen, ja der Einzelne hielt sich für zurückgesetzt, wenn der König ihn nicht durch Befehle, Aufträge, Dienst auszeichnete. Ruhig auf seinem Schlosse zu leben, während die Standesgenossen am Hofe, in der Verwaltung, im Heere glänzten, schien dem Edelmanne eine empfindliche Schmach. Die Individualisirung war das große Prinzip, das Ludwig XIV. von seinen Vorgängern, den beiden großen Kardinälen, als das beste Mittel zur Befestigung und Aufrechterhaltung des königlichen Despotismus gelernt hatte. Indem es in Frankreich keinen andern Vereinigungspunkt gab, als allein und ausschließlich das Königthum, ward nicht nur jeder gefährliche Ausbruch des allgemeinen Mißvergnügens verhindert, sondern es war auch in jeder Einzelne mit seinen persönlichen Wünschen und Bestrebungen nur auf das Belieben und die Huld des Monarchen angewiesen. Die Prinzen von Geblüt aller Macht beraubt, die Hochadligen von jedem einflußreichen staatlichen Amte entfernt, die provinzielle und munizipale Selbständigkeit zertrümmert, die religiösen Parteien zu Gunsten des allein seligmachenden Staatskatholizismus unterdrückt: wo war da noch eine Möglichkeit, daß ein fester Kern zum Widerstande gegen die Alles beherrschende Staatsgewalt sich bilde? Früher hatte der ärmere Adlige sich unter den Schutz eines Großen begeben: der hatte als Provinzialgouverneur ihm einträgliche Verwaltungsämter oder als Generaloberst nicht minder einträgliche Offizierstellen verliehen, ihn gegen alle Widersacher und im Nothfalle selbst gegen die Regierung geschützt — jetzt war von allem dem keine Spur mehr, und es gab absolut keine andere Aussicht auf Beförderung, Ehre, Macht und Reichthum als nur im Dienste des Königs. Daher keine hochadligen Umtriebe mehr in den Provinzen; keine traditionellen Einflüsse der Großen

mehr in den Gegenden, wo sie früher residirten; sein herrschaftliches Schloß=
leben mehr. Alle Häuser der Großen gehen auf in dem Hause des Königs,
in dem Hofe, dem jeder Adlige, so hoch er auch stand, in dienender Stellung
angehören mußte. Und hier hieß es bedingungsloser Gehorsam, je An=
passen an jede Laune des Monarchen und seiner Minister, sonst war man
unrettbar verloren. Ludwig verstand es aber auch, den Ehrgeiz des Einzelnen
anzuregen und zu reizen; der militärische Verdienstorden des heiligen Ludwig
wurde häufig vertheilt, und außerdem erneuerte Ludwig XIV. als besondere
und höchste Auszeichnung nur für den alten Adel den Ritterorden des heiligen
Geistes: dessen blaues Band tragen zu dürfen galt als Höhepunkt aller
Wünsche für jene Edelleute, deren Vorfahren ihren Stolz in trotziger
Unabhängigkeit und eigenwilliger Macht gesucht hatten! Es leuchtet ein,
wie knechtisch die Gesinnung des Adels dem Königthume gegenüber werden
mußte.

Wenn Ludwig solche Ceremonien mit Glanz umgab, wenn er riesige
und prachtvolle Gebäude errichtete, so konnte man das noch mit den For=
derungen sei es der Regierungsweisheit, sei es des Ruhmes für die Nachwelt
oder der Künste entschuldigen; aber unverantwortlich war es, daß er ungeachtet
der unerschwinglichen Anforderungen der von ihm selbst hervorgerufenen
Kriege, ungeachtet des zunehmenden Elends seiner Unterthanen, kolossale
Summen in eitlen Festen vergeudete, um auch auf diese Weise seine Person
mit strahlendem, nie erhörtem Glanze zu schmücken. Zu einem Carroussel,
das er im Jahre 1662 vor den Tuilerien gab, ward der noch jetzt be=
stehende prächtige Triumphbogen erbaut, auf dem er sich selbst als „die
Ehre der Könige, die Wonne des menschlichen Geschlechtes, den Liebling
seiner Unterthanen, das Wunder der Welt" verherrlichen ließ. Der Reich=
thum der Kostüme blendete alle Augen; die Preise bestanden in großen
Diamanten. 1664 gab es ein achttägiges Fest, die Wonnen der bezauberten
Insel, das viele Hunderttausende kostete. Im folgenden Jahre kamen die
Hoffestlichkeiten wieder auf zwei Millionen Franken unseres Geldes zu stehen.
Vergebens that Colbert wiederholt die eindringlichsten Vorstellungen gegen diese
völlig nutzlose Verschwendung. Gastmähler, Ballette, Theatervorstellungen,
ländliche Feste folgten auf einander in fast ununterbrochener Reihe; bei einem
einzigen wurden 24,000 Lichter im Parke, 150 Kronleuchter in einem Saale
drinnen angezündet. Die Hofdamen erhielten oft vom Könige große Summen,
um zu diesen Festen in angemessenem Glanze zu erscheinen; zumal in den
Masleraden wurde Alles erschöpft, was sich die Einbildungskraft nur an
kostbarem Flitter ersinnen kann. Eine einzige Lotterie, die der König ver=
anstaltete, kostete 15,000 Pistolen. Und selbst an gewöhnlicheren Tagen er=
glänzte die Umgebung des Monarchen von einer solchen Pracht, „daß alle
Reichthümer Indiens hier vereinigt schienen". Wenn der König seinen Thron
bestieg, um fremde Gesandte zu empfangen, so trug er ein Kleid von uner=
meßlichem Werthe, dessen Diamanten allein mehr als sechzehn Millionen

werth waren! Die königliche Tafel, die Livreen seiner Dienerschaft, die fremden Pflanzen, mit denen seine Zimmer geschmückt wurden — alles dies war mit der ausgesuchtesten Verschwendung ausgestattet. Eine Reise, welche Ludwig nach Versailles unternahm, kostete 200,000 Livres (= 1,200,000 Francs unseres Geldes); seine feierlichen Mahlzeiten 50,000 Livres (= 300,000 Francs).

Selbstverständlich suchten es die Großen dem Könige an Luxus möglichst gleich zu thun; war dies doch das sicherste Mittel, seine Gnade zu erwerben. Ein Fest, daß der große Condé dem Monarchen in Chantilly gab (1671), kostete 180,000 Livres = 1,080,000 Francs! Colberts Sohn Seignelaye veranstaltete in seinen prächtigen Gärten zu Sceaux dem Könige eine Feier, welche die berüchtigten Feste Fouquets bei weitem übertraf. Und so fort. Freilich richtete man sich dabei zu Grunde, da man nicht, wie Ludwig selbst, den Staatssäckel zur unbeschränkten Verfügung hatte. Der große Condé hatte acht Millionen Livres Schulden, darunter bei seinem Schneider 300,000 Livres (= 1,800,000 Francs). Man half sich, wie man konnte. Man bezahlte seine Gläubiger gar nicht oder spärlich, oder erbettelte vom Könige Geschenke und Pensionen — natürlich auf Kosten der armen Steuerzahler; ja es kamen in dieser glänzenden Gesellschaft ganz gemeine Betrügereien und Diebstähle vor. Der König mußte im Jahre 1672 den Grafen Sessac vom Hofe verbannen, weil derselbe mit falschen Karten eine halbe Million Goldthaler (= neun Millionen Francs) gewonnen hatte! Endlich war ein verzweifeltes Mittel, „um die dürren Güter zu düngen", die Heirath mit den Töchtern reicher Bürger, der Großhändler oder der Finanzleute und Steuerpächter, die ihr Geld gern hingaben, um ihre Nachkommen mit dem Glanze des hohen Ranges zu schmücken. Indeß es war dies immer nur ein Palliativ für Einzelne, während der Adel als Ganzes unrettbar verarmte. Es mußte der Tag kommen, wo das Königthum seine Dienerschaft — den Adel — ausschließlich auf Kosten des Volkes ernährte, wo die französische Staatsverfassung zu einer großartigen Ausbeutung der Nation zu Gunsten der eng unter einander verbündeten Hofleute wurde.

Der Luxus begünstigte in hohem Maße die unglaubliche Auflösung der Sitten, die sich vom Hofe um so schneller unter alle Klassen der Gesellschaft verbreitete, je mehr Frankreich sich daran gewöhnen mußte, nur einen schimmernden Punkt zu erblicken: das Königthum. Alle jene prächtigen Feste liefen im Grunde immer auf eine Verherrlichung der weiblichen Schönheit, der Liebe und ihrer Genüsse, der „süßen Entzückungen" hinaus. Mit völliger Umkehr des moralischen Sinnes erschien nur die „Galanterie" als ehrenvoll, die Sittenreinheit aber als „wild" und „bäurisch". Es galt geradezu als eine Art Opposition gegen den König, wenn man den Tugendhaften, den „Cato" spielen wollte: amüsirte sich doch schon 1664 der König auf der Jagd bei Fontainebleau mit seiner Maitresse vor den Augen seiner Mutter und seiner jungen Gemahlin ohne irgend eine Zurückhaltung. Kein Wunder, daß sich Alles mit verdoppelter Hast in die Ausschweifungen stürzte, Männer und Frauen in gleicher Weise. Die eigene Schwägerin des Monarchen, Henriette von Orleans, die Tochter des unglücklichen Karl I. von England, gab das Beispiel der Gleichgültigkeit gegen die eheliche Bande, und zwar soll der König selbst ihr sehr nahe gestanden haben. Der große Condé, gewiß selbst kein musterhafter Gatte, ließ seine Gemahlin, allerdings nachdem sie das größte Aergerniß gegeben, im Februar 1671 auf Lebenszeit in ein Gefängniß bringen. Zwei Nichten Mazarins, die Gemahlin Karls de la Meilleraye und des Connetable Colonna, entflohen ihren Männern und führten ein abenteuerliches und ausschweifendes Leben. Ludwig XIV. trug kein Bedenken, durch eine schöne und geschickte Courtisane seinen guten Bruder von England in seinem Bündniß festzuhalten; der große König trat mit dieser Buhlerin — der sogenannten Herzogin von Portsmouth — in brieflichen Verkehr und nahm Geschenke von ihr an! Am französischen Hofe aber beugte man das Knie nicht allein vor der Montespan, der offiziellen Maitresse des Königs, sondern auch vor Madame Dufresnoy, einer Apothekerstochter und Frau eines Unterbeamten, welche Louvois seiner Liebe würdigte. Die größten Herren und Damen des Hofes hielten es nicht unter ihrer Würde, diesem Geschöpf ihre Huldigungen darzubringen, um so dem mächtigen Minister zu gefallen; schamlos durste sie sich in die Staatsgeschäfte mischen. Und nun erst die Montespan! Es galt als die größte Ehre, eine Stunde mit ihr im vertrauten Gespräche verbringen zu dürfen. Racine feierte ihre Schönheit, ihren Geist, die Kinder, welche sie dem Könige geboren. Boileau, streng nur gegen unglückliche Dichterlinge, verherrlichte das Feuer ihrer Augen. Weniger kann man dem liederlichen La Fontaine die Huldigungen verargen, die er der Buhlerin weihte, indem er ihr das zweite Buch seiner Fabeln widmete, in dem er Olympia — so nennt er sie — über Alles erhob. Aber schlimmer, als dieser Weihrauch bezahlter Poeten, so hoch sie auch standen, war es für Sittlichkeit und Tugend, daß der König seine unglücklich vernachläßigte Gemahlin zwang, die Kinder ihrer bevorzugten Rivalin zu besuchen und zu begrüßen. Einige Monate hindurch — es war im Jahre 1679 — hatte die Montespan den Sieg einer jüngern Nebenbuhlerin zu fürchten, Maria Angelika von Fontanges. Die achtzehnjährige Ehrendame der Königin war „schön wie ein Engel, wunderbar vom Scheitel bis zur Sohle, aber dumm wie ein Sieb". Sie beherrschte durch ihre körperlichen Reize den König so vollkommen, daß dieser ihr nichts zu versagen vermochte. Ein Goldregen fiel auf sie nieder, so dicht so unaufhörlich, daß man sie mit Danae verglich. In kindischem Uebermuthe erlangte sie das Vorrecht, bei öffentlichen Feierlichkeiten an der Seite des Monarchen zu erscheinen, niemanden zu grüßen, selbst die Königin nicht. Aber diese absolute Herrschaft war von kurzer Dauer; an den Folgen einer unglücklichen Geburt schwer erkrankt, wurde sie von ihrem herzlosen Liebhaber sofort vernachläßigt und bald in ein Kloster gesandt, wo Krankheit und

Kummer ihrem jungen Leben schon im Sommer 1681 ein Ende machten. Das war das Beispiel, welches der „König Sonne" vom Throne herab seinen gehorsamen Völkern gab. Wenn seine Poeten hiervon nur Gelegenheit nahmen, ihn zu feiern als „unwiderstehlich in der Liebe wie im Kriege", so hat die Geschichte längst ein härteres Urtheil über den königlichen Egoisten gefällt, für den in der Welt nur Eines existirte: nämlich er selbst und sein Belieben.

Die Ausschweifung kannte denn auch unter den getreuen Unterthanen keine Grenzen der Scham mehr. Die Prinzen von Conti feierten mit einigen Genossen, darunter hochgestellte Geistliche, fast öffentliche Orgien, die unter dem Namen der „Kabale des Temple" berüchtigt waren. Das Hotel des Herzogs von Orleans war selbst nach dessen Wiedervermählung mit Elisabeth Charlotte von der Pfalz wenig besser als ein öffentliches Haus. Töchter der ersten Familien entliefen ihren Eltern, um mit ihren Liebhabern durch das Land zu streichen; Frauen, die ihrer Männer überdrüssig waren, wußten Ursachen der Ungültigkeit für ihre Vermählung zu finden und erklärten schamlos ihre Kinder für Bastarde.

Dieser völlige Untergang der Sitten hatte natürlich auch noch schlimmere Verbrechen, die meist unmittelbar aus demselben stammten, zur Folge. Im Jahre 1672 hatte man zuerst von dem „Erbschaftspulvern" der Marquise von Brinvilliers gehört.[1]) Diese Frau, aus einer ehrenhaften Familie, aber von frühester Jugend an verderbt, hatte mit einem gewissen Sainte-Croix ein Liebesverhältniß; deßhalb von ihrer Familie auf einige Zeit in die Bastille gebracht, lernte Sainte-Croix dort von einem Italiener, Exili, die Zubereitung von Giften, die tödten, ohne Spuren zu hinterlassen. Wieder frei geworden, theilte er seine Fertigkeit seiner Geliebten mit, die nun, theils um sich an den Ihrigen zu rächen, theils um sich deren Vermögen zuzueignen, ihren Vater und ihre Geschwister vergiftete. Auch ihren Gatten suchte sie aus dem Wege zu räumen, indessen Sainte-Croix, dem vor einer ehelichen Verbindung mit dem furchtbaren Weibe bang noch graute, gab demselben Gegengifte. Sechs Jahre lang blieb die Mörderin unentdeckt, bis ein merkwürdiger Zufall das schreckliche Geheimniß enthüllte. Sainte-Croix starb plötzlich bei Zubereitung tödtlicher Gifte, da die Glasmaske zersprang, die er sonst bei solchen Arbeiten vor dem Gesichte trug: in seinem Nachlasse fand man eine Kassette, in welcher außer den stärksten Giften sich die Briefe der Brinvilliers fanden. Diese schlaue und entschlossene Frau wußte sich noch rechtzeitig zu retten, nur durch List wurde sie nach Frankreich gelockt. Ihr Prozeß machte ungeheures Aufsehen; ein reicher Steuerpächter, Penautier, fand sich in denselben mit verwickelt; das Publikum ahnte noch vornehmere Verbindungen der Giftmischer. Ueberall glaubte man die Wirkungen des „Erbschaftspulvers" zu erkennen. Im Juli 1676 ward die Brinvilliers enthauptet.

---

[1]) **Blanpain**, La marquise de Brinvilliers (Paris 1871).

Alle diese Befürchtungen schienen gerechtfertigt, als im Jahre 1679 ein neuer Prozeß wegen Giftmischerei anhängig gemacht wurde, der so viele und so hochgestellte Angeklagte betraf, daß die Brinvilliers'sche Angelegenheit vollständig in den Schatten trat. Es lebte in Paris eine gewisse Monvoisin, gewöhnlich „die Voisin" genannt, eine Kartenlegerin, die nach der Art solcher Personen noch allerhand geheime Künste trieb, wie Liebespulver zuzubereiten, Diebe aufzufinden, geheime Schätze anzusagen, Mittel für Erhaltung der Jugend zu verkaufen, auch unsittlichen Damen noch schlimmere Gefälligkeiten zu gewähren. Der Glanz ihrer Haushaltung, die reichen Mittel, über die sie gebot, erweckten den Verdacht der Polizei. Sie wurde gefänglich eingezogen, und da man sofort wieder auf Gift rieth, setzte der König zur Untersuchung aller solcher Verbrechen einen besonderen Gerichtshof ein, der, weil er nur bei Fackelschein tagte, den furchteinflößenden Namen der „brennenden Kammer" trug. Sie entdeckte noch mehr, als man gefürchtet hatte: auf die Aussagen der Voisin hin wurden die höchstgestellten Personen des Hofes, die Gräfin von Soissons, die Prinzessin von Tingry, die Herzoginnen von Bouillon und Folz, mehrere andere Damen des Adels und hohen Richterstandes, der Marschall von Luxemburg u. s. w. eingezogen. Vergiftung des Vaters, des Gatten, der Kinder, Anfertigung von zauberischen Liebespulvern u. s. w. bildeten die Anklagepunkte. Nun entließ man zwar die meisten der vornehmen Angeschuldigten nach kürzerer oder längerer Gefangenschaft — Luxemburg saß vierzehn Monate in der Bastille — indeß sich von jedem Verdachte zu reinigen hatten nur wenige vermocht. Die Gräfin von Soissons — Olympia Mancini — entfloh nach Belgien, sei es aus Schuldbewußtsein, sei es weil sie sich von ihrem ehemaligen königlichen Liebhaber bitter gehaßt wußte. Einige von den vornehmen Damen und ihren Liebhabern wurden zu Geldstrafen oder Verbannung verurtheilt, die Voisin selbst und ihre Helfershelfer verbrannt oder gerädert.

So sah es mit der sittlichen Beschaffenheit jener glänzenden Höflinge aus, die sich vor den Strahlen des „Königs Sonne" in Versailles und Marly zu beugen pflegten. Diese selben Leute versäumten natürlich keine einzige kirchliche Ceremonie.

Niemand aber wußte dem eitlen Monarchen gründlicher zu schmeicheln als der Herzog von La Feuillade, ein auffallendes Beispiel dessen, was man jenem bieten durfte. Er errichtete in seinem Palaste dem Könige eine vergoldete Statue, vor der man nächtlicher Weise mit Fackeln eine Art Götzendienst verrichtete. Auch sonst verfolgte er Ludwig mit der fadesten Anbetung und — was ihm die Gunst desselben besonders sicherte — trug ihm alle Skandal- und Klatschgeschichten des Hofes und der Hauptstadt zu. Durch solche Künste errang er sich die Marschallswürde, das Kommando der französischen Garden zu Fuß und die Statthalterschaft der Dauphiné.

Ueberhaupt konnte auch Ludwig XIV. ebenso wenig, wie einst die römischen Kaiser, sich der erschlaffenden Wirkung des allmächtigen Cäsarenthums auf die eignen geistigen Kräfte entziehen. Seinen frühern wohlerwogenen Grundsätzen entgegen hatte er jetzt Günstlinge, zu denen — außer La Feuillade — besonders der Herzog von La Rochefoucault, der Herzog von Noailles und der Graf von Armagnac gehörten: alles Leute von kaum mittelmäßiger Begabung. Zum Glücke gönnte er ihnen damals noch keinen maßgebenden Einfluß über die Personenfragen hinaus. Und je zärtlicher er gegen diese unbedeutenden Menschen war, um so strenger und tyrannischer war er gegen seine verdienten Minister. Es gehörte dies eben in das Regierungssystem Ludwigs XIV. Nichts kann bezeichnender für seine Anschauungen und Absichten sein als das von ihm entworfene und revidirte Tagebuch für die Jahre 1666 und 1667. Hier spricht er sich mit naiver Klarheit aus. Das Leben und das Gut der Unterthanen gehört unbedingt dem Könige. Die Räthe der Krone sind Subalterne, wie die Offiziere ihrem General gegenüber: es versteht sich, daß alle nützlichen Gedanken, alle großartigen Entwürfe nicht von den Ministern, sondern von dem Souverän ausgehen. Lyonne's wird nur für einige diplomatische Details gedacht, Colbert kaum erwähnt. Ludwig allein ist der Urheber der Größe, des Ruhmes, der Macht Frankreichs! Ebenso wenig, wie der gegenwärtigen Helfer, durfte man vor ihm der ehemaligen Begründer der Größe der französischen Monarchie sich erinnern: Richelieu, Mazarin hatten nicht existirt, die Geschichte Frankreichs begann erst mit Ludwig XIV.[1])

Am schwersten hatte Colbert unter der Ungnade des Monarchen zu leiden. Derselbe zürnte ihm schon längst wegen der unbequemen Mahnungen zur Sparsamkeit, zur Einschränkung der unsinnigen Vergnügungen, Reisen, Bauten und Gartenanlagen; und Louvois that sein Mögliches, um seinen Nebenbuhler dem Könige verdächtig und unangenehm zu machen. „Louvois," sagte Ludwig einst zu Colbert, „brauche ich nur die Dinge anzugeben, und sie werden sofort ausgeführt, während ich Euch anzuspornen, ja geradezu zu bitten gezwungen bin." Die Gesundheit Colberts war schon längst durch seine ununterbrochene, angestrengte und stets gewissermaßen leidenschaftliche Arbeit

---

1) Charles Dreyß, Mémoires de Louis XIV. pour l'instruction du Dauphin (Paris 1860, 2 Bände). Zum ersten Male sind hier der wahre Charakter der log. Memoiren Ludwigs XIV. festgestellt, die verschiedenen Texte geordnet und die nöthigen Anmerkungen hinzugefügt. Eine Denkschrift Colberts über die Finanzen, die zur Verherrlichung der bei Beginn der Regierung vorgenommenen Reformen bestimmt war und von 1660 bis 1665 reichte, war der erste Keim. Der König hatte dann auf Blättern, die jetzt noch für die Jahre 1666, 1667, 1670 und 1671 vorhanden sind, die merkwürdigsten Begebenheiten angemerkt; er wollte nach diesen Angaben seine Memoiren ausarbeiten lassen. Zunächst diktirte er nach den erwähnten Blättern in den Jahren 1666 und 1667 ein Tagebuch, das noch existirt, das sehr kurz aber für den Charakter des Königs sehr bezeichnend ist. Dasselbe war zum größten Theile von Périgny geschrieben, dem ersten Erzieher des Dauphins und Vorleser des Königs. Er faßte den Gedanken, das Tagebuch des Königs zur Unterweisung des Dauphins zu benutzen; zu diesem Behufe redigirte er nach jener Vorlage die Memoiren von 1666 und 1667, die übrigens der König durchlas und mit Bemerkungen versah.

geschwächt; die offenbare Ungnade des Königs richtete sie gänzlich zu Grunde. Als ihm derselbe wieder bittere Vorwürfe über die ungeheuren Kosten der von ihm verwalteten Bauten machte und ihn dadurch gerade an der empfindlichsten Stelle traf, brach Colbert zusammen. Auf dem Krankenbette weigerte er sich, einen Brief des Monarchen entgegenzunehmen: „es ist jetzt keine Zeit, mich damit zu beschäftigen; ich habe nur daran zu denken, vor dem König der Könige mich zu verantworten." Am 6. September 1683 starb er, in kaum begonnenem fünfundsechzigsten Lebensjahre. Er war bei dem durch die Steuern erdrückten Volke so furchtbar verhaßt, daß man bei dem Leichenbegängnisse seinen Sarg durch Aufgebot starker militärischer Kräfte vor der Wuth der Menge schützen mußte, die sich dann in zahllosen Spott- und Schimpfreden in Versen und Prosa Luft machte; und der König, dem zu Liebe er sich den Fluch seiner Mitbürger zugezogen, hatte ihn in seiner letzten Krankheit nicht einmal besucht!

Seitdem beherrschte Louvois unbestritten das Feld. Abgesehen von seinen wirklichen unschätzbaren Verdiensten um die Entwickelung der französischen Wehrkraft empfahl er sich auch außerdem in mehr als einer Hinsicht dem Wohlwollen des Monarchen. Ludwig rühmte sich, diesen bedeutenden Staatsmann selbst herangebildet zu haben, derselbe sei ganz sein eigenes Werk; Louvois wußte wirklich vortrefflich auf die Bestrebungen und geheimen Wünsche seines Herrn einzugehen, indem alle seine Entwürfe dessen Ehrgeiz, Eitelkeit und grenzenloser Herrschsucht schmeichelten; und dabei legte er sich selbst kein Verdienst bei, sondern, während in Wahrheit er viel mehr als der König das treibende Rad der innern und äußern Politik wurde, schrieb er Alles Jenem zu, stellte er sich immer nur als den gehorsamen und bewundernden Diener hin. Für diesen Preis durfte er den Neid, den Zorn und die Mißgunst der von ihm brutal tyrannisirten Hofleute verachten. Sein Aeußeres verkündete durchaus nicht den genialen Menschen. Louvois war von groben Zügen und graudunkler Gesichtsfarbe, von kleiner Statur

---

*Périgny starb 1670. Später wollte man für den Dauphin die ganze Geschichte der bisherigen Regierung seines Vaters schreiben, und man redigirte Memoiren von 1661 an, nach den Zeitungen und persönlichen Erinnerungen; wir besitzen davon noch die Jahre 1661 und ein Fragment von 1662. Allein dieser Theil der Memoiren ist leer und emphatisch. Pélisson, der schon selbst eine Geschichte Ludwigs XIV. begonnen hatte, faß seit 1671 die frühern Jahre noch einmal durch, unter der persönlichen Theilnahme des Königs. Für die spätern Jahre (nach 1671) hatte der König auch Materialien für Memoiren gesammelt, aber ohne Rücksicht auf die Unterweisung des Dauphins. In den Memoiren selbst bestehen die Verbesserungen des Königs besonders in der Hinzufügung pomphafter Wörter und prahlerischer Phrasen. Armuth der Ideen und übermäßige Breite der Ausschmückung, das ist das Wesen dieser Memoiren! — Die sonstigen von Ludwig vorberrührten Materialien muß man in der sehr mangelhaften Ausgabe der Oeuvres de Louis XIV. (Paris 1806, 6 Bände) suchen, die Grouvelle veranstaltet hat; aber sie sind von geringem Werth. Meist militärische Dinge betreffend, sind sie confus und unvollständig; man sieht daraus, wie wenig Ludwig vom Kriege verstand. Werthvoller sind die Briefe Ludwigs, die diese Ausgabe bringt.

und übermäßigem Leibesumfang, langsam in seinen Bewegungen: nur die scharf funkelnden Augen ließen die Lebhaftigkeit des durchdringenden Geistes ahnen. Seine Sprache war abgerissen, sein Benehmen roh und zurückstoßend, seine Bildung äußerst mangelhaft. Aber dieser körperlich schwerfällige und durchaus unliebenswürdige Mensch war von untrüglicher Fassungskraft, von klarer Einsicht; schnell, unermüdlich und stets selbstgewiß in der überwältigenden Fülle von Einzelheiten, die ihn bestürmte; schnell entschlossen und doch wieder methodisch und logisch in der Ausführung; mit bewundernswerther Richtigkeit wußte er seine Werkzeuge auszuwählen und mit unerbittlicher Strenge zu ihrer Pflicht und zum bedingungslosen Gehorsam anzuhalten. Wohl bekannt mit der unvergleichlichen Machtfülle, die sich in seiner und seines Königs Hand vereinigte, verachtete er die übrigen Fürsten und Völker und trug kein Bedenken, die rechtlosesten Gewaltthaten gegen sie zu verüben. Er rieth stets zu den heftigsten Mitteln und Entschlüssen, Staaten und Individuen gegenüber. Der Zustimmung des Herrschers gewiß, mit demselben auf das engste verbunden, mischte er sich in alle Zweige der Staatsverwaltung und gab auch in den übrigen Departements häufig Befehle, ohne die nominellen Inhaber des Amtes auch nur davon zu behachrichtigen. Der rechtschaffene und feine Pomponne hatte bald seinen Zorn erregt; war derselbe doch, wie Louvois in brutalem Hohn an einen Gesandten schrieb, „von der Krankheit befallen, sein Amt ernstlich nehmen zu wollen," d. h. nicht in Allem Louvois gewähren zu lassen. Der letztere wußte den Minister des Auswärtigen dem Könige als zu schwach und furchtsam, zu wenig der Würde und Allmacht Frankreichs bewußt zu schildern: 1679, bald nach dem Abschluß des Nymweger Friedens, ward Pomponne unter dem Ausdrucke der vollen königlichen Ungnade entlassen. Den Gnadenstoß hatte ihm die Kirchenpolitik gegeben, in welcher er nicht rücksichtslos und gewaltthätig genug gegen die Jansenisten und den Papst zugleich vorgegangen war. Damals war Louvois insofern in seinen eigennützigen Hoffnungen getäuscht worden, als nicht eines seiner unterwürfigen Geschöpfe, sondern der Bruder seines Nebenbuhlers, Colbert-Croissy, damals Botschafter in London, zu Pomponnes Nachfolger ernannt ward. Aber nach dem 6. September 1683 war niemand mehr da, der seinen Einfluß hätte bekämpfen können. Zahllose gut bezahlte Spione unterhielt er im Innern des Reiches, um hier Alles zu beherrschen, und bei den fremden Höfen, um von allen Absichten und Kräften derselben jederzeit unterrichtet zu sein. Am wenigsten hatte er auch in materieller Hinsicht sich und seine Familie vergessen. Millionen auf Millionen häuften sich in seines Vaters, des Kanzlers, und seinen eigenen Kellern auf. Sein Bruder war Erzbischof von Reims, der erste unter den geistlichen Pairs des Reiches, der Vorsitzende der Versammlungen der französischen Kirche; der eine seiner drei Söhne hatte als Malteserritter reiche Pfründen inne; von den Einkünften der Post flossen jährlich allein 300,000 Goldthaler in die Tasche des Ministers. Aber dies war bei weitem nicht das Schlimmste für Frankreich, sondern viel verderb-

licher die unbedingte Leitung der auswärtigen französischen Politik durch
Louvois in diesen Jahren. Verschwunden war nun die geistvolle Planmäßig-
keit, die vordringende und alle Verhältnisse beherrschende Gewandtheit Lyonnes,
die maßvolle Bedachtsamkeit Pomponnes: brutale Gewalt, zügelloser Uebermuth, unbegrenzte Kechheit, stete Rechtsverletzung, das waren die Mittel, durch
die Louvois Frankreichs Größe aufrecht zu erhalten und zu vermehren
meinte, durch welche er aber zuletzt ganz Europa ohne jede Ausnahme gegen
Frankreich unter die Waffen brachte und den Niedergang dieses Staates herbeiführte.

Gegen die Erwartung des ganzen Hofes bewahrte Colbert-Croissy auch
nach dem Tode seines großen Bruders das Ministerium der auswärtigen
Angelegenheiten, aber nur weil seine geringe Befähigung ihn völlig ungefährlich für Louvois machte, der über seinen Kopf hin Alles selbst anordnete
und ausführte. Colbert-Croissy war ein Mann von sehr beschränktem Geiste,
unwissend in den Staatsgeschäften und in den Verhältnissen der fremden
Höfe, von unzuverlässigem Gedächtnisse. Seine Mängel suchte er durch ausgesuchte Grobheit, prahlerische Anmaßung und leidenschaftliche Hestigkeit zu
verbergen, so daß es für die fremden Gesandten keine kleine Aufgabe war,
mit ihm eine Unterhandlung zu pflegen. Man lobte dagegen seine Pünktlichkeit in dem täglichen Dienste und seine Gewandtheit in der Abfassung
von Depeschen, Instruktionen, Noten und offiziellen Erklärungen. Er diente
also als eine Art von Sekretär oder bevorzugtem Schreiber, während alle
wirklich wichtigen Entscheidungen von Louvois ausgingen. Dieser war ganz
wohl damit zufrieden, einen Gegner im Ministerium zu haben, der ihm doch
so wenig gefährlich war. Wo hätte er noch einen Staatssekretär des Aeußern
finden können, der ihn vollständiger zum Herrn Frankreichs gemacht hätte?
Wir sehen, wie die zunehmende Bequemlichkeit und Denkfaulheit Ludwigs XIV.
denselben doch wieder einen ersten Minister — wenn auch nicht dem Namen,
so doch der Sache nach — annehmen ließ. Günstlinge und ein Premierminister: wie weit sind wir schon von dem Ludwig XIV. des Jahres 1661
entfernt!

Vergebens hatte noch in den letzten Tagen Colberts dessen ältester
Sohn, der Marquis von Seignelaye, sich um das Amt seines Vaters als
Oberintendant der Finanzen beworben; der König hatte das Gesuch unter
dem Vorwande der großen Jugend des Bittstellers zurückgewiesen. Der
Marquis behielt vielmehr nur die Oberintendantur der Marine und die
Inspektion des königlichen Hauses, aber auch hier behindert durch den Umstand,
daß seine Gegner die Verwaltung der Finanzen in der Hand halten.
Uebrigens besaß Seignelaye trotz seiner unleugbaren Begabung wegen seines
hochfahrenden und hartnäckigen Wesens wenige Freunde.

In dem wichtigsten Posten seines Vaters, dem Finanzministerium, mußte
er einen Vetter und unbedingten Anhänger der Le Tellier erblicken, den
bisherigen Staatsrath Le Pelletier. Derselbe war ohne Zweifel ein ehren-

hafter, thätiger, gemäßigter und höflicher Mann von mehr als gewöhnlicher Einsicht — aber seinem schwierigen Posten war er doch durchaus nicht gewachsen. Unerfahren in der damals überaus verwickelten Verwaltung der Staatsfinanzen wurde er bei bestem Willen ein wehrloses Opfer der Generalempfänger, Generalpächter und Unterbeamten, die es verstanden, das Gold, das in den königlichen Schatz einströmen sollte, zum guten Theile in kleine Bäche abzuleiten, welche in ihre eigenen Kassen mündeten. Die vollständige Geschäftskenntniß und der durchdringende Blick Colberts waren nicht mehr da, um diese überaus schwierige Administration zu überwachen.

Und doch wäre gerade damals eine geschickte und sachkundige Leitung dieses Departements sehr nothwendig gewesen. Schon zeigte sich alljährlich das Schreckgespenst des Defizits.

Die Einnahmen, die um das Jahr 1675 ungefähr 94 Millionen Livres (gleich 588 Millionen Francs unseres Geldes) jährlich betrugen, waren freilich bis zum Tode Colberts auf 110—112 Millionen (gleich 660 bis 672 Millionen Frcs.) gestiegen. Das waren nur die Nettoeinnahmen; aber ruhige und gewissenhafte Berichterstatter waren überzeugt, daß dem französischen Volke von den Steuerpächtern und Steuerempfängern mehr als das Doppelte abgepreßt wurde. Dasselbe hatte also etwa 1250 Millionen Franken nach heutigem Geldwerthe zu bezahlen. Bedenken wir, daß z. B. im Jahre 1875 das französische Budget 2627 Millionen Franken betrug; daß die Bevölkerung gerade doppelt so stark war, wie in jener Zeit; daß jetzt der Reichthum durchschnittlich ein viel größerer und ausgebreiteter ist als damals; daß in der Gegenwart die Steuer gleichmäßig und mit annähernder Gerechtigkeit vertheilt ist; daß sie damals aber zum größten Theile nur die ärmern Klassen des Volkes, und zwar in ganz willkürlicher Weise traf; daß außerdem die Abgaben für die Geistlichkeit, die Einquartierung, Frohndienste für den Gutsherrn und für den Staat von denselben erhoben wurden — so können wir uns einigermaßen den furchtbaren Druck vorstellen, der auf dem Handwerker, dem Bauer, dem Krämer, dem städtischen und ländlichen Arbeiter lastete.

Und doch überstiegen die Ausgaben regelmäßig die Einnahmen. Nach dem Frieden von Nymwegen verminderte der König das Heer bedeutend, behielt aber doch 100,000 Mann Infanterie und 12,000 Reiter bei — während sein Vorgänger sich mit 50,000 Mann im Frieden begnügt hatte. Und dabei wurden die Cadres zu sofortiger Verdreifachung dieser Zahl aufrecht erhalten, indem bei jeder Compagnie drei Hauptleute, drei Lieutenants und drei Fähnriche geführt und bezahlt wurden. Die Kriegsmarine umfaßte gleichzeitig 110 Galeeren, 96 Linienschiffe, 42 Fregatten, eine große Zahl von Feluden und Transportschiffen. Aber mindestens ebenso schwer lasteten die persönlichen und Hof-Ausgaben des Königs auf dem Staatsbudget. Kein Wunder, daß mitten im Frieden, für das Jahr 1680, das Defizit

Defizit und allgemeine Unzufriedenheit.

20¼ Mill. Livres = 123 Mill. Franken, also etwa den fünften Theil des ganzen Budgets betrug! Für das Jahr 1683 war das Defizit immerhin 3,600,000 Livres = 21,600,000 Franken, dabei die schwebende Schuld und die Anticipationen zusammen 52 Mill. Livres. Freilich gebrauchte der König im Jahre 1685 nicht weniger als 15 Mill. Livres = 90 Mill. Frcs. für seine Bauten, und 2 Mill. Livres = 12 Mill. Frcs. zum Ankaufe von Diamanten! Und dieser selbe Monarch hatte die herzlose Kechheit, allen Ermahnungen seiner Minister zur Sparsamkeit zu antworten: „Die Höhe der Ausgaben thut mir sehr leid, aber sie sind alle nothwendig!"

Kein Wunder, daß Colbert taub war gegen alle Vorstellungen seiner eigenen Beamten, die ihm wetteifernd das Elend des Volkes schilderten. Müd der ihm eigenen Härte antwortete er dann: „Man muß kein Mitleid haben mit den heuchlerischen Miseren, die nur allzu häufig in den Provinzen sind." Schmuggler fanden ihn unerbittlich: Galeeren und im Rückfalle der Galgen waren die grausamen Strafen für diese Vergehungen. Keiner Maßregel hatten Ludwig und Colbert sich mehr gerühmt, als der Verminderung der direkten Vermögenssteuer, der Taille, im Anfange der Regierung; 1682 wurde sie um zehn Prozent wieder erhöht. Und dabei wurden dem Landmann zum Besten der Fabrikation und des Handels noch unerträglich niedrige Tarife für den Verkauf seiner Erzeugnisse gestellt! Der Gouverneur der Dauphiné schrieb im Jahre 1675 an Colbert: „Ich darf nicht mehr unterlassen, Ihnen das Elend zu schildern, in das ich diese Provinz versunken sehe. Der Handel hat in derselben völlig aufgehört, und von allen Seiten kommt man zu mir mit der Bitte, dem König vorzustellen, wie man ganz außer Stande ist, die Abgaben zu bezahlen. Es ist sicher, und ich spreche davon, weil ich es genau weiß, daß der größte Theil der Einwohner unserer Provinz während des Winters nur von Eichel- und Wurzelbrod gelebt hat, und daß man sie jetzt das Gras der Wiesen und die Rinde der Bäume essen sieht."

Die Unzufriedenheit, das Mißvergnügen waren denn auch allgemein im Lande! Während die Nachwelt die glänzende Epoche Ludwigs XIV. bewundert, war diese für die Mitwelt eine Zeit der Unterdückung, des Jammers und Elends. Der venezianische Gesandte Domenico Contarini ruft schon im Jahre 1678 aus: „Alle ohne Ausnahme wünschen sehnlichst ein Ereigniß herbei, das sie aus so lang erduldeter Knechtschaft rette; ungebulbig begehren sie nach Zufällen, welche den Zustand der Dinge zu ändern und ihrem Unglück Abhülfe zu schaffen vermöchten!" Sein Nachfolger, Sebastian Foscarini, schildert eingehend, wie alle Stände, obwohl unter dem äußeren Scheine stummen Gehorsams, Gelübde für eine gänzliche Revolution thun. Und dies sind Vertreter eines Staates, der mit Frankreich durch ungetrübte Freundschaft verbunden war. Der Hofprediger Bossuet selbst wagte es, dem Könige die eindringlichsten Vorstellungen zu machen und ihm das Beispiel seines Großvaters — Heinrichs IV. — vorzuführen, der so gewissenhaft für das

Wohl seines Volkes besorgt gewesen. Natürlich blieben diese Ermahnungen ohne jeden Erfolg. Dieses arme, unterdrückte, mißhandelte Frankreich fand sich noch nicht so ganz ruhig in seine Knechtschaft. Kein Jahr ohne größere oder kleinere Aufstände in irgend einer Provinz. Nur zwei der bedeutendsten seien hier erwähnt — denn ohne Kenntniß dieser Vorgänge würde man nur ein einseitiges Bild von dem Zeitalter Ludwigs XIV. gewinnen. Am 26. März 1675, inmitten des Koalitionskrieges gegen Frankreich, brach das Volk von Bordeaux gegen die unerträgliche Last der indirekten Steuern, die jeden Verkehr hemmten, los: die Steuer- und Polizeibeamten wurden getödtet, ihre Gebäude und Archive niedergebrannt, jeder zu Boden geschlagen, der sich nicht für die Empörer erklärte. Da der König seine Truppen gegen die äußern Feinde gebrauchte, so verglich er sich mit den Rebellen durch eine vollständige Amnestie. Allein diese nothgedrungene Milde ermuthigte nur die Unzufriedenen anderer Provinzen. Am 11. Juni Aufstand in der alten Hauptstadt der Bretagne, in Rennes. Dann in der neuen, in Nantes; in allen ländlichen Distrikten. Die eingeschüchterte Obrigkeit wagte nirgends einzuschreiten. Die bretonischen Bauern wendeten sich nicht allein gegen den Staat, sondern auch gegen ihre sonstigen Quälgeister, die Edelleute: man hing sie, mit dem Degen an der Seite, an der Spitze der Kirchthürme auf. In den Städten wurden die Steuerregister und das Stempelpapier verbrannt. Auch in Bordeaux neue Unruhen; Abgeordnete dieser Stadt gingen nach Holland, hier am Hülfe gegen den gemeinschaftlichen Feind, den König Sonne, zu bitten. Diese Herrschaft des Pöbels dauerte mehrere Monate, bis das Ende des Feldzuges dem Könige erlaubte, Truppen in enormer Zahl in die empörten Provinzen zu senden. Nun wurden die Bauern der Bretagne ohne Mitleid gehängt. Rennes mußte 100,000 Livres Strafe bezahlen; eine ganze Straße wurde verbannt, Greise, Kinder, Kranke, ohne Ausnahme; an sechzig Personen wurden geräbert oder erwürgt. Die Bretagne mußte 3 Mill. Livres (= 18 Mill. Frcs.) Strafe bezahlen und ward außerdem mit Einquartierungen überlastet. „Es gibt keine Bretagne mehr," ruft Frau von Sévigné aus. Aehnliche Scenen fielen in Bordeaux vor: 1200 der wohlhabendsten Familien entflohen aus Furcht, so daß die Handelsblüthe der Stadt für lange geknickt war.

Aber auch unter dem Adel ballte nicht Alles die Faust nur in der Tasche. Im Jahre 1674 bildete der Chevalier von Rohan, ein ruinirter Edelmann, mit einigen Freunden und einem holländischen Sprachlehrer, van der Enden, eine Verschwörung, den Adel der Normandie zum Aufstande zu bringen. Sie erhielten von Spanien, von Holland Geld; in der That zeigte sich in jener Provinz eine aufrührerische Bewegung. Indessen das Komplott wurde entdeckt, die Schuldigen hingerichtet, ohne Rücksicht auf die vornehme Familie, welcher der Ritter von Rohan angehörte. Es war in derselben Zeit, wo Ludwig XIV. sich bereitwillig der aufständischen Messinesen gegen ihre spanische Regierung annahm.

Aber diese Versuche waren die letzten eines gewaltsamen Widerstandes gegen die politische Unterdrückung zur Zeit Ludwigs XIV. Immer schwerer, immer lastender legte sich der Despotismus auf alle Klassen der Bevölkerung. Diese verlor den Muth zu offener Widersetzlichkeit; sie klagte nur im Stillen und erhoffte von der Vorsehung eine Rettung, die sie selbst sich nicht mehr zu schaffen wagte. Der große König hatte auch über seine eigenen Unterthanen triumphirt. Desto ungestörter konnte er seine furchtbare Macht nach außen wenden, um, nach dem energischen Ausdrucke des großen Kurfürsten von Brandenburg, „die Bastille auch nach den fremden Ländern zu bringen".

Fünftes Kapitel.

Frankreichs Einfluß auf das Ausland in der Blüthezeit Ludwigs XIV.

Das Instrument des westphälischen Friedens war noch in lateinischer Sprache ausgefertigt worden — es war das letzte. Seitdem wurde zum Zeichen der politischen und geistigen Herrschaft, die Frankreich über Europa ausübte, die Sprache der Diplomatie wie überhaupt der guten Gesellschaft allerorten die französische. Es ist das nicht etwas rein Aeußerliches. Indem jeder Gebildete sich besser, als mit seiner eigenen Muttersprache, mit der französischen vertraut zu machen hatte, wurde er zugleich mit französischen Ideen, Richtungen, Bestrebungen, Anschauungen erfüllt, drängte sich die besondere französische Art des Seins, Denkens und Schaffens allen Völkern der civilisirten Welt auf.[1]) Der Franzose fand in jeder größern Stadt der Fremde sein Vaterland wieder, in allen ihren feineren Kreisen seine Landsleute, aber Landsleute geringerer, nachgeahmter Art, die ihn als ein höheres Wesen bewunderten und sich nach ihm zu richten suchten, und auf die er mit wohlwollender Geringschätzung herabzusehen sich erlauben durfte. Jeder französische Abenteurer war hoch willkommen und sah sich bald über die wackersten Landeskinder geehrt, vorgezogen und mit Ehren und einträglichen Aemtern bedacht. Dadurch gewöhnten die Franzosen sich an die Herrschaft; wo sie auftraten, waren sie der Mittelpunkt jedes Kreises, ihre Sprache redete man, ihre Ideen hörten sie aus dem Munde der Fremden, ihre Schriftsteller bewunderte man, ihre Sitten ahmte man nach, ihr Volk betrachtete man als das erste der Welt — kein Wunder, daß sie sich selbst als deren geborene Herren und Leiter ansahen. Paris aber und Versailles, die Hauptstadt des Landes und die Hauptstadt des Staates, erschienen als die Mittelpunkte der Welt. Von hier aus ertönten nicht nur die Befehle des großen Königs,

---

1) J. J. Honegger, Kritische Geschichte der französischen Kultureinflüsse (Berlin 1875).

von denen man ängstlich das Schicksal jedes Reiches, das Wohl und Wehe aller Völker erwartete, die über Krieg und Frieden bestimmten: sondern von hier aus ergingen auch über das bewundernde Europa die Geisteswerke, welche das Entzücken des deutschen Gelehrten wie des englischen Landedelmannes, des italienischen Abbate wie des holländischen Großhändlers waren, und die in der Taschenbibliothek des Kapitäns über den Ozean nach den beiden Indien wanderten. Von hier aus erflossen die Gesetze der Mode, des Anstandes, des guten Tones, ewig wechselnd und doch streng und tyrannisch und von den Fremden fast noch gehorsamer befolgt, als die Vorschriften des Halbgottes von Versailles. Der junge Mann aus guter Familie, der seine Erziehung vollenden wollte, mußte ein Jahr in Paris verweilen, um in der Hauptstadt des feinen Geschmackes dessen Offenbarungen zu empfangen und dann als begeisterter Apostel des liebenswürdigen und geistvollen französischen Wesens jener Tage nach der Heimath zurückzukehren. Früher war man nach Italien gegangen, zu den gewandten Nobili Venedigs, auf die Universität von Padua oder Bologna, in die milde, höfliche und poetische Gesellschaft des mediceischen Florenz — jetzt hatte Paris Alles verdrängt. Auch Damen wanderten nach der glänzenden Seinestadt; selbst die gut kaiserliche Herzogin Sophie von Hannover hielt es nicht für unpassend, ein Jahr lang mit ihrer jungen schönen Tochter Sophie Charlotte sich in Frankreich aufzuhalten. Dazu der strahlende Glanz der französischen Siege, die Bewunderung für die politische Macht Frankreichs, das Staunen vor seinen unerschöpflichen Hülfsquellen, der märchenhafte Schimmer, der die prächtige Hofhaltung Ludwigs XIV. mit seinen riesigen Bauten und deren überreichem Bilder- und Statuenschmuck, mit seinen endlosen Parks und deren rauschenden Wasserwerken, mit seinen kostbaren Festen und schillernden Gesellschaft umgab. Die ganze Welt war von dem allen wie berauscht: in dem Frankreich jener Tage schienen sich Macht und Üppigkeit der Cäsaren Roms mit der geistigen Blüthe der schönsten Zeiten griechischer Bildung und Begabung zu vereinen. Und wie einst am Schlusse des Alterthums die griechisch-romanische Kultur gleichmäßig alle Völker vom Euphrat bis zu den Säulen des Herkules und von der Sahara bis zu der Pictenmauer im fernen Britannien umfaßte — so im Zeitalter Ludwigs XIV. die französische Kultur das gesammte Abendland. Niemals hatten die früher obwaltenden Völker, die Deutschen im Mittelalter, die Spanier im 16. Jahrhundert, einen ähnlichen allseitigen Einfluß geübt.

Nicht französische Sitte und Sprache allein, auch französische Staatsweisheit, die so ungemeine Resultate ergab, wurde im Auslande eifrig nachgeahmt. Das Merkantilsystem Colberts fand zum Unglücke der Welt allseitigen Beifall mit seinen hohen Zolltarifen, Einfuhrverboten und Staatsbeglückung auf dem Gebiete der Industrie. Zuerst England und Holland, dann auch die übrigen europäischen Staaten gingen zu dieser verkehrten ökonomischen Anschauung über, obwohl ihre schlimmen Folgen sich in der französischen Gewerbthätigkeit selbst nach kurzer künstlicher Blüthe zeigten. Sie schlossen sich wie in ihren politischen, so auch in ihren Handelsinteressen feindselig gegen einander ab und suchten das eigene Heil lediglich in der Bekämpfung und Beeinträchtigung des andern. Nicht der gegenseitige Austausch, sondern die gegenseitige Ausschließung schien die normale Grundlage des internationalen Handels zu sein. So wenig wie möglich von fremden Erzeugnissen zu gebrauchen, wurde die Summe der handelspolitischen Weisheit; eine Art chinesische Mauer wurde zwischen den Producenten und Consumenten verschiedener Nationalität errichtet. Daß dieser widernatürliche Zustand bis auf den heutigen Tag noch nachwirkt, verdankt man dem französischen Einflusse seit der Mitte des 17. Jahrhunderts.

Besonders in dem armseligen, verwüsteten, zerrissenen, materiell und moralisch verlumpten Deutschland des dreißigjährigen Krieges brachte dies glänzende, in allem Schimmer der Macht, des Reichthums und des Geistes erstrahlende Frankreich einen geradezu blendenden, unwiderstehlichen Eindruck hervor; nicht nur auf die große Masse, nicht nur auf den niedrigen und den vornehmen Pöbel, sondern auch auf die geistig Höchststehenden des Volkes. Die deutschen Gelehrten, wie der als Staatsrechtslehrer, Mediciner und damals auch als Philosoph berühmte Helmstädter Professor Hermann Conring, nahmen gern die Pensionen Ludwigs und verkündeten dafür den Ruhm Frankreichs; selbst Leibniz bewunderte eine Zeit lang Ludwig XIV. als einen zweiten Karl den Großen, als den natürlichen Ober- und Schutzherrn Deutschlands. Von reichspatriotischer Gesinnung war nur bei einigen besseren unter den Fürsten, bei Adel und Volk aber gar nicht die Rede.

Aber auch bei den Fürsten ging sie mehr und mehr unter; ein Hof nach dem andern wurde völlig französirt und dadurch jeder Möglichkeit deutschen Nationalgefühles entzogen. Der unbeschränkte Despotismus Ludwigs XIV., seine unbedingte Ausbeutung des Gutes und Blutes seiner Unterthanen, die knechtische Vergötterung durch die Vornehmsten seines Reiches, seine wundervoll ausgebildete Beamtenmaschinerie, die Pracht, mit der er sich umgab, die zahlreichen Soldaten, die ihn gegen innere und äußere Anfechtungen schützten — alles das erregte die neidische Bewunderung und den Nachahmungstrieb der deutschen Reichsfürsten. Jeder kleine Dynast, der nur über zwei oder drei Quadratmeilen Landes und wenige tausend Unterthanen gebot, wollte seinen glänzenden Hofstaat, seine in Gold und Silbereien prunkenden Garden, seine Maitressen haben; im Namen der „Staatsraison" und der göttlichen Herrscherrechte mißhandelte er „sein Volk". Schon längst war unter den deutschen Reichsfürsten jene gegen oben empörerische Gesinnung herrschend gewesen, die sich in dem Ausspruche Johann Friedrichs von Hannover dokumentirte: „In meinem Lande bin ich Kaiser!" — jetzt erfüllten sie sich auch mit einer nicht minder revolutionären, allem überlieferten Recht und Herkommen widersprechenden tyrannischen Selbstherrlichkeit nach unten. Mit Gewalt entledigten sie sich, wie in Frankreich, des lästigen Mitregimentes und des Steuerbewilligungsrechtes der Landstände, bei denen die leiseste Opposition oder auch nur unterthänigste Vorstellung als Widersetzlichkeit, als Verletzung des dem Fürsten gezollten Respectes betrachtet und geahndet wurden. Damals gingen in den meisten deutschen Territorien die landständischen Verfassungen unter, in allen sanken die Stände an Macht und Einfluß. Ueberall entstanden prächtige Residenzen mit glänzendem Hofstaat und scharf abgezirkelter Etiquette, als Mittelpunkte der streng organisirten Polizei- und Beamtenverfassungen, als Ausdruck der fürstlichen Allmacht. Friedrich der Große geißelt dieses Treiben scharf in seinem Anti-Macchiavell, indem er sagt: „Es giebt keinen jüngeren Prinzen einer Nebenlinie, der sich nicht einbildete, etwas Aehnliches wie Ludwig XIV. zu sein." Aber mit verschwindenden Ausnahmen dachten diese zahllosen kleinen Blutsauger Deutschlands gar nicht daran, Ludwig XIV. auch in seinen großen Eigenschaften nachzuahmen: in dem frischen Aufschwung, den er dem französischen Nationalgeiste zu geben wußte, in dem Bemühen, überall der würdige Ausdruck des französischen Volkes zu sein, seinem Staate die höchstmögliche Stellung in der europäischen Welt zu geben. Diese deutschen Duodez-Ludwige sahen nur das Aeußerliche des von dem König Sonne begründeten Wesens, dasselbe in seinen eigentlich großartigen inneren Triebfedern aufzufassen, waren diese Menschen ganz außer Stande.

Man weiß, wie weit diese Nachahmung im Einzelnen getrieben ward. Kurfürst Friedrich III. von Brandenburg unterhielt eine officielle Maitresse und zog sich regelmäßig im Angesichte des Hofes mit derselben zu vertraulichen Besprechungen in die Fensternische zurück, obwohl er durchaus kein unsittliches Verhältniß zu der Dame hatte; aber ein Fürst ohne Maitresse war eben durchaus nicht denkbar, dieselbe gehörte zu einem angemessen eingerichteten Hofstalle. Leider blieb es meist nicht bei so naiv harmlosen Verhältnissen. Es kamen ferner die allegorisch-mythologischen Spielereien, die Ballets mit ihren Zauberkunststücken, die inhaltlos klingenden Opern, die Schäferspiele und Ringelrennen, die Damenfeste mit Tombolen oder Schlitten- und Bogenpartien und all' die nichtsnutzigen, geistödtenden und doch sehr kostspieligen Vergnügen an jedem deutschen Hofe zur Geltung, mit denen man in Versailles auf prächtige Weise die Zeit tödtete. Die Verschwendung, die ein großes und reiches Volk, wie das französische, seinem Herrscher kaum gewähren konnte, wurde nun in den armen, kleinen Territorien Deutschlands ins Werk gesetzt und begrub dieselben bald unter einer Last von Schulden. Die Orgien, die männlichen und weiblichen Günstlinge, der Kleider- und Tafelluxus, die Baumuth erschöpften das Mark der Völker. Eine einzige Geliebte, die Gräfin Cosel, kostete August dem Starken 20 Millionen Thaler; seine Kleidung bei seinem ersten Einzuge als König in Krakau wurde auf mehr als eine Million geschätzt. Bei der Vermählung der Tochter des Kurfürsten Friedrich III. von Brandenburg trug dieselbe Diamanten im Werthe von vier Millionen Thalern; auf der kurfürstlichen Tafel erschienen bei dieser

Gelegenheit binnen einer halben Stunde 500 Schüsseln, während die Hofleute zugleich an 86 anderen Tafeln gespeist wurden. Doch hatte schon Friedrichs Vater, der große Kurfürst, eine ähnlich prachtvolle Hofhaltung gehabt. Ceremoniöse Eleganz neben wuchernder Frivolität, üppigste Verschwendung neben altüberkommener Roheit und Geschmacklosigkeit — das wurde das Bild der deutschen Höfe. Natürlich war jeder Franzose, der sich zum Lehrmeister der feinen Sitte hergeben wollte, an denselben hoch geehrt und reich bezahlt: ein französischer Jägermeister, oft der erste beste Abenteurer, erhielt z. B. 1682 in Celle 425 Thaler Gehalt mehr, als der hochadlige deutsche Oberforstmeister; der italienische Sekretär 494, der französische 421, der deutsche nur 228 Thaler, ja ein französischer Maulthiertreiber 206, ein deutscher 77 Thaler!

Der Einfluß, der von diesen zahllosen Höfen auf das deutsche Volk ausging, war beklagenswerth. Dasselbe hatte die gleichen Leiden und Bedrückungen zu ertragen wie das französische, ja noch mehr, da die Zahl der Tyrannen eine so große war; aber es fehlt dabei der belebende, erfrischende, erhebende Zug großer Zwecke und großer Verhältnisse. Der Fürst despotisch, der Adel vor Höheren kriechend, gegen die unteren Stände übermüthig und rücksichtslos, das Volk knechtisch, in dumpfen Kastenvorurtheilen befangen, spießbürgerlich, ohne einen Funken von Selbständigkeit und selbstbewußtem Mannesmuth, geneigt, in jedem Höhern ein halb göttliches Wesen zu sehen, gegen das platte Unterwürfigkeit und unbedingte Bewunderung Pflicht sei. „Wenn Gott nicht Gott wäre, wer sollte billiger Gott seyn als Ew. hochfürstliche Durchlaucht?" schreibt ein Skribent und Komponist jener Zeit an den unbedeutenden Landgrafen Ernst Ludwig von Hessen.

Von den Höfen und dem Hochadel ging die Lust am Französiren auf alle Klassen des Volkes über. Man erschien sich als vornehm und fein, wenn man etwas Französisch radebrechte, die plumpe schwerfällige Muttersprache verachtete oder sie wenigstens mit so vielen französischen Worten wie möglich aufputzte und verbrämte. Die gefälligen Umgangsformen, das leichte und selbstbewußte Auftreten, das Leichtnehmen des Lebens und der Moral, das heitere und skrupellose Gefallen am Anmuthigen und sinnlich Reizenden entzückte alle Stände. Moden und Trachten, Gebräuche und Bewegungen, die Unsitten und die Frivolität wurden nachgeahmt, wobei sich mit dieser die Bedauterie oft seltsam paarte und vereinte. Schon Logau, der kurz vor dem wirklichen Regierungsantritte Ludwigs XIV. starb, schilt in seinen Sinngedichten über die „à la mode-Kleider" und die „à la mode-Sitten". A la mode war recht bezeichnend die Signatur dieser ganzen Zeit für Deutschland. In Moscherosch' trefflichem Philander von Sittewalt wird der Modenarr für das Haupt aller Narren erklärt, und des Schriftstellers ganzer Haß richtet sich gegen die Franzosen als die Urheber der Verführung. Und Leibniz, der doch selbst seine meisten Werke lateinisch oder französisch schrieb, ruft zürnend in seinen „Unvorgreiflichen Gedanken" aus: „Nach dem Münster'schen und

14*

pyrenäischen Frieden hat sowohl die französische Macht als Sprache bei uns überhand genommen. Man hat Frankreich gewissermaßen zum Muster aller Zierlichkeit aufgeworfen; und unsere jungen Leute haben ihr Vaterland nicht nur bei den Fremden in Verachtung gesetzt, sondern auch selbst verachten lernen und einen Ekel der deutschen Sprache und Sitten aus Ohnerfahrenheit angenommen, der an ihnen auch bei zuwachsenden Jahren behenken geblieben. Und haben solche Franz-Gesinnete viele Jahre über Teutschland regiert und solches fast, wo nicht der französischen Herrschaft, daran zwar es auch nicht viel gefehlt, doch der französischen Mode und Sprache unterwürfig gemacht." Wie eifert der wackere niederdeutsche Dichter Lauremberg in seinem meisterhaften vier Satyren gegen die modische Nachäfferei des Französischen! Die Franzosen, heißt es in der dritten Satyre, haben der deutschen Sprache die Nase abgeschnitten und ihr eine andere angeflickt, die zu den deutschen Ohren nicht paßt. Jetzt kann man im Stalle Komplimente hören, wie: Munsör, wenn es ihm nicht zuwider wäre, wolle er den Koth herausschaffen! — In der That muß man Lauremberg Recht geben, wenn man z. B. bei dem Hamburger Musikschriftsteller Feind Folgendes liest: „Es ist die größeste Bassesso eines mauvais goût und das Zeichen eines schlechten esprit des auditorii, daß man in Hamburg ohne Arlequin keine Oper gibt."

Aber vergebens war die Opposition deutschgesinnter Gelehrten und Poeten gegen eine Sucht, die an der wirklichen Ueberlegenheit des damaligen Frankreich über Teutschland nur allzu viele Nahrung fand und besonders das weibliche Geschlecht durchaus ergriffen hatte. Noch im letzten Jahrzehnt des siebzehnten Säkulums schilt ein Schriftsteller die Teutschen: „Heutzutage muß Alles französisch sein. Französische Sprache, französische Kleider, französische Speisen, französischer Hausrath, französisch Tanzen und französische Musik. Der stolze, falsche und lüderliche Franzosengeist hat uns durch schmeichelnde Reden gleichsam eingeschläfert." Mit jedem Decennium wurde es schlimmer.

Begreiflicher Weise wurde auch in der deutschen Literatur diese französirende Art bald die herrschende. In der ersten Hälfte des 17. Jahrhunderts steht die deutsche Poesie noch unter der Einwirkung der idealistischen Schule italienischer Dichtkunst, deren Meister Tasso und Ruccellai waren. Martin Opitz geht noch ganz auf diesem Wege. Wie jene, nicht mehr Kinder, sondern Enkel der Renaissance, das Antike mit dem echt Italienischen, so wollte Opitz das Antike mit dem echt Teutschen verbinden — wie später, freilich mit ganz anderm Genius und Erfolg, unsere großen Dichterfürsten. Kann man Opitz einen so schweren Vorwurf daraus machen, daß sein Volk und dessen Sprache ihm noch die Erfüllung einer Aufgabe unmöglich machten, zu der allerdings auch seine eigenen Geisteskräfte schwerlich ausreichten? Sein Streben war ein höchst anerkennens- und rühmenswerthes: Teutschlands Sprache wollte er in trotzender Herrlichkeit den fremden gleichstellen, Liebe zu Freiheit und Vaterland erfüllt ihn. Eine der neulateinischen Poetik der Renaissance ebenbürtige, mit gleicher Formengewandtheit ausgestaltete, aber in der Volkssprache redende Dichtung wollte Opitz begründen. Bei Mangel der Kräfte ist der Wille zu loben; und wenn höher Begabte unter glücklicheren Umständen auf derselben Bahn weiter gestrebt hätten, sie würde zum Heile geführt haben. Aber bald gewann die Richtung alle Herrschaft, von der Opitz gesagt hatte: „Wenn man eines neusüchtigen Deutschlings Herz öffnen und sehen sollte, so würde man augenscheinlich befinden, daß fünf Achtel desselben französisch, ein Achtel spanisch, eines italienisch und kaum eines davon deutsch sollte befunden werden." Sogleich nach Opitz zeigte die zweite schlesische Dichterschule alle Unarten des Manierismus, wie er zu den Zeiten Pellissons und der Scudéry in der französischen Lyrik und Romanliteratur vorherrschte. Der Inhalt ist geistlos und dabei lüstern, frech, unnatürlich, geschraubt, die Form stößt ab durch die faden Verskünsteleien, die übertriebenen Eigenschaftswörter, die gewaltsamen und spitzfindigen Gegensätze. Die Helden in den Trauerspielen des Andreas Gryphius (1616—1664) sind keine Menschen mehr, sondern entweder übernatürliche Wesen von unerschütterlicher Tugend, für die sie mit einer Art mystischer Wollust und stolzen Trotzes in Qual und Tod gehen, oder teuflische Bösewichter, die an der Schlechtigkeit ein liebevolles Gefallen finden und sie bis zum äußersten Uebermaße und in Allem ausüben. Uebertriebene Stärke nach jeder Seite hin: wer würde dadurch nicht an Corneille erinnert? Freilich fehlten dem Glogauer Gelehrten der Pariser Hof, die fein gebildete französische Sprache, das großartige Publikum und die trefflichen Schauspieler des Frankreichs des 17. Jahrhunderts! War in Gryphius noch ein tüchtiger Kern, der nur unter den französischen Einflüssen und Barbarei des eigenen Vaterlandes nicht zur Entfaltung kam: so kann uns in des Breslauer Rathsherrn Christian Hoffmann von Hoffmannswaldau (1618—1679) Dichtungen die kaltblütige Tüftelei, mit der er die Liebesgefühle der sinnlichsten und schlüpfrigsten Art in spielenden Antithesen, Epigrammen und anscheinenden Gegensätzen zergliedert und eine ausschweifende Ueppigkeit, die kaum durch die Gluth entfachter Leidenschaft erträglich werden würde, mit der Pedanterie eines verbildeten Gelegenheitspoeten darlegt, nur anwidern. Der Jurist Caspar von Lohenstein (1633—1683) endlich, Lyriker und Tragöde zugleich, bietet nichts als den ekelhaften Schmutz gemeinster Liebesabenteuer, ohne einen Funken wahrer Poesie, vorgebracht in gesuchtester, spitzfindigster Form, unterwebt mit langweiligen Sentenzen. Die Verstandesarbeit erstickt jede natürliche Empfindung, die dann durch überladenen Schwulst und fassche Gravität vorgestellt werden soll. Und diese beiden letzteren Dichter, Hoffmann und Lohenstein, wurden von denjenigen Deutschen, die nicht über dem Französischen die heimische Sprache und Dichtkunst ganz vergessen hatten, höchlichst bewundert und allgemein gelesen.

Nun kam aber in Frankreich Boileau auf, der mit seinen scharfen und trockenen Lehren, mit seinen sorgfältig gefeilten Versen wenigstens das Verdienst hatte, das schwülstige und thörichte Phrasen- und Witzgeklingel der

Schäfer- und Heldenromane und der diesem entsprechenden Lyrik zu stürzen. Daß Boileaus Richtung sich auch in Deutschland sofort einbürgerte, kann nur als ein Fortschritt gegen das Bisherige betrachtet werden. Freilich vermochte sie keinen einzigen Dichter von irgend welchem Talent hervorzurufen, aber sie reinigte doch wenigstens den Geschmack einigermaßen. Dazu kam, daß auch der echten französischen „Klassiker" Werke mit Eifer gelesen wurden. Corneilles und Racines sowie deren Nachahmer Stücke wurden in der zweiten Hälfte des 17. Jahrhunderts mehrfach in das Deutsche übersetzt und dann in freieren Bearbeitungen nachgeahmt. Auch Molière fand in Deutschland vielen Anklang: in den Karnevalsvorstellungen, die im Jahre 1690 in Torgau stattfanden, wurden nicht weniger als sieben Stücke dieses Dichters, darunter auch der Misanthrop — „der Verdrießliche" — in deutscher Uebertragung aufgeführt.

Es wäre nun durchaus falsch, diesen französischen Einfluß auf die deutsche Literatur so schlechthin verdammen zu wollen, wie Lessing es später in seiner wohl berechtigten nationalen Gegenwirkung that. Im Gegentheil wäre er, wenigstens insoweit er von den immerhin höchst bedeutenden Schriftstellern aus dem Zeitalter Ludwigs XIV. ausging, das einzige Mittel gewesen, die unglaubliche Roheit und geistlose Frechheit, wie sie in den damaligen deutschen Erzeugnissen hervortraten, zu verbannen und die unentbehrliche Grundlage einer erfreulichen Literatur, einen gebildeten und feinfühlenden Geschmack, zu erzeugen. Indessen hier rächte es sich, daß eben jenes französische Wesen dem deutschen Volkscharakter durchaus fremd und deshalb wirkungslos blieb. Die Masse des Volkes fand an den schönen Reden des alten Horatius, des Cid, der Esther und des Hippolyt, sowie an den feinen, tief psychologischen Schilderungen des bürgerlichen Edelmanns oder des Menschenfeinds nicht den mindesten Gefallen, sondern lief leider nach wie vor in die Buden, wo die blutigen Haupt- und Staatsaktionen in pomphaftem Schauder Auge und Seele ergriffen oder die Harlekinaden mit ihren unglaublich gemeinen Späßen die rohen Hörer erfreuten. Unzulänglich verfeinertes, französirendes Wesen bei den Vornehmen, grobes und gemeines bei den Niedrigen — das blieb die Signatur Deutschlands in der zweiten Hälfte des 17. Jahrhunderts.

Und auch in der Kunst geht Deutschland nach dem dreißigjährigen Kriege jede Selbständigkeit und Originalität verloren. Noch während jenes schrecklichen Kampfes hatte es ihm nicht an achtungswerthen Talenten zweiten Ranges gefehlt. Joachim von Sandrart (1605—1688) aus Frankfurt am Main, ein Schüler des Niederländers Gerhard Honthorst, gehörte gleich diesem der damals die ganze civilisirte Welt beherrschenden Richtung der Caravaggi an, die mit vollendeter Technik durch originelle und gesuchte Effekte einen bedeutenden Eindruck hervorzubringen strebte. Wie sein Meister setzte Sandrart seine Kunst hauptsächlich in ein künstliches und grelles Licht; seine Komposition ist etwas gezwungen, die Köpfe seiner Gestalten aber tüchtig und charakteristisch. Ihm verwandt war Matthäus Merian, der sich noch besonders durch seine Kupferstiche auszeichnete; sie sind wie diejenigen seines Zeitgenossen Wenzel Hollar so naturwahr und geistreich, so sein empfunden und sorgsam ausgeführt, daß man in ihnen doch noch frisches Leben pulsiren und wirkliches künstlerisches Gefühl sich bethätigen sieht. Leider nahm auch dies bald ein Ende. Die Malerei konnte sich der allgemeinen Verkümmerung des deutschen Volksthums nicht entziehen und büßte wie dieses jedes Selbstbewußtsein, jede Eigenart ein. In geistlosem Eklekticismus sich den französischen und italienischen Vorbildern anlehnend, verlor sie in ihrer knechtischen Nachahmung und Ideenlosigkeit schließlich auch selbst das technische Vermögen.

Noch mehr machte sich der allgewaltige französische Geschmack in der Architektur geltend, da die ungeheuren Palastbauten Ludwigs XIV. die Bewunderung ganz Europas und den thätigen Neid der deutschen Fürsten hervorriefen. Jeder von diesen wollte sein Versailles, sein Trianon besitzen; und dieselben möglichst getreu nachzuahmen, wurde die Aufgabe und das Ziel aller Architekten. Nichts mehr von der lebendigen Fülle, der reichen Gliederung des Renaissancestyles, sondern nur die kalte Majestät und einförmige Massenhaftigkeit von Ludwigs Musterbauten. Diese Richtung wurde unter dem großen Kurfürsten in Berlin eingebürgert durch Johann Arnold Nehring, übrigens einen hochbegabten Künstler, von dem u. A. der Entwurf zu dem Zeughause in Berlin herrührt. Aber in größeren Anlagen huldigte auch er der langweiligen, gedankenlosen Einförmigkeit und Geradlinigkeit, in der die Häuser wie ein Bataillon unterwürfiger und streng disciplinirter Gardesoldaten aufmarschiren müssen. Von irgend einer Selbständigkeit und Individualität darf unter der Herrschaft des von Frankreich ausgegangenen unbeschränkten Absolutismus bei den Häusern ebenso wenig die Rede sein, wie bei den Menschen. Das zeigen die vielen Residenzanlagen jener Zeit mit ihren langen regelmäßigen gleichförmigen geradlinigen Straßen, und ganz besonders die von Nehring selbst erbaute Friedrichstadt in Berlin. Neben dieser Residenz wurde dann besonders Dresden der Hauptsitz der französirenden Baukunst; Krägers Palais im großen Garten, um 1680 gebaut, ist wie ein Miniaturbild von Versailles. Und so gehe man die zahllosen fürstlichen Paläste durch, die in jener Zeit in allen Staaten und Städtchen unseres Vaterlandes entstanden — einer gleicht genau dem andern, Alles sklavische Nachahmung des großen Musters der französischen Residenzen!

Einige wenige Ansätze zum Bessern waren vorhanden; aber sie entfalteten sich voll erst gegen das Ende des Jahrhunderts. — —

Nicht minder unbedingt, als in Deutschland, herrschte der französische Einfluß in dessen Nebenland Holland; ja er drang hier noch tiefer in die Massen ein, da das holländische Volk ungleich reicher, gebildeter, freier war, als das deutsche jener Zeit, und da es schon länger der französischen Einwirkung unterlag. Seine Fürsten und Staatsmänner waren seit Jahrhun-

berten gewohnt, französisch zu reben und zu schreiben, und von ihren Kanz-
leien sowie von den Verhandlungen und Schriftstücken der Ständeversamm-
lungen aus waren zahlreiche französische Wörter in die holländische Sprache
eingedrungen, von deren urwüchsig plattdeutscher Naivität sie freilich dann
seltsam genug abstachen. Der Begründer der holländischen Poesie, Hooft
(1581—1647), hatte noch ganz den italienischen Vorbildern gehuldigt und
gehörte, wie in Deutschland Opitz, der Schule Tassos an, die den Klassizismus
der Renaissance in volksthümliches Wesen zu übertragen suchte. Anders sein
Nachfolger Joost van den Vondel, der als Lyriker mit Recht als der vorzüglichste Dichter Hollands gepriesen wird (1587—1679). Aber das Hauptgewicht seines Strebens legte er auf das Drama, und hier steht er an Frische,
Natürlichkeit, sympathischem Wesen Hooft bei weitem nach. „Er beugte sich
unter das Joch der Klassiker," sagt bezeichnend Jonckbloet von ihm, „suchte
da die Gesetze, die in seinem Geiste nicht Wurzel schlugen." Wie Racine
arbeitete er mehr mit dem Verstande als der Phantasie, gab langathmige
und hochklingende Reden anstatt der Sprache des Gefühls und der Leidenschaft, Worte anstatt der Handlungen, und sah mehr darauf, die Vorschriften
des Aristoteles und seiner philologischen Erklärer, als die Gebote der Natur
und der dichterischen Wahrheit zu befolgen. In seinem „Jephta", 1659,
also ganz unter dem Einflusse Corneilles geschrieben, wollte er sein Meisterstück liefern: aber es gelingt ihm nur, recht grelle tragische Effekte vorzuführen, vortrefflich geeignet, um hochtrabende Phrasenreihen daran anzuknüpfen, während von einer wahren und ergreifenden Charakteristik nicht die
Rede ist und in der höchsten Leidenschaft die Worte viel zu gewählt poetisch
oder vielmehr rhetorisch sind, um wirklichem Gefühle zu entstammen. Von
lokaler und zeitlicher Färbung ist fast nirgends eine Spur; Simson redet
wie Salmoneus, der König von Elis, und der chinesische Kaiser Sung-Chin
wie die batavischen Bruderfürsten, und diese alle wie hochgeborene und wohl-
erzogene Kavaliere aus Brüssel oder Paris. „Staatenwechsel und Schicksale
durchlauchtiger Personen" zu schildern sah er nach seinem eigenen Ausdruck
als die eigentliche Aufgabe der tragischen Muse an. Wer möchte bei dem
allen der überraschenden und allseitigen Parallele der französischen Drama-
tiker sich nicht erinnern? Auch wurden die Tragödien Corneilles und Racines
bald übersetzt und aufgeführt. Vondel fand bei seinen Zeitgenossen die
grenzenloseste Anerkennung und mitunter zahlreiche Schüler. Der höchstge-
achtete von diesen, Joachim Dubaan (1628—1692), ein Haupthelb in tech-
nischer Vollendung, hochtrabend und gespreizt, aber kalt und arm an dichte-
rischem Empfinden und Vorstellen preist in seinem Meister diese ganze
französirende Zeitrichtung:

„Homer und Maro sind in Vondel neugeboren;
Doch mit viel höherem Schwung der Anordnung, und frei
Von Unnatürlichkeit......."

d. h. von dem Laster der dichterischen Phantasie!

Literatur und Kunst in Holland.   217

In der Kunst dagegen — wenigstens in derjenigen, die von den neuern Niederländern allein betrieben ward, der Malerei — vermochten sie sich eine rühmliche Selbständigkeit und nationale Eigenthümlichkeit zu bewahren. Nur wenige Historienmaler hängen der später-italienischen Kunstblüthe an; die große Mehrzahl und die besten der Künstler wandeln die volksthümlichen Bahnen. Freilich die größten Heroen der niederländischen Kunst sind in unserer Epoche theils schon vom Schauplatz abgetreten, wie Rubens und van Dyck, theils doch am Spätabend ihres Lebens, wie Rembrandt und van der Helst. Aber eine erfreuliche Nachblüthe der Kunst ist doch zu begrüßen in der höchsten Ausbildung einer neuen Art, des Genres. Das Eingeleben des Volkes in allen seinen Ständen mit seinen Besonderheiten, seinen Interessen und Leidenschaften, der werkeltägliche Verkehr in seiner bunten Mannigfaltigkeit, dann auch das wechselnde Kriegsspiel finden Darstellung in kleinen Gemälden, die mit sauberster Technik in frappanten Gegensätzen

Gerhard Terburg, Väterliche Ermahnung (Berlin).

von Licht und Farbe das Auge und Herz des Beschauers ergötzen. Bald sprudelt in diesen Bildern ein urwüchsig frischer, wenn auch bisweilen etwas derber Humor; bald tritt in ihnen eine ungeheuerliche Phantasie und ein verblüffender Hang zum Abenteuerlichen hervor — recht entsprechend jenem holländischen Volke des 17. Jahrhunderts, muthig und unerschrocken auf der See, von kühnem Unternehmungsgeiste, frei und kräftig, derb, sinnlich, zu Scherzen und grobem Spaße geneigt und doch wieder auch den feinern Künsten zugethan. Da blühte David Teniers der Jüngere, der Meister des kecksten Humors, der tollsten ausgelassensten Heiterkeit, des neckischen Witzes und der behaglich feinen Schilderung alltäglicher Volksfiguren. Trockner, aber sorgfältiger malte Adrian van Ostade, ein Lübecker von Geburt. Jan Steen, der lustige Kneipwirth von Leyden, der in seinen toll heitern Bildern die Wirkungen des Weines auf alle Stände der menschlichen Gesellschaft verherrlicht, zeigt so recht den innigen Zusammenhang zwischen dieser Kunst und dem Volke. Und dann wieder die Meister, welche vorzugsweise das Leben der vornehmen Klassen fein und zierlich schildern. Gerhard Terburg, der edelste Maler dieses Faches, zeichnet sich nicht nur durch getreue Wiedergabe des Gemessenen und Zurückhaltenden der bessern Gesellschaft, durch wunderbar natürliche Darstellung der reichen Kleiderstoffe, sondern auch durch schlichte, naive und geschmackvolle Anordnung und durch seine Charakteristik und Individualisirung aus. Es folgte ihm auf dieser Bahn Gerhard Dow, der noch von seinem Meister Rembrandt die gewandteste und überraschendste Behandlung der Lichteffekte überkommen hatte, und dessen Bildchen zu dem Anziehendsten und Erfreulichsten gehören, was diese anspruchslose Richtung der Malerei hervorgebracht hat. Zahllos sind die Namen der Künstler, die sich jenen beiden anschließen — die Metzu, Mieris, Netscher, Schalken und so viele andere — die Zeugen des bewegten Lebens und der fruchtbaren Schöpfungskraft unter dem holländischen Volke jener Zeiten. In einer andern Richtung offenbarte sich das liebevolle Versenken in die Umgebung, die frische und veredelnde Auffassung der Natur- und Menschenwelt, der feine Sinn für das Kleine, die Gabe, dasselbe durch die Kunst zu erheben, welche sich schon in der Genremalerei ausgesprochen hatten; nämlich durch die trefflichen holländische Landschaftsmalerei. Da ist nichts von dem Gesuchten, Kühlen, falsch Idealisirenden des Claude Lorrain und seiner Schule, nichts von einem manierirten Streben nach Glanz und Effekt; sondern klare männliche Ruhe, bewußte Wechselwirkung zwischen dem Menschengeiste und der Natur, zartes Verständniß für die einfachen Schönheiten der nordischen Landschaft, treuer Sinn für alle Einzelheiten derselben, ohne doch darüber die allgemeine Stimmung und ihren Ausdruck zu vergessen. Wer kennte und liebte nicht Jakob Ruisdael (1635—1681), den Heroen dieser Richtung der Landschaftsmalerei? „Er stellt," sagt Franz Kugler, „gleich Claude Lorrain das Walten eines höhern Geistes in den Erscheinungen der Natur dar. Aber er bedarf keiner Erklärung der Natur, er hebt sie nicht auf eine höhere Stufe, um sie in sonntäglicher Feier der Gottheit näher zu führen; ihm ist jegliches Einzelne, sofern der Verstand des Menschen noch nicht Schranke und Gesetz hineingetragen — die grünenden Wiesen, die stillen Wolkenzüge, die rauschenden Bäume und Gewässer — schon an und für sich belebt von jenem höhern Geiste. Er wiederholt in seinen Gemälden den altgermanischen Naturdienst, von dem uns der römische Geschichtschreiber erzählt." In der That, ein echt deutsches, in den stillen Zauber der Natur versenktes Gemüth, dieser Holländer Ruisdael. Auch ihm folgen zahlreiche Schüler von eigenthümlichem Verdienste, wie Hobbema, de Vries und so viele andere. Von wie glücklichem Einklang mit der Natur zeugen dann die Seebilder Backhuisens — eigentlich ein Deutscher, aus Emden — bald zierlich das Verlockende der sonnigen, glatten, leicht gekräuselten Meeresfluth, bald die furchtbare Wuth, den unwiderstehlichen Anschwall des durch den Sturm tief aufgewühlten Elementes schildernd.

Gewiß hat diese holländische Malerei nicht die höchsten Aufgaben und Ziele der Kunst erreicht; aber ihr frisches, reges, wahrhaftes, aller Fesseln der Konvenienz und der höfischen Lüge spottendes Leben, ihre vollsthümliche und gemüthstiefe Bethätigung bieten einen wohlthuenden Gegensatz wider das Falsche, Gebrechselte, geist- und herzlos Ceremonielle, prunkend knechtische, wie es in allen Richtungen der Kunst von dem Frankreich Ludwigs XIV. ausging und alle übrigen Völker Europas mehr und mehr sich unterwarf.

Das officielle England war, seit Karl II. als bezahlter Vasall des französischen Monarchen dort Hof hielt, ganz nach französischem Muster gestaltet. Gegenüber dem Elend der Verbannung glaubten Karl und seine Umgebung in dem prunkvollen, heitern, großartigen Leben von Versailles das wahre Wesen der Monarchie zu sehen, und die Sorgen und Entbehrungen der Vergangenheit suchte man in sinnlichem und geistigem Kitzel, wie man ihn in der französischen Residenz erfunden, wieder gut zu machen. Und war doch dieser selbe Hof von Versailles der beste Verbündete des Königs! Nachahmung der Franzosen wurde in Whitehall geradezu als Beweis monarchischer Treue angesehen. Die englische Aristokratie und Alles, was ihr folgte, gefiel sich in dem Glanze, den pomphaften Festen, dem leichten und ungläubigen Tone, den raffinirten Ausschweifungen nach dem französischen Vorbilde. Ausdrucks-, Denk- und Schreibweise sollten dem entsprechen, die Literatur, zu angenehmer und witziger, aber nicht aufregender und anstrengender Lecture, diesen Charakter tragen. Diese französirende Richtung aber verbreitete sich mit unwiderstehlicher Kraft wenigstens unter die gebildeten Klassen und die städtischen Bevölkerungen überhaupt; theils wegen des stets maßgebenden Beispiels der höchsten Kreise, theils auch infolge einer, an sich nicht unberechtigten Reaktion. Die Puritaner hatten während ihrer Herrschaft in England nicht nur rohen Belustigungen, wie den Hahnenkämpfen, den Ringkämpfen und den Bärenhetzen, sondern auch den unschuldigsten Vergnügen, wie Kirchweihfesten, Theatervorstellungen und Tänzen, den Krieg erklärt und dieselben verboten. Noch Cromwell hatte alle Wirthshäuser geschlossen mit Ausnahme derjenigen, die an den großen Heerstraßen und in den bedeutendern Orten zur Aufnahme von Reisenden und Fremden unentbehrlich waren. Nur schwer hatte das „lustige alte England" diese finstere Verbannung aller Lebensfreunden getragen — um so ausgelassener stürzte man sich in den Strudel der Vergnügungen, als die schwere, drückende Last der puritanischen Herrschaft durch die Rückkunft des legitimen Königthums beseitigt war. Als ergötzliches Beispiel dieser Reaction gegen das grämliche, menschenfeindliche Wesen der „Rundköpfe" besitzen wir noch Butlers „Hudibras", in dem das Puritanerthum dem unbarmherzigsten Gelächter preisgegeben wird; das ziemlich alberne und flache, grob komische Gedicht fand zu seiner Zeit die allgemeinste Verbreitung und den lautesten Beifall; es wurde das Lieblingsbuch aller Stände; König Karl II. trug es beständig in der Tasche und pflegte es bei jeder Gelegenheit anzuführen: so groß, so weit verbreitet war der Haß gegen die „Heiligen", so populär wurde Alles, was im schroffsten Gegensatze zu denselben stand.

Diese Stimmung kam vor allem dem Theater zu gute. Je feindseliger die Puritaner die Schaubühne verfolgt hatten, um so mehr erschien es als eine Bethätigung des vom Königthume über jenes erfochtenen Sieges und zugleich als eine geschickte Bewerbung um die Gunst der Menge, dieselbe wieder zu eröffnen. Die lang zurückgedämmte Schaulust war unersättlich und zahlreiche Dichter entstanden, sie zu befriedigen. Aber die alte theatralische Ueberlieferung aus den Zeiten Ben Jonsons und Shakespeares war abgebrochen; ein langer Zeitraum trennte das altenglische Drama von der Gegenwart; seitdem war überhaupt eine völlig veränderte, auf ganz neuen Verhältnissen und Bildungselementen beruhende Zeit herangebrochen. Regelmäßigkeit und rhetorische Weise beherrschten die Bildung; aus beiden war die französische Tragödie hervorgegangen, die gerade jetzt in ihrer höchsten Blüthe stand. Kein Wunder, daß die englischen Theaterdichter sich ihr anschlossen. Vergebens ging ihnen eine Ahnung auf, wie viel mehr dem nationalen Wesen die Shakespeare'sche Muse entspreche, und wie viel mehr innere Wahrheit dieselbe besitze: sie konnten nicht in derselben Weise produziren, ihre ganze Geistesrichtung, ihr Ideen- und Geschmackskreis waren zu verschieden. Vergebens stellte Dryden, um allen gerecht zu werden, als Forderung für das englische Drama auf: Shakspeare'scher Geist in französischer Form — es war eben nicht möglich, die gewaltige Kraft, die naturwahre Frische, die tiefe Empfindung, die gigantische Haltung Shakespeare'scher Schöpfungen in den zierlich hüpfenden und regelmäßig reimenden Alexandriner, in die drei pseudo-aristotelischen Einheiten und in die gefälligen Redensarten und Umgangsformen Racines zu bannen.

Die ersten Tragöden der Restaurationszeit waren viel konsequenter; sie schlossen sich eben unbedingt den französischen Vorbildern an. Der Begründer des neuen englischen Theaters, Sir William Davenant, suchte in seiner „Belagerung von Rhodus" ganz einfach den Corneille wieder zu geben. Er fand damit auch ungemeinen Beifall und allseitige Nachahmung; an Menge eine Legion schossen die englischen Corneilles aus dem Boden hervor: Stapleton, die beiden Howard und viele andere. Waller und ein vornehmer Dilettant, der Herzog von Buckingham, hielten es für gut, die alten, tragischen und lustigen Stücke von Beaumont und Fletcher in schön gereimte Verse umzusetzen. Indessen schon dieser letztere Umstand zeigt, daß das englische Volk die früheren, ihm mehr kongenialen theatralischen Dichtungen noch nicht vergessen mochte, und John Dryden (1631—1700) konnte ihm in seinem eigenen dichterischen Gefühl nicht ganz Unrecht geben. Dieser Dryden ist der vollkommenste Typus der englischen Gesellschaft der Restaurationszeit: fein gebildet, aber durchaus charakterlos; sentimental, aber ein Lüstling; witzig, gewandt, fein berechnend, aber ohne Tiefe des Gemüthes und der Einbildungskraft; gewohnt, sich selbst, sein Wesen, sein Denken, sein Schaffen nach den Wünschen und Strömungen des Augenblicks zu modeln. Er fühlte also die Leere und Einförmigkeit der französischen Tragödie sehr wohl und suchte sie deshalb mit all-englischem, mit Shakespeare'schem Geiste zu erfüllen. Als solchen meinte er mit trockener Vernünftigkeit das Romantische und Erhabene zu erkennen; dieses aber suchte er lediglich in Geistererscheinungen und Schlachtentrubel, während er aus dem französischen Drama die sentimentalen Liebesgeschichten und den unendlich langweiligen Alexandriner — den er übrigens mit großer Geschicklichkeit und vielem Wohllaut zu handhaben wußte — beimischte. Mit dieser ganz rohen und äußerlichen Mixtur glaubte Dryden das Rezept für das Idealdrama gefunden zu haben: er nannte sie stolz „die heroische Tragödie".

Diese gezierten Spektakelstücke beherrschten fünf Jahre lang die Bühne, bis sie durch Budingham's witzige Parodie „Die Theaterprobe" unter dem Gelächter des Publikums erstickt wurden. Dryden, tief enttäuscht, verfiel jetzt in das gerade Gegentheil seiner bisherigen Anschauung: er schrieb Dramen in reimloser, zum Theil sogar ungebundener Sprache — das sollte das Nationale an ihnen sein — dem Inhalte aber nach ganz in dem regelmäßigen Mechanismus der französischen Tragödie. Dieser letztere überwog so sehr, er sprach sich so deutlich in der Anlage der Stücke, in der verschwommenen und schablonenhaften Charakterschilderung, in der rhetorischen Art der Sprache aus, daß man Dryden getrost als den dauernden Begründer des französirenden Styles des englischen Trauerspieles bezeichnen kann.

Und ebenso ahmte Dryden in seinen lyrischen und epischen Gedichten die Franzosen, vor allem Boileau nach. Dieser war ihm in jeder Einzelheit das Muster für seine zahlreichen Satyren, nur daß dieselben bei Dryden meist politischer, bei seinem Vorbilde aber literarischer Natur sind. Seine eigentlich lyrischen und epischen Dichtungen, meist größern Umfanges, zeigen die französischen Vorzüge leichter und klangvoller Reime und großer Korrektheit, lassen aber jede wirklich dichterische Anlage vermissen; die Schärfe des Verstandes zeigt sich auf Kosten der Innigkeit des Herzens; er schildert die Gefühle nicht, wie sie dem Herzen entquellen, sondern wie sie der reflektirende Verstand sich etwa vorstellt. Seine zahlreichen Uebersetzungen antiker Klassiker sind nicht minder in französischer Art: freie modernisirende Umschreibungen in völlig verändertem Versmaß, gewandt und fließend, aber ohne Verständniß für den Geist des Originals, willkürlich und verflachend.

John Dryden beherrschte sein Zeitalter vollständig, denn er diente dem Geschmacke desselben, und der Wohllaut seiner Sprache gab wirklich selbst dem unbedeutendsten Inhalte Reiz. Durch ihn war in England für lange Zeit hinaus der Sieg des französischen sog. Klassizismus über die alte englische volksthümliche Dichtungsart entschieden. Die besten Lyriker, wie Waller und Marvel, gingen völlig in das französische Lager über.

Otway (geboren 1651) vervollkommnete im Trauerspiele die französirende Tragik Drydens. Er besaß bei weitem mehr dramatische Gestaltungskraft als jener und vermochte die einmal eingeschlagene Richtung auch konsequenter durchzuführen; die letzten Zuthaten, die an die alte englische Bühne erinnerten, wie Fülle der Personen und häufiger Wechsel der Scene, sind bei ihm verschwunden. In Theorie und Praxis verbannte man die allnationale Weise und schwärmte nur noch für die vermeintlichen Regeln der Alten und für die „klassische" Redseligkeit ihrer neuern Nachahmer, der Franzosen.

Wären die damaligen Engländer nur auch für das Lustspiel dem französischen Muster treu geblieben! Aber sie entlehnten demselben nur hier und da den Stoff, während die freche Zügellosigkeit, die abgefeimte Zweideutigkeit, die zotige Gemeinheit jener englischen Lustspieldichter ihnen oder vielmehr dem unglaublich liederlichen Hofe angehörten, dessen Sitten und Sprache wiederzugeben sie sich laut rühmten. Freilich war dieser Hof mit seiner Pracht, seiner äußern Verfeinerung bei innerer Roheit, seiner sklavischen Unterwürfigkeit unter den Geschmack des Herrn, seinem strupellosen Haschen nach schamlosem Sinnengenuß wieder eine wenn auch torrikirte Nachahmung von Versailles. Dryden, der Dichter des Hofes und der guten Gesellschaft, gab auch für diese Lustspiele den Ton an, zu deren Charakterisirung es dienen möge, daß die unzüchtigsten Scherze grundsätzlich Schauspielerinnen in den Mund gelegt wurden! Einen würdigen Nachfolger fand er in Wycherley (geboren 1640), nur daß dieser, ebenso wie Otway, an dramatischer Gestaltungskraft und Geschicklichkeit Dryden bei weitem übertraf.

Je weniger die Künste im damaligen England hervortraten, um so erfreulicher ist es, daß, gewissermaßen als Repräsentantin des tüchtigen, ehrenfesten, von jener Verderbniß wenig berührten Bürgerthums und Mittelstandes, die wissenschaftliche Forschung ihren eigenen selbständigen Weg ging und in den Natur-, sowie philosophisch-politischen Wissenschaften zweifellos an die Spitze aller europäischen Nationen trat. Einen festen Kern fanden diese wissenschaftlichen Bestrebungen an der Londoner Akademie der Wissenschaften, die aber — höchst bezeichnend für den Unterschied der beiden Völker — nicht wie die französische aus königlicher Stiftung, sondern (1660) aus dem freiwilligen Zusammentritt einiger Gelehrten entstand und nur nachträglich, der Form halber, mit der königlichen Bestätigung den Namen der „Königlichen Societät" erhielt! Der erste Keim dieser Akademie, das schon 1645 gestiftete „Unsichtbare Kollegium" verdankte übrigens einem deutschen Gelehrten, dem vertriebenen Pfälzer Theodor Haak, seine Entstehung. Wie angesehen die Wissenschaft selbst in dem leichtfertigen England König Karls war, beweist der Umstand, daß die ersten Männer des Reiches im Range und im dichterischen Ruhme sich um die Ehre bewarben, Mitglied der „Königlichen Societät" zu werden, daß Karl II. selbst sich glücklich pries, eine solche Gesellschaft gerade unter seiner Herrschaft entstehen zu sehen. Nach Bacos Vorgange wurden in echt wissenschaftlicher Weise das Experiment und die Erfahrung zur Grundlage der Arbeiten der neuen Gesellschaft gemacht. Sie hat ungemein zur Verbreitung von Kenntnissen aller Art, zur Verbannung des Aberglaubens und zur Entwicklung von Industrie und Schiffahrt beigetragen.

Dem praktischen Charakter der Engländer entsprechend richtete sich die Thätigkeit ihrer Gelehrten zunächst auf die mechanischen Wissenschaften, die damals überhaupt, schon durch die Astrologie veranlaßt, auf der Höhe des Interesses aller Nationen sich befanden. Der Deutsche

Isaak Newton.
Nach einem gleichzeitigen Stich.

Pole Copernikus, der Deutsche Keppler, der Italiener Galilei hatten sie wesentlich gefördert; aber die wahre wissenschaftliche und zweifellose Begründung gab ihnen doch erst Isaak Newton (geboren 1643). Professor der Mathematik in Cambridge, schon früher Erfinder der Infinitesimal-Rechnung, gelangte er, nicht durch eine plötzliche Erleuchtung, sondern durch mühsamste Berechnung zu der Ueberzeugung, daß die Himmelskörper ganz von demselben Gesetze der Schwere geleitet würden, nach welchem ein Körper auf der Erde zu Boden falle. Im Februar 1685 — wahrlich ein ewig denkwürdiges Datum! — theilte er seine Entdeckung der „Königlichen Societät" mit; in den folgenden Jahren führte er sie in einem großen Werke in genauester Weise für die weitere Oeffentlichkeit aus; nur vermittelst der von ihm neu gefundenen höhern Algebra hatte er zu diesem Ergebnisse zu gelangen gewußt. Laplace hat dieses Buch das größte Werk des menschlichen Geistes genannt. Die Thatsachen, die Copernikus, Keppler, Galilei richtig gesehen und in allgemeinen Gesetzen niedergelegt hatten, waren nunmehr erst begründet, auf ihr wahres Wesen zurückgeführt und aus inneren Gründen erklärt. Eine wissenschaftliche That von unberechenbarer Wichtigkeit war vollführt, die ganze physische Astronomie auf ein einziges mechanisches Grundgesetz zurückgeführt worden. Alle astronomischen Schwierigkeiten lassen sich jetzt, mit Hülfe der Beobachtung, aus den Newton'schen Gesetzen der Schwere erklären und auflösen. Der Zusammenhang und die Unzerstörbarkeit des Weltgebäudes ist damit auf das glänzendste erwiesen. Aber noch bedeutender, als der rein astronomische Werth der Newton'schen Entdeckung, ist der kulturgeschichtliche. Seitdem ist an Stelle der mystischen Naturbetrachtung, die in allem Willkür und Wunder sah, die Ueberzeugung von einer strengen Gesetzmäßigkeit getreten. Die Herrschaft einer gesetzlichen Nothwendigkeit in den großen und kleinen Erscheinungen der physischen Welt ist in den Anschauungen aller Menschen der civilisirten Länder an die Stelle der alten phantastischen Traumgebilde getreten. Eine vernunftgemäße Weltbetrachtung, frei von Aberglauben, frei von mystischen Spielereien, wurde erst dadurch begründet, die Anschauung von einem Gotte, der beliebig in das Getriebe der Welt eingreift und es ändert, für immer beseitigt. Newton ist deshalb nicht nur der unmittelbare Veranlasser der sogenannten „Aufklärung" des 18. Jahrhunderts, sondern der Begründer der modernen Natur- und Weltauffassung überhaupt geworden. Schon wagte der Geolog Thomas Burnet in einem 1680 erschienenen Werke die mosaische Schöpfungsgeschichte als vernunftwidrig und eine nur dem schwachen Verstande der Menge angepaßte Allegorie zu bezeichnen. — Die Vorliebe für naturwissenschaftliche Studien ergriff alle Kreise; auch die Damen begannen sich mit denselben zu beschäftigen. Noch Karl II. gründete die königliche Sternwarte zu Greenwich, und der erste „königliche Astronom" Johann Flamsteed veröffentlichte den ersten genauen Sternkatalog, in welchem über 3300 Gestirne mit der größten Bestimmtheit und Zuverlässigkeit angegeben waren. Immer kühner erhob die Gedankenrichtung ihr Haupt, die man bereits als die der „Freidenker" oder „Deisten", d. h. einfacher Gottgläubigen ohne alle Zuthaten positiver Religion bezeichnete. Karl Blount (1654—1693) repräsentirte in seinen 1679 und 1680 veröffentlichten Hauptwerken vollständig das System des Deismus, der natürlichen oder Vernunftreligion. Er wagte es, seine Angriffe unmittelbar wider das Christenthum und hauptsächlich wider die Wundererzählungen des neuen Testaments zu richten; alle besonderen Kultusformen erschienen ihm nur als Gaukelwerk der Priester.

In der Geschichte der menschlichen Entwickelung steht der Begabteste nicht auf eigenen Füßen. Eine endlose Reihe von gegenseitigen Einwirkungen tritt uns entgegen, keine Erscheinung dürfen wir losgelöst von den frühern betrachten, da eine aus der andern entsteht. Die englischen Deisten und Rationalisten knüpfen an die holländischen Philosophen an, die durch Spinoza auf der einen, Bayle auf der andern Seite repräsentirt werden; diese aber wieder an Descartes. Der Geschichtschreiber des 18. und 19. Jahrhunderts hat dann die Kette bis auf unsere Tage hinab zu verfolgen. Oldenburg, der Sekretär der „Königlichen Societät", war der langjährige vertrauteste Freund und Gesinnungsgenosse Spinozas. Locke, über den später zu sprechen sein wird, lebte mit Bayle und dessen Gefährten geraume Zeit im innigsten Verkehr.

Unsterblich ist das Verdienst der kleinen holländischen Republik, während der Zeit des schlimmsten weltlichen und kirchlichen Despotismus dem freien Denken eine sichere Stätte und Zuflucht gewährt zu haben. Hier war der Geburtsort der schönsten Frucht unseres modernen Lebens, der Denk- und Schreibfreiheit, der unbedingten Freiheit, über die höchsten Probleme des Daseins ungestört seinen Ansichten nachgehen und dieselben verkünden zu dürfen. Descartes hatte ja hier sein Asyl gesucht, hier hatte er seine großen philosophischen Schriften herausgegeben, hier verbreitete sich seine Lehre auf den Universitäten, unter alle wissenschaftlich Gebildeten. Insofern können wir auch die mächtige philosophische Bewegung und Anregung des Spinozismus als eine von Frankreich, von einem französischen Denker ausgehende bezeichnen; denn jene ist unmittelbar aus dem Cartesianismus hervorgegangen. Descartes hatte den scharfen Gegensatz zwischen der denkenden Substanz — dem Geiste — und der ausgedehnten Substanz — dem Körper — aufgestellt. Seine Schüler wurden hierdurch folgerichtig veranlaßt, jede mögliche Wechselwirkung zwischen zwei so durchaus verschiedenen Substanzen in Abrede zu stellen: so muß die Wirksamkeit, die nun in der That die Geister mit den Körpern verbindet, als alleinige Ursache der Gottheit zugeschrieben werden. Die Geister und die Körper, d. h. alle endlichen Dinge sind also durchaus ohnmächtig gegenüber der Gottheit und von ihr abhängig, sie sind nur die Träger oder Instrumente Gottes: folglich ist die eigentliche einzige Substanz Gott. Damit hatte Arnold Geulinx 1662 und 1665 den Cartesianismus zu dem Standpunkte geführt, von dem Spinoza ausging.

Baruch Spinoza war am 24. November 1632 zu Amsterdam geboren; seine Abstammung von portugiesischen Juden, deren Voreltern, aus der Heimath vertrieben wegen ihres Glaubens, mit zahlreichen Leidensgefährten in Holland freundliche Aufnahme gefunden hatten, verherrlicht wiederum jene segensreiche holländische Toleranz. In glühendem Wissensdurste nach Wahrheit suchend, selbständig und gewissenhaft im Denken fand er in dem traditionellen Judenthume jener Tage keine Befriedigung, zumal nachdem er durch die Schriften der Cartesianer die fruchtbarste Anregung empfangen hatte; doch ist erwiesen, daß die Werke der jüdischen Religionsphilosophen einen tiefgehenden Einfluß auf seine Anschauungen bewahrt haben. Nach dem unheilbaren Bruche

226 Zweites Buch. 5. Kap. Frankreichs Einfluß auf das Ausland.

mit seinen bisherigen Glaubensgenossen von diesen verfolgt, zog er sich in die Einsamkeit zurück und lebte später still für sich im Haag, unaufhörlich mit angestrengter Meditation beschäftigt, sich den einfachen Lebensunterhalt — von etwa 20 Pfennigen täglich — durch das Schleifen optischer Gläser verdienend. In seiner großartigen Uneigennützigkeit lehnte er einen höchst schmeichelhaften Ruf an die pfälzische Universität Heidelberg ab, aus Besorg-

Benedikt Spinoza.
Nach dem Stich von G. Zeiherd.

nis, in der Freiheit seiner Lehre einigermaßen beschränkt zu werden. Sein energischer und furchtloser Geist schreckte vor keiner logischen Konsequenz des von ihm als wahr Erkannten und Vorgestellten zurück. Den Dualismus, den Descartes zwischen Seele und Körper hatte bestehen lassen, und den seine Nachfolger nur äußerlich durch die gelegentlichen Anordnungen der Gottheit aufgehoben hatten, beseitigte er vollends: es gibt nur eine einzige Substanz, Gott, und Denken und Ausdehnung — geistige und körperliche Welt — sind nur Modi, Erscheinungsformen Gottes. Alle endlichen Dinge sind in dieser einzigen Substanz, gehen aus Gott, in Folge der ewigen Nothwendigkeit von dessen Wesen hervor. Freiheit und Selbstbestimmung sind in diesem Systeme weder bei den Menschen noch bei Gott, sondern Alles entwickelt sich aus der vernünftigen Nothwendigkeit, die eben das Wesen Gottes ausmacht. Alles beruht auf ewigen Ursachen, einen Zweck gibt es nirgends, denn der Zweck würde eine frühere Unvollkommenheit im Wesen der doch stets vollkommenen Gottheit voraussetzen. Mit mathematischer Schärfe und unerbittlicher Konsequenz wird aus wenigen in die Form von unabweisbaren Vernunftsätzen, Axiomen, gekleideten Voraussetzungen dieses System bis in die äußersten Einzelheiten von dem großen Denker ausgeführt. In der Gottheit sind zahllose Kräfte, Attribute, welche die unendliche Menge der Einzeldinge bewirken und erzeugen, von denen ein jedes, aus andern hervorgegangen, wieder andere hervorbringt. Sich mit liebendem Eifer in die Erkenntniß dieser einzigen Substanz, in die Liebe zu Gott zu vertiefen, der ewigen Weltordnung sich anzupassen und ihr gemäß zu handeln, ist die höchste ethische Aufgabe, die Spinoza dem Menschen stellt. Das Naturgemäße ist gut, das Naturwidrige schlecht; das Höchste in unserer Natur, unser größtes Gut und unsere größte Macht ist die Vernunft: darum ist Alles gut und nützlich, was das vernunftgemäße Leben befördert, Alles dagegen schlecht und schädlich, was ihm widerstreitet. Tugendhaft handeln heißt nichts anderes als nach der Richtschnur der Vernunft handeln und leben. Tugend und Erkenntniß fallen also zusammen, sind ein und dasselbe: unser Bestreben muß deshalb sein, mit Unterdrückung der wechselnden und vorübergehenden Begierden nur nach Erkenntniß zu streben und dieser gemäß zu handeln.

So gelangte Spinoza von dem metaphysischen Systeme einer unerbittlichen Nothwendigkeit doch zu einer reinen und edlen Ethik, die an sittlicher Höhe und Größe kaum von einer andern erreicht worden ist. Die Lehre Spinozas, das darf man nicht verkennen, hat nicht sofort den unmittelbaren bedeutenden Einfluß geübt, zu dem sie in späterer Zeit berufen war; um so wichtiger ist ihr mittelbarer Einfluß durch die ungemeine Anregung, welche sie den minder großen aber populärern Denkern am Schlusse des 17. Jahrhunderts gab. Denn Spinoza selbst wurde nach seinem Tode wie während seines Lebens als verbrecherischer, verworfener Atheist verketzert. Und doch, wie herrlich sticht des unscheinbaren holländischen Glasschleifers Lehre von der Vernunft und Erkenntniß als dem einzig Begehrenswerthen, von der reinen selbstlosen Liebe zum großen Allerzeuger ab gegen die Genußsucht, Habgier, Frivolität, das eitele Haschen nach Prunk, Pomp und Sinnenreiz, wie sie sich von dem Hofe Ludwigs XIV. über alle vornehmern Klassen verbreitet hatten!

Während Spinoza auf die englischen Metaphysiker bald die entscheidendste Wirkung übte, ließ der lebhafte Parteikampf, der in England zwischen den Königlichen und Republikanern, den Konservativen und Fortschrittlern, den Hochkirchlern und Dissidenten mit wechselndem Erfolge hin und her wogte, eine Anzahl ausgezeichneter politischer Denker entstehen, welche die von

15*

Macchiavell, Bodin und Grotius zur gegründete Wissenschaft der Politik in origineller und für die Folgezeit bedeutsamer Weise weiterführten. Bei Thomas Hobbes (gestorben 1679), dem Erzieher Karls II., brachte der Aufstand der Parlamentarier und Republikaner gegen dessen Vater nur den Eindruck der Nothwendigkeit eines unbedingten Herrscherabsolutismus hervor, den er dann geschichtsphilosophisch zu begründen suchte. Wie Hugo Grotius geht er von einem angeblichen Grundvertrage aus, durch welchen die ursprünglich gleichen und freien Menschen die Herrschaft auf einen Einzelnen übertragen hätten. Aber während Grotius das freie menschliche Verlangen nach Gemeinschaft als die Ursache dieses Staatsvertrages ansieht, läßt ihn Hobbes aus dem natürlichen Kriege aller gegen alle und aus der zwingenden Furcht vor der gegenseitigen Vernichtung hervorgehen. Um die wilden Kräfte des zügellosen menschlichen Willens in wohlthätigen Schranken zu halten, bedurfte es der Einsetzung einer allen Einzelnen überlegenen Herrschergewalt, welche eine ebenso absolut zwingende Macht über jeden Einzelwillen ausüben muß, wie die Gesetze der Natur über deren einander bekämpfende Kräfte. Die Gewalt des Herrschers ist deshalb, obwohl ursprünglich durch Vertrag begründet, unwiderruflich und unwidersprechlich, jedes Auflehnen gegen dieselbe, aus welchem Grunde immer, eine verbrecherische Rebellion.

Es läßt sich dem Hobbes'schen Systeme eine gewisse logische Berechtigung aus seiner Voraussetzung — dem Gesellschaftsvertrage — nicht abstreiten. Schade nur, daß man aus letzterem ebenso gut gerade das Gegentheil der Hobbes'schen Anschauung folgern konnte. Das unternahm denn Algernon Sidney (1617—1683), ein starrer, rücksichtsloser Republikaner, übrigens von ebenso gelehrter wie feiner Bildung. Er wandte sich gegen Hobbes nicht minder als gegen die Vertheidiger des Königthums von Gottes Gnaden. Wenn der Inhaber der Regierung, sagt er, seine Gewalt vom Volke übertragen erhalten hat, so ist sie kein angestammtes Vorrecht, sondern ein anvertrautes Amt. Sobald also er dieses mißbraucht und die Bedingungen verletzt, unter denen es ihm übergeben worden ist, können seine ursprünglichen Auftraggeber, das Volk, es ihm wieder entziehen.

Wir finden demnach bei Sydney, wenn auch noch dunkel und unausgeführt, die zukunftsreiche Lehre von der Volkssouveränität. Wir belächeln jetzt alle diese Bemühungen, die Politik a priori zu konstruiren, da sie mit dem wahren geschichtlichen Verlaufe in so grellem Widerspruche stehen. Allein es war dies der einzige Weg, den verrotteten und hinderlichen, drückenden und schädlichen Ueberlieferungen des Mittelalters gegenüber zu freiern und höhern politischen Allgemeinanschauungen zu gelangen und diese auch in das Leben einzuführen. —

In Spanien freilich kann von einem bedeutenden geistigen Einflusse Frankreichs zu unserer Zeit noch nicht geredet werden. Der abgeschlossene und eigenartige, selbstbewußte und selbstgenügsame Charakter des spanischen Volkes, das, von dem großen Leben Europas entfernt, am äußersten Ende

Literatur und Kunst in Spanien. 229

des Erdtheils wohnt und auf der kurzen Strecke, wo es mit demselben zusammenhängt, durch den steilen Wall der Pyrenäen von ihm wieder getrennt
wird, hat stets das Fremde später und unvollständiger in sich aufgenommen,
als alle andern Nationen. Nun kam hinzu, daß Spanien, wenn auch politisch längst im Niedergange, literarisch noch von dem Glanze seiner Blütheperiode umstrahlt wurde, in der es mehr andern zum Vorbild diente, als
von ihnen Muster empfing. Noch lebte Calderon de la Barca (1600—1681),
dessen Dichtungsweise für Corneille und durch diesen für das ganze civilisirte
Europa in vielfacher Beziehung typisch geworden ist. Von König Philipp IV.
und von dessen Ministern auf eine sie selbst auszeichnende Weise mit
Ehren und Reichthümern überhäuft, hat doch Calderon nicht, wie die französischen Hofdichter, seine geistige Unabhängigkeit aufzugeben nöthig gehabt.
Er ist der echte Repräsentant seines Volkes, dieser Calderon, der in seiner
Jugend tapfer in Mailand und den Niederlanden kämpfte und in seinem
Alter in den Priesterstand trat, seinem Könige und seinem Gotte gleich treu
ergeben, ritterlich, loyal, stolz und bigott zusammen. Während seine zahlreichen lyrischen und epischen Gedichte längst vergessen sind, während auch
seine nicht minder zahlreichen Opferdarstellungen und geistlichen Schauspiele,
zu seiner Zeit höchlichst bewundert, kaum mehr gelesen werden, erhebt sich
Calderon durch seine weltlichen Dramen unter die ersten Dichter aller Zeiten.
Freilich müssen wir die spanischen Sitten und Anschauungen bei ihnen im
Gedächtniß haben. Liebe und Ehre sind es, um die sich Calderons Dramen
bewegen: heftige feurige südliche Liebe, die vor Gewaltthat und Frevel nicht
zurückschreckt; und eine Ehre, die mit der Moral nichts zu thun hat, sondern
dieselbe oft auf das Empfindlichste verletzt und höchstens darauf hinausläuft,
der Männer Tapferkeit und Wahrhaftigkeit, der Frauen keuschen Ruf aufrecht zu erhalten. Aber wie geschickt ist die Erfindung, wie gewandt die
Schürzung des Knotens, wie lebhaft und dramatisch der Gang der Handlung!
Die Reden sind nach spanischer Art etwas lang gezogen, spitzfindig, manierirt
und lendenziös und halten nach unserer Empfindung bisweilen die Handlung
zu lange auf; allein wie viel herrliche Bilder, treffende Gleichnisse, feine
Bemerkungen finden sich in ihnen, und wie edel und schön ist Alles gehalten
und doch viel kräftiger und substantieller, naturwüchsiger, als der oft hohle
gezwungene Pathos der französischen Klassiker. Obwohl die Charaktere in
den Hauptrichtungen übereinstimmen, sind sie doch in allen Einzelheiten auf
das Glücklichste unterschieden und scharf bestimmt. Und dann: man wird in
der ganzen klassischen Tragödie der Franzosen keine einzige Stelle nationalen
Gehaltes nachweisen; in den Stücken Calderons aber haben wir ganz und
voll das Spanien seiner Zeit. Die Lebensfülle und Geistekraft, die Calderon in die heitern Auftritte seiner Schauspiele gelegt hat, sowie die
rührende Zartheit ihrer ernstern und tragischern Theile erheben uns unbewußt auf die phantastischen Höhen, wo unsere Einbildungskraft sich völlig
seiner kühnen Erfindung und schimmernden Darstellung ergibt. Seine reiche

Schatzkammer wurde das von den dramatischen Dichtern aller Völker und Zeiten geplünderte Arsenal.

Auguſtin Moreto kann ſich in Tiefe des Empfindens, Großartigkeit der Einbildungskraft und Sprache durchaus nicht mit Calderon meſſen, aber er übertrifft ihn in der feinen Charakterzeichnung und der Natürlichkeit des Tones. Wer kennte nicht Moretos reizendes Meiſterſtück: Trotz wider Trotz (El desden con el desden) in der vorzüglichen Weſt'ſchen Bearbeitung als Donna Diana?

Es ſind das aber nur die größten Namen; eine zahlreiche Schaar von Talenten ſchloß ſich dieſen Genies erſten Ranges an. Niemals iſt die dramatiſche Produktion ſo fruchtbar, die Theilnahme des ganzen Volkes an derſelben ſo lebhaft geweſen, wie in dem Spanien des 17. Jahrhunderts. Einer dieſer Dichter, Francisco de Rojas, wurde auf die unverſchämteſte Weiſe von Scarron und Thomas Corneille geplündert, ebenſo wie des letztern größerer Bruder den Guillen de Caſtro geplündert hatte. Aber unter Karl II. verſiegte die Lebenskraft der ſpaniſchen Nation ſo vollſtändig, daß auch die dramatiſche Muſe, obwohl noch immer ſehr fruchtbar, ſeit dem letzten Dezennium des 17. Jahrhunderts nur noch Mißgeburten hervorbrachte.

Die epiſche Dichtung war längſt mit den heroiſchen Eigenſchaften des ſpaniſchen Volkes verſchwunden. Die Lyrik ging unter dem gezierten Schnulſt der Gongoriſten unter, der Schüler jenes Luis de Góngora, der ſein hohes poetiſches Talent durch die Nachahmung der italieniſchen Manieriſten verdorben hatte. Er iſt mit Pelliſſon, der Scudery in Frankreich, Hoffmannswaldau in Deutſchland auf eine Stufe zu ſtellen.

Aber wie in einer Gattung der Poeſie, im Drama, ſo überdauerte auch in einer Gattung der bildenden Künſte, in der Malerei, der ſpaniſche Genius die politiſche Blüthezeit. Freilich der würdevolle Zurbaran, der edle Naturaliſt Diego Velasquez ſtarben in den erſten Jahren unſerer Epoche. Aber ſie überdauerte Alonſo Cano, der treffliche Meiſter, Architekt, Bildhauer und Maler zugleich, vor allem aber als Maler ſich unter den übrigen Spaniern durch genaues Studium der Antike, durch richtige Anwendung der Anatomie, durch plaſtiſche Richtung und zartes, duftiges Kolorit auszeichnend. Er ward das Haupt der Schule von Granada. Der Schule von Sevilla dagegen gehört der größte der ſpaniſchen Meiſter an, Bartolome Eſteban Murillo (1618—1682), der noch mit ſeiner vollen Schaffenskraft in die Zeiten Ludwigs XIV. hineinragt, und deſſen Gemälde mehr werth ſind, als die aller Hofmaler des großen Königs zuſammengenommen. In ſeiner Jugend von naturaliſtiſchem und etwas einſeitig kräftigem Style, vertauſchte er denſelben ſpäter mit einem zartern, mildern, von hoher Anmuth und Freiheit und doch ruhend auf der liebevollen tief innerlichen Auffaſſung der Natur, von welcher der Künſtler ſich nie ungeſtraft entfernen darf. Niemand hat ſo wahr und ergötzlich, in ſo derber und packender Weiſe das Leben der untern, originellen Schichten ſeines Volkes darzuſtellen gewußt, niemand wieder die innige Andacht, die unſtillbare Sehnſucht des Herzens nach dem Göttlichen, die unauslöſchliche Gluth eines hochbegabten Menschengeistes, der gleichsam die äußere Hülle durchbricht und verzehrt. Neben den herrlichsten und hinreißendsten Schöpfungen des italienischen Pinsels verschwindet doch nicht das tief ergreifende, lodernde Feuer, das aus den Augen der Murillo'schen Madonnen bricht. Gibt es etwas Schöneres und Großartigeres, als jene „Concepcion" Murillos im Pariser Louvre, welche die harmonischste und doch so einfache Mischung der Farben, die zauberisch=duftige Vertheilung von Licht und Schatten vereint mit der tiefsten hingebendsten Sehnsucht und Ergebung in dem Antlitze der Madonna? Und im Gegensatze dazu der kräftige, energische, ergreifende Ausdruck des Lebens in der Darstellung des Moses, welcher das Wasser aus dem Felsen hervorruft, oder der heiligen Elisabeth von Portugal als Pflegerin der Kranken und Armen! Nach Murillo vermochte nur noch Claudio Coello (starb 1693) den Ruhm der spanischen Malerei aufrecht zu erhalten, auch er mehr in ekletischer als in schöpferischer und selbständiger Weise. Dann versank auch hier das National=Großartige in dem allgemeinen Untergange spanischen Wesens, es machte sich auch hier jene universale, handfertige, technisch gewandte, auf äußern momentanen Effekt hinarbeitende Kunstrichtung geltend, welche von Italien und Frankreich aus die Welt durchzog und eine langdauernde Epoche der geistigen Dürre und Inhalts= losigkeit für die Malerei hervorbrachte. —

In dem Lande, das einst Spanien sowohl wie Frankreich das Muster poetischen Schaffens gegeben hatte, in Italien, war die Dichtkunst, der Tasso und die sogenannten Petrarchisten einen neuen Aufschwung verliehen, in völlige Unfähigkeit versunken, die ihre Armuth durch die übertriebensten Gleichnisse, die kindischsten Wortspiele und die künstlichsten Gedankensprünge zu verbergen suchte. Der Urheber dieses schwülstigen Styles, den man für einen blühenden, echt poetischen ausgab, war Giambattista Marini, ein Neapolitaner (gestorben 1625) gewesen. Der verdorbene Geschmack ließ seine Dichtungsweise einen Triumphzug über die ganze Welt halten. In Frank= reich erzeugte sie die Dichterschule, die zur Zeit Mazarins und bis zum Auftreten Boileaus Lyrik und Epik beherrschte; in Spanien die Gongoristen; in England die Poeten der republikanischen Epoche; in Deutschland die zweite schlesische Schule. Um die Mitte des 17. Jahrhunderts hatte der Marinismus sich Europa erobert. Unglaublich, daß eine solche Geschmacks= verirrung einen ganzen Erdtheil erfassen konnte. Nirgends aber war ihre Herrschaft unbeschränkter und länger dauernd, als in Italien, wo selbst die Prosa von ihr ergriffen wurde. Ein Prediger, welcher die Buße der Magda= lena schildern wollte, sagte: „sie badete mit den Sonnen — das heißt mit den Augen — und trocknete mit den Strömen" — das heißt mit den Fluthen ihres Haares! — Alle Dichter des 17. Jahrhunderts, mit geringen Aus= nahmen, folgten den Spuren Marinis, geblendet von dem hohen Ruhme und dem lebhaften Beifall, die derselbe gefunden hatte. Man hielt diese Dichtungsweise für das Geistreichste was es geben könnte, für ein Erzeugniß des wißigsten Verstandes, für die bewundernswertheste Blüthe des menschlichen Geistes. Das Schwülstige hielt man für groß, das Uebertriebene für sublim, das Affectirte für galant; die edelsten und erhabensten Leidenschaften und Situationen wurden durch alberne Redefiguren und platte Gedankenspiele (concetti) entstellt. Claudio Achillini und Girolamo Preti, beide aus Bologna, waren die schamlosesten Anhänger dieses blühenden Blödsinns.

Gegen eine solche Geistesverwirrung war der trockne französische Klassizismus denn doch eine sehr heilsame Reaktion, und ist dessen Verbreitung über Europa als eine entschiedene Wendung zum Bessern zu betrachten. Man wird durchaus nicht anstehen, Tryden einem Carew und Lovelace vorzuziehen, und ebenso werden wir in Canitz und Besser überlegene Widersacher gegen Lohenstein und Hoffmannswaldau begrüßen. So wenig auch dieser französische Geschmack in Ludwigs XIV. Zeitalter dem Ideale der Poesie entspricht, so hat er doch überall den Boden gereinigt von dem schändlich wuchernden Unkraut der Maninisten. In Italien war es nur Toskana, das durch den ihm angebornen feinen Geschmack auf dem Wege der Verderbniß aufgehalten wurde. Vincenzo da Filicaja (1642—1707) war ein wirklicher Dichter von glücklichster Fruchtbarkeit der Einbildungskraft und von feinem Gefühle, der zu wahrhaft großartigen Schöpfungen zu gelangen vermochte, und wenigstens nur in beschränktem Maße in die Fehler seiner Zeit verfiel. Besonders berühmt sind die Canzonen, die er auf die glorreiche Errettung Wiens von den Türken im Jahre 1683 verfaßte und die ihm vom Kaiser Leopold I., vom König Johann Sobieski und Karl von Lothringen die schmeichelhafteste Anerkennung eintrugen; denn noch galt in ganz Europa, wie das Französische als Sprache der Konversation und der Diplomatie, das Italienische als die Sprache der Dichtung. Außer Filicaja war es fast nur der klar blickende Salvator Rosa, der, ebenso gut Dichter wie Maler, den Concettisten den Krieg erklärte. In einer seiner damals mit Begierde gelesenen sechs Satyren greift er die Metaphern an, die nach seinem Ausdrucke bereits die Sonne verzehrt hätten.

Die tragische Dichtung ist nie die starke Seite der Italiener gewesen; aber auch das Lustspiel, das ihrem feinen und gewandten Geiste so viel angemessener ist, entartete damals in der allgemeinen Geschmacklosigkeit derart, daß es nur noch ein Gewebe lächerlicher Späße, ohne Regelmäßigkeit und Wahrscheinlichkeit, aber angefüllt mit Schmutz und Obscönitäten war; ebenso wie die gleichzeitigen deutschen Hanswurstiaden darauf berechnet, das freche Gelächter des niedern und hohen Pöbels hervorzurufen. Italien war die Geburtsstätte der Opern, der Musikdramen und Musikballets gewesen; aber auch diese verloren in ihrer Heimath an Kraft der Erfindung in der Dichtung und in der Musik und suchten den mangelnden Geist durch Fülle des Pompes und Aufwandes zu ersetzen. Nirgends gab man sie glänzender als an den Höfen von Modena und Mantua, aber sie waren ein bloßer Sinnenkitzel ohne innern und bleibenden Werth. Seinen wahren Ruhm stand das Italien unserer Epoche in seinen wissenschaftlichen Erzeugnissen, in denen es, zumal was die Erforschung der Natur anbelangt, zweifellos das Scepter in Europa führte. Galilei und dessen Schüler hatten — ähnlich wie später in England Newton — die Wissenschaften und ihr Studium außerordentlich populär, zu einem Gemeingute der gebildeten Stände gemacht.

Für den Zustand der Bildung in Italien erwies sich seine Theilung in zahlreiche kleine Staaten, die Menge der Fürsten und Höfe außerordentlich günstig. Da sie immer weniger in äußerer Macht mit den großen Staaten zu wetteifern vermochten, so suchten sie ihren Ruhm in einer durch alle Blüthen des Geistes verschönerten Pracht. Kein Herrscherhaus zeichnete sich hierin so aus wie die Medici in Florenz und zumal Großherzog Ferdinand II., der bis 1670 regierte. Die Universitäten von Pisa und Siena und die florentinischen Akademien blühten unter ihm wie nie zuvor; die berühmte Laurentianische Bibliothek und die Mediceische Bildersammlung wurden von ihm außerordentlich bereichert. Die Gelehrten der Zeit fanden bei diesem Fürsten nicht allein eine zuvorkommende, sondern eine geradezu liebevolle Aufnahme, und nichts ist rührender als die Scene, wie Ferdinand II. und sein Bruder, der Kardinal Leopold Medici, stundenlang am Bette des kranken Galilei sitzen und denselben pflegen, wie Söhne den Vater. Der Großherzog war gewohnt, ohne fürstlichen Pomp wie ein Gleicher mit den Gelehrten und Dichtern zu verkehren.

Jenes eigenthümliche Erzeugniß der italienischen Kultur, die Akademien, sozusagen Produktivgenossenschaften für literarische Zwecke, die allerdings mehr auf die Verflachung als auf die Hebung und Vertiefung der literarischen Thätigkeit gewirkt haben, verbreitete sich im 17. Jahrhundert mit großer Schnelligkeit. Die klägliche Bedeutungslosigkeit aller dieser sich mit hochtrabenden Titeln schmückenden Akademien, auch die Florentiner Crusca und die römische Arcadia nicht ausgenommen, veranlaßte Ferdinand II. von Toskana, für die strenge Gelehrsamkeit und Wissenschaft im Jahre 1657 die Accademia del Cimento in Florenz zu gründen, die ihrem Namen gemäß ihre Forschungen auf den Versuch und das Experiment gründen sollte. Sie ist das Vorbild sämmtlicher Akademien der Wissenschaft geworden; denn die ähnliche Institution in London wurde 1660, die in Paris 1666 gegründet: und mit einer Schnelligkeit, welche die Vorzüge dieser Einrichtung bezeugt, wurde sie bis zum Ende des Jahrhunderts in allen größeren Hauptstädten des Abendlandes nachgeahmt.

Freilich Süditalien war von der lebhaften wissenschaftlichen Bewegung, welche die Geister ergriffen hatte, völlig ausgeschlossen. Dieser schönste und doch so unglückliche Theil der Halbinsel sowie Sizilien seufzten unter dem schwer lastenden weltlichen und geistlichen Despotismus, welchen die spanische Herrschaft ihnen seit dem Beginne des 16. Jahrhunderts auferlegte, und der jeden freien geistigen Aufschwung erdrückte. Die spanischen Vicekönige in Neapel und Palermo, nur auf wenige Jahre ernannt, stets in der Furcht zurückgerufen zu werden, dachten kaum an etwas anderes, als in der kurzen Zeit ihrer Tyrannei sich so viel wie möglich zu bereichern; höchstens noch, eine politische und kriegerische Rolle zu spielen, die sie dem Monarchen und den Ministern daheim empfehle. Jede freiere Regung schien politisch und religiös verdächtig; das unterjochte murrende Volk in geistiger und materieller Bedeutungslosigkeit zu erhalten, die Summe politischer Weisheit. Deshalb sahen sich Bildung und Wissenschaft vernachlässigt, die wenigen Anstalten, die für dieselben vorhanden waren, streng auf dem altüberlieferten Standpunkte festgehalten.

Um so glänzender war die Schaar bedeutender Geister, die sich in Mittel- und Norditalien den Wissenschaften widmete und sie wesentlichst förderte. Borelli, freilich in Neapel geboren, empfing doch seine Bildung in Rom und Florenz und lehrte dann in Pisa und an Ferdinands von Toskana Accademia del Cimento. Seine Studien, welche das ganze Gebiet der mechanischen Physik umfaßten, wurden besonders fruchtbar für die Lehre von den Bewegungen der Thiere, und sein klassisches Werk De motu animalium, das ein Jahr nach seinem 1079 erfolgten Tode erschien, wurde grundlegend für die Kenntniß von der Mechanik der Muskelbewegung, von unvergleichlicher Wichtigkeit für Physiologen und Aerzte. Als Schüler Galileis zeichnete sich vorzüglich der Nizzarde Giovanni Domenico Cassini (1625—1712) aus. Zugleich geschätzter Philosoph und Dichter, ja selbst Theologe, ein allseitig gebildeter, liebenswürdiger, hervorragender Mensch, fand er doch bald seine Hauptaufgabe in der Astronomie. Ihm gebührt das Verdienst, zuerst das Wesen der Kometen als planetenähnlicher Himmelskörper mit selbständiger regelmäßiger Kreisbahn erkannt und infolge dessen die ersten Versuche zur Berechnung dieser Bahnen gemacht zu haben. Er bestimmte die Umdrehungsdauer des Jupiter, des Mars und der Venus sowie nicht minder der Jupitertrabanten. Diese letzteren Arbeiten erregten ein so allgemeines Aufsehen in Europa, daß Ludwig XIV. ihn im Jahre 1669 nach Paris berief. Neue Fortschritte seiner Forschung brachten hier der astronomischen Wissenschaft den größten Nutzen. Das Mindeste war, daß er das schon vor Kepler gekannte Zodiakallicht genauer untersuchte; wichtiger, daß er vier Saturntrabanten auffand; noch viel bedeutender, daß er zuerst die Entfernung der Sonne von der Erde durch mathematisch-astronomische Berechnung zu bestimmen vermochte, und zwar in so sicherer Weise, daß der von ihm gefundene Werth nur um ein Zwanzigstel geringer ist, als der wahre. Man kann Cassini nach Newton dreist den bedeutendsten Astronomen seiner Zeit nennen; seine letzten Lebensjahre hatte er ebenso wie sein großer Meister Galilei in Blindheit zuzubringen. Die eigentliche Mathematik fand einen vorzüglichen Vertreter in dem Florentiner Vincenzo Viviani, einem der letzten Schüler Galileis, der abgesehen von seinen vortrefflichen praktischen hydrostatischen und fortifikatorischen Arbeiten im Dienste der Medici, ausgezeichnete Werke über die höhere Mathematik und ihre Anwendung auf die Baukunst veröffentlichte. Auch er erhielt von Ludwig XIV. eine Pension und reiche Geschenke, so daß er an den Giebel seines Hauses schrieb: Aedes a Deo datae, mit Anspielung auf den zweiten Namen des französischen Herrschers Dieudonné.

Grablegung in der Wachstube. Von Caravaggio (Dresden).

Nicht minderen Glanz als die mechanischen Disciplinen verbreitete in dem damaligen Italien die beschreibende Naturwissenschaft. Einer ihrer trefflichsten Meister war der merkwürdige Francesco Redi aus Arezzo (1626 bis 1697), ein in noch höherem Grade vielseitiger Mann, als sein genialer Zeitgenosse Cassini. Leibarzt Ferdinands II. von Toskana, bekämpfte er die einseitigen Theorien seiner Zeit, indem er auf die Erfahrung als die beste Lehrmeisterin hinwies und dadurch sowie durch seine vorzüglichen praktischen Erfolge sich einen Weltruf gewann. Als Naturforscher erwarb er sich vor allem das Verdienst, die damals allgemein geglaubte generatio aequivoca der Insekten aus faulenden organischen Substanzen durch zweifellose Experimente zu widerlegen und deren Entstehung aus Eiern nachzuweisen. Zahllos sind seine übrigen physiologischen und anatomischen Untersuchungen über die niedern Thierarten; jede brachte neue wichtige Aufklärung. Und dieser positive, durchaus genaue und nüchterne Beobachter der menschlichen und thierischen Natur war auch zugleich ein Dichter, der sich durch die Reinheit und Harmonie der Verse sowie durch den edlen und angemessenen Charakter seiner Richtung allerdings mehr als durch Reichthum dichterischer Phantasie auszeichnete; und endlich, ein gewissenhafter Grammatiker und Sprachforscher, was freilich mit seinen naturwissenschaftlichen Studien mehr übereinstimmt.

Es sind dies nur die höchsten Spitzen einer zahllosen Schaar von ausgezeichneten Forschern und Denkern, welche die geistige Kultur auf diesem altklassischen Boden der Civilisation auch in unserer Epoche in hellem Lichte erstrahlen ließen, wenn gleich Italien nicht mehr an der Spitze des Welttheiles stand; erst mit dem Ende des 17. Jahrhunderts ging auch in den Naturwissenschaften der Vorrang an Frankreich und England über.

In der Kunst sind es nur Nachklänge einer größeren Vergangenheit, die ein Echo in den Ländern Italiens hervorriefen. Es stritten sich um die Herrschaft in der Malerei die ekletische, fein technische Schule der Caracci, die durch Talente ersten Ranges wie Annibale Caracci, Domenichino und Guido Reni verherrlicht war, und die naturalistische derb sinnliche Richtung des Michel Angelo Amerighi, genannt Caravaggio, welche auf die Malerei aller civilisirten Länder um jene Zeit eine meist unglückliche Einwirkung übte. Die Hauptsitze der Kunst hatten sich übrigens von Mittelitalien mehr nach den Extremen, nach Neapel auf der einen, der Romagna und Lombardei nach der andern Seite verschoben.

In eigenthümlicher Weise vermittelte jene beiden Schulen Gianfrancesco Barbieri, genannt Guercino; gebildet ursprünglich bei Ludovico Caracci, verdankte er diesem die Sicherheit der Umrisse, die Schönheit der Komposition, die Anmuth und Würde, die das Ganze durchdringt. Aber von Caravaggio entlehnte er die Kühnheit der Lichteffekte, die er durch Gegensatz von breiten Schatten und durch gewagte und doch harmonische Mischung der Farben verstärkte. Freilich eine ideale Richtung wird man in seinen Werken vor mehr naturalistischem, höchstens poetisch idyllischem Charakter vergebens suchen. Guercino hatte viel=

lache Schüler, unter denen wir nur Giambattista Salvi, genannt Sassoferrato erwähnen wollen, einen liebenswürdigen, wenngleich beschränkten Maler, der in seinen zahlreichen Andachtsbildern vor allem den Ausdruck gemüthlicher Innigkeit, freilich ohne tiefere geistige Verklärung erreicht.

Die Schule des Caravaggio schlug besonders auf dem heißen Boden Neapels Wurzel, wo ihrer derb realistische Richtung den Neigungen der Bevölkerung entsprach. Energische Darstellung der Leidenschaften und des Schrecklichen beschäftigte vorzüglich die neapolitanischen Künstler, auf die andrerseits in Folge der politischen Verhältnisse auch die spanische Kunst Einfluß übte. Gemäßigter war Salvator Rosa (1615—1673), dessen wir schon als Dichter Erwähnung thaten. Sein vorzüglichster Ruhm beruht auf seinen Land-schaften. In den meisten von ihnen tritt, wie ein neuerer Kunsthistoriker bemerkt, „eine überaus kühne leidenschaftliche Auffassung gewaltiger Naturscenen, schauerlicher Wildnisse und Einöden hervor, die er mit Banditen und andern unheimlichen Figuren zu staffiren liebt. Die entfesselte Gewalt der Elemente, den Aufruhr der Brandung eines sturmgepeitschten Meeres, die Düsterkeit schroffer Felsenschluchten weiß er mit markiger Kraft zu schildern". Aber auch als Historienmaler liebt es Salvator Rosa sich zu bethätigen, wo freilich seine durchaus realistische mehr leidenschaftlich gemeine Auffassung ihn auf einer niederen Stufe festhielt. Seine Schlachtenbilder sind wieder anziehend durch die kühne und sichere Schilderung eines heftig bewegten, im wechselnden Getümmel sich äußernden Lebens.

Der Genius des Ruhmes. Von Canova.

Selbst die sinkende Kunst Italiens wurde noch maßgebend für die nordischen Länder. In weit höherem Maße als bei der Malerei ist dies bei der Plastik der Fall. Beherrschend für die ganze Welt wie für die Heimath selbst, wurde hier Lorenzo Bernini (1598—1680). Neapolitaner von Geburt ließ dieser reichbegabte Künstler sich um so leichter von dem allgemeinen Geiste der Zeit hinreißen, der überall das feste Beruhen in sich selbst, den Stützpunkt einer geklärten idealistischen Anschauung verloren hatte und in wildem Taumel nach sinnlicher Anregung und scharfem Effekt strebte. Machte diese Richtung schon der Malerei die Erreichung der höchsten Ziele unmöglich, so in noch viel höherm Grade der Plastik, die, unfähig, in bestechender Wirkung mit der farbenprächtigen Schwesterkunst zu wetteifern, ihren Schwerpunkt gerade in idealistisch verklärter, über das Momentane erhabener Charakteristik suchen muß: leidenschaftlich zugespitzte Momente zu schildern, widerspricht dem innersten Wesen der Bildhauerkunst. Und dies gerade ist das Bestreben des Bernini: die wahre heilige Kunst opfert er raffinirtem Birtuosenthum, dem in der That eine außerordentlich ausgebildete und in allen Sätteln gerechte Technik zu Gebote stand. Er gab die Vorbilder jener unzähligen koketten Nymphen, die sich zum Scheine sträuben in den Armen brutal lüsterner Entführer, mögen dieselben nun Pluto, Jupiter oder Römer heißen, jener prahlerisch einhersprengenden Reiterfiguren mit geistlos frechem Ausdrucke; jener verzückten und extatischen Engel; jener klobigen Ringer und Kämpfer, denen man anzusehen glaubt, daß sie in der nächsten Jahrmarktsbude vor dem gaffenden Pöbel fünf Zentner mit einer Hand aufheben werden; welche alle in buntem Gemisch die Straßen und Plätze, die Kirchen und Paläste, die Brücken und Höfe des ausgehenden 17. und des 18. Jahrhunderts bevölkern.

Echtes Weib. Von Carriera.

Dieser Kunst war nichts heilig und geweiht. Die fromme Aufopferung des Märtyrers wird zur schmerzvollen Verzerrung des letzten Todeskampfes, die religiöse Extase zum verbuhlten Liebäugeln, die züchtigen Figuren frommer Frauen zu dünn bekleideten Hetären. Nichts liebt diese theatralische Kunst mehr in ihrer Armuth an wirklicher Herzensbewegung, als der Darstellung durch allegorische Gestalten von gröbster Sinnlichkeit zu Hülfe zu kommen, allen Grundsätzen der bildenden Kunst zuwider. Wenn Michelangelo das beschauliche Leben darstellen wollte, so schuf er eine Rahel, will aber Bernini einen frommen tugendhaften Mann verherrlichen, so läßt er auf dessen Grabmal die Tugend

238 Zweites Buch. 5. Kap. Frankreichs Einfluß auf das Ausland.

das Laster zu Boden strecken und die Religion die Gottlosigkeit, eine Megäre, welche durch ihre Häßlichkeit dieses Schicksal freilich reichlich verdient, mit Donnerkeilen bearbeiten.

Das war der Künstler, welcher sein Zeitalter vollständig beherrschte und auf dasselbe einen Einfluß hatte, wie seit Michelangelo niemand: denn Bernini war auch Architekt, und wie das Innere der Gebäude in Rom durch seine Statuen, so sind die Straßen mit seinen Façaden überhäuft; unter sechs Päpsten mußte er alle Bauten leiten. Die barocke Verunstaltung der Peterskirche, die beiden „Eselsohren" am Pantheon sind allein

Schlacht. Von Salvator Rosa.

schon hinreichend, ihn als Architekten zu verurtheilen; aber der dekorative Wahnsinn des ebenso kolossalen wie grenzlich geschmacklosen Bronzetabernakels am Hauptaltar der Peterskirche, welcher den Totaleindruck des ganzen Gebäudes verhindert, setzt seinen künstlerischen Sünden die Krone auf. —

Fassen wir die Betrachtung des geistigen Lebens und Schaffens im Zeitalter Ludwigs XIV. kurz zusammen: so sehen wir überall ein Sinken, ein Verblühen, eine Entartung; mit alleiniger Ausnahme der kritischen Wissenschaften, also der Naturforschung und Philosophie. Diese aber stellen sich bald der ganzen Richtung des großen Königs und allen seinen politischen und kirchlichen Bestrebungen feindlich gegenüber.

— —

Sechstes Kapitel.

Ludwigs XIV. Gewaltherrschaft: die Reunionen und die Aufhebung des Ediktes von Nantes.

Der Friede von Nymwegen ist nur ein Waffenstillstand — das war in ganz Europa die bange Empfindung. Und als solchen betrachtete ihn auch Ludwig XIV., als eine bloße Etappe, einen augenblicklichen Ruhepunkt auf dem Wege der Eroberungen. Wer sollte ihm Widerstand leisten? Ganz Europa hatte sich wider ihn zusammen geschlossen, und ganz Europa war seinen Waffen erlegen. Niemand hegte mehr den Muth, diesem Frankreich entgegen zu treten. An Stelle des gedemüthigten Hauses Habsburg, das weit von den Aussichten und Plänen Karls V. entfernt, nur noch um seine Existenz rang, erhob sich drohend die Universalmonarchie Frankreichs. Nicht als hätte Ludwig XIV. daran gedacht, wie später der erste Napoleon, wirklich den größten Theil Europas unter seine unmittelbare Herrschaft zu bringen: aber es war seine Absicht, alle Staaten unter sein Uebergewicht zu beugen, seinen Willen in ganz Europa und damit in der Welt zum widerspruchslos Ausschlag gebenden zu machen. Ein Glück noch, daß Ludwig selbst kein Feldherr war und den Beruf eines solchen keineswegs in sich spürte: sonst würde man einen Napoleon schon in dem 17. Jahrhundert erlebt haben — den kolossalen Egoismus und die unbegrenzte Herrschsucht besaß Ludwig zu einer solchen Rolle, nur das militärische Genie fehlte!

Sein böser Geist, der ihn zu immer neuen Unternehmungen der Ungerechtigkeit und Habsucht trieb, war Louvois. Dieser übermüthige und rohe Mensch folgte hierin nur seinen eigenen Trieben und war außerdem sicher, durch solche Entwürfe den eitlen und ehrgeizigen Neigungen seines Herrn zu schmeicheln. Eine doppelte Reihe von Plänen bewegte sofort nach dem Nymweger Frieden Louvois' stets lebhaften Geist. Einmal festen Fuß auf der apenninischen Halbinsel zu gewinnen, um auch diese bei günstiger Gelegenheit mit Vertreibung der Spanier in Mailand und Neapel in eine Dependenz Frankreichs zu verwandeln; — und dann im Norden und Osten des letztern alle irgend bedeutendern Festungen demselben einzuverleiben, um es gegen einen Angriff unbezwinglich zu machen, selbst aber bei jedem Angriff straflos ausgehen zu können.

Zum Schutze Italiens gegen einen französischen Angriff war als Hüter der Alpen vor allem Savoyen berufen, das auf beiden Seiten des Gebirges, nicht mächtlos, sich ausdehnte. Aber dieses Land war gänzlich dem französischen Einflusse verfallen. Im Jahre 1675 war nämlich Herzog Karl Emanuel II. gestorben und hatte einen unmündigen Sohn, Viktor Amadeus II. zurückgelassen, für den nun seine Mutter Maria Johanna von Nemours die Vormundschaft führte. Diese schwache und leichtsinnige Französin unterwarf sich zagend und ängstlich einer unglaublichen Tyrannei von Seiten Louvois', der in ihrem Staate ärger und willkürlicher als in einer eroberten Provinz schaltete. Wer den unerträglichen Uebermuth der damaligen französischen Regierung gegen die Schwächeren kennen lernen will, der lese die Geschichte dieser französisch-savoyischen Beziehungen! Nachdem man dem jungen Herzog eine österreichische Heirath ohne weiteres verboten hatte, faßte man den Plan, ihn mit der portugiesischen Thronerbin zu vermählen. Dann mußte er nämlich sein Heimathland verlassen, und wenn er später Herrscher eines fremden Staates wurde, so konnte Frankreich Savoyen und Piemont, auf die es alle Ansprüche zu haben behauptete, und damit die so überaus wichtigen Alpenübergänge erwerben. Die Regentin war diesem listigen Plane nicht abgeneigt, weil sie dadurch ihre Herrschaft zu verlängern hoffte; aber der junge Herzog selbst wollte durchaus sich nicht von der Erbschaft seiner Väter trennen, und Adel und Volk von Piemont — das eigentliche Savoyen war schon damals halb französisch — widerstritten mit Eifer einem Entwurfe, der sie der nationalen Selbständigkeit berauben sollte.

Indessen Louvois hatte noch ein anderes Mittel zur Hand, um Frankreich in Italien eine sichere Stellung zu schaffen. Fern von dem kleinen Herzogthum Mantua, aber demselben unterworfen, lag inmitten zwischen Piemont und dem spanischen Mailand die Provinz Montferrat, und in dieser eine der stärksten Festungen Italiens, Casale. Der junge liederliche, mit Schulden überladene Herzog von Mantua schien dem Reize französischen Goldes sehr zugänglich, und um ihm den Verkauf Casales an Frankreich annehmlich zu machen, bestach man seinen Minister Matthioli (Dezember 1678). Durch die Besetzung Casales würde Frankreich in der oberitalischen Ebene eine treffliche Position gewonnen haben, ganz dazu gemacht, Piemont in Gehorsam und Mailand in Schach zu halten. Indeß auch dieser Plan mißlang. Matthioli, Verräther gegen sein Land und die wahren Interessen seines Souveräns, wurde auch Verräther gegen Frankreich: für hohen Lohn offenbarte er im Frühjahr 1679 die Absicht der Franzosen auf Casale dem Herzoge von Savoyen und dem Gouverneur von Mailand. — Noch einen dritten Punkt hatte übrigens Louvois im Auge: Genua. Diese Republik, die längst in Betreff des Handels ihre Nebenbuhlerin Venedig überflügelt, hatte doch ihre politische Bedeutung viel früher und gründlicher eingebüßt, als jene. Sie stand unter der Regierung einer streng in sich abgeschlossenen Aristokratie, der auch allein das Recht des Großhandels, des Geldverkehres und der Rhederei zustand, und die durch ähnliche Institute wie in Venedig den von Zeit zu Zeit sich geltend machenden Widerstand des Bürgerstandes — des popolo minuto — im Keime zu ersticken suchte. Von alter Zeit her war dieser genuesische Kaufmannsadel mit Spanien verbunden, in dessen Geldgeschäften er sich bereicherte, und in dessen Heeren er als Proviantmeister und selbst als Offiziere zu dienen pflegte. Die französische Regierung wünschte nun dringend Genua in ihre Abhängigkeit zu bringen, um hier bei einem italienischen Kriege ihre Truppen zu landen, um auch während des Friedens das westliche Mittelmeer allein zu beherrschen. Unaufhörlich

waren die Belästigungen, die man den Genuesen auferlegte, um sie zur Unter=
werfung zu zwingen. Bald wurden die französischen Fahrzeuge im Hafen
von Genua zu sehr durch Zölle benachtheiligt, bald trieben die genuesischen
Salzmagazine in Savona einen Schmuggelhandel mit den französischen Küsten,
bald baute Genua zu viele Galeeren, bald weigerte es sich, die königliche Flagge
mit Salutschüssen zu begrüßen. Aus diesem letztern Grunde ließ Ludwig XIV.
im Sommer 1678 ohne irgend eine vorgehende Anzeige die genuesische Vor=
stadt San=Pier=d'Arena, den Leuchtthurm und zwei Forts bombardiren.
Die Italiener meinten, nun würden sie wohl bald das Lilienbanner
in ihren Ebenen erblicken. Aber des großen Königs Hauptaugenmerk war
doch nach einer andern Seite gewendet. Das Verderben sollte zunächst die
spanischen Niederlande und Westdeutschland treffen.

Im Münster'schen und Nymweger Frieden hatte die französische Diplo=
matie absichtlich die Frage offen gelassen, ob die an Frankreich gemachten
Abtretungen in ihrem damaligen engern oder in dem frühern weitern Sinne
gemeint seien; jeder Unbefangene nahm natürlich das Erstere, die augen=
blicklichen Besitzverhältnisse, als zu Recht bestehend an. Aber Ludwig hatte
diese Zweideutigkeit bereits früher benutzt, um die zehn Reichsstädte und die
Reichsritterschaft des Elsaß, die nach dem Münster'schen Frieden ungestört
in ihrer Freiheit verblieben waren, zur Unterwerfung zu nöthigen. Zwar
hatten Kaiser und Reich noch in Nymwegen protestirt, allein da sie so lange
zögerten, bis der günstige Augenblick vorüber war, hatten sie durchaus keinen
Erfolg mit ihren Vorstellungen gehabt. Anknüpfend nun an diese Vorgänge,
stellte Louvois sofort nach Abschluß des Friedens eine Theorie auf, die an
abenteuerlicher Keckheit, an frecher Verhöhnung aller Rechtsbegriffe wohl
nie ihres Gleichen gehabt hat: alle Besitzungen, die jemals zu den in jenen
beiden Friedensschlüssen an Frankreich abgetretenen Provinzen in dem ent=
ferntesten Abhängigkeitsverhältnisse gestanden hätten, müßten wieder mit den=
selben vereinigt werden. Ja noch mehr: da der Herzog von Lothringen
nicht ausdrücklich durch den Nymweger Frieden restituirt war, gehöre auch
Lothringen unweigerlich Frankreich und ebenso Alles, was je mit Lothringen
verbunden gewesen; nicht minder alle ehemaligen Lehen der Bischöfe von
Metz, Toul und Verdun!

Dem König schien diese eigenthümliche Rechtstheorie so verführerisch,
daß er sofort mit Eifer auf dieselbe einging. Die drei lothringischen Bischöfe
wurden zunächst aufgefordert, ihre früheren Lehen namhaft zu machen;
sie erklärten sich dazu außer Stande und baten um die Bildung eines be=
sonderen Gerichtshofes zur Untersuchung der an ihren Diözesen verübten
Usurpationen. Dies führte zur Bildung der sog. Reunionskammer am Par=
lamente von Metz, die schon im December 1679 in Thätigkeit trat. Bald
wurden die Parlamente von Besançon und Breisach in ähnlicher Weise be=
auftragt, Alles, was je zur Freigrafschaft und dem Elsaß gehört habe, durch
gerichtliche Untersuchung zur Krone Frankreich einzuziehen. Die interessirte

Partei warf sich also zur Richterin in eigener Sache auf, und noch dazu Fürsten und Ständen gegenüber, die, wenn auch unvergleichlich schwächer, so doch nicht minder souverän waren, als der König von Frankreich selbst. Kläger und Richter in einer Person über Gleichberechtigte — eine doppelte Rechts= verletzung! Indeß Ludwig XIV. war nach dem Frieden von Nymwegen ge= willt, als Grenzen seines Rechtes nur diejenigen seiner Macht anzuerkennen! Die Reunionskammern beeilten sich, mit jener Gefügigkeit, welche die französischen Richter fast immer der herrschenden Autorität gezeigt haben, ihre patriotische Aufgabe im weitesten Sinne zu erfüllen. Noch 1679 gab das Parlament von Besançon durch ein sogenanntes Urtheil dem Könige von Frankreich mehr als 80 Dörfer, hauptsächlich auf Kosten der dem Her= zoge von Würtemberg gehörigen Grafschaft Montbéliard, die im Beginne des nächsten Jahres in ihrem ganzen Umfange der Krone zugesprochen ward. Der hohe Rath zu Breisach erklärte im März 1680 alle Reichsritter, Reichs= fürsten und Reichsstädte im Elsaß für Landsassen der Landgrafschaft und deshalb für Unterthanen des nunmehrigen Landgrafen, des Königs von Frankreich. Alles unterwarf sich schweigend — nur Straßburg hielt sich noch eine Weile, bis auch für diese Stadt die verhängnißvolle Stunde schlug.

Am gründlichsten und schamlosesten aber verfuhr das Parlament von Metz. Als ehemalige Vasallen der drei Bisthümer forderte es die Grafen von Salm und von Saarbrück, den Pfalzgrafen von Velden; und Lützel= stein, den Herzog von Pfalz=Zweibrücken auf, der Krone Frankreich zu hul= digen — und als diese Reichsfürsten begreiflicher Weise nicht erschienen, wurden ihre Besitzungen, von französischen Truppen überschwemmt, gewaltsam eingezogen. Dem Kurfürstenthum Trier wurden nicht minder wichtige Be= sitzungen innerhalb der lothringischen Grenzen weggenommen — unter vielen andern drei Orte an der Maas, weil König Pipin, der sie dem Hochstifte geschenkt, sich dabei königliche Macht und Schutz darüber vorbehalten habe.

Die beeinträchtigten, mitten im Frieden tausendjähriger Besitzungen be= raubten Fürsten wandten sich klagend an Kaiser und Reich. In der That erhob der Kaiser in Paris die lebhaftesten Vorstellungen, und König Ludwig erklärte sich zu einer Konferenz bereit, um sich über alle Beschwerden gütlich zu vergleichen. Indeß gerade in derselben Zeit, wie zur letzten Verhöhnung des Kaisers, der deutschen Fürsten und des Rechtes überhaupt, erfolgten drei neue Gewaltthaten der schlimmsten Art.

Auf dem linken Ufer des Oberrheins war dem deutschen Reiche nur noch eine, aber um so wichtigere und bedeutsamere Stadt geblieben — Straß= burg, jenes Bollwerk des deutschen Wesens, von dem Karl V. gesagt hatte: wenn Straßburg und Wien gleichzeitig belagert würden, werde er zuerst zur Rettung Straßburgs aufbrechen. Im 16. Jahrhundert durch geistige Begabung, hohe Bildung und politische Thätigkeit als eine der glänzendsten Städte Deutschlands hervorragend, hatte Straßburg nach dem dreißigjährigen Kriege viel von seiner früheren Bedeutung verloren, war es wie so viele

seiner reichsstädtischen Schwestern ein Opfer des kleinlichen spießbürgerlichen
materiellen Geistes geworden. Indeß es hatte seinen Reichthum, seinen
Handel, seine starken Wälle bewahrt. Immer enger schloß sich der eiserne
Gürtel französischer Herrschaft um die Stadt, immer häufiger und rücksichtsloser wurden die Bedrängnisse, welche die begehrlichen Nachbarn ihr auferlegten. Es gab in ihr zwei Parteien: die Masse der Bürgerschaft und
zumal das niedere Volk waren gut reichstreu gesinnt, wollten ihre Freiheit
aufrecht erhalten wissen und drängten aus diesen Gründen auf eine entschlossene Politik gegen die Franzosen und auf Wehrbarmachung der Stadt;
die reichen Geschlechter dagegen, welche das Stadtregiment führten, wünschten
vor allem sich ängstlich vor Schaden zu bewahren und hatten deshalb noch
im letzten Kriege eine furchtsame Neutralität eingeschlagen, die es im Grunde
niemandem recht machte. Nach dem Frieden von Nymwegen hatten diese
selben Geschlechter, um ein paar tausend Gulden monatlich zu sparen, die
städtischen Söldner bis auf fünfhundert Mann entlassen, von denen die
Hälfte Invaliden und zu jedem ernsten Dienste untauglich war, sowie die
Aufhäufung von Kriegsvorrath vermieden. Kein Zweifel, daß einige der
einflußreichsten Rathsmitglieder, zumal der Stadtsekretär Günzer, vom allerchristlichsten Könige bestochen waren und in dessen Sinne und Interesse
wirkten; bei einer Gesandtschaft in Paris im Herbst 1679 hatten sie Louvois
die Lage der Stadt klar gelegt und mit ihm die Bedingungen einer Kapitulation verabredet, von der sie glaubten, daß sie ohne allzu großen Widerstand werde angenommen werden. Louvois und sein König warteten nur
noch die passende Zeit zu dem Gewaltstreich ab.

Sie kam im Sommer 1681.

Bei dem siegreichen Fortschreiten der ungarischen Revolution hatte der
Kaiser sich zur Einberufung eines ungarischen Reichstages genöthigt gesehen,
der dann fast alle angemaßten Gerechtsame der Krone wieder rückgängig
gemacht und Leopold gezwungen hatte, eine Generalamnestie zu erlassen. Gern
hätte Tököly jetzt die Waffen niedergelegt; aber seine Freunde und Anhänger
zwangen ihn, theils aus revolutionär-nationaler Gesinnung, theils aus eigensüchtigen Beweggründen, einen Kampf weiterzuführen, der jetzt freilich durch
die türkische Unterstützung große Aussicht auf Gelingen erhielt, allein nur
auf Kosten der ungarischen Freiheit und der Interessen der christlichen Religion. Die Pforte hatte sich nämlich bis dahin geweigert, den Frieden von
Vasvar zu brechen, und zwar weil sie durch einen Krieg gegen die Russen
hinreichend beschäftigt war. Allein Ludwig XIV. bot, um dem Kaiser Verlegenheiten zu schaffen und ihn an jeder Thätigkeit gegen Frankreich zu verhindern, Alles auf, den Frieden zwischen Rußland und der Pforte herbeizuführen. Der allerchristlichste König, im Westen Europas so ungeheuer peinlich
in Bezug auf seine unvergleichliche Würde, ließ sich von der barbarischen
Regierung in Konstantinopel jede Mißhandlung gefallen, um dieselbe in guter
Laune zu erhalten, und er sparte dabei die Bestechungen nicht. Man stieß

seine Gesandten in feierlicher Divansitzung vom Sofa herunter mit dem Rufe: „Packe dich, Giaour!" Man nöthigte den Seehelden Duquesne, die genommenen berberischen Seeräuberschiffe wieder herauszugeben. Ludwig ließ sich Alles bieten. Endlich 1681 gelang es ihm, die Pforte zum Vertrage mit Rußland zu bewegen, und zwar gerade im Hinblick auf einen Krieg gegen den Kaiser. Der ehrgeizige Großvesir, Achmed Köprilis Schwager und Nachfolger, Kara Mustafa, entschloß sich, mit Tököly ein Bündniß zu schließen, um die Aussöhnung desselben mit dem Kaiser zu verhindern.

Mit einem Türkenkriege in Sicht konnte der Kaiser um so weniger zur Rettung Straßburgs thun. Am 27. September 1681 aber erschienen drei französische Dragonerregimenter vor der Stadt und schnitten die Verbindung mit Deutschland ab; zwei Tage darauf erschien Louvois und forderte Ergebung, sonst werde er Alles mit Feuer und Schwert verderben. Der kleinmüthige und zum Theil bestochene Rath unterwarf sich ohne Widerstand der für die Stadt übrigens sehr vortheilhaften Kapitulation, bei der nur der eine Fehler war, daß sie durchaus nicht gehalten wurde. Am 30. September 1681 (neuen Styles) wurde Straßburg den Franzosen angeliefert. Der König hielt drei Wochen später seinen feierlichen Einzug in die neugewonnene Stadt; der verrätherische Bischof von Straßburg, Fürstenberg, empfing in dem nun den Katholiken eingeräumten Münster Ludwig mit den freudigen Worten: „Herr, jetzt lässest du deinen Diener in Frieden fahren." Mit List und Gewalt wurden die Katholiken mehr und mehr zu Herren der städtischen Verwaltung gemacht, obwohl sie an Zahl die verschwindende Minderheit bildeten, und die durch die Kapitulation gewährleistete Verfassung der Stadt systematisch zerstört. Mit bewundernswerthem Eifer wurde übrigens sofort daran gearbeitet, die Stadt dem neuen Herrn zu sichern. Am Tage nach Louvois' Einzug wurde das Terrain angenommen, am zweiten erschien Vauban selbst, um die neuen Befestigungen anzulegen. Eine Citadelle wurde gebaut, gegen die Bürger so gut, wie gegen den äußern Feind, und das Bollwerk Deutschlands zum viel stärkern Frankreichs gegen das Reich umgewandelt. Der Elsaß war damit den Deutschen vollständig geschlossen, und vielmehr ein stets bereites Ausfallsthor gegen sie den Franzosen geschaffen. Niemals vorher war gewaltthätige List mit einem solchen Erfolge gekrönt worden. Es zeigte sich, wie bedeutend der Umstand gewesen, daß König Ludwig nach dem Nymweger Frieden, nachdem alle Welt entwaffnet, sein Heer beibehalten hatte. Mit dieser Erfahrung war die stete Kriegsbereitschaft, war für alle Völker die Institution der stehenden Heere entschieden.

Und die Wegnahme Straßburgs war nicht der einzige Schlag, den Ludwig auf das Recht und die Freiheit Europas führte.

Wie schwer er es empfand, daß ihm der durch Mathiolis Unterstützung erhoffte Gewinn Casales durch den doppelten Verrath dieses Ministers entgangen war, zeigt der Umstand, daß man denselben nach Frankreich zu bringen wußte und hier zeitlebens in eine Festung einschloß. Man hat ihn

— mit Unrecht — für die eiserne Maske gehalten. Aber darum gab Ludwig die Unterhandlungen nicht auf, die im größten Geheimniß weiter geführt wurden. Lange weigerte sich Karl von Mantua aller französischen Zudringlichkeit gegenüber auf das entschiedenste, durch Verlauf des schönsten Edelsteines seiner herzoglichen Krone seine Ehre zu schädigen. Allein bald fand er in seinem behabaren Gewissen Entschuldigungsgründe. Spanien forderte für einen spanischen Edelmann, der Ansprüche auf das mantuanische Fürstenthum Guastalla hatte, die Abtretung desselben und drohte, es mit Gewalt in Besitz zu nehmen; dagegen bezahlte Spanien die Summen, die es vertragsmäßig zur Instandhaltung Casales zu entrichten hatte, nur sehr unregelmäßig. Wie anders Frankreich: es bot für die Einräumung — nicht Abtretung — Casales 100,000 spanische Pistolen. Der Herzog, durch Ausschweifungen und Spiel in äußerster pekuniärer Verlegenheit, schlug endlich ein; es war im Juli 1681. Die Ausführung wurde wieder mit unwürdiger List betrieben. Der Brigadegeneral Catinat wurde als Staatsgefangener nach Pignerol, der französischen Grenzfestung gegen Piemont, geführt; allmählich sammelten sich Truppen an diesem Orte; plötzlich forderten Catinat, seine Maske als Gefangener von sich werfend, und sein Gehülfe Boufflers die Regentin von Savoyen auf, diesem kleinen Heere den Durchzug zu gestatten; es erschien mit den Vollmachten des Herzogs Karl ausgerüstet, vor Casale, und am 30. September 1681, an demselben Tage, fast zu derselben Stunde wie Straßburg, kam die wichtigste Festung Oberitaliens in französische Gewalt.

Auch damit nicht genug; Europa sollte noch weitere Proben von der Gerechtigkeit und Friedsertigkeit des französischen Königs, von seiner Achtung für die Verträge erhalten. Die Reunionskammer von Metz sprach die Grafschaft Chiny, welche angeblich den größten Theil des Herzogthums Luxemburg ausmachte, der Krone Frankreich zu. Im Oktober 1681 nahmen die französischen Truppen das Herzogthum in Besitz und blokirten von allen Seiten die überaus feste Hauptstadt desselben, das nordische Gibraltar; denn, sagten sie, diese Festung bedroht unsere Städte Longwy und Diedenhofen. Es ist einleuchtend, daß man mit solchen Ansprüchen so ziemlich ganz Europa mit Beschlag belegen konnte.

Einstweilen rührte sich noch kein Arm gegen diese Vorgänge, die mit wahrhaft betäubender Wucht auf das arme friedensbedürftige Europa niederfielen. Und doch hatten Louvois und Ludwig XIV. sich verrechnet. Indem sie teds die Interessen aller verletzten, forderten sie alle gegen sich heraus. Die ganze Wirkung von Lyonnes und Pomponnes kluger Politik war durch die Reunionen vernichtet. Wenn nicht Ludwig durch den Cäsarendünkel, sein Minister durch rohen und vom Glücke verwöhnten Uebermuth geblendet gewesen wären, sie hätten erkennen müssen, daß sich gegen sie eine Koalition bilden werde, allgemeiner und furchtbarer, als die von 1673 und 1674.

Das Herzogthum Zweibrücken, das Frankreich unter vielem andern in Besitz genommen hatte, gehörte dem Könige Karl XI. von Schweden, dessen Vater ja ursprünglich nur Herr dieses Ländchens gewesen war. Herber und eigenwilliger Gesinnung, wurde der Schwede über diese Beraubung durch seinen alten Verbündeten in hohen Grimm versetzt, brach deshalb die französische Allianz, die in Schweden seit mehr als fünfzig Jahren vorgewaltet hatte, und schloß mit Holland — auch Wilhelm von Oranien war durch die Reunionen benachtheiligt worden — ein Bündniß zum Schutze des Nymweger Friedens. Im Frühjahr 1682 vereinigten der Kaiser und zahlreiche oberdeutsche Reichsstände sich zu dem Laxenburger Bündnisse gegen Frankreich. Der Kaiser äußerte, er wolle sein Letztes daran setzen, Frankreich zu züchtigen, nicht zu gestatten, daß es die Herrschaft über Europa erlange; Hannover, mehrere andere norddeutsche Reichsstände waren bereit, dem Bündnisse beizutreten. Jeder fürchtete eben, die Bastille auf sein eigenes Gebiet verpflanzt zu sehen.

Indessen noch kam es nicht zum Kampfe, welchen Oranien und der Kaiser bringend begehrten. Jener mußte zu seinem Kummer erkennen, daß England, dieses unentbehrliche Glied für das große Bündniß, durch die Verrätherei seines Beherrschers enger als je an Frankreich gekettet sei. In Deutschland aber war es vorzüglich der Kurfürst von Brandenburg, der jetzt von einem Kriege gegen Frankreich nichts wissen wollte. Auf das äußerste ergrimmt über den 1679 von seinen Verbündeten an ihm geübten Verrath, hatte er sich bis auf bessere Aussichten dem allerchristlichsten Könige in die Arme geworfen und war für eine beträchtliche jährliche Subsidie dessen Verbündeter geworden; jetzt hielt er die Zeit für einen neuen Koalitionskrieg gegen Frankreich noch nicht für gekommen. Er suchte dasselbe auf andere Weise in Schranken zu halten: durch einen Vertrag (Januar 1682), in welchem Ludwig auf alle weiteren Reunionen verzichtete und Freiburg zu schleifen versprach, Brandenburg aber seine Neutralität zusagte.

Bald sollte es sich herausstellen, wie richtig die Anschauungen Friedrich Wilhelms gewesen waren.

Von seinen Genossen gezwungen, die zum guten Theile mit französischem Gelde bezahlt waren, mußte Tökölyi mit den Türken einen Vertrag schließen, der ihn zum Vasallen der Ungläubigen machte (1682). Die Pforte erkannte Tökölyi als Fürsten von Oberungarn an für einen jährlich ihr zu entrichtenden Tribut und verhieß ihm Hülfe gegen den Kaiser. Freilich verließen jetzt viele redliche Ungarn die Fahne Tökölyis, aber drohend erhob sich der Halbmond gegen das kaiserliche Haus, während Frankreich die ungarischen Aufständischen von Polen aus reichlich mit Geld versah und zugleich am Rhein nach Belieben raubte und wallete. Die Lage des Wiener Hofes war eine um so traurigere, als derselbe aus Geldmangel die Armee auf 25—30,000 Mann reducirt hatte. Zum Glück zeigten sich die Reichsstände bereit, mit aller Kraft dem Kaiser zu Hülfe zu kommen, da es sich in der That um die Rettung des gesammten Deutschland von der türkischen Tyrannei handelte. Und endlich wurde ihm auch noch ein anderer nicht zu verachtender Bundesgenosse durch den Uebermuth und die Treulosigkeit Ludwigs XIV. zugeführt.

Kaiser Leopold I.
Nach dem Schwarzkunstblatt von Peter Schenk.

Viele Jahre lang hatte Johann III. Sobieski von Polen getreu zu seinem französischen Gönner gestanden. Aber auf der einen Seite eine persönliche Beleidigung Ludwigs gegen Johanns Gemahlin, die er als seine geborene Unterthanin — sie war ein Fräulein von Arquien gewesen — sich nicht ebenbürtig erachtete, auf der andern dessen Freundschaft mit den Erbfeinden Polens, den Türken, warf Sobieski zu der österreichischen Partei hinüber. Als der Kaiser die aufgefangenen Korrespondenzen der französischen Agenten mit Tököly und den Türken dem polnischen Herrscher vorlegen ließ, brach dieser völlig mit Frankreich.

Allein im Mai des Jahres 1683 war weder die deutsche noch die polnische Unterstützung angelangt, während Kara Mustafa mit 230,000 Mann von Belgrad herankam. Der kaiserliche General, Herzog Karl von Lothringen, hatte nur 33,000 Mann zur Verfügung und mußte sich ohne ernstlichen Widerstand zurückziehen. Nach schneller Eroberung einiger im Wege liegender ungarischer Festungen ging Kara Mustafa geraden Weges auf Wien los. Sein Ziel war die Eroberung Oesterreichs; überall von Mähren bis Krain streiften seine Reiterschaaren unter entsetzlichen Verheerungen.

Der kaiserliche Hof hatte völlig den Kopf verloren. Der Kaiser verließ mit seiner ganzen Umgebung und allein, was in der Eile weggebracht werden konnte, Wien und flüchtete nach Linz. Ihm nach floh Alles, was nur die Möglichkeit dazu hatte. Wäre Kara Mustafa sofort nach seinem Uebergange über die Leitha vor Wien erschienen, so wäre die geängstete Stadt mit ihren völlig verfallenen Festungswerken verloren gewesen. Allein er zögerte unter beständigen greulichen Verwüstungen des flachen Landes eine volle Woche, und diese Woche hat vielleicht Deutschland und das ganze Abendland gerettet.

Ludwig XIV. hat diese Noth Deutschlands nicht zu einem sofortigen Angriff ausgenutzt; die öffentliche Meinung in ganz Europa, die schon Frankreich „turbanisirt" nannte, die Stimmung in seinem Lande selbst verhinderte ihn daran. Seine Berechnung war vielmehr, daß das Reich in seiner äußersten Noth sich ihm von selbst als dem einzig möglichen Retter in die Arme werfen würde. Deshalb bot er zu wiederholten Malen auf Grundlage des Status quo, d. h. der Reunionen, einen dreißigjährigen Waffenstillstand an. Indessen das Haus Habsburg führte inmitten seiner furchtbaren Bedrängnisse eine stolze Sprache und bedrohte, während die Türken vor Wien erschienen, Frankreich mit Krieg. Diese Kühnheit wäre sicherlich bewundernswerth, wenn sie aus großen Eigenschaften des Geistes und Charakters, anstatt aus verblendeter Beschränktheit hervorgegangen wäre. Die Kriegsdrohungen Spaniens waren geradezu lächerlich: Ludwig beantwortete sie, indem er 35,000 Mann auf das belgische Gebiet rücken ließ (1. September 1683).

An Wien war das Schicksal Europas geknüpft: fiel diese Stadt, so gab es nur noch zwei Möglichkeiten für den Erdtheil, türkisch oder französisch. Die ganze civilisirte Welt sah mit Angst auf die Wiener, deren vergnügungssüchtigem Charakter man keine ernste Widerstandskraft zutraute. Man wurde aber eines Besseren belehrt, wie 1870 in Betreff von Paris.

Der Herzog von Lothringen, der sich nördlich von Wien nach Mähren zurückzog, um hier die Ankunft der deutschen und polnischen Hülfstruppen abzuwarten, hatte Zeit gehabt, eine tapfere Schaar von 14,000 Soldaten in die Stadt zu werfen unter einem ebenso heldenmüthigen wie umsichtigen Befehlshaber, dem Grafen Ernst Rüdiger von Starhemberg. Binnen weniger Tage ließ derselbe die Befestigungswerke wenigstens nothdürftig wieder herstellen und rüstete aus Bürgern und Studenten ein Corps von 8000 Mann, das treffliche Dienste leistete. Erst am 14. Juli langte Kara Mustafa mit mindestens 200,000 Streitern vor Wien an. Nur mit unausgesetzten übermäßigen Anstrengungen, mit heldenmüthiger Tapferkeit, mit nie verzagender Ausdauer konnten die Vertheidiger auf ihren schlechten Wällen sich halten; freilich ohne die Ungeschicklichkeit und die erbärmliche Leitung des türkischen Heeres würden sie doch unterlegen sein. Anfang September schienen sie unrettbar verloren, da Lebensmittel und Schießbedarf auf die Neige gingen, zwei große Breschen in die Stadtmauer gelegt waren. Da kam die Hülfe.

Kara Mustafa, welcher die Belagerung musterhaft schlecht geleitet, hatte auch nicht verhindert, daß wenige Meilen von Wien, am linken Donauufer bei Tuln, die Vereinigung Karls von Lothringen mit den deutschen und polnischen Hülfstruppen stattfand. Zu den 27,000 Kaiserlichen kamen 31,000 Sachsen, Baiern, schwäbische und fränkische Kreissoldaten und 26,000 Polen unter König Johann Sobiesti selbst. Sie zogen, ohne von dem Feinde belästigt zu werden, auf die rechte Donauseite hinüber. Am Morgen des 12. September 1683 brachen sie, die Oesterreicher und Deutschen auf dem linken, die Polen auf dem rechten Flügel, vom Kahlenberg auf die Türken ein, die bei Nußdorf und Dornbach standen. Die Oberleitung hatte der Herzog von Lothringen. Die Polen, welche der Blüthe des türkischen Heeres gegenüber waren, kämpften mit Anstrengung; inzwischen hatte aber der linke Flügel schon einen entschiedenen Sieg davon getragen, und dessen Reiterei kam nun den Polen zu Hülfe. Da wurden die Türken auf ihr Lager zurückgeworfen, vermochten auch dieses nicht mehr zu halten, und bald besaß sich das ganze Heer auf wilder Flucht. Das ganze ungeheure Lager mit zwei Millionen Gulden an baarem Gelde, unermeßlichen Kostbarkeiten, zahllosen Pferden und Waffen, 300 Geschützen, 15,000 Zelten, 9000 Wagen mit Kriegsvorräthen wurde gewonnen. Man schätzte die gesammte Beute auf mehr als zehn Millionen Gulden. Unbeschreiblich aber war der Jubel in der befreiten Hauptstadt; in der Stephanskirche wurde dem polnischen Könige zum Dank über den Text gepredigt: „Es war ein Mensch von Gott gesandt, der hieß Johannes." Im Grunde hatten freilich die Deutschen den Sieg entschieden.

Aber die Hauptsache: mit dieser Schlacht bei Nußdorf war die Offensive des türkischen Reiches für immer gebrochen. Die gewaltige Niederlage schien die Begabung der Feldherrn, die Thatkraft und den Muth der Krieger ausgelöscht zu haben. Nach diesem großen Mißgeschick nahm der Verfall im türkischen Reiche, der schon längst im Verborgenen gewirkt hatte, reißend

Niederlage der Türken. — Waffenstillstand mit Frankreich. 249

überhand. Zwar zeigt sich Kaiser Leopold im Vollgefühl seiner von Gott überlieferten imperatorischen Macht so undankbar gegen seine Bundesgenossen, daß der Kurfürst von Sachsen entrüstet mit allen seinen Truppen das Heer verließ: aber Sobieski harrte bei demselben aus, und nun ging es im Siegeslauf nach Ungarn hinein. Nach dem ruhmvollen Gefechte bei Parkany wurde noch in demselben Herbste das wichtige Gran den Türken abgenommen. Kara Mustafa hatte seine Niederlage mit dem Tode zu büßen; er wurde auf Befehl des Sultans erdrosselt.

Durch die Siege der Deutschen und Polen ermuthigt, trat im Beginn des Jahres 1684 auch Venedig, welches für das von den Türken ihm entrissene Kreta Ersatz zu fordern hatte, dem Bündnisse gegen die Osmanli bei. Die Ueberlegenheit der christlichen Waffen war damit vollends entschieden. Auch sandte der Papst dem Kaiser 300,000 Gulden und ermächtigte ihn, dauernd den hundertsten Theil der Einkünfte der Geistlichkeit für den Türkenkrieg zu erheben.

Aber immerhin war durch diese Kämpfe die kaiserliche Kriegsmacht gänzlich im Osten beschäftigt; ja noch mehr: gerade die unerwarteten Siege der Kaiserlichen über die Türken veranlaßten Ludwig, seine abwartende Haltung aufzugeben und schnell die Gunst der augenblicklichen Lage zu benutzen, ehe der Kaiser die Türken zum Frieden genöthigt haben und dann seine ruhmbedeckten, kriegsgewohnten Heere an den Rhein senden würde. Er war höchst erfreut, als Spanien durch den jeden und jeden rechtlichen Grundes entbehrenden Einmarsch von 35,000 Franzosen in Belgien — blos weil Spanien nicht freudig die Reunionen anerkennen wollte! — endlich zur Kriegserklärung veranlaßt wurde (October 1683). Man lachte darüber in Frankreich, wußte man doch, daß in Holland die maßgebende Stadt Amsterdam jeden kriegerischen Entschluß vereitele, daß König Karl Stuart auch England in Frieden halten werde. In wenigen Tagen nahmen die französischen Truppen Dixmuyden und das wichtige Courtray und begannen ernstlich die Belagerung der Festung Luxemburg; am 4. Juni 1684 kapitulirte sie nach tapferer Vertheidigung — ein Gewinn für die Franzosen, fast so groß wie der von Straßburg. Nur der Widerspruch Brandenburgs hielt König Ludwig davon ab, in Deutschland einzudringen und dort die Bundesgenossen des Kaisers zu züchtigen; Dänemark war bereit, ihm darin beizustehen.

Man ist gewohnt, dem damaligen Deutschland die bittersten Vorwürfe über seine nachgiebige Handlungsweise den Gewaltthaten Ludwigs gegenüber zu machen. Aber was sollte es thun? Noch an den furchtbaren Nachwehen des dreißigjährigen Krieges leidend, entvölkert, materiell und geistig verarmt, war es nicht im Stande, Frankreich und die Türken zugleich zu besiegen. Ernstlicher Beistand war von keiner Seite abzusehen; selbst die Spanier schauten hilflos den Eroberungen zu, welche die französischen Heere in Belgien und Catalonien machten. Die Generalstaaten hatten im Juni 1684 mit Frankreich sich vertragen; Karl II. von England zeigte sich in Wort und That als ein bloßer Vasall dieses Staates. So that man sicher besser daran, einen erträglichen Ausweg zu ergreifen, als die Existenz des ganzen Reiches auf das Spiel zu setzen. Auf bringendes Anrathen Brandenburgs schlossen Spanien und das Reich im August 1684 zu Regensburg mit Ludwig XIV. einen zwanzigjährigen Stillstand, während dessen alle bis zum 1. August 1681 vollzogenen Reunionen, Straßburg mit eingeschlossen, nebst Luxemburg Frankreich verbleiben, dessen übrige Eroberungen zurückgegeben werden sollten.

Es waren die Bedingungen, die Ludwig gestellt hatte; alle Proteste, Konferenzen, Kriegsdrohungen seiner Gegner hatten sich als nutzlos erwiesen und nur dazu gedient, die unwiderstehliche Macht des französischen Herrschers in hellstes Licht zu stellen. Die von seiner wirklichen Kraft unterstützten Brabanten des Hauses Habsburg hatten nur den Verlust der unvergleichlichen Festung Luxemburg gekostet! Was Frankreich jetzt von seinen Eroberungen zurückgab, war wenig, und der provisorische Charakter der Reunionen hatte bei Frankreichs Stärke wenig zu bedeuten. Niemals, auch nach dem Nymweger Frieden nicht, war Ludwig XIV. so sehr als Beherrscher Europas erschienen.

Und doch waren die Reunionen, die mit dem zwanzigjährigen Stillstande ihren Abschluß erhielten, untheilvoll für die französische Politik, indem sie die mächtigsten Nationen Europas unversöhnlich gegen dieselbe erbitterten und aller Welt zeigten, wessen sie sich von dem französischen Uebermuthe zu versehen hätten. Der Kampf gegen diesen wurde geradezu zu einer Pflicht der Selbsterhaltung für jeden Staat, und allerorten sah man den Wiederausbruch des Krieges nur als eine Frage der Zeit und der günstigen Gelegenheit an.

Weitere Gewalthaten erhöhten den Grimm, der überall wider Ludwig XIV. kochte.

Trotz seiner Befehle, Drohungen, Mißhandlungen hatten die Genueser es gewagt, sich frei von dem französischen Joche zu erhalten. Das forderte selbstverständlich die strengste Züchtigung. Am 17. Mai 1684 erschien der Marquis von Seignelaye mit einer großen Flotte vor Genua und forderte Auslieferung der genuesischen Galeeren, sowie Absendung der vier Vornehmsten des Staates nach Versailles, um die Verzeihung des großen Königs zu erbitten, sowie ihm der vollständigsten Unterwürfigkeit für die Zukunft zu versichern. Als die Republik nicht sofort darauf einging, erfolgte ein fünftägiges Bombardement. 3000 Häuser brannten in der unglücklichen Stadt nieder, der Glanz der Feuersbrunst war so hell, daß man in der ganzen Umgegend während der Nacht deutlich lesen konnte. Als die Genueser sich noch nicht fügen wollten, erfolgten abermals zehntausend Bomben, während die französischen Landungstruppen die prachtvolle Vorstadt San Pier d'Arena gänzlich zerstörten. — Um dieselbe Zeit zog der Marschall von Créqui vor Trier, rasirte die Wälle und füllte die Gräben aus, damit Deutschland kein Gegenbollwerk wider Luxemburg habe. Ein anderes französisches Korps unter Schomberg rückte in Lüttich ein, vernichtete die Freiheiten der Bewohner und nöthigte sie, sich bedingungslos ihrem Bischofe, dem mit Frankreich verbündeten Kurfürsten von Köln zu unterwerfen. Der Herzog Victor Amadeus von Savoyen wurde durch sanften Zwang veranlaßt, sich der Ehre der Vermählung mit einer Nichte Ludwigs, einer Prinzessin von Orleans, theilhaftig zu machen; als aber der neue Verwandte die Idee hatte, eine Reise nach Venedig zu unternehmen, so argwöhnte Ludwig darin die Absicht eines Bündnisses der italienischen Fürsten gegen Frankreich und stellte seinem Neffen den Besuch von 7—8000 Franzosen in Aussicht. Natürlich gab der Herzog seinen Plan auf und bat den König um Verzeihung wegen der Unruhe, die er ihm verursacht habe!

Und nun schlug auch die letzte Stunde der Unabhängigkeit für Genua, das sich noch immer stolz und frei unter seinen Ruinen erhalten hatte: eine Lehre für die mächtigeren Staaten. Im Beginn des Jahres 1685 setzte sich eine französische Armee von 30,000 Mann gegen die Alpen in Bewegung; 25 Mörser, 600,000 Pfund Pulver, 12,000 Bomben, die sie mit sich führte, gaben den Genuesen einen freundlichen Wink in Betreff des Schicksals, das ihrer harrte. Es war sicherlich keine Schande für sie, wenn sie sich jetzt unter Vermittelung des päpstlichen Nuntius unterwarfen (Febr. 1685); freilich waren die Bedingungen hart genug. Sie mußten ihre Galeeren bis auf wenige ausliefern, ihre spanische Garnison verabschieden, hohe Kriegskosten bezahlen. Der Doge und vier Senatoren mußten vor dem Könige erscheinen und ihn demüthig um seine Verzeihung und seinen Schutz anflehen. Dergleichen war nie erhört. Frau v. Sivigné rief aus: „Wer wird noch den Wünschen Sr. Majestät widerstehen?"

Und während diese Dinge ganz Europa in Aufregung, Schrecken, Unwillen versetzten, verübte Ludwig XIV. im Innern seines Staates einen Gewaltakt, schlimmer, aber auch für ihn verhängnißvoller als alle vorausgegangenen.

Ludwigs Ideal für sein Reich war: ein nach allen Seiten hin in sich abgerundetes, geschlossenes einheitliches Ganzes, das seine Antriebe, seine Richtung und Leitung nur von ihm, vom Könige empfange. Gerade von diesem Gesichtspunkte aus haßte und verfolgte er die in seinem Reiche noch vorhandenen Reste des Protestantismus. Es war ihm unerträglich, daß fast zwei Millionen seiner Unterthanen anders zu glauben wagten, als er, seine Religion für die falsche hielten. Dies war der Hauptgrund der Abneigung dieses Königs gegen die Hugenotten, nicht Eifer für die Religion, die ihm nur Formsache, die Pflicht eines jeden anständigen Menschen und zumal eines Monarchen, sowie ein Regierungsmittel war. Er und seine Beamten gestanden dies zu. Am 1. April 1666 bezeugte er unaufgefordert dem Gouverneur der Normandie: „Meine Unterthanen von der vorgeblich reformirten Religion sind mir nicht weniger getreu, als meine andern Unterthanen." Aber, hieß es bei andern Gelegenheiten aus des Königs und seiner höchstgestellten Diener Munde, man verfolgt die Protestanten, weil sie „in einer Religion verharren, die Sr. Majestät nicht gefällt"; weil sie sich dem nicht unterwerfen wollen, „was Sr. Majestät von ihnen begehrt". Es gibt im Sinne Ludwigs XIV. nur eine Sünde, aber diese unverzeihlich: nicht thun, was er will, nicht unbedingt sich den Wünschen, Absichten, Launen des großen Königs unterwerfen. Dieses Verbrechen, möge es nun von einem auswärtigen Fürsten oder von einem Unterthan begangen werden, ist der schärfsten Züchtigung werth.

Die Reformirten machten in Frankreich einen beträchtlichen Theil der hohen Justiz- und Verwaltungsbeamten, des Offizierkorps, der großen Industrie und Finanz aus. Nachdem Richelieu diejenigen Bestimmungen des Ediktes von Nantes vernichtet hatte, welche den Hugenotten eine eigene politische Organisation gewährten, blieben doch die übrigen Sätze bestehen, durch die sie eine fast unbeschränkte Gewissens- und bürgerliche Freiheit genossen. Ludwig XIV. selbst hatte bei seiner Thronbesteigung jenes Edikt, soweit es nicht durch spätere Verträge und Gesetze abgeändert war, feierlich bestätigt. In der That zeichneten sich in der ersten Hälfte seiner Regierung die Protestanten auf allen Gebieten aus. Turenne und Schomberg waren seine trefflichsten Feldherrn, Duquesne sein bester Admiral, der Hugenott Ruvigny hatte als sein Gesandter in England die Entwürfe Ludwigs zur Katholisirung dieses Reiches zu vertreten und zu unterstützen. Die Bemühungen Colberts zur Hebung der französischen Industrie fanden unter den intelligenten und wohlhabenden Reformirten den fruchtbarsten Boden. Die Eisenwerke in Sedan, die Papierfabrikation in Auvergne und im Angoumois, die Lohgerbereien der Touraine waren fast ausschließlich, die Leinwandwebereien der Westprovinzen, die Wollmanufakturen des Südens, die Seiden- und Sammtfabriken von Lyon und Tours zum größten Theil in ihren Händen. Colbert hatte noch fremde Protestanten, besonders aus Holland, herbeigezogen, um wichtige Manufakturen in Frankreich einzubürgern. „Reich wie ein Protestant," sagte man um die Mitte des 17. Jahrhunderts. Ungemein viel thaten sie für ihre Unterrichtsanstalten, welche in den drei Universitäten von Sedan, Saumur und Montauban gipfelten. Schon durch das Prinzip des Protestantismus auf die Forschung verwiesen, wurden sie durch ihre Lage als schwache Minderheit um so mehr genöthigt, durch hervorragende geistige Fähigkeit und Bildung sich gegen die andersgläubige und von der Staatsgewalt bevorzugte Majorität zu vertheidigen.

Denn vom ersten Augenblicke seiner Selbstregierung an zeigte Ludwig XIV. die entschiedenste Ungunst gegen den protestantischen Theil seiner Unterthanen; die beiden Kardinäle, seine Vorgänger, hatten nichts davon gewußt! In der That hatten sich die Protestanten seit dem Beginn der dreißiger Jahre als die treuesten, friedlichsten, loyalsten Staatsbürger und Unterthanen erwiesen, und zumal von der Fronde sich sorgfältig fern gehalten. Mazarin ließ ihnen vollständige Gerechtigkeit angedeihen. „Ich habe mich," sagte er, „über die kleine Heerde nicht zu beklagen; wenn sie schlechte Kräuter abweidet, so ist sie doch nicht widerspenstig." Anders Ludwig. Unter den Körperschaften, die ihn im März 1661 beglückwünschten, waren auch die protestantischen Geistlichen: er ließ sie nicht vor, ja er vertrieb sie aus Paris. Noch in demselben Monat, dem ersten seines Herrscherthums, erfolgte ein Edikt, welches den zwölfjährigen Töchtern, den vierzehnjährigen Söhnen protestantischer Eltern erlaubte, sich ohne Einwilligung der letztern zum Katholizismus zu bekennen und sich aus dem elterlichen Hause zu entfernen, sowie den Eltern verbot, sich dem zu widersetzen.

Denn „Belehrung" der Protestanten war zunächst das Stichwort. Dazu wurden freilich, wenn auch nicht gewaltsame, so doch immerhin sittlich bedenkliche Mittel gebraucht. Nach einem festen und konsequent verfolgten Plane erhielt kein Protestant vom Könige eine Gnadenbezeugung oder ein einträgliches Amt. Dagegen war jeder Protestant, der zum Katholizismus übertrat, je nach seiner Stellung im Leben, der Geldgeschenke, einträglicher Aemter, Beförderung im Militärdienst, der Hofgunst oder vortheilhafter Vermählung sicher. Trotzdem waren es fast nur Höflinge, die sich verleiten ließen: außer Turenne, der schlechte Dichter Pellisson, der Marquis von Dangeau und solche Leute. Ein Versuch, durch Versprechungen großer Reformen innerhalb des Katholizismus — die dann natürlich nicht gehalten worden wären — die Protestanten in Masse zur Belehrung zu veranlassen, mißglückte vollkommen. Eine „Bekehrungskasse", die man gründete, machte nur unter dem Abschaum der protestantischen Bevölkerung wenig beneidenswerthe Konversionen. Der eifrig katholische Herzog von Noailles, der stellvertretende Statthalter des Languedoc, erklärte dies selbst: der katholische Klerus vernachlässige die Belehrung, die Predigt; die Katholiken der großen Städte mit hunderten von Geistlichen hätten kaum eine Predigt in jedem Monat, die Protestanten dagegen jeden Tag.

Seitdem wurde die Stimmung des Monarchen gegen die Hugenotten, diese Menschen, die sich nicht bereiten, auf einen Wink des großen Königs demselben ihre heiligsten Ueberzeugungen zu Füßen zu legen, immer feindseliger, immer gewaltthätiger. Er ließ sich fortreißen von dem Klerus, der in keiner seiner Versammlungen es unterließ, die Verfolgung des Protestantismus zu fordern. Diese würdigen Verfechter der gallikanischen Freiheit von Königs Gnaden, Bossuet an der Spitze, waren die eifrigsten Apostel der Unduldsamkeit und des religiösen Fanatismus. Im Jahre 1670 wurde selbst die Auswanderung den Reformirten untersagt, damit keine Seele der frommen Verfolgung entgehe! Schon begann man ihre Tempel zu schließen. Als der König 1671 alle Reformirten aus seiner Garde entfernte, begannen, um ihm zu schmeicheln, einige Große aus ihren Domänen die Protestanten zu verjagen. Besonders die Versammlung des Klerus von 1675, welche dem Könige bedeutende Geldmittel für seinen Krieg gegen die erste Koalition bewilligte, stellte baldir an ihn die Forderung der Ausrottung der Kezerei, und er wartete nur das Ende des auswärtigen Kampfes ab, um derselben nachzukommen.

Man hat behauptet, gerade dieser holländische Krieg, gegen Protestanten geführt, habe dem Könige doppelten Haß gegen den Protestantismus sowie die Besorgniß eingeflößt, seine eigenen reformirten Unterthanen könnten sich mit den Staatsfeinden verbinden. Das ist unrichtig: denn die Maßregeln gegen die Hugenotten steigern sich schon seit dem Regierungsantritt Ludwigs; seine Hauptfeinde in jenem Kampfe waren bald die katholischen Mächte Spanien und Oesterreich; und die französischen Protestanten hörten nicht auf, dem Monarchen im Heere, in der Kriegsflotte, in der Diplomatie treu zu dienen. Vielmehr basirt die Feindschaft Ludwigs gegen dieselben seit lange vorher, und sie wurde nur gefördert und zu ihrer schärfsten Bethätigung veranlaßt durch die Bemühungen einiger bestimmter Persönlichkeiten sowie durch die Gunst der Umstände.

Der Friede von Nymwegen hatte Ludwig XIV. zum Sieger über ganz Europa erklärt. Der Erdtheil hatte sich vor ihm beugen müssen: wie sollte er die Opposition einer Handvoll seiner Unterthanen ertragen? Fürder sollte nichts mehr seinem Willen widerstreben dürfen; dieser, wie nach außen, so und noch ausschließlicher im Innern seines Reiches der unbedingt maßgebende sein. Dazu kam, daß, je entschiedener Ludwig in dem Regalienstreite dem Papste entgegentrat, er um so eindringlicher seine echte Katholizität beweisen wollte; daß er wußte, wie er sich die Beihülfe seines Klerus gegen Rom am zuverlässigsten durch Verfolgung, Vernichtung des Hugenottenthums sichern werde! Aber nicht minder stark waren die persönlichen Einflüsse. Freilich Colbert wollte von einer Verfolgung der nützlichsten Glieder des Staates, der besten Säulen seines Merkantilsystemes nichts wissen; aber ihm stand der auch hier grausame und ausschließende Louvois gegenüber, wohl wissend, daß er damit den Neigungen seines kaum minder tyrannischen Herrn schmeichle. Ferner der Beichtvater des Königs, der berühmte Vater La Chaise, sonst ein milder wohlmeinender Mann, der im Jahre 1675 gerade wegen seiner gemäßigten Gesinnung sein Amt erhalten hatte: — aber sein Orden nöthigte ihn, in dem Sinne der äußersten Unduldsamkeit vorzugehen. Endlich, die wichtigste Gegnerin fanden die Protestanten an der Frau von Maintenon.[1])

Eine wunderbare Verkettung! Franziska von Aubigné — so hieß die Maintenon mit ihrem Mädchennamen — war die Enkelin eines Mannes, der mit Schwert und Pistole nicht minder als mit der Feder des Historikers und

---

[1) Herzog v. Noailles, Histoire de Madame de Maintenon (4 Bände, Paris 1848—1858). Dieses ungeheuer ausführliche Buch geht nur bis zum Jahre 1697! Es gibt mancherlei gute Details über das Hofleben und das literarische Treiben zur Zeit Ludwigs XIV., ist aber von höchst ultramontanem Standpunkte aus geschrieben. Die Schuld an der Aufhebung des Edicts von Nantes wird lediglich den Protestanten zugeschrieben! — Correspondance générale de Mad. de Maintenon, publiée par Théophile Lavallée (Paris 1865—66, vier Bände, die nur bis 1701 reichen). Frau v. Maintenon hat unglücklicher Weise den interessantesten Theil ihrer Briefe vernichtet; sie sagte, sie wolle ein Räthsel für die Nachwelt bleiben. Darunter ist ihre ganze Korrespondenz mit Ludwig XIV. und mit ihrem Beichtvater. Die wenigen Briefe des Königs an sie, die noch übrig sind, beweisen, daß er ihr alle politischen Neuigkeiten mittheilte. Uebrig sind ihre Briefe an ihren Bruder Aubigné, an die Prinzessin Ursini, an den Herzog sowie den Kardinal von Noailles u. s. w. Ihr Briefstyl ist elegant, korrekt, ruhig, sicher.

Satyrendichters seine reformirten Glaubensgenossen vertheidigt hatte, Agrippa von Aubigné; eines Mannes ganz aus einem Guß, der durch seine eifrig und ausschließlich protestantische Gesinnung die Gunst seines alten Freundes, des Königs Heinrich IV., verscherzt und endlich seine Tage in freiwilliger Verbannung zu Genf beschlossen hatte. Freilich war sein Sohn Constans, der Vater Franziskas, dem hugenottischen Tacitus sehr unähnlich, ein egoistischer Wüstling, der seine Familie in die größten Trübsale stürzte. Seine Tochter wurde in der Citadelle von Bordeaux geboren (September 1635), wo man den Baron Constans wegen zahlreicher Verbrechen gegen Einzelne und den Staat eingeschlossen hatte. Befreit ging er mit seiner Familie nach den Antillen, wo er frühzeitig starb.

Arm und schutzlos kam Franziska zu Verwandten nach Paris, die das elfjährige Mädchen zum Katholizismus herüberführten, sonst aber übel genug behandelten. Um dieser traurigen Lage zu entgehen, heirathete sie den alten verkrüppelten aber geistvollen Satyrendichter Scarron, der, in Paris hoch angesehen, ihr eine Stellung in der Welt verschaffte. Schön, gewandt, überlegen, kühl fand sie zahlreiche Bewunderer, ohne einen einzigen vorzuziehen. Sie zählte erst 25 Jahre, als ihr Gatte im Oktober 1660

Madame de Maintenon.

starb. Nun lebte sie mehrere Jahre lang in der größten Zurückgezogenheit, bis die Montespan, welche sie früher gekannt hatte, und der ihr bescheidenes und doch sicheres Wesen gefiel, sie zur Erzieherin ihrer Kinder berief, deren Geburt damals noch mit tiefstem Geheimniß umgeben wurde. Die vorsichtige Frau übernahm aber das Amt nicht, ohne sich von dem Könige direkt dasselbe zusichern zu lassen. Die Geschicklichkeit und die berechnete Selbstverleugnung, mit der sie ihren delikaten Auftrag ausführte, gewannen ihr die Achtung des Monarchen, dem zuerst ihr kühles sicheres Wesen wenig gefallen hatte, und zugleich wußte sie sich die Liebe der jungen von ihr auferzogenen Prinzen zu erwerben, an denen Ludwigs Herz innigst hing. So wurde auch dieser mit der Scarron immer vertrauter, und ihre geistreiche Unterhaltung machte

¹) Obiges Facsimile der Frau von Maintenon lautet in modernen Orthographie: Paris, le 28 septembre. Madame la Princesse m'a donné ses ordres, et je les ai exécutés le mieux que j'ai pu. Je ne doute point que M. le duc du Maine ne soit affligé, car il est assurément de bon naturel.   Maintenon.

sie endlich dem Monarchen um ihrer selbst willen lieb, nachdem er sie anfänglich nur um seiner Kinder willen ertragen hatte. Ihr steigendes Ansehen verrieth sich durch große Geschenke des Königs, die ihr gestatteten, im Jahre 1674 das Marquisat Maintenon für 250,000 Livres, etwa $1^1/_2$ Mill. Francs unseres heutigen Münzwerthes, anzukaufen. Die Herrschaft, die sie über die Kinder der Montespan und mehr und mehr über der Letztern königlichen Liebhaber gewonnen hatte, erweckte die Eifersucht derselben, und von da an strebte Frau von Maintenon der Montespan Sturz an und, wo möglich, deren Stellung. Mit kalter Ueberlegung machte sie es sich klar, daß sie mit ihren vierzig Jahren und mit ihren einst anziehenden, jetzt aber schon harten und kühlen Zügen, mit ihrer zwar übenreichen aber ernsten Unterhaltung nicht in dem Sinne, wie die La Ballière, die Montespan, die Fontanges, die Geliebte des drei Jahre jüngern Königs werden könne; aber sie wußte, daß der Monarch, nachdem er alle Genüsse des Lebens erschöpft, täglich ernsteren Sinnes werde, und daß er stets große Furcht vor dem Tode und vor der Vergeltung im Jenseits hege. Bei diesen Charaktereigenschaften wußte Frau v. Maintenon ihn zu fassen, indem sie zunächst im Namen der Moral die Entfernung der Montespan forderte, ihrer Wohlthäterin, deren im Ehebruche erzeugten Kinder zu hüten sie doch kein Bedenken getragen hatte. Sie erwarb dadurch die lebhafte Dankbarkeit der Königin, der ganzen frommen Partei am Hofe, welche durch sie und die Königin sich des Monarchen völlig zu bemächtigen strebte. Ein Meisterstück von ihr war es, die Bewerbung des Herzogs von Brancas auszuschlagen — der König meinte, aus Liebe zu ihm selbst, und für eine solche uneigennützige Liebe war der Monarch sehr empfänglich. Nach der kurzen Gunst der Fontanges, deren Ludwig sich wegen der Thorheit dieser Dame selbst schämte, fiel er ganz unter die Herrschaft der Maintenon, der man seit 1680 als erklärten Favoritin den Hof machte, indem man sie mit witzigem Doppelspiel Madame de Maintenant nannte. Das gleichmäßige, unterwürfige, würdige, anspruchslose und doch geistvolle Wesen der Dame fesselte mehr und mehr den alternden Monarchen, der im Umgange mit ihr zugleich die Ruhe des Gewissens zurückkehren fühlte. Infolge ihres Einflusses näherte er sich der Königin, deren letzte beide Lebensjahre dadurch heiterer und glücklicher wurden. Bei deren Tode im September 1683 war der König schon so durchaus dem Einflusse der Maintenon verfallen, daß man sofort eine standesgemäße Wiedervermählung desselben als zweifelhaft bezeichnete.

In der That hatte diese kühle berechnende Frau mit ihrer angeblichen Bescheidenheit und Tugend eine bei weitem höhere Stufe erklommen, als die früheren Favoritinnen. Diese waren es zufrieden, die Maitressen des Königs zu sein; die Maintenon aber, indem sie eine solche Stellung mit Entrüstung zurückwies, ließ dem Herrscher keine andere Wahl, als sie zu verstoßen oder sie an die Stelle seiner Gemahlin zu setzen. Unfähig zu dem ersteren entschloß er sich zu dem zweiten. Er hatte sich einmal daran gewöhnt, viele Stunden des Tages in ihrer Gesellschaft zuzubringen; der Beichtvater des

Monarchen war ihr völlig ergeben; nach dem Tode der Königin wurde der bisherige Leibarzt als ungeschickt entlassen, ein anderer, der ihr völlig zu Willen war, an dessen Stelle gesetzt. Die Bastarde des Königs liebten sie viel mehr als die eigene Mutter, die Montespan, und unterstützten sie nach Kräften. Der König war in jener Zeit sehr leidend und deshalb um so mehr der geschickten Pflege der Maintenon verfallen. Im September oder Oktober 1685 — genau läßt sich das Datum nicht mehr feststellen — fand in der Kapelle des Schlosses Maintenon im Beisein von nur wenigen Personen die heimliche Vermählung zwischen dem König Sonne und der Wittwe des Satyrenschreibers Scarron statt.

Man hat viel von dem besänftigenden, mildernden Einflusse dieser Frau auf die gewaltthätigen Neigungen Ludwigs XIV. gesprochen: in Wahrheit findet sich davon nichts. In ihrer Gesellschaft wurde vielmehr der König mißtrauisch, verdrießlich, rachgierig. Die greuliche und durchaus rechtlose Verheerung der Pfalz hat sie später durchaus nicht verhindert, und kaum war sie zur Gunst, zum überwiegenden Einflusse gelangt, als sie sich mit dem ihr sonst bitter verhaßten Louvois zur Verfolgung der Protestanten verband. Kalt und streng gegen sich selbst — sie nahm nie ein anderes Getränk als Wasser — war die Maintenon es auch gegen andere.

Das Jahr 1680, wo die Fontanges fiel, ohne daß die Montespan wieder zu Gnaden kam, ist hier entscheidend. Zuerst wurden die aus Protestanten und Katholiken gleich gemischten Kammern bei den Parlamenten, zur Aburtheilung der Prozesse und Vergehungen der Reformirten, aufgehoben. Dann wurden der Uebertritt vom Katholizismus zum Protestantismus, die gemischten Ehen, die Funktionen reformirter Hebammen verboten. Welche Unmoral, daß man gleichzeitig schon den siebenjährigen Kindern der Reformirten gestattete, gegen den Willen der Eltern zum Katholizismus sich zu bekehren! Man konnte nun erleben, wie Kinder zu Tausenden mit List oder Gewalt ihren Eltern entrissen, vor ihnen verborgen wurden, um sie für den katholischen Glauben zu gewinnen.

Immer härtere Schläge fielen auf die Protestanten.[1]) Sie wurden von sämmtlichen Würden, Aemtern und Pensionen, ja von der Theilnahme an den Steuerpachtungen ausgeschlossen. Betraf dies besonders hart die vornehmern und reichern Familien, so wurde der protestantische Bürgerstand durch ein anderes Edikt beinahe zur Verzweiflung getrieben, welches auch das Recht, ein Handwerk auszuüben, an das katholische Bekenntniß knüpfte. Und wie die irdische, so wollte man den Protestanten auch die religiöse Nahrung entziehen. Unter nichtigen Vorwänden — ehemalige Katholiken zugelassen, den katholischen Kultus beleidigt zu haben und dergleichen — sahen die Refor-

1) Man vergleiche hierzu aus Jules Michelets glänzender, wenn auch allzu poetischer Histoire de France (2. Auflage 1871 ff.) den 15. Band, wo die Geschicke der Protestanten unter Ludwig XIV. drastisch und zwar hier ziemlich genau und zuverlässig geschildert werden.

Verfolgung der Protestanten.

mirten in der Guyenne, in der Bretagne, der Normandie, im Languedoc u. s. w. ihre wichtigsten und besuchtesten Kirchen geschlossen oder gar zerstört. Die Hugenotten setzten allen diesen Mißhandlungen die würdigste Haltung entgegen. Durchdrungen von der Ueberzeugung, daß gegen die von Gott gesetzte Obrigkeit der Widerstand unzulässig sei, ließen sie Alles über sich ergehen; aber die Fälle der feigen Konversion waren zu zählen. Die katholischen Eiferer erkannten, daß dieses Verfahren keinen Erfolg haben könne. Im Gegentheil, das Martyrerthum der Protestanten erweckte vielfach das Mitgefühl der katholischen Bevölkerungen; und sollte man es darauf ankommen lassen, daß dasselbe sich vielleicht bis an den Hof verbreitete? Man mußte versuchen, die Protestanten zum Widerstande aufzureizen.

Im Juli 1683 wagten es die protestantischen Abgeordneten der Provinzen Languedoc und Dauphiné, noch einmal auf den Ruinen der zerstörten Kirchen zu beten und gleichzeitig dort eine Bittschrift an den König um Wiedereinräumung derselben zu unterzeichnen. Sofort beschloß der Gouverneur des Languedoc, der Herzog v. Noailles,[1]) dies zur Herbeiführung blutiger Scenen zu benutzen. Es hieß, die Protestanten wollten sich empören; darauf bewaffnete man den katholischen Pöbel und zog Truppen herbei. Im ganzen Süden und Südosten wurden die Betversammlungen der Reformirten angegriffen; diese bewaffneten und vertheidigten sich, es floß Blut. Nun hatten die katholischen Eiferer ihren Zweck erreicht: man konnte dem Könige von einem Aufstande der Hugenotten sprechen. Zahlreichere Truppen wurden nach dem Süden geschickt, und Hinrichtungen unglücklicher Protestanten durch die Justiz wechselten mit formlosen Massenmetzeleien ab. — Bis zum Beginne des Jahres 1684 waren schon 600 protestantische Kirchen Frankreichs zerstört, und ihre Besitzungen sowie die Güter der protestantischen Hospitäler wurden eingezogen. Mit rohester Gewaltsamkeit bestimmte man diese Kirchengüter nicht etwa wieder zu frommen oder wohlthätigen Zwecken, sondern der König zog sie für sich ein, um damit seine Günstlinge, seine Minister oder in Ausschweifungen ruinirte Adlige zu belohnen. Weder die Jesuiten noch die bigotte Maintenon hatten gegen solchen Mißbrauch das Mindeste einzuwenden. Die Reformirten, denen ein neuerliches Gesetz mit leicht zu verrathender Absicht vorschrieb, ihre Kinder vierundzwanzig Stunden nach der Geburt taufen zu lassen, mußten mit den kaum Geborenen viele Meilen weit nach einer der wenigen noch gebliebenen Kirchen reisen, mitten im Winter. Oft fand man, wenn man endlich an der Thüre des Tempels anlangte, die Säuglinge erfroren! Zahllose Kinder wurden unter den verschiedensten Vorwänden den

---

1) Noailles hat 200 Bände voll wichtiger Aktenstücke hinterlassen, die er während seiner langen Laufbahn als Militär und Minister gesammelt hatte. Der Abbé Millot hat daraus „Memoiren Noailles'" zusammengestellt (abgedr. in der Collection Michaud et Poujoulat), mit großer Geschwätzigkeit und Mangel an jeglicher Kritik. Glücklicher Weise hat er zahlreiche Dokumente wörtlich oder im Auszuge angeführt, die auch heute theilweise noch von großem Werthe sind.

Eltern entrissen: oft kam es darüber zu blutigen Kämpfen, bei denen die Kleinen selbst umkamen.

Durch alle diese Gewaltthaten hatten Louvois und seine Intendanten in der That schon viele schwache Herzen unter den Protestanten zur Bekehrung bewogen; aber die große Masse blieb fest. Da wußte man andere Mittel zu gebrauchen.

Die Ehre, sie erfunden zu haben, gebührt dem Intendanten von Poitou, Marillac. Er kam schon im Jahre 1681 auf den Gedanken, durch ungleiche Vertheilung der bürgerlichen Lasten die Hugenotten derart zu benachtheiligen, daß sie dadurch zur Unterwerfung genöthigt würden. Er nahm also den katholischen Einwohnern seiner Provinz sowohl die Vermögenssteuer — die Taille — als die Einquartierung der Soldaten ab und legte das Alles mit verdreifachter Wucht den Reformirten auf. Den Soldaten — es waren Dragoner — gestattete er jede Mißhandlung gegen ihre Wirthe; und bald wurden die gerechtfertigten Klagen über diese „Dragonnaden" so laut, die Auswanderungen, welche sie verursachten, so häufig, daß der König ihre Einstellung anbefohlen hatte. Die ungerechte Steuervertheilung freilich blieb; „denn so," sagte man, „gewinne der Himmel Seelen, ohne daß es dem Könige Geld koste."

Allein seit 1681 war Ludwig durch die Jesuiten, die Maintenon, Louvois, die Geistlichkeit, durch seine eigene immer größere Gewaltthätigkeit, Schroffheit und Unduldsamkeit zu weit feindseligerer Gesinnung gegen die Hugenotten gedrängt worden. So erwirkte der Intendant der einst völlig protestantischen Provinz Bearn, des Heimathlandes Heinrichs IV., Foucault, im Beginne des Jahres 1685 die doppelte Erlaubniß: einmal die dort angeblich allzu häufigen reformirten Kirchen zu schließen; dann Geld auf der einen, die Dragoner auf der andern Seite zur Bekehrung zu verwenden. Binnen sechs Wochen hatte er die Kirchen in Bearn fast sämmtlich geschlossen: fünfzehn, weil sie überflüssig seien, die übrigen fünf, weil ihre Geistlichen sich gegen die Edikte vergangen hätten; sämmtliche evangelische Pastoren wurden aus dem Lande vertrieben. Dann kamen die Soldaten. Ihrer Kirchen, ihrer Geistlichen beraubt, unter den Gewaltthaten der Truppen, die sich gegen Greise, Frauen, Kinder Alles erlauben durften, schmerzlich leidend, retteten sich Tausende durch eine Scheinbekehrung. Foucault, ein harter, herzloser Beamter, nach Holzgunst begierig, übertrieb seine Erfolge, indem er behauptete, von den 22,000 Reformirten Bearns verharrten nur noch Tausend bei ihren ketzerischen Irrthümern.

In Guyenne, im Languedoc, in andern Provinzen ahmten Statthalter und Intendanten das Verfahren Foucaults eifrig nach. Die Klagen der unglücklichen Opfer drangen nicht bis an den Hof, wohl aber die übertriebenen Nachrichten von den Erfolgen jener Maßregeln: auf Hunderttausende bezifferten die Intendanten die Bekehrungen, die unter der Einwirkung von Bossuets polemischen Schriften und noch ungleich mehr unter dem sanften Drucke der Dragonnaden geschahen. In der That unterwarfen sich ganze

Städte, die einst durch die Festigkeit ihres protestantischen Muthes berühmt gewesen waren, wie Nimes, Montpellier, vor allem La Rochelle. Kein deutlicheres und sprechenderes Zeugniß gibt es für die Entnervung und den Niedergang des französischen Volkscharakters unter dem Einflusse eines allmählich wirkenden Despotismus, als diese massenhafte Bekehrung unter Bedrückungen, welchen gegenüber die Ahnen, ja noch die Väter der damaligen Hugenotten entweder zu Degen und Muskete gegriffen oder doch das Martyrerthum über sich genommen haben würden. Wie lange, und diese Entnervung übertrug sich auch auf die Heere Frankreichs!

Die klerikal-despotische Hofpartei jubelte über die überraschend großartigen Ergebnisse der „Dragonnaden". Man stellte dem Könige vor, der bei weitem größere und bessere Theil der Reformirten habe sich bereits bekehrt, der hartnäckigere Rest werde nachfolgen, wenn der König, was derselbe bisher sorgfältig vermieden hatte, nachdrücklich erklären werde, daß er unter keiner Bedingung eine andere Religion als die katholische in seinem Reiche dulden wolle. Noch hatte der König Bedenken wegen des Rechtsstandpunktes, aber die Juristen und Theologen benahmen ihm dieselben. König Heinrich IV., sagten sie, habe das Edikt von Nantes nur gegeben, um den Bürgerkrieg zu beendigen und für die Zukunft zu vermeiden; nach den außerordentlichen Erfolgen der Konversionen sei ein solcher nicht mehr zu fürchten: folglich könne der Herrscher mit seiner absoluten Gewalt jenes Gesetz abschaffen. Die Theologen setzten hinzu: er müsse es, sein Gewissen gebiete es ihm. So fiel der entscheidende Schlag; am 22. Oktober 1685 registrirte das Pariser Parlament das königliche Gesetz, welches das Edikt von Nantes aufhob und an dessen Stelle vielmehr eine Reihe von Verfolgungsmaßregeln über die reformirte Religion verhängte.

Die Ausübung derselben wurde völlig untersagt; die Kirchen sollten ausnahmslos zerstört, religiöse Versammlungen auch in Privathäusern nicht geduldet werden; alle Prediger wurden bei den schwersten Leibes- und Lebensstrafen verbannt, den übrigen Reformirten aber die Auswanderung bei denselben Strafen verboten. Damit war die letzte Zuflucht den Unglücklichen geraubt; schon vorher waren alle Grenzen dicht besetzt, um jeden Flüchtigen aufzufangen — denn keineswegs wollten Ludwig und Louvois die große Summe von Intelligenz und Besitz, die sich in den Reformirten vereinigte, verlieren.

Durch das Verbot aller religiösen Handlungen war dafür gesorgt, daß alle zukünftig von reformirten Eltern Geborenen dem katholischen Kultus angehörten; aber den gegenwärtigen Protestanten schien wenigstens das freie Bekenntniß gestattet. Die katholischen Eiferer unter den Statthaltern und Intendanten beschwerten sich über diese Beschränkung bei Louvois, der ihnen antwortete: sie möchten nur ihre Ueberredungskunst nach Gefallen anwenden. „Se. Majestät will, daß Sie sich auf harte Weise mit den Letzten, die ihm noch eigensinnig widerstehen, auseinandersetzen." Diese Auseinandersetzung bestand in neuen Dragonnaden. Man legte wohl einem angesehenen Protestanten drei Kompagnien Soldaten in das Haus, die sich Alles erlauben durften. Bekehrten sich einige, so wurden die Soldaten ihnen abgenommen und denjenigen zugelegt, die noch festhielten. In Oranges drohte Graf Tessé: bleibe noch ein Einwohner unbekehrt, so würde dieser die Bezahlung aller im Orte anwesenden Soldaten tragen.

Jedes protestantische Haus wurde der Schauplatz eines hitzigen Kampfes zwischen der duldenden Schwäche und der Wuth brutaler Uebermacht. Der Soldat, selbst Sklave seiner Offiziere, handelte mit türkischer Roheit; zeigte sich einer zu milde, so trieben ihn die Offiziere mit Stockschlägen zur Grausamkeit an. Die Protestanten wurden geprügelt, gestochen, an langsamem Feuer gebraten, man riß ihnen die Nägel aus, man beraubte sie viele Nächte und Tage hindurch des Schlafes. Die Greuel, die gegen Mädchen und Frauen — sie zeichneten sich bei den Hugenotten durch die größte Sittsamkeit aus — verübt wurden, spotten jeder Beschreibung. Endlich trieb man ganze Familien buchstäblich nackt auf die Straßen; bei schwerer Strafe war es verboten, den „Rebellen" ein Obdach zu bieten. Und wenn die Unglücklichen alle diese Leiden standhaft ertrugen, so wurden sie in den Kerker geschleppt.

Wehe dem reformirten Geistlichen, den man ertappte, oder dem Flüchtling, den man auffing! Sie wurden auf Lebenszeit auf die Galeeren gebracht, ewig angeschmiedet an die harte Bank, der Peitsche des Vogts unterworfen, die blutige Streifen auf den Rücken zog; die Frauen verschmachteten in den furchtbarsten Gefängnissen.

Im Dezember 1685 neuer Schrecken: jedes Kind von fünf bis sechzehn Jahren soll binnen acht Tagen den reformirten Eltern abgenommen werden. Bei dieser Jagd auf die Kinder zeichnete sich Bossuet, dieser glorreiche Vorkämpfer der gallikanischen Freiheiten, ganz besonders aus. Eigene Klöster wurden für die neu bekehrten Mädchen errichtet. Widerstand von Seiten der Kinder wurde mit Gefängniß oder öffentlichem Auspeitschen bestraft. — Zweihundert Strafedikte gegen die Protestanten ergingen noch nach der Aufhebung des Edikts von Nantes!

Man muß sagen: diese unmenschlichen Maßregeln blieben nicht ohne Erfolg. Die Mehrzahl der Hugenotten, aller Hoffnung auf Rettung beraubt, aber durch wenige Worte oberflächlichen Bekenntnisses — denn man drückte in dieser Beziehung gern ein Auge zu — von allem Uebel erlöst, bekehrten sich zum Scheine. Man ließ sie gewähren, wenn sie nur äußerlich sich zur Kirche hielten: wußte man doch, daß die zukünftigen Geschlechter derselben nichts desto weniger gewonnen seien. Man spottete noch über den Leichtsinn, die Gewissenlosigkeit der Protestanten, die sich so willig dem Martyrium entzogen. Ludwig XIV. fühlte sich durch die prahlerischen Berichte der Intendanten völlig beruhigt über seine Maßregeln.

Aber an zweimalhunderttausend Hugenotten wußten sich trotz aller Umsicht und Grausamkeit der Behörden dem Dilemma: Untergang oder Abschwörung, durch die Flucht zu entziehen. Immer härter wurden die Strafen.

Jeder, welcher einen Flüchtling unterstützte oder führte, sollte gleichfalls auf die Galeeren. Endlich verhängte man über die Auswanderer den Tod. Aber nichts verschlug. 4000 Hugenotten entkamen nach Genf; viele andere Tausende nach Zürich und Bern. Holland, schon längst der Zufluchtsort aller Vertriebenen, gewährte Zahllosen eine liebevolle Gastfreundschaft. In England mußte selbst der katholische König Jakob II. reiche Geldsammlungen für die Flüchtlinge, die Refugiés, gestatten. Im kleinen Brandenburg fanden 16000 Hugenotten zuvorkommende Aufnahme. Und ebenso in den übrigen protestantischen Staaten. Ueberall durften sie eigene Gemeinden bilden, wo in französischer Sprache gepredigt und verwaltet und nach den französischen Gesetzbüchern Recht gesprochen wurde. Der Verlust, den Frankreich durch diese Auswanderung erlitt, war ein unermeßlicher. Es war die Elite der französischen Protestanten, die durch Bildung, Besitz, Fähigkeiten und Charakter ausgezeichnetsten Mitglieder dieser Gemeinschaft, die den Weg in fremde Länder zu nehmen wußten. Die Refugiés brachten der neuen Heimath ihre Intelligenz, ihren Muth, ihre industrielle Tüchtigkeit, einen Theil ihres Reichthums, ihren grimmigen Haß gegen ihren Unterdrücker, gegen diesen Ludwig XIV., dessen Name immer mehr zu einem Schreckensrufe in allen Ländern Europas wurde.

Nicht dem religiösen Fanatismus — das wäre noch entschuldbar — sondern dem politischen Despotismus, der fürstlichen Unduldsamkeit, einem übermüthigen Nivellirungssysteme und der Herrschsucht der gallikanischen kleinen Päpste wurden das Glück, die Seelenruhe und die Ehrenhaftigkeit von Millionen Protestanten geopfert! Aber nicht genug: mit grenzenloser Ueberhebung wollte Ludwig das, was er in seinem eigenen Reiche durchgeführt hatte, auch den Nachbarländern auferlegen.

In den Thälern der kottischen und der Seealpen lebten immer noch einige Tausende Waldenser, eine arme, kleine, kindliche Sekte, die an dem einfachen Glauben ihrer Väter mit großer Inbrunst hing, sonst aber ihrem Landesherrn, dem Herzog von Savoyen, treu ergeben war. Auf den Befehl Ludwigs XIV. mußte der Herzog in die Einführung der „Dragonnaden" auch in diese stillen Thäler willigen, mußte zugeben, daß seine und die französischen Truppen hier zusammenwirkten. Die Greuel, die von einer entmenschten Soldateska dabei verübt wurden, überstiegen Alles bis dahin Vorgefallene: die unglücklichen harmlosen Bergbewohner wurden zu Hunderten gemordet, überdies unter unsäglichen Martern.

Und ebenso wie Ludwig seine Verfolgung über die Grenzen seines eigenen Reiches hinaus erstreckte, nahm er von derselben auch die Fremden nicht aus, die im Vertrauen auf den Frieden sich in Frankreich niedergelassen hatten. Vergeblich remonstrirten die Holländer zu Gunsten ihrer Landsleute, die in Frankreich wohnten: es blieb denselben wie den übrigen Hugenotten nur Bekehrung oder heimliche Flucht.

Die Aufhebung des Ediktes von Nantes mit den Vorgängen, die sich an sie knüpften, diese kirchliche Reunion, wie man sie nicht unangemessen genannt hat, ist, auch abgesehen von ihrer moralischen Verwerflichkeit, der größte Fehler Ludwigs XIV. gewesen. Nicht das war das Wichtigste — so schwer es auch wog — daß er Hunderttausende seiner fleißigsten, intelligentesten und wohlhabendsten Unterthanen verlor, und zwar zumeist an seine Gegner: vielmehr der grimmige Zorn, der durch diese tyrannischen Gewaltthaten in allen evangelischen Herzen durch ganz Europa gegen ihn entzündet wurde. Es war in Zukunft für einen evangelischen Fürsten unmöglich, sich mit Ludwig XIV. zu verbinden. Keine Kanzel in dem protestantischen Europa, von der aus nicht gegen Frankreich und seinen Monarchen geeifert worden wäre; kein Dorf, in das nicht der Haß gegen den „großen König" gedrungen wäre. Weder Schweden noch Dänemark, weder Braunschweig noch Sachsen konnten fürder an eine französische Allianz denken.

Aber kaum minder, als die Protestanten, waren die katholischen Mächte Europas gegen Ludwig XIV. erbittert. Die zügellosen Gewaltthaten desselben hatten ihn allgemein verhaßt gemacht. Man erkannte wohl, daß die Verfolgung der Protestanten nicht aus einem wahrhaft kirchlichen Gefühl, sondern vielmehr aus derselben gewaltthätigen, herrschbegierigen, unduldsamen und anmaßenden, rein weltlich-despotischen Gesinnung erfloß, unter welcher auch der heil. Vater so schwer zu leiden gehabt hatte. Papst Innocenz XI. selbst erblickte in Ludwig von Frankreich den schlimmsten Feind der Kirche; man sah jenen bei der Nachricht von der Mißhandlung Genuas unter Thränen auf die Knie sinken, mit dem klagenden Ausrufe: „Defende causam tuam, Domine! o Herr, vertheidige du deine Sache!" Die Dragonnaden billigte er keineswegs. Er verhehlte nicht — allerdings der Beispiele vergessend, die seine eigenen Vorgänger auf dem Stuhle Petri gegeben hatten — daß er weder dem Beweggrunde noch den Mitteln dieser Massenbekehrungen zustimme, von denen keine einzige aufrichtig sei! Freilich behaupteten andere, der Papst verurtheile jene Maßregeln, weil man ihn dabei nicht um Rath gefragt habe. Und ebenso verwarf die kaiserliche Diplomatie Vorgänge, die sie sehr wohl als rein politischer Natur erkannte.

Es gab keinen Fürsten, keinen Staat, kein Volk, kein Interesse mehr in Europa, die nicht von diesem Könige in seinem Allmachtsdünkel gekränkt worden wären! Und dennoch setzte er entschlossen und verächtlich seinen Weg unbeirrt fort, denn da er Englands sicher zu sein glaubte, so meinte er mit dessen Hälfte stark genug zu sein, um dem übrigen Erdtheil erfolgreich Widerstand zu leisten. Aber da versagte ihm gerade dieser eine unentbehrliche Bundesgenosse: England. Und damit war der Niedergang seines Systems, damit war die Befreiung Europas entschieden.

Drittes Buch.

Ludwigs XIV. Niedergang.

Erstes Kapitel.

Der Fall der Stuarts und die zweite Koalition gegen Frankreich.[1]

Längst war der Jubel verklungen, mit welchem einst König Karl II. bei seiner Rückkehr aus der Verbannung in England begrüßt worden war. Man hatte damals gehofft, aus den Wirren der Bürgerkriege, aus der Tyrannei von Olivers Soldaten zu festen, geordneten Zuständen, in denen Gesetzlichkeit

[1] Zu diesem Gegenstande sind zwei Hauptwerke zu Rathe zu ziehen, die sich gegenseitig ergänzen in ihrer durchaus verschiedenen Auffassung und Darstellungsweise. Zunächst Thomas Babington Macaulays Geschichte Englands seit dem Regierungsantritte Jakobs II., die in den ersten Kapiteln auch ziemlich genau schon auf die Geschichte Karls II. eingeht. Die behagliche, formvollendete, geistreiche Darstellung, die umfassende Forschung auf dem Gebiete der englischen Literatur des 17. Jahrhunderts haben dies Werk mit Recht hoch berühmt gemacht. Indessen geht Macaulay durchaus von whiggistischen Parteianschauungen aus und ist auch sonst zu subjektiv, willkürlich und unkritisch. Die Verhältnisse der auswärtigen Staaten vermag er nicht zu beurtheilen. — Ganz entgegengesetzt ist der Charakter von Leopold v. Rankes Englischer Geschichte, vornehmlich im 16. und 17. Jahrhundert (4. Aufl. Berlin 1877 ff.). Sie ist entschieden torystisch gefärbt, was in der Beurtheilung der Fürsten und Staatsmänner deutlich hervortritt. Mit vorzüglichem historischen Blick ist nur das Wichtige, Ausschlaggebende, sind nur die leitenden Momente hervorgehoben, das Detail vernachlässigt. Ganz neue und hochwichtige Aufklärungen erhalten wir über die auswärtigen Verhältnisse, die auch auf die innere Entwickelung Englands in jener Zeit einen so immensen Einfluß geübt haben. — Dazu kommt neuerdings Onno Klopp, Der Fall des Hauses Stuart und die Succession des Hauses Hannover in Großbritannien und Irland 1660—1714, ein Werk, von dem bis jetzt acht Bände (Wien 1875—1879) erschienen sind, die bis zum Jahre 1700 gehen. Auch hier wird, wie bei Ranke, hauptsächlich der Zusammenhang zwischen den europäischen Verhältnissen und den englischen Ereignissen betont. In den Einzelheiten wird sehr viel Neues und Bedeutendes, zumal aus den hannover'schen und Wiener Archiven mitgetheilt; aber im Ganzen ist das umfassend angelegte Werk als mißlungen zu betrachten. Eine große Parteilichkeit für die Häuser Oesterreich und Hannover, eine ermüdende Breitschweifigkeit und Kleinkrämerei, Herbeiziehung aller möglichen Dinge, die dem eigentlichen Gegenstande völlig fremd sind, ein gesuchter Stil verunstalten dasselbe; der Verfasser scheint von der großartigen freiheitlichen und rechtlichen Bewegung innerhalb des damaligen englischen Volkes keine Ahnung zu haben. Es ist hier nichts von dem Esprit zu finden, den der Verfasser in früheren Schriften unleugbar gezeigt hat. — Von gleichzeitigen Quellen erwähnen wir nur: Burnet, History of my own time (6 Bände, Oxford 1830). Burnet, der Freund Wilhelms von Oranien und durch ihn anglikanischer Bischof, ist durchaus whiggistisch gesinnt, aber wohlmeinend, aufrichtig und im Ganzen gut unterrichtet.

und mäßige Freiheit sich vereinten, zu gelangen. Man hatte England glücklich, geeint, stark erhofft. Indessen hatten sich König und Volk über die wahren Verhältnisse einem großen Irrthum hingegeben. Selbst jene loyalen Kavaliere, welche die endlich besiegten Rundköpfe — die Republikaner — auf das Blutgerüst schickten, welche nicht übel Lust hatten, jeden, der von parlamentarischen Rechten, von der Befugniß des Widerstandes gegen gesetzwidrige Tyrannei, von den Freiheiten des britischen Unterthanen sprach, mit jenen Rundköpfen in gleiche Verdammniß zu werfen; selbst diese royalistische Mehrheit des 1661 eröffneten Parlamentes war doch im Grunde keineswegs geneigt, die wichtigen Privilegien, welche die Volksvertretung in der zwanzigjährigen Umwälzung erobert hatte, anzugeben. Durch die Ereignisse, die sich in diesem Zeitraume abgespielt hatten, war nun einmal unwiderleglich erwiesen, daß in England das Parlament mächtiger sei als die Krone; und so eifrig König und Kavalier-Parlament Alles thaten, um diese Ueberzeugung zu verdunkeln, sie kam doch bei ihnen selbst immer wieder zum Durchbruche.

Dies wurde um so gefährlicher für das Königthum der Stuarts, als das englische Volk unter Karl II. die gehoffte Glückseligkeit und stolze Befriedigung durchaus nicht fand. Das Verfahren dieses Herrschers verletzte vielmehr die Nation in zwei Punkten, in welchen der eifrigste Kavalier nicht minder lebhaft fühlte als der Puritaner, der einst unter Cromwells Küraßieren gedient hatte: in der Religion und in der äußeren Größe Englands. Vergebens hatte das Unterhaus bereits zweimal die Minister des Königs gestürzt — erst (1667) Clarendon, dann (1674) das Cabalministerium — Karl II. verharrte auf den Wegen, welche in der Gegenwart England erniedrigten, für die Zukunft die Religion der ungeheuren Mehrheit des Volkes bedrohten. Immer erbitterter wurde die Stimmung, theils über die klägliche Rolle, die England in den auswärtigen Angelegenheiten spielte, besonders aber wegen des allgemein gefürchteten Eindringens des Katholizismus in das englische Staatswesen. Da Karl keine legitimen Kinder hatte, so war sein präsumptiver Thronerbe sein Bruder, Herzog Jakob von York; und der war offen zum Katholizismus übergetreten und hatte neuerlich eine Katholikin, noch dazu aus dem Frankreich ganz ergebenen Hause Modena geheirathet. Aus seiner ersten Ehe, die er noch als Protestant mit einer Protestantin geschlossen, besaß er nur Töchter — wurde ihm von seiner zweiten Gemahlin ein Knabe geboren, so war das Reich auf Generationen hin katholischen Herrschern überliefert. Tausende Gerüchte von Karls Verträgen mit dem französischen Könige erhöhten die Aufregung. Ludwig XIV., der im letzten Jahre des großen Krieges sich zu wiederholten Malen überzeugt hatte, daß er sich auf Karl II. nicht verlassen könne, gab es auf, denselben zu unterstützen. Da er von England einstweilen keine Förderung erhoffen konnte, so mußte ihm daran liegen, es zu schwächen, durch inneren Zwiespalt nach außen ohnmächtig zu machen, und so trug er kein Bedenken, durch seine Agenten und sein Geld das Parlament gegen den König, seinen bisherigen Verbündeten, aufzuhetzen. Inmitten dieser allgemeinen Aufregung erhob ein gewissenloser Mensch, der dadurch zu Ansehen und Reichthum zu gelangen hoffte, Titus Oates, die Anzeige von einem erdichteten papistischen Komplott, das angeblich darauf abzielte, nach Ermordung des Königs sowie besonders der eifrigen protestantischen Vertreter im Parlamente England dem Katholizismus zu unterwerfen. Einige zufällige Umstände schienen die Wahrheit von Oates' Anklage zu erweisen. Nun war die öffentliche Meinung nicht mehr in Schranken zu halten. Eine große Anzahl Katholiken wurde in den Kerker geworfen und dann unter theils nichtigen, theils geradezu lügnerischen Anklagen hingerichtet. Der leitende Minister Danby, ein redlicher, aber schwacher Mann, der sich vergeblich den schändlichen Abmachungen des Königs mit Frankreich widersetzt hatte, wurde auf Aktenstücke hin, die der französische Monarch selbst verrätherischer Weise den Führern des Unterhauses übermittelte, von diesem vor dem Hause der Lords gerade wegen jener französischen Verhandlungen in Anklagezustand versetzt (1678). Als Karl das Parlament auflöste, fielen die Neuwahlen nur noch entschiedener regierungsfeindlich aus; unzählige von den früheren Anhängern des Königthums waren aus Besorgniß für die anglikanische Kirche zu der Opposition übergegangen. Vergebens machte Karl nach wenigen Wochen auch diesem Parlamente ein Ende. Vergebens suchte er die Gemüther zu beruhigen, indem er jetzt (Mai 1679), nach mehrjährigem Sträuben, die Habeas-Corpus-Akte bestätigte, die jeden Engländer im Falle einer Verhaftung binnen kürzester Frist vor seinen gesetzlichen Richter, sowie mit Ausnahme der schwersten Verbrechen gegen eine angemessene Bürgschaft auf freien Fuß zu stellen befahl und so der wirksamste Schutz der persönlichen Freiheit wurde.

Bei den abermaligen Neuwahlen kamen zuerst die Namen Whigs und Tories auf, von welchen der erstere denen beigelegt wurde, die den Herzog v. York wegen seiner katholischen Religion von der Thronfolge ausschließen wollten, der zweite denjenigen, die aus Achtung für das Legitimitätsprinzip eine solche Maßregel verwarfen. Denn darum handelte es sich bei dem neuen Parlamente (1680): sollte die Exclusion-Bill, das Ausschließungsgesetz, welches die Thronfolge an die Bedingung des anglikanischen Bekenntnisses knüpfte, durchgehen oder nicht. Eine überaus wichtige Frage von größter praktischer Tragweite, die alle Gemüther auf das Aeußerste bewegte und beunruhigte. Im Unterhause überwog abermals die Opposition, die Whigs, und die Bill wurde mit großer Mehrheit angenommen. Allein nun trat der König aus seiner gewöhnlichen Trägheit und Schlaffheit heraus. Er wollte die Sache seines Bruders nicht fallen lassen; er war vor allem entschlossen, die Verwandlung der erblichen Krone Englands in eine Wahlkrone — und dies lag ja im Grunde in der Ausschließungsbill enthalten — nicht zu dulden: sich selbst, dem Prinzipe, das er vertrat, hätte er damit den ärgsten Schlag zu versetzen gemeint. Er bot deshalb seinen ganzen Einfluß auf das Oberhaus auf, und dieses verwarf wirklich die Bill. Als das

Unterhaus sich darauf zu revolutionären Beschlüssen hinreißen ließ, wurde es aufgelöst; und dasselbe Schicksal betraf das neugewählte, das fünfte binnen kurzer Zeit. Karl beschloß vielmehr, was ihm gesetzlich freistand, in den nächsten drei Jahren kein Parlament einzuberufen.

Dieser Weg hatte seinen Vater auf das Blutgerüst geführt; aber Karl II. hatte seine Zeit besser verstanden. Man begann allgemein, an der Wahrheit von Oates' und seiner zahlreichen Nachahmer und Hellershelfer Aussagen zu zweifeln, und so legte sich der Grimm gegen die Katholiken mehr und mehr und begann dem Mitleid mit ihrem unverdienten Unglück Platz zu machen. Auch wider den König selbst wurde man allmählich milder gestimmt. Hatte er doch in allen streitigen Fragen nachgegeben, nur das Recht der legitimen Thronfolge überhaupt und seines Bruders im Besondern hatte er nicht verkümmern lassen wollen; und darin mußte ihm jeder Ehrenmann im Grunde beistimmen. Er hatte in jene Testakte gewilligt, die durch Ausschließung jedes nichtprotestantischen Beamten die Regierung eines katholischen Fürsten ja völlig gefahrlos zu machen verhieß. Er hütete sich sorgfältig, den Mitgliedern der Opposition irgend ein wohlfeiles Martyrium zu bereiten oder auch Gelder zu erheben, die ihm von den Parlamenten nicht gesetzmäßig auf längere Dauer bewilligt worden waren. So vollzog sich in den Geistern eine langsame aber stetig fortschreitende Reaktion zu Gunsten Karls und gegen die Whigs; und die Regierung beschloß unter dem Einflusse des rachgierigen Jakob von York diese Stimmung eifrig auszunutzen. Dieselben ehrlosen Zeugen, die früher die Verdammung unschuldiger Katholiken herbeigeführt hatten, schworen jetzt zelotische Protestanten zu Kerker und Tod. Durch gerichtliches Verfahren wurden, mit Benutzung formaler Unrichtigkeiten, die Freibriefe vieler Städte und Grafschaften kassirt und durch andere ersetzt, welche der Regierung einen starken Einfluß auf die kommunale Verwaltung und die Parlamentswahlen sicherten.

Die aufgebrachten und verzweifelten Whigs, denen keine gesetzmäßige Gewalt mehr zur Verfügung stand, dachten an bewaffneten Widerstand. Ein förmlicher Aufstand, welcher die Einberufung einer whiggistischen Volksvertretung herbeiführen sollte, wurde von einigen der vornehmsten Whighäupter vorbereitet, unter denen sich der allgemein geachtete Lord Russel, der geistvolle Schriftsteller Sir Algernon Sidney, ja ein unehelicher Sohn Karls II. selbst, der Herzog von Monmouth, befanden. Einer Anzahl fanatischer Männer aus den niedern Klassen genügte selbst dieses Projekt nicht: sie verschworen sich zur Ermordung des Königs und seines Bruders von York, wenn diese bei dem einsamen Roggenhause (Ryehouse) vorbei zur Jagd ritten. Die Entdeckung dieses „Roggenhaus-Komplotes" führte dann auch den Untergang jener höher stehenden Verschworenen herbei, indem sie mit Unrecht darein verwickelt wurden. Sidney und die Lords Essex und Russel wurden hingerichtet, Monmouth in die Verbannung gesandt. Diese Vorgänge machten begreiflicher Weise die Whigs vollends unpopulär.

So durch die zurückgekehrte Gunst der öffentlichen Meinung getragen, ging Karl zu offenen Gesetzesverletzungen über. Auch nach Ablauf der drei Jahre wurde das Parlament nicht wieder einberufen; mit Uebertretung der Testakte ward Jakob von York, der bisher Schottland auf tyrannische Art als Vicekönig regiert hatte, in den geheimen Rath und zum Leiter des Marine=Departements berufen. Karl benutzte die Freiheit der Bewegung, die er durch diese unverhoffte Gunst des Schicksals erhielt, lediglich dazu, seinen Vergnügungen und Ausschweifungen aller Art zu leben. Dabei verkaufte er sich im Jahre 1681 noch einmal für wenige Millionen an Ludwig XIV. und trug damit die Hauptschuld an dem Gelingen der Reunionen. Ein plötzlicher Tod raffte ihn im Februar 1685, im fünfundfünfzigsten Lebensjahre, dahin; er hatte sich vorher von einem katholischen Geistlichen die Sterbesakramente reichen lassen.

Nun war also der in ganz England bänglich erwartete Augenblick gekommen, wo ein katholischer Herrscher, wo der Herzog von York als Jakob II. den Thron bestieg. Jakob, jetzt im zweiundfünfzigsten Jahre, war ein Mann von strenger, herber Gesinnung, deren Härte durch die Erfahrungen und Leiden in der Zeit des Bürgerkrieges und der Republik noch verstärkt worden war. Aus allem, was er erlebt, glaubte er den Schluß ziehen zu dürfen, daß jede Verwirrung und jedes Uebel politischer Natur aus der Unbotmäßigkeit der Völker und der Schwäche der Regierenden entstehe. Diese Auflehnung der Untergebenen wider die gottgesetzte Autorität glaubte er auf religiösem Gebiete ebenso wie auf politischem zu finden, und zwar auf beiden gleich verwerflich. Deshalb war er, wie politisch Anhänger eines starren, rücksichtslosen Absolutismus, so in religiöser Beziehung unbedingt dem alten autoritativen Glauben, dem römischen Katholizismus ergeben. Die Neigung zum Katholizismus, die den Stuarts auf englischem Throne durch ihre Ahnfrau Maria eingepflanzt worden war, kam in Jakob II. zum offenen und höchsten Ausdruck. Die Habeas=Corpus=Akte und die Testakte zugleich zu beseitigen, die englische Nation mit Strenge und Gewalt zum Absolutismus und zu Rom zurückzuführen: das war die wohlerwogene Absicht Jakobs II., der in der Beschränktheit seines engen Geistes einer unparteiischen Würdigung der Sachlage und der Möglichkeiten unfähig war und seinen bornirten Eigensinn selbstgefällig für ruhmvolle Festigkeit hielt, welche letztere ihm doch gerade bei entscheidenden Gelegenheiten durchaus abging. Und dabei war dieser gegen andere so strenge und angeblich so fromm religiöse Fürst von einer Liederlichkeit, die bei ihm doppelt unmoralisch war.

Ein Kampf brach aus, der für die Zukunft nicht nur Englands, sondern der ganzen Welt von höchster Bedeutung werden mußte. Es handelte sich um Sieg oder Niederlage des Romanismus, der nochmals nach zwei Richtungen hin weltbeherrschend auftreten zu wollen schien: als staatlicher Absolutismus, in Frankreich verkörpert, aber weit über dessen Grenzen von Ludwig XIV. ausgedehnt, entgegen dem ursprünglich freien germanischen

Elemente der Selbstregierung und Selbstverwaltung; mit jener aber verbündet als ausschließliche katholische Kirchlichkeit, reagirend gegen die kaum sich entwickelnde Denk- und Forschungsfreiheit.

Jakob begann freilich seine Regierung mit der Erklärung: nur fälschlich werde er als Absolutist bezeichnet, vielmehr wolle er seine eigenen Rechte nicht mehr achten als die Anderer und zumal der ausgezeichnet loyalen Kirche von England. So konnte man hoffen, Jakob werde seine Religion als Privatsache, ohne Einfluß auf die Staatsgeschäfte, behandeln. Aber diese Versicherungen waren nur trügerisch, seine Absichten von vorn herein die entgegengesetzten. Sofort bildete er einen nur aus Katholiken bestehenden geheimen Rath. Jedoch vor allem bedurfte er zu seinen Zielen eines auswärtigen Schutzes; denn daß die Engländer sich eine solche religiös-politische Revolution nicht

Jakob II. König von England.
Nach dem Stiche von J. Andran; Originalgemälde von van der Werff.

gutwillig würden gefallen lassen, war offenbar genug. Diesen äußern Schutz aber konnte er nur bei Ludwig XIV. finden, zu dem er deshalb von Beginn an in ein Verhältniß schwankender und unentschlossener Abhängigkeit trat.

Das Parlament, welches sofort einberufen wurde, um dem Könige Geld zu bewilligen, bestand, da es noch unter dem Einflusse von Jakobs erster Proklamation gewählt wurde, aus einer großen Mehrheit von Tories, also streng konservativ-legitimistischen und zugleich eifrig hochkirchlichen Männern. Jakob meinte nun, den guten Willen dieser Tories für die Emanzipation der Katholiken zu gewinnen, wenn er die nicht=anglikanischen Protestanten, die sogenannten Nonkonformisten, eifrig verfolgte. So begann zumal in Schottland eine grausame Mißhandlung der Presbyterianer unter zahlreichen Hinrichtungen und Mordthaten durch rohe Soldatenhaufen, ganz an die gleichzeitigen Vorgänge in Frankreich erinnernd. Diese Ereignisse beweisen unwidersprechlich, daß Jakob bei seinen Bestrebungen durchaus nicht von vorurtheilsloser Toleranz geleitet wurde, sondern nur von der Absicht, sein Bekenntniß, sei es auch mit Gewalt, zu dem herrschenden zu machen. Indeß einstweilen hatte er sich sehr verrechnet. Die eifrigsten Tories waren ja gerade die ausschließendsten Anglikaner, und nachdem das Parlament dem Monarchen bereitwillig reichliche Geldmittel bewilligt hatte, forderte es ihn doch zugleich auf, die Strafgesetze gegen alle Nichtanglikaner in Vollzug zu setzen. Wahrscheinlich würde es sehr bald zum Konflikte zwischen Krone und Torymehrheil gekommen sein, wenn nicht ein unzeitiger Aufstand dem Könige Hülfe gebracht hätte.

Die englischen und schottischen Whigs, die sich nach Holland geflüchtet hatten, hielten bei der Thronbesteigung des, wie sie meinten, durchaus verhaßten Jakob die Gelegenheit für gekommen, durch eine kühne Unternehmung ihrer Partei wieder zur Herrschaft zu verhelfen. Der Graf Argyle landete mit schottischen Emigranten in ihrer Heimath, Monmouth, der selbst an Jakobs Stelle, trotz seiner unehelichen Geburt, die Thronfolge beanspruchte, im südwestlichen England (Frühjahr 1685). Aber die Bevölkerung war keineswegs vorbereitet, sich ihnen anzuschließen. Argyle ward schnell überwältigt und hingerichtet. Etwas mehr Zulauf hatte Monmouth, da er die Vorsicht gebraucht hatte, zunächst in vorwiegend whigistisch gesinnten Grafschaften aufzutreten: allein am 6. Juli 1685 wurde sein kleines aus ungeübten Landleuten gebildetes Heer bei Sedgemoor von den königlichen Truppen zersprengt. Es war die letzte Schlacht, die auf englischem Boden stattgefunden hat. Monmouth wurde gefangen genommen, und trotz seiner beweglichen Bitten ließ sein Oheim, der König, ihn hinrichten. Aber dieses tragische Schicksal des einzigen Sohnes Karls II. verschaffte ihm eine größere Sympathie, als er je bei seinen Lebzeiten besessen; besonders da Jakob seinen Sieg zu unerhört grausamer Verfolgung der Whigs in den von Monmouth durchzogenen Grafschaften benutzte. Ein roher, barbarischer Oberrichter, Sir George Jeffreys, nahm in den „Blutigen Assisen", an welche die Engländer sich schaudernd noch lange erinnerten, 320 Menschen das Leben: eine alte Frau wurde, weil sie einen armen Flüchtling beherbergt hatte, verbrannt; ein junges Mädchen ward, wegen angeblicher Hülfeleistung für den Aufstand, der steigenden Fluth ausgesetzt. Fast tausend Gefangene und Verdächtige wurden als Sklaven nach den westindischen Inseln deportirt.

Durch diese schrecklichen Vorgänge wurde die anfangs günstige Volksstimmung allmählich gegen den König eingenommen, zumal Jakob schnell auf dem Wege der Katholisirung weiterschritt. Schon bildete er Regimenter, in denen die hauptsächlichsten Offiziere Katholiken waren. Der üble Eindruck, den dies im Lande hervorbrachte, wurde verstärkt durch die Nachricht von der Aufhebung des Ediktes von Nantes in Frankreich; es ist leicht begreiflich, wie sehr gerade diese Thatsache den Unwillen und die Besorgniß der englischen Protestanten verstärken mußte. Das Parlament bewilligte eine nur geringe Subsidie und forderte vom Könige die Entlassung der katholischen Offiziere, ein Verlangen, das von Jakob schroff zurückgewiesen und mit der Entlassung aller oppositionellen Mitglieder aus ihren etwaigen Staatsämtern beantwortet wurde. So war der Konflikt zwischen Jakobs II. religiös-politischen Bestrebungen und der eigentlich königlichen Partei, den Tories, bereits zum Ausbruche gekommen. Die einsichtigen und angesehenen Katholiken inner- und außerhalb Englands mißbilligten selbst Maßregeln, von denen sie nur üble Folgen für ihre Religion in jenem Reiche voraussahen.

Jakob aber ließ sich durchaus nicht einschüchtern; er war der Meinung, nur durch Konzessionen habe sein Vater Thron und Leben verloren. Er beschloß, gegen ein ausdrückliches Gesetz aus der Zeit seines Bruders, vermittelst königlichen Begnadigungsrechtes die Katholiken von sämmtlichen wider sie erflossenen Ausschließungsgesetzen zu dispensiren. Alle Richter, die dem nicht beistimmen wollten, wurden entlassen. Katholiken wurden mit Pfründen der anglikanischen Kirche begabt, selbst Bissthümer mit Männern besetzt, die sich offen dem Katholizismus zuneigten. Wider zwei weitere ausdrückliche Gesetze wurde ein geistlicher Gerichtshof, hohe Kommission genannt, gebildet, um durch seine diskretionäre Strafgewalt den Klerus allmählich von allen eifrig protestantischen Mitgliedern zu reinigen. Mönchsorden, ja die gefürchteten und gehaßten Jesuiten — aus ihnen war des Königs Lieblingsrathgeber, Pater Petre — ließen sich in London nieder. So gebrauchte Jakob seinen Supremat über die englische Kirche wider dieselbe. Schon gab es in London, in Edinburg Pöbelunruhen. Die bisher eifrigsten königstreuen Beamten mußten theils wegen ihres Widerspruches gegen diese Maßregeln Jakobs entlassen werden, theils nahmen sie selbst den Abschied. An ihre Stelle wurden gelotische Katholiken gesetzt. In dem großentheils katholischen Irland aber dachte Jakob sich einen verläßlichen Stützpunkt für seine Pläne zu sichern. Ein irischer Katholik von entschiedenster Färbung, Tyrconnel, ward zum Lordstatthalter dieser Insel ernannt, die er in katholisch-irischem Sinne organisirte (1687). Eine Anzahl von Großen eilte, sich dem König genehm zu machen, indem sie zum Katholizismus übertrat.

Um so entrüsteter war Jakob über die Harnäckigkeit der ungeheuren Mehrheit der Anglikaner, und er änderte jetzt seinen Plan dahin, die Nonkonformisten zu gewinnen, in diesen sich Bundesgenossen gegen jene zu schaffen. In Schottland, wo sie noch soeben grausam verfolgt worden waren, wurde zuerst die Duldung gegen sie geübt. Im April 1687 erschien dann auch für England die sog. Indulgenzerklärung, die alle Strafgesetze für die Nonkonformisten jeder Art wie für die Katholiken suspendirte. Diese

Erklärung war offenbar verfassungswidrig, sie war ebenso klärlich nur aus Politik, nicht aus Toleranz für die Nonkonformisten erlassen worden: und so nahm die überwiegende Mehrzahl der letzteren gegen sie Partei und schloß sich vielmehr der anglikanischen Kirche an, die sie weniger grausam verfolgt hatte als der König Jakob, und die immerhin fest an der Verfassung hielt, endlich ihnen auch im Glauben viel näher stand, als der Monarch und dessen Freunde.

Nur desto hartnäckiger vertheilte Jakob alle Aemter in der Verwaltung, im Heere und selbst in der anglikanischen Kirche an erklärte Katholiken. Im Laufe des Jahres 1687 gab es in den höchsten Stellen des Hofes und des Staates nur noch sehr wenige Nichtkatholiken, und zwar nur solche, die sich durchaus servil gezeigt hatten. Und doch waren unter den reichlich fünf Millionen Einwohnern, die England damals zählte, noch lange nicht 100,000 katholisch. Er zeigte damit, daß nicht Gleichberechtigung, sondern Herrschaft seiner Kirche in England sein Ziel sei. Selbst besonnenere Katholiken warnten ihn; vergebens. Immer mehr wandten sich die Blicke der Nation auf des Königs Schwiegersohn und präsumptiven Nachfolger, den Prinzen von Oranien.

Dieser sah mit Kummer die Haltung, die Jakob II. in noch schrofferm Maße als einst Karl II. annahm. Die Aufgabe seines ganzen Lebens: die Vernichtung der französischen Tyrannei über Europa, schien damit vereitelt. Da Holland selbst an Kräften Frankreich so weit nachstand, da auf Spanien fast gar nicht zu zählen, der Kaiser gegen die Türken beschäftigt war, so beruhte die einzige Hoffnung des Gelingens auf England. Persönlich beförderte Wilhelm die in Holland ohnehin herrschende Gewissensfreiheit: allein der Gedanke, daß England durch Jakob zum Katholizismus übergeleitet und so der innigste Bundesgenosse Ludwigs XIV. werden könnte, versetzte ihn in Schrecken und Kummer. Damit wäre sein ganzes Bestreben vernichtet, sein politisches System zerstört, Frankreichs Despotie in Europa auf Jahrhunderte hinaus befestigt gewesen. Mit dem Rechte, das ihm seine Eigenschaft als englischer Thronerbe gab, beschloß er, sich diesem Plane zu widersetzen. Er fand dabei die Unterstützung seiner Gemahlin, Maria, der ältesten Tochter Jakobs, die aber dessen Verfahren durchaus mißbilligte. Beide gemeinsam hatten sich bestimmt und fest gegen die Indulgenzerklärung ausgesprochen. Nach derselben fing Wilhelm an, sich zum Schutze des protestantischen Glaubens, der staatsbürgerlichen Freiheit und der nationalen Politik Englands mit dem unzufriedenen torystischen Hochadel und daneben auch mit einigen großen Whigs in Verbindung zu setzen, die ihn eifrigst ersuchten, mit ihrer Hülfe die Englands Freiheit und Religion bedrohenden Gefahren zu beschwören.

Natürlich waren diese Unterhandlungen dem Könige Jakob unbekannt, der vielmehr trotz aller Abmahnungen und Warnungen auf seinem Wege weiter voranschritt. Er schickte einen Gesandten nach Rom und nahm einen päpstlichen Nuntius bei sich auf — obwohl Innocenz XI. sich ihm, dem Verbündeten des gehaßten Ludwig XIV., keineswegs günstig zeigte. Die Universitäten, bisher stets die eifrigsten Dienerinnen des Königthumes, die selbst dem Absolutismus nicht abgeneigt waren, sollten gezwungen werden, Katholiken, ja Mönche unter ihre Lehrer aufzunehmen. Cambridge kam zuerst in Streit darüber mit dem Könige; aber in noch erbitterten Konflikt gerieth dieser mit Oxford, das er ganz für den Katholizismus zu verwenden beschloß. Als er dem reichen Magdalenenkollegium dieser Universität einen katholischen Vorsteher aufnöthigen wollte und die Kollegialen sich weigerten, denselben zu wählen, wurden sie sämmtlich abgesetzt und zu kirchlichen Würden unfähig erklärt. In ihre Stellen wurden Katholiken befördert.

Aber alle diese Gewaltthaten konnten nur eine vorübergehende Wirkung haben, wenn es dem Könige nicht gelang, ein gefügiges Parlament zu versammeln. Zu diesem Zwecke wurden die Wahlordnungen und Freibriefe willkürlich verändert, die Provinzialobrigkeiten nur mit Katholiken oder solchen Konformisten, die sich dem Hofe angeschlossen hatten, besetzt. Und um zu zeigen, daß er seine Politik keinenfalls von dem Wohl= oder Uebel= wollen des Parlamentes abhängig machen werde, daß diesem also nichts übrig bleibe, als sich zu fügen, erließ Jakob im April 1688 eine Wieder= holung der Indulgenzerklärung mit dem Hinzufügen, daß er fest entschlossen sei, seinen Willen gegen allen Widerspruch durchzusetzen. Um den Hohn zu vollenden, wurde vorgeschrieben, daß diese Erklärung an zwei auf einander folgenden Sonntagen von allen Kanzeln Englands verlesen werden solle.

Der anglikanische Klerus war durch seinen Royalismus stets ausge= zeichnet; verehrte er doch in dem Könige zugleich seinen obersten Bischof! Er hatte immer die Pflicht eines unbedingten Gehorsams gegen das Königs= thum gepredigt; aber jetzt, wo er gewissermaßen sein eigenes Todesurtheil aussprechen sollte, wurde er stutzig. Sieben Bischöfe unter Vortritt des Primas des Reiches, des Erzbischofs von Canterbury, reichten dem Könige eine Petition gegen seinen Befehl ein. Fast in keiner Kirche wurde die Indulgenzerklärung verlesen.

Das war der erste offene Widerstand größern Umfanges, den Jakob fand; und er war entschlossen, ihn zu brechen. Die Bischöfe wurden ver= haftet und ihnen der Prozeß gemacht wegen einer Schmähschrift; denn so wurde die Petition bezeichnet. Und zugleich trat ein Vorfall ein, welcher die allgemeine Aufregung in hohem Grade steigerte: dem fünfundfünfzig= jährigen Könige wurde der erste eheliche Sohn geboren. Allgemein ward derselbe — ganz mit Unrecht — für untergeschoben gehalten. Wie wichtig, wie folgenschwer war aber dieses Ereigniß! Bis jetzt hatte man sich auf den Tod des bejahrten Königs die Hoffnungen vertagt, da ihm der eifrig protestantische Oranier nachfolgen würde; jetzt war auf lange, einstweilen unabsehbar lange Zeit eine katholische Succession wahrscheinlich gemacht. Die Geburt des Prinzen hat mehr als alles Frühere die Ueberzeugung in dem englischen Volke gereist, daß der drohenden Religionsunterdrückung nur durch gewaltsamen Widerstand abzuhelfen sei. Die Aufregung wuchs in einem Maße, welches selbst die eifrigsten Minister Jakobs in Schrecken setzte.

Am 29. und 30. Juni wurde, unter ungeheurer Betheiligung der Bevölkerung, der Prozeß gegen die sieben Bischöfe verhandelt. Die Jury war sorgfältig im königlichen Interesse auserwählt; aber der Druck der öffentlichen Meinung war zu groß, und jene wurden frei gesprochen. Ein unermeßlicher Jubel durchbrauste London, welches die folgende Nacht freiwillig illuminirte, und das ganze Land: selbst die Soldaten des Königs theilten denselben. Die ganze Nation, einige wenige klerikale Eiferer, päpstlicher als der Papst selbst, ausgenommen, fand sich in einmüthigem Widerstande gegen König Jakob zusammen.

Allein dieser, der in der späten Geburt eines katholischen Thronerben eine offenbare Ermuthigung vom Himmel erblickte und sich durch dieselbe um so mehr angeregt fand, jenem ein absolutes Königthum zu überliefern, nahm in seinem Eifer nur mehr zu. Alle 9000 Geistliche, welche die Indulgenzerklärung nicht veröffentlicht hatten, sollten vor die hohe Kommission gefordert und von derselben bestraft werden. Da das englische Heer Miene machte, sich der Nation anzuschließen, ließ Jakob mehrere von Tyrconnel gebildete irische Regimenter nach England herüberkommen und begann, auch in die englischen Korps irische Rekruten einzustellen.

Allein nun war auch das Maß des Unwillens der Nation voll zum Ueberlaufen. Man haßte in England die Iren als die geborenen Feinde des englischen Stammes, man verachtete sie wegen ihrer Armuth, ihrer Rohheit und ihres Schmutzes — und zwar thaten dies die englischen Katholiken nicht minder als die englischen Protestanten; vorzüglich aufgebracht aber war die englische Armee.

Eine Vereinigung der ersten Lords der Tory- wie der Whigpartei sandte im Juli 1688 eine schriftliche Aufforderung an Wilhelm von Oranien, mit einer Truppenschaar in England zu erscheinen zur Rettung der Verfassung und des Glaubens. Andere angesehene Personen sandten ähnliche Schriftstücke nach dem Haag. Wilhelm war in der That geneigt, ihren Wünschen nachzukommen. So langsam er auch sonst war, in entscheidenden Augenblicken wußte er rasche und kühne Beschlüsse zu fassen und auszuführen. Der Sturz Jakobs mußte erfolgen, wenn die Freiheit Europas vor Ludwig XIV. gerettet werden sollte. Es war bei der Stimmung des englischen Volkes sehr wahrscheinlich, daß jener wirklich gestürzt werden würde; war Oranien nicht der Hauptteilnehmer dabei, so mußte er fürchten, gänzlich bei Seite geschoben zu werden, die Thronfolge zu verlieren.

Und zwar bemühten sich seine Feinde selbst, ihm die zahlreichen Schwierigkeiten, die seinem Unternehmen noch entgegenstanden, aus dem Wege zu räumen.

Ludwig XIV. begnügte sich nicht mit den Vortheilen, welche der zwanzigjährige Stillstand von Regensburg im August 1684 ihm gewährt hatte. Es schien, als ob er jeden Vertrag nur als Ausgangspunkt zu neuen Gewaltthaten betrachte. Mit diesem Manne schien ein Uebereinkommen nicht mehr möglich, da er es nur insofern beobachtete, als es ihm von Nutzen war. Schon darüber waren die Reichsstände ungehalten, daß er in den nur zeitweise ihm abgetretenen Landschaften und Orten Handlungen voller und bleibender Souveränität vornahm, die mit den noch nicht endgültig aufgegebenen Rechten des deutschen Reiches sich nicht vereinigen ließen. Aber der französische Herrscher machte zugleich auch schon weitere Ansprüche; Louvois' unersättliche Kriegs- und Eroberungslust trieb ihn dazu an.

Im Mai 1685 war der letzte Kurfürst der Pfalz aus der Simmern'schen Linie gestorben, und es folgte ihm in dem Besitze des reichen und schönen, wenn auch sehr zerstückelten Landes und in der Kurwürde die Seitenlinie Pfalz-Neuburg. Sofort erhob Ludwig im Namen seiner Schwägerin Elisabeth Charlotte, der Schwester des letzten Kurfürsten — sehr gegen den Willen dieser durchaus deutsch fühlenden Prinzessin — Anspruch auf einen ansehnlichen Theil der Rheinpfalz, auf Simmern, Lautern, Sponheim und Germersheim als theils Weiberlehen theils Eigengüter der Simmern'schen Linie.

Diese neuen Ansprüche des unersättlichen französischen Monarchen riefen in Deutschland die größte Aufregung hervor. Die Stimmung im Reiche war eine gehobene, zuversichtliche geworden in Folge der jüngsten Siege über den Türken, an welchen sich alle Theile des vielgegliederten Reichskörpers betheiligt hatten. Friedrich Wilhelm von Brandenburg, der den Kaiser im Kampfe gegen die Osmanen wacker unterstützt hatte, sah mit Freuden, wie bessere Zeiten für Deutschland, für Europa nahten; und nun trug er kein Bedenken, sein Bündniß mit Frankreich aufzugeben und im März 1686 zu Berlin mit dem Kaiser eine enge Allianz zu schließen. In den öffentlichen Bestimmungen verpflichtete er sich nur zum Beistande gegen die Ungläubigen, in den geheimen aber zur Vertheidigung der Reichsintegrität und der spanischen Niederlande gegen Ludwig XIV. Dieses Beispiel Brandenburgs fand bald allgemeine Nachahmung; nie war die Eintracht im Reiche eine so große gewesen. Selbst Baiern, das bisher sich stets auf der Seite Frankreichs gehalten hatte, entzog sich der allgemeinen Strömung nicht. Am 10. Juli 1686 schlossen die vornehmsten deutschen Reichsfürsten, das ganze sächsische Haus, die Wittelsbacher, der fränkische Kreis, die Nassauer und die Welfen, der König von Spanien für seine niederländischen Besitzungen und der König von Schweden für seine deutschen Länder zu Augsburg ein Bündniß gegen jeden Verletzer des öffentlichen Friedens, und zur Bewahrung der Verträge. Die Spitze dieser Liga konnte gegen niemand anders, denn gegen Ludwig XIV. gerichtet sein. Welcher andere Feind hätte es nöthig gemacht, daß man eine Bundeskasse bildete, von vornherein die Kontingente festsetzte, die jeder Theilnehmer zu stellen hatte?

Ludwig erkannte dies auch wohl und beschloß, den ihm zugeworfenen

Fehdehandschuh aufzunehmen. Nun war dieses Augsburger Bündniß gewiß ein völlig berechtigtes: es beschränkte sich auf die Vertheidigung, es war nur von Reichsfürsten unter einander geschlossen, ohne ausländische Mächte herbeizuziehen. Aber schon daß man es wagte, den Widerstand gegen seine Uebergriffe zu organisiren, daß man es wagte, ihm überhaupt Widerstand zu leisten, reizte seinen Uebermuth und seine Anmaßung zum Zorn. Seine Feinde sollten sich nicht zum Schutze gegen ihn vereinigen dürfen. Furchtbar war der Grimm, den die Minister und Gesandten des großen Königs überall zeigten. Zumal Louvois suchte den König zu überzeugen, daß er sich eine solche Beleidigung, eine solche Verhöhnung nicht gefallen lassen dürfe. Indem Ludwig sich lächerlicher Weise von jenem Bunde bedroht erklärte, errichtete er Befestigungen mitten auf deutschem Gebiete; so eine Schanze vor Hüningen auf badischem Boden, zu Trarbach an der Mosel ein Fort inmitten der rheinischen Kurfürstenthümer.

Während dieser neuen Gewaltthätigkeiten schloß Ludwig durch ein Uebereinkommen mit der Pforte die Holländer von dem Handel in dem türkischen Reiche aus und ließ er seine Flotte vor Cadix erscheinen mit der Drohung, diese große Seestadt wie Genua zu behandeln, wenn Spanien nicht den Franzosen gewisse ausnahmsweise Zollbegünstigungen gewähre. Zu gleicher Zeit gerieth er in neuen Konflikt mit Innocenz XI. Dieser Papst hatte die löbliche Absicht, die sogenannten Freiheiten der Gesandten, d. h. die Ausschließung der päpstlichen Polizei aus den Quartieren Roms, wo die Gesandten wohnten, aufzuheben und so stets offene Schlupfwinkel für Diebe, Mörder, Schmuggler und Spieler zu schließen. Alle Souveräne der katholischen Christenheit erkannten diese segensreiche Veränderung an: nur Ludwig XIV. weigerte sich; er habe sich niemals nach dem Beispiele anderer gerichtet, und Gott habe ihn eingesetzt, um andern ein Beispiel zu geben und nicht es zu empfangen. Als der Papst nichts desto weniger die Freiheiten abschaffte, schickte der allerchristlichste König den Marquis von Lavardin, einen übermüthigen Gecken, als Gesandten nach Rom (Nov. 1687), der sich mit 1200 Agenten und Soldaten umgab, um so mit Gewalt das Asylrecht zu vertheidigen. Louvois bedrohte den heiligen Vater mit der Einziehung von Avignon, ja der Absendung eines französischen Truppenkorps nach Rom.

So wuchs die Erbitterung gegen Frankreich auf allen Seiten. Nichts Erwünschteres konnte dem Prinzen von Oranien geschehen, welcher diese Stimmung benutzte, um für die von ihm in England beabsichtigte Diversion gegen das französische Interesse zu werben. Die besten Dienste leistete ihm hierbei der Marschall Schomberg, ein französischer Refugié. Brandenburg, Sachsen, die welfischen Fürstenhäuser versprachen ihren Beistand, Schweden nicht weniger. Daß seine katholische Macht dem Schützlinge Ludwigs XIV. zu Hülfe kommen werde, dafür bürgte der allgemeine Unwille gegen letztern. Als in jenen Tagen — es war am 9. Mai 1688 — der große Kurfürst von Brandenburg starb, sicherte dessen Nachfolger Friedrich III. dem Prinzen nicht weniger seine Hülfe zu.

Indessen das beträchtlichste Hinderniß blieb noch. Die holländischen Aristokraten, die, wenn jetzt auch gemäßigterer Gesinnung, wieder die Herrschaft in den Niederlanden in den Händen hatten, scheuten sich noch immer, mit den Königen von England und Frankreich ernstlich zu brechen, und hatten sich deshalb bisher gegen die Pläne Wilhelms, bei dessen ersten Andeutungen, erklärt. Aber indem der wachsende Unwille über die religiösen und politischen Gewaltthaten Ludwigs sie schon umzustimmen begann, kam auch Jakob selbst seinem Gegner zu Hülfe. Er forderte gebieterisch die Rücksendung der sechs englischen Regimenter, die er in den Sold der vereinigten Provinzen überlassen hatte; diese aber verweigerten sie und benutzten nur die Gelegenheit, um alle nicht zuverlässig protestantischen Offiziere aus jenen Regimentern zu entfernen. Darauf berief Jakob unter schweren Strafen alle seine Unterthanen aus dem Dienste der Generalstaaten ab. Maritime Streitigkeiten kamen dazu, um die Stimmung der holländischen Machthaber gegen Jakob II. vollends zu verbittern. So gaben dieselben stillschweigend zu, daß Wilhelm militärische und maritime Vorbereitungen zu seinem Unternehmen treffe; nur ehe sie dieses wirklich gestalteten, wollten sie abwarten, ob die umfassenden Rüstungen, die eben jetzt Ludwig XIV. veranstaltete, nicht ihnen gälten. Das war nun keineswegs der Fall. Vielmehr sah es Ludwig gar nicht ungern, daß Holland und England in einen, wie er meinte, langwierigen Krieg mit einander verwickelt und dadurch beide brach gelegt würden.

In der That wurden die Generalstaaten bald beruhigt; das Gewitter entlud sich nach einer andern Seite.

Während ganz Deutschland sich zur Vertheidigung gegen Ludwigs unerträgliche Tyrannei um den Kaiser scharte, war ein Fürst unwandelbar auf Seiten jenes geblieben: der Kurfürst Max Heinrich von Köln, ganz unter dem Einflusse seines Domherrn und Ministers, des verrätherischen Wilhelm von Fürstenberg, der durch die Gnade des französischen Königs Bischof von Straßburg und Kardinal geworden war. Das ganze Kölner Domkapitel hatte dieser ehrgeizige Mann mit seinen Kreaturen besetzt. Diese, Fürstenberg, der Kurfürst selbst erhielten reichlich französisches Geld, denn je größer die Feindschaft im Reiche gegen Ludwig XIV. wurde, um so mehr war diesem an dem großen Kölner Erzstifte gelegen, durch welches er den Niederrhein beherrschte und die Niederlande von den kaiserlichen Armeen trennte. Um bei dem hohen Alter Max Heinrichs auch für die Zukunft jenes in der Hand zu haben, veranlaßte er den Kurfürsten und das Kapitel, trotz der Abmahnungen des Kaisers und des Papstes, den Kardinal von Fürstenberg zum Koadjutor und damit schon zum wahrscheinlichen Nachfolger zu erwählen (Januar 1688). Fünf Monate später starb Max Heinrich.

Nun betrieben der König von Frankreich und dessen Partei im Kölner

Kapitel eifrig die endgültige Wahl des Cardinals von Fürstenberg; da derselbe schon ein anderes Bisthum — wie erwähnt, Straßburg — besaß, so war zur Gültigkeit dieser Wahl nicht wie sonst die einfache Majorität der Domherren, sondern eine Zweidrittel-Mehrheit erforderlich. Der Kaiser bot selbstverständlich Alles auf, um die Erhebung Fürstenbergs zu vereiteln und brachte anstatt dessen den jüngern Bruder des bairischen Kurfürsten, Joseph Klemens, in Vorschlag. Wirklich glückte es ihm, einige Stimmen zu gewinnen, so daß bei der am 19. Juli 1688 stattfindenden Wahl der Schützling Frankreichs nur eben die knappe Mehrheit, 13 Stimmen von 24, für sich hatte, Joseph Klemens immerhin eine stattliche Minderheit von neun. In den früher gleichfalls von Max Heinrich innegehabten Bisthümern Lüttich, Münster und Hildesheim ward unter brandenburgischer und holländischer Einwirkung Fürstenberg beseitigt.

Da keiner der beiden Bewerber um den Kölner Erzstuhl die genügende Anzahl von Stimmen erhalten hatte, lag die Entscheidung bei dem Papste. Innocenz war höchlichst erfreut, jetzt endlich einmal Rache an dem französischen Könige nehmen zu können für die zahlreichen Kränkungen, die derselbe ihm seit Jahren angethan hatte. Er verwarf die Ansprüche Fürstenbergs und erkannte Joseph Klemens als Kurfürst-Erzbischof von Köln an.

Damit war aber der Ausbruch des so lange drohenden europäischen Konflikts unmittelbar nahe gelegt.

Denn daran war nicht zu denken, daß Ludwig XIV. eine solche Entscheidung ruhig hingenommen hätte. Einmal erschien sie ihm als eine unerträgliche Minderung seiner Autorität, zumal von Seiten des heiligen Stuhles, und dann wollte er das für kriegerische Eventualitäten so überaus wichtige Kölner Gebiet nicht aufgeben. Zugleich erklärte er in einem überaus heftigen Manifeste dem Papste seine Feindschaft, gab ihm all das Blut schuld, das nun vergossen werde würde, und besetzte nach seiner Gewohnheit die päpstliche Enclave in Frankreich, die Grafschaft Avignon, deren Bischöfe wie gemeine Verbrecher behandelt wurden. Mit Billigung des servilen Parlamentes und der nicht minder lakaischen französischen Bischöfe wurde die Entscheidung des Papstes gegen Fürstenberg für ungültig erklärt und von derselben an ein allgemeines Konzil appellirt.

Indessen das waren doch alles nur Vorspiele für die große Aktion, die jetzt eintreten sollte. Schon längst war sie vorbereitet. Nicht nur auf den Schutz Fürstenbergs war es abgesehen, sondern auf einen Krieg gegen ganz Deutschland. Der König wollte beweisen, daß die große protestantische Emigration aus seinem Lande nicht, wie seine Feinde schadenfroh behaupteten, seiner Macht Eintrag gethan habe. Er wollte Deutschland züchtigen für dessen Bündniß gegen sein Belieben. Er wollte vor allem der Siegeslaufbahn des Kaisers und des Reiches im Osten ein Ende machen, damit seine getreuen Bundesgenossen, die Türken, die er freilich in offiziellen Aktenstücken als die gemeinsamen Erbfeinde der Christenheit heuchlerisch bezeichnete, nicht endgültig besiegt und die Macht des Kaisers dadurch ungeheuer verstärkt würden. Denn schon erschien es als möglich, die Türken über den Bosporus zurück zu treiben.

Im Jahre 1685 hatte der kaiserliche Oberbefehlshaber, Herzog Karl von Lothringen, die wichtige Festung Neuhäusel zurückerobert und die Türken in offener Feldschlacht besiegt, während eine andere kaiserliche Armee in dem rebellischen Oberungarn Fortschritte gemacht und u. a. dessen Hauptstädte Kaschau und Eperies eingenommen hatte. Bei diesen Niederlagen wurde Tököly selbst der Pforte verdächtig und als Verräther mit Ketten belastet nach dem Innern der Türkei geführt. Freilich ließ man ihn im nächsten Jahre wieder los, aber zu spät: die ganze Partei Tököly's hatte sich inzwischen aufgelöst und war zum großen Theile zum Kaiser übergetreten. Inzwischen hatten die Kaiserlichen und Reichstruppen die Landeshauptstadt, Ofen, eingeschlossen; fast 100,000 Mann waren dazu unter dem Oberbefehle des Herzogs von Lothringen und des Kurfürsten von Baiern vereinigt. Nur 10,000 Mann zählte die Besatzung, aber sie vertheidigte sich mit einem Heldenmuth, welcher den Deutschen die empfindlichsten Verluste bereitete. Endlich, im September 1686, wurde die Burg unter furchtbarem Blutvergießen erstürmt, nachdem sie fast 150 Jahre hindurch im Besitze der Türken gewesen war. Dies Ereigniß erregte in ganz Europa den lautesten Widerhall. Die Einnahme von Szegedin beendigte den in seinen Ergebnissen so glänzenden Feldzug von 1686. Nicht minder günstig hatte sich der Krieg im nächsten Jahre gestaltet. Der Herzog von Lothringen schlug, im August 1687, den Großwesir vollständig bei Mohacz, worauf ein Aufruhr in der türkischen Armee und eine damit in Verbindung stehende Thronumwälzung in Konstantinopel die Thätigkeit der osmanischen Waffen vollständig lähmte. So erhielten die Kaiserlichen Gelegenheit, ohne Schwierigkeiten ihre Siege auszunützen. Ganz Slavonien mit der festen Hauptstadt Essegg wurde erobert, Siebenbürgen binnen wenigen Wochen zur Unterwerfung unter dem Kaiser gezwungen, während auch in Oberungarn die letzten Stützpunkte der Rebellen, Erlau und Munkacz, in die Gewalt der Kaiserlichen fielen.

Noch einmal schien Deutschland willig und opferfreudig der Macht seines selbstgewählten Kaisers zu dienen; nicht seinen eigenen, sondern Deutschlands uneigennützig gespendeten Kräften hatte Leopold es zu danken, daß am Schluße des Jahres 1687 ganz Ungarn im weitesten Sinne ihm wiedergewonnen war — ein Erfolg, an dem die Habsburger schon seit anderthalb Jahrhunderten verzweifelt hatten.

Weiter wollte es Ludwig XIV. nicht kommen lassen; die Türken mußten eine stete Bedrohung an der Seite der kaiserlichen Staaten bleiben. Wie, wenn der Kaiser den von den Türken nachgesuchten Frieden bewilligte und dann seine kriegsgeübten, siegesgewohnten Schaaren gegen den Westen in Bewegung setzte? Das durfte man nicht abwarten. Schon hatte Fürstenberg, erst in seiner Eigenschaft als Coadjutor, dann als angeblich rechtmäßiger Erzbischof von dem Kurfürstenthum Köln mit seinen Festungen Bonn, Neuß, Kaiserswerth thatsächlich Besitz ergriffen; im September 1688 rückten nun die französischen Truppen ein und übernahmen selbst die Garnisonen. Nur die schnelle Ankunft eines brandenburgischen Truppenkorps rettete die freie Reichsstadt Köln vor französischer Ueberwältigung.

Aber damit nicht genug. Ein anderes größeres französisches Heer, schon seit Anfang August versammelt, überschritt am 25. September 1688 die Grenzen der Pfalz und begann die Belagerung der Reichsfestung Philippsburg. Ein Manifest, welches unverschämter Weise der Feindseligkeit der Deutschen die Schuld an dem Wiederausbruche des Kampfes aufbürden wollte und einen Termin von drei Monaten festsetzte, innerhalb deren das Reich den Regensburger Stillstand als endgültig anzuerkennen habe, erschien erst nach diesem räuberischen Einfalle der französischen Schaaren in das Reich!

Ein Schrei der Entrüstung über diese neue Gewaltthat Ludwigs XIV. durchhallte Europa. Alle größeren Mächte waren entschlossen, solchem nie ruhenden Frevelmuthe ein Ziel zu setzen. Wenn Ludwig geglaubt hatte, durch diesen neuen kecken Angriff, durch den stolzen Ton seines Manifestes Europa abermals einzuschüchtern, so hatte er sich vollständig geirrt. Zumal Holland erkannte, daß es ein Festsetzen Frankreichs unmittelbar an seiner eigenen verwundbarsten Grenze nicht zugeben dürfe. Zugleich aber entäußerte die Richtung des französischen Hauptangriffs auf den Oberrhein es der Besorgniß, selbst von Frankreich mit Krieg überzogen zu werden. Jakob II. hatte sich bei allen Gelegenheiten laut und nachdrücklich auf die Seite des Kardinals von Fürstenberg gestellt — er erschien also in dem gehälßigsten Lichte als Helfershelfer jenes französischen Unterdrückers aller Freiheit und Unabhängigkeit in Europa. Noch Ende September erhielt Wilhelm von den Generalstaaten die Billigung seines Unternehmens, zu dem aus England vielfache Zustimmungen und Beifallsversicherungen einliefen.

Jakob II. wurde von verschiedenen Seiten, besonders auch von Frankreich gewarnt, das ihm die Hälfte seiner Flotte gegen einen Landungsversuch des Prinzen von Oranien anbot. Aber Jakob glaubte, ebenso wie bei der Monmouth'schen Empörung im entscheidenden Augenblicke auf die Loyalität der Tories, auf sein zahlreiches Heer und jetzt auch auf die meisten Kontonformisten zählen zu können. Gerade um seine Unterthanen nicht noch mehr gegen sich zu erbittern, schlug er das Anerbieten Frankreichs ab, zumal dieses dafür die Beihülfe Englands im deutschen Kriege forderte. Jakob meinte vielmehr in seiner Verblendung, in jenen Warnungen und Erbietungen Frankreichs nur ein Mittel zu sehen, um ihn in einen Kampf mit hineinzuloden, der ihn gar nichts angehe. Aber trotz dieser Weigerung hätte Ludwig XIV. durch einen Angriff auf Holland die Stuarts in England auch gegen ihren Willen retten sollen: doch sein Grimm über die unerwartete Einigkeit und patriotische Gesinnung Teutschlands trug es über die Forderungen einer gesunden Politik davon. Er begnügte sich, wie dem Papste und dem Reiche, so auch Holland den Krieg zu erklären. Aber dadurch wurde, da er seine Truppen gegen dieses verfügbar hatte, das Unternehmen Wilhelms nur befördert. Am 12. November 1688 stach er, nachdem lange Zeit widrige Winde seiner Ungeduld getrotzt hatten, mit einer Flotte von 600 Schiffen in See; und es gelang ihm, mit Vermeidung des englischen Geschwaders, mit dem er durchaus kein Gefecht bestehen wollte, nun nicht in England einen peinlichen Eindruck hervorzurufen, nach wenigen Tagen in der Torbai in Devonshire an der englischen Südküste zu landen. In einer Erklärung verhieß er, nur deshalb zu kommen, damit den Gewaltthaten des Königs gegenüber das Schicksal des Landes in die Hand eines freien und gesetzlichen Parlamentes gelegt werde.

Jakob brauchte nicht zu verzweifeln. Den 14,000 Mann des Prinzen konnte er 40,000 reguläre Soldaten, die Milizen noch nicht eingerechnet, gegenüberstellen. Er versuchte Alles, um seine Unterthanen sich wieder geneigt zu machen. Die meisten der mißliebigen Maßregeln, die er binnen drei Jahren getroffen, wurden nunmehr wieder zurückgenommen; aber diese späten Konzessionen gewannen niemanden, sondern zeigten nur aller Welt die Besorgnisse Jakobs. In der That bewies derselbe eine ebenso große militärische wie politische Unfähigkeit: anstatt mit seiner immensen Uebermacht sofort auf den Prinzen loszugehen, ehe dieser aus England selbst Zuzug erhalten, zögerte er so lange, bis durch seine Unthätigkeit sich alle Unzufriedenen ermuthigt sahen und nun in immer dichtern Haufen zu dem Oranier eilten. Endlich dehnte der Abfall sich auch auf die Armee aus, von der zwar nur 500 Soldaten, aber die meisten höhern Offiziere sich für Wilhelm erklärten. In einigen unbedeutenden Scharmützeln stellte dieser seine beiden englischen Regimenter den irischen Truppen Jakobs entgegen, so daß seine dabei erlochtenen kleinen Vortheile als die Englands erschienen. Von allen Seiten strömten da Lords, Landgentlemen und Freibauern dem Oranier zu. Schließlich gingen selbst des Königs jüngere Tochter Anna und deren Gemahl, Prinz Georg von Dänemark, zu ihrem Schwager über. Die Lords des geheimen Rathes mußten dem Könige zur vollständige Nachgiebigkeit anzurathen.

Jakob sah, daß seine Bestrebungen für immer gescheitert seien, indem er neunundneunzig Hundertstel seiner Unterthanen gegen sich hatte und selbst im Heere nur auf die wenigen Tausende Iren zählen konnte. Sich seinen gehaßten und so lange von ihm mißhandelten Gegnern zu unterwerfen, war ihm allzu schmerzlich; er zog es vor nach Frankreich zu entfliehen, so jede gesetzliche Autorität in England zu vernichten, dasselbe zur Strafe einer grenzenlosen Anarchie zu überliefern. Auf der Flucht von Fischern festgehalten und nach London zurückgebracht, konnte er doch keinerlei Ansehen wieder gewinnen; vielmehr wäre man seiner gern ledig gewesen und gab ihm die Gelegenheit, nun wirklich nach Frankreich zu entkommen (Ende Dezember 1688), wo er auf das Ehrenvollste aufgenommen und von Ludwig XIV. mit glänzender Gastfreundschaft in dem Schlosse von St. Germain en Laye unterhalten wurde. Freilich war diese liebenswürdige Zuvorkommenheit keine uneigennützige; gedachte doch Ludwig sich Jakobs zur beständigen Beunruhigung Englands zu bedienen. So hatten seine Agenten letztern schon zur Flucht nach Frankreich verleitet; so hatte Ludwig befohlen, die Königin und den jungen Prinzen von Wales, die zuerst den französischen Boden betreten hatten, nöthigenfalls mit Gewalt festzuhalten. Das war die Großmuth Ludwigs XIV. gegen seinen unglücklichen Verbündeten!

So ward zum zweiten Male, und nun für immer, die Herrschaft des Hauses Stuart in England gestürzt und damit endgültig der Sieg der persönlichen und staatsbürgerlichen Freiheiten über den monarchischen Absolutismus für jenes Land entschieden. Fast ohne Blutvergießen war der große Umsturz vollzogen, den die Engländer als die ruhmvolle Revolution — the glorious revolution — zu bezeichnen pflegen. An und für sich ist freilich bei diesem Ereignisse selbst wenig Ruhmvolles für England. Kein Engländer hatte eine thätige Rolle dabei gespielt; die Entscheidung ist nur durch Wilhelm von Oranien, die Holländer und die norddeutschen Fürsten, die Truppen und Offiziere gestellt hatten, herbeigeführt worden — und nebenbei durch die plötzliche Feigheit und die Unbeholfenheit Jakobs II. Aber ruhmvoll ist der strenge Sinn für Ordnung und Gesetzmäßigkeit, mit der jede Ausschreitung verhindert ward, die Mäßigung, mit der man sich von jeder blutigen Reaction gegen die besiegten Unterdrücker und von allem demagogischen Radikalismus fernhielt. Fest, besonnen, ruhig gingen die Leiter des englischen Volkes an die Aufgabe, den durch fremde Hülfe erfochtenen Sieg zur Sicherung der Freiheit, aber einer auf geschichtlicher Grundlage beruhenden und mit den Institutionen und dem Geiste Altenglands verträglichen Freiheit auszunutzen. Wilhelm von Oranien hat dabei das Verdienst, sich seines Erfolges nicht überhoben, sondern zurückhaltend und bescheiden sich zur Verfügung des englischen Volkes gestellt zu haben.

Ein König, der die Volksvertretung hätte versammeln können, war nicht vorhanden, und so beriefen die Lords die Mitglieder des letzten Unterhauses Karls II. ein: man beschloß gemeinschaftlich, dem Prinzen die einstweilige Verwaltung zu übergeben, der Wahlen zu einer „Konvention", d. h. einem Parlamente ohne König auszuschreiben habe. Diese Konvention erklärte, König Jakob habe durch seine Flucht aus dem Reiche selbst der Krone entsagt, der Thron sei vakant. In einer feierlichen Urkunde wurden alle Rechte und Freiheiten der Nation aufgezählt — die sog. Erklärung der Rechte. Nur unter solchen Bedingungen, schloß diese Erklärung, sollen Wilhelm und Maria, Prinz und Prinzessin von Oranien zu Königen von England ernannt werden. Am 23. Februar 1689 nahmen beide die Krone unter diesen Voraussetzungen an. So wurde zum ersten Male in England das Recht des Königthums von dem Rechte des Volkes abhängig gemacht. Freilich das Wort „Volkssouveränität" ist nie in der Konvention ausgesprochen worden, aber es war in jedem ihrer Beschlüsse vorhanden. Daß bei einem solchen Ergebnisse, bei der Emblirung der Volkssouveränität, die höchste, die wahrhaft bestimmende und ausschlaggebende Macht im Staate von der Krone auf die Volksvertretung übergehen mußte, verstand sich von selbst. Ein von der letztern eingesetzter, in allen seinen Einkünften und seiner Militärmacht, überhaupt allen seinen Regierungsmitteln von ihr abhängiger König konnte sich offenbar einem reiflichen und ernsten Beschlusse derselben nicht mehr widersetzen. Er war günstigsten Falles das Haupt der Exekutive unter der höchsten Bestimmung und Aufsicht einer gesetzgebenden Gewalt, an der er nur noch einen rein nominellen Antheil hatte. So war England aus einer konstitutionell beschränkten Monarchie ein parlamentarisch regierter Staat geworden, eine aristokratische Republik mit einem Präsidenten, welcher erblich war und den Titel König trug, aber gerade darum bei weitem machtloser bastand, als wirkliche republikanische Präsidenten zu sein pflegen. Denn diese sind ja gleichfalls Erwählte des Volkes und haben infolge dessen eine selbständige Bedeutung den gewählten Versammlungen gegenüber, während das Königthum in einem parlamentarischen Staate stets seinen Willen demjenigen der Nation in ihrer Vertretung unterordnen muß. Seine volle Ausbildung erhielt dieses Verhältniß freilich erst im Laufe des 18. Jahrhunderts, aber der Ausgangspunkt liegt in der „glorreichen Revolution" von 1688. Indem nun der englische Parlamentarismus ein Vorbild für alle selbständischen Nationen wurde, hat diese Revolution eine große welthistorische, weil über die Grenzen Englands hinausgehende Bedeutung für die Zukunft.

Aber sie hatte eine solche Bedeutung auch schon in anderer Beziehung für die damalige Zeit. England war mit dieser Umwälzung aus der Freundschaft, die es seit 30 Jahren mit Frankreich hielt, gerissen und an seinen natürlichen Platz als Vorkämpfer der germanischen Nationen gegen die französische Unterdrückung gestellt worden. Es wurde jetzt geleitet von demjenigen Manne, der in ganz Europa der entschlossenste Widersacher Ludwigs XIV. und seiner universalistischen Herrschaftsgelüste war. Damit waren alle Berechnungen des französischen Königs durchkreuzt. Wir erinnern uns, daß schon bei der ersten Koalition Ludwig nur durch die geheime Freundschaft Karls II. zum Siege über seine Gegner zu gelangen vermocht hatte, daß er vor dem drohenden Eintritt Englands in die Aktion wider Frankreich zweimal, 1668 und 1678, zurückgewichen war. Ein so schneller Sieg Wilhelms in England war ihm völlig unerwartet. Der Einfluß dieses großen Ereignisses machte sich denn auch bald genug bemerkbar. In Wien, in Madrid, selbst in Rom jubelte man, obwohl weder der Papst noch der Kaiser das Unternehmen Wilhelms geahnt hatten. Die katholischen Reichsstände in Regensburg begrüßten den Sturz Jakobs II. wie eine Errettung. Stimmen, die vom ultrakatholischen oder legitimistischen Standpunkte aus sich gegen Wilhelms Erhöhung erklärten, wurden schnell zum Schweigen gebracht. In der That bewog der neue König das Unterhaus zu einer kriegerischen Erklärung gegen Frankreich. Kaum lag dieselbe vor, so unterzeichneten die Generalstaaten, nun der englischen Hülfe sicher, am 12. Mai 1689 eine Allianz mit dem

Kaiser auf Schutz und Trutz, zum Zwecke der Wiederherstellung des westphälischen, sowie des pyrenäischen Friedens. Freilich trat Wilhelm formell erst im September 1689 der großen Allianz bei, in der That aber erklärten schon im Frühjahr 1689 England und Holland den Krieg an Frankreich, wie dies das Reich und Spanien schon früher gethan hatten. Die zweite große umfassende Allianz gegen Frankreich war fertig, zum guten Theile das Werk Wilhelms von Oranien. Als ihm das Parlament die nöthigen Mittel zum Kampfe gegen Frankreich bewilligte, rief er jubelnd aus: „Heute ist der erste Tag meines Königthums!" Wirklich hatte er das große Ziel seines ganzen Lebens erreicht: Ludwig XIV. hatte nun nicht mehr einzelne Staaten, er hatte ganz Europa in Waffen sich gegenüber.

Das Zusammenfassen aller Kräfte gegen diesen Staat war um so nothwendiger, je größere Vortheile derselbe gleich Anfangs durch seine treffliche, ßraff konzentrirte Verwaltung und durch das Unvermuthete seines Angriffs davongetragen hatte. Es ging hier ähnlich wie bei dem Anfalle auf Holland im Jahre 1672: im Beginne machten die Waffen Ludwigs XIV. überraschend schnelle Eroberungen gegen die unvorbereiteten Widersacher. Alle festen Städte der Rheinpfalz wurden durch gleichzeitige Belagerungen binnen wenigen Tagen genommen. Nur Philippsburg widerstand dem Dauphin tapfer, und es bedurfte der ganzen Kunst Vaubans, welcher denselben begleitete, um die Festung nach vierwöchentlicher Berennung zu ehrenvoller Kapitulation zu nöthigen. Die Besatzung erhielt freien Abzug. Aber sonst schienen die Franzosen unwiderstehlich. Das feste Mainz, das Bollwerk des Mittelrheins, noch vor wenigen Jahren mit starken Bastionen versehen, wurde von dem dortigen Kurfürsten feigerweise, ohne einen Schuß zu thun, dem Marschall Boufflers übergeben. Aus Trier eilte der Kurfürst vor dem Nahen der Franzosen schleunigst hinweg: natürlich ging die Stadt sofort über. Wieder zeigte es sich, welch' schweres Verhängniß es für Deutschland war, daß gerade diese geistlichen Fürsten zu Vertheidigern der Westmarken gegen den mächtigsten Feind berufen waren! Mit Ausnahme von Köln und Koblenz beherrschten die Franzosen den gesammten Rhein, von Basel bis nach Wesel, mitsammt dem Nedar. Wahrlich, hätte damals nicht die englische Revolution den Muth von Frankreichs Gegnern gehoben, sie würden dem letztern gewichen sein, wie vier Jahre früher. Erst hieran ermißt man die ganze Tragweite jenes Ereignisses. Es brängte Frankreich vom Angriff in die Vertheidigung, es stärkte das Vertrauen der antifranzösischen Mächte auf allen Seiten.

Aber höchst rühmlich ist doch die Weise, in welcher dieses von dem ganzen westlichen und centralen Europa angegriffene Frankreich sich vertheidigte. Nie haben sich der Reichthum seiner Hülfsmittel, die großen kriegerischen Gaben seiner Bevölkerung, das Genie seiner Feldherrn so glänzend entfaltet, wie damals. Nur das Eine muß man zur Erklärung mit in Betracht ziehen: daß der Kaiser noch fortwährend seine besten Truppen wider die Türken zu verwenden hatte. Es waren fast nur die größern, kleinen und kleinsten Kontingente der Reichstruppen, die wider die Franzosen gebraucht werden konnten. Vergebens ersuchten Engländer und Holländer den Kaiser stets von neuem, Frieden mit den Türken zu schließen, um zunächst den gefährlichsten Feind, den Franzosen, niederzuwerfen — Leopold II. zog es vor, im Osten leichte Eroberungen zu machen, die ihm später doch nicht entgangen sein würden. Es war dies um so unverantwortlicher, als der Kaiser seine Rettung vor den Türken, die Zerstörung vor deren Offensivkraft, alle seine weiten Eroberungen lediglich der völlig eigennutzlosen Unterstützung durch die Reichsfürsten zu verdanken hatte. Diese Selbstsucht und Selbstverblendung des Kaisers unterstützte die Anstrengungen, die Ludwig XIV. machte, um der großen europäischen Koalition zu begegnen.

Zweites Kapitel.

Ludwig XIV. im Vortheile gegen die Koalition.

Der leitende Minister Frankreichs erkannte zu spät, welche Gefahren er durch den rohen Angriff auf die Pfalz über Frankreich heraufbeschworen hatte; nun that er Alles, ihnen zu begegnen. Er griff zu Mitteln, wie man sie bisher noch nicht gekannt hatte. 50,000 Mann Milizen wurden in den Küstenlandschaften aufgeboten, um dieselben gegen die Angriffe der englischen und holländischen Seemacht zu vertheidigen. Der Adel mußte noch einmal, wie im Mittelalter, aufsitzen, um für seinen Lehnsherrn zu kämpfen. Auch die ausgedienten Matrosen mußten von neuem auf die Kriegsschiffe wandern; Kaperbriefe gegen den reichen englischen und holländischen Handel wurden ausgegeben, und bald wurde der Dünkircher Jan Bart das Muster dieser gesetzlich autorisirten Seeräuber. Aber für alle diese Rüstungen gebrauchte man Geld, das bei der sonstigen Inanspruchnahme des Staatsschatzes auf ordentlichem Wege nicht beizutreiben war, und selbst die Raubzüge, die nach gewohnter Weise noch im Winter in die Nachbarländer unternommen wurden, vermochten die königlichen Kassen nicht hinreichend zu füllen. Man griff zu Anleihen, allein der Kredit war noch nicht genügend entwickelt, auch Frankreich zu sehr an Geld erschöpft, als daß dieses Mittel nicht unter dem Bedürfniß geblieben wäre. So traf man die verderblichste Auskunft: in Masse wurden neue Aemter verkauft, deren Inhaber für ihre hohen Kaufsummen — bis 190,000 Livres (gleich 1,140,000 Franken nach heutigem Geldwerth) für ein einzelnes Amt — sich an dem unglücklichen geplagten Volke schadlos halten durften.

Indeß trotz aller Rüstungen sah Louvois die Unmöglichkeit ein, alle die im vergangenen Jahre eingenommenen Plätze zu behaupten. Also auch hier eine Parallele zu dem holländischen Kriege: wie man dort durch die europäische Koalition gezwungen gewesen, die Eroberungen meist aufzugeben, so auch hier; wie man sich dort für diesen Rückzug an den wehrlosen Einwohnern gerächt hatte, so auch hier. Nur daß Louvois gegen die Pfalz weit grausamer und gründlicher verfuhr, als gegen Holland. Mit dem Alter nahm auch die Herzlosigkeit und Schlechtigkeit dieses Menschen zu, der seine unleugbaren hohen Geistesgaben nur zum Fluche für die Menschheit und schließlich für die Interessen seines eigenen Landes anwandte. Er faßte den unmenschlichen Beschluß, die Pfalz, die er nicht halten konnte, durchaus zu Grunde zu richten, damit die Feinde sich nicht in derselben festzusetzen vermöchten. Diese Gegenden, welche die Franzosen mitten im Frieden, ohne jede Kriegserklärung, ohne Verschuldung von deutscher Seite in Besitz genommen hatten, wurden kalten Blutes der Vernichtung geweiht. Zuerst wurden einige Städte in Würtemberg, dann die pfälzischen Orte am Neckar geplündert, ihre Werke geschleift. Aber das war nur ein Vorspiel. In Heidelberg ward das prächtige Schloß unterminirt und in die Luft gesprengt, dann die Stadt selbst an allen Enden angezündet; nur der schleunige Abzug des Feindes rettete sie dieses Mal vor völliger Zerstörung. Dagegen wurden alle Orte zwischen Heidelberg und Mannheim der Erde gleich gemacht, von Mannheim selbst blieb kein Stein auf dem andern. Und Alles mit geschäftsmäßiger Ruhe, ohne eine Spur von Mitleid. Nicht besser ging es Oppenheim, Speier und Worms: auch hier zerstörte das Feuer alle Schätze einer anderthalbtausendjährigen Kultur. Die Asche der glorreichen Kaiser war in den Gräbern nicht sicher, sie wurde unter den aufgebrochenen Grabsteinen hervorgeholt und in die Winde zerstreut. Die Wege wurden verdorben, die Brücken abgebrochen; die Einwohner nackt und mittellos in die Winterkälte hinausgetrieben. Die Soldaten im dreißigjährigen Kriege haben gewiß grausam genug gehaust: aber doch nur um sich zu bereichern oder zu rächen, einer so fühllosen systematischen Ruchlosigkeit haben sie sich nicht schuldig gemacht. Können die fremden Nationen es dem deutschen Volke verargen, wenn das Gedächtniß dieser Greuelthaten sich tief in seine Seele eingrub, wenn es den Franzosen mehr als den Türken hassen lernte?

Es gewährt einigen Trost, daß diese Grausamkeiten ohne Beispiel keinen Nutzen brachten. Die französischen Heere waren nicht mehr, was sie vor zehn Jahren gewesen. Die Arbeiten an der Eure-Ableitung hatten die besten Regimenter ruinirt. Die Mordbrenner der Pfalz, die von ihren Offizieren absichtlich betrunken gemacht wurden, um sie zu ihrem schändlichen Werke anzufeuern, denen man jeden Gewaltakt und Diebstahl nachsah, waren trotz ihrer Zahl nicht im Stande, die Heere der Koalition abzuwehren.

Die Regierung von Versailles mußte, um die Feinde von den französischen Grenzen abzuhalten, selbst die Verwüstung ihrer eigenen Ostprovinzen, das Verbot aller Aussaat in denselben vorschreiben. In der That, die Koalition war im steten Vorschreiten begriffen. 6000 Brandenburger rückten in Brabant ein und halfen das wichtige Bisthum Lüttich gegen Frankreich behaupten. Mit 20,000 Brandenburgern griff Feldmarschall v. Schöning, durch münsterische, holländische, schwedische Truppen unterstützt, die Franzosen in Kurköln an, schlug am 2. März 1689 den französischen General Sourdis bei Neuß und nöthigte ihn, das Kurfürstenthum bis auf einige Festungen zu räumen. Auch diese wurden eine nach der andern erobert, nur Bonn wurde von seiner 8000 Mann starken Garnison unter dem Grafen von Asfeld tapfer vertheidigt. Aus mehr als 300 Geschützen und 80 Mörsern wurde die unglückliche Stadt beschossen, zum größten Theile in einen Aschenhaufen verwandelt; trotzdem wehrten die Franzosen sich drei Monate lang. Erst Mitte Oktober übergab die Besatzung, nur noch 1500 Mann stark, die Festung auf freien Abzug. Der Verräther Fürstenberg, der in Kurköln wie in Straßburg den Franzosen in die Hände gearbeitet hatte, war nur noch ein landloser Flüchtling; sein Fürstenthum, der eigentliche Gegenstand des Streites, war nun in die Hände der Deutschen gelangt.

In der Nachbarschaft dieses Kriegstheaters, in den spanischen Niederlanden, trugen die Verbündeten einen nicht minder entscheidenden Vortheil davon. Der Reichsgraf von Waldeck, in der Schule des großen Kurfürsten gebildet, schlug an der Spitze eines englisch-holländischen Heeres den Marschall von Humières am 25. August 1689 bei Walcourt und nöthigte ihn, das belgische Gebiet zu räumen.

Im Beginne des Juli waren auch endlich die Reichstruppen unter dem Herzog von Lothringen und dem Kurfürsten Max Emanuel von Baiern in hinreichender Stärke am Oberrhein versammelt, um die französischen Banden aus der Pfalz zu treiben und dann die Belagerung von Mainz zu beginnen. Diese Stadt, die im vorigen Herbst so unverantwortlich leicht den Franzosen überlassen war, wiederzugewinnen, kostete unendlich viel Zeit, Anstrengungen und Blut. Louvois hatte ihre Befestigungswerke bedeutend verstärkt, eine Garnison von mehr als zehntausend auserlesenen Soldaten unter dem heldenmüthigen Huxelles war hinein gelegt worden. Fast zwei Monate dauerte unter fortwährenden Kämpfen, die für den Angreifer außerordentlich blutig waren, die Belagerung, dann durfte auch hier Huxelles mit allen kriegerischen Ehren abziehen.

Indeß der Ruhm, den Asfeld und Huxelles gewannen, verhinderte nicht, daß die Franzosen auf allen Seiten aus dem Reichsgebiete vertrieben, in ihren eigenen Grenzen bedroht waren. Und nicht günstiger gestalteten sich für sie die Dinge auf dem spanischen Kriegsschauplatze. Hier hatten die Franzosen abermals von der Unzufriedenheit der Catalanen mit der spanischen Herrschaft Nutzen ziehen wollen und den Herzog von Noailles mit einem kleinen Heere in jene Provinz geschickt. Allein der erwartete Aufstand der Einwohner unterblieb; Noailles zeigte gegen den bewaffneten Feind durchaus nicht dieselbe Entschlossenheit, wie gegen die wehrlosen Hugenotten, erschöpfte sich in nebensächlichen Unternehmungen; und als eine spanische Armee, wenn auch im traurigsten Zustande, herankam, mußte sich Noailles unter bedeutendem Verluste über die Pyrenäen zurückziehen.

Anfängliche Fortschritte der Verbündeten.

Man durfte hoffen, nach all' diesen Vortheilen im nächsten Jahre in Frankreich selbst einzudringen und dasselbe auf eigenem Gebiete für das Unheil zu züchtigen, das es seit einer so langen Reihe von Jahren über seine Nachbarn zu verhängen pflegte. Dazu kam, daß im Innern dieses Reiches selbst ernstliche Unzufriedenheit sich zu verbreiten begann.

Die französische Nation hatte dem Könige sein despotisches Regiment, seine drückenden Steuern, seine Verachtung gegen den Bürgerstand verziehen, so lange er siegreich war; aber mit dem Augenblick ernstlicher Niederlagen konnte der Haß, der im Grunde das Volk gegen die herrschenden Kreise erfüllte, gefährlich werden. Ludwig selbst fürchtete, daß bei siegreichem Vordringen der Feinde in das Innere seines Reiches ein gewaltsamer Ausbruch des Grimmes und der Verzweiflung stattfinden könne, die sich im Herzen zumal des furchtbar gedrückten Landvolkes aufgehäuft hatten. Dazu kamen die heimlichen Hugenotten; sie wagten noch keinen offenen Kampf, aber sie versammelten sich doch schon wieder in den Einöden zu gemeinschaftlichem Gebete, sie übten sich in dem Gebrauche der Waffen. Ludwig XIV. wurde finster, übelgelaunt; es zeigten sich Flecken an dem bisher so strahlenden Horizonte des Königs Sonne; er lernte die Angst der Niederlage kennen. Natürlich, daß er die Schuld auf seine Diener warf; aber Louvois kam jetzt die Vergeltung für das, was er an Colbert verbrochen. Dem frommen Ehrgeiz der Maintenon war die konkurrirende Macht Louvois' längst zuwider, und die Unfälle des letzten Jahres dienten ihr trefflich dazu, denselben bei ihrem königlichen Gemahle anzuschwärzen.

Indeß so leicht war die glänzende Monarchie Ludwigs XIV. nicht zu stürzen. Höchst geschickt waren doch die Bemühungen der französischen Staatslenker, ihren Feinden hemmende Verlegenheiten zu bereiten. Im äußersten Südosten und Nordwesten zugleich machte sich der Einfluß Frankreichs bemerkbar.

Kaiser Leopold hatte in der Rückeroberung ganz Ungarns nur die Gelegenheit gesehen, der berüchtigten Auflehnung der Magyaren gegen göttliche und weltliche Ordnung, ihrem religiösen und politischen Unabhängigkeitssinn eine herbe Züchtigung angedeihen zu lassen und ein blutiges Ende zu bereiten. Der ungarische Adel sollte, wie einst der böhmische nach der Schlacht auf dem weißen Berge, gänzlich gebeugt werden. Der General Caraffa setzte in Eperies ein Militärgericht nieder, das unter dem Vorwande aufrührerischer Gesinnung auf das Zeugniß eines einzigen Angebers und zweier liederlicher Dirnen hin Hunderte marterte und zu Tode brachte, ihre Familien durch Gütereinziehung zu Grunde richtete. Die Grausamkeit Caraffas bei diesem berüchtigten „Blutgerichte von Eperies" wurde dann durch seine Erhebung zum Feldmarschall belohnt!

Nachdem so der trotzige Sinn der ungarischen Nation hinreichend gebrochen schien, berief der Kaiser, um dauernde politische Konsequenzen aus den Siegen seiner Truppen zu ziehen, den Reichstag nach Preßburg. In der That war derselbe außer Stande, sich den Forderungen der Regierung zu widersetzen. Auf die beiden Rechte mußten die Ungarn verzichten, welche sie für die Hauptbollwerke ihrer Freiheit hielten: auf das freie Wahlrecht zur Krone und auf das Insurrektionsrecht. Kein Edelmann durfte mehr gegen Rechtsüberschreitungen des Königs sich in Waffen erheben, und das Königthum wurde erblich auf den Mannsstamm der Habsburger nach dem Rechte der Erstgeburt übertragen. Nachdem der Preßburger Reichstag diese Bestimmungen getroffen hatte (Dezember 1687), ward Erzherzog Joseph, des Kaisers ältester Sohn, als erster erblicher König von Ungarn mit vielen Feierlichkeiten gekrönt. Zugleich ging es gegen die Evangelischen, obwohl so zahlreiche protestantische Fürsten dem Kaiser zur Vertreibung der Türken beigestanden hatten. In Oberungarn wurden ihnen abermals alle Kirchen und Schulen entzogen. Leopold I. behandelte Ungarn wie sein Großvater Ferdinand II. das unglückliche Böhmen.

Darauf wurden die Verhältnisse Siebenbürgens geordnet. Das Land behielt alle seine alten Rechte und Freiheiten in politischer und religiöser Beziehung, auch die Wahl seines Großfürsten; aber alles dies wurde illusorisch gemacht, denn indem es in die frühere Lehnsabhängigkeit zu Ungarn zurücktrat, mußte es auch kaiserliche Garnison aufnehmen und überdies sich zu einer bedeutenden Kontribution verpflichten. — In Munkacs fiel auch die tapfere und treue Gemahlin Tölöly's, Helene Zrinyi, nach wackerer Vertheidigung mit ihren Kindern in die Gewalt der Kaiserlichen, die sie als Gefangene nach Wien führten.

Während die Deutschen die türkische Barbarei von Centraleuropa zurückdrängten, waren es auch deutsche Miethstruppen, die, unter dem Banner des heiligen Markus, altklassischen Boden den Türken entrissen.

Venedig war nur noch der Schatten seines früheren Reichthums und seiner alten Größe. Seit der Entdeckung Amerikas und des Seeweges nach Ostindien sowie seit der Kolonisation jener Länder durch andere europäische Völker hatte sich der Welthandel gänzlich von Venedig fort nach Sevilla, Lissabon, Havre, Amsterdam und London gezogen. Die Kriege mit den Türken seit der Mitte des 17. Jahrhunderts hatten dann auch den Verkehr der Republik mit der Levante völlig zerstört. Da verödete der einst so belebte Hafen der Stadt, versiegten ihre einst so unerschöpflichen Hülfsquellen. Die Zinsen der Staatsschuld konnten nur noch vermittelst einer willkürlichen Konvertirung bezahlt werden, die einem Bankerott nicht unähnlich sah. Inzwischen wuchsen im Innern der Luxus, die Käuflichkeit bei Vornehm und Gering, die Gleichgültigkeit gegen das Wohl des Staates, die Zwietracht inmitten der leitenden Adelsfamilien selbst. Mit engherziger Hartnäckigkeit und mißtrauischer Grausamkeit klammerte sich die entartende und verarmende Aristokratie an die Einrichtungen, die sich doch längst überlebt hatten. Wirkliche und vorgebliche Verschwörungen, wahrhafte und lügnerische Denunziationen beunruhigten unausgesetzt Behörden und Volk.

Da der Staatsschatz leer war, mußte man zu den verderblichsten Mitteln greifen, um das nöthige Geld für den Türkenkrieg flüssig zu machen: zu massenhaftem Verkaufe von neuen Aemtern und der Adelsrechte sowie zur Verschleuderung der Staatsgüter. Wie jeder echte Kaufmannsstaat kannte Venedig keine Nationaltruppen, sondern nur Söldner. Diese wurden zum Theile aus Italien herbeigezogen, meistens aber den deutschen Fürsten abgemiethet, die schon damals mit ihren Unterthanen einen unwürdigen Menschenschacher trieben. Den Oberbefehl führte dieses Mal Francesco Morosini, unter ihm kommandirte die Deutschen der ehemals schwedische Feldmarschall Graf Königsmark.

Nach einigen Erfolgen in Dalmatien richtete 1685 Morosini seine Anstrengungen auf Morea, den alten Peloponnes, und machte hier, begünstigt von den griechischen Einwohnern, bald namhafte Fortschritte. Im Jahre 1687 war ganz Morea erobert, konnte Morosini Athen und die umliegenden Inseln selbst belagern. Dabei fiel in die zu einer türkischen Burg umgeschaffene Akropolis jene verhängnißvolle venetianische Bombe, die mit einem furchtbaren Schlage das leider zum Pulvermagazin benutzte Parthenon, das bis dahin fast noch unversehrte großartigste Denkmal aus der schönsten Zeit althellenischer Kunstblüthe, zum guten Theile in Trümmer verwandelte. Athen wurde in der That erobert. Freilich war das der Wendepunkt venetianischen Kriegsglückes. Ein Angriff auf Negroponte mißglückte, Athen mußte schon im Frühjahr 1688 wieder geräumt werden, wobei den abziehenden Truppen die ganze Bevölkerung wehklagend folgte.

Weniger erfolgreich, als Deutsche und Venetianer, hatten inzwischen die Polen gefochten. Obwohl meist der Held Sobieski selbst an der Spitze des Heeres stand, mißglückten doch alle Angriffe, welche sie auf die Moldau unternahmen. Und nicht minder scheiterten die Russen, die sich dem großen Bündnisse wider die Osmanen angeschlossen hatten, in ihren Feldzügen gegen die Krim, und zwar mit ungeheuren Verlusten.

Um so größern Erfolg hatten fortdauernd die Kaiserlichen, die nunmehr unter der obersten Leitung des Kurfürsten Max Emanuel von Baiern standen. Im Jahre 1688 eroberte er, nebst einigen andern Festungen, vor allem Belgrad, den wichtigen Schlüsselpunkt Ungarns auf der einen, Serbiens auf der andern Seite. Markgraf Ludwig von Baden, ein umsichtiger, methodischer, wenn auch etwas zu langsamer Feldherr, drang tief in Serbien und Bosnien ein und schlug die Türken in drei großen Schlachten, von denen die letzte und entscheidende bei Nissa (1689). Die Festungen an der untern Donau fielen darnach fast sämmtlich den Kaiserlichen zu.

Die Lage der Türken schien so verzweifelt, sie wurden von vier mächtigen Gegnern derart an allen ihren Grenzen gedrängt, daß es für sie das Naturlichste war, durch einen Friedensschluß sich vor dem äußersten Unheil zu retten. Dazu kam, daß die damals in Konstantinopel viel geltenden Holländer auf Befehl Wilhelms III. eifrig zum Frieden mahnten, damit dann des Kaisers Streitmittel zur Verwendung am Rheine verfügbar würden. Wirklich entschloß sich die hohe Pforte, eine Friedensgesandtschaft nach Wien zu schicken (Februar 1689). Aber das war begreiflicher Weise nicht nach dem Sinne Ludwigs XIV. Im Juni 1689 ging eiligst der Marquis von Chateauneuf nach Konstantinopel ab: er hatte den türkischen Staatsmännern die Wucht des Angriffes zu schildern, mit welchem nunmehr Frankreich auf den Kaiser fallen, denselben zur Abberufung seiner besten Truppen, seiner bewährtesten Feldherrn von der Donau nöthigen würde; und endlich brachte er reiche Geldmittel zur Bestechung des Divans mit. Beide Gründe, die politischen und die klingenden, übten bald ihre Wirkung. Die Sprache der türkischen Gesandten in Wien wurde rauher, unnachgiebiger, anspruchsvoller: sie wollten nur geringe Opfer an Gebiet bringen. Sobieski, von dem Kaiser rücksichtslos behandelt, von Ludwig XIV. eifrig umworben, machte seinerseits Miene, mit den Türken sich abzufinden und eine Vergrößerung vielmehr auf Kosten der kaiserlichen Länder zu suchen. Und andrerseits ließ sich auch Leopold durch alle Vorstellungen der englischen, holländischen, spanischen und brandenburgischen Gesandten nicht bewegen, sich einstweilen im Osten mit geringern Vortheilen zu begnügen, um erst den schlimmsten Feind der Christenheit, Ludwig XIV. zu besiegen; vergebens stellte man ihm vor, daß, sei dieser unschädlich gemacht, die völlige Niederwerfung der Türken um so leichter geschehen könne. Der Kampf am Rhein war ja ein gemeinsamer, aus welchem dem Kaiser im Besondern nur geringer Vortheil erwachsen konnte, während der Krieg im Osten ihm allein Nutzen und großartigen Ländergewinn gewährte. Die Friedensverhandlungen zerschlugen sich; die türkischen Botschafter reisten ab.

Das war der eine große Vortheil für Frankreich. Ludwig hatte jetzt von Seiten Deutschlands kaum noch viel zu fürchten. Ohne die Heere des Kaisers konnten die armen deutschen Reichsfürsten auf die Länge keine hinreichenden Streitkräfte ins Feld bringen, um zu einer ernsten Gefahr für das durch die Vauban'sche Festungswiege so wohl vertheidigte Frankreich zu werden. Und zugleich hatte Ludwig dafür gesorgt, auch vom Norden her den drohendsten Widersacher brach zu legen, auch hier die Coalition mit Ohnmacht zu schlagen.

Die meisten Anhänger hatte sich Jakob II. in Irland bewahrt, wo in Wahrheit die große Majorität der Bevölkerung ihm anhing. Auf dieser unglücklichen Insel waren nach der Rebellion gegen das Parlament durch Cromwells Act of settlement vier Fünftel der Einwohner, die Celten und Katholiken waren, zu Heloten herabgedrückt worden. Man hatte sie jeder Theilnahme an der Regierung, der Fähigkeit zur Bekleidung eines Amtes, ihres gesammten Landbesitzes beraubt. An ihrer Stelle beherrschte eine an Zahl geringe englische Kolonie protestantischen Glaubens die Insel und besaß die Landgüter, die Pächterhäuser und Schlösser, die einst den Kindern des Bodens gehört hatten. Die anglikanische Geistlichkeit, die so wenige Gläubige hatte, daß oft an Sonntagen der Pfarrer und der Küster sich allein in der Kirche fanden, war auf Kosten des Landes reich dotirt, während der katholische Klerus, der unter dem katholischen Volke wirklich thätig war, armselig, hungerig und schmutzig mit seinen elenden Pfarrkindern leben mußte. Welche Wuth mußte die Unterdrückten gegen ihre fremden Herrscher erfüllen, gegen die sie außerdem Rassen- und Religionshaß zugleich, also die schlimmsten Feindschaften, die zu denken sind, aufreizten! Deßhalb haben sich die Bürgerkriege in Irland auch stets durch Wildheit und Grausamkeit besonders ausgezeichnet. Jakob hatte nun als König begonnen, den nie erloschenen Hoffnungen der irischen Bevölkerung zu schmeicheln. Er hatte katholische Beamte irischer Abstammung zu den höchsten Aemtern Irlands berufen; er hatte Regimenter aus katholischen Iren gebildet; Katholiken hatten in London selbst die Macht in Händen; man hatte mit der Austreibung der angelsächsischen Kolonisten einen Anfang gemacht. Kein Wunder, daß ihm die Sympathien der irischen Volksmasse gesichert blieben, und daß er bald von seinen ehemaligen Beamten auf Irland die dringendsten und verlockendsten Aufforderungen erhielt, sich dort einzufinden. Ludwig XIV. ermuthigte ihn in diesem Vorhaben, dessen Ausführung die Streitkräfte Englands völlig von dem Kampfe für die Koalition abziehen mußte. Er gab ihm vierzehn Kriegsschiffe zur Ueberfahrt, Waffen, mehrere Millionen an barem Gelde, Offiziere zur Organisirung und Leitung der zu bildenden irischen Streitkräfte mit. Am 22. März 1689 hatte Jakob II. in Kinsale, im Süden, Irlands Boden betreten.

Freilich stimmten seine Interessen keineswegs so genau mit denjenigen seines mächtigen Bundesgenossen überein, wie es wohl den Anschein hatte. Jakob betrachtete den Besitz von Irland lediglich als die erste Etappe zur Rückgewinnung von Schottland und England: er wollte vor allem wieder englischer König sein. Ludwig XIV. dagegen wünschte dies durchaus nicht; denn wäre Jakob wieder in Whitehall eingezogen, so hätte er sich über kurz oder lang dem festen Willen der englischen Nation unterordnen müssen, der auf Kampf gegen Frankreich ging. Deßhalb suchte Ludwig Jakob in Irland festzuhalten. Dort sollte er sich womöglich ohne endgültige Entscheidung mit den Truppen Wilhelms herumschlagen, damit Englands Kraft vollständig brach gelegt würde. Aus diesem Grunde erhielten der Graf von Avaux, der diplomatische Vertreter Frankreichs bei Jakob, und Lauzun, der französische Obergeneral für die irischen Streitkräfte, die Instruktion, es zu keinem entscheidenden Siege Jakobs über das englische Heer kommen zu lassen. Diese für Jakob so bedenklichen Absichten der französischen Regierung wurden mächtig unterstützt durch die Wünsche und Bestrebungen der Iren und besonders ihrer Führer. Dieselben fühlten durchaus keine Neigung, Jakob wieder zum englischen Throne zu verhelfen, denn dadurch würde ja ihre Insel unter das Joch Englands zurückgefallen sein. Sie wollten in Jakob ihren König, einen irischen König haben, der sie von der verhaßten Verbindung mit England losrisse, der das Angelsachsenthum und den Protestantismus aus Irland ausrottete. Während Jakob Alles daran lag, durch Schonung des protestantischangelsächsischen Elementes die Engländer zu gewinnen, lag den irischen Führern Alles daran, dasselbe zu vernichten.

Es zeigte sich bald, daß Jakob schwächer sei als seine französischen und irischen Helfer, besonders als der König vor der Hauptfeste des englischen Protestantismus in Irland, Londonderry, eine entschiedene und schmähliche Niederlage erlitt. Dieser moralische Schlag machte ihn doppelt abhängig von dem irischen Parlamente, das er nach Dublin berief. Er wünschte eine Ausgleichung der in der That unerträglichen Besitzverhältnisse auf der Insel; das Parlament nöthigte ihn, das Ansiedlungsgesetz Cromwells mit einem Schlage aufzuheben und dadurch fast alle Engländer auf der Insel besitzlos zu machen. Der König wünschte seine Feinde durch Milde zu gewinnen; das Parlament zwang ihm ein Aechtungsgesetz gegen alle Rebellen auf, das als Beweis nur die Denunziation forderte und ausdrücklich dem Herrscher das Begnadigungsrecht entzog. Alle Protestanten wurden bei strengster Strafe aufgefordert, die Waffen niederzulegen, d. h. sich der blutigen Rachgier ihrer Stammes- und Religionsfeinde auszuliefern.

Nach solchen Ereignissen konnte von einem Königthum Jakobs außerhalb Irlands kaum noch die Rede sein. In England verstummten seine Anhänger, Schottland erkannte Wilhelm III. als Herrscher an. Die Absichten Ludwigs XIV. schienen völlig erreicht. Der englische General Schomberg landete mit dem besten Theile der englischen Streitkräfte in Irland, machte zuerst einige Fortschritte, wurde aber dann durch die weit überlegene Zahl der Feinde zum Stillstande genöthigt. Im Frühjahr 1690 mußte Wilhelm III. selbst mit einem neuen englisch-holländischen Heere nach Irland übersetzen: auch von Seiten der Niederlande war die Gefahr für Frankreich beseitigt.

Noch ein anderer Umstand kam Frankreich zu Gute. Im August 1689 starb Papst Innocenz XI., der gemäßigte aber entschlossene Gegner Ludwigs XIV; an seine Stelle wurde der Kandidat der französischen Partei, der Kardinal Ottoboni, als Alexander VIII. gewählt. Zudem Ludwig verbindliche Zuvorkommenheit zeigte durch absoluten Verzicht auf die Quartierfreiheit und durch Rückgabe Avignons, gewann er den Papst völlig für sich. Alexander war geneigt, in Ludwig XIV. und dessen Verbündeten Jakob II. die Vorkämpfer des Katholizismus gegen die Ketzer Hollands, Deutschlands und Englands zu erblicken. Er verweigerte dem Kaiser jede Beihülfe zum Türkenkriege, er lieh Jakobs Unternehmen wenigstens eine moralische Unterstützung.

Die große Koalition war einstweilen gelähmt, nur Ludwig strengte alle Hülfsquellen seines Reiches an, um derselben durch einige scharfe Streiche mit überlegnen Kräften die Auflösung zu bringen. An Stelle des unfähigen Le Pelletier wurde der Graf von Pontchartrain, ehrenhaft, uneigennützig, aber gefühllos, ohne Rücksicht auf anderweitige Privatinteressen dem Willen des Königs gehorsam, zum Finanzminister erhoben. Das war ein Diener, wie ihn Ludwig gebrauchen konnte: ohne die großen schöpferischen Ideen Colberts, aber noch viel drückender, unbarmherziger als dieser, nicht den Interessen des Landes, sondern nur denjenigen des Herrschers ergeben. Die Provinzen, in denen es noch Stände gab, mußten neue Abgaben in der Höhe von vielen Millionen sich auferlegen. Körperschaften und Privatleuten wurden große Summen unter den verschiedensten Vorwänden abgepreßt. Alle Arten von Beschäftigungen wurden in Aemter verwandelt, die man verkaufte: da wurden die Leichenbitter, die Viehhändler, die Spediteure, Weinsuhrleute zu königlichen Beamten gemacht, die ihre Bestallungen für hohe Summen vom Könige erkaufen mußten und dafür das Recht erhielten, das Publikum nach Belieben zu drücken. Vierzigtausend solcher neuer Aemter wurden in wenigen Jahren geschaffen. Allein das waren nicht die einzigen bedenklichen Mittel, den königlichen Schatz zu füllen. Eine Art Lotterie wurde unter dem Namen Tontine gegründet. Ein Edikt vom Dezember 1689 befahl sämmtliches Silber- und Goldgeschirr bei Galeerenstrafe in die königliche Münze zu schicken; man muß bedenken, daß damals auch Schränke, Tische und Sessel aus kostbarem Metall gearbeitet wurden. Die Privatleute wurden zwar für den Metallwerth durch Schatzanweisungen entschädigt, aber viele Millionen gingen durch die barbarische Vernichtung des Kunstwerthes zu Grunde. Der König selbst opferte übrigens jene herrlichen Kunstgegenstände, welche seine Freude und die Bewunderung der Fremden ausgemacht hatten. Die Kirchen mußten gleichfalls alle überflüssigen Geräthe den Bedürfnissen des Staatsschatzes zum Opfer bringen. Noch schlimmer war ein anderes Edikt desselben Datums, welches den Preis der Münzen um 5% erhöhte, ohne ihren innern Werth zu vergrößern; die alten Münzen wurden eingezogen und in neue mit den erhöhten Werthzeichen verwandelt. An dieser Operation, also einer ganz einfachen Münzverfälschung nach dem Vorbilde des Mittelalters, gewann der König achtzehn Millionen Livres. Außer dem allen mußte der Klerus noch für das Jahr 1690 ein „freiwilliges Geschenk" von 12 Millionen Livres hergeben.

Mit solchen finanziellen Kräften ließ sich schon Beträchtliches leisten; und Louvois, durch die Unglücksfälle des Vorjahres nicht nur in seinen staatlichen Machtgefühlen, sondern auch in seinem persönlichen Ehrgeiz tief gekränkt, von der neidischen Maintenon und dem undankbaren König mit seinem Sturze bedroht, erschöpfte alle Hülfsquellen des Landes, sowie seines eigenen Geistes und Willens, um eine Kriegsmacht aufzustellen, wie die Welt sie seit den Tagen des Xerxes nicht mehr gesehen hatte. Er vermochte, abgesehen von den Besatzungen der hunderte von Festungen, noch ein Heer von 200,000 Mann in das Feld zu senden, allem dem, was die Koalition, bieten konnte, weit überlegen. Die Flotte bestand aus 80 Linienschiffen, 20 Fregatten, 30 Brandern, mit einer Bemannung von 50,000 Seeleuten und Soldaten; man zweifelte, daß die Engländer und Holländer zusammen eine gleiche Menge von Schiffen und Matrosen würden vereinigen können. Und es gelang, für diese Streitkräfte eine Anzahl der vorzüglichsten Befehlshaber zu finden. Zum Oberkommando der Marine berief Louvois den Vice-

Admiral Tourville, einen vielfach bewährten Offizier von den ausgezeichnetsten Gaben. Das Heer in Flandern sollte von Luxembourg kommandirt werden; der König sah sich genöthigt, ihm seine schmutzigen Laster, auch seine Theilnahme an den Giftmischereien der Voisin zu verzeihen, um sich seiner vorzüglichen militärischen Gaben zu bedienen. Die französischen Soldaten, deren Disziplin so unendlich gelitten hatte, konnten am besten von einem General geführt werden, der, indem er seinen Leuten jede Gewaltthat gegen die friedlichen Einwohner gestattete, sie eben dadurch auf das festeste an sich fesselte und sich zu ihrem Abgott machte. Endlich in den Alpen berief man Catinat zum Befehl, denselben General, der sich schon bei der Leitung der Besitznahme von Casale einen Namen gemacht hatte. Catinat war der Sohn eines Parlamentsrathes, gehörte also keiner der großen Familien an und war lediglich durch sein hohes Talent emporgestiegen, das die scharfsinnigste Umsicht mit entscheidender Kühnheit verband und ihn besonders zu weiser Lösung schwieriger und undankbarer Aufgaben befähigte. Er war zugleich eine edle, humane Natur, vielleicht die anziehendste und sympathischeste Erscheinung unter den französischen Feldherren jener Zeit, übrigens schon damals bei Voll und Armee hochgeschätzt und beliebt. Limburg und Jülich, die „abzubrennen" ihm Louvois 1689 befohlen hatte, verdankten es ihm, wenn ihnen das Schidsal der Pfalz erspart blieb!

Solche Generale waren den Verbündeten um so gefährlicher, als dieselben damals den vorzüglichsten ihrer Befehlshaber verloren, Karl V. von Lothringen (April 1690), den treuesten und begabtesten unter den Feldherren des Kaisers. Sein Verlust machte sich bald bemerkbar; zumal an die Spitze von Ludwigs Verbündeten, den Türken, als Großwesir der geistvolle Mustafa Köprili trat, mit welchem der kräftige und energische Geist dieser hervorragenden Familie wieder in die türkische Staatsverwaltung einzog. Wissenschaftlich gebildet, von durchaus rechtlichen Grundsätzen, umfassenden Geistes, führte er Ordnung, Sparsamkeit und treffliche Organisation durch. Es gelang ihm, bedeutende Streitkräfte aufzustellen und sie auch den gefährlichsten Feinden, den Kaiserlichen gegenüber zum Siege zu leiten. Sein Vortrupp, die Tartaren, vernichtete bei Kalssiometi, in den ersten Tagen des Jahres 1690, ein kaiserliches Truppenkorps; inzwischen brach Tököly, durch französisches Gold unterstützt, von neuem in Siebenbürgen ein und besiegte die kaiserlichen Regimenter dort so entschieden, daß er sich schon als Herrn des Landes betrachtete, ja von den Ständen zum Fürsten gewählt wurde. Während ihn Markgraf Ludwig von Baden mit Mühe aus demselben vertrieb, zog Mustafa Köprili mit der türkischen Hauptmacht, nachdem das wichtige Rissa gefallen, die Donau herauf. Widdin wurde gleichfalls von den Türken genommen, zahllose Kaiserliche hatten schon ihren Untergang gefunden. Mit dem ersten Oktober erschien der Großwesir vor der wichtigsten der kaiserlichen Eroberungen, vor Belgrad, dessen Wälle die Kaiserlichen in sorglosem Uebermuthe völlig hatten verfallen lassen. Als

zwei gewaltige Pulvermagazine in der Stadt, durch Bomben entzündet, auf-
flogen und dadurch große Breschen in der Stadtmauer entstanden, fiel die
Festung in die Gewalt der Türken, die hier acht kaiserliche Regimenter völlig
vernichteten. Schrecken verbreitete sich über ganz Ungarn, ja Oesterreich.
Man fürchtete den Großwesir auf Ofen ziehen zu sehen, das in ebenso
schlechtem Zustande war wie Belgrad: im nächsten Jahre werde er vor
Wien erscheinen. In Frankreich aber jubelte man laut über die Siege der
Ungläubigen, der besten und wirkungsvollsten Verbündeten des allerchrist-
lichsten Königs!

Infolge dieser Umstände fielen des Kaisers Streitkräfte gegen Frankreich
völlig aus. Am Oberrhein kommandirte die französischen Truppen der
Dauphin, welcher den Marschall von Lorges als militärischen Rathgeber
zur Seite hatte. Er bedeckte sich gerade nicht mit Ruhm, aber die Kurfürsten von Baiern und Sachsen, die ihm gegenüber an der Spitze des
Reichsheeres standen, waren so schwach, daß sie sich in der Vertheidigung
hielten und die Franzosen sich auf dem rechten Rheinufer ernähren lassen
mußten. Ebenso sah sich in den Niederlanden Waldeck mit den holländischen
Truppen bis zum Juni allein. Weder Kaiserliche noch Brandenburger
kamen ihm zu Hilfe. Am 30. Juni 1690 mußten die Holländer bei Fleurus
dem ganzen Heere Luxemburgs widerstehen. Der Marschall benutzte seine ungeheure Ueberlegenheit, um in geschicktester Weise die Holländer zu überflügeln; nach dem tapfersten Widerstande unterlagen dieselben mit einem
Verluste von 14—15,000 Todten, Verwundeten und Gefangenen. Zwar
kamen nun rasch Verstärkungen herbei, und Waldeck gestattete den Franzosen
nicht, große Vortheile von ihrem Siege zu ziehen; aber der moralische Eindruck desselben in Europa war doch ein außerordentlicher.

Und dies war nicht der einzige Schlag, der gegen die Koalition gefallen war. Die englische Flotte, die, mit der holländischen vereinigt, derjenigen Tourvilles gegenüber lag, wurde von Admiral Herbert befehligt, der,
obwohl von Wilhelm III. zum Earl Torrington erhoben, dennoch ein geheimer Anhänger Jakobs II. war. Am 10. Juli fand bei Beachy Head,
in der Nähe der Insel Wight, die Schlacht statt. Die Holländer unter
Evertsen kämpften den ganzen langen Sommertag hindurch muthig gegen
die achtzig Schiffe der Franzosen, ohne daß die Engländer sich anders denn
durch vereinzelte Breitseiten an der Schlacht betheiligt hätten; es waren
von dem überlegenen Feinde ein holländisches Schiff genommen, acht versenkt, sieben entmastet worden. Torrington nahm die letzteren in Schlepptau und zog sich eiligst und mit allen Zeichen der Furcht die Themse hinauf
zurück. Es ist ein hoher Ruhm für die holländischen Staatsmänner der
damaligen Zeit — vor allem den Rathspensionär Heinsius — daß sie unter
solchen Umständen nicht mit den Engländern und Deutschen brachen, sondern
mit klarer Bevorzugung der bleibenden Interessen vor vorübergehenden
Kränkungen, dem großen Bündnisse treu blieben!

Noch ein dritter Erfolg wurde den Franzosen zu Theil.

Herzog Viktor Amadeus von Savoyen war durch den doppelten Umstand, daß die wichtigste Alpenfestung, Pignerol, in den Händen der Franzosen war, sowie daß er zur Verfolgung der Waldenser auch die übrigen Pässe denselben hatte öffnen müssen, gänzlich in der Gewalt Ludwigs XIV. Er hatte diesen auch bei dem Ausbruche des Krieges von 1688 bringlichst seiner Ergebenheit versichert und drei piemontesische Regimenter in französische Dienste überlassen. Indeß dies war nur Schein: der Herzog wartete nur auf eine Gelegenheit, sich der unerträglichen Tyrannei Frankreichs zu entledigen und vor allem Pignerol wieder zu erlangen, dessen Eroberung durch Richelieu das Signal der Knechtschaft Piemonts gewesen war. Ludwig beargwöhnte den Savoyer in hohem Maße und sandte in den ersten Monaten des Jahres 1690 unter dem Vorwande, demselben zur Austilgung der wieder empörten Waldenser beizustehen, Catinat mit 13,000 Mann nach Piemont. Als der Herzog sich in verdächtige Unterhandlungen mit dem Kaiser und dem spanischen Statthalter von Mailand einließ, befahl Louvois die Einräumung der beiden Hauptfestungen von Piemont, Turin und Verrua, zu verlangen. Viktor Amadeus, zu schwach offen zu widerstehen, zog schlau die Verhandlungen in die Länge und befestigte inzwischen eiligst Turin, während überall die von den Franzosen mißhandelten Bauern sich erhoben, die „Barbets", wie man spottweise die Waldenser nannte, sich mit fürchterlicher Erbitterung gegen die französischen Soldaten wehrten. Heimlich schloß Viktor Amadeus am 4. Juni 1690 mit dem Kaiser und Spanien einen Vertrag, in welchem er die Zusicherung einer Unterstützung von 6000 Mann kaiserlicher Truppen sowie der Gewinnung von Pignerol empfing und dafür sich der großen Koalition anschloß. Nun erklärte er Frankreich den Krieg, schenkte allen eingekerkerten Barbets die Freiheit, rief sie und die Hugenotten zum Kampfe gegen den gemeinschaftlichen Unterdrücker auf und sammelte so nicht unbeträchtliche Schaaren um sich. Indeß sie waren unerfahren und ungeübt, und als der Herzog mit ihnen Catinat angriff, ehe die Kaiserlichen herangenaht waren, wurde er bei der Abtei Staffarda ganz entschieden geschlagen; es war am 18. August 1690. Freilich war dieser Sieg im Grunde ebenso ergebnißlos, wie die beiden früheren bei Fleurus und Beachy Head; von den Kaiserlichen verstärkt, gelang es Viktor Amadeus, die kleine Armee Catinats wieder aus Piemont heraus zu drängen. Aber es war doch nichts Geringes, daß Ludwig XIV. in diesem Jahre in drei großen Schlachten den Vortheil bewahrt und so ganz Europa gegenüber nachdrücklichst die Ueberlegenheit der französischen Waffen dokumentirt hatte.

Als einiges Gegengewicht wider dieses mannigfache Mißgeschick der Koalition mochte der Ausgang des Kampfes in Irland angesehen werden. Freilich war hier König Jakob durch 7000 Mann französischer und schweizer Truppen verstärkt worden; allein unter den Iren seines Heeres herrschte vollkommene Zügellosigkeit und sein französischer Helfer Lauzun, dem nur daran lag, den irischen Krieg endlos hinzuschleppen und dadurch das englische Heer möglichst lange von dem Kampfe auf dem Kontinente fern zu halten, verhinderte jeden entscheidenden Schlag. Endlich langte Wilhelm III. mit seinen Verstärkungen bei der englischen Armee an, und nun zog sich Jakob unaufhaltsam zurück. Aber seine Hauptstadt Dublin wollte er dem Feinde nicht preisgeben, und nahm deshalb hinter dem Boyneflusse Stellung. Am 11. Juli 1690 griff ihn Wilhelm III. an; dieser selbst wurde verwundet, der treffliche Schomberg im Handgemenge mit den Garden Jakobs getödtet. Allein sonst waren die englischen Verluste nicht bedeutend, da die Iren nur kurze Zeit Stand gehalten hatten; das Beispiel zur Flucht hatte Jakob II. selbst gegeben, wohl weniger aus Furcht — denn früher hatte er Proben persönlichen Muthes abgelegt — als weil er die Sache der Legitimität und seiner Dynastie in England an seine Person geknüpft glaubte. Dahin hatte auch Lauzun gewirkt, immer im Auftrage seines Königs, welcher den unglücklichen Jakob als eine stets bereite Drohung wider England zu bewahren wünschte. Deshalb hatte auch das französische Korps sich am Kampfe so gut wie gar nicht betheiligt, um nur einen sichern Schutz für die Person des entthronten Monarchen zu bilden. Jetzt geleitete es ihn nach der Küste, von wo er sich sofort wieder nach Frankreich einschiffte, so schnell, daß er selbst der erste Bote seiner Niederlage ward. Er hegte die Hoffnung, der König von Frankreich werde nichts Eiligeres zu thun haben, als ihm die siegreiche Armee von Fleurus zu einer Landung in England selbst mitzugeben! Er wunderte sich nicht wenig, daß sein Bruder Ludwig ihn nach seinen Heldenthaten an der Boyne ziemlich kühl empfing und ihm nicht sogleich das beste Heer Frankreichs anvertraute — ihm, der schon zwei Heere zu Grunde gerichtet hatte.

Besser hielt sich der Kern der irischen Armee. Wie alle ungeübten aber tapfern Krieger waren diese Iren, wenn nicht zum Kampfe im freien Felde, so doch hinter Mauern sehr brauchbar. Freilich die Hauptstadt und der größte Theil der Insel fielen den Engländern in die Hände; allein in der wichtigen Festung Limerick wehrten sie sich mit solchem Muthe, daß die Belagerung einstweilen aufgehoben werden mußte. Nichtsdestoweniger war die Hauptsache entschieden. Von einem irischen Königthume Jakobs II. konnte jetzt ebenso wenig die Rede sein, wie von einem englischen oder schottischen. Ein kleines Truppenkorps genügte, um die Iren in Limerick im Zaume zu halten: der größte Theil der englischen Streitkräfte und Wilhelm selbst wurden zu dem großen gemeinsamen Kampfe gegen Frankreich verfügbar. Noch eine Furcht hatte der englische König, daß nämlich das englische Volk nach der Unterwerfung Irlands der Opfer an Blut und Geld gegen Frankreich müde werden würde — dieser Besorgniß entledigte ihn Ludwig selbst. Eine französische Flotte, mit einigen Landtruppen an Bord, nahte sich der englischen Südküste: allein ihre Heldenthaten beschränkten sich auf die Niederbrennung eines wehrlosen, friedlichen Fischerdorfes. Diese Handlungsweise der Franzosen erbitterte die Engländer auf das höchste und zeigte ihnen, daß es sich in diesem Kampfe nicht um fernliegende Interessen, sondern um die Freiheit, die Unabhängigkeit und den Wohlstand des eigenen Landes handelte. Im Herbste bewilligte das Parlament binnen zweier Tage 4½ Millionen Pfund Sterling — eine in der damaligen Zeit ganz unerhörte Summe — für Landheer und Flotte. Der große Feind Ludwigs XIV., der Vorkämpfer für die Freiheit Europas konnte wieder mit Zuversicht in die Zukunft schauen.

Im Januar 1691 setzte er in stürmischem Winterwetter nach Holland hinüber, um von hier den neuen Feldzug zu organisiren. Endloser Jubel des holländischen Volkes, das in ihm seinen nationalen Helden sah, empfing ihn. Wilhelm, vor drei Jahren noch ein einfacher republikanischer Beamter, hatte die Genugthuung, im Haag sich die deutschen Fürsten, darunter die Kurfürsten von Brandenburg und Baiern, sowie die Vertreter des Kaisers und Spaniens um ihn schaaren zu sehen. Subsidienverträge wurden abgeschlossen, die Zahl der Truppen, die eine jede Macht ins Feld zu stellen hatte, bestimmt. Unendlich schwierig waren diese Verhandlungen. Da zog der Kaiser, anstatt die armseligen 20,000 Mann, die er am Rhein unterhielt, zu verstärken, wegen des unglücklichen Türkenfeldzuges vom vorigen Jahre noch drei Reiterregimenter nach Osten ab. Da feilschten die deutschen Fürsten um immer neue und höhere Subsidien. Mit Mühe rechnete man für die Verbündeten eine Heeresmacht von 220,000 Mann heraus — aber war der König sicher, daß auch nur zwei Drittheile davon wirklich, und daß auch nur diese vor dem Juni zusammen kommen würden? „Mir graust," sagte Wilhelm nicht mit Unrecht zu dem kaiserlichen Gesandten, „bei dem Gedanken, mit wie vielen Köpfen ich zu thun habe!"

Wie viel leichter hatte es Ludwig XIV., der mit einem Worte über alle Hülfsquellen seines weiten und bevölkerten Reiches, dem damals an Menschenzahl und Betriebsamkeit kein anderes nur entfernt nahe kam, zu verfügen hatte. Er und Louvois benutzten diese natürliche Ueberlegenheit eines konzentrirten Staatswesens über eine weitläufige und zerfahrene Koalition, um derselben, ehe sie noch zum Kampfe bereit war, einige empfindliche Schläge beizubringen.

Anfang März 1691 brach Catinat plötzlich von der Provence aus in die savoyische Grafschaft Nizza ein. Alle Maßregeln waren vorzüglich getroffen, der Armee folgte an der Küste eine mit Vorräthen und schwerer Artillerie beladene Flotte. In drei Wochen war die ganze Grafschaft mitsammt der Hauptstadt in den Händen der Franzosen. Aber bald sollte Europa durch eine noch viel empfindlichere Nachricht aufgeschreckt werden.

Eine der wichtigsten Festungen der spanischen Niederlande, die unmittelbare Vormauer von Brüssel war Mons, der Hauptort des Hennegau. Schon seit dem Sommer 1690 betrieb Louvois im größten Geheimniß und mit gebuldiger Geschicklichkeit die Mittel zu rascher Eroberung dieser Festung vor. Plötzlich, in denselben Tagen, wo Catinat gegen Nizza marschirte, wo aber in den kalten Niederlanden kein Halm auf den Wiesen und Feldern stand, wo niemand eine militärische Bewegung in jenen Gegenden für möglich hielt, erschien ein großes französisches Heer, mit allem Nöthigen auf das reichlichste ausgerüstet, vor Mons. Es war ein Meisterstreich Louvois'. Daß Ludwig XIV. wenige Tage später bei dem Heere vor Mons eintraf, galt Freund und Feind als sicheres Zeichen, daß Mons unrettbar verloren sei. In der That hatte Louvois Einverständnisse unter der Bürgerschaft angeknüpft. Während Wilhelm III., von der unglaublichen Saumseligkeit der Spanier aufgehalten, vergebens mit den nächsten bereiten Truppen einen Entsatz versuchte, während die Garnison von nur 4000 Mann sich tapfer vertheidigte, während Ludwig XIV. schon Zeichen ungeduldigen Zornes gegen seine Minister verrieth — benutzten die Berather in der Stadt die Schrecken des Bombardements, um die Bürger zur Uebergabe zu bestimmen. Von dem äußern Feinde und von den Einwohnern zugleich angegriffen, mußte am 10. April die wackere Besatzung auf freien Abzug capituliren.

Das war ein übler Anfang des Feldzuges für die Verbündeten! Und zugleich wurde in England eine große Verschwörung zur Wiedereinsetzung des Königs Jakob entdeckt. Vornehme Personen, wie Graf Clarendon, Bischöfe, Lords, waren offenbar in dieselbe verwickelt; sehr gegründeter Verdacht ruhte auch auf dem Minister Godolphin, auf dem Generallieutenant Marlborough, auf dem Lord-Admiral Russel, dem Nachfolger Torringtons. Wahrlich, Ludwig XIV. hielt kein aussichtsloses Spiel!

Die unglücklichen Anfänge des Feldzuges 1691 übten denn auch ihre Wirkung. Schweden hatte noch im vorigen Jahre einige Tausend seiner trefflichen Soldaten gegen Subsidien dem großen Bündniß zu Gebote gestellt; jetzt zog es sich in eine übelwollende Neutralität zurück. Schweden und Dänemark fanden sich von den holländischen und englischen Kapern benachtheiligt und schlossen einen Bund, die Freiheit ihres Handels aufrecht zu erhalten, nöthigenfalls mit Waffengewalt.

Sonst verlief der Feldzug thatenlos. Luxemburg, bei weitem ein größerer General als Wilhelm III., verstand es, mit seinem schwächeren Heere jede Schlacht zu vermeiden, ohne doch dem Könige eine Gelegenheit zu der mindesten Eroberung zu geben. Ebenso wenig geschah am Oberrhein, wo die Verrätherei des sächsischen Feldmarschalls Schöning jede Thätigkeit seitens der hier gleichfalls überlegenen Armee der Verbündeten lähmte, bis der Tod des Kurfürsten Johann Georg III. von Sachsen, des Höchstkommandirenden, dem Feldzuge völlig ein Ende bereitete. Mit den Verstärkungen, welche die französische Rheinarmee an Catinat abgeben durfte, eroberte derselbe noch weitere piemontesische Plätze und vollendete mitten im Winter durch die Einnahme von Montmélian den Gewinn Savoyens.

Ueberall nur Niederlagen für die Alliirten, noch entmuthigender als selbst die französischen Siege im ersten Koalitionskriege! Damals hatte man sich mit dem Gedanken trösten können, daß England noch dem Bunde fehle, daß durch seinen Zutritt bei günstigerer Gelegenheit sich die Sicherheit einer Demüthigung Frankreichs ergebe. Jetzt war England auch beigetreten, der letzte der großen europäischen Staaten der Koalition zugefült, und doch neue Fortschritte der Franzosen!

Was konnte es helfen, daß an den äußersten Enden Europas die Dinge sich in günstigerer Weise gestalteten? Die von den Türken drohende Gefahr wurde durch den glänzenden Sieg beseitigt, den Markgraf Ludwig von Baden mit kaum 50,000 Mann über die 100,000 Mustafa Köprilis im August 1691 bei Szalantemen, in der Nähe Peterwardeins, erfocht; der Großwesir selbst, der geniale Reformator der Türkei, war unter den mehr als 20,000 türkischen Todten. Der Preis der Tapferkeit ward einstimmig den Brandenburgern zuerkannt. Aber an eine Beendigung des für die Sache des großen Bündnisses so schädlichen Krieges war deshalb nicht zu denken; der Kaiser hoffte vielmehr, nach diesem glänzenden Siege die im Jahre 1690 verlorenen Eroberungen zurückzugewinnen.

Dagegen wurde die irische Diversion Frankreichs nun definitiv beseitigt. Der Holländer Ginkel im englischen Solde besiegte die Iren entscheidend bei Athlone; es war besonders die unwiderstehliche Tapferkeit der Hugenotten, welche die katholischen Reihen durchbrach. Darauf kapitulirte Galway, die Hauptstadt der fast ausschließlich von Iren bewohnten Provinz Connaught. In Limerick, der letzten Beste der Iren, starb Tyrconnel, von jeher die Seele der extremen irischen Nationalpartei; darauf übergab auch hier die Besatzung die Stadt auf freien Abzug (13. Oktober 1691). Irland war endgültig unterworfen: es wurde gegen die Wünsche der großen Mehrheit der Engländer vom Könige sehr milde behandelt. Es gab nun keinen Theil Großbritanniens mehr, der nicht dem Scepter Wilhelms III. unterworfen gewesen wäre. Die Soldaten, die Limerick so tapfer vertheidigt hatten, wurden auf englischen Schiffen nach Frankreich übergesetzt, in dessen Dienst sie zwei treffliche Brigaden bildeten. Eine gewisse Anzahl irischer Familien schloß sich dieser Auswanderung an.

Es läßt sich nicht verkennen, das Unterbleiben einer weiteren Unterstützung der Iren durch Frankreich war ein schwerer politischer Fehler von Seiten Ludwigs XIV. Er wäre vielleicht nicht gemacht worden, wenn der Staat nicht vorher schon jenen großen Minister verloren hätte, der mehr als jeder Andere seiner Zeit zu dem Ruhme und der Macht Frankreichs beigetragen hatte, freilich auch zu jener Ueberhebung, die Frankreichs endlichen Sturz zur Folge haben sollte.

Ludwig XIV. war schon längere Zeit hindurch über die Herrschsucht und den Eigenwillen Louvois' verdrießlich. Die Mißerfolge des Jahres 1689 hatten sein Ansehen bei dem Könige noch mehr erschüttert, und die Maintenon sowie alle Höflinge, welche der brutalen Unterdrückung durch Louvois herzlich überdrüffig waren, hatten sich bemüht die Kluft zu erweitern. Ludwig gab bei verschiedenen Gelegenheiten sein Mißfallen dem Minister unzweideutig kund, dessen ehrgeiziges Herz durch Aerger und Besorgnisse infolge der ungewohnten Zurechtweisungen erschüttert wurde. Viele Einzelheiten, die hier erzählt wurden, sind sicher nur Höflingsgeschwätz, aber daß Louvois' Einfluß im Sinken war, leidet keinen Zweifel. Seine Gegner erhielten die höchsten Staatsämter und den Oberbefehl über die Heere, und der König beschloß vieles ohne oder gegen seinen Rath. Nimmt man hierzu die furchtbar aufreibende Thätigkeit, zu der Louvois seit seinen Jünglingsjahren genöthigt war, so wird man leicht begreifen, daß auch die festeste Organisation einer solchen doppelten leidenschaftlichen Aufregung nicht gewachsen war. Am 16. Juli 1691 gab er Audienzen, diktirte und unterschrieb noch 23 Briefe und arbeitete mit dem Könige; diesem erschien er so leidend, daß der Monarch ihn gestattete, sich zurückzuziehen; zu Hause angelangt fiel er todt nieder: ein Herzschlag hatte ihn getroffen. Er war nur 51 Jahre alt geworden. Ludwig XIV. legte ihm gegenüber nicht mindere Gleichgültigkeit an den Tag, als einst bei dem Tode Colbert's. „Es wird darum nicht schlechter um meine Angelegenheiten stehen," sagte sofort der gekrönte Egoist, der in dem geringsten dem Andenken des Ministers gespendeten Tribute einen Beweis dafür zu liefern fürchtete, daß derselbe maßgebend für die Schicksale des Staates gewesen wäre. Nur er, Ludwig, solle als Lenker des Reiches erscheinen, seine Minister lediglich als unbedeutende Commis, auf deren Persönlichkeit es nicht weiter ankomme. Nach vier bis fünf Wochen sprach man am Hofe so wenig von Louvois, als ob er nie gelebt hätte. Im Jahre 1690, nach dem erfolglosen Ende des von Louvois veranlaßten zweiten Koalitionskrieges, ließ Ludwig dessen Gebeine aus dem Invalidendome, wo sie beigesetzt waren, ausgraben und nächtlicher Weile, ohne jeden Pomp, nach dem Kapuzinerkloster auf dem Vendômeplatze bringen!

Und doch hatte Louvois den gewaltigsten Einfluß auf die Verwaltung und die Politik Frankreichs geübt. Nur er hatte es in den Stand gesetzt, militärisch allen übrigen Staaten Europas zusammengenommen gewachsen zu sein, er hatte aber auch Ludwig auf die für ganz Europa und für Frankreich gleich verhängnißvolle Bahn der Reunionen und des erneuten Angriffes von 1688 getrieben. Sein Verlust machte sich bald für die Aufstellung, Ausrüstung und Disziplin der Truppen ebenso fühlbar, wie der Seignelayes für die Marine, die diesem Sohne Colbert's ihre letztjährigen Erfolge verdankte. Freilich Ludwig XIV. suchte die Herren Lücken, die der Tod unter seinen begabtesten Rathgebern hervorgebracht, durch eine gesteigerte Thätigkeit seinerseits auszufüllen; aber indem ihm dies nur zum geringsten Theile gelang, wurde es aller Welt klar, in wie hohem Grade er jenen seine bisherigen Erfolge verdankt hatte!

Merkwürdig, daß die beiden Gegner, Ludwig XIV. und Wilhelm III., die sich jetzt unmittelbar als Leiter der einander feindlichen Kräfte gegenüberſtanden, für den Feldzug des Jahres 1692 ganz denſelben Plan faßten, nämlich den einer Landung im Herzen der feindlichen Macht. Nur daß Ludwig XIV. viel beſſere Ausſichten auf ein Gelingen beſaß, als der Oranier. In England nahm unter den leitenden Perſönlichkeiten die jako= bitiſche Partei immer mehr überhand. Die toryiſtiſchen Staatsmänner waren unzufrieden über den Sieg, den naturgemäß die Whigs durch den Sturz des legitimen Königs davongetragen hatten, und wünſchten jetzt eifrig den Herrſcher zurück, zu deſſen Beseitigung sie selbst beigetragen. Vergebens hatte Wilhelm verſucht, eine Regierung über den Parteien herzustellen, die, indem sie das ganze Land verſöhnte, zugleich auch die königliche Gewalt von der wechſelnden Herrſchaft der Parteien befreite; die letztere war ſchon allzu= feſt eingewurzelt, als daß ihm dies hätte gelingen können. Ein großer Theil der anglikaniſchen Geiſtlichkeit hatte allerdings gewünſcht, die katholiſche Propaganda Jakobs entwaffnet zu ſehen; allein die Abſetzung des recht= mäßigen Monarchen konnten ſie in ihrem Gewiſſen nicht billigen, und eine Anzahl von Biſchöfen und Geiſtlichen verweigerte dem neuen König den Eid, ſo daß ſie abgeſetzt werden mußten. Einige Whigs, die ſich nicht hinreichend belohnt glaubten, ſchloſſen ſich den Unzufriedenen an. Dazu kam, daß Wilhelms ſtilles und mürriſches Auftreten ihn in dem offenen und fröhlichen England jener Zeiten perſönlich durchaus unpopulär machte. Seine eigene Schwägerin und präſumptive Thronfolgerin, die Prinzeſſin Anna, überwarf ſich mit ihm und ſetzte ſich mit ihrem Vater in Verbindung. Jakob, welcher die Zahl, Macht und Entſchloſſenheit ſeiner Freunde in England natürlich überſchätzte, erbat ſich und erhielt jetzt von Ludwig XIV. ein Heer und eine Flotte, um einen Angriff auf jenes Reich ſelbſt zu machen. Wir wiſſen, daß ſogar Admiral Ruſſel mit ihm im Einverſtändniß war.

Die erſte Niederlage aber für die Jakobiten war, daß Wilhelm von ihren Plänen Kunde erhielt. Der König, der bis dahin die größte Milde gezeigt hatte, beſchloß, in dieſer ſo überaus gefährlichen Lage entſchiedener durch= zugreifen. Achtzig der hervorragendſten Anhänger Jakobs II. wurden im Mai 1692 wegen Hochverraths verhaftet, unter ihnen Marlborough, der in ſtrenge Einzelhaft in den Tower gebracht wurde, ſelbſt die Prinzeſſin Anna wurde in ihrem Palaſte militäriſch bewacht. Den weſentlichſten Ausſchlag aber gab Jakob II. ſelbſt. Wäre er nur mit den zahlreichen iriſchen und engliſchen Emigranten über das Meer geſetzt, hätte er eine allgemeine Amneſtie und eine ſtreng geſetzmäßige Regierung verſprochen: ſo würde er einige Ausſicht auf Erfolg gehabt haben. Allein Jakobs Schiffe trugen die franzöſiſche Flagge und waren zum größten Theile mit franzöſiſchen Truppen bemannt; und Jakob erließ ein Manifeſt, das Hunderttauſenden Strafe und Rache ankündigte und keine einzige Zusage an die Nation enthielt. Unter dieſen Umſtänden fiel der Whig Ruſſel ſofort von Jakob ab, und mit ihm der größte Theil derer, die für den letztern geweſen waren. Um jeden Verdacht gegen ſich zu zerſtreuen, ſuchte Ruſſel mit den vereinigten englischen und holländischen Geschwadern die allerdings schwächere Flotte Tourvilles auf und schlug sie am 29. Mai 1692. Sechzehn der französischen Schiffe unter Tourville selbst retteten sich hinter das Vorgebirge La Hogue an der bretagnischen Küste, wurden aber von den Engländern sämmtlich verbrannt.

Nach der Schlacht bei Beachy Head hatten die Franzosen sich gerühmt, auch zur See die Stärkeren zu sein; selbst vereinigt könnten ihnen England und Holland nicht gleich kommen. Das war nun gründlich vorüber. Die ganze Mühewaltung Colberts und Seignelays für die französische Kriegsmarine war vergeblich gemacht, keine französische Flotte wagte mehr den Verbündeten zu trotzen. Und ebenso war infolge dieser Schlacht jede Aussicht auf eine Rückführung Jakobs nach England vereitelt: jakobitische Verschwörungen gab es noch genug, aber eine ernstliche Gefahr ist von dieser Seite Wilhelm dem Dritten nicht mehr erwachsen.

Zu Lande dagegen waren einstweilen noch immer die Franzosen im Vortheile. Nach Mons galten nun ihre Angriffe der zweiten Hauptfestung des östlichen Belgien, Namur, das, an dem Zusammenflusse der Maas und Sambre gelegen, beide Ströme beherrschte. Freilich hatte man sie mit einer starken Besatzung — 12,000 Mann — ausgerüstet; aber zu ihrer Eroberung zog eine Armee heran, wie die Welt sie noch nicht beisammen gesehen hatte: 140,000 Streiter. Mit 50,000 Mann betrieb der König selbst die Belagerung, während dieselbe von 90 Tausenden unter Luxemburg gedeckt wurde. Dieser geniale Kriegsführer wußte durch Einnahme vortheilhafter Stellungen alle Entsatzversuche Wilhelms zu vereiteln. Erst fiel die Stadt, dann auch die detachirten Forts, endlich am 30. Juni 1692 die Citadelle in die Gewalt der Franzosen. Es war eine schwere Niederlage für die Verbündeten. Nichts stand mehr einem Einfalle der Feinde in das holländische Gebiet im Wege. Noch größer fast war die moralische Einbuße. In einem man möchte sagen persönlichen Duell gegen seinen Nebenbuhler Ludwig hatte Wilhelm III. entschieden den Kürzeren gezogen. Unter den Aristokraten Hollands, in England regnete es Spöttereien über den König, dem man Trägheit und Feigheit vorwarf, der von allen Seiten Geld und Truppen einforderte, um dann an der Spitze von 100,000 Mann nichts zu unternehmen, nicht einmal einen ernstlichen Versuch zur Rettung einer so wichtigen Stadt wie Namur zu machen.

Wilhelm fühlte die Nothwendigkeit, sich gegen diese Anschuldigungen zu rechtfertigen, die vielleicht den Bestand des großen Bündnisses erschüttern konnten. Am 3. August 1692, als ein Theil des französischen Heeres unter Boufflers sich von der Hauptmasse desselben getrennt hatte, überfiel er bei Steinkerken, in der Nähe des alten Schlachtfeldes von Senef, den Marschall von Luxemburg. Im Anfang glückte der unerwartete Angriff vollkommen, einige französische Regimenter wurden zerstreut. Allein das vielfach durchbrochene Terrain erschwerte das Vordringen der Verbündeten, die Schweizer im französischen Solde leisteten einen hartnäckigen Widerstand, und als endlich Boufflers noch zur rechten Zeit seinem Oberfeldherrn zu Hülfe kam, mußte sich Wilhelm von dem blutüberströmten Schlachtfelde zurückziehen.

Die Schlacht bei Steenkerken war keine eigentliche Niederlage für die Verbündeten. Ihr Verlust — 6000 Mann — war geringer als der französische. Sie hielten die Stellungen besetzt, von denen sie am Morgen des 3. August ausgegangen waren; ja am nächsten Tage zog Luxemburg sich etwas zurück. Aber die Hoffnung auf den Wiedergewinn Namurs war doch verschwunden, während man dieser Absicht zu Liebe den früheren Plan auf eine Landung in Frankreich aufgegeben hatte.

Inzwischen am Oberrhein dieselbe Thatenlosigkeit, wie in den letzten Jahren! Spät kamen die buntscheckigen Reichskontingente zusammen, ihre beiden Feldherren — der Landgraf von Hessen-Kassel und der Markgraf von Bairuth — lagen in beständigem Zwiste. Die schwache französische Armee vermochte abermals schwere Kontributionen auf dem rechten Rheinufer beizutreiben.

Bitterer rächte es sich auf dem alpinen Kriegsschauplatze, daß Ludwig XIV. alle anderen Rücksichten dem Wunsche opferte, seinen verhaßten Hauptgegner Wilhelm III. zu demüthigen. Catinat hatte kaum 10,000 Mann, um den 30,000 Verbündeten zu widerstehen, die Herzog Victor Amadeus leitete. Derselbe benutzte diese Ueberlegenheit, um in die Dauphiné einzubrechen, einige feste Plätze zu erobern und durch grauenhafte Verwüstung der unglücklichen Provinz die Schaubthaten der Franzosen in den Rheingegenden und den Niederlanden einigermaßen zu rächen. Indeß der Widerstand der Bevölkerung der Dauphiné, an deren Spitze eine moderne Jungfrau von Orleans, Fräulein von La Tour-du-Pin, stand, und vor allem die Unfähigkeit und die Uneinigkeit der verbündeten Generale ließen das viel verheißende Unternehmen fruchtlos verlaufen: im Herbste mußten sie sich über die Alpen wieder zurückziehen, indem sie die genommenen Festungen rasirten.

Kein Zweifel, trotz der Schlacht bei La Hogue war das Jahr 1692 sehr günstig gewesen für Frankreich. Die materiellen Kräfte waren zwar schwächer, als die seiner Gegner; aber an Geist, Schnelligkeit und Konzentration hatte es sich ihnen wiederum überlegen gezeigt. Allerdings eine Entscheidung war nirgends gewonnen: und es wurde noch ein neues Jahr ungeheurer Geldopfer und schmerzlichen Blutvergießens erforderlich, um die Frage zu lösen, ob das Frankreich Ludwigs XIV. in souveräner Willkür mit dem Glück und dem Besitze der europäischen Völker spielen dürfe.

Von allen Seiten wurden ungeheure Zurüstungen gemacht. Freilich regte sich in England einige Unzufriedenheit mit den Kriegsopfern, die anscheinend ohne besonderes englisches Interesse und ohne unmittelbaren Erfolg gebracht wurden. Das Oberhaus nöthigte König Wilhelm, Marlborough frei zu geben, wenn derselbe auch aller seiner Aemter beraubt blieb; das Unterhaus zeigte Mißstimmung wider den Holländer und bewilligte nur zögernd die Kriegsmittel. Und doch hatte es Wilhelm jetzt ernstlich auf eine Landung in Frankreich abgesehen und traf dazu mit vieler Umsicht seine Vorbereitungen. Aber auch Ludwig XIV. blieb nicht müßig. Trotz des schrecklichen Elendes, das in Frankreich herrschte, brachte er sein Heer bis auf nahe an 400,000 Mann, so daß es in der Thal den Verbündeten jetzt auch an Zahl überlegen war. Er wollte nicht allein Wilhelm III. bestegen, sondern auch dessen Verbündete, die Teutschen und Spanier bedrängen und den Herzog von Savoyen für seinen vorjährigen Einfall in die Dauphiné züchtigen. Tourville, Boufflers, Catinat wurden für ihre Verdienste durch den Marschallstab belohnt. Aber es geschah noch mehr, um die in Frankreich so mächtigen Triebfedern des Ehrgeizes und der persönlichen Eitelkeit anzufeuern: der Orden des heiligen Ludwig für kriegerische Tapferkeit wurde gestiftet, der mit hoher Auszeichnung für den Träger zugleich eine lebenslängliche beträchtliche Pension verband. Außer den schon vorhandenen fünf Armeen — die flandrische unter Luxemburg, die Mosel-Armee unter Boufflers, die deutsche unter Lorges, die italienische unter Catinat, die catalonische unter Noailles — wurde noch eine sechste unter dem Herzoge von Orleans zum Schutze gegen die Engländer über die Westküste zerstreut.

Allein man bemerkte bald, daß Louvois' Energie und unvergleichliche praktische Geschicklichkeit nicht mehr die französischen Heere leiteten. Wie früher Mons und Namur, so wollte der König jetzt Lüttich überfallen: aber die dazu bestimmten Truppen waren erst Anfang Juni marschbereit — nach Art der deutschen Reichsvölker. Inzwischen hatte Wilhelm III. Zeit gefunden, die bedrohte Stadt mit 15,000 Mann zu besetzen und sich so vortheilhaft aufzustellen, daß Ludwig ihn nicht anzugreifen wagte. Beschämt über diesen kläglichen Ausgang einer vorher vom Könige selbst pomphaft angekündigten Unternehmung kehrte derselbe sofort nach Versailles zurück. Es war eine persönliche Schande für den großen König, wie 1676. Er war nun endlich über seine Begabung als Feldherr gründlich enttäuscht, und so viele Kriegsjahre er auch noch erlebte, ins Feld ist er nicht mehr gezogen.

Seine Generale erfochten indeß neue Triumphe. Der Marschall von Lorges erstürmte in Folge der Verrätherei des Kommandanten mit leichter Mühe Heidelberg (Mai 1693); die unglückliche Stadt wurde gänzlich niedergebrannt, die Asche der Kurfürsten der Pfalz aus den Gräbern gerissen und in den Neckar geworfen. Ganz Deutschland erbebte bei diesen Greueln, aber die Kraft zur Rache fehlte. Ein Glück, daß der tüchtige Ludwig von Baden aus Ungarn abberufen und an die Spitze der Reichsarmee gestellt wurde; er drängte die Franzosen, obwohl sie von Belgien her bedeutend verstärkt und von dem Dauphin selbst befehligt waren, über den Rhein zurück.

War hier wenigstens weiteres Unheil verhütet, so erlitten doch die Verbündeten auf den andern Kriegsschauplätzen lediglich Verluste. Noailles eroberte die wichtige Festung Rosas in Catalonien. Trotz der unleugbaren Ueberlegenheit der verbündeten Kriegsflotten beherrschten die kühnen französchen Kaper die See und fügten dem englischen und holländischen Handel den schlimmsten Schaden zu. Am 29. Juli 1693 griff Luxemburg mit einem weit zahlreichern Heere Wilhelm III. selbst in dessen fester Stellung bei Neerwinden an; nach langem blutigen Kampfe wurden die Verschanzungen des rechten Flügels der Aliirten erstürmt, dieselben zum Rückzuge gezwungen. Die Schlacht war die mörderischste des ganzen Krieges und hatte auf beiden Seiten an 30,000 Menschen das Leben gekostet. Huy und Charleroi fielen dem Marschall in die Hände. Sonst war freilich die Schlacht bei Neerwinden ebenso ergebnißlos wie die bei Steenkerken. Wilhelm III., der Mann der langsamen Entschlüsse, dem es auf dem Schlachtfelde an dem erforderlichen schnellen Blick fehlte, war ein Meister in der Kunst, durch weise Anordnungen und geschickte Manöver eine Niederlage wieder gut zu machen. Nach 14 Tagen stand er wieder mit 60,000 Mann dem Marschall gegenüber.

Ebenso hatte Catinat bei seinem undankbaren Feldherrnthum in den piemontesischen Alpen doch den Vortheil auf seiner Seite. Er nöthigte die Verbündeten zur Aufhebung der Belagerung von Piguerol und schlug sie auf ihrem Rückzug bei Marsaglio, im Oktober 1693. Wenigstens hatten die Kaiserlichen gehofft, Revanche gegen die Türken zu nehmen: aber sie wurden nach dem Weggange Ludwigs von Baden von höchst unfähigen Generalen befehligt, welche von der Belagerung Belgrads mit Spott und Verlust abzuziehen sich gezwungen sahen. Von einem Frieden mit den Türken war nicht mehr die Rede; der Uebermuth derselben ging vielmehr so weit, daß sie den holländischen Gesandten, welcher ihren Frieden mit dem Kaiser hatte vermitteln wollen, ins Gefängniß warfen.

Gewiß hatte Ludwig XIV. in diesem Kampfe nicht so schnelle und entscheidende Erfolge erlangt, wie in den vorigen Kriegen. Allein war nur dazu ganz Europa in den Streit gegen ihn gezogen? Hatte es sich nicht vielmehr darum gehandelt, Frankreichs Uebergewicht zu zerstören, es zu demüthigen, seine zu tyrannischer Unterdrückung verwandte Kraft für viele Jahre zu brechen? Davon war noch nichts erreicht: im Gegentheil, seit 1690 schloß jedes Jahr mit einem neuen Erfolge Ludwigs XIV. ab. Das südöstliche Viertel der spanischen Niederlande, Savoyen und Nizza, der Norden Cataloniens waren in Frankreichs Gewalt gerathen, während dessen Gegner nicht ein französisches Dorf das ihre nennen durften. Auf allen Seiten Siege der französischen Waffen; zumal Luxemburg konnte von dem Volke wegen der zahlreichen Trophäen, die er zum Aufhängen in der Kathedrale nach Paris einsandte, mit dem ehrenvollen Spottnamen des „Tapezierers von Notre-Dame" bezeichnet werden. Kein Feldzug war so glücklich für Frankreich gewesen, wie der letzte, der des Jahres 1693 — und doch fühlte Ludwig XIV. die Nothwendigkeit, Frieden zu schließen! Es war gewiß nichts Geringes, daß dieser Fürst, seiner Gewohnheit zuwider, sich mit dem Anerbieten von Opfern an seinen Gegner wandte. Nicht allein daß er auf alle seine Eroberungen in diesem letzten Kriege verzichten wollte, er erbot sich auch, seine

Festungen auf dem Trierer Gebiete, sowie Freiburg an Deutschland zurück=
zugeben und für immer seine Ansprüche auf die spanischen Niederlande
abzuthun.

Diese Bedingungen wurden nicht angenommen. Ein Blick auf die
inneren Zustände Frankreichs wird uns den Grund für die ungewohnte
Demuth Ludwigs XIV., für die durch die bisherigen Kriegsereignisse so wenig
gerechtfertigte Zuversicht seiner Gegner klar machen.

Drittes Kapitel.

Ermatten Frankreichs; der Friede von Ryswyk.

Frankreich war nicht reich genug seinen Ruhm zu bezahlen. Trotz
der unendlichen Hülfsquellen dieses fruchtbarsten, gesegnetsten, bevorzugtesten
aller europäischen Länder erlag es den Anforderungen, welche der nun schon
im fünften Jahre mit Anspannung aller Fibern wider den ganzen Erdtheil
geführte Krieg ihm auferlegte. In den ersten Jahren hatten 40 Millionen
Livres (= 240 Mill. Franken) jährlich an außerordentlichen Einnahmen
genügt; seit 1693 brauchte man deren jährlich an 60 Millionen (= 360
Mill. Franken). Es war das eine auf die Länge unerträgliche Anforderung
für ein Land von etwa 18 Millionen Einwohnern, dessen untere Stände
bereits eine staatliche Steuerlast von etwa 150 Millionen Livres (= 900 Mill.
Franken) zu tragen hatten, und dessen Handel und Industrie in Folge des
Krieges schwer darniederlagen, während dem Aderbau die 450,000 Paar
kräftigen Arme fehlten, die jetzt anstatt des Pfluges und der Hacke die
Muskete und den Degen handhaben mußten. Alle jene Summen durch
Steuern zu erheben, war um so mehr unmöglich, als die Steuerkraft des
Reiches von Jahr zu Jahr abnahm; man fuhr also auf dem gefährlichen
Wege des Aemterverkaufs und der Anleihen fort. Das Amt schien nur mehr
eine Bedeutung als Einnahmequelle für den Staat zu haben. Im Mai 1691
verkaufte man neue Aemter für 25 Millionen Livres; unberechenbar ist der
Schaden, welchen dieselben durch finanzielle Bedrückungen, sowie durch die
Hemmnisse, Beschränkungen, Entmuthigungen, die sie dem Verkehre auferlegten,
dem Volke brachten. Jeder dieser neu Beamteten suchte seine Kaufsumme
binnen wenigen Jahre auf Kosten der Unterthanen wieder einzutreiben.
Außerdem wurden diese Tausende — und es waren ja gerade die Reichsten des
dritten Standes — durch ihr Amt in Zukunft von aller Vermögenssteuer befreit,
dieselbe — denn deren Betrag durfte sich nicht mindern — auf ihre ärmern bis=
herigen Standesgenossen abgewälzt. Man verkaufte das Amt, Tauf=, Trau=
und Todtenscheine auszustellen, das Amt des Austernhandels; früher hatten
die Gewerke das Recht gehabt, ihre Altmeister und Schöffen zu ernennen,

aber schon 1691 wurde es ihnen ohne Weiteres genommen und zum erblichen Besitze verkauft; dann wurden sogar die Kaffee- und Chokoladenverkäufer privilegirte königliche Beamte (Januar 1692). Freilich stieg infolge dessen der Preis des Kaffees auf vier Livres (= 24 Franes) das Pfund, der der Chokolade gar auf 6 Livres (= 36 Franken)! Alle neuen Adelstitel seit dem 1. Januar 1601, die nicht bei der königlichen Finanzverwaltung eingeschrieben waren, wurden im Dezember 1692 für ungültig erklärt — diese furchtbare Beeinträchtigung des persönlichen Standes und Besitzes geschah selbstverständlich nur, damit die Betroffenen ihre Titel von neuem kauften. Dazwischen Steuern des Langued'oc von zwei und drei Millionen, der Stadt Paris von 6½, Millionen, der Provence von 800,000 Livres, des Klerus von 4, 8, 12 Millionen! Und nicht minder beschritt man den Weg der Anleihen, die jedes Jahr zu 18, zu 10 Millionen Livres u. s. w. gemacht wurden. Allmählich aber versiegten beide Quellen. Es gab keine Aemter mehr zu verkaufen oder doch keine Käufer mehr für dieselben, und der öffentliche Kredit war erschöpft. So mußte man im Beginn des Jahres 1693 dazu schreiten, die königlichen Domänen zu veräußern. Aber noch schlimmer. Jene geringe Münzverfälschung des Jahres 1690, um nur fünf Prozent, war eben wegen ihrer Bedeutungslosigkeit ohne üble Folgen vorübergegangen. Hierdurch ermuthigt schritt die Regierung auf dem unheilvollsten, verderblichsten Pfade weiter vorwärts. Im September 1693, in den glorreichen Tagen von Neerwinden und Marsaglia, erschien ein Edikt, welches bei schwerer Strafe die Herausgabe aller Gold- und Silbermünzen der Privatleute forderte, an deren Stelle mindergehaltige mit demselben nominellen Werthe wiedergegeben werden sollten. Die Verschlechterung sollte 15 Prozent betragen, so daß man nach den früheren Erfahrungen auf einen Nutzen von über 50 Millionen Livres für den König hoffte; allein anstatt der früher zum Umwechseln gebrachten 350 Millionen Livres kamen dieses Mal trotz der strengen Drohungen nur 200 Millionen ein, so daß der Vortheil kaum 30 Millionen Livres betrug; das andere vollwichtige Geld hielt man bis auf bessere Zeiten versteckt. Diese Münzveränderungen brachten tiefgehende Verwirrung in allen Zweigen des Lebens hervor; denn begreiflicher Weise vermochten die minderhaltigen Münzen nicht denselben Werth zu bewahren, wie früher die besseren. Kapitalisten, Rentner, Gläubiger, Beamte hatten darunter zu leiden, indem ihr Vermögen und Einkommen beträchtlich vermindert ward; die Spekulation bemächtigte sich dieser Schwankungen zu einseitigem, unfruchtbarem Gewinne.

Aber trotz aller solcher, zum Theile sehr bedenklicher Geldquellen genügten die Einkünfte nicht mehr. Die Lieferanten sahen sich mit ihren Rechnungen auf bessere Zeiten vertröstet, und begreiflicher Weise wurden die Vorräthe, die sie den Armeen und der Flotte zuführten, schlechter in ihrer Beschaffenheit, wurden die Preise höher und beschwerlicher für den Staat. Auch der Lohn der Soldaten, der bis dahin stets regelmäßig ausgezahlt wurde, blieb nunmehr häufig Monate lang im Rückstande, und darunter litten Disziplin und Kampfeseifer bei den Truppen in auffallendem Maße; in den nächsten Jahren trat dies immer deutlicher hervor. Kein Wunder, daß die königlichen Bauten eingestellt, die Künstler und Kunstgewerbtreibenden ohne Aufträge gelassen, die königlichen Vergnügungen unterbrochen, selbst die königliche Tafel beschränkt wurde, zur großen Unzufriedenheit der Höflinge. Aber nicht nur die Gnadenpensionen, sondern auch die Gehälter der Beamten wurden nicht mehr ausbezahlt: das ganze Staatsgebäude drohte aus den Fugen zu gehen. Selbst das bisher so gehorsame Parlament murrte und wollte keine neuen Finanzedikte mehr einregistriren. Schon kam es in den Provinzen hier und da wieder zu Aufständen, die mit Waffengewalt unterdrückt werden mußten. Besonders die protestantischen Bergbewohner im Südosten Frankreichs waren seit dem Jahre 1689 in Waffen und fanden selbst bei Katholiken Unterstützung. Nur durch Massenhinrichtungen konnten sie wieder gezügelt werden.

Die Noth dehnte sich in der That über das ganze Land aus. Die Höhe der Einfuhr- und Ausfuhrabgaben übte auf Ackerbau und Gewerbfleiß den beklagenswerthesten Einfluß. Getreide und Wein, in Frankreich in großen Quantitäten erzeugt, konnten nicht mehr exportirt werden, weil sie mit allzuhohen Abgaben belegt waren. Die Arbeiter der Luxusindustrien, denen während des Krieges die Auflagen verdoppelt wurden, wanderten in das Ausland. Die Landleute, die zum Theil für ihre Bodenerzeugnisse keinen Absatz mehr fanden, alle aber unter der Höhe der Steuern und den Chikanen der Steuereintreiber die besten Früchte ihres Fleißes verschwinden sahen, schränkten ihren Betrieb auf das zum eigenen Lebensunterhalt Unentbehrliche ein. Zumal Viehzucht und Weinbau wurden in erschreckendem Maße verringert; man konnte in manchen fruchtbaren und milden Gegenden Mittel- und Südfrankreichs fünf, sechs Meilen weit reisen, ohne eine Rebe anzutreffen. Infolge dessen trat schon im Jahre 1691, das noch keine auffallend schlechte Ernte gegeben hatte, doch Mangel und Theuerung der Lebensmittel ein.

Allein das war nur ein Vorspiel dessen, was noch kommen sollte. Der Sommer von 1692 war ungewöhnlich naß und kalt, die Ernte äußerst unergiebig; von außen sperrte der Krieg die Zufuhr. Die Hungersnoth begann sich in ihrer erschreckenden Gestalt zu zeigen. Haufen von Landleuten kamen bettelnd, drohend an die Thore der Städte; die Intendanten hingen einige von ihnen auf, um sie abzuschrecken, aber die Leute sagten, sie wollten lieber gehängt werden, als verhungern. In Paris griff das Volk die Marktleute und die Beamten an, selbst Soldaten mischten sich unter die Aufrührer. In einer kleinen Stadt, wie Laon, gab es 1200 Arme, die von der öffentlichen Mildthätigkeit unterhalten werden mußten. Was halfen gegen solche Noth die Almosen des Königs und einzelner edler Bischöfe? Es war ein Tropfen auf heißem Stein! Infolge des Anwachsens der Armuth nahmen die königlichen Einkünfte reißend ab; die Vermögenssteuer, die früher an 50 Millionen guten Geldes jährlich gebracht hatte, ergab nur noch 36 Millionen schlechter Münze. Und doch mußten die königlichen Kassen für die Verproviantirung des Heeres und der Flotte jetzt die Hälfte, ja zwei Drittel mehr bezahlen als früher!

Noch immer hatte man auf eine gute Ernte für das nächste Jahr als auf die Abhülfe der Noth gehofft; doch sie war im Sommer 1693 noch schlechter! Schon Ende August stieg der Preis des Getreides auf das Dreifache des sonst gewöhnlichen, auf 34 Livres für den Septier. Mit Grausen erzählte man sich, daß Eltern ihre Kinder tödteten, weil sie dieselben nicht mehr ernähren konnten; daß die Leichname von den wahnwitzig Hungrigen verspeist würden. Vergebens suchte die Regierung in der damals beliebten Weise durch Einschreiten gegen die Getreideaufkäufer eine Besserung zu schaffen; indem sie willkürliche billige Preise für Getreide, Mehl und Brod vorschrieb, gab sie nur zur Verbergung derselben Anlaß und regte das Volk noch mehr auf. Dieses widersetzte sich in vielen Provinzen jedem Transport des Getreides, um es bei sich zu behalten: natürlich wurden infolge dessen nur die Märkte leer, und versteckten die Landleute und Händler ihre Vorräthe, um ihrer nicht für allzu billigen Entgelt oder ganz umsonst beraubt zu werden. Von der Regierung mit polizeilichen Maßregeln, von dem Volk mit Plünderung und Schlägen bedroht, stellten die meisten Bäcker ihr Geschäft ein. Verzweiflung, Unordnung herrschten in den meisten Theilen des Reiches, ohne daß die Regierung Kraft gehabt hätte, ihr mit Güte oder Strenge abzuhelfen. Man schreibt Fénelon einen Brief zu, den er damals anonym an Ludwig XIV. gerichtet; es heißt darin: „Ihre Völker, die Sie lieben müßten wie Ihre Kinder, sterben vor Hunger. Der Anbau der Aecker ist beinahe ganz aufgegeben; die Städte und Dörfer sind entvölkert, alle Gewerbe liegen darnieder und ernähren ihre Arbeiter nicht mehr. Aller Handel ist vernichtet. Frankreich ist nur noch ein großes trost- und brodloses Hospital. Das Volk, das Sie so geliebt hat, verliert Freundschaft, Vertrauen, ja alle Achtung vor Ihnen." — Ganz ebenso sprach die Maintenon, wenn auch in gemäßigterem Tone. „Ich bin des Krieges herzlich müde," schrieb sie im August 1693, „und ich würde Alles für den Frieden geben!" Und der Minister Ponchartrain, der in dem Finanzdepartement bisher sonst das Unmögliche geleistet hatte, sagte dem Könige: seine Angelegenheiten seien in schlechtem Zustande, und der wahre Ruhm eines Monarchen bestehe vielleicht mehr darin, seine Unterthanen glücklich zu machen, als eine Festung mehr zu besitzen. In Paris aber wurden zahlreiche Personen auf die Folter oder in die Bastille gebracht, wegen der heftigen Spott- und Schmähschriften, die wider Ludwig unter dessen eigenen Augen erschienen!

Die Armeen konnten für den Feldzug des Jahres 1694 nur durch neue Anleihen zu excessiven Bedingungen, ja durch persönliche Opfer der Generale und Officiere nothdürftig unterhalten werden; trotzdem nahmen unter den schlecht bezahlten Soldaten Raub, Diebstahl, Meuterei überhand.

Wendepunkt des Krieges. 315

Mit solchen Truppen konnte man nicht mehr offensiv verfahren. Auf allen Kriegsschauplätzen erlahmte die Thatkraft Frankreichs; nur in Catalonien, wo man das kläglich zerrüttete und heruntergekommene Spanien gegenüber hatte, vermochte der Marschall von Noailles, indem er sein eigenes bedeutendes Vermögen aufopferte, energischer aufzutreten, das kleine spanische Heer zu schlagen und einige Festungen einzunehmen. Catinat in Piemont, der Dauphin am Rhein verhielten sich durchaus nur defensiv. Die Hunderte von Festungen, die man mit Garnisonen versehen mußte, verschlangen ein Drittheil des französischen Heeres; nicht mit Unrecht hatte Vauban selbst die Uebersahl jener verurtheilt. In den Niederlanden, wo der beste der französischen Generale, Luxemburg, die Elite der französischen Heere besehligte, vermochte er doch nur Wilhelm III. von einem Einfalle in die französischen Provinzen abzuhalten. Er konnte aber nicht verhindern, daß der König eine der beiden im vorigen Jahre verlorenen Städte, Huy, wieder zurückeroberte.

Und ganz blieb auch Frankreich selbst von den unmittelbaren Schlägen des Krieges nicht verschont; es hatte aufgehört unverletzlich zu sein, während es übermüthig Greuel und Verwüstung in die Nachbarländer trug. Die verbündete Flotte, der kein französisches Geschwader entgegen zu treten wagte, bombardirte Dieppe bis zur völligen Vernichtung; dann brannte sie auch den Havre zum großen Theile nieder. Andere Unternehmungen, gegen Dünkirchen und Calais, mißlangen.

Immerhin bildete dieses Jahr 1694 den Wendepunkt des Krieges. In dem Herbste wurde es Ludwig XIV. wie seinen Gegnern klar, daß Frankreich zu ermatten beginne, daß es nicht mehr im Stande sei, den auf die Länge übermächtigen Feinden erfolgreichen Widerstand zu leisten. Man bedenke doch, was, trotz aller einzelner Vortheile, durch die Wucht der Thatsachen und Verhältnisse dem französischen Monarchen schon verloren gegangen war. Jeden Einfluß auf Deutschland hatte er eingebüßt. Einst hatte er sich als unumschränkten Herrn des oberen und mittleren Italien bis zur neapolitanischen Grenze hin betrachten können: jetzt schalteten die kaiserlichen Generale in jenen Gegenden nach freiem Belieben, und die italienischen Fürstenthümer und Republiken erschienen wie Provinzen des Hauses Oesterreich. Großbritannien war Ludwigs Freunde Jakob endgültig entzogen und in der Gewalt seines entschiedensten und unversöhnlichsten Gegners. Es war selbst für den König Sonne nichts Kleines, sich die Feindschaft ganz Europas aufzubürden!

Man behauptet gewöhnlich, daß ein Krieg der freiheitlichen Entwickelung des Volkes, das ihn zu führen hat, nicht günstig sei; richtiger wäre es zu sagen, daß ein jeder Krieg diejenige Gewalt stärkt, welche die überwiegende in dem betreffenden Staate ist. In England zog nur die Gewalt des Unterhauses einen Vortheil aus dem langdauernden Kampfe. Um sich den Beistand der Volksvertretung für denselben zu sichern, mußte Wilhelm seine ernst gemeinten Versuche, eine selbständige königliche Macht außerhalb des Parlamentes und über den Parteien zu begründen, aufgeben. Schon im Beginne des Jahres 1694 hatte er seine letzten Toryminister entlassen und seine Regierung ausschließlich aus den das Unterhaus beherrschenden Whigs gebildet. Am Schlusse dieses Jahres mußte er nach langem Sträuben die sogenannte Triennialbill annehmen, welche unabhängig von dem königlichen Willen die Erneuerung der Volksvertretung nach dreijähriger Dauer vorschrieb. Seitdem war die Theilnahme des Königs an der Gesetzgebung nur eine nominelle, seitdem hat kein englischer Monarch mehr einem vom Unter- und Oberhaus angenommenen Gesetze die Zustimmung versagt mit den altgebräuchlichen Worten: Le Roy advisera. Freilich wurde er für dieses Opfer belohnt: das Parlament bewilligte für Flotte und Kriegsheer 5 Millionen Pfund Sterling, die nach heutigem Geldwerthe etwa 300 Millionen Mark entsprechen.

Solchen Anstrengungen seines hauptsächlichsten Feindes gegenüber sah Ludwig XIV. sich genöthigt, seinem erschöpften Volke neue Opfer zuzumuthen. Eine Kopfsteuer ward ausgeschrieben, nach dem Rang und Vermögen in 22 Abtheilungen abgestuft, welcher alle Unterthanen, auch Adel und Geistlichkeit nicht ausgenommen, bis zu den Prinzen von Geblüt unterworfen wurden: sie ging von 2000 Livres bis zu einer Livre herunter. Ferner mußte die Geistlichkeit wieder zehn Millionen auf sich nehmen. Außerdem Verlauf der königlichen Domänen und vieler königlichen Reservatrechte! Und dennoch neue Einschränkungen in der Kriegführung! Frankreich verzichtete vollständig auf den Unterhalt einer Flotte; die Seesoldaten und Matrosen wurden aufs Land gebracht, um die Küsten gegen etwaige Angriffe der Verbündeten zu vertheidigen. Ueberall sollten die französischen Heere sich nur vertheidigungsweise verhalten. Unter diesen Umständen waren neue Verluste unvermeidlich, zumal Frankreich in dieser gefährlichen Zeit seinen besten General verlor: der Sieger von Fleurus, Steenkerken und Neerwinden, Luxemburg starb in den ersten Tagen des Jahres 1695. Ein entsprechender Ersatz ward nicht gefunden; das Reich war offenbar wie an materiellen so auch an geistigen Kräften erschöpft. Selbst in Catalonien sprengte man die Mauern einiger Festungen, die zu behaupten man nicht mehr hoffte.

Aber bedeutsamer als alles dies war das Opfer, das Ludwig XIV. in Italien brachte. Hier wieder festen Fuß zu fassen, die österreichisch-spanische Alleinherrschaft über die Halbinsel zu brechen, lag dem Könige vor allem am Herzen, und dazu bedurfte er des Hüters der Alpenpässe, des italienischen Verbündeten der Coalition, des Herzogs von Savoyen. Wirklich hatte der schlaue Victor Amadeus ihm wiederholentlich seinen Abfall von der großen Allianz in Aussicht gestellt, aber unter einer schwerwiegenden Bedingung Casale, der große Waffenplatz Frankreichs in Oberitalien, müsse geräumt werden, damit Piemont sich nicht auf zwei Seiten von Frankreich eingeschlossen finde. Er stellte dem Könige vor, wie sie beide das gleiche In-

Zurückweichen der Franzosen.

teresse daran hätten, Casale nicht in die Hände der Kaiserlichen fallen zu sehen, und schlug deshalb vor, dasselbe möge nach einer Scheinbelagerung zur Täuschung der Verbündeten unter der Bedingung der Schleifung der Festungswerke und der Uebergabe an den rechtmäßigen Besitzer, den Herzog von Mantua, von den Franzosen verlassen werden. In der Hoffnung, den Savoyer dadurch zu gewinnen, ging Ludwig auf diese Abmachung ein, und im Juli 1695 wurde Casale nach einer Scheinbelagerung, die noch Hunderten von Menschen das Leben kostete, dem Herzoge von Mantua eingeräumt. So opferte Ludwig einen Platz, dessen Gewinnung viele Jahre der Intriguen und ungeheure Geldsummen gekostet und als fast nicht weniger wichtig denn die Kapitulation Straßburgs begrüßt und gefeiert worden war. Und das Schlimmste war, daß diese schmerzliche Demüthigung eine ganz vergebliche war; denn nachdem Victor Amadeus als Preis seiner Friedensverheißungen die Aufgabe Casales erlangt hatte, forderte er noch, und zwar für sich, Pignerol. Hierzu aber konnte Ludwig sich nicht entschließen, da er mit Casale wenigstens nur etwas weggegeben hatte, was er selbst erobert, Pignerol ihm aber schon von Richelieu überliefert worden war. Noch von den Errungenschaften seiner Vorgänger zurückzuweichen — das war für den großen König ein furchtbarer Gedanke!

Allein er mußte sich doch allmählich mit demselben vertraut machen, da sich die Gegner ihm allzusehr überlegen zeigten. Der Marschall Villeroy, der die große französische Armee in Flandern befehligte, ein Geschöpf der Hofgunst, ein lebender Beweis, daß dem alternden Ludwig XIV. seine frühere königliche Gabe, seine Werkzeuge mit untrüglichem Scharfblicke zu wählen, abhanden gekommen war — Villeroy war ein höchst ungenügender Ersatz für Luxemburg. Er ließ sich durch geschickte Manöver Wilhelms täuschen, als wollte dieser die französischen Besitzungen in Flandern angreifen. Plötzlich aber war Wilhelm nach dem Osten zu verschwunden und erschien vor Namur. Namur war die wichtigste Eroberung der Franzosen in diesem Kriege; Vauban hatte sein ganzes Genie aufgeboten, um sie durch neue Werke uneinnehmbar zu machen; man hielt sie schlechthin für die stärkste Festung Europas; der tapfere und umsichtige Boufflers hatte Zeit gefunden, sich mit 16,000 Mann der besten Soldaten Ludwigs in dieselbe zu werfen. Jeden Augenblick hatte Wilhelm zu fürchten, Villeroy vor seinem Lager eintreffen zu sehen. Indeß zu seinem Glücke ließ sich der französische Marschall durch die Manöver des verbündeten Generals Vaudemont aufhalten, und inzwischen betrieb der große holländische Ingenieur Coehorn, der Nebenbuhler Vaubans, mit unermüdlichem Eifer die Belagerung (Juli 1695); Wilhelm schonte, wie immer, das Blut seiner Soldaten nicht, Engländer, Holländer, Baiern und Brandenburger sochten wetteifernd unter den Augen des Königs. Nach drei Wochen war die erste Linie der Werke gefallen, Anfang August auch der innere bedeckte Weg genommen; Boufflers hielt es an der Zeit, mit seiner geschwächten Besatzung die Stadt zu räumen und sich in die Citadelle zurückzuziehen.

Da Villeroy sich nicht stark genug zu einem direkten Entsatze fühlte, so versuchte er es mit einer Diversion, die zugleich den Zweck hatte, die Verbündeten für den Schaden zu bestrafen, den ihre Flotte neuerdings den französischen Seeplätzen zugefügt hatte. Er bombardirte Brüssel; 1500 Häuser gingen mit zahllosen Reichthümern in Flammen auf; der Schade wurde auf 25 Millionen Livres veranschlagt. Aber Wilhelm ließ sich dadurch nicht von seinem Vorhaben abbringen. Boufilers sah keine Rettung; und nachdem ein Sturm, bei dem sich die Brandenburger durch Geschicklichkeit und Kühnheit gleich auszeichneten, die Außenwerke der Citadelle in die Gewalt der Verbündeten gebracht hatte, übergab er die letzten Werke von Namur, am 1. September 1695, auf freien Abzug der noch 5000 Mann zählenden Garnison.

Die Einnahme Namurs durch die Verbündeten brachte in und außerhalb Frankreichs einen ganz außerordentlichen Eindruck hervor. Namur war die persönliche und Lieblingseroberung Ludwigs XIV. gewesen, der in ihr einen Grund gefunden hatte, seinen Gegner öffentlich zu verhöhnen. Jetzt war es, ohne daß die Franzosen darum eine Schlacht gewagt hätten, von eben diesem Gegner zurückgenommen. Darin lag der Beweis, daß die Sache, die von Wilhelm III. vertreten wurde, über diejenige triumphirte, die sich in der Persönlichkeit Ludwigs XIV. verkörperte. Nur dieser Umstand erklärt die Tiefe des Schmerzes, den die Kapitulation in Frankreich, und den lauten Jubel, den sie in den verbündeten Staaten hervorbrachte.

Dieser Erfolg kam für Wilhelm sehr gelegen. Der Tod seiner Gemahlin Maria, der eigentlichen Erbin Englands, in den ersten Tagen des Jahres 1695 hatte den Streit über die Art der Regelung der weitern Erbfolge in England zwischen Whigs und Tories von neuem mit großer Heftigkeit entzündet. Der Zustand der Münzen, die seit Jahrzehnten nicht geregelt worden, war beunruhigend und aufregend. Aber die lebhafte Begeisterung, die durch die Nachrichten von dem Festlande in England hervorgerufen wurde, bewirkte, daß bei den Neuwahlen zum Unterhause im Jahre 1695 Freunde des Königs, gemäßigte Whigs, in großer Mehrheit durchkamen. Indeß zu einer kräftigen Fortführung des Krieges fehlten die Mittel. Die Geldkrisis drückte schwer auf die Verhältnisse und die Stimmung in Großbritannien; man sehnte sich lebhaft nach dem Frieden, welcher Ruhe, Sicherheit vor den unternehmenden französischen Kapern und eine Minderung der enormen Ausgaben für Heer und Flotte bringen würde. England war bisweilen in Verlegenheit, seine Truppen auf dem Kontinente zu bezahlen, und Wilhelm glaubte Meutereien unter denselben fürchten zu müssen.

Zum Glück für die Verbündeten war Frankreich in einer noch traurigern Lage. Weder neue Steuern noch neue Aemter verschlugen mehr, da die finanzielle Kraft des Volkes offenbar völlig versiegt war. In dieser Noth mußte Ludwig, der stolze Verächter des Bürgerthums, der streng aristokratisch gesinnte Monarch, zu einem Auskunftsmittel greifen, das ihm gewiß schwer

Friede in Italien.

genug anlam: er bot 500 Adelstitel für eine bestimmte Geldsumme aus. War dies schon eine schmerzliche Erniedrigung für ihn selbst wie für den stolzen Adel, so vergrößert noch ein weiterer Umstand die Temüthigung: da sich für den anfänglichen Preis von 10,000 Livres nicht genug Käufer fanden, so setzte der König denselben auf 6000 Livres (etwa 30,000 Francs) herab! Für eine erbärmliche Summe von drei Millionen Livres schlug er allen Ueberlieferungen seiner Regierung ins Gesicht! Eine traurige Nothwendigkeit für den großen König.

Von beiden Seiten führte man in diesem Jahre nichts von Bedeutung aus. Des Kaisers Interesse war auf den Türkenkrieg beschränkt, der wieder glänzende Hoffnungen für das Haus Oesterreich im Osten erweckte. Alle andern Mächte waren völlig erschöpft.

Endlich gelang es Ludwig, den Fehler, den er im Beginne des Krieges begangen, wieder gut zu machen, indem er den Savoyer von der Koalition loslöste: aber für welche Opfer! Nach Casale auch Pignerol. Es kostete dem Stolze Ludwigs XIV. ungeheuer viel, diese wichtige Erwerbung Richelieus aufzugeben und noch dazu an einen so kleinen und gering geschätzten Gegner, wie den Herzog von Savoyen, es kostete seiner Politik nicht weniger, diesen „Schlüssel zur Thüre Italiens" aus der Hand zu lassen. Allein Ludwig wünschte, wenigstens gegen Italien kein Heer mehr unterhalten zu müssen; er hoffte durch den Abfall Victor Amadeus' von der Koalition den Anstoß zur Auflösung derselben zu geben. Nach langen Verhandlungen schloß er im Mai 1696 mit dem Herzoge ab; in dem Vertrage erschien er durchaus als Besiegter. Er überließ dem Savoyer Pignerol, verzichtete auf das seit Richelieu von Frankreich über Savoyen behauptete Protektorat, gab den Anspruch auf die Vernichtung der Waldenser auf und stipulirte die für Victor Amadeus so glänzende Vermählung von dessen Tochter mit dem Herzog von Burgund, dem ältesten Sohne des Dauphin! Wahrlich, ein verlockender Preis für den Abfall.

Die Verbündeten waren auf das höchste entrüstet über die Treulosigkeit des Savoyers, den sie nur deßhalb mit Geld und Truppen überreichlich unterstützt zu haben schienen, damit derselbe sich der französischen Oberhoheit entledigte. Allein nach dessen Schwenkung blieb ihnen kaum etwas anderes übrig, als gleichfalls auf den Kampf in Italien zu verzichten; im Oktober 1696 schlossen sie mit Ludwig zu Vigevano einen Neutralitätsvertrag für die Halbinsel ab.

Mit diesem Vorgange war eigentlich der Krieg als beendet zu betrachten; bei der allgemeinen Erschöpfung steigerte er die Friedenssehnsucht aller Völker zu einer geradezu unwiderstehlichen Stärke. Aber um so weniger wollte jede der kriegführenden Mächte den Anschein haben, zuerst um Frieden zu bitten. Wilhelm sagte dem Parlamente: das beste Mittel, den Frieden zu erhalten, sei, ihn mit den Waffen in der Hand zu erzwingen. Ludwig machte nach seiner Gewohnheit Geld, indem er „geschworne Möbelverkäufer" und „Heirathsbescheinigungskontroleure" einsetzte und eine schwere Taxe auf alle Wappen legte. Da er nunmehr aus der Dauphiné seine Truppen abziehen konnte, so brachte er in den Niederlanden für das Jahr 1697 ein Heer zusammen, das den Verbündeten überlegen war. Auf der andern Seite gelang es diesen, Dänemark zum Eintritt in die große Allianz zu bewegen.

Allein das Hauptgewicht lag nicht mehr in den kriegerischen Vorfällen, sondern in den Friedensverhandlungen, zu deren Vermittelung sich Schweden schon längst erboten hatte.

Die Münzkrisis in England hatte geradezu bedrohliche Dimensionen angenommen. Die allen minderwerthigen Münzen waren außer Kurs gesetzt, die neuen konnten nicht in hinreichender Menge beschafft werden. Die Bank von England konnte ihre Noten nicht mehr einlösen. Die reichsten Leute mußten ihre Lieferanten mit Schuldscheinen bezahlen, die Regierung nicht minder zu Schatzbons greifen. Diese allgemeine Verwirrung und anscheinende Unsicherheit brachte unter dem gewöhnlichen Volke Mißstimmung und Aufregung hervor; niemand wußte, welches das Schicksal der nächsten Monate sein werde. Nur der Friede konnte Vertrauen, Kredit und damit sichere Hoffnung auf Wiederherstellung glücklicherer Zustände herbeiführen. — Die Generalstaaten hatten immer nur widerwillig, nur durch die Autorität Wilhelms und die Stimmung des dem Oranier ergebenen holländischen Volkes bewogen, an dem Kriege theilgenommen. Allein jetzt waren auch Wilhelm und das Volk dem Frieden geneigt. Die kolossalen Kosten dieses Kampfes, der zum großen Theile mit holländischem Gelde, mit den Subsidien Hollands an Spanien, den Kaiser und die armen deutschen Reichsfürsten geführt wurde, drückten die kleine Republik banieder. Ein Drittel alles eingeschätzten Nationaleinkommens mußte alljährlich in Steuern erhoben werden; eine ungeheure Staatsschuld hatte sich angesammelt: und doch erschien für Holland kein besonderer Vortheil aus einer Fortsetzung des Krieges. Nur dem Kaiser und Spanien konnte dieselbe zum Nutzen gereichen. Aber was es nicht geradezu gefährlich, deren Macht zu vermehren? Die zunehmende Kränklichkeit des aller nahen männlichen Verwandten entbehrenden spanischen Königs stellte binnen kurzem dessen Tod und damit den Anheimfall der ganzen ungeheuren spanischen Monarchie an den österreichischen Zweig der Habsburger in Aussicht. Es hätte dieser Umstand die Macht der kaiserlichen Familie auf eine Weise gesteigert, die für Europa nicht minder bedrohlich gewesen wäre, als das französische Uebergewicht. Kein Wunder, daß England und Holland keine Lust hatten, für dieses Ziel und zum Besten der spanisch-österreichischen Macht noch weiter zu kämpfen. Selbst Wilhelm III. zeigte sich bereit, sein früheres Programm: Herstellung des westphälischen und pyrenäischen Friedens, einigermaßen herabzustimmen. Endlich bot auch Frankreich annehmbare Bedingungen: Herausgabe aller seit dem Nymweger Frieden gemachten Reunionen, auch Straßburgs und Luxemburgs, sowie Herstellung Lothringens.

Freilich bedeutete dies, daß die Freigrafschaft nebst einer Anzahl südbelgischer Festungen bei Frankreich verblieben; indeß Wilhelm III. meinte nicht mit Unrecht, bei der kläglichen Schwäche und Hülflosigkeit Spaniens könne man hierauf keine Rücksicht nehmen. Es handelte sich nur darum, Frankreich zur Anerkennung der protestantischen Erbfolge in England zu bewegen: Ludwig gab sie einstweilen mit halben Worten, um ihre ausdrückliche Erklärung als Preis des Friedens vorzubehalten.

Allerdings Spanien und der Kaiser waren weit davon entfernt, den französischen Präliminarien zuzustimmen: Spanien aus Haß gegen Frankreich überhaupt und um möglichst viele seiner verlorenen niederländischen Festungen wieder zu erhalten; Oesterreich im Wunsche, Frankreich derart besiegt zu sehen, daß es nicht daran denken könne, dem deutschen Zweige der Habsburger die spanische Erbschaft streitig zu machen. Indeß da Wilhelm drohte, die Seemächte würden dann ohne den Kaiser und Spanien Frieden schließen, so nahmen auch diese an dem Kongresse Theil, der am 9. Mai 1697 in Ryswyk, einem Dorfe zwischen dem Haag und Delft, eröffnet wurde.[1]

Es zeigte sich doch bald, daß der Friede nicht so leicht zu Stande kommen werde, wie man wohl gehofft hatte. Der Kaiser forderte Rückstellung alles seit dem Münster'schen Frieden von Frankreich widerrechtlich okkupirten deutschen Gebietes. Aber darauf war nicht zu rechnen bei der kläglichen Rolle, welche das Reich, hauptsächlich durch Schuld des Kaisers, während des Krieges gespielt hatte. Konnten die Deutschen sich darauf berufen, daß es zum überwiegenden Theile deutsche Kriegsvölker gewesen waren, die in Piemont, am Oberrhein und in den Niederlanden Ludwig XIV. bekämpft hatten? Mit nichten, denn die größere Zahl dieser deutschen Truppen hatte im Solde der Seemächte gestanden, war als bezahlte Söldner der Fremden ausgerückt. Durfte man es den Fremden verargen, daß sie nun für sich den Preis des gemietheten deutschen Blutes beanspruchten? Denn nicht des Kaisers Forderung war für Wilhelm die Hauptsache, sondern daß der jakobitischen Partei in England jede Aussicht auf französische Unterstützung abgeschnitten werde. Er verlangte deshalb eine ausdrückliche Erklärung Ludwigs XIV., daß derselbe Jakob II. weder direkten noch mittelbaren Beistand leisten wolle. Nach langen Verhandlungen — denn Ludwig wollte seinen unglücklichen Verbündeten nicht noch persönlich kränken — einigte man sich auf die Formel: der französische König verheiße, die Feinde Wilhelms III. ohne alle Ausnahme nicht zu unterstützen.

Indem dafür Wilhelm auf die Rückführung der französischen Hugenotten in ihr Vaterland verzichtete, war die Verständigung zwischen den beiden Hauptmächten erreicht. Es läßt sich nicht leugnen, Wilhelm III. handelte hier mit echt holländischem Egoismus und Undank. Nur durch Brandenburgs Hülfe war ihm das Unternehmen von 1688, nur durch die 30,000

---

1) Neuhaus, der Friede von Ryswyk. (Freiburg 1873.)

Krieger Brandenburgs die Abwehr Frankreichs am Niederrhein gelungen. Jetzt wurde für dasselbe nichts als der leere Titel Altesse Electorale anstatt des gewöhnlichen Sérénité Electorale ausgemacht! Auf jene vorher genannten Bedingungen kam noch Ende Juli das Einvernehmen zwischen Frankreich auf der einen, England und Holland auf der andern Seite zu Stande; den Holländern wurden, entgegen dem Colbert'schen Systeme, große Handelsvortheile bewilligt: doch erklärte Ludwig, nur bis zu Ende August an das Alles gebunden zu sein. Bald unterwarfen sich auch die Spanier, denn gerade damals erlitten sie von den Franzosen die empfindlichsten Schläge. Nur Kaiser und Reich widerstrebten noch. Das hätte einen Sinn gehabt, wenn Leopold I. ein Heer von 100—120,000 Mann in die Wagschale hätte werfen können: aber was wollte man, gestützt auf höchstens 50,000 kaiserliche und Reichstruppen verlangen? Die unzeitige Halsstarrigkeit des Kaisers gab unter diesen Umständen dem französischen Herrscher nur Gelegenheit, sich nach Ablauf des August seiner Verpflichtungen ledig zu erklären und anstatt des hochwichtigen Straßburg die Rückgabe der in frühern Friedensschlüssen erlangten kleinen vorderösterreichischen Städte Breisach und Freiburg im Breisgau anzubieten! Selbst der englische König war über diese Wendung entrüstet und wollte zuerst den Krieg fortsetzen, aber sowohl die englische Nation wie die maßgebenden holländischen Städte verlangten gebieterisch den Frieden. Auf den dringenden Rath Wilhelms unterzeichnete auch der Kaiser, am 31. October 1697, Ludwig XIV. hatte dem frommen Leopold I. noch ein Pflaster auf die Wunde gelegt; er hatte nachdrücklich gefordert, daß in den von ihm an das Reich zurückzugebenden Landschaften der von ihm zu Gunsten der Katholiken eingeführte Religionszustand auch fernerhin verbleiben sollte. Vergebens widersprachen die protestantischen deutschen Reichsstände, vergebens England und Holland dieser sogenannten Ryswyker Klausel: der Kaiser und die Katholiken waren mit ihr sehr wohl einverstanden, und so ward sie in den Traktat mit aufgenommen.

Der Ryswyker Frieden entsprach keineswegs den Erwartungen, mit denen die Verbündeten, zumal die Deutschen und Spanier, in den Koalitionskrieg gezogen waren. Ludwig XIV. war nicht, wie man gehofft und vorherverkündet hatte, gezwungen worden, alle seine Eroberungen herauszugeben und sich auf den Zustand zu beschränken, welchen die großen Friedensschlüsse unter Mazarin hergestellt hatten. Aber man darf nicht verkennen, daß die Schuld mehr, als den selbstsüchtigen Oranier, den Kaiser trifft, der aller ernstlichen Ermahnungen seiner Verbündeten ungeachtet lieber wohlfeilen Eroberungen im Osten für sein eigenes Haus nachging, als alle seine Kräfte auf den gemeinsamen großen, entscheidenden Kampf für die Freiheit und das Recht ganz Europas zu vereinigen. Man denke, welche Wendung es herbeigeführt, wenn 50,000 erprobte kaiserliche Soldaten unter den tüchtigsten Führern das Reichsheer verstärkt und dann ohne große Mühe den Elsaß erobert hätten! Und noch bei den Friedensunterhandlungen hatte der Kaiser nicht

allein höchst ungeschickt agirt, sondern auch lediglich auf seinen, durchaus aber
nicht auf der Reichsfürsten Vortheil Rücksicht genommen. So war es gekommen, daß Frankreich materiell nicht beträchtliche Einbuße erlitten hatte.
Indeß so vielfache Ursache zur Unzufriedenheit auch der Ryswyker Frieden
gab — er bezeichnet doch den Wendepunkt, an welchem Frankreichs universalmonarchistisches Streben gebrochen wurde. Noch immer behauptete Frankreich
eine hervorragende, die erste Stelle in Europa; indessen daran, sein Belieben
unbedingt zur Geltung zu bringen, durfte es nicht mehr denken. Der Standpunkt des Nymweger Friedens war ja immer noch ein für Frankreich höchst
günstiger: wenigstens hatte es aber das mitten im Frieden Geraubte zurückgeben müssen. Man fand wieder Recht in Europa gegen das Belieben
des „König Sonne". Die Wiederherstellung des Herzogthums Lothringen,
die Kräftigung Savoyens, die Verschließung der Alpenpässe, die Vernichtung
der französischen Partei im Kurfürstenthume Köln entrissen Frankreich diese
Vorlande, über die es fast ebenso unbeschränkt geboten hatte, wie über seine
eigenen Provinzen. Endlich trug die enge Vereinigung katholischer und
protestantischer Mächte wider Ludwig XIV. in diesem Kriege dazu bei, den
Rest politisch-religiöser Sympathien und Antipathien zu verwischen. Allein
so wichtig dieser Friede als Symptom für den Umschwung in den gegenseitigen
Kräfteverhältnissen der europäischen Staaten ist — damals betrachtete man
ihn nur als einen Waffenstillstand, als die kurze Windstille, die eingetreten
sei vor dem gewaltigen Sturme, welchen die Eröffnung der spanischen Erbschaft erregen mußte. Wilhelm selbst sprach dies unmittelbar nach dem
Friedensschlusse in einem Schreiben an den holländischen Rathspensionär
Heinsius aus.

In Frankreich war die Unzufriedenheit nicht geringer als in Deutschland und England; gewohnt, mit jedem Friedensschlusse die Grenzen des
Königreiches sich weiter ausdehnen zu sehen, betrachtete man das Ryswyker
Uebereinkommen als eine offenbare Niederlage für Frankreich. Ungern ließ
man Luxemburg, Freiburg, Caiale und Pignerol aus der Reihe der französischen Festungen scheiden. Aber vor allem, daß England nun endgültig
für die antifranzösische und die protestantische Sache gewonnen war, erschien
als ein schwerer Schlag zugleich für das Reich wie für die Religion. Vergebens strengten die Höflinge sich an, den Ryswyker Frieden als Ausfluß
der hochherzigen „Mäßigung" Ludwigs XIV., seiner innigen Liebe für seine
Völker zu preisen; vergebens wandte sich der König selbst mit beschönigenden
Darstellungen an die französische Nation. Man blieb dabei, die Sache der
Stuarts zu beklagen und in der Rückgabe so vieler mit Strömen von Blut
und Geld erkauften Erwerbungen eine Schmach zu erblicken.

Und wie in der äußern Machtstellung Frankreichs, so vollzog sich auch
in den innern Verhältnissen desselben ein Umschwung, der geradezu eine
Reaktion gegen die Bestrebungen enthielt, welchen der große König in seiner
Jugend und auf der Höhe seines Glückes und seiner Macht beharrlich ge-

folgt war. Nicht als ob der König an absoluter Gewalt eingebüßt hätte; aber er selbst war ein anderer geworden, und von allen Seiten erhoben sich dumpf grollend Kräfte, welche eine stürmische Zukunft versprachen, und denen Konzessionen zu machen selbst Ludwig XIV. sich veranlaßt fand.

Viertes Kapitel.
Der große König auf dem Rückzuge.

Als ein fast Sechzigjähriger ging Ludwig XIV. aus dem zweiten Koalitionskriege hervor. Auch seine starke und gesunde Konstitution hatte den Krankheiten und dem Alter Tribut zahlen müssen. Während des ganzen Jahres 1686 hatte er an einer schmerzlichen Fistel am Rücken gelitten, bis er sich endlich zu einer Operation entschloß, die er in der That mit einer Festigkeit und Ruhe ertrug, die von der Stärke seiner Selbstbeherrschung ein nicht minder günstiges Zeugniß ablegte, als die langen Monate, in denen er sein Uebel allen Fernerstehenden verborgen hatte. Seitdem erhielt er die frühere Kraft nie ganz wieder. Er litt an häufigen Fiebern und an der Gicht, die, obwohl nicht allzu stark und für lange Zeit, doch oft genug eintrat. Ludwig suchte sich durch fortgesetzten und regelmäßigen, wenn auch immer kurzen Betrieb der Jagd, der er jetzt fast täglich einige Stunden oblag, zu stärken. Schon bei jener Krankheit glaubte man eine große Umwandlung in dem Wesen Ludwigs zu bemerken. Die frühern Festlichkeiten und Vergnügungen wurden eingeschränkt; von Ausschweifungen war keine Rede mehr; mit erhöhter Inbrunst und größerer Häufigkeit lag der König den Uebungen frommer Andacht ob. Jenes Leiden, das ihn ernstlich an den Rand des Grabes gebracht hatte, und die kleinern Uebel, die demselben folgten, erweckten die Furcht vor dem Tode und dem ewigen Gerichte, die ihn nie ganz verlassen hatte, von neuem. Dazu kam nun der Einfluß seiner Gemahlin, der Maintenon, die sich durch ihr geschickt einschmeichelndes Benehmen und durch eigene Frömmigkeit vollends zur Beherrscherin von des Monarchen Willen gemacht hatte. Jeden Tag verbrachte Ludwig mehrere Stunden bei ihr, die Minister statteten ihr regelmäßig von dem Stande der Geschäfte Bericht ab — zumal seit dem Tode Louvois'; und häufig hielt der König Ministerrath in ihrem Zimmer. Sie unterhielt zahlreiche geheime Correspondenzen, um über die Ereignisse und Stimmungen im Reiche genau unterrichtet zu sein, Anschläge ihrer Feinde im voraus kennen zu lernen und vom Könige Alles fern zu halten, was ihr schaden könnte. Der König selbst umgab seine Minister, Feldherren und Hofleute mit Spionen. Den ganzen Hof erfüllte die Maintenon mit Zurückhaltung, Sparsamkeit, Bescheidenheit, mönchischem Wesen, was Alles sie mit der üblen Finanzlage des Staates und der Sorge für die Gesundheit des Königs begründete; sie war sicher, daß der Leibarzt,

Die Frömmler am französischen Hofe.   325

ben sie dem Herrscher gegeben, seine Vorschriften nach ihrem Winke ertheilen werde. Anstatt für Putz und Festlichkeiten hatte sie große Summen für das Fräuleinstift von St. Chr ausgegeben, in dem sie 400 Töchter armer abliger Familien unterhielt, und das sie zugleich für den Fall ihrer Ungnade oder des Todes ihres königlichen Gemahles zu einer würdigen Zuflucht für sich selbst bestimmt hatte. Auch in Betreff ihrer Familie traf sie mit ihrer fast unfehlbaren Berechnung den angemessenen Mittelweg: sie zog dieselbe an den Hof und erhob sie, um nicht stolz und hochmüthig gegen ihre Angehörigen zu erscheinen; aber sie bereicherte sie doch nur so mäßig, daß man ihr nicht vorwerfen konnte, ihrer Familie die Interessen oder Güter des Staates zu opfern. Unter dem Vorwand ihrer mildthätigen und barmherzigen Gesinnung hatte sie die Vertheilung der königlichen Gnadengeschenke sich fast ausschließlich zuertheilen lassen.

Ludwig XIV. als Greis.

Dann war da der Pater Franz d'Aix de la Chaise der Beichtvater des Monarchen, ein süßlicher, einschmeichelnder Jesuit, der für jeden ein freundliches Wort hatte; übrigens von guter Familie und feinster Bildung, wie er denn früher Professor der Physik und der schönen Wissenschaften in Lyon gewesen war. Er war ein wohlmeinender, persönlich gar nicht eigennütziger oder rachgieriger Mensch; aber er war doch nach der Weise seines Ordens den ultramontanen Ansichten und Bestrebungen durchaus ergeben, und mußte schließlich den Befehlen seiner Oberen in Rom gehorchen. Und diesen sowie auch dem Ultramontanismus hat er wirklich die wichtigsten Dienste geleistet. Er hatte alle kirchliche Pfründen im Reiche selbständig zu vergeben; ein förmlicher Hof von Abbaten und sogar Bischöfen,

326   Drittes Buch. 4. Kap. Der große König auf dem Rückzuge.

die Beförderung suchten, bildete sich um ihn; und da selbst die vornehmsten Familien Mitglieder im geistlichen Stande hatten, die sie vorwärts zu bringen wünschten, bewarb eigentlich Alles sich um die Gunst des Beichtvaters. Der König hatte ihm ein prachtvolles Grundstück auf einer Anhöhe im Nordosten von Paris geschenkt; und wo jetzt der Friedhof Père la Chaise seine Hunderttausende von Gräbern zeigt, lebte der Beichtvater in einem schönen Garten mit eleganter Villa der Behaglichkeit und den Wissenschaften.

Welch' Unterschied, dieser von Betschwestern, Beichtvätern und Bischöfen beherrschte und mit Spionen erfüllte Hof des alternden Ludwig XIV. gegen die Glanzzeit von Versailles und Marly! Anstatt der prunkenden Schaustellungen, der heitern Feste, der reichgeputzten Menge von galanten Kavalieren und schönen, frivolen Damen jetzt die Miene der Tugend, klösterliche Langeweile, endlose Bußübungen, zerknirschtes Wesen. Die jüngeren Hofleute entschädigten sich dann in Paris durch wilde Orgien und freigeisterische Spöttereien. Die ungünstige Wendung des Krieges trug selbstverständlich dazu bei, die devote Richtung des Monarchen und seiner Umgebung lediglich zu verstärken. Ludwig, der früher es als eine Majestätsbeleidigung geahnt hatte, wenn man ihn von einer neuen Liebschaft hatte zurückhalten, seiner Wollust ein neues Opfer hatte entziehen wollen — that jetzt Buße für seine Vergangenheit. Er war entschieden auf dem Rückgange, nicht mehr der frühere, Alles beherrschende, Alles vergoldende, Alles verzehrende König Sonne! Sein einziges sinnliches Vergnügen waren die Freuden der Tafel, denen er sich mit Leidenschaft ergab und die seiner Gestalt eine unkönigliche Korpulenz verliehen.

Auch der Dauphin Ludwig gehörte gänzlich der frommen Partei an. In der Blüthe seiner Jahre, in der Mitte der Dreißiger, war er ernst, schweigsam, schüchtern, dem Vater gegenüber ohne jede Selbständigkeit, wie sein Nachkomme König Ludwig XVI. nur den Genüssen der Tafel, die ihn übermäßig fett machten, und der Jagd ergeben, ohne Interesse für Politik und Literatur. An der Spitze der Heere hatte er persönliche Tapferkeit, aber ebenso wenig wie in andern Dingen, eine die Mittelmäßigkeit übertreffende Begabung gezeigt. Nach dem frühen Tode seiner bairischen Gemahlin verheirathete er sich nicht wieder. An seinem Erstgeborenen Ludwig, welcher den Titel eines Herzogs von Burgund trug, um anzudeuten, daß die Besitzungen dieses einst so mächtigen Hauses von den Habsburg auf die Bourbonen übergegangen seien, pries man den lebhaften und doch milden Geist, die schnelle und sichere Gabe des Erlernens, den Muth und die soldatische Gesinnung, die mit Würde verbundene Anmuth des Redens und Benehmens; aber ebenso wie seine beiden Brüder ward er der Leitung eines der fanatischen Führer der frommen Partei, des Herzogs von Beauvilliers übergeben; und sein erster Lehrer war der stillem, frommem, friedlichem Wesen zugethane Fénelon, der in seinem „Telemach" ein Fürstenideal auf-

ſtellte, welches der bisherigen Richtung Ludwigs XIV. gerabenwegs zuwider:
lief. So ſollte auch für eine ferne Zukunft die Herrſchaft der Frommen
geſichert werden. Und in der That wurde der Herzog von Burgund, indem
er unter ſolcher Erziehung heranwuchs, nicht allein religiös, ſondern ſelbſt
finſter bigott.

Ludwig, der Groß-Dauphin.
Nach dem Stiche von P. van Schuppen, 1681; Originalgemälde von François de Troy.

Kein Wunder, daß dieſe Richtung auch in der kirchlichen Politik Ludwigs XIV. ſich ausſprach, die freilich einigermaßen auch von der äußeren
Lage des Reiches in demſelben Sinne beeinflußt wurde. In noch höherem
Grade, als in ſeinen übrigen Beſtrebungen, brach hier der König mit allen
ſeinen früheren Ueberlieferungen. Ehemals der eifrigſte Gegner des Ultramontanismus, geſonnen, die konkurrirende Gewalt des Papſtes zu brechen
und zu demüthigen, demſelben jeden Einfluß auf Frankreich abzuſchneiden,

hier eine von dem Monarchen allein abhängige Nationalkirche zu gründen — bewarb er sich nunmehr eifrigst um das Wohlwollen Roms.

Schon seit dem Jahre 1690, seitdem der Koalitionskrieg den französischen Herrscher zum ersten Male zum Rückzuge gezwungen hatte, war Ludwig mit der Kurie betreffs einer Verständigung über die 1682 von der französischen Geistlichkeit ausgesprochenen vier gallikanischen Artikel in Unterhandlung getreten. Eine solche konnte im Sinne des Papstes nur das Verlassen einer Position bedeuten, welche die Geistlichkeit nicht allein mit Zustimmung, sondern vielmehr auf Veranlassung des Königs eingenommen hatte, also einen Schimpf für den Klerus und Monarchen zugleich. Die französische Kirche einer solchen Demüthigung zu unterwerfen, weigerten sich die hervorragendsten Mitglieder derselben ganz entschieden. Darauf hatte Papst Alexander VIII. auf seinem Sterbelager (1691) ein Breve erlassen, welches dem Kampfe einen noch akutern Charakter gab, indem es ausdrücklich die vier Artikel und die Ausdehnung der Regale über Südfrankreich für ungültig und unverbindlich erklärte. Es war schon auffallend, daß Ludwig das Anerbieten des Parlamentes, dieses Breve als mißbräuchlich zu kassiren, zurückwies; ja so weit entfernt, von dem Nachfolger Alexanders, Innocenz XII., für jene Beleidigung Genugthuung zu verlangen, erbot er sich demselben vielmehr von vorn herein, das königliche Edikt, welches die Ausführung und Befolgung der vier Artikel sicherte, zurückzunehmen. Es war dies, wenngleich in einer für die französische Geistlichkeit schonenden Form, die Erfüllung der von Alexander VII. gestellten Forderung. Aber noch mehr: Ludwig XIV. gab, trotz ausdrücklicher Warnungen seiner Minister die Mitglieder der Versammlung von 1682 völlig preis; er veranlaßte nämlich, daß die neuernannten Bischöfe, die nicht an jener theilgenommen hatten, von Rom aus also auch nicht beanstandet wurden, dort die Bestätigung ihrer Ernennung gesondert, ohne ihre Kollegen, die 1682 mitgewirkt, nachsuchten. Es wurden also diejenigen neu ernannten Prälaten, die einst in Uebereinstimmung mit dem Willen des Königs und mit der Unterlieferung der französischen Kirche sich für die gallikanischen Lehren erklärt hatten, jetzt ganz unzweideutig der Rache Roms überlassen; denn nur indem die französische Kirche einig blieb, hatte sie Aussicht, die Kurie zur Versöhnlichkeit zu bewegen. Nach langen hartnäckigen Verhandlungen triumphirte dieselbe auch insofern, als sie im Herbste 1693 durchsetzte, daß die sechzehn neu Ernannten, die bei jener Versammlung betheiligt gewesen, ihre Bestätigung durch ein identisches Schreiben an den heiligen Vater erbitten mußten, in dem sie „zu den Füßen Sr. Heiligkeit hingestreckt", erklären: „daß ich heftig und über alles Maß des Sagbaren hinaus innigsten Schmerz empfinde über das in der französischen Kirchenversammlung des Jahres 1682 Verhandelte, was Eurer Heiligkeit und deren Vorgängern mißfallen; und ferner, was auch immer in besagter Versammlung über die Kirchengewalt und die päpstliche Autorität hat für beschlossen angesehen werden können, halte ich für nicht beschlossen und erkläre, daß es so gehalten werden müsse. Außerdem habe ich für nicht festgesetzt, was als zum Schaden der kirchlichen Gerechtsame" — das bezieht sich auf die Regale — „festgesetzt hat angesehen werden können; denn es war nicht meine Absicht, etwas zu beschließen und den Kirchen einen Schaden zuzufügen".

Zwischen ultramontanen Kirchenhistorikern und deren Gegnern ist seit jener Zeit ein lebhafter Streit entbrannt, ob in diesem Schreiben der 36 Bischöfe eine förmliche Retractation liege oder nicht. Die Freunde des Gallikanismus weisen

Fénelon.

auf den letzten der angeführten Sätze hin. Die Bischöfe sagen hier, es sei nicht ihre Absicht gewesen, einen neuen Beschluß zu fassen, noch den südfranzösischen Kirchen zu schaden; demnach — so folgert man — ist weder ein Beschluß gefaßt noch etwas jenen Kirchen Schädliches gethan worden, also haben die Bischöfe nichts zurückzunehmen. Indessen dies liegt doch durchaus nicht in jenen Worten, zumal wenn man den Zusammenhang betrachtet. Was hätten sonst die früheren Sätze für einen Sinn, in denen der heftige Schmerz, d. h. doch die Reue der Bischöfe über Alles, was den Päpsten von den

Beschlüssen der Versammlung mißfallen hat, ausgesprochen wird? In denen Alles, was in derselben Neues beschlossen worden sein könnte, für ungültig erklärt wird? Wäre nichts beschlossen worden, so hätte es ja dieses langen Passus gar nicht bedurft. Freilich ist der Wortlaut so dunkel wie möglich gestellt, um die Gefühle der Sechzehn zu schonen, und weil jener aus zweijährigen Verhandlungen hervorgegangen ist. Wenn diese Sätze überhaupt einen Sinn haben, so ist es doch der: Wir hatten allerdings nicht die Absicht, einen neuen Beschluß oder gar eine gewissen Kirchen schädliche Bestimmung festzusetzen; ist dies doch geschehen in Dingen, die Eurer Heiligkeit und deren Vorgängern mißfielen, so nehmen wir solches zurück. Daß die Gallikaner später, sich stützend auf den gewundenen künstlichen Wortlaut, behaupteten, hier sei keine Retraktation geschehen, beweist nichts; denn was hätte theologische Spitzfindigkeit und Interpretationskunst nicht fertig gebracht? Es steht ausdrücklich das bestimmte: „was hat für beschlossen gehalten werden können", nicht „was hätte"! Nur das Eine darf man sagen: nicht die ganze französische Kirche hat jene berühmten vier Artikel zurückgenommen, sondern lediglich sechzehn Bischöfe haben eine Retraktation geleistet, und auch keine genaue und spezialisirte, sondern nur eine allgemeine.

Eben so zweideutig verfuhr man in Betreff der Haltung der Staatsgewalt gegenüber den vier Thesen. Durch einen Brief an den Papst und durch eine entsprechende Weisung an das Parlament hob der König das Edikt auf, welches Vorlesungen an allen Universitäten über die in den erwähnten Artikeln enthaltne Lehre und Verpflichtung aller Doktoren der Theologie auf dieselbe festgesetzt hatte. Die Deklaration von 1682 wurde also vom Könige nicht geradezu aufgehoben und für falsch erklärt, aber doch als nicht bestehend betrachtet. „Seine Majestät," sagt der Staatssekretär in dem erläuternden Schreiben, „will nicht, daß man irgend eine der Neuerungen ausführe, die er damals festzusetzen für gut fand." Demnach ging man auf den Stand der Dinge vor 1682 zurück.

Es liegt hierin offenbar ein Rückzug von der in jenem Jahre eingenommenen Position. Wie auf weltlich=politischem, so mußte Ludwig XIV. auch auf kirchenpolitischem Gebiete Eroberungen aufgeben, die er früher in Anspruch genommen hatte. Es zeigte sich, daß Ludwig einem kräftigen Widerstande gegenüber durchaus nicht unüberwindlich sei. Ja er, der so übermüthig ganz Europa das Gesetz hatte diktiren wollen, zeigte einen solchen Mangel an wahrer Seelengröße, daß er unbedenklich die blinden, gehorsamen Werkzeuge seiner Politik in schimpflicher Weise derjenigen Gewalt aufopferte, die sie früher auf seinen Befehl hatten bekämpfen müssen.

Die Parlamente, die alten Gegner der ultramontanen Doktrinen, verurtheilten dieselben freilich auch ferner, auf Grund der früheren Gesetze, wenn jene in Frankreich sich geltend machen wollten. Ja, allmählich begannen sie, was man zweifellos als eine gesetzwidrige Anmaßung bezeichnen muß, das königliche Edikt von 1682, trotz seiner ausdrücklichen Aufhebung, als noch zu

Recht bestehend anzusehen und in Ausführung zu bringen. Allein dies geschah erst nach dem Tode Ludwigs XIV. und beweist selbstverständlich nichts für die Absichten und Handlungen dieses Monarchen.

Die Entscheidung des Streites mit der römischen Kurie in einem für die französische Krone gerade nicht sehr ehrenvollen Sinne war zum großen Theile durch die Einwirkung jener frommen Schaar bewirkt worden, welche die Maintenon mehr und mehr zu Ansehen und Einfluß bei dem Könige beförderte; der Herzog von Beauvilliers und sein gleichgesinnter und ihm innigst verbundener Schwager, der Herzog von Chevreuse, hatten aus tiefster Ueberzeugung darauf hingewirkt. Der Ultramontanismus nahm jetzt eine wichtige Stellung an dem französischen Hofe ein, wie einst zur Zeit Mariens von Medici, im zweiten Dezennium des siebzehnten Jahrhunderts. Beauvilliers war auf dem Seminar von St. Sulpice gebildet, und hier hatte er Fénelon kennen gelernt. Franz de Salignac de la Motte Fénelon war 1651 geboren, und auf jener Schule, die zwischen Jansenismus und Jesuitismus in der Mitte stand, von dem ersteren die Glaubensinnigkeit, von diesem die theologische Doktrin übernahm, mit mystischer Frömmigkeit erfüllt worden. Dieselbe machte ihn ebenso wie Bossuet zum unerbittlichen Verfolger der Protestanten. Im Jahre 1675 als Geistlicher in einem Pariser Kirchspiele angestellt, wurde er Superior des „Werkes der Neu-Katholikinnen", eines Vereines hochgestellter Damen, welcher sich mit der Erziehung bisher protestantischer Mädchen abgab. Sein zelotischer Eifer verschaffte ihm die Ehre, als Apostel zur endgültigen Bekehrung der noch widerspenstigen Protestanten im Gefolge von Dragonern nach dem französischen Südwesten geschickt zu werden; und es ist jetzt erwiesen, daß dieser wegen seiner Milde und Menschenfreundlichkeit so hoch gepriesene Mann einer der grausamsten und raffinirtesten Verfolger der Hugenotten und besonders der unglücklichen reformirten Mädchen und Kinder gewesen ist! Gerade dadurch wurde Ludwig zunächst auf ihn aufmerksam; seine eindrucksvollen Predigten und seine Schriften über Erziehung empfahlen ihn derart, daß sein Freund Beauvilliers ihn zum ersten Lehrer des Herzogs von Burgund vorschlagen und als solchen durchsetzen konnte. Er ward dann zum Lohne Erzbischof von Cambrai. Aber schon vorher war Fénelon in eine Bahn gerathen, wo er Ludwig XIV. und Rom vereint gegen sich hatte.

Zu derselben Zeit, wo das Bedürfniß nach einer mehr innerlichen, tiefen, seelischen Frömmigkeit, im Gegensatz zu dem bloß äußerlichen Formdienst, zur großen Kirchenreformation führte, war auch in den Klöstern Spaniens ein Kultus der Mystik entstanden, der im Gegensatze zu der kirchlichen Frömmigkeit — dem äußeren Wege — von einem inneren Wege zum ewigen Leben sprach, auf welchem Gott durch die Versenkung in Christus allein und ausschließlich die Seele führe. Diese Richtung der Mystik, der Quietismus[1]),

---
[1]) Heppe, Geschichte der quietistischen Mystik in der katholischen Kirche (Berlin 1875).

wurde durch eine Reihe schwärmerischer Personen beiderlei Geschlechts verbreitet, denen die Kirche den Strahlenglanz des Heiligen- oder doch Seligenscheines verlieh. In der Mitte des 17. Jahrhunderts gewann der Quietismus eine große Ausdehnung über alle katholischen Länder. Zahlreiche Schriften lehrten, daß der innere Weg kürzer und sicherer zur Vollkommenheit führe, als die kirchliche Religiosität und die kirchlichen Religionsübungen; daß man durch passive Kontemplation, durch willenlose Hingabe und Selbstentäußerung der Seele an den Glauben und die Liebe Gottes schon auf Erden zur Vollkommenheit, zur gänzlichen Vereinigung mit Gott gelangen könne. Durch innerliches Nacherleben der Schicksale und Leiden des Gottmenschen geht der Mensch selbst in die Gottheit über. So stellten die Quietisten — die Ruhig-Seligen — das Heil über die Kirche, über deren Formen und Gebete, machten es von der Vermittelung durch die Diener der Kirche unabhängig, sahen auf diese letztere als etwas durchaus Unvollkommenes herab. Der wirksamste Apostel des Quietismus ward der Aragonier Michael v. Molinos, der sich um 1670 in Rom niederließ und hier mit seiner Lehre, daß die von der Kirche vorgeschriebenen Satisfaktionen weniger zur Sündenvergebung thäten, als die innere Läuterung und Gottseligkeit des Herzens, alle Klassen Roms zu seinem Beichtstuhle zog; die hervorragendsten Kardinäle, selbst Papst Innocenz XI., wurden seine Freunde und Gönner. Um die frommen Seelen in gründlicherer und ausreichenderer Weise anzuleiten als dies mündlich geschehen konnte, ließ er seinen Guida spirituale — „Geistlichen Führer" — und andere kleinere Werke drucken, in denen er anrieth, mit Vernachlässigung des „äußerlichen Weges" durch Kontemplation die Seele zur Selbstvernichtung in die allgemeine Wesenheit des liebevollen Gottes zu führen. Der Guida spirituale wurde mit der größten Begier von Zahllosen gelesen, von hochgestellten Würdenträgern der Kirche gebilligt und offiziell weiter verbreitet; ja Papst Innocenz XI. ließ ihm unverhohlen seine freudigste Anerkennung zu Theil werden. An vielen Orten bildeten sich Konventikel Solcher, welche nach Anleitung des Guida spirituale zur Vollkommenheit gelangen wollten.

Indeß der Quietismus stand in zu offenbarem Gegensatze gegen die gesammten Einrichtungen und Veranstaltungen der Kirche, als daß der Widerspruch hätte ausbleiben können; machte doch jener den ganzen prächtig weltlichen Apparat der Kirche unnöthig. Besonders der Jesuitenorden wendete sich gegen den Quietismus, wie er sich gegen den in entfernter Verwandtschaft mit demselben stehenden Jansenismus gewandt hatte. Aber noch einmal triumphirte der Quietismus. Auf die geschickte und tief gelehrte Schutzschrift Petruccis, Bischofs von Jesi, erklärte Innocenz XI. die Ausstellungen jesuitischer Gegner für unbegründet, die Werke Molinos' und Petruccis für dem Glauben der christlichen Kirche und der Moral entsprechend.

In Frankreich machten diese Lehren tiefen Eindruck auf eine junge Frau, die durch eine unglückliche Ehe auf innerlichen Trost angewiesen war, Johanne

Marie von la Mothe-Guyon. Dieselbe versenkte sich schwärmerischen Geistes so ganz und völlig in die vom Quietismus geforderte Kontemplation Gottes, daß ihr darüber nicht bloß die Anforderungen des gewöhnlichen Lebens, sondern auch die Uebungen kirchlicher Frömmigkeit, die Heiligen, alle Lehren des Glaubens zuwider wurden — außer der Gottheit selbst. Nach dem Tode ihres Gatten zog sie sich nach Genf zurück, wo sie den geistesverwandten Barnabilermönch Lacombe kennen lernte. Infolge geistiger und körperlicher Anstrengungen hatte sie sehr häufig Hallucinationen, Verzückungen. Durch die Anfeindungen der streng orthodoxen Partei ruhelos von Ort zu Ort umhergetrieben, gab sie mehrfache Schriften quietistischen Inhaltes heraus. Im Jahre 1686 kehrte sie nach Paris zurück und lernte hier Fénélon kennen. Die schwärmerische Frömmigkeit dieses Priesters — damals noch einfachen Pfarrers — ließ sich bald von den Anschauungen der Madame von Guyon gewinnen.

Gerade damals traf aber den Quietismus ein harter Schlag. Wir wissen, daß der Beichtvater des Königs, der Pater La Chaise, ein Jesuit war; er bot Alles auf, Ludwig gegen den Quietismus einzunehmen, und dies gelang ihm um so leichter, als der Monarch wider Alles, was der überlieferten Richtung der Kirche und ihrem weltlichen Charakter entgegenlief, die herzliche Abneigung des reaktionären Despoten und des die Kirche zu weltlichen Zwecken mißbrauchenden Politikers hegte. Außerdem lag ihm gerade zu jener Zeit daran, seine kirchliche Orthodoxie darzuthun. Er denunzirte also den Quietismus dem Papste, und die beständigen Interpellationen der Vertreter Frankreichs, sowie die Machinationen des Jesuitenordens, der nun einen festen Anhalt für seine Thätigkeit gegen Molinos und Petrucci hatte, brachte es dahin, daß die päpstliche Inquisition beide vor sich forderte und den ersteren in den Kerker warf. Es hatte sich in der That inzwischen die volle Gefährlichkeit des Quietismus für die offizielle Kirche erwiesen: besonders in Italien gab sich überall Gleichgültigkeit gegen die Messe und das Abendmahl sowie die kirchlichen Disziplinarvorschriften, ja offene Widersetzlichkeit gegen die kirchliche Ordnung kund. So wurden 1687 in Rom 70 Anhänger des Quietismus von der Inquisition verhaftet, eine genaue Visitation der Klöster angestellt, endlich Molinos als Ketzer verurtheilt, aber, weil er Widerruf geleistet, zu lebenslänglicher Klosterhaft begnadigt. Abermals hatte des Jesuitenordens Beharrlichkeit, Geschicklichkeit und weitreichender Einfluß, unterstützt von des französischen Königthums despotischer Gesinnung, triumphirt. Der unglückliche Molinos wurde mit gebundenen Händen auf das Schaffot geschleppt, mit stundenlanger Aufzählung seiner Sünden gepeinigt, dann „begnadigt" und für immer in eine kleine Zelle verschlossen. Beim Eintritt in dieselbe soll er dem begleitenden Dominikaner gesagt haben: „Lebe wohl, mein Vater, wir sehen uns wieder am Tage des Gerichtes, und dann wird es sich zeigen, ob die Wahrheit auf meiner oder auf Eurer Seite gewesen ist." Wann und wie er gestorben, ist unbekannt.

68 Thesen des „Quietismus" wurden verurtheilt. Der Kardinalbischof

Petrucci, von der Inquisition beständig angefeindet, legte seine Würde nieder und zog sich in die Einsamkeit zurück.

Nun kamen die französischen Quietisten an die Reihe: Lacombe und Frau von Guyon wurden auf Befehl des Königs verhaftet. Nur nach Unterschreibung eines freilich nur bedingungsweisen Widerrufes wurde die letztere freigelassen, und da Fénelon, dem die Maintenon sehr zugethan war, sie verehrte, so nahm die allmächtige Freundin des Königs sie anfangs in ihren Schutz. Allein das durften die rechtgläubigen Priester nicht leiden; an die Spitze der Verfolger der unglücklichen hülflosen Frau trat kein anderer als der „edle" Bossuet. Frau von Maintenon, schon von ihrem Beichtvater bestürmt, mußte bemerken, daß der König ein entschiedener Feind des Quietismus sei, und schloß sich seitdem den Feinden der Guyon an. Ihre kaltherzige, bigotte, trockene Frömmigkeit war gar nicht im Stande, den tieferen Gehalt der quietistischen Lehren zu würdigen: sie sah in denselben nur eine für den Staat gefährliche und von der Kirche verdammte Doktrin. Nur Fénelon, der gerade damals (1695) von dem dankbaren Großvater seiner fürstlichen Zöglinge auf den erzbischöflichen Stuhl von Cambrai erhoben wurde, schützte Frau von Guyon einige Zeit vor neuer Mißhandlung. Gerade deshalb aber zerfiel er mit Frau von Maintenon und mit dem einflußreichen Bossuet, welche in Uebereinstimmung mit dem Könige die Ausrottung des Quietismus in Frankreich beschlossen hatten. Sollte es doch in Frankreich keinen andern Glauben geben, als den von dem Monarchen privilegirten römisch-katholischen, mit der nützlichen gallikanischen, d. h. im Grunde französisch-monarchistischen Färbung. Noch in den letzten Tagen des Jahres 1695 ward die Guyon abermals verhaftet und zwar in ein förmliches Gefängniß gebracht. Fénelon aber, von allen Seiten aufgefordert, sich über sein Verhältniß zu der Guyon auszusprechen, veröffentlichte „Maximen der Heiligen über das innere Leben", in denen die quietistische Mystik allerdings von den bei Petrucci und der Guyon vorkommenden Extravaganzen gereinigt erscheint, in denen aber doch eine Anschauung und Lehre vom Wesen der christlichen Vollkommenheit und von dem zu ihr führenden Wege dargelegt wird, nach welcher die Gestaltung des vollkommenen Christenlebens durchaus auf sich selbst und auf seiner unmittelbaren Beziehung zu Gott beruht, so daß die kirchliche Autorität demselben in Wahrheit mehr und mehr eine fremde wird, der es auf dem Wege der Mystik innerlich entwächst.

Das Buch erregte unter den rechtgläubigen Prälaten Frankreichs, die sich vor kurzem Rom unterworfen hatten, einen Sturm der Entrüstung, und der König, dem das Wesen des tief innerlichen, ernsten und gegen sich selbst so strengen Priesters im Grunde nie sympathisch gewesen war, stimmte ihnen vollkommen bei. Bossuet veröffentlichte gegen den Erzbischof und die Mystiker seinen „Unterricht über den Stand der Gebete" und später seinen „Bericht über den Quietismus". Der Monarch verbannte Fénelon aus Paris und vom Hofe (Sommer 1697) und brauzirte selbst den Erzbischof bei dem

Papste; die Freunde Fénelons wurden von allen Stellen bei der königlichen Familie entfernt. Der unselige Lacombe, den man zehn Jahre lang von einem Kerker in den andern geschleppt, verfiel in Wahnsinn, der bald seinem Leben ein Ende machte; auch Frau von Guyon ward nun in die Bastille eingeschlossen. Ein Pfarrer, Robert, wurde wegen quietistischer Meinungen lebendig verbrannt. Innocenz XII., welcher Fénelon zu schonen wünschte, wurde von den Freunden Bossuets und von dem Könige selbst so lange bearbeitet, bis er (März 1699) 23 Sätze aus des Erzbischofs „Maximen" durch feierliches Breve, wenn auch ohne beleidigende Ausdrücke gegen den Verfasser, verdammte. Fénelon fand in sich nicht die Kraft des Widerstandes; er, der Verfolger der Hugenotten, hatte mit der römischen Kirche nie brechen wollen; er unterwarf sich sofort vollständig und öffentlich, vor seinen Diözesanen selbst, dem Urtheile der Kurie.

Das war das Ende des Quietismus in der französischen Kirche; es hatte ihm an muthvollen und überzeugungstreuen Vertheidigern, wie der Jansenismus sie gefunden, gefehlt. Frau v. Guyon ward, als nun ungefährlich, bald aus der Bastille entlassen und starb friedlich in der Zurückgezogenheit. Auch in Italien wurden bald die letzten Lebensäußerungen der quietistischen „Ketzerei" gewaltsam unterdrückt!

Es war der alte Kampf zwischen der Religion gewesen, deren Reich nicht von dieser Welt, und jener römischen Kirche, die auf das engste sich mit der weltlichen Macht und mit der weltlichen Herrlichkeit verbunden hatte. Fénelon trat auf den Standpunkt Arnolds von Brescia und Savonarolas: es läßt sich nicht leugnen, daß Bossuet die Ueberlieferung der Kirche und der katholischen Staaten seit mehr denn einem Jahrtausend für sich hatte und dieselbe verfocht. Deshalb auch sein leichter und vollständiger Sieg, obwohl seine Waffen zum Theil unlautere gewesen waren. Dieser Sieg der alten römischen Anschauungen hatte dann, über Bossuets Meinungen und Absichten hinaus, eine Verstärkung der ultramontanen Bestrebungen am königlichen Hofe zur Folge. Man bemerkte, daß die hauptsächlichsten Günstlinge des Königs, die Marschälle von Boufflers, Noailles, Villeroy denselben huldigten. Der französische Hof wurde zum eifrigsten Verfechter des grobsinnlich-kirchlichen, wahrhaft heidnischen Kultus der „Fünf Wunden Christi", des „Wunderblutes", des „Heiligen Herzen Jesu", dessen Sanktionirung durch die höchste kirchliche Gewalt er dringend in Rom betrieb. In Frankreich selbst ermunterte die Regierung die Bildung kirchlicher Brüderschaften, diese Regimenter des Ultramontanismus. In den letzten dreißig Regierungsjahren Ludwigs XIV. bildeten sich 428 solcher Verbrüderungen. So wurde das protestantisch-gallikanische Frankreich ultramontan auf der einen und materialistisch-nihilistisch auf der andern Seite!

Die Schaar großer Minister, welche die erste Hälfte von des Königs Regierung verherrlicht hatten, war verschwunden; nach Lyonne und Colbert war auch Louvois durch den Tod abberufen worden; Colberts tüchtiger

Sohn Seignelay war ihnen nachgefolgt. Die Männer, die sie ersetzten, ehrenhafte und tüchtige Verwalter, meist Söhne und Neffen früherer Minister, seit der frühesten Jugend an die Geschäfte gewöhnt, besaßen doch nichts von dem Genie, welches jene ausgezeichnet hatte. Mehr als früher mußte Ludwig XIV. wirklich die Leitung des Staates übernehmen, selbst des Abends nach dem Diner arbeitete er noch mit seinen Staatsräthen, und nun zeigte sich, wie viel er den Rathgebern zu verdanken gehabt, die in Wahrheit mehr als er zu den großartigen Schöpfungen seiner früheren Jahrzehnte den Impuls gegeben hatten.[1]

Der Verfall zeigte sich auf allen Seiten; schon begannen die Gerichtshöfe selbst die von Ludwig ertheilten Gesetze zu übertreten; obwol der König gerade in jenen Jahren den letzten Rest der kommunalen Freiheiten, den letzten Rest bürgerlicher Selbständigkeit zu Gunsten des einförmigen königlichen Absolutismus unterdrückte, nahm seine Autorität doch offenbar ab. Im Heere herrschte Unzufriedenheit und meuterischer Geist. Nicht nur war es in dem letzten Kriege vorgekommen, daß ganze Compagnien sich empört hatten: auch die Obersten und Generale zeigten sich ungehorsam — das ganze von Louvois errichtete Gebäude begann unter den übermäßigen Anforderungen, welche die Politik an dasselbe stellte, zu wanken. Ludwig sah sich, um die Obersten zu versöhnen, zu der gefährlichen Maßregel veranlaßt, denselben die Anstellung ihrer Offiziere zurückzugeben, auf diese Weise die Feudalität und Cliquenwirthschaft, deren

*Garden. Marschall von Frankreich
Nach einem Stich von Sertennier; Originalgemälde
von Rigaud.*

---

[1] Correspondance administrative sous le règne de Louis XIV., par G. B. Depping (4 Bände, Paris 1855, in der Sammlung der Documents inédits). Diese Zusammenstellung ist aus den Kopirbüchern des königlichen Geheimsekretariats, der Korrespondenz Louvois', dem Marinearchiv, der Korrespondenz Achille de Harlay's, ersten Präsidenten des Pariser Parlaments, und nach den Polizeiberichten entnommen. Die Auswahl ist sorgfältig, die Orthographie der Zeit genau gewahrt; in den Dokumenten selbst sind die minder wichtigen Theile ausgelassen. Einleitungen zu jedem Theile erläutern und resumiren die darin enthaltenen Aktenstücke. — Vgl. P. Clément, Le gouvernement de Louis XIV. 1683—1689 (Paris 1849).

letzte Spuren im Heere vertilgt zu haben das größte Verdienst Louvois' gewesen war, wieder in dasselbe zurückzuführen. Im ganzen Reiche herrschte eine lebhafte Unzufriedenheit über den traurigen Zustand der öffentlichen Angelegenheiten; der furchtbare zehnjährige Krieg gegen das ganze verbündete Europa hatte alle Erfolge einer thätigen und geistvollen Verwaltung vernichtet und deren zahlreiche Verkehrtheiten und Fehler um so verderblicher wirken lassen. Die Regierung erkannte selbst in officiellen, natürlich vor der Oeffentlichkeit sorgsam verborgenen Aktenstücken die allgemeine Verarmung und die Abnahme der Bevölkerung an!

Schon 1688 hatte Vauban dem Könige unerschrocken die traurigen Folgen der Hugenottenvertreibung vorgeführt: „Seit fünf Jahren ist Frankreich um 100,000 Franzosen und 60 Millionen Livres ärmer geworden, sein Handel ruinirt, sind 9000 der besten Matrosen, sowie 600 Offiziere und 12,000 altgediente Soldaten zu den Flotten und Heeren der Feinde übergegangen." An den Küsten der Normandie und des Poitou hörte der Seehandel beinahe ganz auf, da die dortige Bevölkerung, fast durchgehends protestantisch, über das Meer geflohen war. Der Krieg und die Hungersnoth hatten dann noch schlimmere Folgen. Es gab Distrikte, wie der von Westflandern, Tours, Alençon, wo die Bevölkerung bis auf die Hälfte gefallen war. In Troyes hatte sich die Einwohnerzahl von 50,000 auf 20,000 Seelen vermindert. In Bordeaux gab es nur noch 24,000 Menschen, in Lyon 65,000. In der ganzen Provinz Picardie betrug die Volksmenge um ein Zwölftel, in der Dauphiné um ein Achtel, im Perigord um ein Drittel weniger nach dem Kriege, als vor demselben. Hunderttausende waren geradezu Hungers gestorben. Selbst in der Umgegend von Paris kränkelten die Menschen aus Mangel an gesunder Nahrung. Nach mäßigen Schätzungen hatte die gesammte Einwohnerschaft des Reiches in den Kriegsjahren um zwei Millionen abgenommen. Am schlimmsten aber sah es in den Grenzprovinzen aus, welche die enormen Lasten der Kriegslieferungen hatten tragen müssen. In der kleinen Provinz Artois, die jährlich nur 400,000 Livres Steuern bezahlte, betrugen die jährlichen Kriegslieferungen 800,000 Livres; in der nicht viel größern der drei Bisthümer gar 5 Millionen Livres! In der Beauce, dem fruchtbaren Landstrich um Orleans, begnügten sich die Landleute mit Hafer und Gerstenbrod, wozu die Reichen noch etwas gesalzenes Fleisch und mit Wasser gemischten Wein genossen. Einige Industriezweige hatten, wenigstens in manchen Städten, durch den Krieg einen neuen Aufschwung genommen; aber im Ganzen hatte der französische Gewerbefleiß, durch Colbert mit so großer Mühe und auf Kosten des Ackerbaues großgezogen, durch das Uebermaß der Steuern und die Abschließung aller Grenzen in Folge des Krieges einen tödtlichen Stoß erhalten. Die nordfranzösischen Tuchfabrikanten und ihre Arbeiter waren zur Hälfte nach den Niederlanden ausgewandert; die Wollenmanufaktur von Reims, die Leinenmanufaktur der Normandie, die Seidenmanufaktur von Tours lagen tief darnieder. Der

Handel Rouens mit dem Auslande hatte neun Zehntel seiner Bedeutung verloren und trug nur noch 167,271 Livres jährlich Exportzölle ein. Der normannische Stockfischfang beschäftigte anstatt 200 Schiffe deren nur noch 40. Die Rhederei von Granville besaß anstatt vierzig großer Fahrzeuge nur noch acht! In Lyon hatte sich die Seidenindustrie von 24,000 Stühlen auf 4000 vermindert. Der ganze Handel der Provinz Langued'oc betrug nur noch 24 Millionen Livres jährlich, während sie 18 Millionen Steuern bezahlte! In dem großen Finanzdistrikt von Orléans gab es 6182 Kaufleute, aber dafür 7747 Beamte! Als der König, um den Handel zu beleben, eine große Handelsgesellschaft des Senegal stiften wollte und ihr zahlreiche Vortheile versprach, fanden sich nicht genug Kapitalisten, um dieses Projekt durchzuführen. Die schönen Heerstraßen, seit Heinrich IV. ein Stolz Frankreichs und sein Vorzug vor allen andern Ländern, verfielen kläglich, da kein Sou zu ihrer Unterhaltung verwendet werden konnte. Selbst die großen Straßen, die von dem Mittelpunkte, von Paris aus nach Norden und Westen führten, waren acht Monate des Jahres hindurch ganz einfach unpassirbar. Zwischen der Bretagne und der Normandie war wegen Mangels an Wegen und Brücken der Verkehr unmöglich; in der Touraine versperrten die eingestürzten Brücken die Flüsse. In dem Distrikte von Montauban war nur noch eine einzige Brücke im Stande, und die Wege für Fuhrwerke nicht zu benutzen.

Und mit allen diesen Opfern war nicht mehr der Ruhm, war die Niederlage erkauft worden. Welch' Wunder, daß jetzt, wo der Rausch des Sieges, der Gloire verflogen war, alle Klassen der Nation, auch die höchsten, die materiellen und moralischen Verluste, die der königliche Despotismus ihnen auferlegt hatte, doppelt schwer fühlten. Man kam förmlichen Verschwörungen gegen den König auf die Spur. Die Großen murrten über die Bedeutungslosigkeit, zu der sie verurtheilt waren; der Adel über die schweren Lasten des unentgeltlichen Dienstes, zu dem er mehrere Jahre hindurch gezwungen worden war, und über die unerträgliche Steuerbelastung seiner Unterthanen, die in Folge dessen dem Herrn nichts mehr bezahlen könnten; die Bürger über die Abnahme der Arbeit und des Wohlstandes; das niedere Volk allein duldete schweigend, weil das Elend ihm selbst die Kraft und den Muth, sich zu beklagen, genommen hatte!

Kurz vor dem Ausbruche des großen Kampfes hatte man die reinen Einkünfte des Königs auf 120 Millionen jährlich veranschlagt; sie waren nach demselben, obwohl die Steuern viel drückender und zahlreicher geworden, auf 112 Millionen Livres gesunken.

Der König sah ein, daß hier große Reformen nöthig seien; aber es fehlte seinen Ministern an Begabung, ihm selbst außerdem an Kenntnissen, um in der energischen und systematisch umfassenden Weise eines Colbert und Louvois zu verfahren. Es war natürlich, daß nach Abschluß des Friedens die außerordentlichen Kriegsabgaben, besonders die Kopfsteuer, erlassen und die überzähligen Regimenter verabschiedet wurden. Es befand sich aber die

Mißglückte Reformen.

königliche Kasse in solcher Noth, daß alle königlichen Finanzbeamten mit bedeutenden Beträgen gebrandschatzt, Handelsmonopole verkauft, neue Anleihen kontrahirt werden mußten. Das Heer, das 107 Reiterregimenter mit etwa 52,000 Mann, 44 Dragonerregimenter mit 20,000 Mann, 160 Infanterieregimenter mit 240,000 Mann gezählt hatte, wurde auf etwa 110—120,000 zurückgeführt. Kaum kam die Industrie an die Reihe; da der König selbst kein Geld zur Unterstützung derselben zu geben hatte, so wurde reichen Privatleuten anbefohlen, Fabriken in bestimmten Städten zu errichten; Industrielle, die man im Verdacht hatte nach dem Auslande wandern zu wollen, wurden ganz einfach in die Bastille geworfen: man kann denken, wie vorzüglichen Erfolg so einsichtige Mittel hatten! Zu einer nicht minder charakteristischen Auskunft griff die Regierung, um die Kolonien, deren Handel durch den Seekrieg fast ganz zerstört war, wieder in Flor zu bringen: sie sandte die ausgedienten Galeerensträflinge dorthin. Besonders lag es Ludwig XIV. am Herzen, die Ufergegenden des majestätischen Mississippi, welche kühne französische Reisende nach ihrem großen Herrscher Louisiana genannt hatten, zu kolonisiren: allein das Ungeschick der Franzosen zu derartigen Unternehmungen erwies sich in der Geringfügigkeit des Erfolges; im Jahre 1712 gab es in Louisiana erst 25 französische Familien. Ganz derselben Art waren die Maßregeln zur Hebung der Theuerung und Armuth: nichts als die nackteste Willkür! Die „Getreidewucherer" — die hatten selbstverständlich Alles verschuldet — wurden ohne lange Untersuchung in den Kerker geworfen. Diejenigen Armen, die nicht zum Straßenbau verwendet werden oder in den bei weitem nicht ausreichenden Hospitälern Unterkunft finden konnten, kamen auf die Galeeren — angeblich auf fünf Jahre, in Wahrheit auf Lebenszeit, wenn sie nicht das Glück hatten, einmal durch königliche Fürsorge für die Kolonien in eine Strafpflanzung gesandt zu werden. Was nach so milden und verständigen Anordnungen nun doch etwa von Armuth noch übrig blieb, sollte entfernt werden durch — ein Luxusgesetz, welches selbstverständlich das Schicksal aller ähnlichen Verordnungen theilte, nämlich todter Buchstabe zu bleiben. Nach solchen Opfern für die öffentliche Glückseligkeit konnte Ludwig wohl kaum umhin, eine Medaille auf seine Verdienste schlagen zu lassen, auf der er bescheiden als Providentia servatrix, als „rettende Vorsehung" bezeichnet ward. Nur schade, daß die mit Kerker, Galeeren und Polizeiwillkür hergestellte Glückseligkeit von dieser selben rettenden Vorsehung schon nach drei Jahren durch einen neuen, den furchtbarsten Krieg unterbrochen wurde.

Schade auch, daß Ludwig selbst wieder das Beispiel zum verschwenderischen Luxus zu geben und denselben zu ermuthigen begann. Ganz hatten die Mißerfolge, die Frömmigkeit und der Geldmangel, welcher keinen Pfennig zur Unterstützung der Industrie und zur Linderung der öffentlichen Armuth übrig ließ, die Neigung des „Königs Sonne" zu Glanz und Pracht nicht unterdrücken können. Trauriger Muth der Selbstsucht! Bei den Manövern, die 1698 dreißig Tage lang in dem Lager von Compiegne vorgenommen wurden, mußten alle Offiziere vom Marschall bis zum einfachen Hauptmann herab in Aufwand und Pomp wetteifern. Die Ausgaben waren immens. Der König ließ nachher aus dem erschöpften Staatssäckel Gratifikationen vertheilen. Jeder Hauptmann erhielt 600 Livres und so steigend bis zum Marschall Boufflers, der mit 100,000 Livres bedacht wurde; aber, sagt St. Simon, es war „ein Wassertropfen für jeden". Zugleich begann der nun sechzigjährige Monarch seine kostspieligen Bauten von neuem, als sollte er ewig leben, und als gäbe es kein Elend, keine Entvölkerung, keine unwegsamen Straßen, zerfallenen Brücken und halbvollendeten Kanäle im Lande. Vergebens schalt und bat Frau von Maintenon, vergebens rief sie schmerzlich aus: „Was soll aus dem Volke werden?" Marly schien Versailles noch an Glanz übertreffen zu sollen. Das beständige Bedürfniß nach Selbstverherrlichung vereinigte sich dann auf das beste mit der religiösen Stimmung des Königs, indem er sich auf Kirchenbauten warf, den Altar und das Chor von Notre-Dame in Paris durch sogenannte Verschönerungen verunstaltete, bei dem Invalidenhause und dem Schlosse von Versailles neue prächtige Kirchen errichtete. Dann wurde der kaum vollendete Vendomeplatz abermals von Grund aus umgestaltet und in seiner Mitte eine große Reiterstatue Ludwigs errichtet, vor der sich wahrhaft götzendienerische Ceremonien der Anbetung und Verehrung vollzogen.

Allein die Stimmung im Volke war doch schon eine ganz andere als in den höfischen und officiellen Kreisen. Sie offenbarte sich in der Menge von bitteren Flugschriften, die gegen den König selbst sich richteten und begierig gelesen wurden. Früher waren sie vom Auslande hereingebracht worden; aber seit dem Jammer und Elend des zweiten Koalitionskrieges fühlten sich die Gegner hinreichend von der öffentlichen Meinung getragen und beschützt, um in Frankreich selbst, zumal im Süden und Osten, ihre Broschüren zu drucken. Die Polizei war unerbittlich gegen die Urheber und Verbreiter dieser Schriften: sie wurden entweder hingerichtet oder doch lebenslänglich in den Kerker geworfen. Allein der hohe Gewinn, welchen der Verkauf dieser Flugblätter versprach und die geheime Konnivenz mancher Beamten machten alle gegen jene gerichteten Maßregeln fruchtlos. Der König war tief bekümmert über diese Erscheinung; er konnte es sich gar nicht erklären — dieser Vater seines Volkes! — weshalb seine Unterthanen „die Geschäfte seiner Feinde machten!"

Indessen die Opposition beschränkte sich nicht auf die vorübergehenden literarischen Erzeugnisse des Tages, sondern auch die große bleibende Literatur erfüllte sich mit ihr und wirkte tiefer und dauernder, zumal auf die jungen, sich heranbildenden Generationen. Bis in die höchsten Kreise, bis zu den Enkeln des Monarchen drang in maßgebender Gestalt diese Opposition - in der Person Fénelons. Das ganze Ziel seiner Prinzenerziehung war: Gegensatz wider die Richtungen, Anschauungen, Bestrebungen Ludwigs XIV.; Uebermuth, Despotismus, Vorliebe für die Schmeichelei werden schon in den Todtengesprächen, die Fénelon für seine Zöglinge schrieb, als die schlimmsten und gefährlichsten Fehler der Könige bezeichnet. Um auch nach seiner Entfernung auf den erzbischöflichen Stuhl von Cambrai diese Lehren seinen fürstlichen Schülern eindringlich zu wiederholen, verfaßte Fénelon seinen „Telemach", der eben nur als ein in anziehendes Gewand gekleidetes Lehrbuch für den zukünftigen König, durchaus nicht als werthvolle Dichtung zu betrachten ist und auch nicht zur Veröffentlichung bestimmt war. In den Lehren des weisen Mentor wird jener aufgeklärte Absolutismus gepredigt, den im 18. Jahrhundert Friedrich II. und Joseph II. verwirklichten, Ludwig XVI. gern verwirklicht hätte: nicht um seiner selbst, sondern um des Volkes willen sei der König da, er müsse sich mit allen Mitteln um die Liebe des Volkes bemühen und sich lediglich als Diener und Hüter der Gesetze betrachten, nicht aber das Volk zum feigen Dienste für die Herrschsucht und Wollust eines Einzelnen heranziehen und ausnutzen. Durch die Treulosigkeit eines Abschreibers wurde der „Telemach" im Jahre 1699 im Haag zum Druck befördert. Ludwig erkannte dessen Tendenz wohl und war auf das heftigste über das Buch erbittert; um so eifriger hatte er damals die Verfolgung seines Verfassers in Rom betrieben! In der That bemächtigten sich alle Feinde des Königs schadenfroh des „Telemach", indem sie sich bemühten, die einzelnen Persönlichkeiten auf den Hof Ludwigs XIV. zu deuten. Niemals hat dieser dem Erzbischofe, merkwürdiger Weise dem ersten Sturmvogel der Revolution, verziehen.

Und neben dem höchsten geistlichen Würdenträger trat ein höchster weltlicher warnend gegen die Herrscherweise des „großen Königs" auf. Noch war die Opposition eine durchaus loyale, von den treuesten Dienern des Königthums getragene; aber dieses stieß sie zurück und machte sie dadurch zu einer grundsätzlich feindlichen und revolutionären. Vauban hatte bei seinen zahlreichen Reisen zu fortifikatorischen Zwecken mit dem scharfen Blicke des geübten und geistvollen Mathematikers die Zustände des Reiches und Volkes beobachtet; niemals hatte ihn sein getreues Notizenheft, in das er sofort seine sorgfältigen Bemerkungen eintrug, verlassen. Je länger er die Dinge betrachtete, um so trübere Eindrücke empfing er. „Durch alle Forschungen, die ich angestellt habe," sagte er in dem Werke, welches diese erste Statistik Frankreichs enthielt, der Dixme royale, „habe ich erfahren, daß fast der zehnte Theil des Volkes am Bettelstabe ist und in der That bettelt, daß von den neun andern Theilen fünf nicht im Stande sind, jenen ein Almosen zu geben, daß von den übrigen vier wieder drei ganz und gar von Schulden und Rechtshändeln erdrückt werden, und daß der Rest, unter welchem ich einzelne Männer des Heeres, des Gerichts und der Geistlichkeit, den Adel, Beamte, gute Kaufleute und wohlhabende Bürger stelle, höchstens auf hunderttausend Familien zu rechnen ist." Und mit bewundernswürdigem Scharfsinn erkannte Vauban eine der wichtigsten Ursachen des Uebels: die Ungleichheit der Steuerbelastung, den Umstand, daß nur die untern, vorzugsweise die ärmeren Klassen den Staatsunterhalt bestreiten müssen, gerade die Reichern und Vornehmern, diejenigen, die dem Staate am meisten verdanken, fast ganz frei ausgehen dürfen. Freilich irrte sich Vauban, wenn er nun vorschlug, an Stelle der so verschieden gearteten Steuern eine einzige einzuführen, einen Zehnten von allem Einkommen, den jeder, vom Prinzen bis zum geringsten Tagelöhner zu zahlen hätte; allein wie verzeihlich war bei dem Mangel an gesunden Theorien und vor allem an Erfahrung über diesen Gegenstand ein solcher Irrthum! Dagegen der Gedanke der allgemeinen Gleichheit vor der Steuer wurde bald das Feldgeschrei der oppositionellen, freiheitlichen Bestrebungen und eines der ersten Axiome, welches die Revolution verwirklichte, das dann zu einer bleibenden Errungenschaft derselben wurde und später auf alle civilisirten Staaten übergegangen ist! Eine solche Anschauungsweise aber und die ergreifenden das bisherige Regierungssystem verurtheilenden Worte, in die Vaubons Buch dieselbe gekleidet hatte, erregten bei Ludwig XIV., dem hochmüthigen Volksverächter, dem selbstbewußten Despoten, den lebhaftesten Zorn. Er ließ seine Ungnade Vauban bitter empfinden, dessen Buch aber mit Beschlag belegen und vernichten. Wenige Tage nachher starb Vauban in bitterm Kummer (März 1707.[1])

Indeß dafür, daß seine Ansichten bereits vielfach verbreitet waren, zeugte der Umstand, daß schon gleichzeitig der Rouener Parlamentsrath Boisguillebert in seinem Détail de la France sous Louis XIV. zu denselben Bemerkungen und Anschauungen kam. Boisguillebert will mit Recht Abschaffung aller derjenigen Auflagen und Abgaben, welche Ackerbau und Handel stören und beeinträchtigen; die Finanzkunst soll zunächst die Hebung der Volkswohlfahrt, erst in zweiter Linie die Benutzung derselben für die Staatsbedürfnisse zum Zwecke haben. Die Steuerpächter, der König, die Kirche sollen nicht mehr dem Volke die Freiheit zu arbeiten und zu handeln entziehen. „Fünfzehn Millionen Menschen," ruft Boisguillebert mit revolutionärer Uebertreibung aus, „sprechen gegen dreihundert Personen, die sich an deren Untergang bereichern."

Welch' Gegensatz zu Ludwigs XIV. Anschauung vom Königthume als Mittelpunkt des Staatswesens, diese Betonung des Volkes und seiner Interessen! Darin liegt schon eine völlige Umwälzung!

Das war die politische Opposition; zugleich machte sich die religiöse schriftstellerisch geltend. Fontenelle griff durch seine kühnen und witzigen Satyren die Jesuitenherrschaft und den Priestertrug an; er suchte die reineren Lehren des cartesianischen und copernikanischen Weltsystems auf leichte und gefällige Art bei dem Publikum einzuführen. Viel bedeutender noch war Peter Bayle (1647—1706), zuerst überzeugter Protestant, dann überzeugter Cartesianer, aber bei weitem muthiger als sein Meister, immer für seine Anschauungen gern das Martyrium auf sich nehmend, wie früher von den Katholiten, so später von den Calvinisten verfolgt. Was Bayle zumeist predigt, ist Duldung, Duldung gegen alle, den Gottesleugner, Türken, Juden so gut wie gegen den Christen jedes Bekenntnisses; und Haß gegen den Aberglauben

[1] Michel, Histoire de Vauban (Paris 1879).

und Janalismus, die einzigen Ansichten, die jeder ehrliche Mensch unerbittlich bekämpfen müsse. Unermeßliches Aufsehen erregte sein „historisch-kritisches Wörterbuch", das 1696 erschien und bis zu Mitte des 18. Jahrhunderts die gebildete Welt erfüllte. Von cartesianischem Zweifel ausgehend, kommt er zu der Ueberzeugung von der Unvereinbarkeit der Offenbarung und der Vernunft und gibt derselben offenen, unverhohlenen Ausdruck. Er begründet dies philosophisch wie historisch, indem er z. B. die von der Bibel gepriesenen Charaktere, wie Abraham und David, als sittlich keineswegs lobenswerth nachweist. So begründete er gewissermaßen die unbefangene Betrachtung der biblischen Schriften, deren Autorität man bis dahin meist nur stillschweigend zu vernachlässigen gewagt hatte. Er zuerst hat ferner nachdrücklich das schwierige Problem aufgeworfen, wie die Sünde und das Böse in der Welt überhaupt zu vereinen sei mit der Güte und Allmacht Gottes. Diese Zweifel und Bedenken, für welche sich bei Bayle keine Lösung finden, werden vorgetragen in scharfer, verständlicher, dramatischer, lecker Sprache; sie werden gestellt auf Grund einer umfassenden und doch nicht pedantischen Gelehrsamkeit, die alle Stoffe, die sie einschließt, auch gedanklich vollkommen bemeistert und beherrscht. Das „Wörterbuch" Bayles war in seiner gedrängten, spielenden und doch tiefen Behandlungsart, in seinem Ton und seiner gesammten Richtung, in der populären Besprechung theologischer und metaphysischer Fragen der Vorläufer Voltaires und der Encyklopädisten, ein schneidender Gegensatz zu dem feierlich würdigen, zäh konservativen Wesen Ludwigs XIV. Tausende unter den Gebildeten in Ludwigs Reiche verschlangen begierig das verbotene Buch. Eine Menge von Schriftstellern begann in demselben Sinne zu wirken; immer mehr entschlüpften Geister und Gemüther der prächtigen aber engen Mauer, in die Ludwig XIV. sie bannen wollte.

Diesen lecken Widersachern gegenüber ging es reißend abwärts mit dem „Klassizismus". Schon äußerlich hörte seit dem Tode Colberts und zumal seit dem großen Koalitionskriege der Zusammenhang des Monarchen mit der Literatur auf, indem die Pensionszahlungen, ja selbst die Unterhaltungskosten für die Akademie nicht mehr von dem Herrscher zu erlangen waren. Dieser materiellen Trennung entsprach die innerliche: die Literatur begann andere Bahnen zu wandeln. Der kindische Streit, welchen Perrault 1687 in seinem „Gedichte über das Jahrhundert Ludwigs des Großen" und dann mit seiner „Parallele zwischen den Alten und den Neuern" begann: ob die antiken Schriftsteller nicht den modernen weit nachzustellen seien? war im Grunde nur eine Empörung der jungen oppositionellen Richtung gegen das falsche verzerrte Ideal der Antike, das der französische Klassizismus der Welt hatte aufschwatzen wollen. So albern die Anschauungen sind, so unwissend die Meinungen, welche die „Modernen" zum Besten gaben, so verfochten sie doch immerhin das Recht einer jeden Zeit, sich nach ihren Bedürfnissen und Gefühlen zu gestalten und willkürliche Regeln zu brechen. An der Spitze ihrer Gegner steht Boileau, der in der Sache der „Alten" begreiflicher Weise seine eigene sowie die der großen Poeten des großen Königs zu vertheidigen meinte. Er bewies das, indem er die Vortrefflichkeit Pindars durch eine von ihm selbst gedichtete pindarische Ode auf die Einnahme Namurs durch Ludwig XIV. darzuthun suchte. Fontenelle und Bayle dagegen, deren gesunder Menschenverstand sie in anderen Zeiten vor solcher Extravaganz gehütet haben würde, standen ganz auf Seiten der „Modernen" und waren unhöflich genug, das „antike" Genie Boileaus als höchstens für den Kirchengesang passend zu erklären.

In der That, es war vorüber mit den „Alten" aus der Glanzzeit Ludwigs XIV. Racine übergibt kein Theaterstück mehr der Oeffentlichkeit. La Fontaine dichtet die letzten, die wenigst gelungenen seiner Fabeln und stirbt dann 1695. Boileaus unerschöpfliche Fabrik von Episteln, Oden und Satyren fand, wie erwähnt, nicht mehr die alte Verehrung. Boyer und Lafosse, Schüler Racines, verfaßten freilich noch Dramen mit schönklingenden Versen und hochtrabenden feierlichen Tiraden; aber es waren Maschinen ohne innerliches Leben, knechtische Nachahmungen des Meisters ohne dramatisches Geschick, ohne Charakterzeichnung, ohne Interesse. Ludwig XIV., welcher die Poesie seiner Zeit so gern als sein eigenes Werk, als Erzeugniß der von ihm selbst herbeigeführten heroischen Epoche betrachtete, welcher meinte, unter der Regierung des „großen Königs" müsse Frankreich in allen Beziehungen blühend, ausgezeichnet und das erste Land der Welt sein, — Ludwig war bekümmert über diesen Verfall der hohen Dichtungsarten. Nach den von Boileau repräsentirten Anschauungen des Klassizismus genügte ja ein lebhafter und einigermaßen begabter Geist, um unter guter Anleitung einen vorzüglichen Poeten zu geben. Er faßte also ein gewandtes siebzehnjähriges Bürschchen, Lagrange-Chancel, auf und übergab ihn Racine: der sollte einen Tragiker aus ihm machen; es ward aber nur ein ganz unerträglicher Zuckerwasser-Tragiker aus ihm. Das Experiment war also mißlungen.

Nicht ganz so schroff aber doch immer sehr fühlbar war der Abfall im Lustspiele. Der vorzüglichste Dichter dieses Faches war Regnard, der aber doch nur in komischen Situationen und vorübergehenden Einfällen, nicht in der Schilderung wahrhaft komischer Charaktere Glück hatte und damit das höchste und eigentliche Ziel des Lustspieles verfehlte. Die andern Komiker kommen gar nicht in Betracht, sie sind längst vergessen und vermochten selbst zu ihrer Zeit nur kurze Augenblicke das Publikum durch schamlose Verherrlichung seiner Untugenden und Laster zu fesseln.

Dagegen blühte, wie stets in Zeiten äußern und innern Verfalles, die satyrische Richtung. Hierhin gehören vor allem die schon kurz erwähnten „Charaktere" La Bruyères (erschienen 1688). Scharfblickend und feinsinnig, verfolgen die „Charaktere" nicht nur die allgemeinen Schwächen, Verkehrtheiten und Untugenden der Menschen, sondern richten sich auch ganz ausdrücklich gegen die eigene Zeit und den eigenen Staat mit seinen politischen und socialen Zuständen. Offen spricht er es aus: „Ein als Christ und Franzose geborener Mensch findet sich in der Satyre beschränkt; alle großen Gegenstände sind ihm verboten." Er geißelt bitter die Scheinheiligkeit, die einen despotischen Herrscher umgibt, wenn es demselben einfällt, fromm zu sein. Je heiterer und bunter das Gewand ist, mit welchem La Bruyere seine Pfeile umkleidet, desto sicherer und unerwarteter treffen dieselben die, auf welche sie gerichtet sind. — Le Sage ist, wie man treffend gesagt hat, der in Scene gesetzte La Bruyere. In der äußerlichen Anlage und in dem Schauplatze seiner satyrischen Romane schließt sich Le Sage an die spanischen Schelmenromane an, aber er erhebt sich hoch über dieselben an geistiger Bedeutung und an scharfer, einschneidender Verhöhnung der verrotteten Zustände unter einem alternden Despoten. Unerbittlich zeichnet er uns die selbstsüchtigen, intriganten und innerlich hohlen Hofleute, die scheinheiligen und ehrgeizigen Prälaten, die gewissenlosen und augendienerischen Richter, die charlatanisirenden Aerzte, die der Mode und den Launen des Publikums dienenden Schriftsteller, die schelmischen Diener, die listenlosen Gauner, die nach Lust und Gold trachtenden Frauen, den gänzlichen Mangel an Erhebung und idealem Streben unter allen Klassen, wie das Regime des „großen Königs" sie in Frankreich erzeugt hatte: glänzenden Schein ohne innere Tüchtigkeit. Es spricht sich in Le Sage — zumal in seinem besten Werke, dem

Alain René Le Sage.
Nach dem Bild von J. B. Wastard. Originalgemälde von demselben

Gil Blas — die ganze Opposition des kernigen Bürgerthums gegen die knechtischen, bedientenstolzen, sittlich verwahrlosten, tief egoistischen leitenden Stände aus: eine Opposition, welche dann das 18. Jahrhundert beherrschte. Diese bürgerliche Richtung im Gegensatze zu dem aristokratisch vornehm thuenden Klassizismus spricht sich auch in dem Style Le Sages aus, der so leicht, einfach, anmuthig, anspruchslos und doch gediegen und zutreffend ist. Auch hierin hat er dem Jahrhundert Voltaires und Diderots als Vorbild gedient. Mit Recht bemerkt Hettner: Gil Blas ist der Vorläufer Figaros — jener scherzhaft blutigen Satyre gegen einen entarteten Hof- und Beamtenadel.

Es ist schon bemerkt, in wie innigem Bunde mit der politischen und socialen Opposition die religiöse stand. Vergebens suchte Bossuet die von ihm so eifrig betriebene Verfolgung der Hugenotten noch nachträglich durch die höhnenden Angriffe zu rechtfertigen, die er in seiner „Geschichte der Religionsschwankungen" gegen die protestantische Religion richtete. Bereits La Bruyère hatte in seinen „Charakteren" dem Herrscher Geduld und Toleranz anempfohlen an Stelle von Unduldsamkeit und Grausamkeit gegen abweichende Meinungen. Die kühne Skepsis eines Bayle fand zahlreiche Anhänger in jenen höhern Schichten der französischen Gesellschaft, die berufen schienen, die Vertheidigung von Thron und Altar zu führen. Die gewissenlose und leichtsinnige Selbstverleugnung, welche der monarchische Absolutismus von seinen Dienern und Günstlingen fordert, verträgt sich eben nicht mit einer aufrichtigen Religiosität. Saint-Evremond, ein normannischer Edelmann, wendet sich mit Spott und Ernst gegen die kirchlichen Dogmen und Gebräuche; und er hatte viele Gleichgesinnte, wie jenen Grafen v. Grammont, der sich als Grabschrift setzen ließ, daß für Beichte, Predigt und Gebet er die Sorge seiner Gemahlin überlassen habe. Der hohe französische Klerus, wie er aus der Hand Ludwigs XIV. hervorgegangen war, rechtfertigte durch sein Benehmen nur allzu sehr die zahllosen Spöttereien, die man in Prosa wie in Versen gegen ihn ausstreute. Niemand war gründlicher verderbt, als der erste Prälat des Reiches, der Erzbischof Harlay von Paris, nach dem Willen seines Herrn der eifrigste Verfolger der Jansenisten, Protestanten und Quietisten, dabei aber mit seinen Maitressen einen schamlosen Handel mit kirchlichen Würden treibend. Die Prälatur erschien mehr und mehr als eine höchst einträgliche Sinekure, die man sich durch höfischen Dienst bei dem Monarchen zu verschaffen, und die man dann, wenn man sie erlangt, in schwelgerischem Leben am Hofe zu genießen hatte. Schon gab man diese weltlichen Abbés — ein beliebter Typus des 18. Jahrhunderts — auf der Bühne dem Gelächter der Menge preis.

So wankte das ganze Gebäude des „großen Königs" in seinen Grundlagen schon nach fünfundzwanzigjährigem Bestande; und zwar lediglich durch die ihm selbst innewohnenden Fehler und Gebrechen. Nicht allein die Weltmonarchie Ludwigs XIV. ließ sich nicht behaupten, sondern auch in dem beschränktern Umfange des eigenen Reiches hat sich sein Ideal des Herrscherthumes nicht auf die Dauer verwirklichen lassen.

Fünftes Kapitel.

Die europäischen Staaten nach dem Ryswyker Frieden.

Nachdem das Geräusch des großen Kampfes verstummt und die augenblicklichen Gefahren der französischen Oberherrschaft zurückgedrängt waren, wurden die Staaten, die in der umfassenden europäischen Koalition Schulter an Schulter gekämpft hatten, zur innern Einkehr, zur Ordnung der eignen oft so verwirrten Angelegenheiten aufgefordert.

An der Spitze des Bundes hatte ohne Zweifel England gestanden. Siegreich hatte die englische Nation einen doppelten Krieg zu Ende geführt, den um die politische Freiheit und den um die Religion des Landes; erst der Ryswyker Vertrag machte den Sieg vollständig, indem er dem traditionellen Feinde des Parlamentarismus und des Protestantismus, dem Hause Stuart, den mächtigen und gefahrdrohenden Beistand Frankreichs entzog. Indem Wilhelm III. als Verfechter der parlamentarischen Gerechtsame auf den Thron gelangte, mußte er die Unterordnung des letztern unter jene anerkennen und zumal die innere Gesetzgebung nach einigem Sträuben vollständig und ohne Rückhalt der Volksvertretung überlassen; noch kämpfte er um einen maßgebenden Einfluß wenigstens auf die äußere Politik, aber auch hier gelang es nur seiner bedeutenden Persönlichkeit, und doch auch meist auf Umwegen, seine Absichten durchzuführen. Das englische Königthum war auf dem besten Wege, zu einer bloßen Abstraktion zu werden, zu einer in der Praxis bedeutungslosen Verkörperung des allgemeinen Staatsgedankens. Die besondere Form des Protestantismus, die sich in England gebildet hatte, die anglikanische Staatskirche, hatte einen nicht minder entschiedenen Erfolg davongetragen. Der Katholizismus umfaßte etwa nur noch ein halbes Prozent der Bevölkerung; die übrigen protestantischen Sekten, die sogenannten Dissidenten, waren auf ungefähr vier Prozent zusammengeschmolzen, indem nach der großen Revolution eine Menge ihrer Bekenner zu der Staatskirche zurückgetreten waren. Aber darum war doch keine Einigkeit, kein Friede im Lande. Wie in politischer Hinsicht sich die Parteien der Konservativ-Legitimisten und der Fortschrittlichen, die Tories und die Whigs bekämpften, so war, im Anschluß hieran, die herrschende Kirche selbst durch einen tiefen Gegensatz gespalten. Eine bedeutende Anzahl von Geistlichen hatte als „Nichtschwörer", als solche, die den Usurpator Wilhelm den Treueid verweigerten, eine besondere Stellung eingenommen und zahlreiche Anhänger gefunden. Sie sahen sich als die wahre Kirche an und standen mit dem orthodoxern und starrern Theile des anglikanischen Klerus überhaupt in Verbindung. Der andere Theil derselben Kirche war versöhnlich, duldsam, unterhielt den Zusammenhang mit den Dissenters und suchte dafür die katholischen Formen so viel als möglich aus dem Gottesdienste zu entfernen. Jene Strengern — die Hochkirche (High church) — waren so ziemlich mit den Tories identisch, diese — die Niederkirche (Low church) — mit den Whigs. Je weniger ein eigentlich dogmatischer Unterschied hervortrat, je mehr es sich hier nur um Form-, Personen- und politische Fragen drehte, um so heftiger war der Kampf beider Richtungen, die sich doch in einem gemeinschaftlichen Rahmen neben einander bewegen mußten, ohne officielle Trennung.

Die Tories und Hochkirchler rekrutirten sich hauptsächlich aus der damals noch großen Zahl mittlerer und kleiner Grundbesitzer, deren Einkünfte meist aus Naturalien bestanden, die des flüssigen Geldes fast ganz entbehrten. Diese Familien, an ihre Scholle gefesselt, wenig gebildet, von den großen politischen und geistigen Bewegungen der Zeit wenig berührt, waren naturgemäß allen Neuerungen abgeneigt und wünschten im Innern Erhaltung des Bestehenden, Altüberlieferten, nach außen — wie alle wahrhaft konservativen Parteien — Ruhe und gemächlichen Frieden. Ihre Gegner, die Whigs, darf man nun nicht mit den heutigen liberalen Parteien verwechseln. An ihrer Spitze standen die meisten Familien des Hochadels, die es keineswegs auf eine Begünstigung der populären Interessen abgesehen hatten, sondern durch ihre gegen die Macht der Krone gerichteten Bestrebungen hauptsächlich auf die Vermehrung ihres eigenen Einflusses auf den Staat hinzielten, indem sie selbst das Oberhaus ausmachten, mit ihren jüngern Söhnen und Verwandten aber zum größten Theile das Unterhaus anfüllten, da ihr Gewicht bei den Wahlen vielfach den Ausschlag gab. Mit dieser leitenden Whigaristokratie waren die Emporkömmlinge und die Geldleute verbunden, die nur bei Neuerungen und im Gegensatze zu den konservativen Grundbesitzern ihr Glück machen konnten. Dem Landintereße (landed interest) der Tories trat so in den Whigs das Geldinteresse (money interest) gegenüber. Die Whigpartei war kriegerisch; denn nur durch den Krieg gegen den Verbündeten Jakobs II., gegen Frankreich, konnte sie ihr Werk und ihre Stellung sichern, und der Krieg mit seinen Lieferungen und Anleihen bot den Geldleuten viele Gelegenheiten zu reichem Gewinn. Zwar schrieb die Whigpartei freiheitliche Ziele als blendendes Programm auf ihr Banner, aber dies war nur Schein; und deshalb ist das 18. Jahrhundert, wo dieselbe zumeist herrschte, eine Zeit des gesetzgeberischen Stillstandes, einer vollständigen Ebbe in der verfassungsmäßigen Entwickelung: nur zu größerer Duldsamkeit in religiöser und politischer Beziehung mußte die Partei wegen ihrer halb revolutionären Stellung und wegen ihrer zahlreichen sämtlich freisinnigen Elemente bereit sein.

Die große Mehrheit des englischen Volkes selbst war ohne Zweifel konservativ, doch wünschte sie ebenso unzweifelhaft die Errungenschaften der „glorreichen Revolution" zu bewahren. Deshalb war während des Krieges die Whigpartei die herrschende geblieben gerade durch die Umtriebe der Jakobiten, der Anhänger der vertriebenen Stuarts. Im Jahre 1696 hatten einige Fanatiker dieser Richtung geradezu ein Attentat auf Wilhelm geplant, welches von Jakob II. und Ludwig zwar nicht ausdrücklich gebilligt, aber auch nicht, nachdem es ihnen bekannt geworden, verworfen war. Es war ein irischer Katholik, der, zum Theil gewonnen durch die Milde, die Wilhelm seinen Stammes- und Glaubensgenossen fortgesetzt zeigte, das Komplott rechtzeitig entdeckte. Eine allgemeine Aufregung ergriff damals die Nation, die fühlte, wie viel ihr das Leben dieses Mannes, wie viel ihr die in ihm repräsentirten Prinzipien werth seien. Vom Parlamente ausgehend wurde ein nationaler Bund zur Beschützung des Königs und, sollte er doch eines gewaltsamen Todes sterben, zur Rache an seinen Feinden gebildet, welchem der größte Theil des Volkes beitrat. Der Abschluß des Ryswyker Friedens hatte aber dieses gute Verhältniß zwischen König und Nation sehr getrübt. Die Besorgniß vor einem Siege der Jakobiten hatte aufgehört. Die Ergebnisse des Krieges schienen in keinem Verhältniß zu den unermeßlichen bleibenden Opfern zu stehen, die derselbe auferlegt hatte. In dem neuen Unterhause überwogen deshalb die Tories. Wilhelm wollte das Heer in vollem Umfange aufrecht erhalten, um jederzeit gegen neue französische Suprematsgelüste und für die bevorstehende Eröffnung der spanischen Erbfolge gerüstet zu sein. Dagegen beschloß die Mehrheit des Unterhauses, aus den Tories und einigen vorgeschrittenen Whigs zusammengesetzt, theils aus Abneigung gegen eine stehende Armee überhaupt, theils um die Steuerkraft des Volkes zu schonen, die Reduzirung des Heeres auf 7000 Mann — eine Zahl, die England auf den Rang eines kleinen deutschen Fürstenthums herabdrücken mußte, und zwar zu einer Zeit, wo Frankreich Miene machte, einige der wichtigsten Bedingungen des Ryswyker Friedens unerfüllt zu lassen! Besonders die zahlreichen Holländer und französischen Emigrirten, denen der König vorzugsweise verpflichtet war, und auf die er hauptsächlich zählte, sollten aus dem englischen Heere entlassen werden. Immer unbehaglicher gestaltete sich Wilhelms Lage in England, denn immer entschiedeneres Uebergewicht erhielten die mit den extremen Whigs verbündeten Tories, so daß jener schon daran dachte, die Krone niederzulegen und England sich selbst zu überlassen. Es schien, als ob das Königthum sich nun einmal mit dem Parlamente durchaus nicht vertragen könne.

Wohl hatten, bereits seit der Restauration, also seit 1660, Schottland und Irland wieder ihre eigenen Parlamente, und hatten die Kolonien ihre eigenen Legislaturen. Indem aber der allen gemeinsame König unter der Herrschaft des englischen Parlaments stand, welches infolge der materiellen Ueberlegenheit Englands allein über die eigentlichen Machtmittel verfügte, übte jenes, nicht immer zum Besten der Nebenländer, auch über diese letztern eine Obergewalt aus. Um so mehr war Irland, obwohl äußerlich beruhigt, doch noch in voller Gährung. In Schottland waren die gesammten Hochschotten, in ihren Clans furchtbar organisirt, und die hier freilich wenig zahlreichen Bischöflichen für Jakob II., die ganze Bevölkerung überdies aufgebracht wegen der Eifersucht, mit welcher das englische Parlament alle großen kommerziellen und Kolonialpläne Schottlands hintertrieb, indem es den König zwang, dieselben zum Scheitern zu bringen. Auch die amerikanischen Kolonien, unter denen die wichtigste Massachusetts war, wurden von dem englischen Parlamente eifersüchtig unter der Botmäßigkeit des Mutterlandes gehalten. Alle Beschlüsse des Parlamentes sollten unbedingt bindend sein für Nordamerika. Die eigene Manufaktur, der selbständige Handel der dortigen Kolonien wurde unterdrückt; die Wahl der Gouverneure, die früher den Kolonien zugestanden hatte, ward der Krone, b. h. den dieser aufgenöthigten Parteiministern übertragen.

Diese Ueberlegenheit Englands über seine Nebenländer wird durch einen Blick auf dessen außerordentliche materielle Entwickelung in der zweiten Hälfte des 17. Jahrhunderts erklärt.

Während Frankreich damals etwa 18 Millionen Einwohner zählte, die vereinigten Provinzen der freien Niederlande nur 2¼ Millionen, enthielten die drei unter Wilhelms Szepter vereinigten Königreiche nach den zuverlässigsten Schätzungen ungefähr 11 Millionen Menschen. Von diesen kamen auf das eigentliche England nebst Wales beinahe zwei Drittheile der Gesammtziffer, nämlich sieben Millionen; während doch England nur 2750 Quadratmeilen gegen die fast 3000 von Schottland und Irland umfaßte. Die Bevölkerung war also durchschnittlich in dem Hauptlande noch einmal so dicht, als in den beiden Nebenreichen. Der Grund lag in der außerordentlich entwickelten Großindustrie und Handelsthätigkeit Englands und in dem dadurch bedingten Anwachsen der großen Städte. Zumal London enthielt bereits ein volles Zehntel der Gesammtbevölkerung des Landes, 700,000 Menschen, und hatte längst Paris mit seinen 500,000 Einwohnern überflügelt. London war zum unbestreitbaren Mittelpunkt des politischen, socialen und merkantilen Lebens des Landes geworden; zwei Drittheile des ganzen englischen Baarvorrathes an Gold- und Silbermünzen waren hier vereinigt. Man schätzte das gesammte englische Nationalvermögen damals — freilich in unsicherer Weise — auf 600 Millionen Pfund Sterling, von denen man nur 252 Millionen für die angebauten Ländereien annahm: so sehr hatte bereits das merkantile Element — das money interest — das ländliche überwuchert! Das Jahreseinkommen des englischen Volkes wurde auf 43 bis 44 Millionen Pfund veranschlagt. Es war allerdings fast um die Hälfte geringer als das Einkommen Frankreichs, von dem man wissen wollte, daß es jährlich 83 bis 84 Millionen Pfund ausmachte, aber relativ höher: denn während auf jeden Kopf der französischen Bevölkerung damit nur 4⅔ Pfund jährlichen Einkommen fielen, hatte dessen jeder Engländer durchschnittlich 6¼ Pfund. Das reiche Holland sollte jährlich 18 Millionen Pfund produziren, so daß hier auf jeden Kopf gar 8½ Pfund kamen. Diese Zahlen mögen zugleich ein Bild von den gegenseitigen Machtverhältnissen der drei westlichen Großmächte, sowie von ihrer damaligen Wohlhabenheit geben.

Neben der Industrie war aber auch die Landwirthschaft in England in hohem Flor. Der Ackerbau zeichnete sich bereits durch seine sehr rationelle Betreibung aus und ergab trotz der Dichtigkeit der Bevölkerung einen durchschnittlichen jährlichen Ueberschuß von 800,000 Quarters Getreide, für deren Ausfuhr ungefähr 1½ Mill. Pfund Sterling jährlich ins Land kamen. Auch die Wollproduktion war in Blüthe, und für nicht weniger als drei Mill. Pfund soll England jährlich an roher Wolle und wollenen Waaren nach der Fremde exportirt haben. Die Bergwerkproduktion war nicht minder lebhaft.

und zumal die englischen Kohlen wurden nicht nur für die heimische, sondern auch schon für die belgische und holländische Industrie verwandt. Für etwa eine Million Pfund jährlich wurden englische Minenerzeugnisse dem Auslande zugeführt. Die englische Manufaktur war gerade durch den Krieg, welcher die Zufuhr der so mannigfachen und beliebten französischen Gewerbserzeugnisse abschnitt, sowie durch die französischen Refugiés außerordentlich gefördert worden. Die Friedensjahre steigerten dann weiter den Wohlstand und die Behaglichkeit des englischen Volkes. Schon preisen festländische Beobachter die kräftige Kost und den häuslichen Comfort der untern englischen Stände. Etwa 3000 Handelsschiffe, die von 200 Kriegsfahrzeugen mit 40,000 Matrosen geschützt wurden, vermittelten den englischen Handel und brachten als Frachtgewinn allein, abgesehen vom Handelsvortheil, jährlich eine Million Pfund ein, während die englischen Kaufleute überdies an dem Umschlag fremder Waaren in fremden Ländern ziemlich das Doppelte jener Summe verdienten. Die gesammte Ausfuhr Englands betrug im Jahre 1699 nicht weniger als 6,800,000 Pfund Sterling — nach relativem Geldwerthe 408 Millionen Mark — und überstieg um 1,150,000 Pfund die Einfuhr. Einen bedeutenden Platz innerhalb der englischen Handelswelt nahmen die großen Gesellschaften ein, welche einen durch Privileg ausschließlichen Handel mit der Levante, mit Ostafrika, den baltischen Ländern u. a. m. trieben; besonders gewichtig war die große ostindische Kompagnie durch ihren bedeutenden Umsatz, die Zahl ihrer Schiffe, die Höhe der in ihr angelegten Kapitalien, während ihr Landbesitz in Ostindien damals nur in ihren eng umgrenzten Faktoreien bestand. Nicht unrichtig war es, wenn schon gegen Ausgang des 17. Jahrhunderts London als der Hauptstapelplatz ganz Europas gepriesen wurde.

Dem Wohlstande Englands entsprechend umfaßte auch sein Staatshaushalt Summen, die für die damalige Zeit erstaunlich groß waren. Ju überströmendem Royalismus hatten die toryistischen Parlamente nach der Thronbesteigung Karls II. und Jakobs II. diesen Königen bedeutende Einkünfte auf Lebenszeit bewilligt, dem letztern Herrscher über zwei Millionen Pfund Sterling, nach heutigem Geldwerthe 120 Millionen Reichsmark, die sie in Friedenszeiten von dem Parlamente so gut wie unabhängig machten; zumal ein Ausgabebewilligungsrecht damals für die Volksvertretung nicht bestand. Aber nach der „glorreichen Revolution" zog auch hier das Parlament die Zügel straffer an, um das Königthum in besto größerem Abhängigkeit zu erhalten. Das feste Einkommen wurde auf 680,000 Pfund beschränkt, alle übrigen Bedürfnisse wurden auf jährliche Bewilligung durch das Parlament angewiesen. Und wie außerordentlich hoch gesteigert waren diese Bedürfnisse! Von den dreizehn Regierungsjahren Wilhelms waren nur vier Friedensjahre. So wurden für Heer und Flotte unter ihm nicht weniger als $62\frac{1}{2}$ Mill. Pfund oder, nach modernem Geldwerthe, 3750 Millionen Reichsmark verwendet, für den Hof und die Civilverwaltung nur 9 Millionen Pfund, 540 Mill. Reichsmark.

Die jährlichen Ausgaben beliefen sich durchschnittlich auf 5½ Mill. Pfund oder heutige 330 Mill. Reichsmark, gewiß eine sehr beträchtliche Summe für eine Bevölkerung von sieben Millionen Seelen, die außerdem große Zahlungen für die kommunale Verwaltung und Polizei zu leisten und dem Staate vielfache unentgeltliche Dienste zu verrichten hatte. Um jene Geldmittel zu erhalten, mußte man außerordentlich hohe Zölle auf die fremden Waaren, sowie eine Accise auf die geistigen Getränke, Kaffee, Chokolade, Salz, Kohlenverbrauch u. s. w. legen, eine Einkommen- und Klassensteuer und später die sogenannte „Landtage", d. h. eine Besteuerung der Bodenrente um 20 Prozent einrichten. Aber aller Anspannung der Steuerkraft zum Trotze schloß fast jedes Jahr mit einem beträchtlichen Defizit ab. Aus diesen Ausfällen erwuchs dann die erste stehende Nationalschuld des englischen Reiches, die später eine so außerordentliche Entwicklung erfahren sollte. Um ihre Kreditoperationen zu erleichtern und sich von den wucherischen Anforderungen der großen Spekulanten zu befreien, faßte die Regierung den denkwürdigen Beschluß, die Bank von England zu begründen. Dieselbe fand vielfachen Widerspruch: bei den Geldleuten, die damit ihre Ausjaugung des Staates beschränkt sahen; bei den Grundbesitzern, die davon eine weitere Steigerung des verhaßten money interest fürchteten; endlich von Seiten der mißtrauischen Parlamentarier, welche meinten, die Bank werde der Regierung Mittel zu außergesetzlichem Vorgehen zu Gebote stellen. Indeß die Nothwendigkeit, den Staat aus den Klauen der Wucherer zu retten, trug endlich den Sieg davon; 1694 wurde die Bank mit einem Kapital von zunächst 1,200,000 Pfund gegründet, und sie bewährte sich in der schweren Geldkrisis der Jahre 1696 und 1697 derart, daß sie nicht nur die Gewährung der Verdoppelung ihres Kapitals, sondern auch die allgemeine Anerkennung ihrer Stellung als absolut zuverlässiger Bankier des englischen Staates erhielt. Die Vortheile der Bank zeigten sich sofort; sie drückte die Diskontoverlaste der Schatzanweisungen von 20 und 30 zunächst auf 7 bis 8, bald auf sechs und gar fünf Prozent herab. Hunderttausende Pfund Sterling ersparte dadurch jährlich der Staat.

Bei dem Tode Wilhelms III. belief sich die englische Staatsschuld immerhin auf 16,400,000 Pfund oder, nach jetzigem Geldwerthe, etwa 984 Mill. Reichsmark, die jährlich mit 1,310,000 Pfund oder 78,600,000 Reichsmark — ziemlich ebensoviel, wie unter Karl II. die gesammten Staatsausgaben betragen hatten — verzinst und amortisirt werden mußten! Aber schon damals stellte sich die überraschende Thatsache heraus, daß eine im Lande selbst untergebrachte Staatsschuld und die daraus resultirende Höhe der Steuern den Nationalwohlstand nicht schwächen, indem sie zur Sparsamkeit antreiben, andrerseits eine sichere Kapitalsanlage gewähren und damit das Beispiel finanzieller Solidität geben.

Abgesehen von dem politischen und kirchlichen Gebiete hatte der Umschwung von 1688 auch in moralischer und geistiger Beziehung eine große und bleibende Wirkung geübt. Die fröhliche, schimmernde, sittenlose Ausgelassenheit des Stuart'schen Hofes machte der ernsten und sittenstrengen Umgebung Wilhelms und Marias Platz. Ausschweifung galt nicht mehr als nothwendiges Merkmal königstreuer Gesinnung; das ganze Volk hatte die Schäden jener so gränzlich kennen gelernt, daß es auf andere, bessere Bahnen einlenkte. Nicht mehr der finstere Puritaner Cromwells, sondern der liederliche Höfling der Stuarts erschien als hassenswerth und ein zu vermeidendes Beispiel. Freilich, der bedeutendste Lustspieldichter dieser Zeit, Congreve, dessen erstes Stück 1693 aufgeführt wurde, ein komischer Dichter von unendlich zündendem Witze, großer dramatischer Geschicklichkeit und feinstem Sinne für Charakterzeichnung, gehört noch der alten frivol schmutzigen Schule an, welche den Sinnesrausch für das höchste Glück erklärte und behaglich ausmalte. Aber bald kam die Reaktion. Nach einigen andern warnenden Stimmen, die unbemerkt ertönten, erregte des Geistlichen Jeremias Collier Buch „Ueber die Zuchtlosigkeit und Unheiligkeit der englischen Bühne", eine scharfe leidenschaftliche, beißende, wenn auch stellenweise gemeine und übertreibende Streitschrift, das größte Aufsehen. Und in der That zeigen sich bei den Lustspieldichtern um die Wende des Jahrhunderts, bei Farquhar und Vanbrugh, schon die Anfänge der Besserung, der Ueberleitung des Lustspiels in reinere und würdigere Bahnen!

John Locke
Nach dem Stich von J. Smith le Fecit, 1784,
Originalgemälde von G. Kneller, 1697.

Mit dem Siege des Parlamentes und mit der reißenden Zunahme des Wohlstandes kamen auch in dem bis dahin religiös und politisch so konservativen England die freieren und selbständigeren Ideen sowohl in politischer wie philosophisch-religiöser Beziehung, die bis dahin nur einen kleinen Kreis erfüllt hatten, zu weiterer Herrschaft; anknüpfend einerseits an die Naturwissenschaft sowie die Philosophen und Skeptiker in Holland, andrerseits an die Erfolge der Revolution von 1688.

Beide Richtungen fanden sich vereinigt in Johann Locke (1632—1704). Seine bewegte Jugend, in welcher er nach einander die medizinischen Wissenschaften, das praktische Staatsleben als Gesandtschaftssekretär, die Naturwissenschaften und die Philosophie studirte und kennen lernte, verliehen seinem klaren und scharfen Geiste eine außerordentliche Universalität, ohne ihn zu verwirren oder oberflächlich zu machen. Besonders hervorragend und wirksam wurde Locke als Philosoph, zumal durch sein Hauptwerk, den „Versuch über den menschlichen Verstand". Dem Dogmatismus der Cartesianer und Spinozas gegenüber, welche ihre Systeme auf bestimmte, dem menschlichen Geiste nothwendig innewohnende Ideen aufbauen, beginnt Locke eine Untersuchung der menschlichen Vernunft, um festzustellen, ob sie denn wirklich eingeborene Ideen enthält. Er kommt dabei zu einem vollständig verneinenden Ergebnisse. Alle Begriffe, auch die moralischen und selbst die metaphysischen, werden dem Menschen lediglich durch die Erfahrung übermittelt, entstehen durchaus nicht aus dem innern Wesen des Geistes. Die Erfahrung ist eine doppelte: einmal eine äußerliche, durch die Sinneseindrücke übermittelte, die Empfindung; und dann eine innerliche, durch die Betrachtung der eigenen Geistesthätigkeit hervorgebrachte, die Reflexion. Empfindung und Reflexion sind die einzigen und ausschließlichen Erkenntnißquellen, in ihrer Wechselwirkung die Ursachen unserer höchsten Ideen wie unserer Leidenschaften. Durch diese streng positivistische, die allgemeine Geltung der Ideen leugnende, auf mathematisch logischer Beweisführung sich gründende Anschauung ward das Ansehen der herrschenden religiösen und philosophischen Systeme auf das ernstlichste erschüttert und über Lockes eigene Folgerungen hinaus der Weg zu ausschließlichem Materialismus gezeigt. Locke forderte, der konsequenten Verstandesmäßigkeit und Unabhängigkeit seiner Lehre sowie seiner Leugnung eines sichern Kriteriums für die Wahrheit entsprechend, in seinen „Briefen über Toleranz" völlige religiöse Duldsamkeit. Mit allen diesen theoretischen und praktischen Deduktionen hat er die große, umfassende und wirkungsreiche Schule der sogenannten „Philosophen" des 18. Jahrhunderts gegründet, hat er das viel gepriesene und viel geschmähte „Zeitalter der Aufklärung" herbeigeführt. Andrerseits sehen wir aber, in wie hohem Grade die Lehrweise Lockes aus der induktiven naturwissenschaftlichen Betrachtungsart hervorgegangen ist, wie sie alle Vorgänge des menschlichen Geistes auf rein mechanische sinnliche Vorgänge zurückzuführen sucht. Der innern Erfahrung bleibt nur ein sehr geringes Gebiet bei ihm übrig; im großen und ganzen geht unser Denken nach seiner Anschauung auf die Sinneseindrücke zurück. Diese Ansicht und die ganze wissenschaftliche Methode Lockes sind bis auf den heutigen Tag in England die herrschenden geblieben. Merkwürdig ist, wie Locke auch darin typisch für die meisten englischen Philosophen und Naturforscher geworden, daß er diese in ihren letzten Folgerungen durchaus materialistische Lehre mit einer strengen Bibelgläubigkeit zu versöhnen und zu verbinden sucht, in seinem Buche „Vernunftgemäßheit des Christenthums" — was allerdings für selbständige Begriffe stets den Anschein der Heuchelei an sich trägt.

Noch unmittelbarer wirkten die großen Ereignisse der Zeit auf die politischen Anschauungen Lockes, die er in seinem staatswissenschaftlichen Hauptwerke „Abhandlung über die Regierung" (1689) selbst mit jenem in Verbinbung bringt. Auch er geht, nach Hugo Grotius' Muster, ebenso wie Hobbes von der Fiktion eines ursprünglichen Gesellschaftsvertrages aus, oder nur, um die Hobbes gerade entgegengesetzten Folgerungen daraus zu ziehen. Der Gesellschaftsvertrag wird abgeschlossen, um die Freiheit und Wohlfahrt eines jeden Einzelnen zu sichern; sobald also die durch den Vertrag eingesetzte Staatsgewalt dieselben verletzt, bricht sie den Vertrag und fällt selbst in den Naturzustand zurück, wo dann jeder das Recht, ja, weil sie gemeinschädlich ist, die Pflicht hat, ihr Widerstand zu leisten. Die Staatsgewalt, die Souveränität kommt vom Volke und wird von ihm unter gewissen Bedingungen übertragen; verletzt der Mandatar diese, so kehrt die Souveränität von selbst zum Volke zurück. Dieses als der eigentliche Souverän muß die gesetzgebende Macht behalten und selbst oder durch seine Vertretung handhaben; es übergibt nur die Ausführung und Sicherung seiner Beschlüsse einer ausübenden Gewalt, deren Spitze der König ist. Der König ist also an die Vorschriften gebunden, die ihm die volksthümliche gesetzgebende Macht auferlegt.

So wurde Locke der Begründer der konstitutionellen Theorie, der Vorläufer Montesquieus und selbst Rousseaus. Welcher Geschichtskundige sähe nicht, daß Lockes Folgerungen durchaus willkürlich sind, daß die Ansichten Hobbes' viel mehr dem wahren Gang der Dinge entsprechen, daß die absolute Macht der Staatsgewalt das Ursprüngliche, der Konstitutionalismus erst das Ergebniß einer späteren Entwicklung ist? Immerhin übte Locke auch durch seine politischen Theorien, die das kommende Jahrhundert beherrschten, eine überaus bedeutende Wirksamkeit aus. Nicht von den Franzosen, sondern von diesem Engländer ist die geistige Richtung der Aufklärungszeit in politischer wie religiöser Beziehung ausgegangen.

Endlich gehört dieser Periode die Gründung einer nationalen Presse in England an. Damals gab es außeramtliche Zeitungen — abgesehen von einigen deutschen — nur in Holland, wo eine unbegrenzte Druckfreiheit bestand. Die holländischen Zeitungen wurden in der ganzen Welt eifrig gelesen. Aber bei der Kleinheit des Landes kam ihre politische Wichtigkeit wenig in Betracht, zumal sie sich vorzüglich mit äußeren Angelegenheiten beschäftigten. In England galt bis zum Jahre 1695 die strenge Censuralte jede unabhängige Presse niedergehalten; damals aber lief dieses Gesetz ab, ohne daß ein neues zu Stande gekommen wäre, und so befand sich einstweilen die Presse ganz frei. Binnen kurzer Zeit schoß eine Menge von Organen auf, die bald zu einem unentbehrlichen Bedürfnisse für die gebildeten und besitzenden Klassen Englands wurden. Unter keinem anderen Zwange, als dem des gemeinen Rechtes, erhob sich die Presse binnen kurzem zu einer Macht in England und setzte die öffentliche Meinung in den Stand, sich selbständig neben dem Parlamente zu behaupten. Wie lange dauerte es, bis diese Einrichtung sich auf die großen kontinentalen Staaten verpflanzte!

356 Drittes Buch. 5. Kap. Europa nach dem Ryswyker Frieden

So erhob sich neben der schon sinkenden absoluten Monarchie Frank=
reichs in steigender Macht und wachsendem Wohlstande das parlamentarisch
freie England. Es hatte sein Glück hauptsächlich jenem schweigsamen und
unliebenswürdigen, aber weisen und weitblickenden Monarchen zu danken, der
eben überlegte, ob er nicht vor den zahlreichen Kränkungen seine Krone auf=
geben solle: Wilhelm dem Dritten.

Wenn auch vielfache Streitigkeiten damals die drei großen Mächte des
europäischen Westens — Frankreich, England, Holland — schieden, sie waren
doch wieder durch eine gewisse Gemeinsamkeit des Kulturzustandes verbunden.
Frankreich, Holland und England erschienen bereits als die hauptsächlichsten
Träger der Civilisation und ihres Fortschrittes. In nationaler und staat=
licher Entwickelung, in Ausbildung des Verkehrs und gewerblichen Lebens,
in Fülle des Wohlstandes und der Macht, in geistiger Bildung und Schöpfer=
kraft waren sie dem gesammten übrigen Europa weit vorausgeeilt. Fast
ein Jahrhundert hindurch scheinen die Fortschritte der Kulturgeschichte von
der politischen und socialen Weiterentwickelung dieser Westmächte, von ihren
Gesetzgebern, Staatsmännern, Philosophen und Dichtern, von ihrer Ver=
fassungs= und Verwaltungsweise abzuhängen. Um so eifriger nur kämpften
sie unter einander um den Vorrang! —

Deutschland stand diesen drei Ländern noch bei weitem nach.

Wenigstens war es ihm gelungen, die Türken zum Frieden zu zwingen.

Gegen Ende des zweiten Koalitionskrieges hatten zunächst die Kaiser=
lichen ihren Siegeslauf stocken sehen. Ludwig von Baden, der Sieger von
Szalankemen, der mit so großer Auszeichnung an der Donau und Drau
kommandirt hatte, wurde an den Rhein berufen. Die Feldherren, die ihn
nach einander ersetzten, waren von höchst mittelmäßiger Beschaffenheit. In den
Jahren 1795 und 1796 drang der wenn auch nicht außergewöhnlich be=
gabte, doch energische und ruhmbegierige Sultan Mustapha II. in Ungarn
ein, besiegte die kaiserlichen wiederholt und nahm ihnen mehrere Festungen.
Es rächte sich eben auf beiden Kriegsschauplätzen an den Kaiserlichen, daß
sie nicht, dem Rathe aller Verständigen gemäß, einstweilen mit den Türken
Frieden geschlossen hatten, um erst den Kampf mit Frankreich zu erfolgreichem
Abschlusse zu bringen.

Zum Glücke erhielten dann die Kaiserlichen in Ungarn einen vortreff=
lichen Feldherrn in dem noch jungen Prinzen Eugen von Savoyen.[1]

---

[1] Die Lebensgeschichte des Prinzen Eugen zum ersten Male wissenschaftlich dar=
gestellt und von Fabeln und Fälschungen befreit zu haben, ist das Verdienst Alfred
v. Arneths, des berühmten Direktors des Wiener Staatsarchivs, in seinem „Prinz
Eugen von Savoyen" (drei Bände, Wien 1858). Ein außerordentlich gründliches, viel
seitig belehrendes, nach den besten archivalischen Quellen gearbeitetes und kritisch ge=
naues Werk, freilich ein wenig allzu patriotisch und diplomatisch gefärbt. Ueber
Eugens Feldzüge veröffentlicht seit 1877 der k. k. Generalstab ein großartig angelegtes
militärwissenschaftliches Werk.

Prinz Eugen.
Nach dem Stich von V. Picart, 1722; Originalgemälde von Jacques van Schuppen.

Eugen Franz (geboren am 18. Oktober 1663) stammte aus der Nebenlinie Carignan des Hauses Savoyen, und zwar aus demjenigen Zweige, der sich unter dem Namen der Grafen von Soissons in Frankreich niederließ. Seine Mutter war die berühmte Olympia Mancini, welche zuerst die Liebe des jugendlichen Ludwig XIV. fesselte, dann die Vermählung mit dem Grafen von Soissons vorzog, sammt ihrem Gemahle der Ungnade des Monarchen verfiel, nach dem Tode ihres Gatten an den Giftmischereien der Voisin theilnahm, nach deren Entdeckung aber nach Brüssel fliehen durfte. Ihren Söhnen wurde zwar gestattet, an den Hof des großen Königs zurückzukehren, sie sahen sich jedoch hier mit äußerster Ungunst behandelt. Eugen wurde wegen seines schwächlichen Körpers vom Könige zum geistlichen Stande bestimmt; als er, voll feuriger Vorliebe zum Soldatenstande, vielmehr um eine Verwendung im Heere bat, wurde er in der kränkendsten Weise zurückgewiesen. Bittern Groll gegen die französische Königsfamilie im Herzen, verließ er Frankreich und trat in den Dienst des Kaisers, in welchem schon einer seiner älteren Brüder freundliche Aufnahme gefunden hatte. Es war in dem entscheidungsreichen Jahre 1683, dem Jahre der Belagerung Wiens. Schnell gelang es Eugen, sich die Gunst des Kaisers zu erwerben, und im Kampfe erst gegen die Türken, dann gegen die Franzosen in Italien stieg er binnen zehn Jahren zum Feldmarschall auf.

Nach der Neutralisirung Italiens im Jahre 1696 wurden die dortigen kaiserlichen Truppen und Eugen selbst verwendbar. Eugen zeichnete sich als General hauptsächlich durch rasche Entschlossenheit, unbeugsame Kühnheit, schnellen und richtigen Blick auf dem Schlachtfelde aus; lang ausschauende, künstlich ausgedachte Pläne zu erfinnen, war er weniger geeignet, und in taktischer Beziehung hat er der österreichischen Armee eher geschadet als genützt. Sein Charakter war der trefflichste: er war geradsinnig, edelmüthig, seinem Adoptivvaterlande und seinem Kaiser auf das treueste ergeben; und mit all' seiner Ehrenhaftigkeit vertrug sich doch große hofmännische und diplomatische Schmiegsamkeit und Gewandtheit.

Zum ersten Male übernahm er jetzt (1697) einen selbstständigen Oberbefehl. Nachdem er das verwahrloste Heer zu kräftiger Disziplin zusammengefaßt hatte, rückte er dem Sultan Mustapha II. entgegen, welcher die Donau überschritten hatte und Miene machte, das wichtige Peterwardein anzugreifen. Fest entschlossen, eine Schlacht herbeizuführen, fiel Eugen das türkische Heer in dem Augenblicke an, als es im Begriffe war, über die sumpfige Theiß nach Siebenbürgen abzuziehen, — bei Zenta, am 11. September 1697. Indem die kaiserlichen Truppen mit außerordentlicher Tapferkeit den festen Brückenkopf der Türken angriffen, ging ihr linker Flügel durch die seichte Theiß und griff jene Verschanzungen im Rücken an. So von ihrer Brücke abgeschnitten, wurde in denselben fast die ganze osmanische Infanterie, 30,000 Mann, niedergehauen oder in die Theiß getrieben, während die Kaiserlichen nur 1500 Soldaten eingebüßt hatten. Das Lager des Sultans mit unermeßlichen Vorräthen und Schätzen wurde erobert.

Nach dieser furchtbaren Niederlage suchten die Türken um so eifriger den Frieden, als auch ihr Verbündeter, Ludwig XIV. von Frankreich, sich zu Ryswyk mit dem Kaiser vertragen hatte, ohne irgend eine Rücksicht auf sie zu nehmen. Und der Kaiserstaat andrerseits war durch den gewaltigen Doppelkrieg gleichfalls so erschöpft, daß Eugen nicht einmal den Sieg bei Zenta hatte ausnützen können, sondern sich in diesem und dem folgenden Jahre auf kleinere Unternehmungen beschränken mußte. Man ging also auch kaiserlicherseits gern auf die Friedensverhandlungen ein.

Inzwischen vermochten die Venezianer, denen die Mittel zum Kriege immer mehr ausgingen, sich gerade nur mit Mühe in Morea zu behaupten. Vergebens erkaufte der greise Held Morosini, „der Peloponneser", die Eroberung von Chios mit seinem Leben; nach wenigen Monaten nahmen die Türken die Insel zurück. Unter solchen Umständen war auch Venedig zum Frieden geneigt. Und nicht minder waren es Rußland und Polen. Das osmanische Reich hatte denn doch so zahlreichen Feinden gegenüber eine außerordentliche und überraschende Zähigkeit und Lebenskraft bewiesen und sich derselben ohne entscheidende Verluste zu erwehren gewußt. Vergebens suchte der französische Botschafter die Friedensverhandlungen in Konstantinopel selbst zu durchkreuzen, um bei dem bevorstehenden Ausbruche der spanischen Erbfolgestreitigkeiten in der Türkei Frankreich einen werthvollen Bundesgenossen zu erhalten. Im Herbste 1698 kamen die Gesandten der kriegführenden Mächte in der Nähe des Kastells von Karlowicz in eigens zu diesem Zwecke errichteten Gebäuden zusammen, im Januar 1699 wurde hier der Friede unterzeichnet. Die Osmanen überließen dem Kaiser Ungarn mit Ausnahme des Banates, ferner Siebenbürgen und den bei weitem größten Theil von Kroatien und Slavonien; der Republik Polen die Festung Kameniel, der Republik Venedig Morea und einige dalmatische Festungen. Mit Rußland ward nur ein mehrjähriger Waffenstillstand vereinbart.

Der Friede von Karlowicz war der glorreichste Vertrag, den je christliche Mächte mit der Pforte abgeschlossen hatten. Zum ersten Male mußte diese tausende von Quadratmeilen, die sich seit mehr denn einem Jahrhundert in ihrem Besitze befunden hatten, abtreten. Und was noch wichtiger, sie war aus ihrer angreifenden in eine vertheidigende Stellung gedrängt worden. Von dieser Zeit an dachte man an die gänzliche Vertreibung der Türken aus Europa, war das osmanische Reich der Gegenstand der beständigen Ländergier seitens seiner Nachbarn. Weniger als zwei Jahrzehnte hatten genügt, um die Stellung der Türkei in dem europäischen Staatensysteme von Grund aus umzugestalten. Ein Glück noch für dieses Reich, daß es jetzt in Huffein Köprili einen geschickten und thatkräftigen Großwesir fand, der sein Heer, seine Flotte und seine Finanzen reorganisirte. Die jährlichen Einnahmen brachte er trotz der großen Verluste an reichen Provinzen auf 30 Millionen Piaster, von welchen nicht nur die ordentlichen Ausgaben, sondern auch viele außerordentliche gedeckt werden konnten — außer Ver-

wendungen für Festungsbauten besonders Gelder für Volks- und Gelehrten-
schulen, denen Hussein Köprili eine große Sorgfalt widmete, wie er auch
für Hebung der religiösen Zucht im Volke thätig war.

Der Urheber des ganzen Krieges, Emerich Tököly, nahm ein trübes,
wenn auch nicht gerade tragisches Ende. Die Pforte internirte ihn in einem
geringfügigen Orte Kleinasiens, wo er nur noch wenige Jahre von einem
mäßigen Jahrgelde, das sie ihm aussetzte, lebte. Die kaiserliche Regierung
aber vernichtete auch in Siebenbürgen den letzten Rest nationaler Selbständigkeit.

Der deutsche Zweig des Hauses Oesterreich hatte sich erst mit diesem
Kriege eine Großmachtsstellung in Europa erworben. So lange die Türken
noch dauernd wenige Meilen vor Wien standen und für jeden Feind des
Kaisers stets bereite und furchtbare Bundesgenossen waren, welche die besten Hülfsmittel Oesterreichs in Anspruch nahmen: war eine gewichtige Aktion des Kaisers
mit den Kräften seiner Erbländer unmöglich gemacht. Erst die Schwächung
und weite Zurückdrängung der Türken gab dem Kaiser freie Hand für die
abendländischen Verhältnisse. Bisher hatte der geringe Theil von Ungarn,
welchen der Kaiser besaß, demselben an Geld und Mannschaften bei weitem
mehr gekostet als eingebracht, zumal die ungarischen Magnaten den Kaiser
mehr als die Türken gefürchtet hatten. Jetzt lagen Ungarn und Siebenbürgen unterworfen zu den Füßen der Habsburger, denen sie Habe und
Blut nicht mehr zu verweigern vermochten. Mit ganz anderm Nachdruck
konnte jetzt der österreichisch-ungarische Länderkomplex, der Ausdehnung und
Bevölkerung nach nicht viel geringer als Frankreich, in Europa auftreten.
Der Erfolg, mit welchem der Kaiser zu gleicher Zeit gegen die beiden größten
Mächte der damaligen Epoche die Lasten des Kampfes getragen, verlieh
seiner Stellung und Politik ein Ansehen, wie die deutschen Habsburger es
noch nie besessen hatten. Endlich hatten die kaiserlichen Truppen wieder
siegen gelernt; endlich sahen sie Generale an ihrer Spitze, die, wie Karl
von Lothringen, Ludwig von Baden, Eugen von Savoyen — freilich keiner
von ihnen aus den kaiserlichen Erblanden stammend! — den französischen
Marschällen ebenbürtig entgegen zu treten vermochten.

Und während so Oesterreich zur Großmachtsstellung emporstieg, behaupteten auch andere deutsche Staaten einen wichtigen Platz in der Welt
und wahrten das Ansehen des waffenmächtigen Germaniens.

Vorzüglich thaten sich hier, im Verhältniß zu ihrer geringen Macht,
die Fürsten des braunschweigischen Hauses hervor. Die hannoversche Linie
allein unterhielt das verhältnißmäßig enorm große Truppenkorps von
20,000 Mann, etwa fünf Prozent von der Zahl ihrer Unterthanen! Damit
machten sich die braunschweigischen Herzöge um Kaiser und Reich wohl verdient. In allen Kriegen, die Deutschland mit Frankreich führte, waren die
braunschweigischen Kontingente stets mit die ersten im Felde. Dabei fochten
auch in Ungarn immer braunschweigische Truppen, bisweilen 10—11,000

Mann. Freilich verlangte dafür das welfische Haus einen beträchtlichen Vortheil. Herzog Ernst August von Braunschweig-Hannover, welcher nach dem Tode seines kinderlosen ältern Bruders von Zelle das ganze braunschweigisch-lüneburgische Gebiet — das jetzige Hannover — unter seiner Herrschaft zu vereinigen bestimmt war, forderte vom Kaiser, daß zu seinen Gunsten eine neue, die neunte Kurwürde errichtet werde. Die Protestanten hatten um so mehr Veranlassung, eine neue protestantische Kur zu wünschen, als die bisher so eifrig calvinische Kurpfalz ja seit 1685 in den Besitz der katholischen Linie Neuburg übergegangen war. Die Schwierigkeit war nun, von dem durchaus katholischen Kaiser die Einwilligung zu erlangen. Aber theils wurde Leopold dazu bewogen durch die bisherigen Dienste des braunschweigischen Hauses, theils durch die Erwägung, gegen das aufstrebende Brandenburg den stets eifersüchtigen welfischen Nachbar zu stärken, endlich durch die Verpflichtung Hannovers zu fernerer pekuniärer und militärischer Unterstützung und einer durchaus österreichischen Politik in Reichsangelegenheiten. Darauf fand im Dezember 1692 die Belehnung des Herzogs von Braunschweig-Hannover mit der neunten Kur statt. Uebrigens stand der hannoverschen Linie noch eine weitere und zwar bedeutendere Erhebung bevor. Da sowohl König Wilhelm III. von England als auch seine Schwägerin Anna kinderlos waren, so waren die Glieder des Hauses Hannover, das weiblicherseits von Jakob I. abstammte, als nächste protestantische Verwandte zur vereinstigen Erbfolge im britischen Reiche berufen.

Noch ein andres deutsches Haus wurde damals mit einem ausländischen Königstitel geschmückt: das sächsische. Die zunehmende Gleichgültigkeit der fürstlichen Familien gegen den Glauben kam in dieser letztern, die bis vor kurzem das Hauptbollwerk des eifrigsten und ausschließlichsten Lutherthums gewesen war, recht zum Ausdruck. Kurfürst Friedrich August I., der Starke, ein Mann von riesenmäßiger Körperkraft, aber schwachem Geiste und Charakter, gleich ergeben ästhetischem und gröbstem sinnlichem Genusse, ohne sittlichen Ernst, nach Glanz und Pracht begierig, streifte die unbequemen Fesseln des strengen Kirchenthums gern von sich. Als im Jahre 1696 König Johann Sobieski von Polen starb, trat der französische Prinz von Conti als Bewerber um diese Krone auf. Dem kaiserlichen Hofe lag nun Alles daran, dem französischen Kandidaten einen ihm selbst ergebenen gegenüber zu stellen; und da das sächsische Kurhaus seit mehr als einem Jahrhundert den kaiserlichen Interessen gedient hatte, so fielen die Blicke in Wien auf Kurfürst Friedrich August. Das einzige Hinderniß war dessen lutherisches Bekenntniß: aber ohne Schwierigkeit versprach er, dasselbe aufzugeben, und trat in der That zum katholischen Glauben über. Darauf wurde, zumeist durch große Geldsummen und durch den drohenden Anmarsch eines sächsischen Truppenkorps, im Juli 1697 Friedrich Augusts Wahl zum polnischen Könige durchgesetzt; zum größten Unheile für Sachsen, dessen Wohlstand und dessen Söhne nunmehr für das ihm ganz fremde polnische Interesse in weitestem Umfange hingeopfert wurden. Zwar gab der neue König August II. die feste Zusicherung, das Lutherthum in Sachsen in seiner ausschließlichen Berechtigung zu schützen, und hat dieselbe auch gewahrt, zwar behielt Sachsen das seit 150 Jahren behauptete Direktorium des Corpus Evangelicorum im Reiche: aber factisch ging doch seitdem die Führung der protestantischen Interessen von dem katholisch gewordenen, mit fremden Rücksichten behafteten sächsischen Kurhause auf das große, mächtigere, rein deutsche Nachbarland über: auf Brandenburg.[1])

Nachdem hier Kurfürst Friedrich Wilhelm in dem schwedisch-polnischen Kriege von 1655 bis 1660 zunächst die Befreiung seines Herzogthums Preußen von der polnischen Oberlehnsherrschaft erreicht, hatte er begonnen, seine Länder, die, über ganz Norddeutschland zerstreut, durch Gefühl und Verfassung gänzlich von einander gesondert waren, zu einem einheitlichen Staatswesen zusammen zu fassen. Es ging dies nicht anders, als indem er überall die herkömmlichen landständischen oligarchischen Verfassungen, welche die Macht einer engherzigen Adelskoterie überlieferten, zu Gunsten des landesherrlichen Absolutismus vernichtete. Gewiß ist er hierbei gegen das formale Recht, mit Gewaltthätigkeit mannigfacher Art vorgegangen: allein es blieb ihm kein anderes Mittel, um einestheils seinem Staate Macht zu verleihen, andrerseits die niedern Stände von der gänzlichen Unterdrückung durch die Höhern zu befreien. Am meisten Mühe kostete ihm dies im Herzogthume Preußen, wo der Adel und die Stadt Königsberg sich seinem scharfen Regimente durch verrätherische Verbindungen mit Polen zu entziehen suchten. Aber allmählich drang er auch hier durch, freilich nicht ohne Einkerkerung und Hinrichtung der Hauptadelsführer. Jenes Schicksal erlitt der Bürgermeister Roth von Königsberg, dieses der Oberst von Kalkstein, übrigens ein notorischer Verbrecher. Nun ging mit dem Geiste des brandenburgisch-preußischen Adels selbst eine große Veränderung vor sich. Anstatt im Streite mit dem Landesherrn diesen und das Staatsganze zu schwächen, ließ sich der Adel allmählich immer eifriger auf die Pläne des Regenten ein und suchte in dessen Dienst in Heer und Verwaltung seinen Muth und seine Energie auf eine dem Vaterlande nützliche Weise zu bethätigen.

Nach dem Verstummen der landständischen Opposition vermochte erst der große Kurfürst die Kräfte seines Landes zu einer wirksamen Rolle in der europäischen und ganz besonders in der Reichspolitik zusammen zu fassen. Er beherrschte damals 1900 Quadratmeilen mit nur etwa 1,500,000 Ein-

---

[1] Ich habe hier nur auf Joh. Gust. Droysens hochberühmte Geschichte der preußischen Politik zu verweisen, deren dritte Abtheilung den „Staat des großen Kurfürsten" (2. Aufl. Leipzig 1870—73) umfaßt. — Ferner L. v. Rankes geistreiche „Genesis des preußischen Staates" (Leipzig 1873); Leop. v. Orlich, Geschichte des preußischen Staates im 17. Jahrhundert (Berlin 1838—39, 3 Bände); Urkunden und Actenstücke zur Geschichte des Kurfürsten Friedrich Wilhelm von Brandenburg (bis jetzt Band 1 bis 7 und 9, Berlin 1864—78).

wohnern; die Einkünfte brachte er auf beinahe 2½ Millionen Thaler. Davon unterhielt er ein Heer, das bei seinem Tode 30,000 Mann betrug, und das an Disziplin, Kriegsgewandtheit und guter Führung zu den vorzüglichsten Europas gehörte. Es hatte reichlich Gelegenheit gefunden, sich Ruhm zu erwerben: die brandenburgischen Truppen hatten gegen Franzosen, Polen, Schweden und Türken gekämpft. Moralisch im gewöhnlichen Sinne des Wortes war Friedrich Wilhelms Politik gewiß nicht. Im Gegentheil, kein europäischer Fürst hat so unbedenklich, wie er, Verträge abgeschlossen und verletzt, je nachdem es ihm politisch angemessen erschien. Aber wenn jemals, so entschuldigte hier der Zweck die Mittel. Es lag ihm am Herzen, Deutschland von der Unterdrückung durch die Fremden — Polen, Schweden, Franzosen — zu befreien, freilich zugleich mit Förderung seines eigenen Staates, der ein Wort mitzusprechen haben sollte in Europa. Wenn er sich zeitweise mit dem einen oder dem andern von jenen Fremden verband, so war es stets nur, um sie gegen einander zu gebrauchen oder um einen günstigen Moment abzuwarten. Bedenkt man nun, mit welchen Schwierigkeiten er zu kämpfen hatte: die Gegner zehnfach überlegen; der eigene Staat klein und in zahlreichen Parzellen von der Maas bis zum Niemen zersplittert; bei den natürlichsten Verbündeten, dem Kaiser und den deutschen Reichsfürsten, nur Neid und Mißwollen; von deutschem Patriotismus in den leitenden Kreisen keine Spur — so muß man es wohl dem kühnen und verschlagenen Steuermann verzeihen, wenn er sein schwankes Schifflein oft nur mit listigem und trügerischem Laviren durch die überall drohenden Klippen zu führen vermochte; zumal auch sonst in der damaligen Politik lediglich das Recht des Schlaueren und Stärksten galt. Nur diesem Friedrich Wilhelm war die Rettung Hollands vor der französischen Uebermacht im Jahre 1672 zu danken gewesen; nur ihm die Zertrümmerung des schwedischen Uebergewichtes in Norddeutschland. Das sind wahrlich schwer wiegende Verdienste um die Freiheit Europas!

Am 9. Mai 1688 folgte ihm sein ältester Sohn Friedrich III., der von dem großen Vater freilich zumeist nur den stets regen Ehrgeiz geerbt hatte.[1]) Es fehlte Friedrich III. nicht an Weite des Blicks, an oft genialen Gedankenblitzen — wohl aber an der Besonnenheit, Stätigkeit und Konsequenz, die allein den Erfolg verbürgen können. Er war schwächlich und träge und zog eitlen Prunk und Glanz — den Schein der Macht — dem Wesen derselben vor. Hatte er ein Ziel ins Auge gefaßt, so opferte er ungeduldig und eigenwillig demselben alles andere, ohne sich die Mühe der Ueberlegung zu geben, ob jenes nicht zu theuer erkauft sei. Es läßt sich nicht leugnen, daß Friedrich III. viel für die bisher in Brandenburg noch

---

1) Droysen behandelt seine Regierungszeit in dem ersten Bande der vierten Abtheilung seiner Geschichte der preußischen Politik (2. Aufl. Leipzig 1872); daneben das soeben angeführte Werk von Ranke.

sehr vernachlässigten Künste, Wissenschaften und Kunsthandwerke gethan hat. Aber auch hier verfuhr er ohne Konsequenz und opferte die wahren Interessen seiner Unterthanen glänzendem Schein. Die von ihm gestifteten Akademien der Künste und Wissenschaften verfielen bald nach ihrer Gründung, sind schon unter ihm nicht zu rechter Blüthe gelangt. Der einzige bedeutende Künstler, den er beschäftigte, der geniale Architekt und Bildhauer Schlüter, fiel nach kurzer Zeit einer elenden Hofkabale zum Opfer, die ihn zwang, Berlin zu verlassen. Während man Gold- und Silberstickereien, Spiegelmanufakturen und dergleichen begünstigte, that man nichts, um dem Ackerbau aufzuhelfen oder die durch Seuche und Hunger erzeugte schreckliche Noth in Ostpreußen zu lindern. Die großen Städte wurden künstlich gefördert, während in den kleinen und auf dem flachen Lande die Bevölkerungszahl sank: es war eine für die brandenburgischen Verhältnisse vollends unpassende, geistlose Nachahmung des Colbert'schen Merkantilsystems. Zum Unterhalte des überaus prächtigen Hofstaates hatte Friedrich die Steuern von jährlich 2½ auf 4 Millionen Thaler gesteigert, während Dichtigkeit und Wohlstand der Bevölkerung eher ab- als zugenommen hatten. Doch wurde zugleich gegen Ende des Jahrhunderts, in Hinsicht der drohenden Eventualitäten, das Heer, das eigentliche Werkzeug der brandenburgischen Größe, auf etwa 40,000 Mann gebracht, also fast drei Prozent der Einwohnerzahl.

Diese Mißstände wurden so lange gemildert, wie Eberhardt von Dankelmann, des Kurfürsten früherer Erzieher, dessen erster Minister war. Er war ein verständiger, ruhiger, nüchterner Politiker, wenn er auch nichts von der hohen Begabung des großen Kurfürsten besaß und dabei auf Schritt und Tritt durch die schwächlich phantastischen Ideen seines Herrn behindert wurde. Trotz seines Widerstrebens mußte er zugeben, daß Brandenburg gänzlich in das Schlepptau der kaiserlichen und englisch-holländischen Politik gerieth und darüber die stolze Selbständigkeit verlor, die es unter Kurfürst Friedrich Wilhelm behauptet hatte. So kam es, daß Brandenburg in dem Ryswyker Frieden leer ausging. Voll Ungerechtigkeit schrieb Friedrich III. dieses Ergebniß, an dem hauptsächlich er selbst Schuld war, Dankelmann zu und ließ ihn im Jahre 1698 ohne Prozeß in eine Festung einschließen.

Freilich war es nicht ganz ohne eigennützigen Nebengedanken, daß der Kurfürst sich als getreuer Vasall Oesterreichs bewies. Er strebte vielmehr darnach, der durch seinen Vater geschaffenen Bedeutung des brandenburgisch-preußischen Staates einen angemessenen Ausdruck zu geben durch die Erlangung des Königstitels. Zwar für seine Reichslande, die ja der vollen Unabhängigkeit ermangelten, konnte er denselben nicht in Anspruch nehmen, wohl aber für die östliche Hälfte Preußens, die er in aller Souveränität besaß. Trotzdem war die brandenburgisch-preußische Macht noch zu gering, als daß sie die vollkommene Berechtigung zu einer solchen Erhöhung gewährte; dieselbe hatte vielmehr nur einen Sinn als Programm für eine größere Zukunft — und deshalb die Abneigung, auf welche dieser Anspruch allerseits und besonders bei dem kaiserlichen Hofe traf. Allein Friedrich III. war weit davon entfernt, dieser Frage eine so tiefe Bedeutung beizulegen: er hatte vielmehr nur den erhöhten Glanz für sich und seine Familie im Auge. Indeß gerade weil es für ihn nur Sache romantischen Ceremoniells war, hing er daran mit einer Zähigkeit, die reelle Aufgaben der Politik nie bei ihm zu finden vermochten.

Hier hatte er sich zunächst an den Kaiser zu wenden, welcher der Lehns= herr Brandenburgs war und überhaupt noch immer als die Quelle aller hohen Würden in der civilisirten Welt betrachtet wurde. Der kaiserliche Hof zeigte sich aber dem Wunsche Friedrichs durchaus abgeneigt, und zwar von seinem Standpunkte aus mit vollem Rechte: denn es war offenbar gegen das kaiserliche Interesse, dem mächtigsten Vasallen eine Stellung zu ge= währen, die ihn mit Nothwendigkeit über das ganze Vasallitäts=Verhältniß erhob und aus seiner Einordnung in das Reichsganze loslöste. Aber trotz aller anfänglichen Zurückweisung wurde der Kurfürst nur immer mehr für sein Projekt eingenommen, da sein sächsischer Nachbar das polnische König= thum, sein hannoverscher die Anwartschaft auf das englische erhielt. Endlich kamen die Zeitumstände dem Kurfürsten zu Hülfe. Bei der bevorstehenden Eröffnung der streitigen spanischen Succession war das fast freundlose Kaiserhaus so dringend auf die brandenburgische Unterstützung angewiesen, daß vor dieser Nothwendigkeit jede weitere Rücksicht verschwand. Am 16. No= vember 1700 ward zu Wien der Vertrag abgeschlossen, durch welchen der Kaiser den Kurfürsten von Brandenburg als König von Preußen anerkannte — gegen das Versprechen wirksamer Unterstützung in Reichsangelegenheiten und wider den äußern Feind, sowie unter der Bedingung, daß in allen Reichsverhältnissen auch ferner nur von einem Kurfürsten von Brandenburg und nicht von einem Könige von Preußen die Rede sein solle. Mit un= geheurem Prunke, wie es freilich auch in der allgemeinen Sitte der Zeit begründet war, setzte sich Friedrich — jetzt als König der Erste — am 18. Januar 1701 zu Königsberg die Krone aufs Haupt. Und die Nach= folger Friedrichs I. und ihr tüchtiges Volk haben dann dafür gesorgt, daß für das preußische Königthum bald der reale Unterbau in der Macht und Voll= kraft eines unabhängigen, sich selbst bestimmenden Staates geschaffen wurde!

Wie diese mächtigeren rein weltlichen Gemeinwesen, so war damals auch das geistige Uebergewicht im Norden unseres Vaterlandes zu suchen.

Wenn man Kultur und Bildung in Teutschland nach der Zahl der Universitäten hätte bemessen können, so müßten jene in hoher Blüthe sich be= funden haben; zu der großen Menge schon bestehender Universitäten kamen seit dem westphälischen Frieden noch die hohen Schulen zu Bamberg, Kiel und Innsbruck, sowie die beiden neuen brandenburgischen — außer Königs= berg und Frankfurt an der Oder — zu Duisburg und Halle. Aber nichts wäre verkehrter, als ein solcher Schluß. Vielmehr herrschten an den lateinischen Schulen und Universitäten mehr Roheit, Gemeinheit und todte Buchstaben=

trämerei, als wahre Bildung; und endlich engte die durchaus bis ins Kleinliche gehende politische und kirchliche Tyrannei die Lehrfreiheit ungemein ein. Keine große Hauptstadt, die als Mittelpunkt der guten Gesellschaft und des guten Geschmackes diesen Uebeln hätte entgegenwirken können, war vorhanden. So verfiel die Gelehrsamkeit in einen durchaus veralteten, unfruchtbaren Formelkram, ohne die Spur eines belebenden Hauches. Die Muttersprache war entstellt durch die aus allen Idiomen gestohlenen Brocken. Die Gebildeten lasen und sprachen mit Vorliebe Französisch, und wenn sie sich für deutsche Literatur interessirten, dann ergötzten sie sich an dem sinnlosen Wortschwall und der lüsternen Unsittlichkeit eines Christian von Hoffmannswaldau und Kaspar von Lohenstein, oder ergingen sich in der lächerlichen Tändelei von ästhetisch-idyllischen Genossenschaften, wie der Pegnitzschäfer und dergl. Die Vornehmern wollten aber schon aus dem Grunde nur mit dem Französischen zu thun haben, weil dieses sie von den unteren Ständen, dem „Pöbel" unterschied, auf die sie mit grenzenlosem Hochmuth herabsahen, und mit denen sie nichts gemeinsam haben wollten. In Braunschweig durfte einer der Franzosen, welche den täglichen Umgang des Herzogs bildeten, diesem ins Gesicht sagen: es sei doch merk-

Leibniz.
Nach dem Bilde von Sisiala. Originalgemälde von
J. B. Bank.

würdig, daß er — der Herzog — der einzige Ausländer in der Gesellschaft sei!

In dieser allgemeinen Noth und Verkommenheit ragt die erhabene Gestalt eines Leibniz in einsamer Größe empor. Dieser Gottfried Wilhelm von Leibniz, geboren 1646 zu Leipzig, gestorben 1716, ist wohl der universellste Mensch, der jemals gelebt hat; und dabei gab es keines der zahlreichen Gebiete, die er betreten, auf dem er nicht mit genialer Kraft neue Wege gebahnt hätte. Als Philosoph stand er auf dem Boden des Cartesianismus, aber er entwickelte denselben in doppelter Motion weiter: einmal auf Grund der inzwischen mächtig fortgeschrittenen Naturwissenschaften, und dann in dem ihm innewohnenden tiefen religiösen Bedürfnisse. Von jenen entlehnte er die Lehre von den Atomen als den Urbestandtheilen alles Seins; indeß seine religiös-idealistische Anschauung nöthigte ihn, dem Atom eine lebendige und bildende Kraft beizulegen und es damit in ein selbständiges, individuelles Sein, das er Monade nannte, zu verwandeln. Jede Monade enthält die ganze Unendlichkeit der Anlagen im Keime in sich; je nachdem der letztere sich in dunklern oder deutlichern Vorstellungen entwickelt, bestimmt sich die Stufenreihe der Monaden und ihrer Komplexe. Zu einer gesetzmäßigen Verbindung und gegenseitigen Uebereinstimmung werden die Monaden zusammengefügt durch die von Gott vorausbestimmte Weltordnung, welche Leibniz die „präftabilirte Harmonie" nennt. Die Monaden wirken in Wahrheit nicht auf einander ein; aber sie sind von Beginn herart genau geregelt und neben einander gestellt, daß sie einander entsprechen, als ob sie auf einander einwirkten. Gott schafft nicht nur die Monaden, er erhält sie auch in der von ihm präftabilirten Harmonie.

Diese Leibniz'sche Philosophie, die in ihrer dichterischen Kühnheit an Plato erinnert, ist an sich viel zu phantasie- und hypothesenreich, als daß sie unmittelbar einen großen Einfluß hätte üben sollen; viele bewunderten sie, Schule hat sie dagegen kaum gemacht. Aber ihre bleibende Wirkung beruht in ihrer gesammten idealistischen Richtung im Gegensatze zu der bald in England und Frankreich herrschenden Lode'schen Schule mit deren theils skeptischem theils geradezu materialistischem Charakter. Die gesammte philosophische Entwickelung in Deutschland schließt sich an Leibniz an.

Nach wie vielen anderen Seiten aber war dieser Mann noch schöpferisch thätig! In der Mathematik stellte er sich ebenbürtig neben das Genie Newtons durch die Erfindung der Differenzialrechnung, durch welche die Kontinuität und die Entwickelung der Größen, also die Größenveränderungen, wie sie in der Natur vorkommen, erst mathematisch bestimmbar gemacht und der Berechnung unterworfen worden sind. Indem er die Geschichte des braunschweigischen Hauses, in dessen Diensten er stand, studirte, führte er eine neue Epoche für die Geschichtsforschung herbei durch die kritische Herausgabe und Erörterung vieler hunderter von Quellenschriften, die nicht allein für die welfische Familie, sondern für das ganze Reich von Interesse sind. Sein tiefer und umfassender Geist haftet niemals an dem Detail, sondern erhebt dasselbe stets zum Ausgangspunkte eines Systems von allgemeiner wissenschaftlicher Bedeutung. In den lateinischen „Annalen des abendländischen Reiches", die erst in unserer Zeit herausgegeben worden sind, macht er den ersten und für lange auch letzten Versuch, die deutsche Geschichte auf wahrhaft wissenschaftliche Weise zu behandeln. Nicht minder thätig war er auf religiös-politischem Gebiete, wo er sich edlen, wenn auch fruchtlosen Anstrengungen widmete, die schon so oft vergeblich versuchte Union zwischen den streitenden Religionsparteien herbeizuführen, deren fortwährender Hader um so widerlicher war, je mehr der wirklich religiöse Geist ihnen allen abhanden gekommen. Auch politisch trat Leibniz in zahlreichen Streitschriften auf, und zwar überall als eifriger deutscher Patriot, der, nachdem er die zuerst gehegte Hoffnung einer Versöhnung mit Ludwig XIV. aufgegeben hatte, zu den entschiedensten Gegnern dieses Herrschers sich gesellte. Höchst merkwürdig bleibt es immer, wie er den Ausbruch des großen französisch-hollänbilchen Krieges im Jahre 1672 zu verhindern suchte, indem er im Einverständniß mit dem kurmainzischen Minister von Boineburg durch persönliche Unterhandlung den französischen Monarchen von den Vortheilen, die eine Eroberung Egyptens für Frankreich bringen würde, zu überzeugen unternahm. Dieses universale Genie besaß also zugleich ein so lebhaftes Vaterlandsgefühl, wie nur wenige unter den damaligen Deutschen mit ihrem beschränkten Gesichtskreise. Wenn wir noch erwägen, daß Leibniz ein ausgezeichneter Jurist, ein für seine Zeit tüchtiger Geologe war, so werden wir die Bedeutung eines Mannes erkennen, der auf alle Gebiete seines unglaublich ausgedehnten Wissens die Gabe anwandte, selbständig und wissenschaftlich zu denken und die fruchtbarste Anregung zu geben.

Während Leibniz mehr Saatkörner für die Zukunft ausstreute, wirkten unmittelbarer je ein Reformator in der theologischen und juristischen Welt, als Vorläufer einer besseren und geistvolleren Zeit.

Philipp Jakob Spener, aus Rappolsweiler im Elsaß gebürtig, ein Mann von aufrichtiger, tief innerlicher Frömmigkeit, war bestrebt, das kirchliche Leben von dem toden Formel- und Buchstabenwesen der lutherischen und reformirten Orthodoxie zu befreien und es zu wahrhaft herzlicher Religiosität zurückzuführen. Er fand zahlreiche Schüler, die bald mit dem gemeinsamen Namen der Pietisten bezeichnet wurden, und freilich zum Theile, ihrem trefflichen Meister unähnlich, das Heil in frömmelndem Auftreten und in Ausschließung selbst der unschuldigsten Vergnügungen suchten. Aber so sehr auch bald die Schule der Pietisten zur Muckerei auf der einen, zum Mysticismus auf der andern Seite entartete, hatte sie doch das Gute, der herrschenden Orthodoxie entgegenzutreten, und, weil sie von derselben bekämpft wurde, Freiheit des Denkens und der Rede für das Individuum zu fordern. Und hier berührte sie sich mit Thomasius.

Christian Thomasius, wie Leibniz aus Leipzig gebürtig, doch etwa ein Jahrzehnt jünger (geb. 1655), Professor an der Universität seiner Vaterstadt, hatte das unvergleichliche Verdienst, zuerst seine Vorlesungen und Schriften in deutscher Sprache zu verfassen und damit dem nationalen Leben nahe zu bringen, von dem sie bis auf ihn durch das fremde, lateinische Idiom gänzlich getrennt gewesen war. Verfaßte doch selbst Leibniz seine Schriften theils in lateinischer, theils in französischer Sprache! Ueberhaupt ermahnte Thomasius die Deutschen, ebenso wie andere Völker, ihre eigene Sprache und Literatur zu studiren, anstatt sich mit dem elenden Schul-Latein, wie es damals getrieben wurde, die Zeit zu verderben. Er stiftete ferner eine gelehrte Zeitschrift in deutscher Sprache und behandelte in solcher selbst philosophische Stoffe. Dabei scheute er sich nicht, der lutherischen Orthodoxie freimüthig entgegen zu treten. Diese gerieth in große Aufregung darüber, daß Thomasius die gefährliche Aufklärung durch die volksthümliche Sprache auch unter das Volk verbreiten wollte — nur durch die Flucht entging er einem peinlichen Glaubensprozesse. Kurfürst Friedrich III. nahm ihn in Halle auf, wo er bald der berühmteste Lehrer an der neu gestifteten Universität wurde. Unerschrocken wandte er sich nunmehr gegen zwei barbarische Mißbräuche der damaligen Rechtspflege: gegen die in dem Strafprozeß jener Zeiten gebräuchliche Tortur, sowie gegen die Hexenprozesse, die schon fünfzig Jahre früher der edle Jesuit Graf Friedrich von Spee bekämpft hatte, und deren Lächerlichkeit er so überzeugend nachwies, daß sie in Deutschland wenigstens bald ganz aufhörten. Auch die von ihm angeregte Bewegung wider die Anwendung der Tortur hatte obwohl langsamen doch stetigen Fortgang, und wurde diese in einem deutschen Staate nach dem andern beseitigt. — Thomasius hatte nichts von der Originalität und Genialität eines Leibniz, aber durch seine praktischen Bemühungen hat er, wie eben gezeigt, ungemein viel Gutes gewirkt. Auch seine Weise, deutsche Vorlesungen zu halten und gelehrte Dinge in deutschen Schriften abzuhandeln, fand immer allgemeinere Nachahmung, und indem so die Wissenschaft mit dem Volksleben in Berührung und Austausch trat, hat sie aus diesem Verkehr nicht geringeren Nutzen gezogen, als jenes. Man möchte sagen, ohne die bahnbrechenden Bemühungen des Thomasius wären die großen Erfolge des 18. Jahrhunderts für das deutsche Geistesleben nicht möglich gewesen.

Ueberhaupt begann gegen das Ende des siebzehnten Säculums ein besserer Geist sich in Deutschland kund zu thun. Die Moralität nahm sichtlich zu, der ehrbare, strenge, züchtige Sinn Alt-Teutschlands erwachte mehr und mehr, seitdem die Folgen des dreißigjährigen Krieges sich einigermaßen milderten und die Zustände wieder ins Gleiche kamen. Auch die schöne Literatur nahm einen anderen Charakter an, theils unter diesen Einflüssen, theils gerade unter den Anregungen der eindringenden fremden Bildung, welche das Erschrecken vor der eigenen Nichtigkeit und das Bedürfniß reicheren Geisteslebens weckten. Boileaus Vorbild wirkte segensreich gegen den zügellosen Schwulst des Marinismus, wie er in der zweiten schlesischen Schule sich geltend gemacht hatte. Canitz, auch als preußischer Staatsmann nicht ohne Verdienste, steht ganz unter der Einwirkung Boileaus. Wie dieser, bewegt er sich meist in Gelegenheitsgedichten, Oden und Satyren; nüchtern und trocken verständig, immer aber in reiner Gesinnung und zuweilen sogar, wie besonders in der Elegie auf den Tod seiner Frau, mit einem Ansluge wirklicher Poesie. Und neben der doch immer steifern und fremden Schule Canitz' begann auch die volksthümliche wahre Dichtung sich in verheißender Weise kundzuthun. Damals entstand das herrlich frische Volkslied vom Prinzen Eugen. Christian Weise verfocht die Berechtigung des „Natürlichen und Ungezwungenen" gegenüber den künstlichen Gedichten. Endlich erhob sich in Christian Günther ein wahrer, gottbegnadeter Dichter von hinreißender Wahrheit des Gefühles und tiefstem poetisch-menschlichem Empfinden. Wenn auch Günthers leidenschaftliches und zügelloses Wesen seine Schöpfungen beeinträchtigte und ihm selbst bald den Untergang brachte, so ist er doch nach langer Oede der erste wahrhafte lyrische Dichter, dessen

Besserung der deutschen Zustände. Dänemark. 369

Poesie, weil aus dem Herzen unmittelbar quellend, auch ewig zum Herzen sprechen wird.

Es war eine solche volksthümliche Dichtung in Deutschland nur wieder möglich, weil das nationale Gefühl von neuem zu erwachen begann, zumal in den höchstgebildeten und in den militärischen Klassen. Es sprach sich dies noch weiter aus in zahlreichen Flugschriften und in gelehrten Werken, wie z. B. in den Kaiserannalen Leibniz'. Gerade die allgemeine Armuth in Deutschland stellte sich als eine harte aber segensreiche Schule für das Volk heraus. Die frühere Lust an eifriger Arbeit, in den traurigen Wirren des dreißigjährigen Krieges fast völlig verloren, hatte sich von neuem des Volkes bemächtigt. Unt" dem Einflusse der allgemeinen europäischen Anschauungen sowie der Pietisten und Philosophen in Deutschland selbst milderte sich die Schroffheit der religiösen Gegensätze, weniger bei den Lutheranern als bei den Reformirten, und merkwürdiger Weise gerade bei den Katholiken, so daß sich zumal die geistlichen Fürsten durch Duldsamkeit und Aufklärung auszuzeichnen begannen.

So dämmerte langsam eine bessere Zukunft für das schwer geprüfte, tief gesunkene Deutschland, damals wahrlich „die Niobe unter den Nationen", herauf!

Von den Nachbarmächten Deutschlands, die um jene Zeit in der großen Politik noch als Freunde oder Gegner zur Sprache kamen, hatte Dänemark seit dem Scheitern der ehrgeizigen Entwürfe Christians IV. im dreißigjährigen Kriege eine sehr bescheidene Rolle gespielt. Wie oft hatte der Däne seit dem 12. Jahrhundert begehrlich seine Hand nach dem nördlichen Deutschland ausgestreckt: immer wieder war er unter herben Demüthigungen zurückgewiesen worden. Aber auch der eigene Besitz wurde dem König von Dänemark theilweise durch nahe Verwandte bestritten. Die durch die Oldenburger Dynastie mit Dänemark in Personalunion verbundenen Herzogthümer Schleswig-Holstein — jenes ein dänisches, dieses deutsches Lehen — waren im 16. Jahrhundert zwischen die königliche und eine jüngere Linie getheilt worden — welche Letztere den Titel der Herzoge von Holstein-Gottorp führte — und zwar so, daß beide Antheile bunt durch einander lagen. Die Herzoge von Holstein-Gottorp suchten bald unter dem Schutze des den Dänen stets feindlichen Schweden volle Unabhängigkeit von der Krone Dänemark selbst in ihrem schleswig'schen Antheile zu erringen. Es gelang ihnen in der That, in zwei Verträgen 1660 und 1689 diese Ansprüche durchzusetzen, welche das ohnehin kleine dänische Reich wichtiger Distrikte beraubte. Sonst blühten unter König Christian V. Handel und Verkehr in Dänemark, das freilich auch mit hohen Steuern belastet war und an einem chronischen Defizit litt. Mit dem nahen Deutschland in steter Wechselbeziehung, leisteten die dänischen Gelehrten Tüchtiges in den Naturwissenschaften und der klassischen Philologie; aber von einer dänischen Nationalliteratur war so gut wie gar nicht die Rede: Holberg, ihr Schöpfer, wurde erst in unserer Zeit — 1685 —

geboren, und seine Wirksamkeit gehört einer spätern Epoche an. Im Jahre 1699 bestieg ein Fürst von jugendlicher Thatkraft den dänischen Thron, Friedrich IV. Er war entschlossen, den rebellischen Vetter, den Herzog Friedrich von Gottorp, zur Unterwerfung zu zwingen, sei es auch um den Preis eines neuen Krieges mit Schweden. Welche Verwickelungen sollten daraus für den ganzen Norden und Osten Europas entstehen!

Durch die Habgier der allmächtigen Reichsräthe war der noch junge Schwedenkönig Karl XI. im Jahre 1674 in den unglücklichen Krieg gegen Brandenburg und Dänemark verwickelt worden, in welchem sein Staat einen guten Theil seines Waffenruhmes einbüßte, seine Provinzen von den Feinden verwüstet sah, und aus dem er endlich nur durch die Großmuth Frankreichs eine demüthigende Rettung erhielt. In den Leiden dieser Jahre erfüllte sich das ohnehin starre und eigenwillige Gemüth Karls XI. mit finsterer und verschlossener Leidenschaftlichkeit, mit einer vorstrebenden Hartnäckigkeit des Willens, die materielle und moralische Hindernisse für nichts achtete. Persönlich uneigennützig, mäßig, nur den Sorgen des Regimentes hingegeben, war Karl von dem büstern Feuer des Revolutionärs erfüllt, der bereit ist, alle, auch die bestenworbenen Gerechtsame dem Staatswohle aufzuopfern.

Noch während dieses Krieges von 1674 bis 1679 änderte Karl XI. die inneren Verhältnisse seines Landes. Indem er geschickt die Zwietracht innerhalb des Reichsrathes benutzte, zog er die Verwaltung, welche dieser bisher ausschließlich geführt hatte, an seine Person und die seiner beiden Kabinetsräthe. So bildete sich auch in Schweden ein vom König abhängiges Ministerium. Einige Siege, welche der junge Herrscher persönlich erfocht, erhöhten dessen Ansehen und ließen mehr und mehr in königlicher Vollgewalt das einzige Mittel zur Rettung des Staates erblicken. Dazu kam die Erbitterung des niederen Volkes über die unerträgliche Sklaverei, in welche der Hochadel es gestürzt hatte, ein Zorn, der sich hie und da in blutigen Aufständen Luft machte. Alle diese Umstände, wie auch der allgemeine royalistische Zug der Zeit kamen dem Könige zu Statten, der die populären Leidenschaften, da sie gegen den gemeinschaftlichen Feind, den Adel, gingen, sorgfältig begünstigte und pflegte. Die Revolution, schon auf früheren Reichstagen vorbereitet, wurde dann auf dem Reichstage des Jahres 1680 durchgeführt — zwanzig Jahre nach der ähnlichen Umwälzung in Dänemark, aber viel gewaltthätiger und umfassender. Geistliche, Bürger- und Bauernstand forderten Restitution der willkürlich von dem Hochadel unter seine Mitglieder vertheilten königlichen Domänen, und strenge Untersuchung der Vornahmen der vormundschaftlichen Regierung des Reichsrathes während der Minderjährigkeit Karls XI. Dieser stellte sich durchaus auf die Seite der niederen Stände. Jene Untersuchung bemächtigte den Hochadel, dessen schändliches Treiben sie enthüllte, und der zu mehreren Millionen Thaler Schadenersatz verurtheilt wurde. Indem es dem Könige ferner gelang, den niedern Adel zu gewinnen, mußte der Hochadel schließlich nachgeben und in die

Rückstellung aller seit 1604 veräußerten Krongüter willigen. Dadurch wurde mit einem Male der reiche schwedische Adel arm und die arme schwedische Krone reich. Aber die loyale Fluth war noch immer im Steigen. Die Stände erklärten, der König dürfe unumschränkt und frei regieren, dem Reichsrathe brauche er nur vorzulegen, was ihm selbst beliebe, und sich nach dessen Aussprüchen nicht zu richten; überhaupt sei der Reichsrath keine ordentliche Reichsbehörde, sondern nur ein Ausschuß des Adelsstandes. Vergebens suchte der Reichsrath gegen diese Beschlüsse, die ihn zur Rolle einer blos berathenden Behörde herabdrückten, sein verfassungsmäßiges Veto geltend zu machen: durch Drohungen wurde er zur Einwilligung gezwungen.

So war die Revolution zu Gunsten des Königthums vollzogen, an Stelle der oligarchischen Adelsherrschaft nachter monarchischer Absolutismus getreten. Unbarmherzig nützte Karl seinen Sieg aus, indem er eine allgemeine Plünderung des hohen Adels unter allerlei ungerechten Forderungen und Ansprüchen begann. Mit geschickter Benutzung der Zwistigkeiten unter den Ständen erpreßte 1682 von ihnen allen der König die Erklärung: daß der König auch ohne Beistimmung des Reichstages Gesetze geben könne; höchstens empfahl man ihm, über die wichtigsten Anordnungen die unvorgreifliche Meinung der Stände anzuhören! Auf diesem Reichstage von 1682 wurde auf Karls Antrieb der verhängnißvolle Beschluß gefaßt, auch in den überseeischen, d. h. deutschen Landschaften die veräußerten Krongüter einzuziehen. Dies war nun eine offenbare Ungerechtigkeit der schreiendsten Art, da jene Länder ihre eigene Verfassung, ihr eigenes Herkommen, ihre eigenen Stände hatten. Auch war der baltische, pommersche und bremische Adel nicht, wie der schwedische Hochadel, erst jüngst auf mehr oder minder gewaltsame Weise emporgekommen, sondern er besaß viele Jahrhunderte alte Rechte; und es stand ihm nicht eine rechtlich freie, sondern seit ebenso vielen Jahrhunderten ganz rechtlose und leibeigene Bevölkerung gegenüber. Nur darf man nicht vergessen, daß zumal der baltische — livische und ingrische — Adel durch schändliche Mißhandlung der unterworfenen Slaven und Letten das Unrecht, das ihm jetzt widerfuhr, reichlich verdient hatte!

Besonders der livische Adel deutscher Abstammung widersetzte sich der königlichen Vergewaltigung mit Nachdruck. Er schickte Deputirte nach Stockholm, die dort, auf ihr gutes Recht fußend, eine feste und bestimmte Sprache führten. Die Antwort Karls XI. war, daß er die Deputirten wegen Hochverraths zum Tode verurtheilen ließ und sie dann zu lebenslänglichem Gefängnisse „begnadigte"! Nur der unerschrockene Sprecher der Deputation, der Hauptmann Reinhold von Patkul, entkam rechtzeitig. Nun wurde auch in Livland die Restitution mit großer Härte durchgeführt, jede Berathung darüber auf Landtagen verboten und Steuern ausgeschrieben ohne Wissen und Zustimmung der Stände.

Man muß zugeben, daß Karl XI. die widerrechtlich gewonnenen Befugnisse und Mittel nur zum Besten seines Reiches angewendet hat. Die Verwaltung wurde mit der Ersetzung der hochgeborenen Müßiggänger durch bürgerliche und kleinadlige tüchtige, fleißige und ehrliche Beamte allerorten verbessert. Zumal die Finanzverwaltung wurde derart gehoben, daß man ein treffliches stehendes Heer von 60,000 Mann zu unterhalten vermochte. Ein Geist strenger und harter Zucht durchdrang alle Klassen: jede andere Religion, als das Lutherthum, blieb bei scharfer Strafe verboten; die Professoren mußten den Studenten die Unumschränktheit königlicher Gewalt einprägen. Freilich Bildung und Literatur wollten unter einem solchen Regiment nicht aufblühen, obwohl man neben der alten Universität von Upsala noch eine zweite in dem neugewonnenen Lund errichtete. Nach außen bewahrte Karl XI. die Neutralität; er hielt mit Recht dafür, daß sein Reich sich erst von den Folgen siebzigjähriger Kämpfe erholen müsse; er sah ein, daß ein gewohnheitsmäßiges Kriegsführen nur um des Krieges und der Beute willen jeden Staat moralisch und dadurch bald auch materiell untergraben und auflösen muß.

So war Karl XI. hart, starrsinnig, oft ungerecht; aber er wollte das Beste seines Volkes und hat es an vielen Orten erreicht. Sich selbst hat er die strengste Zucht auferlegt: kein anderes Interesse kannte er, als das seines Staates. Er starb zu früh für Schweden, in seinem zweiundvierzigsten Jahre, im April 1697. Sein Sohn Karl XII. zählte erst fünfzehn Jahre. Würde der junge Fürst das wohl überlegte System des Vaters weiter ausführen? Noch war es nicht so sehr befestigt, daß es von individueller Laune unabhängig gewesen wäre.

Karl XII. hatte eine wissenschaftlich nicht sehr sorgfältige, dafür aber streng religiöse Erziehung erhalten; seine Neigung hatte ihn früh zu eifriger Uebung in kriegerischen Fertigkeiten geführt. Für die Zeit der Unmündigkeit hatte sein Vater eine Regierung aus mehreren Reichsräthen verordnet, an deren Spitze die Königin-Mutter Hedwig Eleonore stand. Der Großvater traf Anstalten, dies Regiment zur Wiedererlangung seiner frühern Macht zu benutzen. Das erregte den lebhaftesten Unwillen des frühzeitig ernsten, glühend ehrgeizigen und im höchsten Grade eigenwilligen Karl XII.; und da er von jugendlicher Ungeduld erfüllt war, sein Herrscherrecht faktisch auszuüben, so ließ er sich mit Hülfe einiger eigennütziger Reichsräthe, an deren Spitze Graf Piper stand, noch in demselben Jahre 1697 durch den Reichstag mündig erklären. Bei der Krönung setzte er selbst sich die Krone aufs Haupt.

Von strenger Sittlichkeit, von eiserner Willensfestigkeit, vermied der junge Herrscher jedes Verhältniß zu Frauen, ja selbst den Genuß geistiger Getränke. Allein sonst entsprach der Beginn seiner Regierung wenig seiner Ungeduld, dieselbe zu ergreifen. Sein anfänglicher Eifer für die Regierungsgeschäfte erlahmte bald, und er erfreute sich vielmehr an wilden Uebungen und Spielen: alle Schätze, die sein Vater gesammelt, gingen in diesen rohen kindischen Vergnügungen auf. So gerieth Karl bei seinen Unterthanen und noch mehr bei seinen Nachbarn in Verachtung.

Das war um so gefährlicher, je verhaßter das auf Kosten sämmtlicher benachbarter Reiche schnell emporgekommene Schweden bei diesen war. Drei Herrscher hielten die Zeit für geeignet, dem knabenhaften Schwedenkönige die Beute wieder abzunehmen: Friedrich IV. von Dänemark, August II. von Polen und Zar Peter von Rußland.

Als Zar Feodor III. im Jahre 1682 gestorben, hatte er drei Kinder hinterlassen: Iwan, Sophia und deren zehnjährigen Bruder Peter.[1]) Da der älteste, Iwan, körperlich und geistig äußerst gebrechlich war, so bewog man ihn, zu Gunsten eben dieses jüngern Bruders auf die Krone zu verzichten; einstweilen übernahm Peters Mutter, Natalia Naryschkin, die Regentschaft. Aber Peters herrschsüchtige und ränkevolle Stiefschwester Sophia benutzte die unzufriedene Stimmung der stehenden Truppen, der Strelitzen, um die Angehörigen und Freunde der Regentin zu tödten und dieser die Herrschaft zu entreißen. Der junge Zar Peter lebte zurückgezogen, mit eifrigen Studien und der scheinbar harmlosen Bildung einer kleinen Kriegsmacht beschäftigt. Als er heranwuchs, erweckte sein frühzeitig festes Auftreten ihm viele Freunde, die ganze Partei der mächtigen Familie Naryschkin unterstützte ihn, und endlich kam ihm die Willkür und Anmaßung Sophiens selbst zu statten. Peter sammelte seine Getreuen um sich zum Widerstande gegen die Zarewna; von fast allen im Stiche gelassen, mußte diese sich unterwerfen. Nun wurde Sophia — noch milde genug — in ein Kloster gesperrt, ihre hauptsächlichsten Anhänger verbannt.

So wurde im Jahre 1689 der junge Zar Peter Alleinherrscher. Sofort ging der Jüngling ans Werk, in Rußland die abendländische Kultur einzuführen, wie sie ihm in seinen Studien und in den Erzählungen seines älteren Freundes, des Genfers Lefort, verlodernd entgegen getreten war. Zunächst wurden die Truppen europäisch eingeübt; holländische Zimmerleute, bei denen Peter selbst in die Lehre ging, wurden zur Erbauung von Kriegs- und Kauffahrteischiffen herbeigerufen. Strenge Polizeigesetze wurden durchgeführt. Zugleich war Peter darauf bedacht, den reichen Naturprodukten Rußlands durch Hafenplätze eine unmittelbare Ausfuhr zu ermöglichen. Da Rußland damals nur durch Archangel am Weißen Meere mit dem Ocean in Verbindung stand, so begünstigte er diese Stadt ungemein. Dann aber entriß er 1696 der Pforte Asow, das er stark befestigen ließ, und erhielt damit den Zugang zum Schwarzen und zum Mittelmeere. Eine Verschwörung, welche die unermüdliche Sophia unter den mit allen diesen Neuerungen unzufriedenen Adligen und Strelitzen angestiftet, vereitelte der Zar durch persönliches Eingreifen und bestrafte sie mit barbarischer Grausamkeit.

---

1) E. Herrmann, Geschichte des russischen Staates (Heeren und Ukert'sche Sammlung); Band IV (Hamburg, 1849) umfaßt das Zeitalter Peters d. Gr. Ein gründliches, verständiges Werk, mit genauer Kenntniß der einschlagenden Verhältnisse. Als Ergänzung dazu: Herrmann, Rußland unter Peter d. Gr. nach handschriftlichen Berichten (Leipzig, 1872). — Man vergleiche auch A. Brückner, Peter b. Gr., in der vorliegenden Sammlung.

Peters eiserner Charakter, der übrigens durch eine große Zärtlichkeit für die Seinigen gemildert war, ließ sich durch solche Erfahrungen nicht abschrecken. Gewiß war Peter eine harte despotische Natur, aber was ihn von andern Despoten wie Ludwig XIV. und Napoleon I. unterscheidet, ist doch, daß ihn nicht sowohl selbstsüchtiger Ehrgeiz bewegte, wie aufrichtige Sorge für die Größe und Wohlfahrt Rußlands, wie er dieselben auffaßte. — Im Jahre 1697 unternahm er seine erste große Reise nach dem Westen, um dessen Sitten und Einrichtungen genauer kennen zu lernen. Der Weg ging durch Norddeutschland nach Holland, wo er selbst auf den Schiffswerften von Saardam arbeitete und wißbegierig alle Anstalten der Gewerbe und Wissenschaften in Augenschein nahm, und dann nach England, von wo er über Wien nach Rußland zurückkehrte. Hier hatten sich zum dritten Male die Strelitzen, aufgestachelt von der am Alten klebenden Geistlichkeit, gegen den Zaren und gegen dessen Neuerungen empört, waren aber bei dessen Rückkunft schon unterworfen. Furchtbar wüthete Peter unter den Unglücklichen: viele tausende wurden hingerichtet; an hundert tödtete er mit eigener Hand. Gewiß sollen seine schrecklichen Leidenschaftlichkeit, seine Rohheit, seine barbarische Mißachtung des Menschenlebens nicht entschuldigt werden — doch hielt er solche Strenge auch für eine Pflicht gegen sein Volk, das er wider dessen eigenen Willen zu einem menschenwürdigen Dasein erheben wollte. Endlich im Jahre 1700 löste er das Korps der Strelitzen völlig auf und schuf an ihrer Stelle durch regelmäßige Rekrutirungen eine ordentlich geübte und organisirte Militärmacht. Zugleich verbot er die alte Kleider- und Barttracht, führte europäische Vergnügungen ein, schickte zahlreiche junge Russen aller Stände zum Erlernen von Künsten, Wissenschaften und Handwerken ins Ausland. Die Staatseinnahmen brachte er einstweilen auf jährlich acht Millionen Rubel, wobei man den hohen Werth des Geldes in dem damaligen Rußland nicht vergessen darf.

Am schmerzlichsten vermißte Peter für sein Reich eine leichte und nahe Seeverbindung mit den Kulturländern. Am ehesten hätte eine solche die Ostsee gewährt, aber von dieser schnitten ihn die baltischen Provinzen Schwedens ab. Um so lieber trat er der Ligue gegen diese letztere Macht bei, deren Bildung jener vor Karls XI. Gewaltthätigkeit geflüchtete Sprecher des livischen Adels, Patkul, betrieb. Dieser muthige, unerschütterlich energische Mann, reich an schöpferischen Gedanken, erfüllt zugleich von glühendem Rachbegier und dem Wunsche, sein Livland von dem schwedischen Joche zu befreien, hatte sich inzwischen an den sächsisch-polnischen Hof begeben. Hier traf er bei dem ersten Minister, Flemming, einem geistreichen, sanguinischen, unruhigen, um das Detail und den Ausgang der Dinge wenig bekümmerten Politiker, auf freundliches Entgegenkommen. Wirklich brachte er denselben durch Hinweis auf die Wiedererlangung der einst unter polnischer Oberhoheit stehenden baltischen Provinzen zu einem Angriffsbündniß mit Dänemark gegen Schweden; im Herbst 1699. Patkul und der sächsische Gesandte in Moskau, Carlowitz, setzten auch um dieselbe Zeit eine Offensivallianz des Zaren mit den beiden Königen von Polen und Dänemark ins Werk: Polen sollte Livland und Esthland, der Zar nur überhaupt irgend einen Zugang zur Ostsee erhalten. Der Zustand des polnischen Adels schwebte Patkul als Ideal für seine Standesgenossen in der eigenen Heimath vor.

So zog sich im Nordosten Europas ein drohendes Unwetter zusammen, während gleichzeitig der gesammte Westen und Süden von einem gewaltigen Konflikte erschüttert wurde, welcher zumal das stolze Gebäude Ludwigs XIV. mit völligem Einsturze bedrohte.

Viertes Buch.

Der spanische Erbfolgekrieg; das Ende Ludwigs XIV.

Erstes Kapitel.

Die Erledigung der spanischen Erbfolge.[1]

Seit dem Tode Philipps IV. stand der spanische Zweig der Habsburger nur noch auf dem schwächlichen Leben von dessen Sohn Karl II. — dem letzten an Körper und Geist gleich kläglichen Sprößling einer entarteten

---

[1] Das Hauptwerk für die Geschichte des Erbfolgekrieges verspricht die umfassende Arbeit von C. v. Noorden zu werden: „Europäische Geschichte im 18. Jahrhundert; erste Abtheilung: der spanische Erbfolgekrieg", Bd. I. II. (Düsseldorf 1870. 1874). Dieses weitläufig angelegte Unternehmen ist leider bis jetzt nur bis zur Behandlung der ersten sieben Jahre des spanischen Erbfolgekrieges gediehen. Innerhalb dieser engen Grenzen bringt es eine außerordentliche Bereicherung unserer Kenntnisse, infolge einer ebenso umfassenden wie sorgfältigen Benutzung der englischen, niederländischen und preußischen Archive. Styl und Darstellungsweise lassen manches zu wünschen übrig. — Die Spezialforschung hat freilich auch noch Noordens Werk kaum für ihre Thätigkeit gefunden. Hippeau veröffentlichte Avénement des Bourbons au trône d'Espagne (2 Bände, Paris 1875). Es ist dies eine Sammlung von Aktenstücken über die Thronbesteigung der Bourbonen in Spanien, hauptsächlich bestehend aus der Korrespondenz des Gesandten Harcourt mit Ludwig XIV. und seinen Ministern. In dem „historischen Résumé", das der Herausgeber diesen Aktenstücken vorausschickt, stellt er die Erbfolgeverhandlungen Frankreichs in Spanien während der letzten Jahre Karls II. zum ersten Male — wenigstens was die Einzelheiten betrifft — in dem richtigen Lichte dar. Allerdings hätte er erwähnen müssen, daß die von ihm angeblich zum ersten Male benutzten Depeschen schon von Ranke gesehen und verwandt worden waren. — Andererseits schildert Arnold Gaedeke „Die Politik Oesterreichs in der spanischen Erbfolgefrage" (2 Bände, Leipzig 1877), auf Grund des Wiener Staats- und Harrach'schen Familienarchives. Hier erscheint uns die damalige österreichische Politik in ihrer ganzen Kläglichkeit und Borniertheit, und zwar illustrirt durch die österreichischen Akten selbst, denn Gaedeke eine große Anzahl wörtlich gibt. Welcher Gegensatz zu der Energie, dem Reichthum an Mitteln und der rücksichtslosen Schlauheit bei den Franzosen! Onno Klopp hat im achten Bande seines schon genannten Werkes „Der Fall des Hauses Stuart" Gaedeke widerlegen und, wie überall so auch hier, das österreichische Verfahren verherrlichen wollen, indeß nur an wenigen Stellen ist es ihm gelungen, Gaedeke ein etwas einseitiges, allzu scharfes Urtheil nachzuweisen; im ganzen bleibt dessen Darstellung und Ansicht aufrecht. — Ein wichtiges Quellenwerk ist noch: Letters of William III. and Louis XIV. and of their ministers; edited by P. Grimblott (2 Bände, London 1848). — Die „Memoiren des Marquis von Torcy"

Familie, vom erſten Tage ſeiner nominellen Regierung an ein Spielball in den Händen der höfiſchen Parteien und Kabalen. Hatte ſein mehr unruhiger als begabter illegitimer Halbbruder Don Juan d'Auſtria der franzöſiſchen Richtung zum Siege verholfen, ſo dauerte deren Triumph doch nicht lange: ſchon 1679 war Don Juan geſtorben, und nun ergriff die Königin-Mutter, die Oeſterreicherin, wieder die Zügel der Herrſchaft. Und hatte Ludwig XIV. gehofft, durch die junge Königin, ſeine Nichte Marie Luiſe von Orleans, einen für die franzöſiſchen Succeſſionspläne in Spanien günſtigen Einfluß auf den Madriber Hof auszuüben, ſo ſah er ſich bald enttäuſcht: die Königin wurde vielmehr von ihrem Gatten durchaus vernachläſſigt. Die jugendlich

(Michaud & Poujoulat, Serie III, Band VIII, Paris 1839) gehen von 1697 bis 1713, erſtrecken ſich alſo über die ganze Zeit des Erbfolgekrieges. Geſchrieben einige Jahre, nachdem Torcy ſeine Entlaſſung als Miniſter des Auswärtigen gegeben hatte, erzählen ſie die wichtigſten diplomatiſchen Verhandlungen des angegebenen Zeitraumes, beſonders die Konferenzen im Haag 1709 und in Gertrudenberg ſowie die Friedens-negotiationen in Utrecht. Hierin iſt Torcy im ganzen wahrhaftig, obwohl er natürlich Alles vom franzöſiſchen Standpunkt aus darſtellt. Um ſo ungerechter iſt er gegen die entſchiedenen Widerſacher Frankreichs: den Prinzen Eugen, Marlborough, Godolphin. Es gibt gar kein Verbrechen, deſſen er die Whigs nicht beſchuldigt. — Wenden wir uns zu der militäriſchen Geſchichte des ſpaniſchen Erbfolgekrieges, ſo ſind hier vor allem franzöſiſche Arbeiten zu nennen: Generallieut. Pelet, Mémoires militaires relatifs à la succession d'Espagne (11 Bände, Paris 1845—62); ein Werk, dem die officiellen Sammlungen und Auszüge des im vorigen Jahrhundert das Kriegsarchiv verwaltenden Generals de Vault zu Grunde liegen. General Pelet hat einige dunkle Stellen erläutert und eine beträchtliche Zahl anderweiter Aktenſtücke hinzugefügt. Die Darſtellung ſchließt ſich ſtreng den Dokumenten an, von denen ſie die wichtigſten im Wortlaute bringt; von Beurtheilung der Ereigniſſe iſt grundſätzlich Abſtand genommen. Natürlich haben wir hier die Berichte der franzöſiſchen Militärs, die oft ſehr parteiiſch und zumal in der Angabe der Verluſtziffern recht unzuverläſſig ſind. — Die „Mémoiren des Marſchalls von Villars" (Michaud & Poujoulat, III, IX) ſind in ihrem erſten Theile von dem Abbé La Fauſſe de Margon redigirt, in ihrem zweiten von dem bekannten Hiſtoriker Anquetil umgearbeitet, nur im dritten Theile vom Marſchall ſelbſt diktirt. Obwohl Villars ein gewaltiger Prahler war, ſo ſind die Mémoiren (1670—1733) doch für die militäriſche Geſchichte des Erbfolgekrieges ſehr werthvoll, zumal in dem zweiten Theile, der gerade dieſe letztere behandelt. Anquetil eine Menge wichtiger Aktenſtücke gibt. — Die „Mémoiren des Marſchalls von Berwick" (ebendaſ. III, VIII) gehen von 1688 bis 1716. Der hauptſächliche Werth derſelben beſteht in der Schilderung der militäriſchen Ereigniſſe, an denen Berwick ſelbſt Theil hatte; er ſcheint ſie auf Grund eines conſequent geführten Tagebuches geſchrieben zu haben. Sehr intereſſant ſind ſie u. a. für die letzte Epiſode des Camiſardenkrieges. — Auf kaiſerlicher Seite ſind zwei ſchon von uns erwähnte Werke zu nennen: Alfr. v. Arneths „Prinz Eugen von Savoyen" und die Geſchichte der Feldzüge Eugens vom öſterreichiſchen Generalſtabe. — Die Biographie des engliſchen Feldherrn ſchrieb William Coxe: „Memoirs of John Duke of Marlborough" (6 Bände, neue Ausgabe, London 1847). In der That hat Coxe ſeine Darſtellung auf die Familienarchive Marlboroughs und anderer engliſcher Geſchlechter baſirt. Das deshalb ſehr zuverläſſige Buch iſt nur etwas zu enthuſiaſtiſch für ſeinen Helden geſchrieben. — Endlich ſei noch Lord Mahons „History of the war of the succession in Spain" (neue Ausgabe London 1850) erwähnt.

schöne lebhafte Frau verlassen unter der seinbliche Umgebung und in der schauderhaften Langeweile der geistlosen Formen spanischer Hofetikette.

Kaiser Leopold I. hatte von seiner spanischen Gemahlin, die ja von Philipp IV. testamentarisch zur eventuellen Erbin seiner Monarchie erklärt worden war, die aber früh starb, nur eine Tochter, Maria Antonia. Er vermählte dieselbe mit Kurfürst Max Emanuel von Baiern; doch mußte sie, um ihrer Stiefbrüder, der Söhne des Kaisers aus einer andern Ehe willen, vorher auf ihr Erbrecht in Spanien Verzicht thun. Diese Verzichtleistung wurde aber in Spanien als ungültig betrachtet, da sie, obwohl eine Umänderung des Thronfolgegesetzes enthaltend, doch nicht von den Cortes gebilligt worden sei. Die Königin-Mutter Maria Anna selbst stand durchaus auf Seiten ihrer Enkelin, der Kurfürstin von Baiern. Trotz aller Gegenwirkungen des kaiserlichen Hofes, welcher dem Baiern auch nicht das kleinste Stück spanischen Besitzthums gönnte, wurde Max Emanuel, ein einsichtiger, tapferer und liebenswürdiger Fürst, zum Statthalter der spanischen Niederlande ernannt. Er schlug sofort seine Residenz in Brüssel auf, wo er alsbald ein Regiment begann, das glänzend gegen die Mißregierung in den übrigen Provinzen jenes Reiches abstach und wohl geeignet war, ihm die Hoffnungen und Herzen der patriotisch gesinnten Spanier zu erwerben. Allein nun starb Marie Luise, und Karl vermählte sich zum zweiten Male, mit einer Schwester der regierenden Kaiserin; mit dieser Maria Anna von Pfalz-Neuburg erhielt die eigentlich österreichische Partei in Madrid wieder das Uebergewicht, zumal die Königin-Mutter, die Freundin Baierns, im Frühjahr 1696 starb. Um die Gunst der Lage auszunutzen, ward der vertrauteste Herzensfreund des Kaisers, Graf Ferdinand Bonaventura Harrach, ein freilich mehr durch Redlichkeit und Frömmigkeit als durch hohe diplomatische Gaben sich auszeichnender Staatsmann, als österreichischer Gesandter nach Madrid geschickt. In der That wäre die Proklamirung der Erbfolge des jüngeren Sohnes des Kaisers, Erzherzogs Karl, sehr wohl zu erreichen gewesen, wenn Leopold, den Aufforderungen der spanischen Minister gemäß, damals denselben mit einem Truppenkorps zur Vertheidigung Cataloniens gegen die überlegenen Angriffe der Franzosen zu Hülfe gekommen wäre. Allein der in seinen legitimistischen und absolutistischen Ideen beschränkte Geist des Kaisers konnte sich zu der Anschauung nicht aufschwingen, daß es bei der Bestimmung der Schicksale eines großen Reiches noch auf etwas anderes ankomme, als die Verwandtschaftsverhältnisse und die persönlichen Beziehungen der Fürsten; er meinte, da König Karl II. ein Habsburger, dessen jetzige Gemahlin der österreichischen Sache ergeben sei, so werde sich mit Beihülfe der für Oesterreich sich bekanntlich direkt interessirenden göttlichen Vorsehung die Erwerbung Spaniens durch die deutschen Habsburger schon von selbst machen.

Und doch, wie dringend hätte Spanien damals des Beistandes bedurft! König Karl II. war von kleiner Statur, mit großen lebhaften Augen, blonden Haaren; die feinen Züge und der weiße Teint würden sein Gesicht zu einem schönen gemacht haben, wenn es nicht durch die Adlernase der Habsburger, deren herunterhängende Unterlippe und ein sehr hohes Kinn verunstaltet worden wäre. Obwohl von Jugend auf kränklich, besaß er doch eine große Zähigkeit und würde unter rationeller Behandlung gewiß lange gelebt haben: allein die Quacksalber, die in buntem Wechsel mit seiner Heilung betraut wurden, und die schlechte Luft von Madrid richteten seine Konstitution vollends zu Grunde. Er hatte von der Natur eine ganz klare Einsicht und eine Dosis gesunden Verstandes erhalten. Indeß von seiner herrschsüchtigen Mutter in äußerster Unwissenheit und geradezu fanatischer Bigotterie erzogen, auch später durch sie von allen politischen Geschäften verdrängt, hatte der gutmüthige schwache Fürst jede Selbständigkeit des Entschlusses verlernt und verfiel, oft gegen seine bessern Ueberzeugung, lediglich dem Willen seiner Umgebung. Seit dem Tode der Mutter gehörte er ganz seiner zweiten Gemahlin, der Neuburgerin an: nicht die Königin war sie, sagte der venetianische Gesandte, sondern der König. Sie war wohl ehrgeizig im höchsten Grade, aber fern von planmäßiger Festigkeit und Sicherheit, vielmehr nur ein heftiges, leidenschaftliches, empfindliches Weib; mehr die gerade vorliegenden kleinen Ereignisse, als die großen Hauptziele im Auge; übermüthig und hochfahrend im Erfolge, verzagt bei übler Wendung. Die Spanier beleidigte sie durch stolzes Wesen und durch Vorliebe für ihre deutschen Vertrauten, zumal ihre Hofdame, die Hessin von Berlepsch, welche ihre Herrschaft über die Königin durch schamlosen Stellenverkauf und ärgste Bestechlichkeit mißbrauchte.

Der einheimische Adel war freilich nicht tauglicher zur Rettung des heruntergekommenen Staatswesens. Die Granden hatten weder kriegerischen Muth noch patriotischen Eifer bewahrt: nur die Plünderung des öffentlichen Schatzes für sich und ihre Familien, sowie Erlangung einer hohen Stellung hatten sie im Auge. Der niedere Adel war ebenso unglaublich zahlreich, wie arm, träge, unnütz, bettelhaft, Drohnen im Leben des Volkes. Von ihm breitete sich prahlerische Dummheit, Faulheit und Armuth über alle Klassen der Nation aus. Die Bevölkerung schmolz mit reißender Schnelligkeit zusammen: unter den katholischen Königen um die Wende des fünfzehnten Jahrhunderts über zwölf Millionen Seelen, war sie jetzt nur noch 5,700,000 stark. Die einzige Provinz, welche die betriebsame Kraft ihrer Bewohner noch einigermaßen blühend erhielt, Catalonien, wurde durch die französischen Kriege in eine Einöde verwandelt. Nur die Geistlichkeit, die mehr als ein Drittheil sämmtlicher Einkünfte des Reiches genoß und ihre Mitgliederschaft nach Hunderttausenden zählte, blühte zum Schaden der betriebsamen Stände. Die Industrie und der Handel waren, so weit sie nicht von Fremden ausgeübt wurden, null. Das einzige Barcelona machte eine rühmliche Ausnahme. Unter diesen Umständen waren die Staatseinnahmen auf 30 Millionen Realen herabgesunken, das heißt 6,300,000 Reichsmark oder, nach heutigem Geldwerthe, vielmehr gleich 19 Millionen Mark! Die

Tiefer Verfall Spaniens.

reichen Einkünfte der amerikanischen Gold- und Silberbergwerke waren in solchem Maße verpfändet, daß z. B. 1680 dem Könige von den etwa 70 Millionen Reichsmark, welche die Silberflotte mitbrachte, nur 210,000 Mark übrig blieben! Diese schwachen Summen zerrannen völlig unter den Händen der ebenso gewissenlosen wie unfähigen Großen und Beamten. Das Heer erhielt seinen Sold, die unteren Beamten nur zwei Drittheile ihres Gehaltes, und auch diese unregelmäßig, die Pensionirten nichts; die Flotte hörte auf zu existiren. Die Noth drang bis in den königlichen Palast; die Kaufleute weigerten sich, der Tafel des Königs ferner auf Kredit zu liefern; an einem Tage liefen 60 Diener und das ganze Stallpersonal fort, weil sie seit drei Jahren unbezahlt geblieben waren. Oft drohte die ganze Regierungsmaschinerie den Stillstand. Wenn der König reisen wollte, so verschaffte man sich das Geld dazu durch betrügerische Verschlechterung der Münzen. Die Bettler, die Räuberbanden mehrten sich in erschreckendem Maße. Der einzige Minister, der eine Reform wenigstens versucht hatte, Cropesi, war durch die Königin gestürzt worden.

So kam es, daß in dem zweiten Koalitionskriege es keine haltbare Festung auf der Halbinsel gab, das gesammte Heer nur 8000 zerlumpte und halbverhungerte Bettler betrug. Deßhalb konnten auch Noailles und Vendôme trotz ihrer geringzähligen Streitkräfte ununterbrochen Fortschritte in Catalonien machen können. Nach der Neutralisirung Italiens wurde ein beträchtlicher Theil der bisher dort verwendeten Truppen zur Belagerung Barcelonas abgesandt. Vergebens bestürmte der spanische Hof den Kaiser, auf englischen Schiffen ein Truppenkorps zur Rettung dieser wichtigen Stadt abzusenden. Leopold, damals noch mit seinem Türkenkriege beschäftigt, meinte pfiffig das Geld für eine solche Ausgabe sparen zu können, da Barcelona im Frieden doch zurückgegeben werden müsse und Spanien ihm ohnehin sicher sei. Bei einem so thörichten und eigennützigen Benehmen des kaiserlichen Hofes wuchs aber die Mißstimmung gegen denselben in Spanien immer höher. Wenn es dort auch noch keine eigentliche französische, so gab es doch eine anti-österreichische Partei, welche für die Gegenwart schleunigen Abschluß des Friedens mit Frankreich und für die Zukunft die Erbfolge des bairischen Kurprinzen, des Sohnes Max Emanuels und der inzwischen verstorbenen Maria Antonia anstrebte. Ihr gehörten fast alle Granden und die Mehrheit des Staatsrathes an, und an ihrer Spitze stand der Primas des Reiches, der Kardinal-Erzbischof von Toledo, Graf Porto-Carrero, ein wenn nicht gerade hoch begabter, so doch muthiger, entschlossener, zielbewußter Mann, den dabei die gewaltigen Einkünfte seiner Würde — 300,000 Dukaten — auf das wirksamste unterstützten.

Da fiel, im August 1697, Barcelona; die wehrlose Reichshauptstadt selbst gerieth in die größte Bestürzung. In aller Eile vermochte man nur — zwei schwache Regimenter zu bilden, kaum hinreichend, um die unzufriedene Bevölkerung im Zaume zu halten. Darauf erfolgte ein erster Abfall

Spaniens von der österreichischen Partei: der spanische Gesandte in Rysrogl wurde angewiesen, sofort trotz des Sträubens der kaiserlichen Gesandten auf die Bedingungen von Nymwegen hin mit den Franzosen abzuschließen. Ludwig XIV. zeigte sich Spanien in überraschender Weise entgegenkommend: zuerst Barcelona, dann Luxemburg, endlich die kleineren Eroberungen des letzten Krieges, Alles wurde zurückgegeben nach einigem Zögern, welches das Verdienstliche eines solchen Benehmens nur in desto helleres Licht setzte. Jeder Spanier mußte sich darüber klar werden: nicht der Hülfe Oesterreichs, sondern nur dem Wohlwollen des mächtigen Königs von Frankreich hatte man so günstige Bedingungen zu danken! Diese Erwägung wurde außerordentlich wichtig für die Zukunft.

Der kaiserliche Hof hatte schon bei dem Rysrogler Frieden durch seine bornirte und egoistisch träge Vertrauensseligkeit die schlimmsten Einbußen erlitten: trotzdem bethätigte er jene Eigenschaft auch noch ferner in der spanischen Frage. In der geheimen Allianz von 1689 hatte König Wilhelm III. dem Kaiser versprochen, ihm zur spanischen Erbschaft zu verhelfen; aber während man in Wien diese Zusage für noch zu Recht bestehend hielt und sich gar nicht die Mühe gab, sich dessen zu vergewissern, war Wilhelm vielmehr der Ansicht, durch den Rysrogler Frieden von jener Allianz entbunden und in den Besitz seiner vollen Allionsfreiheit zurückgelangt zu sein. Weil entfernt, vor allem eine übermäßige Hebung der österreichischen Macht anzustreben, wünschte er nur Frankreich von der spanischen Erbschaft auszuschließen, und war deshalb bereit, den bairischen Kurfürsten mit einem bedeutenden Theile derselben zu beruhigen und abzufinden.

Nur ein Mittel hätte es jetzt für Oesterreich gegeben, sich wenigstens den Haupttheil der spanischen Monarchie zu sichern: schleunige Uebersendung von 10—12,000 kaiserlichen Soldaten nach Spanien, um hier die Uebelwollenden im Zaume zu halten und etwaige französische Angriffe einstweilen abzuwehren. Karl II., von der Königin bestimmt, war auch bereit, diese Truppen aufzunehmen, nur müsse der Kaiser sie bezahlen, da Spanien so arm war, daß es nach dem Rysrogler Frieden selbst sein kleines Heer größtentheils abbauen mußte. Allein an der elenden Million Gulden, welche dieses Korps jährlich gekostet haben würde, zerschlug sich die Verhandlung, von welcher die Zukunft Spaniens und der habsburgischen Dynastie zum größten Theile abhing! Wie ungerecht, die Unterhaltung eines Korps, das doch in erster Linie dem kaiserlichen Interesse dienen sollte, von dem armseligen spanischen Staatssäckel zu fordern! Die kaiserliche Ministerkonferenz rieth ihrem Herrn dringend, ohne weiteres Zögern zuzugreifen, denn „nachher werde es zu spät sein" — aber Leopold I. meinte, Spanien habe die Pflicht, sich für das erlauchte Haus Oesterreich noch ferner aufzuopfern, der liebe Gott die Pflicht, dasselbe Haus wunderbarlichst zu unterstützen, und weigerte sich deshalb sowohl, seinen Lieblingssohn Karl nach Spanien zu senden, als auch die Unterhaltungskosten der Truppen zu zahlen.

Oesterreichische und französische Intriguen.

Daß die spanische Regierung hiermit nicht zufrieden war, versetzte den Kaiser in höchsten Unwillen: auf seinen Befehl mußte Harrach der Gräfin Berlepsch mit der kaiserlichen Ungnade drohen, wenn sie sich nicht gefügiger zeige. Die Folge davon war nur, daß dieses intrigante Weib und zum Theil die Königin selbst sich gegen die österreichischen Interessen wandten. Ein solches Benehmen seitens Oesterreichs hielten der Kaiser und sein vertrauter Minister Kinsky für „Standhaftigkeit". Vergebens waren die Warnungen der Spanier, die darauf aufmerksam machten (1698): der Kaiser möge alle seine Kräfte auf die Erbschaft vereinen und lieber um jeden Preis mit den Türken Frieden schließen; denn die spanische Monarchie sei mehr werth als irgend einer oder mehrere Plätze an der türkischen Grenze.

Noch mehr: Leopold rief jetzt den alten erfahrenen Harrach von Madrid ab und sandte dessen unwissenden und leidenschaftlichen Sohn, Louis Harrach, nach Spanien; während als Vertreter Ludwigs XIV. der Marquis Heinrich von Harcourt dort eintraf, ein kleiner, beweglicher Mann mit feurigem Auge, der sich schon als Soldat großen Ruhm erworben hatte, nicht minder tüchtig aber als Diplomat, liebenswürdig, geschmeidig, verschlagen, zur rechten Zeit auch energisch und nachdrucksvoll. Dazu kam, daß sein Herr ihm große Geldmittel zu Gebote stellte, während die kaiserlichen Gesandten in schäbiger Armuth lebten.

Harcourt fand das Terrain für sich sehr günstig. Der schlaue Kardinal-Primas hatte eine schwere Erkrankung des unglücklichen Königs benutzt, ihm dieselbe als eine Strafe des Himmels für seine bisherige Regierungsweise zu schildern; er sei um seiner Frau und deren schlechten Regimentes willen vom Bösen behext. Der fiebernde bigotte Monarch glaubte dem Priester blindlings. Die Königin büßte seit dieser Zeit fast allen Einfluß bei ihm ein, Oropesa — ihr Gegner — ward aus der Verbannung zurückgeholt und zum leitenden Minister ernannt: ein für die kaiserliche Sache sehr übler Wechsel. (März 1698.) Eifrig rieth Harcourt seinem Könige, diese günstige Sachlage zur Erlangung der ganzen spanischen Erbschaft zu benutzen. Ludwig ging darauf ein. Er unternahm freilich damit ein doppeltes Spiel: denn zugleich verhandelte er in London und im Haag wegen einer Theilung.

Das Ideal der damaligen Staatsmänner war das europäische Gleichgewicht. Man dachte sich Europa in zwei Lager getheilt, von denen das eine dem andern an Macht ziemlich gleich sein, beide sich dadurch in Schach und im Frieden halten müßten. Kein Zweifel, daß Frankreich auf der einen, Oesterreich auf der andern Seite gewissermaßen den Kern ausmachten, um welchen ein jedes der beiden Lager sich bildete. Es durfte also weder Frankreich noch Oesterreich eine so enorme Verstärkung erfahren, wie die spanische Erbschaft verleihen mußte: sonst würde die eine Partei übermächtig und dadurch für die Freiheit Europas verderblich geworden sein. Am liebsten hätte deshalb Wilhelm die ganze spanische Monarchie dem bairischen Kurprinzen verschafft; allein daran war doch nicht zu denken, daß der französische König und der Kaiser dies ruhig zugegeben hätten, einen Antheil mußten sie wenigstens erhalten. Das waren die Beweggründe, die Wilhelm III. zum Vorschlag einer Theilung der spanischen Erbschaft veranlaßten. Rücksicht auf die nationalen Wünsche der Spanier, auf ihr gerechtes Begehren, vor allem müsse das Weltreich Karls V. unversehrt erhalten werden, nahm Wilhelm III. nicht, da er mit echt englisch-holländischer Einseitigkeit und Ausschließlichkeit nur seine Landsleute als freie und vollwichtige Menschen, alle anderen Völker aber als eine stumme Heerde betrachtete, die sich eben den Anforderungen der hohen Politik fügen müßte. Dem Kaiser gegenüber hatte er kein ganz reines Gewissen, und so unterhandelte er zunächst ausschließlich mit Ludwig XIV. Nach langwierigen Negotiationen vermochte er ihn endlich im October 1698 zu einem Abkommen in dem erwähnten Sinne, zu dem sogenannten ersten Theilungsvertrage zu bestimmen. Der Kurprinz von Baiern sollte nach demselben das eigentliche Spanien, die katholischen Niederlande und die Kolonien — also die Hauptmasse der spanischen Länder — erhalten; Ludwig XIV. das spanische Unteritalien, also Neapel und Sicilien, sowie die Pyrenäenprovinz Guipuzcoa; der Kaiser nur das Herzogthum Mailand. Für das Handelsinteresse der Seemächte war nichts ausgemacht. Man sieht, wie schwer sich der moralische Fehler Wilhelms III. bestrafte, anstatt zuerst mit seinem bisherigen Verbündeten, dem Kaiser, mit dem französischen Gegner zu unterhandeln!

Dieser Vertrag wurde zunächst durchaus geheim gehalten; Harcourt, der natürlich von demselben unterrichtet wurde, war sehr unzufrieden mit ihm. Er hatte sich nicht geirrt: als in Spanien Nachrichten über jenes Abkommen eintrafen, war Alles entschlossen, demselben nicht zu entsprechen. Die nationalen Interessen Spaniens forderten vor allem den ungeschmälerten Fortbestand der großen Monarchie, und damit stimmte auch der Privatvortheil der vornehmen Familien, die sich bisher an den einträglichen Statthalterposten der auswärtigen Provinzen bereichert hatten. Indeß nicht dem kaiserlichen Hofe kam diese Stimmung in den leitenden spanischen Kreisen zu gute. Dieselben hofften vielmehr, Ludwig XIV. werde sich zufrieden geben, wenn nur der Kaiser nichts erhalte, und so stimmte denn Alles in Madrid dahin zusammen, den Kurprinzen von Baiern als alleinigen Erben zu proklamieren. Porto-Carrero und Cropesa trafen hierin mit Maria Anna überein, die durch ihre von Baiern bestochene Freundin Berlepsch jetzt vollends von der kaiserlichen Partei abgezogen wurde. Von allen Seiten bestürmt, erschien Karl II. am 11. November 1698 selbst im Staatsrathe und erklärte hier mit einer bei ihm sonst selten bemerkten Festigkeit, daß er sich entschlossen habe, seinen Neffen, den Kurprinzen, zum Nachfolger zu ernennen; ein entsprechendes Testament wurde veröffentlicht. Mit patriotischer Begeisterung jubelte die spanische Nation dieser Entscheidung zu. Das englische Parlament und die holländischen Generalstaaten waren nicht minder damit zufrieden, daß in der spanischen Monarchie nichts wechseln solle, als die Person des Herrschers.

daß damit die vielen widerrechtlichen Vortheile, welche sich die britischen und holländischen Unterthanen auf Kosten des spanischen Handels angemaßt hatten, erhalten bleiben würden.

Da machte ein unerwartetes Ereigniß dieses Testament sowohl als auch den ersten Theilungsvertrag hinfällig: am 6. Februar 1699 starb plötzlich, in seinem siebenten Lebensjahre, der Kurprinz. Unvermittelt standen sich nun die französischen und österreichischen Ansprüche gegenüber. Für den unglücklichen Karl II., um dessen Besitzungen man sich so rücksichtslos bei seinen Lebzeiten stritt, handelte es sich jetzt um die schwere und beängstigende Wahl: ob er seinen entfernten und mindermächtigen Blutsverwandten oder den drohenden übermächtigen Nachbar vorziehen solle? Die meisten Granden traten, aus Furcht vor den französischen Drohungen und um sicher die Gesammtmonarchie zu erhalten, nun zu der französischen Partei hinüber, während die Königin und ihr Anhang sich wieder an den Kaiser anschlossen.

Man kann nicht anders sagen, als daß Ludwigs XIV. Beschlüsse zunächst gemäßigter Natur waren. Er kam der englischen Regierung mit dem Vorschlag zuvor: da eine allzu große Verstärkung der französischen Macht für Europa in der That bedenklich sein würde, so sei er bereit, dem jüngern Erzherzog den Haupttheil der spanischen Monarchie zu überlassen, wenn Frankreichs Antheil dafür vergrößert werde, und zwar um Mailand, Navarra und ein beträchtliches Stück der spanischen Niederlande; außerdem müsse er das Recht haben, den Herzögen von Savoyen und Lothringen deren Gebiete abzuhandeln für den Preis Mailands und Siciliens. Indeß wenn man genauer zusah, so wäre doch dadurch die Macht Frankreichs unverhältnißmäßig gesteigert worden. Gerade die militärisch wichtigsten Provinzen hätte dasselbe erhalten. Während Oesterreich nichts erlangt hätte als die abermalige Errichtung einer habsburgischen Sekundogenitur in dem weit entlegenen, aller seiner Außenposten beraubten und durch den Verlust Guipuzcoas und Navarras den Franzosen militärisch geöffneten Spanien, — würde Frankreich so ausgedehnte und unmittelbar benachbarte Länder, wie die beiden Provinzen sowie Savoyen, Lothringen, halb Belgien, und durch den Besitz Neapels die Herrschaft über Italien erlangt haben. Der Antheil Oesterreichs, dem Anscheine nach größer, wäre doch im Grunde bei weitem minderwerthig gewesen.

Wilhelm III. verhehlte sich die Gefahren nicht, die mit der Annahme solcher Forderungen dem ganzen Werke seines Lebens, der so schwer und unvollkommen erkämpften Freiheit Europas vor der französischen Uebermacht erwuchsen. Dennoch glaubte er, auf jene eingehen zu müssen. Er war tief entmuthigt. Wenn Ludwig XIV. seine Hände nach der spanischen Gesammtmonarchie hätte ausstrecken wollen, wer hätte ihm widerstehen mögen? In Holland rief Alles nach Frieden. Das englische Parlament hatte in thörichter Vertrauensseligkeit und in offenem Gegensatze zu der auswärtigen Politik seines Königs vollständig entwaffnet. Von dem tief zerrütteten Spanien war nichts zu erwarten; und der Wiener Hof war durch den ersten Theilungsvertrag in unbesiegbares Mißtrauen und Abneigung gegen die beiden Seemächte geworfen worden, Frankreich dagegen war derart gewaffnet, daß es binnen kurzem ein Heer von 120—150,000 Mann in das Feld senden konnte. So war Wilhelm geneigt, das kleinere unter den Uebeln zu ergreifen. Besonders angenehm berührte es ihn, daß der französische König den Haupttheil der Erbschaft dem Habsburger überlassen wollte: er hoffte auf diese Weise der Welt, die doch einmal Frieden wollte, denselben zu erhalten. Vergebens suchte er aber Ludwig einige von dessen Forderungen abzuseitschen: in zähen Verhandlungen erreichte man nur so viel, daß Frankreich auf die spanischen Niederlande verzichtete, jedoch mit der wichtigen Ausnahme Luxemburgs, das es unter allen Umständen für sich verlangte. Im Spätherbst 1699 einigte sich Wilhelm mit Ludwig: man verhieß einander in dem entsprechenden Vertrage, wenn der Kaiser nicht zustimme, an die Stelle des Erzherzogs einen andern Prinzen zu setzen, und mit gemeinsamen Kräften zu verhindern, daß der Erzherzog von irgend einem Theile der Erbschaft Besitz ergreife, ehe er die stipulirte Theilung anerkannt habe. Im März 1700 unterzeichneten auch die Generalstaaten diesen zweiten Theilungsvertrag, der ebenso schnöde wie der erste die nationalen Interessen Spaniens verletzte.

Ludwig XIV. war nun wohl im ganzen gewillt, diesen Vertrag zu halten — wenn sich ihm keine günstigere Chance zeige: denn er hielt seine Aussichten in Spanien für keine guten. Die Erfahrungen nach dem ersten Theilungsvertrage ließen es als wahrscheinlich betrachten, daß der zweite abermals ein völliges Auseinanderfallen der französischen Partei in Madrid zur Folge haben werde; und außerdem wußte man, daß einflußreiche Personen dort für eine Vereinigung Spaniens mit Portugal — gewiß im Grunde das Einsichtsvollste! — arbeiteten. Indeß Ludwig behielt doch von vorn herein die Möglichkeit einer vortheilhaftern Gestaltung im Auge und war für diesen Fall auch einer vertragswidrigen Schwenkung seiner Politik nicht abgeneigt. Und wirklich sollte ihm über all' sein Erwarten hinaus das Glück lächeln.

Harcourt hatte die neuen Verhandlungen seines Herrn mit den Seemächten sofort gemißbilligt und ihn aufgefordert, sein Augenmerk auf die durchaus nicht unmögliche Erlangung der ganzen spanischen Erbschaft zu richten. Auch der kaiserliche Hof wollte von der Theilung nichts wissen. Der „glückliche Todesfall" des bairischen Kurprinzen war in Wien als eines jener von der Vorsehung expreß für das Haus Oesterreich in Scene gesetzten „Mirakel" begrüßt und beschlossen worden, dasselbe zur Bildung einer großen kaiserlichen und nationalen — denn beides hielt man in der Verblendung der Beschränktheit für gleichbedeutend — Partei in Spanien zu benutzen. Aber wie wenig thaten doch die österreichischen Staatsmänner für diesen Zweck! Der Gesandte, der jüngere Harrach, ein Mensch ohne jede Einsicht und diplomatische Geschicklichkeit, benutzte durchaus nicht den für ihn so günstigen Umstand, daß die Königin wieder allmächtigen Einfluß auf ihren Gemahl gewonnen, daß Oropesa sich ihr jetzt auf das Innigste angeschlossen hatte. Er ließ die Monate ganz ungenützt vorüber gehen. Aus Haß gegen Maria Anna war Porto-Carrero nun ganz entschieden zu Frankreich herüber getreten — und der Primas bedeutete die Geistlichkeit, diesen in Spanien so überaus mächtigen Stand. Ebenso thöricht handelte die Wiener Regierung selbst: sie that, als ob ihr jene Frucht ohne ihr Zuthun in den Schoß fallen müsse. Als weder Geld für die einzelnen Großen noch Truppen zur bewaffneten Vertheidigung der habsburgischen Interessen hinübergeschickt wurden, als der Kaiser gar sein Heer nach dem Frieden von Karlowicz beträchtlich verminderte und den Spaniern nur Versprechungen und Vertröstungen gab, ja von den einflußreichen Persönlichkeiten dort noch Opfer an Hab und Gut für seine Sache verlangte — da fielen immer mehr Große von ihm ab und wandten sich in der Ueberzeugung, der Kaiser werde nicht im Stande sein, Spanien vor einem Angriffe Ludwigs XIV. zu schützen, wieder Harcourt zu.

Diesem kam das Schicksal noch weiter zu Hülfe. Das Volk von Madrid, schon durch den ersten Theilungsvertrag aufgeregt, über die beschwerliche Theuerung der Lebensmittel — die es, wie stets in Spanien, der schlechten Regierung zuschrieb — erbittert, von den Gegnern der Königin aufgehetzt, erzwang im April 1699 durch einen wilden Aufstand die Entlassung und Verbannung Oropesas, den es dreizehn Monate früher wie einen Heiland begrüßt hatte. Die Leitung der Geschäfte ging damit an Porto-Carrero und dessen Anhänger über; der Kardinal-Primas, getragen von der Gunst der großen Masse und von dem ganzen Einfluß der Geistlichkeit, reinigte den Staatsrath von allen Gegnern und besetzte alle wichtigen Aemter mit seinen Kreaturen.

Da verbreiteten sich im Sommer 1699 Gerüchte von dem neuen Theilungsvertrage und brachten eine allgemeine Aufregung in Madrid hervor. Harcourt, der durch denselben alle seine Bemühungen vereitelt, seine eigenen Verheißungen an die Großen Lügen gestraft, alle Aussichten Frankreichs in Spanien vernichtet glaubte, bat um seine Abberufung. Aber merkwürdig! Der Grimm kehrte sich hauptsächlich nicht gegen Ludwig XIV., von dem die Spanier glaubten, es sei ihm mit der Theilung gar nicht Ernst, sondern gegen die Seemächte, die nun schon zum zweiten Male das spanische Reich wie einen todten Körper bei Lebzeiten seines Herrschers theilten, ohne sich auch nur die Mühe einer Frage an Spanien um seine Einwilligung zu geben! Der spanische Gesandte in London beleidigte den König Wilhelm derart, daß der Abbruch der diplomatischen Beziehungen zwischen Spanien und England erfolgte. Schon wurden in Madrid Stimmen laut: das einzige Mittel, eine Theilung des Reiches zu verhindern, sei, bei der Machtlosigkeit des Kaisers, die Ernennung eines jüngern Enkels Ludwigs XIV. zum Erben der Monarchie.

Den Protest, welchen Spanien überall gegen die Abmachungen des

Theilungsvertrages erhob, bestärkte den Wiener Hof lediglich in dem Beschlusse, demselben gleichfalls zu verwerfen. Es gab jetzt einen doppelten Weg: entweder eine direkte Verständigung mit Frankreich, um von diesem günstigere Bedingungen für das Haus Oesterreich zu erhalten; oder sofortige Ueberführung starker Geldsummen nach Spanien, Rüstung eines bedeutenden Heeres, Verständigung mit der Madrider Regierung über einen Plan, sich mit den vereinten Kräften der durch zweihundertjährige Blutsverwandtschaft der Herrscherhäuser verbundenen Staaten dem Theilungsvertrage zu widersetzen. Nur dann hatte die Ablehnung dieses letztern einen Sinn. Aber der Kaiser und die Mehrzahl seiner Räthe meinten: die „Standhaftigkeit" Oesterreichs in der Zurückweisung des schändlichen Vertrages werde in Spanien einen solchen Eindruck machen, daß die kaiserliche Partei daselbst alle Klassen des Volkes mit sich fortreißen werde. Als ob eine solche „Standhaftigkeit" ohne die Mittel, ihr zum Siege zu verhelfen, etwas anderes wäre, als einfältige Selbstverblendung!

Ludwig XIV. war von der Wirkung, welche die Nachricht des Theilungsvertrages in Madrid geübt hatte, freudigst überrascht. Ohne die geringsten Skrupel wegen des mit den Seemächten verabredeten Uebereinkommens zu hegen, ließ er durch Harcourt die spanischen Großen zu entschiedenem Vorgehen auf dem von ihnen eingeschlagenen Wege ermuthigen; es war dasselbe Zeit, wo der endgültige Abschluß zu London und im Haag noch nicht erfolgt war, Ludwig also seinen Gesandten bei Wilhelm III., den gewandten Tallard immer weiter im Sinne der Theilung negotiiren ließ.

Im Mai 1700 wurde der Abschluß des zweiten Theilungsvertrages dem spanischen Gesandten in Paris amtlich notifizirt. Karl II. war tief verletzt. Er hatte gehofft, durch seinen Protest allen weiteren Versuchen vor seinem Tode ein Ziel zu setzen. Persönlich stets der deutschen Linie seines Hauses ergeben, war er jetzt entschlossen, mit deren Hülfe Alles gegen die Ausführung des Traktates zu versuchen. Er wandte sich an den Kaiser in zwei eigenhändigen Schreiben: derselbe möge ihm seinen Rath und eine beträchtliche Geldhülfe zu Theil werden lassen, dafür verspreche er, die Monarchie ungetheilt dem Erzhause zu erhalten. Wiederholte, fast mit Einstimmigkeit gefaßte Beschlüsse des Staatsrathes, die den König ersuchten, den Untergang der Monarchie durch Einsetzung eines französischen Prinzen zum Nachfolger zu verhüten, blieben wirkungslos.

Allein von Wien kam keine Entscheidung. Man meinte noch Zeit zu haben; man dürfe sich nicht übereilen; einstweilen sei kein Geld da zu Rüstungen und Unterstützungen, wie Karl II. sie verlange; die kaiserliche Sache in Spanien sei ja doch gesichert; man solle nur standhaft ausharren. Daß das englische Parlament sich sehr unzufrieden mit dem zweiten Partagetraktat zeigte, erhöhte nur die träge Hoffnungsseligkeit und Selbstzufriedenheit der kaiserlichen Minister.

Anders dagegen Ludwig XIV. Er führte in Madrid eine drohende

Sprache, berief Harcourt ab und ließ immer mehr Truppen an die spanische Grenze rücken. Allerdings wurde Karl II. doch nun bedenklich.

Dies benutzte Porto-Carrero. Er bewog den König, Gutachten von den bedeutendsten Rechtsgelehrten und den wichtigeren städtischen Obrigkeiten Spaniens einzuholen; sie fielen alle zu Gunsten des französischen Prinzen aus. Es war in der That die Stimme der Nation. Endlich machte Porto-Carrero den Vorschlag, der König möge sich an den Papst wenden. Der unglückliche Karl II., in seinem Gewissen beängstet zwischen den Anforderungen seines Volkes und denjenigen der Blutsverwandtschaft, hoffte bei dem Hohenpriester in Rom Ruhe zu finden, zumal er meinte, der Papst werde, einmal im Gegensatz wider die ketzerischen Seemächte und dann mit Rücksicht auf Leopolds Frömmigkeit, für diesen entscheiden.

Allein er hatte sich getäuscht. Ludwigs XIV. entschiedenes Auftreten gegen Jansenisten und Hugenotten hatten ihm längst die Gunst der Jesuiten gewonnen, die ihn schon bei seinen Zerwürfnissen mit Rom ungescheut selbst gegen den heiligen Stuhl unterstützt hatten. Seine Umwandlung im Beginne der neunziger Jahre, seine Unterwerfung unter die Gebote der Curie, seine Gegnerschaft wider die Cnietisten hatten nun auch die Stimmung des heiligen Collegiums und vor allem des Papstes Innocenz XII. selbst für ihn entschieden. Frankreich erschien jetzt, wie früher das Haus Oesterreich, als diejenige Macht, auf welche die Kirche im Kampfe gegen die aufstrebenden Ketzerstaaten, gegen England, Holland, Schweden, Brandenburg, sich hauptsächlich stützen könne und müsse. Auch in Rom war man endlich der Ansicht, daß ein Zusammenhalten der spanischen Monarchie nur durch deren Anschluß an Frankreich möglich sei, daß nur so die holländisch-calvinser verhindert werden könnten, Einfluß auf die rechtgläubigen Niederlande zu gewinnen. Sowohl der Papst als auch die Kardinäle billigten das Gutachten des Staatsrathes, da dasselbe sich auf die Nothwendigkeit gründe, die Einheit und Integrität des Staates durch das allein zum Ziele führende Mittel zu erhalten.

Nun leistete Karl II. seinen Widerstand mehr. Wenn auch unwillig, so vollzog er doch Anfang Oktober 1700 ein Testament, in welchem er den zweiten Sohn des Dauphin, den Herzog Philipp von Anjou, zu seinem Nachfolger im Gesammtgebiete der Krone Spanien erklärte. Niemals aber sollte diese mit Frankreich vereint werden.

Vier Wochen später, am 1. November 1700, war Karl II., der letzte Nachkomme Karls V., eine Leiche. Das nun veröffentlichte Testament wurde in ganz Spanien mit allgemeinem Jubel begrüßt. Keine Hand regte sich für Erzherzog Karl. Man hielt die glorreiche Monarchie für gerettet. Das Haupt der französischen Partei, der Kardinal Porto-Carrero, trat an die Spitze der interimistischen Regierung; Philipp von Anjou wurde aufgefordert, die Krone Spaniens und der beiden Indien in Besitz zu nehmen.

Die Blicke der ganzen Welt richteten sich voll Spannung nach Versailles, wo jetzt die Entscheidung fallen mußte. König Ludwig berief die Prinzen,

Großen und höchsten Beamten zu einem Rathe zusammen. Kein Zweifel, daß der zweite Theilungsvertrag, erst vor einem halben Jahre feierlich abgeschlossen, Frankreich band. Der älteste Enkel des Monarchen, der Herzog von Burgund, und ein Kreis besonnener Männer riethen dringend, den eingegangenen Verpflichtungen treu zu bleiben, zunächst der Ausbesserung der inneren Schäden sich zu widmen und den Staat nicht in neue maßlose Abenteuer zu stürzen. Schon in den letzten Wochen hatte der Kaiser sich gefügiger gezeigt und man hatte wohl begründete Hoffnung, daß er bei dem Mangel an Bundesgenossen und eigener Rüstung jetzt den Partagetraktat annehmen werde. Indeß im Grunde war die ganze Berathung eine Komödie, vielmehr Ludwig und sein jetziger Minister des Auswärtigen, der Sohn Colbert=Croissys, Marquis von Torcy, längst entschlossen, das Testament Karls II. anzunehmen. Was galt diesen Leuten eine vertragsmäßige Verpflichtung, da die Umstände für das größere Ziel so außerordentlich günstig lagen? Die eigene Streitmacht — 150,000 Mann — war so bedeutend, daß die 40,000 Soldaten, welche der Kaiser auf den Beinen hatte, dagegen gar nicht in Betracht kamen. Die ganze spanische Monarchie stand den Franzosen zur Verfügung. Von den Seemächten, zumal von England, war bei der Stimmung von dessen Parlament kein Widerstand zu erwarten Und wenn auch: Ludwig hatte der europäischen Koalition mit Einbegriff Spaniens erfolgreichen Widerstand geleistet, sollte er dies jetzt nicht um so eher vermögen, da Spanien auf seiner Seite stand? Sollte Frankreich die Spanier bekriegen helfen, weil sie keinen andern Herrscher wollten, als den Enkel Ludwigs XIV.? Dazu hatte man den plausiblen Vorwand — freilich war es nach den ausdrücklichen Bestimmungen des Vertrages eben nur ein Vorwand — daß der Kaiser bisher hartnäckig die Annahme des Traktates abgelehnt habe. So gab die Stimme des dynastischen und konfessionellen Interesses den Ausschlag.

Am 16. November zeigte der König dem spanischen Gesandten den Herzog von Anjou mit den Worten: „Ihr könnt ihn als Euren König begrüßen". Alles war entschieden; der Gesandte rief aus: „Die Pyrenäen sind nun weggeschmolzen!" In der That dachte Ludwig gar nicht daran, seinem Enkel die volle Unabhängigkeit zu belassen. Er betrachtete ihn vielmehr nur als eine Art Vicekönig, dessen Aufgabe es sei, Spaniens Kräfte der französischen Politik zu Gebote zu stellen. Der ehrgeizige Traum, den Ludwig gehegt, seitdem er die Regierung wirklich in die Hand genommen, die Vereinigung der ungeheuren spanischen Monarchie mit Frankreich, schien nun endlich verwirklicht. Mit den Worten: „Niemand wird der Union unserer beiden Königreiche widerstehen," entließ Ludwig XIV. den jungen König. In den ersten Tagen des Jahres 1701 langte derselbe in seinem neuen Reiche an, dessen Regierung er einstweilen dem Kardinal Porto=Carrero beließ. Derselbe entsprach wirklich in vollem Maße den Absichten des französischen Monarchen. Bei jedem einigermaßen wichtigen Entschlusse wurde erst die Entscheidung aus Versailles geholt; Ludwig selbst sagte, er arbeite mehr in den spanischen als in den französischen Angelegenheiten. Zuerst mußte der französische Botschafter Harcourt bei allen Berathungen der spanischen Minister zugezogen werden; dann sandte Ludwig im Sommer 1701 noch Marsin und Blécourt nach Madrid, so daß Philipp V. ein vollständiges französisches Ministerium um sich hatte. „Ich bin sehr zufrieden," schrieb wohl Ludwig an seinen Enkel, „daß Sie Alles, was ich Ihnen vorschrieb, gethan haben, und Sie werden aus den Mittheilungen, die man Ihnen in meinem Namen machen wird, ersehen, was ich für den Fortgang Ihrer Angelegenheiten für dienlich halte. Verlieren Sie keine Zeit, um meinen Aufträgen zu genügen." Er hätte zu einem Statthalter nicht anders sprechen können! Die spanischen Gouverneure und Vicekönige wurden angewiesen, den Befehlen des französischen Königs zu gehorchen, als ob dieselben von Philipp V. ausgingen. Ja Ludwig XIV. instruirte unmittelbar die spanischen Gesandten an den fremden Höfen! Es gab in Wahrheit keine Pyrenäen mehr!

Und die Gunst der Umstände blieb auch noch ferner den ehrgeizigen Absichten Ludwigs, der Herrschaft Philipps V. von Spanien treu. In den katholischen Niederlanden, deren Abfall Frankreich zunächst gefürchtet hatte, regierte als spanischer Vicekönig der Kurfürst Max Emanuel von Baiern. Dieser aber war schon lange eben wegen der spanischen Successionsfrage mit dem Wiener Hofe in Zwiespalt gerathen und beschuldigte ihn neulich sogar der Vergiftung seines Sohnes. Deshalb trug er kein Bedenken sich Frankreich völlig anzuschließen. Selbst als Reichsfürst that er das. Dafür ließ er sich den Besitz aller mit französischer Hülfe gegen Oesterreich zu machenden Eroberungen, sowie die seinen neuburgischen Vettern gehörige Rheinpfalz versprechen. Diesem reichsverrätherischen Bündnisse mit Frankreich schloß sich auch der Bruder Max Emanuels an, eben jener Kurfürst Joseph Klemens von Köln, der doch nur kaiserlichem Einflusse seine Erhöhung verdankte, und obwohl sein Domkapitel und seine Stände auf das Heftigste widersprachen. Noch zwei andere Reichsfürsten, die Herzöge von Braunschweig-Wolfenbüttel, ergrimmt über die Bevorzugung der jüngern hannoverischen Linie ihres Hauses durch den Kaiser, gingen zu Frankreich über und rüsteten stark, unterstützt von französischen Subsidien.

Das spanische Italien fiel nicht minder, als Belgien, ohne Widerstand dem Hause Bourbon zu. Die Herzöge von Savoyen und Mantua, die Nachbarn des wichtigen Herzogthums Mailand, waren längst mit Frankreich in Allianz. Nun rückte ein französisches Heer von 20,000 Mann ungestört in Mailand ein, wo ihm der Gouverneur, der lothringische Prinz von Vaudemont, die beste Aufnahme bereitete. In Neapel und Sicilien wurde König Philipp V. ohne Widerstand proklamirt. So wenig hatte überall die zweihundertjährige habsburgische Herrschaft Wurzeln geschlagen!

Zu gleicher Zeit verpflichtete sich Portugal, froh, daß seine Unabhängigkeit von Spanien durch das Testament Karls II. neu garantirt werde, dasselbe gegen jeden Angreifer zu vertheidigen.

Auch blieb Ludwig XIV. selbst nicht zurück. Seit dem Herbst 1700 rüstete er unaufhörlich. Die Milizen wurden aufgeboten, um die Grenzen des Reiches zu vertheidigen und so 50,000 regelmäßige Soldaten für den Gebrauch im Felde verfügbar zu machen. Das Heer selbst wurde noch weiter um 50,000 Fußsoldaten und 16,000 Reiter verstärkt. Damit stand eine aktive Armee von mehr als 200,000 Mann dem gewaltigen Beherrscher Frankreichs zur Verfügung; die Bundesgenossen mußten sie um weitere 60—80,000 Mann vermehren. Auf solche Streitkräfte gestützt, konnte Ludwig XIV. ruhig den Beschlüssen des Wiener Hofes entgegensehen.

Zweites Kapitel.
Die große Allianz im Nachtheil gegen Ludwig XIV.

Kaiser Leopold hatte sich zunächst selbst durch die Nachricht von dem Testamente Karls II. nicht aus seinem gewöhnlichen Gleichgewichte bringen lassen. Vergebens beschwor ihn sein fähigster Rathgeber, Graf Kaunitz, nun endlich zu einem Entschlusse zu gelangen. Er meinte, Karl werde noch lange leben und seinen letzten Willen zu Gunsten des habsburgischen Hauses abändern. Als dann die Nachrichten über den Gesundheitszustand des Königs immer bedenklicher lauteten, war Leopold beim doch aus seiner stolzen Sicherheit aufgeschreckt worden und hatte nun in Paris seine Bereitwilligkeit erklärt, auf Grund des Theilungsvertrages zu unterhandeln. Es war zu spät. Fast gleichzeitig mit der Kunde von dem Tode Karls II. langten in Wien Schlag auf Schlag die Nachrichten an, daß Philipp V. in Spanien als König ausgerufen sei, daß Ludwig XIV. das Testament angenommen habe.

In diesem wichtigen entscheidenden Augenblicke aber zeigte mitten unter der allgemeinen Entmuthigung Kaiser Leopold eine Energie, die man sonst wahrlich nicht an ihm gewohnt war. Indem seinem Hause die spanische Erbschaft entrissen werden sollte, griff man nach seiner Anschauung seine heiligsten, von Gott selbst verliehenen Rechte an, und hier pflegte Leopold keine Nachgibigkeit zu kennen. Welches Wagniß, daß er ohne mächtige Bundesgenossen gegen Frankreich, Spanien, Portugal, Savoyen, Mantua, Baiern, Köln, Braunschweig, gegen das ganze romanische und ein Stück des germanischen Europa Krieg führen wollte! Des Beistandes von Preußen, von Hannover und von Sachsen, seinen drei deutschen Schützlingen, war er sicher; aber wenn sie ihn wirklich mit 40,000 Mann unterstützten, was wollte das gegen solche Feinde sagen? Trotzdem legte Leopold gegen das spanische Testament Verwahrung ein und sammelte ein Heer, das zunächst in das Mailändische einrücken sollte (Anfang 1701).

Mit diesem Gegner freilich wäre Ludwig XIV. leicht fertig geworden. Indeß noch war Wilhelm III. da. Derselbe bedurfte der mahnenden Gelandschaft des Kaisers nicht, um zu begreifen, wie gefährlich diese ungeheure Machtausdehnung des Hauses Bourbon für die politische und religiöse Freiheit Europas sei. In Briefen an seine Freunde gibt er schon im November 1700 seinem Kummer und seiner Entrüstung über den schmachvollen Vertragsbruch Frankreichs offenen Ausdruck.

Allerdings einstweilen waren ihm die Hände gebunden. Holland war von Schuldenlast niedergebeugt und durch die ungünstige Stimmung des englischen Volkes entmuthigt. Man begrüßte dort sogar die Thronbesteigung Anjous als erwünschteste Auskunft, in der Hoffnung, Ludwig XIV. werde die Zustimmung der Seemächte durch handelspolitische Konzessionen und einige gewichtige Abtretungen erkaufen. Dieselbe Meinung herrschte in England vor. Einer direkten Ueberlassung der spanischen Niederlande und Italiens an Frankreich, wie dieselbe durch den Theilungsvertrag bestimmt gewesen, zog man die Errichtung einer französischen Sekundogenitur in Spanien bei weitem vor. Unter dem Eindrucke, daß der König aus thörichter Vorliebe für den Kaiser die nationalen Interessen durch den Theilungsvertrag verrathen habe, vollzogen sich im Beginne des Jahres 1701 die Wahlen zum Unterhause: sie ergaben eine verstärkte torystische Mehrheit.

Da kam Ludwig XIV. selbst dem rathlosen verzweifelnden Wilhelm zu Hülfe.

Es hätte für den französischen Herrscher nur eines geringen Grades von Nachgibigkeit und Gewandtheit bedurft, um sich die Neutralität der Seemächte zu sichern. Allein Ludwig, durch die jüngsten Erfolge gekräftigt und stolz gemacht, hatte die Erfahrungen des letzten Jahrzehnts völlig vergessen, und trat als Zweiundsechzigjähriger mit all der rechtsverletzenden Keckheit, mit all dem rohen Uebermuthe auf, die er als Zwanzig- und Vierzigjähriger bewiesen hatte. Er zeigte, daß die Mißerfolge des letzten Krieges sein Wesen nur einen Moment zurückgedrängt, nicht aber verändert hatten. Es war jetzt kein Lyonne, kein Colbert, kein Louvois da, dem man die Schuld an dem höhnisch frechen Auftreten der französischen Politik hätte beilegen können. Die Rasse der großen Minister war erschöpft, und der gealterte Ludwig war weniger als je geneigt, sich den Rath Anderer aufdrängen zu lassen. Torcy war ein talentvoller und gewandter Diplomat, aber schon durch seine Jugend durchaus vom Könige abhängig. Der Kanzler Ponchartrain war hoch begabt, aber wegen seines ruhelosen Ehrgeizes und seiner Mißgunst einflußlos. Chamillart, ein Geschöpf der Maintenon, vereinigte die überaus wichtigen Aemter des Finanz- und Kriegsministers, war aber in beiden total unfähig. Nicht viel Besseres mochte man von den beiden übrigen Ministern, den Herzögen von Beauvilliers und Chevreuse sagen: fromme und wohlwollende Nullen. Unter solchen Männern mußte die Bestimmung in allen wesentlichen Dingen von Ludwig selbst ausgehen.

Im Beginne des Februar 1701 hatten die Seemächte zuerst zu erfahren, wessen sie von dem bourbonischen Königthume in Spanien sich zu versehen hatten. In Gemäßheit eines Vertrages zwischen Holland und Spanien waren zur Sicherung der Niederlande die südbelgischen Festungen als „Barrièreplätze" mit holländischen Garnisonen versehen worden. Ludwig XIV. ließ im Einverständniß mit dem Kurfürsten-Statthalter plötzlich Truppen einrücken, die in einer Nacht die nichts ahnenden holländischen Besatzungen überrumpelten und zu Gefangenen machten. Wie gewöhnlich motivirte Ludwig diese Gewaltmaßregel damit, daß er sich von der Republik bedroht finde. Diese, vereinzelt wie sie war, wagte nicht zu widerstehen und erlaubte die Freilassung ihrer besten Regimenter durch Aufgabe jenes Besatzungsrechtes und Anerkennung Philipps V. Im Grunde wäre sie zu ganz anderen Schritten bereit gewesen, wenn sie nur auf Englands Beistand hätte rechnen können.

Ewig denkwürdig wird es bleiben, mit welcher klugen Vorsicht, Behutsamkeit und planmäßig fortschreitenden Sicherheit Wilhelm III. nun daran ging, England in den Krieg gegen die bedrohlicher als je sich erhebende Universalmonarchie Ludwigs XIV. mit fortzureißen; unterstützt von dem ebenso patriotischen wie einsichtigen und hingebenden holländischen Rathspensionär Heinsius. Zunächst verlangten auf Wilhelms Veranlassung die Generalstaaten von England Unterstützung in den Unterhandlungen, die sie mit Frankreich über die Bürgschaften für die künftige Sicherheit der Republik im Haag beginnen wollten; durch alle Vertheidigungsverträge gebunden, mußte das Parlament dies gutheißen. Dann wurde, als mit dem einzigen Sohn der Prinzessin Anna der letzte protestantische Nachkomme der Stuarts gestorben, die protestantische Thronfolge gesichert, indem man nach dem künftigen Tode Wilhelms und Annas das Haus Hannover, das weiblicherseits von Jakob I. stammte, zur englischen Krone berief. Die Haager Konferenzen nahmen nun bald einen ärgerlichen Charakter an, indem Ludwig, auf die Friedenssehnsucht der englischen Tories bauend und durch seine eigenen Zusagen und Erklärungen gebunden, jegliches Zugeständniß verweigerte. Die Seemächte forderten sofortige Rückberufung der französischen Truppen aus Belgien, für die vereinigten Provinzen ein neu verbürgtes und ausgedehnteres Besatzungs- und Befestigungsrecht in Südbelgien, sowie für England ein solches in den belgischen Seeplätzen Nieuport und Ostende, ferner für die englischen und holländischen Unterthanen dieselben Handelsvorrechte in Spanien, wie sie von den Franzosen zugesichert werden würden. Endlich sollten Ludwig und Philipp V. bindende Erklärungen geben, daß die französische und die spanische Monarchie nie würden vereinigt werden, und dabei den Kaiser für seine Erbansprüche durch irgend ein Stück spanischen Gebietes entschädigen.

Diese Forderungen waren den früher geschlossenen Theilungsverträgen gegenüber so gemäßigt und zum größten Theile so den nationalen Interessen Englands und Hollands entsprechend, daß in den letztern Ländern niemand etwas wider dieselben einzuwenden vermochte. Wirklich rüsteten die Generalstaaten zur Unterstützung jener ein Heer von 103,000 Mann. Aber welch anderes Bild bot England! Die Torymehrheit des Unterhauses stellt sich in diesen Wochen, die über das Schicksal Europas auf Dezennien hinaus, vielleicht auf immer entscheiden mußten, mit den frühern whiggistischen Ministern und mit der Whigmajorität des Oberhauses herum. Und als nun Ludwig alle politischen Forderungen der Seemächte rundweg abschlug, höchstens Verhandlungen über Handelsverträge hoffen ließ: da bewilligten die englischen Gemeinen ihrem Könige zu Kriegsrüstungen die lächerliche Summe von 300,000 Pfund Sterling!

Immer anmaßender wurde Ludwig. Er verlangte, daß der englische Gesandte im Haag nur als stummer Beisitzer den Konferenzen beiwohnen sollte. Die holländische Republik wies dies aber schroff zurück und erklärte den Engländern energisch, sie werde niemals einen Sondervertrag eingehen, erwarte dafür aber auch von England die bundesmäßige Hülfe, wenn Frankreich sich weiter weigere, den frühern Verträgen nachzukommen. Das rohe und übermüthige Benehmen des französischen Monarchen hatte inzwischen die öffentliche Meinung in England derart aufgeregt, daß die Tories um der Sicherheit ihrer eigenen Partei willen das von den Holländern geforderte Versprechen sowie eine Verheißung an den König, ihm zur Aufrechterhaltung der europäischen Freiheit beistehen zu wollen, nicht verweigern konnten. So wurde gegen ihren Willen England immer mehr in die antifranzösische Partei hineingezogen (Mai 1701). An den letzten Beschluß der Gemeinen anknüpfend, forderte Wilhelm auch die Heranziehung eines kaiserlichen Bevollmächtigten zu den Haager Konferenzen. Der Kaiser war damals schon im Kriege mit Frankreich: der französische Gesandte, Graf Avaux, weigerte sich entschieden jenes Verlangens.

Während auf dem eigentlich politischen Gebiete der Gegensatz der Seemächte zu Frankreich sich immer schärfer accentuirte, war auf dem handelspolitischen der Kampf schon geradezu ausgebrochen. Anstatt die in dem zweiten Theilungsvertrage den Holländern und Engländern feierlichst verheißenen Handelsvortheile ins Werk zu setzen, traf man vielmehr in Frankreich Anstalten, diese Länder von dem Verkehre mit den spanischen Kolonien vollständig auszuschließen, zum alleinigen Vortheile der französischen Großhändler. Schon bildeten sich unter diesen letzteren Gesellschaften zur besondern, von Philipp V. monopolisirten Ausnutzung der spanischen Erfindungen in Amerika, Afrika und Asien.

Man muß nun bedenken, mit wie schroffer Eifersucht damals die drei westlichen Nationen gerade in Bezug auf die kommerziellen Interessen einander gegenüber standen, wie in der That die Blüthe der beiden Seemächte fast ausschließlich auf denselben beruhte, wie große Vortheile beide Völker bisher aus dem Handel mit den spanischen Kolonien gezogen hatten: um den Eindruck zu begreifen, welchen diese Vorgänge hervorbrachten. Eine ungeheure Bewegung bemächtigte sich des englischen Volkes, das sich von der zufälligen parlamentarischen Mehrheit ebenso wenig tyrannisiren und verrathen lassen wollte, wie früher von dem Königthum. Täglich liefen Massenpetitionen, von Hunderten von Wählern überbracht, bei dem Unterhause ein, welche geradezu den Krieg gegen Frankreich forderten. Im Grunde war die ganze Nation in diesem Verlangen einig; um ihrer eigenen Sicherheit willen durfte die Torymehrheit im Unterhause nicht mehr zurückhalten. Jetzt hielt Wilhelm es an der Zeit, die aussichtslosen Haager Konferenzen, die von keiner Seite mehr ernstlich genommen wurden, im Juli 1701 abzubrechen und sich zu direkter Unterhandlung an den Kaiser zu wenden.

Wilhelm III. und die holländischen Staatsmänner waren hinreichend darüber belehrt worden, was man durch Rücksichtnahme und Freundschaft gegen den französischen Monarchen erreiche. Nicht nur daß Ludwig durch sein diktatorisches Eingreifen in die innere und äußere Politik des Madrider Kabinetes Spanien zur französischen Provinz gemacht hatte; er wollte dasselbe nun auch handelspolitisch zu Gunsten Frankreichs, zum Schaden der Seemächte ausbeuten. Freilich, das eigentliche Spanien dem Bourbonen Philipp, den es so bereitwillig aufgenommen hatte, zu entreißen, verzweifelten letztere einstweilen; sonst aber waren sie in ihren Verheißungen freigebig: Mailand, Neapel, Sicilien und die katholischen Niederlande versprachen sie dem Kaiser erobern zu helfen. Die jesuitische Partei am Wiener Hofe, die ihren Einfluß auf den bigotten Leopold stets bewahrte, und die andererseits völlig für Ludwig XIV. gewonnen war, suchte zwar durch allerhand Chikanen über das Ketzerthum der Seemächte die Annahme jener Bedingungen in Wien zu vereiteln. Allein die Anneignung des bejahrten Kaisers für seinen jungen vorzugsweise geliebten Sohne Karl und der feurige Ehrgeiz des ältern Sohnes Joseph, welcher dem Kaiserthume die alte gebietende Stellung in Europa wieder verschaffen wollte, trugen es zuletzt über alle Einwendungen davon. Am 7. September 1701 wurde im Haag zwischen dem Kaiser, England und Holland die „große Allianz" unterzeichnet, welche das germanische Europa dem romanischen in fest geschlossener Reihe gegenüber stellte. Ist es ein Irrthum, wenn wir behaupten, daß die äußere Unabhängigkeit, die innere Freiheit der Völker hierbei von der germanischen Partei vertheidigt wurden?

Immerhin waren mit der „großen Allianz" England und Holland nur Verbündete des Kaisers zu speziellen Zwecken; deshalb brauchten sie nach der eigenthümlichen völkerrechtlichen Theorie der damaligen Zeit noch nicht direkt als Feinde Frankreich gegenüber zu stehen. Daß dies doch geschah, daß die förmliche und entscheidende Kriegserklärung erfolgte, daß Wilhelm zumal die gesammte Kraft Englands in die Wagschale werfen konnte, dafür sorgte in verblendetem Stolze wieder niemand anders als Ludwig XIV. Vergebens hatte ihn zwei Jahre früher Graf Tallard davor gewarnt, die Ehre und die Interessen der englischen Nation anzutasten, sie werde sich dann wie ein Mann erheben und ihren letzten Heller zum Opfer bringen. Ludwig meinte vielmehr, für den Abschluß der großen Allianz England strafen zu müssen, vielleicht es noch im letzten Augenblick derart einzuschüchtern, daß es sich gegen Wilhelm erkläre, wenigstens eine diesem feindliche Partei in jenem Reiche zu begründen und anzuregen. Gleichzeitig traf er zwei Maßregeln, welche eben Interessen und Ehre Englands gleich empfindlich trafen. Die Einfuhr englischer Minenprodukte und Manufakturen — also gerade der hauptsächlichsten Ausfuhrartikel Englands — in Frankreich, ja das Tragen englischer Zeuge wurde verboten. Ferner erkannte Ludwig sofort nach dem Tode Jakobs II. — am 16. September 1701 — dessen gleichnamigen Sohn als König von England, Schottland und Irland an. Ludwig hatte im Ryswyker Frieden feierlichst die Anerkennung Wilhelms III. vollzogen und versprochen, den Stuarts keinerlei Unterstützung angedeihen zu lassen: jetzt brach er kaltblütig sein Wort. Aber das war noch das Wenigste. Soeben hatten König und Parlament von England gesetzlich die Thronfolge festgestellt: jetzt nahm Ludwig XIV. es auf sich, dieses Gesetz für ungültig zu erklären.

Wie sehr hatte er sich geirrt, wenn er meinte, durch einen solchen Schritt die Ereignisse des letzten Krieges zu erneuern, eine jakobitische Schilderhebung in England hervorzurufen! Diese Beleidigung, so leck in das Angesicht der englischen Nation geschleudert, diese Anmaßung eines Fremden, die englischen Angelegenheiten gegen den ausdrücklichen Willen des englischen Volkes zu entscheiden, erregte vielmehr einen furchtbaren allgemeinen Sturm des Unwillens. Der Jakobitismus verschwand einstweilen so gut wie vollständig, da selbst eifrige Jakobiten sich gegen eine solche Verletzung der Nationalehre entschieden auf Seite Wilhelms stellten. Unermeßlicher Jubel, eine Fluth von Loyalitätsadressen umwogte den Cranier, der jetzt endlich den Triumph seiner weisen, kühnen und vorsichtigen Politik erntete. Vaterland und Religion erschienen in höherm Grade als je identisch mit der Person Wilhelms III.

Er benutzte diese Stimmung, um den Tories die Hindernisse und den Kummer, die sie ihm bereitet hatten, zu vergelten. Er löste das Parlament auf: die Neuwahlen ergaben einen entschiedenen Sieg der Königspartei, welcher es dem Monarchen ermöglichte, einige ihm befreundete Whigs in das Ministerium zu bringen (Januar 1702). Wetteifernd stellten Whigs und Tories die Kräfte des Reiches dem Könige zur Verfügung, der noch im Herbste 1701 Subsidien- und Militärverträge mit Dänemark und Schweden und ein ewiges Schutzbündniß zwischen England und Holland abgeschlossen hatte. Die Stellung von 40,000 Mann Landtruppen, hundert Linienschiffen wurde vom Parlamente bewilligt.

Mitten in diesem seinem endlichen Triumphe ereilte Wilhelm schwer an den Folgen eines Sturzes mit dem Pferde. Sein stets schwächlicher Körper konnte dieser neuen Erschütterung seinen Widerstand leisten; am 19. März 1702 starb er. Der letzte Nachkomme des großen Schweigers Wilhelm, welcher die Freiheit der nördlichen Niederlande gegründet, hatte dieser dritte Wilhelm von Oranien die Freiheit nicht nur Englands, sondern ganz Europas gerettet und fest gegründet. In jenem Lande hatte er das antinationale Königthum der Stuarts, welches Religion und Verfassung

400 Viertes Buch. 2. Kap. Die große Allianz im Nachtheil.

ausrotten wollte, vernichtet; den Erbtheil aber hatte er von der bourbonischen Gewaltherrschaft erlöst. Sein Werk ging nicht mit ihm unter, vielmehr werden die segensreichen Folgen seiner Thätigkeit in allen Ländern der civilisirten Welt bis auf den heutigen Tag empfunden, und so hat die Nachwelt diesem großen Manne den Lorbeer, welchen ihm die mitlebende Generation häufig versagte, in reichem Maße gespendet. Wie unscheinbar stand er oft seinem Rivalen Ludwig XIV. gegenüber, wie unendlich war ihm dieser an persönlicher und staatlicher Macht überlegen. Und doch, wo ist das Werk Ludwigs XIV? Der Unterschied ist eben, daß dieser nur die rohe Gewalt vertrat, Wilhelm III. aber die edelsten Ideen der Menschheit.

Königin Anna von England.
Nach dem Schwarzkunstblatt von J. Smith; Originalgemälde von G. Kneller.

Ohne irgend eine Schwierigkeit wurde seine Schwägerin Anna als seine Nachfolgerin proklamirt und anerkannt. Sie erließ die officielle Kriegserklärung an Frankreich. Nicht als bloße Verbündete Oesterreichs, sondern als selbständige Macht trat die englische Nation in den großen Kampf ein.

Siege des Prinzen Eugen in Italien.

Inzwischen war der Krieg schon vor einem Jahre ausgebrochen. Im Mai 1701 hatte Prinz Eugen 30,000 Mann kaiserlicher Truppen im südlichen Tirol vereinigt, um zunächst das Herzogthum Mailand als erledigtes Reichslehen zu erobern. Und doch wie schwierig, ja unmöglich erschien diese Aufgabe! Oesterreich hatte in Italien keinen einzigen Verbündeten, dagegen standen die beiden Nachbarn Mailands, die Herzöge von Mantua und Savoyen, auf Seiten der Franzosen. Diese wurden von einem erfahrenen und zuverlässigen Feldherrn, dem Marschall Catinat, dem Sieger von Staffarda und Marsaglia, befehligt. Die Venetianer hatten demselben gestattet, ihr Territorium zu betreten und alle Pässe, die aus Tirol in die italienische Ebene führten, zu besetzen. Die überlegene Zahl und starken Verschanzungen dieser Gegner schienen Eugen zu kläglicher Unthätigkeit zu verdammen. Indeß derselbe zeigte sich bald seinem Widersacher an Feuer und Thatkraft überlegen. Er hatte in Italien keine Verbündeten; aber er wußte, daß der Erfolg ihm solche schaffen würde. Das venetianische Gebiet stand ihm ebenso gut wie den Franzosen offen. Daß der Herzog von Savoyen sich nicht für die Sache der Bourbonen, die sein Land von allen Seiten zu umklammern drohten, aufopfern würde, lag auf der Hand. Eugen wußte den Feind vollständig über den Weg, den er aus dem Gebirge zu forciren gedächte, ins Unklare zu bringen, so daß Catinat seine Streitkräfte vertheilte; dann führte er plötzlich sein Heer auf Bergpfaden, über welche früher noch nie ein Wagen gekommen, mit Umgehung der Franzosen in die Ebene von Verona. Catinat, schon unsicher geworden durch das Gelingen dieses kühnen Entwurfes seines Gegners, wurde durch dessen weitere Manöver noch mehr in Verwirrung gesetzt. Indem Eugen bald geradenwegs in das Mailändische vorzubringen, bald sich nach Süden gegen das Modenesische zu wenden drohte, veranlaßte er den Marschall zur Theilung seiner Truppen. Nun griff Eugen bei Carpi (9. Juli) das Armeekorps des Grafen Tessé an und schlug es vollständig. Catinat war tief entmuthigt von der offenbaren geistigen Ueberlegenheit seines Gegners und zog sich bis hinter den Mincio, dem Gegner derart die ganze östliche Hälfte Oberitaliens überlassend. Eugen war mit diesen Erfolgen nicht zufrieden. Ohne Magazine, ohne feste Plätze zu besitzen, ohne Rückhalt, ohne geordnete Verpflegung, drang er immer weiter vor, trieb er Catinat auch über den Oglio zurück.

Ludwig XIV. war entrüstet, daß den verachteten Schaaren des Kaisers gegenüber seine Truppen nur Niederlagen erlitten. Je fester er von der unendlichen Ueberlegenheit seiner Macht über die kaiserliche überzeugt war, desto sicherer schrieb er die Mißerfolge der Unfähigkeit Catinats zu, der wegen seiner freien und unabhängigen Denk- und Sprechweise ohnedies in Versailles übel angeschrieben war. Die übrigen Führer des französischen Heeres thaten Alles, um die Schuld an dem Vorgefallenen lediglich auf Catinat fallen zu lassen. An dessen Stelle ernannte Ludwig seinen Liebling Villeroy, einen gewandten, geschmeidigen Hofmann und demüthigen Sklaven seines Herrn und der Maintenon, aber ebenso unfähig und unwissend wie hochfahrend und kränkend gegen seine Untergebenen. Er verkündete sofort, daß es ihm ein Leichtes sein werde, den Prinzen Eugen in die Berge Tirols zurückzuwerfen. Brachte er doch dazu 32 frische Bataillone mit, die sein Heer auf das Doppelte des kaiserlichen verstärkten. Mit dreistem Ungestüm griff er das letztere in dessen wohlverschanzter Stellung bei Chiari an (1. September 1701). Er wurde mit bedeutendem Verluste zurückgeschlagen. Dem Savoyer und dem spanischen Statthalter Mailands, dem Prinzen von Vaudemont, mißtrauend, stand Villeroy fürder unbeweglich da, bis der Mangel an Lebensmitteln ihn zum Rückzuge nöthigte. Nun okkupirte Eugen das ganze Gebiet des feindlichen Mantua, bis auf die Hauptstadt selbst. Es zeigte sich, wie nur die Furcht die italienischen Fürsten an die Sache des übermächtigen Frankreich fesselte. Mirandola, Modena fielen zum Kaiser ab.

Die Siege Eugens machten in ganz Europa das größte Aufsehen. Die französischen Waffen, bis dahin für unüberwindlich gehalten, waren von einem halb so starken Heere besiegt. Kein Zweifel, daß der Abschluß der „großen Allianz" durch diese Ereignisse außerordentlich gefördert wurde. Man erkannte, eine wie treffliche Schule die kaiserlichen Feldherrn und Heere im Türkenkriege durchgemacht hatten, daß jetzt der Kaiser ein ganz anders zu schätzender Verbündeter sei, als zehn Jahre früher.

Der unermüdliche Eugen schlief nicht auf seinen Lorbeern. Im Februar des folgenden Jahres führte er ein Stückchen aus, das so ganz seiner kühnen Reiternatur entsprach: mitten in der Festung Cremona überfiel er den Marschall Villeroy und führte ihn in Gefangenschaft. Darauf wichen die Franzosen bis hinter die Abba zurück. Allein sonst hatte Eugen von seinem kecken Wagniß keinen Vortheil: denn an Stelle des unfähigen Villeroy ward ein wahrer Feldherr, der Herzog Ludwig von Vendôme, zum Befehlshaber des französischen Heeres in Italien ernannt. Mit den Vortheilen seiner Geburt — er war ein Urenkel Heinrichs IV. aus dessen langdauerndem Verhältniß zu der schönen Gabriele von Estrées — verband er einen großen natürlichen Verstand, ein richtiges Urtheil über Menschen und Dinge, schneidige Tapferkeit, Unternehmungsgeist und Ausdauer. Seine Soldaten, für die er treulich sorgte und mit denen er ungezwungen verkehrte, hingen an ihm mit hingebender Liebe. Freilich war er cynisch in seinem Auftreten, unglaublich ausschweifend in seinen Sitten und von einer Trägheit, die oft alle seine besseren Eigenschaften lähmte. Kenntnisse besaß er nicht; indeß sein durchdringender Scharfblick ersetzte für seine militärischen Zwecke diesen Mangel. Seine Aufgabe wurde ihm sehr durch den Umstand erleichtert, daß er über 80,000 Franzosen, Spanier und Piemontesen gebot, während Eugen kaum 30,000 Mann zur Verfügung hatte. Vergebens bestürmte derselbe den Kaiser um Verstärkungen. Der alternde Leopold war nun in kindische Schwäche verfallen. Hochgeborene Dummköpfe hatten die höchsten und wichtigsten Stellen inne: der Fürst von Zondi ließ als Präsident des Hofkriegsrathes die Geschäfte völlig in Verfall gerathen. Selbst die wenig zahlreichen Truppen, die man unter Waffen hatte, entbehrten des Nöthigsten und erhielten oft mehrere Monate lang keinen Sold; sogar an Schießbedarf litt man Mangel.

So konnte Eugen nicht verhindern, daß Vendôme durch geschickte Manöver die Kaiserlichen zum Rückzuge nöthigte und vor allem die von denselben blokirte so überaus wichtige Festung Mantua entsetzte; Modena wurde von den Franzosen zurückerobert. Aber Eugen verlor deshalb den Muth nicht. Als Vendôme sein Heer getheilt hatte, um den Prinzen einzuschließen, griff dieser ihn (August 1702) kühn bei Luzzara an: es glückte ihm wenigstens, denselben vom Schlachtfelde zu verdrängen. So vermochte er sich, wenn auch mit Mühe, hinter der Abda zu behaupten. Vendômes Absicht, den kühnen kaiserlichen Feldherrn wieder aus Italien zu verdrängen, war nicht geglückt: aber ebensowenig war die von Eugen geplante Eroberung Mantuas, Mailands und Modenas ausgeführt worden. Die einzige Genugthuung Eugens war, daß er nicht sich das Scheitern seiner Pläne zuschreiben durfte, sondern lediglich der unglaublichen Unfähigkeit der kaiserlichen Regierung.

Allein in diesem Jahre 1702 beschränkte der Kampf sich nicht mehr auf Italien; aus dem Duell zwischen dem Kaiser und dem Könige von Frankreich war ein neuer großer Koalitionskrieg geworden. Allerdings war mit dem Tode des letzten direkten Nachkommen des oranischen Hauses die statthalterliche Würde in den Niederlanden erloschen: aber der Rathspensionär Heinsius, ein ruhiger, bedächtiger, pedantisch umständlicher, jedoch fester, kaltblütiger und zäh entschlossener Mann führte die Republik in der äußeren Politik weiter auf den Bahnen Wilhelms III. und ließ sie, aller Verlockungen Ludwigs XIV. ungeachtet, im Kampfe gegen diesen jeden Nerv anstrengen. War doch die französische Macht jetzt unmittelbar den freien Niederlanden auf den Leib gerückt. Nicht mehr lag Belgien zwischen ihnen und den Franzosen, sondern gerade von den starken belgischen Festungen aus bedrohten die bourbonischen Lilien die vereinigten Provinzen; dazu nahmen sie in Kurköln eine Flankenstellung wider die letzteren ein.

Um so wichtiger war es, die deutschen Reichsfürsten zu gewinnen, theils um von ihnen in damals beliebter Weise Truppen zu miethen, theils um sie zur Erklärung des Reichskrieges wider Frankreich zu bestimmen. Am leichtesten war Friedrich I. von Preußen zu haben. Während er dem Kaiser vertragsmäßig nur 8000 Mann schuldete, während das Interesse seines Staates seine Aufmerksamkeit dem damals bereits hell ausgebrochenen nordischen Kriege hätte zuwenden müssen: ließ sich der ebenso schwache wie geldbedürftige Fürst durch eitle Versprechungen sowie durch Subsidienzahlungen der Seemächte bestimmen, denselben seine treffliche Armee zu beliebigem Gebrauche zu überlassen. Der große Kurfürst hatte sein Heer nur für brandenburgische Zwecke, zum Besten des Staates und zur Entwickelung von dessen Machtstellung ins Feld gesandt; Friedrich I. dagegen sah in seinen Truppen lediglich eine Quelle des Gelderwerbes. Kein Wunder, daß man ihn, der über

30,000 Mann der Koalition stellte, als einen bloßen Söldling behandelte, dessen Stimme man nicht zu hören brauchte, über dessen Streitkräfte man nach Belieben verfügte, indem man sie über alle Kriegstheater von Italien bis zum Kanale hin verzettelte! Hannover mußte schon wegen der neunten Kur und wegen der Nachfolge in England sich auf die Seite der großen Koalition stellen. Kurpfalz hatte den Franzosen den Angriff von 1688 und den bairischen Vettern den Raub der Oberpfalz im dreißigjährigen Kriege nicht vergessen: beides trieb das am Mittel- und Unterrhein mächtige Haus in das Bündniß mit dem Kaiser und den Seemächten. Die geistlichen Kurfürsten von Mainz und Trier zeigten sich gut österreichisch, wenngleich weder ihr Wille sehr kräftig noch ihre Macht sehr groß war. Dänemark und Sachsen waren gleichfalls kaiserlich; aber wenigstens das letztere war durch den Kampf in Polen gegen die Schweden völlig unfruchtbar für die Koalition gemacht worden. Dagegen gelang es den unermüdlichen Gesandten und den unerschöpflichen Geldspenden der Seemächte, die süddeutschen Mittel-, Klein- und Minimalstäube zu gewinnen. Freilich gegen die förmliche Erklärung des Reichskrieges, gegen die Gefahr, von neuem die Franzosen verwüstend über den Oberrhein kommen zu sehen, sträubten sich noch viele unter ihnen.

Der Krieg in Deutschland begann mit einem glücklichen Unternehmen gegen die reichsverrätherischen, mit den Franzosen verbündeten Herzoge von Braunschweig-Wolfenbüttel. Im Auftrage des Kaisers rückten hannoversche und zellische Regimenter in ihr Gebiet, jagten ihre Truppen aus einander und besetzten ihre Festungen (März 1702). Die beiden Herzöge wurden dadurch genöthigt, von der französischen Allianz abzulassen und zum Kaiser überzutreten. Nicht besser ging es einem andern Bundesgenossen Frankreichs, dem Kurfürsten Joseph Clemens von Köln. Holländische und preußische Truppen eroberten seine Stadt Kaiserswerth und gingen dann zur Belagerung seiner anderen Festungen über.

Allein inzwischen hatte auch Ludwig XIV. seine Kräfte organisirt. Seine Hauptarmee, an 90,000 Mann unter dem Marschall Boufflers, hatte er nach den Niederlanden geworfen. Hier war ohne Zweifel die wichtigste Entscheidung des Krieges zu suchen. Man kann nicht sagen, daß die Wahl der Feldherrn und der Kampfart von Seiten des französischen Herrschers eine glückliche war. Boufflers, der Vertheidiger von Namur, war ein tapferer, entschlossener, furchtloser Soldat, auch geschickt in der Führung kleinerer Abtheilungen: aber die Genialität des Blickes, die Großartigkeit der Entwürfe, die Beweglichkeit des Geistes, welche den Feldherrn ausmachen, gingen ihm ab. Er entwarf dann ein System der Vertheidigung, das wir in diesem Kriege so häufig angewendet finden: das weitgedehnte, ganze Provinzen umfassender, oft über zwanzig Meilen langer Verschanzungen, die mit besonderer Sorgfalt den natürlichen Hindernissen des Terrains folgten und ihnen angepaßt waren; die sogenannten „Linien". Bald mußte man die trübsten Erfahrungen mit denselben machen. Für den defensiven Kampf schützten sie nicht hinreichend, indem sie zu schwach besetzt werden mußten und der Gegner sie durch einigermaßen geschickte Manöver zu durchbrechen im Stande war; den Angriff aber behinderten sie durch die Rücksicht, welche der Feldherr auf ihre Vertheidigung nehmen, und die Besatzungen, die er in ihnen belassen mußte. Trotzdem kamen die französischen Generale in den Niederlanden immer wieder auf dasselbe System zurück. Bei der Eröffnung des Feldzuges hatte ohne Zweifel Boufflers eine große materielle und eine noch bedeutendere moralische Ueberlegenheit über die vielfach getheilten und uneinigen Generale der Verbündeten: allein er nutzte dieselbe nicht aus.

Und zum Glücke langte nun zur Führung der englisch-holländischen Armee, trotz der neidischen Umtriebe der holländischen Offiziere auch von den vereinigten Provinzen erwählt, der vorzüglichste Feldherr seiner Zeit an, den noch Wilhelm III. Scharfblick zu diesem wichtigsten Posten erkoren hatte: Johann Churchill, Graf und späterer Herzog von Marlborough. Er war im Jahre 1650 aus einer royalistischen Kavaliersfamilie geboren; sein Emporkommen hatte er zunächst dem eben nicht sehr rühmlichen Umstande zu danken gehabt, daß seine

Herzog von Marlborough.
Nach dem Stich von J. Houbraken. 1745; Originalgemälde von G. Kneller.

älteste Schwester Arabella Maitresse des Herzogs von York, nachmaligen Jakobs II., wurde. Schon frühzeitig, bei völligem Mangel literarischer Bildung, durch die hohe körperliche Schönheit und Eleganz der Manieren ausgezeichnet, die ihn zum ersten Gentleman Europas machen sollten, stieg er schnell die Leiter militärischer Würden hinauf, indem er unter Turenne und Condé seine Schule machte. An den Hof zurückgekehrt, gewann der schöne junge Oberst die Gunst der Damen, vorzüglich aber die Neigung der Sarah Jennings, der bevorzugten Hofdame der Prinzessin Anna. Gewiß war Churchills Heirath zunächst eine politische, aber er liebte doch seine Gemahlin aufrichtig, deren Verstand, Witz und Liebenswürdigkeit ebenso außergewöhnlich waren, wie ihre Schönheit, die freilich diese Eigenschaften durch nicht minder großen Hochmuth und Jähzorn sowie leidenschaftlich unruhigen Ehrgeiz entstellte. Churchill, von Jakob mit Ehren und Würden überhäuft, hielt es doch, weil er sah, daß Jakobs unsinniges Verfahren denselben zum Untergange führen müsse, für klüger, in der entscheidenden Krisis sich gegen ihn zu wenden. Er war der erste höhere Offizier, der seinen Wohlthäter verließ, um zu dem Oranier überzugehen, während seine Gemahlin die Prinzessin Anna zu demselben Schritte überredete. Zum Lohn für seinen Verrath von Wilhelm III. zum Earl von Marlborough erhoben, diente er mit großer Auszeichnung gegen die Franzosen in den Niederlanden. Indessen büßte Wilhelm viel von seiner Popularität in England ein; es schien, als ob eine Rückkehr der vertriebenen Stuarts möglich sei. Sofort suchte sich Marlborough für alle Fälle zu sichern, indem er mit Jakob II. eine Verbindung anknüpfte, in welcher er vieles verhieß, freilich ohne die ernstliche Absicht, durch eigene Initiative diesen Versprechungen nachzukommen. Dieser Verkehr wurde entdeckt, der Earl unter der Anklage des Hochverrathes verhaftet (1692). Da man keine überzeugenden Beweise wider ihn hatte, mußte er frei gelassen werden, blieb aber geraume Zeit von allen Aemtern ausgeschlossen; allein nachdem der Ryswyker Friede die Stuarts unschädlich gemacht hatte, gab ihm Wilhelm, der seine hohen militärischen und diplomatischen Gaben vollständig zu schätzen wußte, alle seine Würden und Aemter zurück. Bei der neuen Königin Anna aber stand Marlborough durch seine Gattin in höchster Gunst. Der Schwiegervater seiner ältesten Tochter, Lord Godolphin, ward durch sein Betreiben 1702 zum Lordschatzmeister und damit zum leitenden Minister Englands ernannt. Marlborough war unvergleichlich im Entwerfen künstlich verschlungener und doch gut ausführbarer militärischer Pläne, in der Anpassung derselben an die Umstände und Oertlichkeiten, in der Leitung schwieriger und verwickelter taktischer Bewegungen, in Geistesgegenwart und Scharfblick auf dem Schlachtfelde; wenn er auch etwas zu sehr von der beschränkten und pedantischen Methodik der damaligen Kriegsführung beherrscht war und noch nichts von jenen kühnen und schnellen Unternehmungen ahnte, mit denen später Friedrich der Große und zumal Napoleon das Schicksal der Feldzüge und Reiche entschieden. Aber sein Platz ist nicht weit hinter jenen genialen Feldherren. Peinliche Pünktlichkeit auch in unbedeutenden Geschäften und zähe Ausdauer in den wichtigern Unternehmungen gaben endlich seinen Fähigkeiten erst ihren vollen Werth.

Marlborough hatte zunächst mit bedeutenden Schwierigkeiten zu kämpfen. Die alten holländischen Generale, die schon gegen Turenne und Condé Regimenter geführt hatten, waren von Zorn erfüllt, diesen verhältnißmäßig noch jungen Engländer sich vorgezogen zu sehen. Persönliche und nationale Eifersucht kamen zusammen, um sie widerwillig, ja geradezu widersetzlich gegen Marlborough zu machen. Aber nicht genug: die holländischen Generalstaaten, welche durch ihr Geld die meisten Truppen zu dem verbündeten Heere stellten, wollten den maßgebenden Einfluß auf dieses nicht verlieren; sie sandten also zu demselben sogenannte Felddeputirte, ohne deren Einwilligung kein Mann der 60,000 holländischen National- und Soldtruppen in Bewegung gesetzt werden durfte. Diese Felddeputirten, militärisch ganz unwissend, hatten aber keinen anderen Gedanken, als ängstlich die eigenen Grenzen zu wahren und höchstens einige belgische Festungen als „Barrière" zu erobern; während Marlborough es auf Vernichtung des französischen Heeres und endgültige Zertrümmerung des französischen Uebergewichtes abgesehen hatte. Ernsthafte Meinungsverschiedenheiten konnten da nicht ausbleiben. Zwar das mußten die Holländer zugeben, daß Marlborough mit seiner weit überlegenen Armee Boufflers vom Niederrhein weg manövrirte; als er aber kühn den Feind in dessen brabantischen Linien angreifen wollte, da versagten jene, an das langsame und methodische Wesen Wilhelms III. gewöhnt, ihre Zustimmung. Marlborough mußte sich damit begnügen, mit seinem prächtigen Heere die Eroberung Venlos und einiger anderer Maasfestungen zu vollbringen. Dann ging es gegen die wichtigste Stadt an der mittlern Maas, gegen Lüttich. Vergebens forderte Ludwig ergrimmt den Marschall Boufflers auf, Lüttich zu retten: Marlborough nahm eine so treffliche Stellung, daß sein Gegner ihn nicht anzugreifen wagte; nach zweimonatlicher Belagerung mußte die feste Bischofsstadt sich ergeben. Freilich waren in diesem Feldzuge zur heftigen Betrübniß des französischen Monarchen die beiden für seine politische und strategische Macht so bedeutungsvollen Bisthümer Lüttich und Köln — letzteres bis auf Bonn — den Verbündeten in die Hände gefallen. Indessen Marlborough meinte, die augenblickliche Ueberlegenheit des alliirten Heeres sei damit nicht genügend ausgenützt worden. Belgien sei noch unversehrt in der Gewalt Ludwigs; für das nächste Jahr, für das der letztere umfassende Rüstungen treffe, seien schlimme Verluste zu befürchten.

Auch auf dem oberdeutschen Kriegstheater hatten die Alliirten Erfolge, aber nur nebensächliche, gewonnen. Erzherzog Joseph, der älteste Sohn des Kaisers, ein feuriger Mann in der Blüthe der Jahre, von dem hohen Berufe des Hauses Habsburg und der kaiserlichen Würde erfüllt, hatte ein Vorbrechen in Frankreich, Rückeroberung des erst vor einem halben Jahrhundert dem deutschen Reiche und zum guten Theile der österreichischen Herrschaft entrissenen Elsasses gefordert. Aber wenn er auch dem Namen nach den Oberbefehl erhielt, der wirkliche Führer war der Markgraf Ludwig von Baden, welchen das Alter und die trüben Erfahrungen des letzten Krieges mit übergroßer Vorsicht erfüllt hatten. Er wollte nur vom Vertheidigungskriege, höchstens von planmäßig langsamer Eroberung der nächsten Festungen etwas wissen. Dazu kam, daß das Heer des Kaisers und seiner süddeutschen Verbündeten an Stelle der vertragsmäßigen 60,000 höchstens 40,000 Mann stark war. Dennoch war es um 15,000 Streiter der französischen Armee überlegen; mit den schwachen Kräften der letztern vermochte Catinat, der am Abende seines Lebens von dem Unglücke verfolgt war, undankbare Aufgaben lösen zu sollen, sich nur in der Vertheidigung zu halten. Er konnte nicht verhindern, daß Erzherzog Joseph das damals zum Elsaß gehörige, also französische Landau, eine überaus starke Festung, belagerte. Entrüstet forderte Ludwig, dessen Stolz nicht begreifen konnte, daß seine an Zahl und Beschaffenheit verminderten Heere nicht mehr dasselbe zu leisten vermochten, wie einst die zahlreichern unter bessern Organisatoren und Feldherren, von Catinat den Ersatz Landaus. Dasselbe wurde im September zur Uebergabe gezwungen. Die Franzosen hatten über das Thor die stolzen Worte gesetzt: Haec nemini cedet; dafür setzten jetzt die Kaiserlichen: Tandem cessit Caesari.

Bis zum Herbste dieses Jahres hatte der Kaiser sich vergeblich bemüht, das Reich zur Kriegserklärung an Frankreich zu bestimmen, als ihm eine Gewaltthat des Kurfürsten Max Emanuel zu Hülfe kam. Fruchtlos hatte Leopold Alles aufgeboten, um ihn zu gewinnen; endlich schien er bereit, sein Stammland an Oesterreich zu überlassen für den Preis der Königskrone beider Sicilien. Aber die engherzige Habsucht des Erzherzogs Karl, welcher diese beiden Provinzen nicht dem vitalsten Interesse seines Vaterlandes opfern wollte, veranlaßte den Kaiser, das Anerbieten zurückzuziehen. Darauf hielt Max Emanuel es an der Zeit, offen für seine französischen Freunde aufzutreten und dabei den Anfang mit ben ihm von Seiten in Süddeutschland versprochenen Vergrößerungen zu machen. Ohne vorherige Anlage überfiel er die freie Reichsstadt Ulm und nöthigte sie zur Aufnahme bairischer Garnison. Große Entrüstung über diese Gewaltthat erfüllte ganz Deutschland, und unter dem frischen Eindrucke derselben erklärte endlich der Regensburger Reichstag den Krieg gegen Frankreich und dessen Verbündete (Sept. 1702).

Indessen noch waren die Reichstruppen nicht zur Hand, und dagegen nöthigte der Losbruch des Kurfürsten die Kaiserlichen zur Theilung ihrer Streitkräfte. Die ganze militärische Lage in Süddeutschland war dadurch geändert. An eine Eroberung des Elsasses war nicht mehr zu denken, genug wenn man die von den Franzosen und den Baiern angestrebte Vereinigung ihrer Streitkräfte verhinderte. Dies letztere gelang nach dem blutigen aber unentschiedenen Gefechte, das Ludwig von Baden dem Nachfolger Catinats, dem Marschall Villars, bei Friedlingen lieferte.

Gewiß hatte Ludwig XIV. in diesem Feldzuge Verluste erlitten, indeß sie waren doch durchaus nicht entscheidender Natur, und wenn er die Ueberlegenheit der feindlichen Heere in Betracht zog, so mußte er sich Glück wünschen, daß dieselben nicht schlimmerer Art waren. Er war von den Ereignissen einigermaßen überrascht worden, durfte aber hoffen, im nächsten Jahre viel beträchtlichere Streitkräfte ins Feld zu führen.

So war der Krieg zwischen allen Staaten des westlichen Europa entbrannt, während zugleich ein anderer Kampf im Norden und Osten des Erdtheils wüthete. Das Blutvergießen, das zum größten Theile Ludwigs XIV. rechtsverachtende Begehrlichkeit hervorgerufen hatte, erstreckte sich aber auch auf das Innere der Länder, wo, während die Heere an den Grenzen standen, die Unzufriedenen ihr Haupt erhoben.

Der Aufstand in den Cevennen.

An Ludwig rächte sich noch einmal empfindlich die religiöse Unduld= samkeit, die unter ihm Frankreich schon so viele Wunden geschlagen hatte. In den unwirthlichen Felsthälern des Cevennengebirges, im südöstlichen Frankreich, lebten zahlreiche Nachkömmlinge der Waldenser, die sich im sech= zehnten Jahrhundert zumeist den Reformirten angeschlossen hatten. Die Auf= hebung des Edittes von Nantes hatte sie schwer betroffen, und da man nicht aufhörte, durch Mönche und Soldaten an ihrer gewaltsamen Belehrung zu arbeiten, so brach endlich der Aufstand, 1689 mit den Waffen unterdrückt, jetzt mit noch größerer Gewalt aus, nachdem schon mehrere Mordthaten an königlichen Beamten, besonders Steuereinnehmern, vorhergegangen waren. Die blutige Verfolgung hatte den religiösen Fanatismus dieser einfachen Ge= birgsleute zur finstersten Gewalt gesteigert. Kinder zogen in den Thälern umher, den Gotteskrieg zu predigen; Mädchen, Frauen, Männer fielen in Verzückungen, in denen sie den Kampf gegen das große Babel als den Willen des Herrn verkündigten. Den unmittelbaren Anlaß gaben die Greuelthaten des Abbé du Chaila, der die Hugenotten bei ihren gottesdienstlichen Ver= sammlungen in den Gebirgsschlupfwinkeln aufspürte und sie dann erbarmungslos einkerkern oder hinrichten ließ. Im Juli 1702 wurde er von den erbitterten Gebirgsbewohnern überfallen und mit seinen Gehülfen erschlagen. An die Spitze der Aufständischen trat Johann Cavalier, ein einfacher Bäckerbursche, aber ein geborener General, der mit Festigkeit und Energie des Charakters einen erfindungsreichen und umsichtigen Geist verband. Dieser zwanzig= jährige junge Mensch, blond, blauäugig, von sanften, mädchenhaften Gesichts= zügen und rosigen Wangen besiegte die Veteranen von zehn Feldzügen. Immer zahlreichere Propheten aus allen Altersklassen und Geschlechtern forderten zum heiligen Vernichtungskrieg gegen die Verfolger auf, und bald schwollen die Schaaren zu vielen Tausenden an; „Hemdenleute", Camisards nannte man sie wegen des weißen leinenen Kittels, mit dem sie sich zum Erkennungs= zeichen bekleideten. Von den königlichen Truppen mit raffinirter Grausamkeit bekämpft, kannten auch sie keine Schonung und verfolgten mit unerbittlichem Fanatismus die katholische Bevölkerung, besonders die Geistlichen und Schul= lehrer. Im Dezember 1702 kamen sie aus ihren Thälern in die Ebene, schlugen ein Korps von Edelleuten, das sich zu ihrer Bekämpfung gebildet hatte, und kleideten sich mit den Uniformen der Gefallenen. Im Beginn des Jahres 1703 besiegten sie die Truppen des Provinzialgouverneurs, des Grafen von Broglie, vor den Thoren von Nimes. Darauf wagte ihnen niemand mehr das flache Land streitig zu machen, wo sie vierzig Kirchspiele in Brand steckten und 80 Priester ermordeten. Der König sah sich ge= zwungen, ein förmliches Heer gegen sie auszusenden, nicht weniger als 60000 Mann, unter dem Marschall von Montrevel, einem ehemaligen Huge= notten. Derselbe verfuhr mit dem ganzen Hasse eines Renegaten gegen seine früheren Glaubensgenossen. Massenhaft wurden die Unglücklichen ohne Unter= suchung niedergemetzelt, ganze Dorfschaften ausgetrieben. Indeß diese Grau=

samleiten hatten seinen Erfolg. Die Camisards kannten alle Schlupfwinkel des oben zerklüfteten Kalkgebirges; sie hatten in den größeren Städten Einverständnisse, durch welche sie von allen Vornahmen Montrevels unterrichtet wurden, und ebenso in den Schlössern der Nachbarschaft, wo ihre Verfolgten stets sichere Versecke fanden. Dazu kam die unbezähmbar wilde Energie der Camisards. Unter den Augen Montrevels gingen 200 katholische Kirchen, allein in der Diözese Nimes, in Flammen auf; die Glocken derselben wurden zu Kanonen umgegossen. Verbrecher aller Art strömten hinzu und vermehrten die Greuel, welche ohnehin die Camisards auch gegen die friedliche katholische Einwohnerschaft verübten. Das Bedrohlichste war, daß die Mächte der Koalition begannen, sich dieser wirksamen Bundesgenossen gegen den großen König zu bedienen. Englische Agenten und holländische Offiziere erschienen mit Geld, um sie zu unterstützen, und zugleich um ihre Schaaren zu organisiren.

So wurde der Aufstand der Camisards eine wahre Gefahr für Frankreich. Aber zugleich brachte ein ähnliches, jedoch viel bedeutsameres Ereigniß den verbündeten Feinden Frankreichs noch bei weitem größeren Schaden.

Nach der Schwächung und Demüthigung der Türken im Karlowiczer Frieden glaubte die kaiserliche Regierung sich in Ungarn und Siebenbürgen Alles gestatten zu dürfen. Man wollte hier nach dem absolutistischen Nivellirungssystem der deutsch-slavischen Provinzen verfahren. An Stelle der Selbstregierung der Komitate sollte die Beamtenhierarchie, an Stelle der verfassungsmäßigen Selbständigkeit und Freiheit die Willkür eines kaiserlichen Statthalters gesetzt werden. Die hohen Steuern der Reichshälfte sollten gegen den Willen der Nation eingeführt werden. Man achtete nicht der Erfahrungen der Vergangenheit und ging hier in einer Zeit, wo die Machtentwicklung sich lediglich nach außen hätte richten müssen, mit der revolutionären, alles Recht verachtenden Eilfertigkeit zu Wege, welche die Regierung Leopolds stets gegen die Freiheiten der Unterthanen gezeigt hat. Alle Aemter wurden mit Deutschen besetzt, ein höchstes Gericht außerhalb Ungarns gebildet, jede Klage gegen die Beamten und Soldaten zurückgewiesen, diesen jede Freiheit zum Unfuge gelassen. Die Protestanten wurden unterdrückt, die Katholischen ihrer Kirchengüter beraubt. Bald fand die allgemeine Unzufriedenheit einen angesehenen und thatkräftigen Führer.

Helena Zrinyi, die Gemahlin des geflüchteten Emerich Tököly, hatte aus ihrer ersten Ehe mit dem Fürsten Rakoczy einen Sohn Franz, der das hohe Ansehen des väterlichen Hauses in Ungarn und zumal in Siebenbürgen geerbt hatte. Enkel und Stiefsohn von Empörern, wurde er trotz seines loyalen Verhaltens von dem kaiserlichen Hofe mit einem Mißtrauen behandelt, das ihn dann wirklich veranlaßte, mit mehreren ungarischen Unzufriedenen und zumal auch mit dem Könige von Frankreich in Verbindung zu treten. Dies wurde entdeckt und er gefangen genommen. Indeß er entkam aus dem Kerker und entfloh nach Polen; und als — bei dem Abgange der kaiserlichen Truppen nach Italien — sich an der ungarisch-polnischen Grenze einige Haufen

Empörer zusammen fanden, trat Rakoczy an ihre Spitze. Theils wegen des Mangels an Soldaten, theils wegen der Nachlässigkeit der kaiserlichen Beamten in Ungarn vermochte er sich zu halten; und nun gingen selbst hohe kaiserliche Offiziere magyarischer Nationalität, wie die Grafen Karolyi, Forgach und Esterhazy zu den Aufständischen über, die erst durch ihren Zutritt wahrhaft furchtbar wurden; es war im Beginn des Jahres 1703. Die Hauptstütze Rakoczys aber war Graf Niklas Berscenyi, ein kühner, unruhiger, unternehmender Mann, welcher den Kaiserlichen sehr viel zu schaffen machte. Da deren Streitkräfte vollauf am Rhein und an der Abba beschäftigt waren, da ferner die kaiserliche Herrschaft durchaus verhaßt war, nahmen die Empörer fast ganz Ungarn und Siebenbürgen ein; zumal die Evangelischen strömten unter Rakoczys Fahnen, so daß sie den größten Theil seines Heeres bildeten. Im November 1703 schloß er dann einen förmlichen Vertrag mit Ludwig XIV., der ihm jährliche Subsidien versprach. Dagegen blieben — wie später im Jahre 1848 — die Slawonier und Kroaten aus Haß gegen die Magyaren dem Hause Habsburg treu; ihr Landtag verhieß dem Kaiser 15,000 Soldaten, die aber einstweilen nur auf dem Papiere standen.

So hatte das Jahr 1703 drohend genug für den Kaiser begonnen. In seiner zunehmenden Noth sah er sich, obwohl er im Grunde des Prinzen Eugen geistige Ueberlegenheit fürchtete, doch genöthigt, denselben zum Präsidenten des Hofkriegsrathes zu erheben und auch die übrigen hohen Staatsämter mit begabten und entschlossenen Männern, zugleich Freunden Eugens, zu besetzen. Freilich konnten diese Aenderungen erst allmählich eine Besserung in der durch Unfähigkeit völlig zerrütteten Verwaltung der österreichischen Länder bewirken.

Ludwig XIV. bot inzwischen alle Kräfte seines Reiches zu neuen Rüstungen auf. Außer den drei schon bestehenden Heeren in Italien, am Rhein und in den Niederlanden, außer dem neu gebildeten gegen die Camisards, schuf er ein fünftes, das unter dem Befehle des soeben zum Marschall ernannten Tallard an der Mosel operiren sollte. Die niederländische Armee erhielt einen neuen Oberbefehlshaber in der Person des aus der Gefangenschaft erlösten Villeroy, über dessen Unfähigkeit Ludwig noch immer nicht aufgeklärt war. Ludwig hatte einen großartigen Feldzugsplan entworfen. In den Niederlanden sollte man sich defensiv verhalten. Dagegen sollten Villars und Tallard nach Baiern vordringen und sich hier mit dem Kurfürsten Max Emanuel vereinigen, während Vendôme einen Theil seines Heeres durch Tirol gleichfalls demselben zuzuführen hätte; mit diesen überlegenen Streitkräften sollte man einen entscheidenden Schlag wider die kaiserlichen Erblande führen und auf diese Weise den ganzen Krieg in einer für Ludwig ruhmvollen, für Baiern vortheilhaften Weise beenden. Der Aufstand in Ungarn versprach diesem Entwurfe um so mehr eine glückliche Ausführung. Ein drohendes Unwetter zog also gegen die Koalition herauf.

Mit Mühe hatten Marlborough und Heinsius eine Verstärkung des englischen Heeres in den Niederlanden durchgesetzt. Allein auch jetzt wurde der geniale englische Feldherr wieder in seinen Entwürfen durch das Mißwollen und die übergroße Vorsicht der holländischen Feldbeputirten gelähmt. Er mußte sich dazu verstehen, seine Ueberlegenheit an Streitkräften zu der nebensächlichen Belagerung der kurkölnischen Hauptstadt und Festung Bonn zu verwenden. Der französische Kommandant b'Allègre vertheidigte sich so tapfer, daß die rheinische Veste sich erst Mitte Mai ergab. Um so mehr drängte es bei der üblen Lage der Dinge im Reiche Marlborough, durch einen energischen Angriff auf Villeroy die Franzosen zur Ablenkung ihrer Kräfte nach dem Norden zu zwingen. Indeß wieder hielten ihn die Bedenklichkeiten der Feldbeputirten, das Uebelwollen der holländischen Generale auf, und schließlich ließ sich einer der letzteren, Obdam, von Boufflers bei Eckern überfallen und schlagen (30. Juni 1703). Nun brach eine Fluth von Verdächtigungen über Marlborough herein, als habe derselbe die Holländer absichtlich dem Verderben ausgesetzt und überlassen. In den niederländischen Städten gab es Tumulte gegen die ganze Richtung der staatlichen Politik. Das beabsichtigte große Unternehmen Marlboroughs gegen Antwerpen endigte mit einem Rückzuge an die Maas. Die Eroberung der kleinen Festungen Huy, Limburg und Gelbern konnte wahrlich für die ungeheuren Opfer, welche die Seemächte diesem Feldzuge gebracht hatten, nicht entschädigen! Nicht einmal die Belagerung des bedeutendern Namur konnte ins Werk gesetzt werden. Mit der bestimmten Versicherung, unter gleichen Verhältnissen das Kommando nicht wieder übernehmen zu wollen, kehrte Marlborough am Ausgange des Jahres unwillig nach England zurück: der Ausfall der Campagne sei geradezu einer Niederlage gleich zu rechnen.

Glücklicher waren die Seemächte in ihrem biplomatischen Feldzuge gewesen. Nur dem französischen Beistande, nicht der eigenen Kraft hatte Portugal seine Losreißung vom spanischen Joche zu danken gehabt. Indeß Ludwig XIV. hatte diesen Umstand benutzt, um seinen Schützling gewissermaßen als einen Vasallen zu behandeln und zu mißbrauchen. Mit Sehnsucht wünschten die Portugiesen, sich einem solchen Verhältnisse zu entwinden, und da sie außerdem fürchten mußten, ihre Kolonien an die Seemächte zu verlieren, so hatten sie nach einem freundlichen Verhältnisse zu denselben gestrebt. Nur ungern hatten sie sich den drohenden Bündnißforderungen Frankreichs und Spaniens nach der Einsetzung Philipps V. in Madrid gefügt. Der Wohlstand des kleinen Reiches war von vorn herein dadurch auf das Spiel gesetzt: er beruhte zum guten Theil auf dem doppelten Umstande, daß einmal die im spanischen Amerika verbotenen englischen Industrieerzeugnisse in Portugal eingeführt und von hier aus nach Spanien zur Beförderung nach Amerika eingeschmuggelt wurden, andererseits die portugiesischen Weine in England ihr bestes Absatzgebiet fanden. Als nun die Seemächte mit Feindseligkeiten, mit Blockirung der portugiesischen Küsten drohten, brach im Sommer 1702 in Lissabon ein förmlicher Aufstand gegen die Regierung aus.

Erschreckt erklärte sich König Don Pedro II. zum Anschluß an die Seemächte bereit, aber nur, wenn sie durch einen direkten Angriff auf Spanien das bourbonische Königthum daselbst stürzten und ihn so vor der künftigen Rache des letztern schützten. In der That luden sie den Kaiser ein, den Erzherzog Karl an der Spitze eines verbündeten Geschwaders und Heeres nach der pyrenäischen Halbinsel abzusenden.

Die Zustände in Spanien boten manches, um zu einem solchen Unternehmen einzuladen. Die Regierung des ehrgeizigen und intriganten, aber seiner leitenden Stellung nicht gewachsenen Porto-Carrero hatte die Hoffnungen des Volkes, unter dem neuen Könige einen neuen Aufschwung des einst so glorreichen Vaterlandes zu erleben, lief enttäuschl. Philipp V. selbst war eine vollkommene Null, ein Spielball in den Händen seiner Umgebung. Die von Porto-Carrero verdrängten Granden, die unzufriedenen Reformer, die Rationalgesinnten, welche sich die Diktatur von Versailles aus nicht länger gefallen lassen wollten, hatten sich zu einer großen und wahrlich nicht ungefährlichen Opposition verbunden. An die Spitze derselben trat die Oberhofmeisterin der Königin, einer savoyischen Prinzessin, Maria Anna de la Tremoille, in zweiter Ehe Fürstin von Orsini-Bracciano: eine majestätische und zugleich noch immer anmuthige Greisin, durch die Kunst der Ueberredung und die gebieterische Kraft eines festen Willens zur Herrschaft bestimmt.[1]) Die Länder der Krone Aragon, zumal das kräftige und freiheitsstolze Catalonien, denen stets die kastilische Herrschaft verhaßt gewesen, waren bereit, sich gegen den fremden König zu erheben, den man von Madrid aus ihnen aufgebrängt hatte. Schon im Sommer 1702 hatten also die Seemächte eine Landung in Cadix versucht. Indeß gerade die Andalusier standen am festesten auf Seiten Philipps V., und die Uneinigkeit der Führer hatte das Unternehmen vollends scheitern machen: nichts war erreicht worden, als die Verbrennung der spanischen Silberflotte in der Bai von Vigo. Allein da die portugiesische Regierung den Ernst der Seemächte zu einem Angriffe auf Spanien sah, schloß sie in der That im Mai 1703 mit denselben einen Bündnißvertrag ab, welcher unter großen pekuniären und mercantilen Vortheilen für Portugal dessen Mitwirkung zur Erhebung des Erzherzogs Karl auf den spanischen Thron sicherte. Damit waren die Seemächte allerdings weit über den Vertrag vom September 1701 hinausgegangen: damals war ihr Ziel gewesen, dem Kaiser einen wichtigen Antheil an der Erbschaft zu verschaffen, jetzt aber, den Sohn desselben in den Besitz der gesammten ungetheilten spanischen Monarchie zu bringen. Der Erzherzog Karl — so war in jenem englisch-portugiesischen Vertrage bestimmt worden — sollte sofort nach Lissabon kommen, da von Portugal aus der Krieg gegen Spanien zu beginnen habe.

Während so die Seemächte sich zu einer bedeutenden Erweiterung des

1) François Combes, La princesse des Ursins (Paris 1858).

Kampfes und seiner Zwecke entschlossen, war gerade der Kaiser durchaus nicht mit derselben einverstanden. Nicht mit Unrecht meinte er, eine Vergrößerung seiner eigenen Staaten um halb Italien und die katholischen Niederlande sei ihm viel vortheilhafter, als die Begründung einer habsburgischen Sekundogenitur in dem spanischen Gesammtreiche. Auch fürchtete er seinen Lieblingssohn den Gefahren eines iberischen Krieges auszusetzen. Allein dem Andrängen der Seemächte, welche eben diesem Prinzen nunmehr zu seinem vollen Rechte verhelfen wollten, war auf die Länge keine gegründete Einwendung entgegenzusetzen. Nur im Geheimen ließ sich der Kaiser wenigstens den Besitz des an die Erbstaaten unmittelbar grenzenden Herzogthums Mailand von seinem Sohne versprechen, dann entließ er den Jüngling im Beginne des Herbstes 1703. Als wohlwollend, mäßig und gewissenhaft, aber schläfrigen Geistes, bescheiden im Auftreten, unsicher im Urtheil wird der neue „König Karl III." von den wohlunterrichteten Zeitgenossen geschildert. Dazu war er äußerst bigott, ernsthaft, den alten Anschauungen zugethan, ganz das Abbild seines Vaters. Erst im März 1704 lief er in den Tajo ein.

Noch einen andern, fast noch wichtigern Bundesgenossen, als Portugal, erwarben im Jahre 1703 die Alliirten.

Ludwig XIV. hatte Alles gethan, um den Herzog von Savoyen an Frankreich zu fesseln. Wie dessen ältere Tochter den Herzog von Burgund, so hatte die jüngere den König Philipp V. geheirathet: damit war Viktor Amadeus II. der Schwiegervater eines gegenwärtigen wie eines andern zukünftigen bourbonischen Königs geworden. Er sollte den Oberbefehl über das französisch-spanisch-savoyische Bundesheer in Oberitalien führen. Aber in Wirklichkeit hielten sich die Dinge anders gestaltet. Der Herzog sah sich von den französischen Generalen nicht nur mit seiner stets wiederholten Forderung der höchsten Leitung schnöde zurückgewiesen, sondern mit kränkendem Mißtrauen behandelt und in jedem seiner Schritte überwacht. Dazu kam, daß ihm Frankreich und Spanien jede umfangreichere territoriale Entschädigung für seine Kriegsleistungen versagten. Das war mehr, als Viktor Amadeus, ein ungestümer, leidenschaftlicher, reizbarer, von Ehrgeiz verzehrter Fürst zu ertragen vermochte. Nach den Ueberlieferungen seines Hauses kostete es ihn kein großes Opfer, sich mit dem Beginne des Jahres 1702 an seinen Gegner, den Kaiser, zu wenden. Lange Zeit hatte dieser die hochgespannten Anforderungen des Savoyers nicht bewilligen wollen. Aber als die klägliche Ebbe des kaiserlichen Schatzes die Siegeslaufbahn Eugens hemmte, als sich dann im Sommer 1703 die Verhältnisse auf dem italienischen und dem deutschen Kriegsschauplatze immer trauriger gestalteten, da blieb dem Kaiserhofe keine Wahl; und zugleich wirkte an diesem das von Viktor Amadeus reichlich gespendete Geld. Indeß noch war nichts abgeschlossen, als Ludwig XIV. von den Unterhandlungen unterrichtet wurde. Auf ausdrücklichen Befehl seines Herrn verhaftete Vendôme (September 1703) einige piemontesische Generale, entwaffnete mehrere piemontesische Kavallerieregimenter und

Savoyens Anschluß an die Koalition.

forderte vom Herzoge die Reduktion seines Heeres auf 6000 Mann und die Ueberlieferung zweier Hauptfestungen. „Mein Herr," schrieb damals Ludwig XIV. an den Herzog, „da Religion, Ehre, Interesse, Bündniß, Ihre eigene Unterschrift nichts zwischen uns sind, so sende ich meinen Vetter den Herzog von Vendôme an der Spitze meiner Heere, um Ihnen meine Willensmeinung zu erläutern. Er wird Ihnen nur vierundzwanzig Stunden zur Entschließung geben. Ludwig." Einer so schmachvollen und zugleich so drohenden Behandlung wollte sich Vittor Amadeus nicht unterwerfen. Von Frankreich als Verräther mit dem Untergange bedroht, warf er sich dem Kaiser in die Arme. Am 8. November 1703 ward der Vertrag unterzeichnet, der dem Savoyer für seinen Beitritt zu der großen Allianz eine Ausdehnung seines Gebietes auf Kosten der Herzogthümer Mailand und Mantua bis an den Tessin und ein kaiserliches Hülfskorps von 20,000 Mann versprach. Mit dem ganzen Ungestüm seines Charakters warf sich nun Vittor Amadeus auf den Krieg gegen Frankreich; handelte es sich doch geradezu um seine Existenz! Die Milizen seiner Städte, die Waldenser des Gebirges wollte er gegen den gefürchteten Feind aufbieten.

Dieser neue Bundesgenosse war dem kaiserlichen Hofe um so erwünschter, je ungünstiger, ja bedrohlicher sich für ihn die Kriegsbegebenheiten gestaltet hatten.

Zum Hauptführer des großen Offensivstoßes in Deutschland, gegen das Herz der österreichischen Monarchie, hatte Ludwig XIV. den Marschall Villars ausersehen, den vorzüglichsten seiner Generale, dessen Heer auf 60,000 Mann gebracht wurde, während eine weitere Verstärkung von 30,000 Soldaten vorbereitet ward. Der Markgraf Ludwig von Baden ihm gegenüber war in der denkbar traurigsten Lage. Die kaiserlichen Truppen, die früher die Hauptstärke seines Heeres ausgemacht hatten, wurden jetzt gegen den Kurfürsten von Baiern und den wachsenden Aufstand in Ungarn verwandt. 120,000 Mann Reichstruppen hatte zwar die Regensburger Versammlung bewilligt — aber von diesen waren nur 10,000 wirklich unter den Fahnen des Reichsfeldherrn, noch dazu in trübster Beschaffenheit und buntester Zusammenwürfelung: ein einziges Reiterregiment war von fünfzig schwäbischen Städten zusammen gestellt worden! Mühsam schützte er den Schwarzwald durch die Bühler Linien. Er konnte nicht verhindern, daß Villars in der Mitte des Februar 1703 den Rhein überschritt und sich mit der Einnahme der Festung Kehl den Eintritt in Deutschland sicherte. Inzwischen hatte Max Emanuel den überlegenen, aber kläglich schlecht geführten kaiserlichen Truppen gegenüber gleichfalls einige kleine Erfolge errungen und stand bereit, sich mit den Franzosen zu vereinen. Zum Glück hielt Villars den Angriff auf den Schwarzwald in so früher Jahreszeit für unthunlich, und erst infolge der dringendsten Weisungen von Versailles her brach er Mitte April auf. Er fand so gut wie gar keinen Widerstand in den schwierigen Defileen des Gebirges, wo doch wenige Bataillone das französische Heer lange aufzuhalten vermocht hätten; ängstlich hatte Markgraf Ludwig seine Truppen in seine Bühler Schanzen zusammengezogen. Während Tallard mit der Moselarmee ihn beobachtete, durchschritt Villars das Kinzigthal und vereinigte seine 30,000 Mann mit den 40,000 Baiern Max Emanuels. Diese Macht war allem, was der Kaiser in jenen Gegenden zusammen bringen konnte, derart überlegen, daß es offenbar das Gerathenste gewesen wäre, dem Feldzugsplane Ludwigs XIV. gemäß, zum Angriffe auf das Erzherzogthum, zum Stoße auf das Herz der österreichischen Monarchie überzugehen.

Indeß Max Emanuel, von moralischen Bedenken über seine verrätherische Verbindung mit den Franzosen geplagt, mit dem anmaßenden und habgierigen Villars bald zerfallen, unsicher und schwankend, wagte ein so entscheidendes Unternehmen nicht zu beginnen. Er fürchtete damit zu scheitern und dann die Rache des Kaisers seine Erblande betreffen zu sehen, die sich ohnehin seiner Parteinahme gegen das Reich widersetzt hatten. So beschloß er, sich erst nach Tirol zu wenden, dieses zu erobern, sich mit dem Hauptheere Vendômes zu vereinigen und dann also verstärkt um so aussichtsreicher den Angriff auf Oesterreich zu beginnen. Ludwig XIV. billigte diese Meinung des Kurfürsten vollkommen. Schon längst hatte man in Versailles gewünscht, Tirol und damit den Zugang zum Mailändischen, zur Lombardei den Oesterreichern zu entreißen. Das Unternehmen erschien als leicht und sicher, da die höheren Stände in Tirol mit der kaiserlichen Regierung unzufrieden, kaiserlicher Truppen in der Grafschaft nur wenige waren. Vendôme war seinerseits zum Marsche auf Südtirol bereit. Einen 50,000 Mann gegenüber hatte sich der treffliche kaiserliche General Guido Starhemberg mit seinen 20,000 Mann nur mühsam im verschanzten Lager am untern Po behaupten können; um so eher vermochte Vendôme mit einem bedeutenden Korps zur Vereinigung mit den Baiern abzugehen.

Während Villars zum Schutze Baierns zurückblieb, drang im Jahre 1703 der Kurfürst in Tirol ein. Alles ging nach Wunsch. Nur mit einer schwachen Besatzung versehen, kapitulirte Kufstein, der Schlüssel des Landes. Die Verwaltung war rathlos, die vornehmen Herren in dem nördlichen flachern Theile der Grafschaft beeilten sich, mit dem Kurfürsten ein Abkommen zu treffen. Binnen einer Woche war das ganze Gebiet bis Innsbruck in Max Emanuels Gewalt, und er konnte von dieser Stadt südwärts aufbrechen, um über den Brenner Vendôme entgegen zu ziehen. Indeß er kam nicht weit. Vendôme, von einem seiner häufigen Trägheitsanfälle ergriffen, von einem Korps Starhembergs in der rechten Flanke beunruhigt, rührte sich nicht. Dagegen standen die treuen Tiroler Gebirgsbauern, die durchaus nicht die verhaßte bairische Herrschaft auf sich nehmen wollten, von allen Seiten auf und begannen unter der Führung des tapfern Martin Sterzinger, des Hofers von 1703, den Vernichtungskrieg wider die Baiern, der ihnen durch die rauhe Natur und das schwierige, nur ihnen bekannte Terrain des Hochgebirges sehr erleichtert wurde; ein kaiserliches Truppenkorps kam ihnen zu

Hülfe. Bei dem Marsche auf den Brenner entging der Kurfürst nur mit Mühe den Tirolern, die alle Pässe und Berge besetzt hatten und von da aus die so gut wie wehrlosen Baiern in den schluchtenähnlichen Thälern durch wohlgezielte Schüsse und hinuntergerollte Felsen tödteten. Schließlich, im August, mußte der Kurfürst froh sein, sich mit dem Reste seiner um mehr als die Hälfte verminderten Truppen aus Tirol wieder heraus zu ziehen. Vendôme, der erst um diese Zeit ernstlich aufbrach, hatte nun unverrichteter Sache vor den Mauern Trients umzukehren.

Zum ersten Male in den neuern Zeiten hatte die entfesselte Kraft eines leidenschaftlich begeisterten Volkes, jeder Berechnung spottend, in die feinen Kombinationen der Staatsmänner und Feldherren störend eingegriffen. Der Nachtheil dieses verfehlten Tiroler Unternehmens für die französisch-bairische Sache war wirklich sehr groß. Nur ihm hatte Starhemberg es zu verdanken, daß er sich in Oberitalien zu halten vermochte. Nach seiner Rückkehr von Trient wandte sich Vendôme gegen Victor Amadeus, dessen Abfall gerade damals offenbar geworden war. Mit der rühmlichsten Entschlossenheit, die das Aeußerste wagte, brach Starhemberg mit der Hälfte seines kleinen Heeres auf, um den verbündeten Herzog vor dem drohenden Untergange zu retten. Mit seinen 12,000 Mann wußte er durch das feindliche Land an der ganzen Front von Vendômes Heeren vorbei nach Asti zu gelangen und dort, im Januar 1704, seine Vereinigung mit dem geängsteten Savoyer zu vollziehen. Nun mochte dieser, auf eine Schaar starker Festungen gelehnt, sich gerettet glauben, bis die Hülfe der Alliirten ihn vollends vom überlegenen Feinde befreien würde.

Unterdessen hatte Villars einen schweren Stand an der Donau gehabt. Tallard, dessen militärische Befähigung seiner diplomatischen keineswegs gleich kam, und der überdies auf Villars Lorbeer eifersüchtig gewesen zu sein scheint, hatte trotz seiner 60,000 Mann nicht verhindert, daß der Markgraf von Baden mit dem Haupttheile seines Heeres aus den Bühl-Stollhofener Linien aufbrach, sich in Schwaben mit dem kaiserlichen General Styrum vereinte und dem Marschall Villars die Verbindung mit dem Kurfürsten in Tirol abschnitt. Zum Glücke für die Bavarofranzosen zögerte dann Ludwig, bis der Kurfürst seine Verbindung mit Villars zu erzwingen vermochte. Nun war die Partie wieder gleich; und Graf Styrum, einer jener hochgebornen Heerverderber, die in den Annalen der österreichischen Armee so häufig wiederkehren, ließ sich mit dem linken Flügel des kaiserlichen und Reichsheeres am 20. September von Villars bei Höchstädt überfallen und gänzlich schlagen; ohne die felsenfeste Tapferkeit dreier preußischer Regimenter unter Leopold von Anhalt-Dessau — dem „alten Dessauer" — wäre der ganze Heerestheil vernichtet worden.

Villars wollte wirklich diesen Sieg zur Verfolgung und Aufreibung von Styrums Korps benutzen; aber Max Emanuel, der immer für seine Erblande fürchtete, bestand darauf, erst Ludwig von Baden, der sich bei Augsburg verschanzt hatte, anzugreifen. Als Ludwig XIV. dem Kurfürsten, den er sich nicht entgehen lassen durfte, und dem er außerdem dankbarlichst verpflichtet war, Recht gab, legte Villars den ruhmvoll geführten Oberbefehl in die Hände des geschmeidigen aber freilich unbedeutenden Marsin nieder. Auch des Kurfürsten Plan führte die Bavarofranzosen zu neuen Erfolgen. Vor ihrer weit überlegenen Macht mußte Ludwig von Baden die wichtige Reichsstadt Augsburg, ganz Schwaben aufgeben, sich in den engen Winkel zwischen Iller und Bodensee verbergen und hier traurige Winterquartiere nehmen.

Und inzwischen hatte auch Tallard seine Unthätigkeit abgeschüttelt, Breisach erobert, die Belagerung Landaus — bis jetzt der einzigen Trophäe der Kaiserlichen im oberdeutschen Kriege — begonnen. Zu dessen Entsatze hatten die Holländer ein starkes Truppenkorps in die Pfalz gesendet. Aber am 16. November ließ sich dasselbe am Speyerbache von Tallard überrumpeln und gänzlich schlagen; am folgenden Tage kapitulirte Landau! Die Reichstruppen in den Linien von Bühl und Stollhofen hatten inzwischen an Geschützmunition einen Vorrath von drei Schüssen. Die oberdeutschen Fürsten hatten die Subsidien der Seemächte anstatt zu Rüstungen zu Gastmählern und Unterhaltung von Opernlänzerinnen verbraucht und drohten nun bei der ersten Gefahr zu Frankreich abzufallen. Es war ein heilloser Zustand in Deutschland! Und einem solchen Reichswesen sich entzogen, seinen Umsturz vorbereitet zu haben, macht man von gewisser Seite noch immer Preußen zum Vorwurfe.

Von allen Richtungen her zog sich das Unheil über den Kaiserhof zusammen; durch seine Unfähigkeit, Selbstsucht, Zerfahrenheit hatte er es reichlich verdient. „Der meiste Theil der Soldaten," schreibt Eugen an den Kaiser, „ist nackt und bloß, dabei ohne Geld, und die Offiziere bettelarm. Viele sterben fast aus Hunger und Noth, und wenn sie erkrankt sind, aus Mangel an Wartung. In keiner Festung ist ein Vertheidigungsvorrath, ja nicht einmal auf einige Tage das Erforderliche vorhanden." Am 1. Januar 1704 nahm Max Emanuel Passau, den Schlüssel Oberösterreichs, und rüstete sich dann zum Einfall in das Erzherzogthum, das fast wehrlos vor ihm bestag; schon streiften die bairischen Reiter bis in die Nähe von Linz. Auf der andern Seite gebot in Ungarn Franz Rakoczy wie ein souveräner Fürst. Durch die Gewaltherrschaft, so hieß es, habe das Haus Oesterreich seine Rechte auf Ungarn verwirkt. Auf Ludwigs XIV. Betreiben waren von Polen aus reguläre Truppen zu den magyarischen Aufständischen gestoßen. Mühsam hielt sich Graf Palffy mit einem Armeekorps in Preßburg; aber schon fielen die ungarischen Husaren über die Landesgrenze verwüstend in Niederösterreich, in Mähren ein. Es war eine Lage, nicht minder drohend als die im Sommer 1683. Wie lange würde es noch dauern, bis sich Ungarn und Bavarofranzosen vor den Mauern Wiens die Hand reichten und das Haus Habsburg in seiner Hauptstadt erdrückten?

Das schien am Ende des Jahres 1703, in den ersten Monaten von

Niederlagen der Kaiserlichen. 419

1704 der Ausgang des Kampfes werden zu müssen, welchen Kaiser Leopold durch den Einfall in Italien, König Wilhelm III. durch die große Allianz wider die Universalmonarchie Ludwigs XIV. begonnen hatten. Der letztere mochte immer noch hoffen, das Ziel seines Lebens trotz allen Widerstandes, trotz aller Fährlichkeiten zu erreichen. Was wollte der Verlust einiger Rhein- oder Maasfestungen sagen, wenn er nicht nur die ganze spanische Monarchie dem Hause Habsburg entriß, sondern diesem auch in Deutschland, in Ungarn den Garaus machte? Das Haus Bourbon hätte dann in Deutschland, in den Niederlanden, in Italien kaum minder unumschränkt regiert, als in Frankreich und Spanien. Niemals war Ludwig XIV. dem Gipfel seiner Wünsche so nahe gewesen, als in jenen Monaten. Die klägliche Unfähigkeit des Kaisers und seiner Räthe hatte trefflich für ihn gewirkt. Endlich entschloß sich Leopold, dem gehaßten Prinzen Eugen eine Art Dictatur zu überlassen.

Drittes Kapitel.

Marlborough und Prinz Eugen.

Die Rettung Oesterreichs aus seiner tiefsten Bedrängniß war nicht heimischer Kraft und Tüchtigkeit, sondern lediglich dem savoyischen Fremdlinge, dem Prinzen Eugen zu danken. Nur ein Ziel, das Wohl des Kaiserstaates vor Augen, ließ er alle Rücksichten vor diesem einen schwinden. Er setzte einen vollständigen Personenwechsel in allen Aemtern durch. Dann erpreßte er von dem bigotten Leopold die Erlaubniß, die Kirchenschätze aller Erbländer zur Unterhaltung und Versorgung des völlig zerrütteten Heeres einzufordern. Vieles hielten die Pfaffen zurück, aber doch kamen stattliche Kostbarkeiten zusammen, die mehrere Millionen Gulden ergaben; und von diesen wurde nicht ein Kreuzer für den langweiligen Pomp des Wiener Hofes oder für die stets gierigen Hände der bisherigen Beamten, sondern Alles für das Heer verwendet.

Mit dem ihm eigenen sichern Scharfblick erkannte Eugen als den furchtbarsten Feind, von dessen Besiegung Alles abhänge, den Baiern mit seinen französischen Helfern. Daß die Ungarn mit ihren ungeordneten Reiterschaaren außerhalb des eigenen Landes nicht sehr gefährlich werden könnten, war ersichtlich. Vendôme in Oberitalien war noch hundert Meilen vom Mittelpunkte der Monarchie entfernt. Aber Max Emanuel und Marsin, dem Reichsheere im Rücken, mit der Front schon auf österreichischem Gebiete, die rechte Flanke auf Kufstein, die linke auf Passau gestützt, drohten nahes Verderben.

Es ist das deutlichste Kennzeichen eines großen Feldherrn wie Staatsmannes, daß er dem einmal erkannten Hauptziele alle untergeordneten Rücksichten zum Opfer zu bringen weiß. So schmählich es war, den Hohn der

27*

ungarischen Rebellen noch länger mit anzusehen: dem tüchtigen General Heister wurden lediglich die nothdürftigsten Streitkräfte zur Vertheidigung gegen sie übergeben. So gefährdet die Lage Victor Amadeus II. und Starhembergs in dem fernen Piemont war, sie wurden einstweilen ihrem Schicksal überlassen; höchstens indirekt kam man ihnen durch Aufstellung eines kleinen Truppenkorps im südlichen Tirol zu Hülfe. Die Hauptmacht wollte Eugen wider den Kurfürsten und Marsin führen.

Allein wenn selbst der Markgraf von Baden mit ihm zusammenwirkte, so wurden andrerseits die Bayerofranzosen durch das Heer Tallards verstärkt: die Widersacher hatten dann etwa 120,000 Mann zur Verfügung, denen er kaum 80,000 entgegenstellen konnte. Das Unternehmen wäre unter diesen Bedingungen aussichtslos gewesen. Deshalb machte Eugen während des Winters Marlborough den Vorschlag, von den Niederlanden aus zur Vernichtung des Kurfürsten herbeizueilen. Erst wenn dieser stets schmerzende und lästige Dorn aus der Seite des Kaisers gezogen, sei es diesem ermöglicht, mit Nachdruck und Erfolg gegen den Hauptfeind, gegen Frankreich, aufzutreten.

Die Richtigkeit und zugleich die Großartigkeit dieses Planes verschaffte ihm bei Marlborough schnellen Eingang. Sehnte doch auch er sich darnach, aus dem nutzlosen Einerlei des belgischen Festungskrieges herauszukommen und durch einen bedeutenden Erfolg sowohl der üblen Lage der Koalition eine günstige Wendung, als auch sich selbst ein höheres und entscheidenderes Ansehen gegenüber den holländischen Eifersüchteleien und Bedenklichkeiten zu verschaffen. Er ging mit der ganzen unerschütterlichen und nachdrücklichen Sicherheit seines Wesens auf die Gedanken Eugens ein. So wurde das Zusammenwirken beider genialer Feldherren eingeweiht, welches das Schicksal des Krieges zu Gunsten des großen germanischen Freiheitsbundes, zur Zerstörung des französischen Uebergewichtes entscheiden sollte! Marlborough und Eugen waren, wie früher Wilhelm III. von Oranien, noch früher, wenn auch in bescheidenera Verhältnissen, Friedrich Wilhelm von Brandenburg, die festen Klippen, an denen die nagenden und vorwärts drängenden Wellen der gallischen Herrschaft schäumend zerstoben. Aber größere Generale als ihre Vorgänger, wußten sie auch, was jenen nicht gelungen war, das gefahrdrohende Meer in engere Schranken einzuzwängen.

Die englische Regierung, ohnedies unter dem Einflusse Marlboroughs, war für den Entwurf Eugens, überhaupt für eine entschlossenere und einheitlichere Leitung des bis jetzt so buntscheckig auseinander fallenden Koalitionskrieges leicht gewonnen. Schwieriger war die Aufgabe bei den Generalstaaten. Es läßt sich nicht leugnen, daß dieselben materiell das Meiste für die große Allianz thaten. Sie unterhielten im Jahre 1704 nicht weniger als 160,000 Söldner, für die sie die damals ungeheuerliche Summe von 26 Millionen Gulden benöthigten, dazu eine starke Flotte; und endlich zahlten sie weitere Millionen als Subsidien. Um so eigenwilliger bestanden sie auf der Sicherung ihrer eigenen Grenzen und Interessen, um so verächtlicher sahen

Vereinigung Marlboroughs und Eugens.

sie auf Kaiser und Reich herab, diese große aber schwerfällig träge Masse: konnte dieselbe sich nicht gegen die Franzosen vertheidigen, desto schlimmer für sie! Sollten die kleinen Niederlande das weite Reich erretten? Nicht zur Erhöhung Oesterreichs, lediglich zur Wahrung der eigenen Sicherheit und des eigenen Handelsvortheiles sowie zur Erwerbung einer belgischen Barriere wollten die Holländer kämpfen. Marlborough wagte nicht, ihnen etwas von seinem und Eugens umfassenden Plane mitzutheilen: er sprach nur von einer Diversion, die er vorübergehend an der Mosel beabsichtige. Das mochte immerhin als ein Unternehmen erscheinen, welches den Niederlanden selbst zu Gute kommen würde. Trotzdem kostete es im Frühjahr 1704 Marlborough langwierige persönliche Verhandlungen, ehe er hierzu die Einwilligung der Republik erhielt.

Es handelte sich also für Ludwig von Baden und den Prinzen Eugen darum, bis zur Mitte des Juni, wo Marlborough am Oberrhein eintreffen konnte, sich zu halten. Zum Glücke fehlte auch den französischen Generalen die frühere rücksichtslose Entschlossenheit. Es waren vorsichtige, bequeme Herren, die sich weder übermäßig anzustrengen, noch Leben und Ruhe auf das Spiel zu setzen liebten. Erst Mitte Mai umging Tallard die Linien des Markgrafen und die Festung Freiburg und führte dem Marschall Marsin frische Verstärkungen zu; ebenso ungehindert konnte er dann an den Oberrhein zurückkehren. Doch dies war Alles, was die weit überlegenen Bavaro-franzosen unternahmen. Inzwischen war Eugen in dem Lager des Markgrafen von Baden bei Ehingen in Schwaben eingetroffen, hatte Marlborough seinen Marsch begonnen, der anscheinend auf die Mosel gerichtet war. Aber plötzlich führte der Herzog seine Truppen bei Koblenz auf das rechte Rheinufer und rückte dann mit Eilmärschen auf den Neckar zu, den gleich verblüfften Franzosen und Holländern das Nachsehen lassend. Bei Großheppach trafen die drei verbündeten Feldherren zusammen, der älteste — der Markgraf — schon im Niedergange seines Ruhmes, der jüngste — Eugen — der glorreichste, Marlborough erst noch berufen, sich als der vorzüglichste von allen dreien zu bewähren. Einstweilen übernahm Eugen, edel und aufopfernd wie immer, wenn es einen patriotischen Zweck galt, die undankbarste Aufgabe, die Vertheidigung der Bühler Linien, während der Markgraf und Marlborough mit 52,000 Mann die Bavarofranzosen des Kurfürsten und Marsins, die 63,000 zählten, bestehen sollten, indem jeder von beiden einen Tag um den andern den Oberbefehl führte. Den Donauübergang bei Donauwörth hatte der Kurfürst durch die starke Befestigung des benachbarten Schellenberges und durch 10,000 ausgesuchte Krieger unter dem Grafen Arco gesperrt. Am Abend des 2. Juli 1704 langten die Verbündeten vor dieser Stellung an; Marlborough, der gerade den Befehl hatte, ließ sie trotz der vorgerückten Stunde sofort angreifen, damit die Feinde nicht zum Entsatze herbeikämen. Ein vollständiger Sieg krönte diese kühne Entschlossenheit: bei dem Einbruche der Nacht waren der Schellenberg und Donauwörth selbst genommen, zwei Dritt=

Theile des schönen feindlichen Korps getödtet oder gefangen. Nach diesem Siege rückten die Verbündeten in Baiern selbst ein, das sie zur Strafe für den Verrath seines Fürsten greulich verwüsteten. Nicht mehr um einen Angriff auf die kaiserlichen Staaten, sondern um die Rettung des eigenen Landes handelte es sich für Max Emanuel. In dieser Noth suchte er, von seiner Gemahlin und allen treuen Dienern darum angegangen, noch einmal mit dem kaiserlichen Hofe zu verhandeln. Aber Ludwig XIV. bot ihm jetzt ganz Belgien, einen großen Theil des kurpfälzischen Gebietes, die südschwäbischen Reichsstädte. Noch schwankte der Kurfürst, als er vernahm, daß Tallard abermals mit 30,000 Mann den Rhein und Schwarzwald überschritten habe und zu seiner Unterstützung herannahe. Nun brach er die Negotiationen mit dem Kaiser ab, überließ einstweilen sein Land den Feinden und wandte sich westwärts nach Augsburg, wo er mit Tallard sich vereinigte. Dafür hatte auch Eugen in den Bühler Linien nur eine Handvoll Truppen zurückgelassen und traf mit seinen besten Soldaten bei Donauwörth mit Marlborough und dem Markgrafen zusammen.

Offenbar mußte jetzt hier die Entscheidung des Krieges fallen: darauf deutete die Vereinigung so vieler Truppenmassen hin, und nur damit konnte Marlborough vor den heimischen Gewalten und vor den Generalstaaten seinen kühnen Marsch nach Süddeutschland rechtfertigen. Kehrte er ohne durchgreifenden Erfolg zurück, so war der Kampf auf lange hinaus auf einen kleinlichen Festungskrieg beschränkt, wenn etwa die Koalition sich nicht ganz auflöse! Aber der alte Markgraf Ludwig wollte diese Wahrheit nicht erkennen; er nannte das, mit hämischen Seitenblick auf Eugen, „den Krieg à la bussarde" führen. Von schlauen Manövern, Hin- und Widermärschen, Festungseroberungen erwartete er das Heil. Man konnte sich seiner schließlich nicht anders entledigen, als indem man seinem Wunsche, die Festung Ingolstadt zu belagern, insofern nachkam, als er selbst dieses Unternehmen ausführen sollte. Freilich mußte Marlborough und Eugen ihm dazu ein schönes Armeecorps von 20,000 Mann zu Gebote stellen, aber sie wurden nun wenigstens Herren ihrer Entschlüsse. Sie zogen sofort den Bavarofranzosen entgegen, die sie an der Stelle von deren vorjährigem Siege, bei Höchstädt, in starker Position antrafen. Tallard mit dem rechten Flügel lehnte sich bei dem stark mit Infanterie besetzten Dorfe Blindheim an die Donau. Links vom Dorfe Oberglauheim bis an die ungangbaren Waldhöhen stand die Infanterie des Kurfürsten und Marsins. Die weite Lücke zwischen den Dörfern Blindheim und Oberglauheim war durch die Reiterei ausgefüllt, hinter welcher einige Bataillone Infanterie als Reserve sich befanden. Vor der ganzen, anderthalb Stunden langen Front der Bavarofranzosen zog sich das sumpfige, schwer passirbare Thal des Nebelbaches hin, gegen dessen Uebergänge die französischen Batterien wirkten. Die Armee war etwa 55,000 Mann stark. Den 52,000 Verbündeten war nun am 13. August 1704 die schwierige Aufgabe gestellt, diese überaus starke, nirgends an den Flügeln zu umgehende Posi-

Sieg der Verbündeten bei Höchstädt. 423

tion durch einen Frontalangriff zu erobern. Großmüthig ordnete sich Eugen nicht nur dem Oberbefehle des genialeren Engländers unter, sondern übernahm auch die schwierigere Aufgabe auf dem rechten verbündeten Flügel, wo die Ausläufer des Gebirges und zahlreiche Bäche den Angriff hinderten, die Blüthe des französisch-bairischen Fußvolks sich befand.

Stundenlang wogte der Kampf unentschieden. Marlboroughs Reiterei machte wiederholte vergebliche Angriffe über den Nebelbach die Höhe hinauf gegen die langen Reihen der französischen Kavallerie, während sein Fußvolk sich in fruchtlosem Anrennen gegen das stark verschanzte Blindheim erschöpfte. Eugen inzwischen kämpfte nicht minder hart gegen den auf seiner Seite überlegenen Feind; seine Reiterei wurde sogar in die Flucht geworfen. Aber sein treffliches preußisches und dänisches Fußvolk stürmte endlich unaufhaltsam am Waldrande vor und faßte in der linken Flanke der feindlichen Stellung Posto. „Man sott hier unerhört die Brandenburger," schreibt nach der Schlacht die Herzogin von Orleans aus Versailles, „und sagt, sie hätten mehr Ordnung und Kaltblütigkeit in der Bataille gehalten, als andere Truppen, und gar tapfer gefochten." Marlborough hatte seinerseits den Fehler Tallards erkannt, sein ganzes Fußvolk in Blindheim aufgehäuft zu haben. Er ließ dieses Dorf nur beobachten und ermüdete die feindliche Reiterlinie durch fortgesetzte Vorstöße des verbündeten Fußvolkes. Als die französische Kavallerie hinreichend ermattet schien, ließ er seine eigene Reiterei einen einzigen durchbaren Vorstoß unternehmen, welcher die gelichteten und aufgelösten feindlichen Schwadronen in buntem Wirrwarr stürzte und endlich in unaufhaltsame Flucht zersprengte. Im Nu waren die hinter ihnen stehenden Bataillone umzingelt, niedergehauen oder gefangen. Tallard selbst theilte dies Schicksal. Das Centrum der bavarofranzösischen Schlachtlinie existirte nicht mehr. Der Kurfürst und Marsin konnten mit Mühe den linken Flügel durch eiligen Rückzug retten. Dadurch war aber der äußerste rechte Flügel, die 26 Bataillone in Blindheim, den Verbündeten überlassen. In immer engerm Halbbogen umspannten diese das Dorf, dessen Rückseite sich an die Donau lehnte. Alle Versuche der Franzosen, durchzubrechen, wurden zurückgeschlagen; die gesammte Artillerie der Verbündeten spielte gegen das Dorf, das bald von den unablässig einschlagenden Bomben in Brand gesteckt war. Der Rest der Blindheimer Besatzung, noch 9000 Mann der besten französischen Infanterie, der ältesten Regimenter, mußte die Waffen strecken.

Mit dem Verluste von 12,000 Mann hatten die Verbündeten den Sieg erkauft; aber unermeßlich waren die Ergebnisse. 15,000 Franzosen und Baiern waren todt oder verwundet, 13,000 gefangen genommen, an 12,000 desertirten nach der Schlacht und gingen zum Theil zu den Verbündeten über. 141 Geschütze hatten dieselben erbeutet, das franko-bairische Heer existirte nicht mehr.

Diese — zweite — Schlacht bei Höchstädt hat einen so entscheidenden Einfluß auf die Gestaltung des großen Kampfes geübt, wie kaum eine andere. Die ganze

Lage war dadurch von Grund aus umgestaltet. Die bisher für unüberwindlich gehaltenen Franzosen waren auf eine unerhörte Weise besiegt worden; die Kapitulation von Blindheim zumal war ein Ereigniß, wie es seit Jahrhunderten nicht in der Kriegsgeschichte vorgekommen war. Oesterreich war aus der dringendsten Gefahr zu einer glänzenden siegreichen Zukunft errettet. Anstatt daß die Franzosen in die Erblande einzubringen drohten, lag nun Baiern wehrlos dem Kaiser offen. Die ungarischen Insurgenten wurden durch das Verschwinden der Hoffnung, sich mit dem Kurfürsten zu vereinigen, in ihren stolzesten Plänen durchkreuzt und, wenn sie auch lästig genug blieben, doch im wesentlichen ungefährlich gemacht. Ermuthigt wurde der schon verzagende Viktor Amadeus von Savoyen, Kabinette, Heere und Völker der großen Allianz mit frischem Zutrauen und Schwunge erfüllt. Zumal England hatte einen ähnlichen Triumph seit den Tagen Heinrichs V., seit dem glorreichen Siege von Azincourt, seit drei Jahrhunderten nicht erlebt: die jubelnde Begeisterung des Volkes sicherte der Kriegspartei das Uebergewicht auf lange Zeit. Fester waren durch diesen gemeinsamen schwer errungenen Sieg die Verbündeten an einander geknüpft; denn wie bei Niederlage die Allianzen lockert, so festigt sie der gemeinschaftliche Ruhm und Vortheil. Marlborough, mit einem Schlage unter die bedeutendsten Feldherren aller Zeiten versetzt, ward von dem dankbaren Kaiser zum Reichsfürsten ernannt und aus der bairischen Beute mit dem schwäbischen Fürstenthume Mindelheim beschenkt.

Um so betäubender war der Eindruck der furchtbaren Niederlage in Frankreich, wo man sich in dem stolzen Wahne gewiegt hatte, einer Vereinigung der Streitkräfte Marsins, Tallards und des Kurfürsten würden die Verbündeten die Spitze zu bieten gar nicht wagen. Wie gründlich war man jetzt enttäuscht. „Es schwindelt aller Welt der Kopf," schrieb Frau von Maintenon vierzehn Tage nach dem Ereignisse. König Ludwig selbst verlor seine gewöhnliche kaltblütige Würde und tobte in verzweifelter Scham. Zumal das Blindheimer Ereigniß kam ihm nicht von den Lippen und unaufhörlich sprach er von der unverlöschlichen Schande dieses Vorganges. Er rieth jetzt selbst dem Kurfürsten zu Unterhandlungen mit dem Kaiser — doch dazu war es nunmehr zu spät! In ganz Frankreich ertönten Klagen um die gefallenen oder vermißten Angehörigen.

Der Sieg bei Höchstädt wurde nun von den Verbündeten keineswegs in entsprechender Weise ausgenützt. Der langsamen und methodischen Kriegsführung jener Zeit gemäß ließ man die Franzosen unverfolgt auf das linke Rheinufer sich zurückziehen; nur daß durch die Strapazen des Marsches über den Schwarzwald und die bewaffneten Haufen schwäbischer Bauern noch ganze Bataillone des französischen Heeres aufgelöst wurden.

Ludwig von Baden meinte keinen besseren Nutzen aus dem großen Siege bei Höchstädt ziehen zu können, als die Belagerung Landaus. Als diese sich Woche auf Woche hinzog, als bereits zwei Monate seit der Höchstädter Schlacht

Wichtigkeit der Höchstädter Schlacht. 425

verstrichen waren, ohne daß die Verbündeten sich auch nur einer einzigen Trophäe erfreut hätten, konnte Marlborough seine gerechte Ungeduld nicht länger zügeln und mit einem schnellen Seitenzuge eroberte er die Moselfestungen Trarbach und Trier. Endlich fiel auch Landau zum zweiten Male den Kaiserlichen in die Hände.

In Baiern hielten sich noch einzelne Festungen; hatte doch Ludwig von Baden nicht einmal Ingolstadt nehmen können! Allein um den furchtbaren Räubereien und Erpressungen der kaiserlichen Beamten in dem unglücklichen Lande ein Ende zu machen, um dasselbe in möglichst gutem Zustande bis zum Schlusse des Krieges zu erhalten und zugleich den Kaiser zu versöhnen, ging die Kurfürstin — ihr Gemahl war wieder nach Brüssel zurückgekehrt — im November zu Ilbesheim einen Vertrag ein, durch welchen ganz Baiern mit Ausnahme des Amtes München als ihrer Residenz in kaiserliche Verwaltung übergehen sollte. Die bairischen Soldaten, die sich in den Garnisonen noch vorfanden, wurden meist nach damaliger Sitte unter die kaiserlichen Regimenter gesteckt.

Auch in Ungarn hatte der alte Kaiser in diesem Jahre einen Erfolg zu verzeichnen. Hier kommandirte dessen Truppen ein tüchtiger aber harter und grausamer Soldat, Feldmarschall Graf Sigbert Heister. Er schlug eine Schaar Rebellen bei Tyrnau auf das Haupt. Allein während Eugen wünschte, daß man diesen Sieg zur Anknüpfung aufrichtiger Verhandlungen mit den Magyaren benutze, erbitterte Heister durch Roheit und verächtliche Behandlung dieselben immer mehr und vergrößerte dadurch fortwährend die Schaaren der Rebellen. Seine eigenen schwachen Streitkräfte rieb er durch schonungslosen Gebrauch auf, und so stand es trotz des Sieges bei Tyrnau am Ende des Jahres 1704 mit der kaiserlichen Sache in Ungarn schlimmer denn je. Und inzwischen erwehrte sich Feldmarschall Rabutin in Siebenbürgen mit wenigen tausend Mann nur mühsam der immer höher steigenden Fluth der Rebellion. Es schien, als ob für den Gewinn Baierns der Kaiser die erst vor wenigen Jahren von den Türken gereinigten weiten Ostländer einbüßen sollte.

Weit glücklicher war Ludwig XIV. gegen die Aufständischen in seinem Lande, gegen die Camisards. Vergebens hatte der ebenso grausame wie unfähige Montrevel, um eine Einöde um das Gebirge zu ziehen, auf 30 Quadratmeilen in dessen Nachbarschaft alle Dörfer, 466 an der Zahl, niedergebrannt, mehr als 20,000 Menschen dadurch in das Elend gestoßen: er hatte mit seinen ungeheuren Streitkräften nur Niederlagen erlitten. Da ward er abberufen und statt seiner im Beginne des Jahres 1704 Villars gesandt, der durch seine Streitigkeiten mit dem bairischen Kurfürsten disponibel geworden war. Dieser stellte sofort das Verfahren der Massenhinrichtungen ein und versprach jedem, der sich unterwerfen würde, freie Wahl, entweder ruhig unter Aufsicht in der Heimath zu leben oder in das Ausland zu gehen. Zu gleicher Zeit änderte er das Kriegssystem: anstatt große Angriffe zu unternehmen, ließ er das ganze Gebiet durch fliegende Kolonnen durchziehen, die sich weiter und weiter ausbreiteten, und alle wichtigen Punkte mit kleinen Garnisonen besetzt hielten. Beides hatte besten Erfolg. Die Camisards, unaufhörlich angegriffen, gehetzt, nirgends sicher, nicht im Stande, sich zu sammeln, wurden zum guten Theile des Krieges müde und Villars Milde verstärkte die Friedenssehnsucht. Im Mai 1740 schloß Cavalier selbst mit dem Marschall einen Vertrag, welcher, wenn nicht Gewissensfreiheit, so doch Amnestie für alle Vorgänge der Empörung gewährte; Cavalier trat als Oberst in den Dienst des Königs, für den er aus seinen Glaubensgenossen ein Regiment zu bilden versprach. Freilich billigte die fanatischere Partei unter den Camisards dieses Abkommen nicht, aber sie war zu schwach, um den Kampf mit Erfolg fortzusetzen. Wiederholt besiegt und durch ihre wilden Greuelthaten bei der ganzen Bevölkerung verhaßt, wurden diese Fanatiker bis zum Ende des Jahres 1704 beinahe sämmtlich ausgerottet, der Rest unterworfen. Es hatte sich gezeigt, daß die Refugiés nicht die Protestanten Colignys waren: fast keiner von diesen Flüchtlingen, die wohl aufgenommen und behäbig im Auslande lebten, hatte seinen Arm der Sache seines Glaubens in Frankreich zu Gebote gestellt.

Zwar erfolgte unvermuthet im Beginne des Jahres 1705 noch eine neue Zuckung des Camisardenkrieges. An Villars Stelle trat Berwick, der hochbegabte, aber durchaus nichtsnutzige und cynisch ruchlose illegitime Sohn Jakobs II. Seine Mißhandlung der Unterworfenen, sein vertragswidriges Verbot der Auswanderung rief den Aufstand noch einmal hervor, zumal da derselbe auf den Beistand der Verbündeten rechnete. Allein die letztern blieben aus — die Zeit der Religionskriege war nun einmal in Europa vorüber — und so wurden die Camisards dieses Mal endgültig unterworfen; im April 1705 endeten ihre letzten Verfechter zu Nimes auf dem Scheiterhaufen. Das ganze Gebiet der Cevennen war entvölkert und veröbet. Tod und Schweigen waren auch hier die letzten Ergebnisse der fanatischen Unduldsamkeit eines Ludwig XIV. und der französischen Hierarchie. Wahrlich, wenn diese zuletzt der römischen Knechtschaft verfallen ist, so hat sie ihr Schicksal in reichem Maße verdient! — Cavalier empfand übrigens Gewissensbisse darüber, seine Glaubensgenossen im Stiche gelassen zu haben, selber in Gemächlichkeit im Dienste des Fürsten zu leben, der soeben seine unglücklichen Brüder im Süden zu Tode hetzte. Er trat mit der Kompagnie Camisards, die ihm treu geblieben war, in den Dienst der Verbündeten und zwar des Herzogs von Savoyen, um hier an der Seite der Waldenser aus den Thälern der Seealpen den blutigen Verfolger alles protestantischen Wesens zu bekämpfen. So machte er seinen egoistischen Abfall vom Mai 1704 wieder einigermaßen gut.

Ludwig selbst war freudig davon überrascht, daß die furchtbare Niederlage bei Höchstädt ihm keine schlimmern Verluste gebracht hatte, als die Einbuße dreier Festungen. Um so eifriger rüstete er, um das nächste Jahr seinen

Kaifer Joseph I.

Ende des Camisardenkrieges. 427

Feinden die Stirne bieten, vielleicht die Unglücksfälle von 1704 auswetzen zu können. Er stellt seine Kavallerie wieder her, füllte die großen Lücken des Fußvolkes aus, indem er, freilich gesetzwidrig, die seit Jahren eingeübten Milizen unter die regulären Regimenter steckte, und setzte die fünf Armeen, die er in Flandern, an der Mosel, am Rhein, in Italien und Spanien unterhielt, von neuem in Stand. Nicht ohne Bewunderung sahen die Gegner dieses Frankreich, das mit geringer Unterbrechung seit vier Dezennien ungeheure Kriege führte, nach den Verlusten und Demüthigungen des Vorjahres sich von neuem muthvoll und stark erheben.

Ludwigs alter Gegner, der ungefähr um dieselbe Zeit, wie jener, die Regierung übernommen hatte, der nicht nur aus politischen Gründen, sondern auch aus Verschiedenheit des Charakters ihn bitterer haßte, als irgend ein anderer Mensch, weder an Geist noch an Macht demselben irgend vergleichbar und doch bis zuletzt ihm nicht unebenbürtig, — Kaiser Leopold I. starb am 5. Mai 1705. Man muß dieses Ereigniß als ein wahres Glück für Oesterreich bezeichnen. Der Unfähigkeit dieses Fürsten hatte schließlich das Greisenalter noch den Eigensinn zugesellt. Vergebens waren alle Bemühungen Eugens gewesen, einen Wechsel im Oberkommando in Ungarn herbeizuführen, vergebens sein Bestreben, ein bestimmtes System entweder nachgiebiger Friedfertigkeit oder Anspietung aller Kräfte zu kriegerischer Ueberlegenheit gegen die magyarischen Rebellen zur Herrschaft zu bringen. Indem man dieselben hart und schimpflich behandelte, die ganze ungarische Nation beleidigte, doch aber nur ungenügende Truppen gegen sie sandte, bald wieder Friedensunterhandlungen begann, die nicht ernsthaft gemeint waren, hatte man den Aufstand nur von Jahr zu Jahr gesteigert. Der inneren Verwaltung des Gesammtreiches hatte schließlich Prinz Eugen, für den die Noth der Zeiten dem Kaiser weitgehende Macht abgenöthigt, eine etwas bessere Gestaltung gegeben. Schlimm aber war, daß gerade die Verbündeten des Kaisers, die Seemächte, denselben noch über Gebühr verachteten und nichts Gutes von ihm erwarteten. Das hatte bereits bei den früheren Koalitionskriegen der gemeinsamen Sache und besonders dem Hause Oesterreich selbst beträchtlich geschadet!

Schon längst hatte sich die Hoffnung aller guten Oesterreicher und ihrer Freunde dem Thronfolger zugewendet, dem römischen Könige Joseph I. Dieser Fürst in der ersten Blüthe der männlichen Kraft — er war 1677 geboren — ein frischer, lebenslustiger, freigebiger Herr, ohne den melancholischen Zug seiner Vorfahren, zeichnete sich in der That durch Lebhaftigkeit, Muth, Eifer und Klarheit des Geistes vortheilhaft vor Vater und Bruder aus. Seiner Ziele sich wohlbewußt, mehr scharf und fest als gütig, hatte er unnachsichtige Reformen im Innern, unverbrüchliche Fortführung der Kriegspolitik nach außen von jeher zu seinem Programme gemacht und sehnte sich darnach, es durch eigene Thätigkeit in Heer, Verwaltung und Politik zu verwirklichen. Er war dabei freier gesinnt, weniger mit Vorurtheil erfüllt, als sein Vater — nur den Adel begünstigte er übermäßig — auch in weltlicher Bildung tüchtig bewandert; die Feindseligkeit, welche die eifrig kirchliche Partei, der Papst und die Jesuiten an der Spitze, allerorten den Verbündeten zeigten, und welche selbst die ungarischen und siebenbürgischen Priester bethätigten, trug nicht wenig dazu bei, ihm die Bigotterie verhaßt zu machen. Er war auch einsichtig genug, dem Prinzen Eugen die wesentlichste Einwirkung auf die Leitung der österreichischen Politik und des österreichischen Heerwesens zu überlassen. So war der Thronwechsel der Kriegspartei in Wien und der Sache des großen Bündnisses außerordentlich förderlich.

Vor allem in Italien mußte Besserung geschaffen werden, wenn man nicht den Savoyer und damit die alliirten Interessen auf der Apenninenhalbinsel gänzlich erliegen lassen wollte.

Noch in den letzten Monaten des Jahres 1703 war das Stammland des Herzogs, das eigentliche Savoyen, wo die französische Sprache der Bewohner, die Sehnsucht des Adels nach dem Glanze von Versailles, die Umtriebe der Geistlichkeit zahlreiche französische Sympathien erzeugt hatten, ohne große Schwierigkeiten den Franzosen in die Hände gefallen. Im Frühjahr 1704 hatten der Herzog und Starhemberg kaum mehr als 30,000 Piemontesen und Kaiserliche zu mustern, während einerseits Vendôme mit 40,000 Mann vom Osten her Piemont angriff, andrerseits eine fast gleiche Zahl Franzosen über die Alpen herüber kam, glücklicher Weise für die Verbündeten unter der Führung eines ebenso unfähigen wie anmaßenden und herzlosen Generals, des Herzogs von La Feuillade, eines Geschöpfes der Hofgunst wie Villeroy. Vendômes Bruder, der Großprior, hielt inzwischen das kleine kaiserliche Korps in Südtirol fest. Theils durch die Schuld La Feuillades, welcher sich weigerte, sich Vendômes Oberbefehl zu unterstellen, theils infolge allzu vorsichtiger Befehle aus Versailles benutzten die Franzosen ihre ungeheure Uebermacht nur zur Einnahme einzelner Festungen, ohne sich, wie ed Vendôme beabsichtigt, gegen Turin selbst zu wenden. Die einzige Feste Verrua, von dem wackern kaiserlichen Obersten Irsen und den muthigen patriotischen Bürgern ruhmvoll vertheidigt, hielt sich sechs Monate lang, bis in den April 1705, und kostete den Franzosen an 25,000 Mann an Todten, Verwundeten und Kranken — mehr als eine große Feldschlacht. Verrua hatte so lange ausgehalten, bis endlich eine alliirte Armee in Südtirol erschien, um dem Herzoge den dringend ersehnten Ersatz zu bringen. Die größte Gefahr schien damit für ihn und die verbündete Sache in Oberitalien vorüber.

Im Einverständniß mit Eugen war nämlich Marlborough im Winter nach Berlin gegangen und hatte durch das Geld der Seemächte den preußischen König bewogen, 8000 Mann seiner durch Disciplin und Tapferkeit ausgezeichneten Krieger unter dem wackern Leopold von Anhalt nach Italien zu senden. Dazu kamen einige frische kaiserliche Truppen und die schwachen

Regimenter, die ohnedies schon bisher in Südtirol gestanden hatten. Die Hauptsache war, daß über diese Streitmacht Eugen selbst den Oberbefehl übernahm. Seine offen ausgesprochene Absicht war, dem Herzoge von Savoyen, seinem Verwandten, zu Hülfe zu kommen, sein eigenes Stammland vor der französischen Herrschaft zu erretten. Mit seiner gewöhnlichen Schlauheit wußte er den Großprior zu täuschen, trotz deßselben in die Ebene zu gelangen und ihn bis hinter den Oglio zurückzumanöveriren: an 4000 Mann verloren dabei die Franzosen.

Eugen mochte es als einen ersten Erfolg seiner Bewegung betrachten, daß nunmehr Vendôme selbst zur Verbesserung der Fehler seines Bruders herbeieilte und nicht nur seine Feldherrentalente, sondern auch an 10,000 Mann, die er mit sich führte, dem Kampfe gegen Vittor Amadeus entzog. Aber dies war auch Alles; denn einem Vendôme gegenüber konnte er nicht den leichten Fortgang gewinnen, wie bei dessen Bruder. Der Marschall vereitelte alle Versuche Eugens über die Abba zu gelangen; und als letzterer bei Cassano am 16. August 1705 die Franzosen kühnlich angriff, wurde er zwar nicht geschlagen, aber doch zurückgedrängt mit bedeutendem Verluste an Soldaten und besonders den besten Generalen. Der eigentliche Zweck von Eugens Feldzug war damit vereitelt. Er mußte zwischen Oglio und Abba Halt machen und zunächst an die Wiederherstellung seines kleinen bereits so geschwächten Heeres denken. Inzwischen war das Reich Vittor Emanuels auf die einzige Stadt Turin beschränkt worden; auf dem Glacis derselben lagerten er und Starhemberg mit vielleicht noch zehntausend Mann. Ging auch Turin verloren, so war es mit Savoyen-Piemont zu Ende. Dazu kam, daß der Herzog mit Guido Starhemberg, dem unerschrodensten, ausdauerndsten und besunterrichteten, aber auch stolzesten und hochfahrendsten der kaiserlichen Feldherren, sich völlig verunreinigt hatte. Unter diesen Umständen war es ein hohes Glück für die Verbündeten, daß nach dem Abgange Vendômes an die Abba die Franzosen unter dem Befehle des kläglichen La Feuillade verblieben, der die gute Jahreszeit absichtlich vertrödelte, um nur nicht während des Winters durch die Belagerung Turins von Paris, Versailles und deren Freuden fern gehalten zu werden.

Auch in Deutschland und den Niederlanden hatte das Jahr 1705 zu keinem Ergebnisse geführt.

Die Bedrückungen der österreichischen Beamten in Baiern erzeugten unter dem dortigen Landvolke, das ohnehin die österreichischen Nachbarn bitter haßte, einen Aufstand, der sich bald über das ganze Kurfürstenthum verbreitete und auf das heftigst auflöderte. Die damalige österreichische Regierung hat überall in neu gewonnenen Ländern die Kunst verstanden, sich gründlichst unerträglich zu machen. Nicht ohne Schwierigkeiten gelang die Unterdrückung des bairischen Aufstandes, dann aber gab er dem Kaiser den Vorwand, den mit der Kurfürstin abgeschlossenen Vertrag für nichtig zu erklären, die beiden wittelsbachischen Herrscher von Baiern und Köln in die Reichsacht zu thun und das bairische Land unter verschiedene treue Fürsten und unter seine eigenen Günstlinge zu vertheilen. Eine Vereinigung Baierns mit Oesterreich lag damals noch nicht in den Postulaten der kaiserlichen Politik und wäre auch von der Eifersucht der übrigen Reichsstände kaum bewilligt worden.

Marlborough hatte in richtiger Würdigung einerseits der Schwierigkeiten, in dem mit Festungen übersäeten Belgien zu einer Entscheidung zu gelangen, andrerseits des Schreckens, welchen ein Einfall in Frankreich selbst in dem letztern hervorrufen würde, den aussichtsreichen Plan gefaßt, daß er und Ludwig von Baden mit zusammen 60,000 Mann an der Mosel sich vereinigen, Saarlouis, Diedenhofen und Metz wegnehmen und damit den Weg nach Paris eröffnen sollten. Wirklich gelang es ihm, durch langwierige Verhandlungen die Generalstaaten zur Zustimmung zu bewegen. Aber als er mit 30,000 Mann an der Mosel erschien, war von den Reichstruppen nichts zu sehen. Dem alten kränklichen Markgrafen erschien ein so kühner Plan durchaus verwerflich, trotz aller Zusicherungen zog er es im entscheidenden Augenblicke vor — zur Heilung seiner Gebrechen in das Schlangenbad sich zu begeben. Für sich allein konnte Marlborough gegen das stärkere französische Moselheer unter Villars nichts unternehmen. Höchlichst gereizt kehrte er nach den Niederlanden zurück, während Villars nun sogar Trier wieder nahm. Der ganze Zug war durch die Aengstlichkeit und Thatenscheu des Reichsfeldherrn vereitelt! In den Niederlanden hatten Villeroy und der Kurfürst von Baiern ihr Heil wieder hinter festen Linien gesucht, die sich fünf Meilen lang hinter der kleinen Gheete bis zur Maas erstreckten. Indeß Marlborough wußte sie zu täuschen. Indem er sich den Anschein gab, sie in dem südlichen Theile ihrer Werke anzugreifen, führte er sein Heer durch einen Nachtmarsch an das nördliche Ende, durchbrach sie (Juli 1705) in der Nähe von Tirlemont und rieb das hier stationirte französische Corps auf. Mit Mühe vermochten die französischen Generale Löwen und Brüssel zu decken. Durch eine kühne Umgehung wollte der englische Feldherr sie zum Rückzuge nöthigen, auf demselben angreifen, schlagen. Wieder kostete es Wochen, ehe er hierzu die Zustimmung der „Hochmögenden" im Haag und ihrer Felddeputirten gewonnen hatte. Endlich hatte er sie erlangt und nun stand er bald in der linken Flanke der feindlichen Aufstellung. Eben wollte er angreifen, da verweigerten die holländischen Generale die Mitwirkung. Marlborough, ohnehin aufbrausenden ungeduldigen Temperaments, verhehlte seinen Zorn nicht. Zum zweiten Male in diesem Feldzuge waren seine besten Anschläge durch die Schuld seiner Verbündeten vereitelt worden. Um zehn Jahre fühle er sich gealtert, sagte er. Unwillig verließ er das Heer und kehrte nach dem Haag zurück, um bei den Generalstaaten seine Klagen anzubringen.

Und inzwischen hatte Ludwig von Baden seine Ueberlegenheit über die Rheinarmee Marsins nur dazu benutzt, um die kleine Festung Hagenau zu erobern. Der Unterelsaß lag vor ihm offen, er unternahm lediglich nichts!

Der ganze Feldzug war mißlungen. Es konnte offenbar so nicht weiter gehen, wenn nicht die ungeheuren Anstrengungen der verbündeten Staaten in nichts auslaufen, ja vielmehr zu Niederlagen führen sollten.

Nur an einer Stelle, in Spanien, schienen entscheidendere Ergebnisse errungen worden zu sein.

Freilich der Vorstoß im Jahre 1704 von Portugal aus war erfolglos geblieben. Das portugiesische Volk war genügsam, tapfer, bildungsfähig, aber lief in die Nacht der Bigotterie verhunzt und politisch vollständig unreif. Eine tüchtige Regierung hätte aus ihm Tüchtiges machen können; allein das schlaffe, arbeitsscheue, käufliche, egoistische Regiment eines ebenso pomphaften wie verdummten Hofes und einer verkommenen, illoyalen und unpatriotischen Adelsclique hatte die Blüthen des glorreichen Freiheitskampfes gegen die kastilische Tyrannei bald wieder geknickt. Die Nation verkam in dumpfer, seelenloser Gleichgültigkeit. Nicht aus patriotischem Eifer, sondern nur um der Handelsvortheile willen hatte die portugiesische Regierung den Kriegsbund mit den Seemächten abgeschlossen. Das Volk aber hatte durchaus keine Lust, für die Frage, ob ein Philipp oder ein Karl in Madrid herrschen solle, Gut und Blut zu opfern. Langsam und schläfrig gingen die portugiesischen Rüstungen von Statten, verdrossen und unwillig waren die Regimenter, Unordnung, Unterschleif und böser Wille herrschten im Offizierkorps. Dagegen hatte die eigentliche Regentin Spaniens, die Prinzessin Orsini, nach Beseitigung des unfähigen Porto-Carrero das Unmögliche ins Werk gesetzt: eine stattliche spanische Armee von 35,000 Mann erschien im Felde. Sie war vom besten Geiste beseelt; denn eine unerträgliche Schmach dünkte es den Kastiliern und Andalusiern, daß ihnen die Ketzer und das verachtete Portugal den nationalen König rauben und einen fremden aufdrängen wollten. Dazu brachte Berwid den Spaniern 12,000 treffliche französische Soldaten und seine eigenen nicht gewöhnlichen Feldherrngaben. Er wartete den Angriff der durch holländische und englische Bataillone verstärkten Portugiesen nicht ab, brach in das nördliche Portugal ein, zersprengte die feindlichen Abtheilungen, die sich ihm entgegen warfen und drang bis in das Tajothal hinab — Lissabon schien offen vor ihm zu liegen.

Allein die iberische Halbinsel ist das Land des Unberechenbaren. Berwids Vormarsch wurde aufgehalten durch das englische Kontingent, das noch unberührt in seiner linken Flanke stand und ihm die Verbindung mit Spanien abzuschneiden drohte. Indessen hatte der Marques dos Minas, ein stolzer und verwegener Greis, aus kleinen Heerestheilen und den kühnen Bauern und Hirten der nördlichen Gebirgsgegenden eine beträchtliche Macht im Rücken Berwids gesammelt. Diese Guerillas zeigten, was portugiesische Krieger, gut geleitet, vermochten: ein ganzes spanisches Korps erlag ihrem ungeordneten aber wilden Angriffe. Der Kommunikationen, der Zufuhr, der Verstärkungen beraubt, wagte Berwick sich nicht weiter vor. Mangel und Fieber lichteten seine Schaaren; mit dem Juli 1705 mußte er seine Regimenter nach Spanien zurückführen.

So viel war klar geworden, an einen Angriff von Portugal aus und mit hauptsächlich portugiesischen Kräften war nicht zu denken. Es mußte ein anderer Ausgangspunkt gewählt werden zur Eroberung Spaniens, und dieselbe mußte im großen und ganzen mit den Mitteln der Seemächte durchgeführt werden.

Gerade in dem Augenblicke, wo die von der Fürstin Orsini veranstaltete Rüstung Portugal demüthigte, hatte es Ludwig XIV. gefallen, diese ehrgeizige und kluge Frau, die das bourbonische Königthum in Spanien wirklich einheimisch machen wollte und sich den Versailler Weisungen gegenüber allzu unabhängig zeigte, zu stürzen. Seitdem war der französische Gesandte, der Herzog von Gramont, der eigentliche König in Spanien, den königlichen Rath füllte er mit seinen Kreaturen. Aber nicht zum Heile des Staates. Gramont war hochfahrend, eitel, frivol, aller ernsten Arbeit abhold. Da er durchaus untüchtig war und die ganze Verwaltung aus den Fugen gerieth, stieß sein übermüthiges Wesen den kastilischen Stolz um so mehr ab. Diese Mißstimmung benutzte die Königin Marie Luise, erst sechzehn Jahre alt, aber voll von der politischen Einsicht, der geschmeidigen Konsequenz, der unerschütterlichen Beharrlichkeit ihres savoyischen Hauses. Mit ihrer Oberhofmeisterin Orsini vollkommen darin einverstanden, daß nur durch nationale Selbständigkeit das bourbonische Königthum auf der Halbinsel Wurzel fassen könne, ihres Gemahles ganz sicher, trotzte sie durch den Hinweis auf die völlige Zerrüttung der spanischen Verhältnisse auch Ludwig XIV. die Erlaubniß zur Rückkehr der Orsini ab. Sie kam als erster Minister (Anfang 1705).

Es war um so nöthiger, daß eine feste Hand wieder das Ruder des spanischen Staates ergreife, als derselbe von einem schweren Schlage betroffen worden war.

Den ganzen Sommer 1704 hindurch hatte die große verbündete Flotte unter Sir George Rooke thatenlos im westlichen Mittelmeere gekreuzt; da entschloß der Admiral sich zu einem Angriff auf die Festung Gibraltar. Die Werke waren verfallen, die Besatzung klein: nach einer kurzen Kanonade von der Land- und Seeseite her ergab sie sich (August 1704). Die Eroberung Gibraltars machte in Madrid und Versailles ein Aufsehen, welches nicht durch die scheinbare Bedeutungslosigkeit der kleinen Festung, sondern durch die Besorgniß begründet war, von diesem Punkte aus möchten die Seemächte den Angriff auf Madrid versuchen. Ein Sohn Ludwigs XIV. und der Montespan, der Graf von Toulouse, übrigens ein rechtlicher, patriotischer, gründlich gebildeter Mann, unternahm es, Gibraltar wieder zu erobern und zugleich den Ruhm der französischen Kriegsmarine zu erneuern. Mit einer den Verbündeten etwas überlegenen Flotte lief er von Toulon aus und traf den Feind bei Malaga. Allein der Kampf blieb unentschieden; die

Der Krieg in Spanien.

französischen Kapitäne verloren den Muth und veranlaßten Toulouse zum Rückzuge. Inzwischen verstärkte der einsichtige und tapfere Kommandant von Gibraltar, ein deutscher Prinz, Georg von Darmstadt, die Festungswerke des Platzes; derselbe hatte ein ganz anderes Aussehen angenommen, als mit dem Herbst 1704 die Spanier nun zu Lande die Belagerung begannen. Vergebens wurden sie durch ein französisches Heer, durch ein französisches Geschwader unterstützt: im Frühjahr 1705 brachte eine englische Flotte Entsatz. Dieselbe Festung, die im August 1704 durch einen Handstreich genommen worden war, hatte unter Darmstadts tapferer und umsichtiger Vertheidigung einem siebenmonatlichen Angriffe getrotzt! Und hiermit war Wichtigeres entschieden, als man damals ahnte. Da nur englische Streitkräfte Gibraltar gehalten hatten, beschloß die englische Regierung, es nicht dem „Könige Karl III." auszuliefern, sondern für alle Zukunft als englischen Nationalbesitz zu bewahren!

Inzwischen befand sich dieser „König Karl III." in Lissabon in traurigster Lage. Von den Portugiesen wurde er mit offener Mißachtung behandelt, schließlich ganz gemieden; eifersüchtig, daß ein Fremder portugiesischen Truppen befehlen solle, verbot man ihm den Zutritt zu dem Heere, das ihm seine Krone zu erobern bestimmt war. Las Minas, die Holländer und die Engländer stritten sich derartig, daß schließlich gar nichts geschah. Da langte als Führer einer großen englisch-holländischen Flotte und als Oberbefehlshaber der gesammten verbündeten Streitkräfte Lord Peterborough in Lissabon an, ein heißblütiger, ungestümer, waghalsiger, großherziger Mann voll unbändigsten Ehrgeizes. Daß mit diesen ebenso störrischen wie armseligen Portugiesen nichts zu machen sei, war ihm einleuchtend. Ihren Widerstand überwand er, nahm den Erzherzog Karl — dem es ja schlechter nicht gehen konnte! — völlig für sich ein und fuhr mit ihm nach Catalonien davon.

Der Oppositionsgeist der Catalanen, der Aragonier überhaupt gegen Kastilien machte allerdings ein erstes Gelingen in diesen Provinzen wahrscheinlich. Dagegen übersah man, daß gerade die stets oppositionelle Stellung der Aragonier deren Schützling in der weit überwiegenden Masse des Reiches, in den Ländern der kastilischen Krone als einen hassenswerthen Nationalfeind und Fremdling erscheinen lassen müsse. Genug, die Verbündeten erschienen mit 8000 Mann vor Cataloniens Hauptstadt, dem seemächtigen Barcelona, das außer seiner zahlreichen Bevölkerung eine Garnison von gleichfalls 8000 Mann zählte und durch überaus starke Werke vertheidigt war. Peterborough überfiel mit unvergleichlicher Tollkühnheit die auf hohem Felsrücken gelegene stark befestigte Citadelle von Barcelona, Montjuich, nächtlicher Weile und nahm sie weg. Nach diesem ersten Erfolg der habsburgischen Truppenmacht erhob sich allerorten das Volk von Catalonien zum Aufstande gegen die Kastilier, gegen Philipp V. Die philippistische Besatzung von Barcelona, draußen vom Feinde, drinnen vom Aufstande angegriffen, kapitulirte. Im Laufe einer einzigen Woche vollzog sich in ganz Catalonien die Anerkennung

Karl III., welcher die alten Freiheiten des Landes wieder herzustellen versprach. Das lockte auch das benachbarte Valencia zur Empörung, auch hier wurden die bourbonischen Statthalter und Besatzungen vertrieben. Wunderbar schien es der Welt, daß Peterborough so Großes mit 8000 Mann bewirkt hatte; sein Ruhm kam damals dem Marlboroughs und Eugens gleich; er hatte für die Verbündeten die Ehre des Feldzuges von 1705 gerettet. Auch noch ferner lächelte das Glück dem kühnen General. Mehr durch Erfindungsgabe und Verwegenheit als durch seine höchst unzulänglichen Streitkräfte trieb er wiederholt die bourbonischen Heere aus einander, eroberte Murviedro, rettete Valencia vor den feindlichen Angriffen. Mit dem Februar 1706 drohte freilich ein schweres Unheil. Mit 18,000 Mann rückte Marschall Tessé herbei, um dem Befehle seines Königs gemäß Barcelona zu belagern. Aber nur langsam auf zerstörten Straßen, von Guerillas umschwärmt, die Hunderte tödteten, langte er vor der catalonischen Hauptstadt an, in welcher Karl selbst mit vieler Kaltblütigkeit die Vertheidigung leitete. Draußen stand Peterborough mit wenigen Soldaten und vielen Irregulären. Sie konnten nicht verhindern, daß die Franzosen Fort Montjuich wegnahmen; aber sie hatten dieselben so lange aufgehalten, bis eine englische Flotte mit Landungstruppen an Bord herankam. Nun mußte Tessé seine Belagerung aufheben, sich zurückziehen; auch das eigentliche Aragon erhob sich darauf für Karl III.

Aber nicht umsonst hatte er die Unterstützung der hochherzigen englischen Nation genossen! Die Holländer, dieses kleine Volk von 2½ Millionen Seelen, thaten damals für den Landkrieg bei weilen mehr als die Engländer; nur zum Entgelte dafür mußten diese mehr Kräfte den Seerüstungen widmen. Dennoch handelten die Engländer, als ob sie das Hauptverdienst am ganzen Kampfe hätten. Wie sie den Umstand, daß in Spanien hauptsächlich sie thätig waren, bereits benutzt hatten, um sich Gibraltars zu bemächtigen, so nöthigten sie auch jetzt Karl zu einem Handelsvertrage, welcher mit directer Benachtheiligung der Niederländer die englischen Kaufleute zu Herren des gesammten spanischen Handelsgebietes machte. War es doch in Portugal nicht anders. Mit echt kaufmännischer Selbstsucht sollten also die Dienste, welche mit größter Opferwilligkeit die Holländer der gemeinsamen Sache leisteten, nur die Folge haben, zu Gunsten Englands ihren einträglichsten Handelszweig zu vernichten. Kann man sich wundern, daß die Holländer, voran die damals erste Handelsstadt der Republik, Amsterdam, bringend den Frieden herbeiwünschten? Daß selbst Heinsius wankte?

Allein England wollte es dazu nicht kommen lassen. Noch hatte Frankreich sich nicht zu den Konzessionen bereit gezeigt, deren selbst die Holländer bei dem Friedensschlusse nicht entrathen wollten. Auf Vorschlag des tief gekränkten und schwer greisten Marlborough erklärte die englische Regierung: wenn nicht Marlborough für den nächsten Feldzug unbedingte Verfügung über die holländischen Streitkräfte erhalte, so werde sie ihre Truppen von den Niederlanden weg auf einen andern Kriegsschauplatz ziehen. Damit wäre jede Hoffnung für die Republik auf die Erlangung einer „Barriere" gegen die vordringende und schon benachbarte französische Macht verloren, ja vielleicht das Gebiet der Vereinigten Provinzen selbst bedroht gewesen! Sie unterwarfen sich. Die Generalstaaten versprachen so viel, wie verfassungsmäßig in ihrer Macht stand. Von nun an sollte Marlborough sich die Felddeputirten selbst aussuchen dürfen, ein neues Dienstreglement die holländischen Generale seinem Befehl unterordnen. Man durfte hoffen, daß damit dem Elend der bisherigen niederländischen Feldzüge abgeholfen sein werde.

Es war nöthiger als je, zu großen Entschlüssen auch eine thatkräftige Ausführung zu gesellen. Denn während Marlborough im Winter von 1705 auf 1706 noch einmal, das Amt eines Diplomaten mit dem des Feldherrn verbindend, in Deutschland umherreiste, um die deutschen Fürsten zu großartigen Anstrengungen anzufeuern, während Markgraf Ludwig von Baden sich so verzagt erwies, daß ihm in der Person des Markgrafen von Baireuth ein zweiter Reichsfeldmarschall nebengeordnet werden mußte — hatte Ludwig XIV. bereits gehandelt. Der unentschiedene Ausgang des vorjährigen Feldzuges hatte ihn wieder ermuthigt, und er gedachte, wie zu den Zeiten Louvois' früher auf dem Platze zu sein, als seine zwiespältigen und trägen Feinde. Mit ungeheurem Eifer hatte er gerüstet, die französische Nation, fest entschlossen, jenes einmalige Unglück bei Höchstädt durch glänzende Siege in Vergessenheit zu bringen, hatte trotz Noth und Elend mit patriotischem Eifer durch freiwillige Gaben in reichem Maße die Veranstaltungen ihres Herrschers gefördert. 40,000 frische Rekruten verstärkten die Reihen der französischen Infanterie, die Verluste des vorigen Jahres bei weitem übertreffend; 30,000 Milizen wurden außerdem neu eingeübt, um später als Ersatz für den Abgang zu dienen. Dieses gedemüthigte und erschöpfte Frankreich zeigte doch eine bewundernswerthe Lebenskraft: nicht weniger als acht Heere mit Feldherren wie Villars, Vendôme, Berwick an der Spitze, verfochten die Sache seines Königs den Niederlanden, an Mosel und Rhein, in der Lombardei, Piemont, Roussillon, Catalonien, an der portugiesischen Grenze. Und überall kamen sie den Gegnern zuvor, waren sie die Ersten im Felde. Welch' Gegensatz dazu diese schwerfällige Allianz! Was wäre aus ihr geworden ohne Marlborough, die Seele des ganzen Bündnisses, der während der Hälfte des Jahres alle seine Geisteskräfte aufbieten mußte, um ihre Heere vor der Niederlage zu bewahren, in der andern Hälfte, um sie selbst vor kläglichem Auseinanderfallen zu retten und die Regierungen zu den nöthigsten materiellen Anstrengungen anzuspornen!

Ende April 1706 brach Villars gegen Ludwig von Baden los. Die deutschen Reichskontingente pflegten sich bei dem Eintritt der üblen Witterung regelmäßig der größern Billigkeit halber in ihre bezüglichen Vaterländer zurückzubegeben; dann war es unmöglich, sie vor dem August wieder alle zusammen zu treiben. Im August und September pflegte das Reichsheer dann wenigstens der Zahl nach ganz respektabel zu sein, aber in den übrigen zehn Monaten stand es nur auf dem Papier. Die 16,000 Mann kaiserlicher Truppen, die zu demselben stoßen und seinen Kern bilden sollten, waren fern in Ungarn. So mußte vor den 50,000 Streitern Villars' Ludwig von Baden, der kaum 7000 mittelmäßige Soldaten zur Verfügung hatte, ohne Schwertstreich Hagenau, den Unterelsaß, seine Magazine räumen und sich wieder hinter seine Bühler Linien zurückziehen. Er konnte nicht verhindern, daß Villars verwüstend in die Pfalz einfiel und hier die Greuel von 1689 und 1693 erneuerte.

Zum Glücke für das südwestliche Deutschland wurde durch die Ereignisse in den Niederlanden Villars genöthigt, einen beträchtlichen Theil seiner Streitkräfte dorthin abzugeben und sich damit so zu schwächen, daß er nichts Ernstliches mehr zu unternehmen vermochte. Marlboroughs einzig richtiger Plan, die im vorigen Jahre mißlungene Absicht wieder aufzugreifen, von der Mosel aus einen Stoß gegen das Herz Frankreichs zu unternehmen, war an dem Mißgeschick des unglücklichen Reichsfeldherrn und an der Weigerung der Holländer, diesem Deutschland irgend eine Hülfe zu gewähren, gescheitert. Um so mehr kräftete es den englischen Feldherrn, als Villeroy mit seiner belgischen Armee aus unangreifbaren Schanzen herauskam, um nun auch seinerseits eine Offensive zu unternehmen, wie schon vorher seine Kollegen am Rhein, in Catalonien, in Piemont. Marlborough eilte, den an Feldherrngeschicklichkeit ihm so weit nachstehenden Gegner zu schlagen. Wirklich erkannte Villeroy Marlboroughs Ueberlegenheit an, indem er sich sofort wieder in die Vertheidigung begab. Es ist charakteristisch für den spanischen Erbfolgekrieg wie für den deutsch-französischen von 1870, daß die französischen Generale fast nur Defensivschlachten fochten und damit von vornherein auf den Vortheil des vorwärtsbringenden militärischen Ungestüms, der leicht entzündbaren Schlachtenbegeisterung, welche den französischen Soldaten auszeichnen, Verzicht leisteten. Es ist dies eben ein Beweis, daß sie beide Male sich dem Widersacher geistig nicht gewachsen fühlten, sich deshalb seiner Initiative unterwarfen, sich derselben nur zu erwehren suchten. Und wie ängstlich war die Vertheidigungsstellung Villeroys gewählt! Sein linker Flügel stand hinter den sumpfigen Gründen der kleinen Gheete, unangreifbar durch den Morast, aber auch eben dadurch an jeder Offensivbewegung gehindert. Vor seiner Mitte befand sich vorgeschoben das große steingebaute Dorf Ramillies, mit Infanterie und Geschütz reichlich besetzt, dem Feinde, aber auch der eigenen Offensive im Wege. Nur der rechte Flügel, bis zu einem Hügelkamme ausgedehnt, war beweglich und deshalb auch das eigentliche Ziel des feindlichen Angriffes. Hier hatte Villeroy die französischen und bairischen Gardeschwadronen und sämmtliche Dragoner aufgestellt. Am 23. Mai 1706 griff Marlborough diese Stellung in ihrer ganzen Ausdehnung an. Bald erkannte er, daß man sich dem unbeweglichen linken Flügel der Franzosen gegenüber nur auf ein Scheingefecht beschränken könne: fast die gesammte national-englische und deutsche Infanterie ließ er die Dörfer vor dem rechten französischen Flügel wegnehmen und warf dann hundert Schwadronen auf die schon erschütterte Reiterlinie desselben. Sie wurde zersplittert, nun auch im Centrum Ramillies fortgenommen. Indem der noch intakte linke Flügel den Rückzug deckte, sollte dieser wohlgeordnet von Statten gehen, aber die schwierigen Defileen hielten ihn auf; und da Marlborough dieses Mal in der Nacht und am folgenden Tage unausgesetzt verfolgen ließ, so wurde das französische Heer vollständig gebrochen. Sein unmittelbarer Verlust betrug 15,000 Mann und sämmtliche Geschütze bis auf sechs; die Verbündeten hatten weniger als 4000 Streiter eingebüßt.

Die Frucht dieses glänzenden Sieges bei Ramillies war die Eroberung fast der gesammten spanischen Niederlande. So kampfunfähig hatte diese einzige Schlacht das französische Heer gemacht, so sehr dessen Feldherrn beräubt, daß sie die wichtigsten strategischen Punkte, Flußübergänge, Schleußenwerke u. dgl. unbesetzt ließen. Löwen, Brüssel, Gent, Brügge, ganz Brabant und das halbe Flandern fielen den Verbündeten in die Hände. Wie eine Heerde Schafe, ohne Widerstand auch nur zu versuchen, ließen die 40,000 Franzosen Billeroys sich treiben, keinen andern Gedanken faßten sie, als sich schnell hinter den belgisch-französischen Grenzfestungen zu bergen. Die Bevölkerung der belgischen Provinzen, zumal die germanischer Abkunft, hatte schon längst mit Ingrimm die französische Herrschaft ertragen: jetzt öffneten Festungen wie Oudenaarde, große und starke Handelsstäble wie Antwerpen ohne irgend einen Widerstand den Siegern von Ramillies ihre Thore. Mit Ausnahme allerdings einiger der wichtigsten Vesten waren die katholischen Niederlande für König Karl III. gewonnen. Es war das zweite Land, welches der Kurfürst von Baiern einbüßte; an Wirkung, wenn auch nicht an militärischer Kunst, kommt Ramillies Höchstädt gleich.

Ludwig XIV. war tief niedergeschlagen; nur mit Mühe vermochte er seine Fassung zu bewahren. Das eigene Unglück, der Zusammensturz seines ganzen Lebensgebäudes traf seine sonst so harte Seele schwer; er litt unsäglich. Hier war nicht mehr von einem einzelnen vorübergehenden Unglück die Rede, sondern es war klar und ersichtlich geworden, daß die französischen Heere und Feldherrn denjenigen der Verbündeten nachstanden. Die Franzosen waren nicht mehr das erste Volk der Welt!

Nichts Besseres wußten der König und sein unfähiger Kriegsminister Chamillart zu thun, als die zerrütteten Bataillone Billeroys in die französischen Nordfestungen in Besatzung zu legen, bis der eiligst aus Italien herbeigerufene Bendôme ein neues Heer organisire; man hielt ihn für den tüchtigsten französischen General.

Inzwischen eroberte Marlborough Ostende, Courtrai, Menin, Tendermonde, Ath. Bendôme, durch die Moselarmee und den größten Theil von Villars' Heer verstärkt, wagte nicht einmal den Versuch des Entsatzes, sondern beschäftigte sich lediglich mit der Wiederherstellung des militärischen Geistes und der Schlagfertigkeit seiner Truppen. Er erkannte, daß tüchtige, wohlgeübte und tapfere Bataillone in der bedrängten Lage Frankreichs nöthiger seien, als der Besitz dieser oder jener belgischen Festung. Auf Menschen, nicht auf Steinen beruht die kriegerische Macht eines Landes, zumal in kritischer Lage.

Der dankbare Kaiser ernannte Marlborough zum habsburgischen Statthalter für Belgien; allein an der Eifersucht der Generalstaaten, die weder von einer habsburgischen Herrschaft in Belgien vor Regelung ihrer Handels- und Barriereansprüche daselbst, noch von einer übermäßigen Machterweiterung des englischen Oberbefehlshabers hören wollten, scheiterte diese Absicht. Marlborough rächte sich, indem er die englische Regierung veranlaßte, die Regelung jener holländischen Ansprüche mehr und mehr hinauszuschieben: nicht mit Unrecht meinte er, es sei dies das einzige Mittel, um die Republik von einem Separatfrieden — wie sie ihn 1678 geschlossen — zurückzuhalten.

Inzwischen waren noch andere wichtige Provinzen des spanischen Reiches dem Könige Philipp V. unwiderruflich verloren gegangen. Immer deutlicher stellte es sich heraus, daß die Ueberlieferung an den bourbonischen Herrscher keineswegs, wie die Spanier gehofft, sie vor der Theilung der einst so ruhmvollen Monarchie Philipps II. bewahren werde.

In Italien standen im Frühjahr 1706 die Sachen für die große Allianz sehr traurig. Mit Nizza fiel die letzte piemontesische Stadt — außer Turin — und zugleich der einzige, den alliirten Flotten offene Hafen Italiens den Franzosen in die Hände. Starhemberg hatte den Herzog Viktor Amadeus verlassen; dieser bezog mit seinem schwachen Korps ein Lager in der Nähe Turins, welches, von dem wackern kaiserlichen General Daun vertheidigt, seit dem Beginne des Frühjahrs von La Feuillade angegriffen wurde. Vendôme stand inzwischen in der Lombardei und benutzte im April 1706 die Abwesenheit Eugens, um dessen Unterbefehlherrn Reventlow bei Calcinato zu besiegen und zum Rückzuge in die Südtiroler Berge zu zwingen. Nun schien die Uebergabe Turins und damit der endgültige Untergang der alliirten Sache in Italien nur eine Frage verhältnißmäßig kurzer Zeit. Nur langsam trafen die von den Seemächten in Sold genommenen und dem Kaiser zugedachten preußischen und Pfälzer Hülfstruppen im Lager Eugens ein.

Begünstigt von den über die französischen Erpressungen erbitterten venetianischen Behörden wußte Eugen die Franzosen abermals zu täuschen und von Tirol aus seinen Uebergang über die mittlere Etsch zu gewinnen. Ehe Vendôme sich von seinem Erstaunen erholt hatte, war Eugen auch über den untern Po gegangen. Südlich von diesem Flusse, wo weniger zahlreiche und große Nebenflüsse das Vordringen hinderten, wollte Eugen jetzt den Marsch auf Turin versuchen, der nördlich von jenem Flusse, durch die Lombardei, ihm im vorigen Jahre mißlungen war. Eine nicht geringe Förderung war es für ihn, daß gerade in diesem Augenblicke Vendôme nach den Niederlanden abberufen wurde. An dessen Stelle sandte der König seinen Neffen, den

Herzog Philipp von Orleans, einen allerdings hoch begabten, muthigen, wissenschaftlich feingebildeten, ehrgeizigen Mann, aber unruhig, liederlich, vor allem militärisch durchaus unerfahren. Schon war Eugen ihm im Süden zuvorgekommen auf seinem Marsche nach Osten: es blieb Orleans nur übrig, die Festungen des Modenesischen und Piemontesischen mit Besatzungen zu versehen und La Feuillade zur Offnirung des Passes von Stradella zu ermahnen, den Eugen auf dem Wege nach Piemont zu passiren hatte. Mitten unter feindlichen Garnisonen, über zahlreiche Bäche und Flüsse, abgeschnitten von der Heimath, ohne Stützpunkt, Magazine und Lazarethe, den einen Gegner im Rücken, den andern vor sich, bahnte sich Eugen mit ebenso vieler Vorsicht wie Kühnheit seine Straße; hunderte seiner nordischen Soldaten stürzten unter den glühenden Strahlen der italienischen Sommersonne zusammen. Als er sich dem Passe Stradella näherte, wo man von Parma aus über den Po nach Piemont gelangt, fand er ihn zu seiner großen Freude unbesetzt. So gelang es Eugen, den ersten Theil seiner Aufgabe zu lösen: am 1. September 1706 vereinigte er sich im Süden von Turin mit seinem Vetter Viktor Amadeus.

Es galt jetzt das nicht minder schwierige Ziel des Entsatzes von Turin zu erreichen. Orleans und dessen militärischer Begleiter, der Marschall Marsin, stießen ihrerseits zu La Feuillade, der freilich noch nicht den mindesten Fortschritt gegen die ebenso energische wie geschickte Vertheidigung Dauns gemacht hatte. Orleans sprach dafür, mit dem größten Theile der vereinigten französischen Heere den savoyisch-kaiserlichen Widersachern kühn entgegen zu gehen; allein Marsin und La Feuillade wählten das scheinbar Sicherere, den feindlichen Angriff in den um ihr Lager angelegten starken Verschanzungen, die in der That einer förmlichen Festung glichen, abzuwarten. Eugen und der Herzog ließen sie nicht lange harren. Am Morgen des 7. September rückte die verbündete Armee gegen die feindlichen Werke: Preußen, Pfälzer, Sachsen, Kaiserliche, von Italienern nur einige Reiterregimenter. Zwischen den beiden Nebenflüssen des Po vom Süden her, der Stura zur Rechten, der Dora zur Linken, dehnten sich, die Front nach Süden, die französischen Schanzen aus. Das furchtbare Feuer der Franzosen hielt die Verbündeten stundenlang von dem Fuße der feindlichen Schanzen zurück. Endlich setzte sich Eugen an die Spitze seiner besten Truppen, der Preußen, die seinen linken Flügel bildeten, und drang mit ihnen in den Theil der Befestigungen ein, der sich an die Stura lehnte. Da wurde Marschall Marsin tödtlich, der Herzog von Orleans nicht ungefährlich verwundet; nach dem Falle dieser feindlichen Führer erstiegen auch das Centrum und zuletzt der rechte Flügel des kaiserlichen Heeres die Wälle. Die Franzosen, jedes zusammenhängenden Befehles beraubt, wirbelten bunt durch einander. La Feuillade, welcher dem ganzen Kampfe wie ein theilnahmsloser Zuschauer beigewohnt und sich damit begnügt hatte, die Besatzung Turins im Zaume zu halten, wußte nichts Besseres zu thun, als sich mit seinem intakten Heere dem Rückzuge anzuschließen, der zunächst nach dem nördlichen Ufer des Po ging.

An und für sich verdient die Schlacht bei Turin kaum den hohen Ruhm, dessen sie genießt. Die Franzosen hatten schlecht gekämpft und waren nach dem Tode Marsins, der Verwundung Orleans gar nicht mehr geführt worden. Ihre Verluste an Todten und Verwundeten waren sonst nicht bedeutend, 3000 Mann, wie bei den Kaiserlichen. Hätte La Feuillade zur rechten Zeit eingegriffen, so würde er mit seinen starken Streitkräften leichtlich den Kampf haben wieder herstellen können. Dies war freilich nicht geschehen, der turbulente Rückzug hatte den Franzosen noch 6000 Mann an Gefangenen und die Frucht halbjähriger Mühen, die Angriffswerke um Turin, gekostet. Allein hinter dem Po, umgeben von Festungen, die in seiner Gewalt waren, an der Spitze eines den kaiserlichen immer noch weit überlegenen Heeres, befand La Feuillade sich in vollständiger Sicherheit. Was lag näher, als daß er Eugens siegreiche Truppen sich einstweilen an der Rückeroberung der piemontesischen Festungen erschöpfen ließ und sich ostwärts in das Herzogthum Mailand wandte, wo noch 20,000 Mann Franzosen und Spanier standen? So hätte man Mailand, Mittel- und Unteritalien behauptet; dies war es auch, was der schwer verwundete Orleans anbefohlen hatte. Aber La Feuillade und seine geängsteten Generale hatten nur ein Ziel im Auge: sich sobald wie möglich hinter die schützende französische Grenze zu bergen, die von den nahen Gipfeln der Alpen so verlockend herüberwinkte. Orleans' Darniederliegen benützend, änderte man dahin den Befehl. Das machte erst die Schlacht von Turin so verhängnißvoll: durch diese Wendung des französischen Rückzuges wurde die soeben noch fast unumschränkte bourbonische Herrschaft über Italien an einem einzigen Tage gestürzt!

Als das französische Heer erschöpft, entmuthigt und aufgelöst auf heimischem Boden anlangte, fand es hier begreiflicher Weise durchaus keine Anstalten zu seiner Aufnahme, und so wurde sein Zustand nun noch trüber. Es mußte völlig reorganisirt werden. Eine der piemontesischen Festungen nach der andern, deren Einnahme den Franzosen drei Jahre gekostet hatte, ergab sich jetzt unter dem Schrecken jener gewaltigen Niederlage binnen weniger Tage den verbündeten Heerführern. Ungesäumt marschirte Eugen nach dem Herzogthum Mailand, dessen Eroberung ihm durch den allen Widerwillen der Bevölkerung gegen die spanische Herrschaft derart erleichtert wurde, daß sie einem militärischen Spaziergange glich. Noch viele Tausende französischer Truppen wurden hier gefangen genommen.

Immer noch wäre es dem Reste derselben unter Prinz Vaudemont möglich gewesen, sich nach Unteritalien zurückzuziehen und wenigstens Neapel den Bourbonen zu retten; und zwar um so eher, als im nächsten Frühjahr Orleans mit seinem wieder hergestellten Heere Eugen in Oberitalien hätte beschäftigen können. Allein Ludwig XIV. war tief entmuthigt. Nach den Schlägen von Höchstädt und Ramillies auch noch diese Schmach von Turin!

Schlacht bei Turin.

Dazu kamen üble Nachrichten aus Spanien. Ludwig hatte nun endlich die frühere majestätische Haltung verloren. Hatte er nach Ramillies dem Marschall Villeroy noch zugerufen: „In unserm Alter hat man kein Glück mehr!" so wandte er dem armen La Feuillade bei dessen Rückkehr nach Versailles geradezu den Rücken. Er verzweifelte daran, die spanische Erbschaft bewahren zu können: so wollte er wenigstens Frankreich retten. Dazu bedurfte dieses kriegsgeübter Soldaten, tüchtiger Generale; es mußte jetzt sparsam umgehen mit den Geistesgaben und dem Blute seiner Söhne. Ludwig befahl also dem Prinzen Vaudemont, Unterhandlungen über die Räumung Oberitaliens zu beginnen.

Die Verbündeten stellten dafür hohe Bedingungen: Uebergabe Nizzas und Savoyens an Victor Amadeus II., Ueberlassung der aufrührerischen Reichsvasallen Mantua und Mirandola an den ungnädigen Richterspruch des Kaisers. Vergebens suchte Ludwig wenigstens seine Verbündeten, die Gonzaga-Nevers von Mantua, den Pico von Mirandola zu retten. Es ging den italienischen Reichsverräthern wie den deutschen: sie hatten ihre Allianz mit dem „großen Könige" mit dem Untergange zu büßen. Da Ludwig eine neue Armee für Italien weder rüsten wollte noch konnte, so blieb nichts anderes übrig, als bedingungslose Ueberlassung ganz Italiens an den Kaiser. Im März 1707 wurde die Generalconvention abgeschlossen, welche ohne weitere Bedingung den freien Abzug des französisch-spanischen Armeecorps nach Susa stipulirte.

Wie Belgien, so war auch Italien der bourbonischen Herrschaft entrissen. Ein Außenwerk! Frankreichs nach den andern war gefallen: Köln, Baiern, die spanischen Provinzen außerhalb der Pyrenäenhalbinsel! Das waren die glorreichen Ergebnisse der Thätigkeit Marlborough's und Eugens in den Feldzügen von 1704 und 1706.

Und es schien einen Moment, als ob auch das eigentliche Spanien den Bourbonen würde entrissen werden.

Hier commandirte an der Westgrenze der Herzog von Berwick kaum 10,000 frisch ausgehobene Spanier. Ihm gegenüber standen Galway und Las Minas mit etwa der doppelten Anzahl von englischen, holländischen und portugiesischen Soldaten. Wären diese beiden Generale und ihre Truppen einig gewesen, so würde Berwick verloren gewesen sein; trotz ihres Haders trieben sie, ermuthigt durch die Siegesnachrichten von Barcelona, ihn im Frühjahr 1706 von Schritt zu Schritt zurück. Die spanischen Festungen auf dem Wege fielen ohne nennenswerthen Widerstand. Am 27. Juni zogen Galway und Las Minas triumphirend in Madrid ein, wo sie Karl III. proclamirten. Zugleich erhob sich Saragossa, die ganze Provinz Aragon für diesen. Philipps V. Königthum schien für immer verloren. Die Königin-Wittwe Maria Anna eilte nach der Hauptstadt, den Sieg der deutschen Sache zu begrüßen, und der alte, von den Bourbonen, für die er so erfolgreich gestritten, tief gekränkte Kardinal-Primas Porto-Carrero kam aus Toledo herbei, um ein feierliches Tedeum zu singen. Man erwartete von Tag zu Tage die Ankunft Karls III. von Osten her mit einem bedeutenden Truppenkorps. Aber Karl kam nicht. Zwar Peterborough hatte ihn eifrig dazu gedrängt; allein über dessen Herrschsucht und Anmaßung empört, von seiner Umgebung mit Besorgniß über die Sicherheit seines Marsches auf Madrid erfüllt, begab Karl sich zunächst nach Saragossa und ließ sich dort feierlich zum Könige von Aragon krönen. Inzwischen getrauten sich Galway und Las Minas nicht über Madrid hinaus. In der That konnte ihre Lage auf die Länge bedenklich werden. Das Schweigen des Hasses umgab sie in Madrid; ringsum schwärmte das Land von bourbonischen Guerillas. Gerade weil die Portugiesen und die Aragonier ihnen Karl III. aufnöthigen wollten, erschien den Kastiliern Philipp V. als ihr nationaler König. Niemals war derselbe so populär gewesen wie damals, wo er als Flüchtling auf den öden Flächen Altkastiliens umherirrte. Tausende erhoben sich unter dem Rufe: „Tod den Fremdlingen, Tod den österreichischen Verräthern!" Um Philipp sammelte sich in Burgos ein förmliches Heer. Inzwischen hatte Berwick am Abhange des Guadarramagebirges heranziehende französische Truppen und spanische Milizen mit seinem kleinen Heere vereinigt. Galway und Las Minas hielten es für gerathen, sich mit Peterborough und Karl zu vereinigen. Darauf erhob sich am 4. August 1706 Madrid und erschlug die kleine portugiesische Besatzung. Mit dem habsburgischen Königsthume in Kastilien war es schnell wieder vorbei. Peterborough verließ unwillig die Halbinsel, auf der sein Ruhm so bald wieder untergegangen war. Der Weg nach Portugal ward den Verbündeten verlegt. Unter furchtbaren Verlusten kamen sie an den Grenzen Aragons·an.

Immerhin hatte der Feldzug den Weg nach Madrid gezeigt. Vielleicht war man ein anderes Mal glücklicher.

Viertes Kapitel.
Tiefste Erniedrigung Ludwigs XIV.

Die Koalition ist wie im privaten so im staatlichen Leben nur ein sehr unvollkommener Ersatz für die gesammelte Kraft des Einzelnen. Wie oft zweigt sich das Interesse eines Theilnehmers von der Gesammtheit ab oder tritt ihr gar feindlich entgegen. Dann droht dem eben noch mächtigen Bunde Verfall und Untergang. Gewiß ist politischen Bündnissen vor allem das Unglück gefährlich; aber auch ein langdauernder Erfolg, wenn es gilt, die Früchte des Sieges zu vertheilen.

In dem Augenblick, wo die große germanische Liga gegen das Alles bedrohende französische Königsthum auf fast sämmtlichen Punkten triumphirte, drohte sie sich aufzulösen.

Das Wichtigste war zunächst, daß in der niederländischen Republik die Stimmung der großen maßgebenden Städte und in Folge dessen auch der Provinzialstände sich durchaus friedlich gestaltete. Unablässig wühlten die französischen Agenten; die einseitige Ausnutzung der englischen Waffenerfolge auf der Pyrenäenhalbinsel zu Gunsten der englischen Handelsinteressen mit unmittelbarer Benachtheiligung der holländischen verstimmte tief; endlich erfolgten im Spätsommer 1706 indirecte französische Friedensanerbietungen. Schon zweimal war es Frankreich gelungen, durch Köderung der holländischen Selbstsucht die großen Koalitionen zu sprengen: es versuchte dies noch einmal. Außer einer Entschädigung des Erzherzogs Karl durch den größten Theil von Spanien sollte nur Holland Vortheile davon tragen: aber wie bedeutende! Das politische Streben desselben sollte durch die völlige Ueberlassung Belgiens, das kommerzielle durch die Wiederherstellung des so ungemein günstigen Handelsvertrages von 1664 überreiche Befriedigung finden. Indeß einstweilen standen in den belgischen Landen noch ebenso gut Engländer wie Holländer. Dieser Umstand machte den holländischen Staatsleitern bereits den Abschluß eines Sondervertrages unmöglich; denn auf einer belgischen Barriere gegen Frankreich mußten sie in allen Fällen bestehen, eine solche war aber ohne Zustimmung Englands nicht zu erhalten. In England jedoch war Marlborough allmächtig, der aus nationalen, Partei- und persönlichen Rücksichten den Krieg bis zur völligen Demüthigung Frankreichs, bis zur Vertreibung der Bourbonen aus dem letzten Stück spanischen Landes fortzusetzen beschlossen hatte. Seufzend mußten die Hochmögenden die reizende französische Lockspeise zurückweisen.

Aber die Gefahr für ein Auseinanderfallen der Koalition trat dringender noch von einer andern Seite heran: der nordische Krieg, seit sechs Jahren ausgebrochen, begann auf den spanischen Erbfolgekampf Einwirkung zu üben.[1]

Die holstein-gottorp'sche Frage hatte den Funken in die reichlich aufgehäufte Zündmasse geworfen. Herzog Friedrich hatte es absichtlich darauf angelegt, Dänemark zu reizen, weil er sicher war, bei seinem Better und Schwager Karl XII. von Schweden Unterstützung zu finden. Ende 1699 riß König Friedrich IV. von Dänemark die Geduld: seinerseits sächsisch-polnischer und russischer Hülfe gewiß, verjagte er den Herzog aus dessen Lande. Sofort beschloß Karl XII., ohne einen andern, als seinen Günstling Grafen Piper um Rath zu fragen, den Krieg. Der siebzehnjährige Jüngling verband mit einem festen Vertrauen auf die Vorsehung, die er freilich für ihn besonders günstig ansah, eine nicht minder feste Zuversicht auf die eigene Kraft. Vergebens riethen England, Holland und Oesterreich, Schwedens Verbündete, dringend ab, indem sie ihre Vermittlung zusagten. Vergebens hörte man von

[1] A. Fryxell, Geschichte Karl XII. (deutsche Uebersetzung, Braunschweig 1861). Dies Werk hat das Verdienst, Karl in seiner wahren Gestalt dargestellt zu haben, gegenüber der romantischen Schilderung Voltaires. Es beruht auf genauesten Quellenforschungen. — König Oskar, Karl XII. (deutsch von Jonas, Berlin 1875).

den russischen Rüstungen, von dem Einfall eines sächsischen Truppenkorps in Livland. Im Juli 1700 landete der tollkühne Knabe persönlich in Seeland und begann die Belagerung von Kopenhagen. Zugleich bedrohten England und Holland, die wegen des bevorstehenden spanischen Erbfolgekrieges gern im Norden Ruhe geschafft hätten — denn Dänemark, Schweden, Sachsen sollten ihnen für Subsidien Truppen liefern — Dänemark mit feindlicher Behandlung: so verstand sich dieses zum Frieden von Travendal (18. August 1700), in welchem es sich zur völligen Wiederherstellung des Herzogs von Holstein mit unumschränkter Souveränität, zur Neutralität Schweden gegenüber und zu einer geringen Kriegskostenentschädigung zu verstehen hatte.

Die Bedingungen, die Karl seinem besiegten Gegner auferlegte, waren milde genug; in der That wurde seine Thätigkeit durch seine anderwärtigen Widersacher hinreichend in Anspruch genommen. Peter hatte, nachdem er den Schweden lange Zeit die friedlichsten Versicherungen gegeben, mit den Türken sich abgefunden und fiel darauf mit 45,000 Mann Esthland an, dessen Festung Narwa sich aber tapfer vertheidigte. Eiligst kam Karl XII. mit nur 8000 Soldaten zum Entsatze herbei. Trotz dieser geringen Anzahl der Feinde verloren die Russen bei dem Nahen der gefürchteten Schweden den Muth; der Zar selbst verließ schleunigst sein Heer. Am 30. November 1700 erstürmten die Schweden ohne große Schwierigkeiten das verschanzte Lager der Russen bei Narwa. Dieselben verloren mindestens 12,000 Mann an Todten, Verwundeten und Gefangenen; zunächst gab es keine russische Armee mehr.

Dieser glänzende Erfolg, der übrigens lediglich der Tüchtigkeit der schwedischen Soldaten und Offiziere und der Nichtsnutzigkeit der russischen zu danken war — wie wenn in neuesten Zeiten europäische Korps zehnfach zahlreichere orientalische Heere leicht besiegten — diente dazu, Karls Selbstüberhebung und Eigensinn in außerordentlichem Maße zu steigern. Anstatt mit dem bereits eingeschüchterten August II. von Polen den von diesem dringend erbetenen Frieden zu schließen und dann den hartnäckigsten und schlimmsten Gegner, Rußland, bis zur Demüthigung zu bekämpfen, beschloß Karl in launenhaftem Starrsinn, August II. vom Throne zu stürzen. Natürlich schloß sich nun August, in persönlicher Zusammenkunft mit dem Zaren zu Birsen, demselben enger an (Februar 1701): abermals wurden von den schwedischen Ostseeländern dem Könige Livland und Esthland, dem Zaren dieses Mal bestimmter Ingermanland und Karelien zugetheilt. Freilich war das Alles noch zu erobern.

Bei der ungeheuren Ausdehnung des Kriegsschauplatzes, der sich von dem Ladogasee bis an die Elbe erstreckte, wurde nun für Schweden die Aufstellung eines Heeres von 80,000 Mann nothwendig, dessen Unterhalt dem geld- und menschenarmen Lande sehr schwer fiel; und doch konnte Karl zum unmittelbaren Angriffe auf König August nur 14,000 Mann vereinigen. Zu seinem Glücke waren die sächsischen Truppen mittelmäßig, die russischen und polnischen schlecht. So gelang es Karl im Juni 1701, den befestigten Ueber-

Der nordische Krieg: Siege Karls XII.

gang über die Düna bei Riga zu erstürmen, das polnische Lehen Kurland mit allen seinen Festungen einzunehmen. Nun stand erst recht bei Karl der Plan fest, August II. niederzukämpfen; ein Plan, von dem weder die Vorstellungen der ihm verbündeten Mächte noch die Bitten seiner eigenen durch die Kriegslasten erdrückten Unterthanen ihn abbringen konnten, der schließlich sein Verderben herbeiführte und hierdurch, sowie durch die wirklich erreichte Schwächung Polens nur den Vortheil Rußlands erzielte, welches diesem Kriege seine baltischen Besitzungen und seine europäische Bedeutung verdankt. Demüthig bat August um Frieden: vergebens. Mit 16,000 Mann rückte der tollkühne Schwede aus, um Polen zu erobern! Bei Klissow, im Juli 1702, schlug er das weit überlegene Heer der Gegner, da die Polen in demselben sofort die Flucht ergriffen. Schon war Warschau in seine Hand gefallen, nun folgte auch die andere Hauptstadt, Krakau. Ein neuer Sieg bei Pultusk (1703) gab den Schweden die unbestrittene Herrschaft im Felde. So konnten sie die Belagerung von Thorn beginnen, der stärksten unter allen polnischen Festungen, und es im Herbst desselben Jahres zur Ergebung zwingen.

Nach diesen Erfolgen Karls XII. unterwarfen sich nicht nur weite, von den Schweden noch gar nicht betretene polnische Landstriche willig den ihnen auferlegten Kriegssteuern, sondern es bildete sich auch in Polen und Litthauen, die durch kein dynastisches oder geschichtliches Band an August von Sachsen geknüpft waren, eine täglich wachsende schwedenfreundliche Partei. An ihrer Spitze standen der Erzbischof von Gnesen Kardinal Radziejowski, ein hochbegabter, fein gebildeter aber durchaus grundsatzloser und käuflicher Mensch, und die Familie Lesczinski. Diese bemächtigten sich Großpolens und seiner Hauptstadt, Posens. Radziejowski schrieb im Jahre 1704 ohne Genehmigung des Königs August einen Reichstag nach Warschau aus, bei dem aber nur etwa ein Drittel der rechtmäßigen Vertreter erschien, das, durch schwedisches Geld gewonnen und durch schwedisches Eisen eingeschüchtert, die Absetzung Augusts aussprach. Ein Gegenreichstag zu Sendomir, von August ausgeschrieben und von mehr als der doppelten Anzahl Senatoren und Landboten besucht, erklärte diese Absetzung für ungesetzlich und verrätherisch. Trotzdem rief der Reichstag von Warschau den Stanislaus Lesczinski, einen gutherzigen, redlichen, gebildeten, aber durchaus nicht begabten noch sehr vornehmen oder einflußreichen Edelmann, zum Könige aus; freilich umstanden die schwedischen Truppen unter Waffen die Wahlstatt. Das unglückliche Polen hatte die Hauptlast des Krieges zu tragen: denn wie Karl die Gebiete verwüstete, die bei August II. verharrten, so Peter von Rußland die, welche Stanislaus huldigten.

Peter hütete sich wohl, etwas zur Abstellung der polnischen Noth, zur Erhaltung seines Verbündeten auf dessen wankendem Throne zu thun. Er ließ Schweden und Polen sich gegenseitig aufreiben, um inzwischen die schwedisch-baltischen Provinzen zu seinem ausschließlichen Besitze zu erwerben. Was fragte er nach seinen zu Bieten eingegangenen Verpflichtungen? Während Karl XII. mit seinen schwachen Schaaren die Sisyphusarbeit der Bezwingung der endlosen polnischen Gebiete unternahm, fielen die Russen unter Scheremeteff in Livland ein. Noch in den letzten Tagen des Jahres 1701, dann 1702 besiegten sie die wenigen schwedischen Regimenter in dieser Provinz und eroberten endlich die Festungen Marienburg und Nöteburg.

Was half es, daß Karl in Polen noch immer das Uebergewicht bewahrte? Ein neu vordringendes sächsisches Heer unter dem Feldmarschall Schulenburg schlug er im Jahre 1704 bei Punitz. Nun wurde 1705 Stanislaus Lesczinski in Warschau feierlich zum Könige gekrönt. Im nächsten Jahre — 1706 — besiegte der schwedische Feldmarschall Rehnköld ein großes sächsisch-russisches Heer unter Schulenburg gänzlich bei Fraustadt; fast die ganze Armee der Alliirten wurde vernichtet, der Rest zersprengt. Inzwischen unterwarf Karl Littauen und die südöstlichen Provinzen Polens.

Absichtlich unterstützte Peter dieses nach wie vor nur ungenügend und setzte vielmehr seine Eroberungen in den schwedischen Ostseeprovinzen, der heiß begehrten Beute, fort. Nachdem er die kleine schwedische Festung Nyenschanz an der Newamündung genommen hatte, legte er daselbst den Grund zu St. Petersburg. Es sollte die Hauptstadt des großen Zarenreiches werden, welche dasselbe auf den Westen, dessen Muster, Bildung, Verkehr hinzuweisen hatte; es sollte die Verbindungsthür zwischen Rußland und dem Abendlande sein. Ganz Ingermanland wurde von den Russen erobert, Esthland und Finnland verwüstet. Im Jahre 1704 ward mit der Eroberung Torpats und Narwas die Unterwerfung auch Esthlands vollendet. Die nächsten Jahre, wo frische schwedische Nationaltruppen anlangten, wurden mehr durch gegenseitige Verwüstungszüge, als durch entscheidende Kämpfe bezeichnet.

Karl XII. empfand kein Mitleid mit seinen von den russischen Barbaren eroberten und verheerten Provinzen. In wahnwitzigem Starrsinn jagte er dem armseligen August II. nach, der doch nichts sehnlicher wünschte, als Frieden mit ihm zu schließen; angestachelt von Ludwig XIV., der es darauf angelegt hatte, den nordischen Kriegsfürsten in einen Kampf mit dem Reiche zu verwickeln, dadurch dieses und den Kaiser vollends brach zu legen.

Denn traurig genug hatten sich für Deutschland die Verhältnisse gestaltet. Obwohl Villars Heer im Sommer 1706 durch Entsendungen nach Belgien sich bedeutend geschwächt, hatte doch Ludwig von Baden bei der kläglichen Beschaffenheit des Reichsheeres lediglich nichts unternehmen zu können geglaubt, sich durchaus passiv verhalten, während die feindlichen Reiterschaaren verwüstend die Rheinlande durchstreiften. Das Elend seiner 10,000 schlecht ausgerüsteten und hungernden Soldaten, die steten Vorwürfe aus Wien, London und dem Haag, das Gefühl der Scham übermeisterten schließlich den Markgrafen, der im Herbst 1706 durch schwere Krankheit zur Niederlegung des dornenvollen Kommandos genöthigt wurde, in den ersten Tagen des folgenden Jahres starb. Daß mit seinem Hinscheiden nichts gewonnen sei, daß die Schuld nicht an ihm gelegen, sondern an den heillos zerrütteten Zuständen des elenden deutschen Reichswesens, das wie ein längst abgestorbener Körper nur künstlich noch vor dem Auseinanderfallen bewahrt wurde, sollte sich bald zeigen. Ludwigs Nachfolger im Feldherrnamte, Christian Ernst v. Baireuth, war ein patriotischer, biederer und frommer Fürst, auch in seinen jüngeren Jahren ein tapferer Soldat, jetzt aber durch Alter stumpf und gebrechlich geworden. Anstatt 80,000 Mann, die ihm versprochen worden, sah er kaum 20,000 unter seinem Befehle, die er dann noch kläglich zersplitterte. So gelang es Villars, mit doppelt überlegenen Kräften jene Bühl-Stollhofener Linien, hinter welchen Ludwig von Baden viele Jahre lang Süddeutschland vertheidigt hatte, zu durchbrechen, im Frühjahr 1707. Wehrlos lag jetzt das südwestliche Deutschland vor den Franzosen da, die sich mit großer Schnelligkeit in Schwaben und Franken ausbreiteten und die ungeheuerlichsten Plünderungen und Erpressungen betrieben. Allein an Kriegskontributionen mußten die dortigen Reichsstände neun Millionen Gulden entrichten, also dreimal so viel als sie zum Schutze ihrer Länder gegen den Feind mit Erfolg würden aufgewendet haben. Nur mit Mühe bewog man den unfähigen Markgrafen zum Rücktritt vom Oberbefehl, der nunmehr, um die Engländer zu gewinnen, dem Kurfürsten Georg von Hannover übertragen wurde. Jetzt, wo es zu spät war, langten bei der Reichsarmee, die noch höchstens 15,000 Mann sehr mittelmäßiger Truppen zählte, von allen Seiten Verstärkungen an. Diesem starken Feinde gegenüber mußte sich freilich Villars über den Rhein zurückziehen, allein er blieb unangefochten und konnte den ganzen deutschen Raub mit sich schleppen. Dieses Jahr 1707 war schmachvoller für Deutschland als selbst der Feldzug von 1703.

Noch ungünstiger lagen die Dinge für das kaiserliche Interesse in Ungarn. Unterhandlungen, welche auf Eugens Rath Joseph I. sogleich nach seinem Regierungsantritte durch den Palatin Fürsten Esterhazy mit Rakoczy einleitete, scheiterten an der Anmaßung des Rebellenführers, den sein bisheriges Glück mit tollem Uebermuthe erfüllte. Die Abberufung des rohen Heister vermochte die Ungarn ebensowenig zu gewinnen, wie ein versöhnliches Manifest des Kaisers. Die Generale Palffy und Starhemberg machten zwar einige Fortschritte und suchten sich mit den aus Siebenbürgen hervorbrechenden kaiserlichen Streitkräften zu vereinigen; indeß gerade dies benutzte Rakoczy, um durch gründliche Verödung der Gegenden am linken Theißufer die kaiserlichen Truppen zu nöthigen, sich gänzlich von Siebenbürgen abzuwenden. Darauf ritt er selbst nach diesem Lande, wo seine Vorfahren so lange die Herrschaft geübt, und wurde (1707) auf dem Landtage von Maros-Vasarhely zum Fürsten von Siebenbürgen gewählt, wo sich in der That seine Partei im steten Kampfe mit den Kaiserlichen behauptete. Dann berief er einen ungarischen Reichstag nach Onod ein. Mit der größten Gewaltthätigkeit ward hier von Seiten der Rakoczy'schen Partei gegen alle gemäßigteren Elemente verfahren, zwei Deputirte schändlich ermordet. Durch solche Mittel brachte es Rakoczy dahin, daß der Reichstag die Absetzung Josephs I. betretirte: es solle ein Zwischenreich bestehen, im nächsten Konvente ein neuer König gewählt werden. Es konnte wohl kein Zweifel sein, daß diese Wahl auf den siebenbürgischen Fürsten, auf Franz Rakoczy fallen werde. Zugleich wurde der ewige Bund zwischen Ungarn und Siebenbürgen erneuert. Der Reichstag von Onod schien das Ende der habsburgischen Herrschaft in den transleithanischen Ländern zu bedeuten. Nicht allein daß der Kaiser aus denselben weder Truppen noch Geld zog, mit allen seinen verfügbaren Streitkräften mußte er gegen sie die Grenzen seiner deutschen Provinzen schützen.

Dazu allgemeine Unzufriedenheit im Reiche, zumal der mächtigste Staat, Brandenburg-Preußen, unwillig über die Vereitelung seiner Ansprüche auf die oranische Erbschaft, drohend, seine Truppen der Koalition zu entziehen!

In diese verworrenen Verhältnisse schlug im Herbst 1706 die Kunde, daß Karl XII. im Anmarsche auf das Herz des Reiches, auf Sachsen, begriffen sei. Furchtbar genug erschien der königliche Jüngling dem Kaiser und seinen Freunden: schlank und hoch von Wuchs, die Muskeln hart und biegsam wie Stahl, scharfen und durchdringenden blauen Auges, unermüdlich in Anstrengungen und Nachtwachen, der beste Fechter und Turner seines Heeres, kannte Karl XII. kein anderes Gebot als das seiner Laune, deren Befriedigung er jedesmal mit blindem Starrsinn verfolgte. Denn das hielt er für ruhmwürdige Entschlossenheit und königliche Willensfestigkeit. Sachsen, sein gehaßtester Gegner, war der Verbündete des Kaisers, die Protestanten Schlesiens schmachteten unter dem Drucke dieses Herrschers: sollte er nicht durch die Natur der Dinge zum Kampfe gegen den Kaiser und damit gegen die Koalition veranlaßt werden zu jenem Bündnisse mit Frankreich, welches ihm Ludwig XIV. so eifrig anbot? Mit 20,000 Mann vermochte Karl Sachsen zu erobern, das in Folge der nichtsnutzigen Liederlichkeit der Regierung völlig schutzlos vor ihm dalag. Er hielt strengste Mannszucht, preßte aber dem unglücklichen Lande 22 Millionen an Kriegssteuern und etwa 20,000 Refruten ab. Im Ganzen hatte das Kurfürstenthum bereits für die unfruchtbare polnische Krone seines Beherrschers 60,000 Menschen und über hundert Millionen Thaler opfern müssen! Am 24. September 1706 wurde der Friede von Altranstädt erzwungen, in welchem August der polnischen Krone entsagte, Stanislaus Leszczinski als König von Polen anerkannte und alle schwedischen Ueberläufer, unter ihnen auch Patkul, der Rache Schwedens auszuliefern versprechen mußte. Patkul, obwohl er in russischen Diensten stand, wurde wirklich von den Sachsen Karl dem Zwölften übergeben, der ihn unter furchtbaren Martern tödten ließ, da jener im Grunde doch kein anderes Verbrechen begangen hatte, als die Befreiung seines livischen Vaterlandes von dem gesetzwidrigen Drucke der schwedischen Krone anzustreben! Karl blieb, zunächst um seine erschöpften und ausgehungerten Soldaten in dem wohlhabenden sächsischen Lande auszuruhen, auch nach Abschluß des Altranstädter Friedens noch in seinem dortigen Lager stehen, mit August II. nun in ganz freundschaftlichem Verlehre. Inzwischen ließ Peter Polen furchtbar verwüsten, angeblich um es für seine Parteinahme für Stanislaus zu bestrafen, dem er es doch durch seine mangelhafte Hülfe selbst in die Arme getrieben hatte!

Karls bloße Anwesenheit in Sachsen drohte der Koalition die ernsteste Gefahr. Den kühnen unberechenbaren Mann in nächster Nachbarschaft, konnten weder Preußen und Dänemark, noch gar der sächsische Kurfürst, selbst nicht der Kaiser, der wegen politischer und religiöser Angelegenheiten mit jenem in Zwist war, ihre Kontingente zu der Bundesarmee senden. Die Besorgniß, die er einflößte, verursachte Karl eine kindische Freude; deshalb verblieb er Monat auf Monat in Altranstädt: endlich aber machte er wirklich Miene, sich gegen Kaiser Joseph I. in neue Abenteuer zu stürzen, die Protestanten in Schlesien, Böhmen und Mähren gegen denselben unter die Waffen zu rufen. Mit Freuden ergriff Ludwig XIV. die Aussicht, hierdurch von der Niederlage zum Siege zu gelangen: er sandte den Herrn von Ricoux in das Lager von Altranstädt, um zunächst durch das Anrufen schwedischer Vermittlung der Eigenliebe Karls zu schmeicheln und ihn so allmählich ganz und gar an Frankreich zu fesseln. Nur Einer konnte helfen, weil er dem ungestümen Kriegsfürsten zu imponiren vermochte: Marlborough. Im Begriffe, den niederländischen Feldzug zu eröffnen, eilte er, von England und Holland beauftragt, die französischen Umtriebe bei Karl XII. zu vereiteln, im Frühjahr 1707 nach Altranstädt. Die Huldigungen, welche der geschmeidige Herzog in reichem Maße an Karl XII. verschwendete, entzückten diesen ruhmbegierigen Mann um so mehr, als es der erste Feldherr der Zeit war, der sie ihm darbrachte. Französisches Wesen war dem ernsten Sittenstrengen Karl stets zuwider gewesen; und es wurde Marlborough um so leichter, den schwedischen König auf die Gefahren hinzuweisen, die aus einem neuen Uebergewicht Ludwigs XIV. gerade für die protestantische Religion erwachsen müßten — zu deren Vertheidiger Karl sich aufgeworfen, als deren erbittertster Gegner sich Ludwig bei jeder Gelegenheit, in der innern wie der äußern Politik gezeigt hatte. Dabei verschmähte Marlborough es auch nicht, die schwedischen Minister mit Bestechungen zu bedenken. So gewann er Karl völlig für sich, und es gelang ihm, die Differenzen zwischen diesem und dem Kaiser zu vermitteln. Freilich erlitt letzterer dabei eine arge Demüthigung: er mußte nicht nur dem Herzoge von Gottorp das Bisthum Lübeck und den schwedischen Provinzen in Deutschland Befreiung von allen Reichslasten, sondern auch seinen eigenen protestantischen Unterthanen in Schlesien Duldung und Rückgabe alles seit 1648 ihnen entzogenen Kirchengutes zugestehen. Darauf marschirte Karl endlich, im September 1707, nach den russischen Steppen ab, wohin ihn die Verbündeten längst gewünscht hatten.

Unter diesen schwedischen Wirren hatte aber nicht nur der Feldzug in Deutschland jenen unerwünschten Verlauf genommen, sondern auch Marlborough hatte die beste Zeit zu Unternehmungen in den Niederlanden verloren. Nach seinem hohen Erfolge in Altranstädt, der gezeigt hatte, daß der

Herzog ebenso vorzüglicher Diplomat wie Feldherr war, hatte er noch den sächsischen Kurfürsten und den König von Preußen zu neuen Anstrengungen für die Sache der Allianz bestimmt. Dann erst kehrte er nach den Niederlanden zurück, wo er die Franzosen sehr vorsichtig ihm gegenüber fand. Es glückte ihm nicht, sie zu einer Schlacht zu bewegen, doch nöthigte er sie durch eine Reihe wohl kombinirter Märsche, sich innerhalb der französischen Grenzen nach Lille zurückzuziehen.

Je weniger freundliche Aussichten der Feldzug von 1707 in Deutschland und den Niederlanden von vorn herein geboten, um so mehr hatte man von der siegreichen italienischen Armee unter dem Prinzen Eugen erwartet, der von dem Kaiser den ehrenvollen und einträglichen Posten eines Statthalters von Mailand erhalten hatte.

Joseph I. wünschte nun das Heer Eugens zunächst zu einem Zuge nach Neapel zu benutzen, um dieses blühende und reiche Königthum für die Habsburger in Besitz zu nehmen. Die Seemächte und Viktor Amadeus widersprachen dem auf das heftigste und bestimmteste. Sie führten nicht mit Unrecht an, daß Neapel nach dem Abzuge des bourbonischen Heeres aus Italien eine sichere Beute sei, die man zu gelegenerer Zeit einheimsen könne; daß nur durch einen Angriff auf Frankreich selbst dieses zum Frieden, zur gänzlichen Aufgabe der spanischen Erbschaft zu zwingen sei. Die trüben Erfahrungen, welche die Verbündeten eben damals in Spanien selbst machten, bestätigten diesen Satz. Im Grunde freilich ging das Drängen der Seemächte und des Savoyers gleichfalls aus eigennützigen Beweggründen hervor. Indem sie einen Einfall in die Provence verlangten, wünschten jene die Zerstörung Toulons und damit die Vernichtung aller französischen Seemacht im Mittelmeere, dieser einen Zuwachs seines Gebietes auf Kosten der genannten Provinz. Zuletzt traf man einen Mittelweg, der sich aber nicht als vortheilhaft herausstellte. Zehntausend Mann der besten kaiserlichen Truppen unter auserlesenen Führern wurden unter dem Befehle des Feldzeugmeisters Daun nach Neapel gesandt, während Eugen und der Herzog von Savoyen mit dem Reste der Truppen sich gegen die Provence wandten; eine englische Flotte sollte diese letztere Operation unterstützen. Die Eroberung Neapels gelang um so leichter, als durchaus keine genügenden Besatzungen dort vorhanden waren und die Bevölkerung die spanische Herrschaft auf das bitterste haßte. Noch während des Sommers 1707 wurde die Einnahme des Königreiches vollendet. Allein um so schwieriger stellte sich der Angriff auf die Provence heraus. Die französischen Linien, die sie schützen sollten, wurden schnell genommen; indeß die Hitze, der Wassermangel und der Abgang an Lebensmitteln in dem systematisch verwüsteten Lande brachten bald Ermüdung und Krankheiten hervor. Der gehoffte Aufstand des provençalischen Landvolkes fand nicht statt. In großer Erschöpfung und schon wesentlich vermindert, traf das verbündete Heer vor Toulon ein, das außer durch seine natürliche Festigkeit auch durch ein großes verschanztes Lager der Franzosen gedeckt war. Die Besatzung vertheidigte sich tapfer, von allen Seiten kamen ihr Verstärkungen zu Hülfe, die Verbündeten sahen sich von Italien abgeschnitten. So mußten die letzteren Ende August 1707 die Belagerung aufheben und sich mit einem Verlust von 10,000 Mann nach Piemont zurückziehen. Immerhin hatte diese unglückliche Expedition das Ergebniß gehabt, die klägliche deutsche Reichsarmee vor weiterem Mißgeschick zu retten und die Franzosen zur Aufgabe der in Deutschland begonnenen Eroberungen zu nöthigen. Auch nahmen die Alliirten auf dem Rückwege noch mit Susa die letzte piemontesische Stadt dem Gegner ab.

Jedoch im Großen war der Zug nach der Provence, auf den man so bedeutende Hoffnungen gesetzt hatte, mißlungen. Noch übler gestalteten sich für die Verbündeten die Dinge in Spanien. Dort hatten sie mit dem Abgange Peterboroughs ihren besten Führer verloren, während auf der bourbonischen Seite Berwick durch 10,000 Mann frischer französischer Truppen verstärkt worden war. Hiervon nicht unterrichtet, griffen ihn Galway und Las Minas am 25. April 1707 bei Almanza an: nach tapferstem Kampfe wurden sie von der Uebermacht erdrückt und nun fast ihre ganze Armee vernichtet Dieser großartige Sieg Berwicks entschied zunächst den Streit zwischen dem bourbonischen und dem habsburgischen König in Spanien. Binnen eines Monats eroberte Berwick die Provinzen Valencia und Aragon, und selbst in Catalonien wurde Erzherzog Karl auf die Hauptstadt Barcelona und wenige Festungen beschränkt. Philipp V. benützte die Niederschlagung der „Rebellen", um dem Königreich Aragon jene uralten Freiheiten zu entreißen, die selbst der fanatische Despotismus eines Philipp II. nicht hatte zerstören können. Der geistlose Absolutismus des kastilischen Regimentes wurde den Aragoniern auferlegt, und sie haben sich nicht wieder von demselben zu befreien vermocht.

Die Erfolge, die Frankreich in so unverhofftem Maße während des Jahres 1707 davongetragen hatte, konnten dennoch nicht der innern Noth abhelfen, die sich nach sieben Kriegsjahren dieses Landes mehr und mehr bemächtigte. Kaum vermochte der König noch Menschen genug aufzubringen, um die Lücken in seinen durch so viele Niederlagen verminderten Heeren auszufüllen. Sein Silbergeschirr und das der Hofleute war längst in die Münze gewandert. Der französische Seehandel war durch die englischen und holländischen Flotten, die unbestritten das Meer beherrschten, einstweilen ganz vernichtet; der Gewerbfleiß lag aus Mangel an Absatz und unter der Last der steigenden Abgaben völlig darnieder; die ungeheuern Steuern verbreiteten Armuth und Elend. Unter diesen Umständen bildete sich in den höchsten Kreisen des französischen Hofes eine Partei des Friedens um jeden Preis, die in engem Zusammenhang mit der nur zurückgedrängten, aber nicht vernichteten Secte der Quietisten stand. Ihr geistiger Führer und Beschützer war niemand anders als Erzbischof Fénelon von Cambrai; ihr weltliches Haupt und Vertreter der Schüler Fénelons, der Herzog von Burgund, der bei dem vorgerückten Alter seines Vaters, des Dauphins, zur baldigen Regierung berufen schien. Friedliches Regiment, Verminderung der Steuern, Bevorzugung des Adels und besonders der Geistlichkeit, Rückkehr zu den Zuständen des Mittelalters war das Programm dieser Partei, zu welcher vor allem die beiden Freunde Fénelons unter den Ministern, die Herzöge von Beauvilliers und Chevreuse gehörten. In ihrer christlichen aber durchaus unpolitischen Demuth hätten diese Heiligen gewünscht, daß Ludwig sofort den Frieden von den Alliirten erbäte und die Sünde, den Ruhm zu seinem Idole gemacht zu haben, durch Abtretung aller seiner Eroberungen erlauste.

Diese „Kabale der Minister" oder „der Heiligen" war aus ehrlichen Leuten zusammengesetzt, deren Herrschaft freilich nur ein Unglück für den Staat gewesen wäre. Aus schimpflichen Abenteurern aber setzte sich die „Kabale von Meudon" zusammen, die sich um den Dauphin vereinigte. Dieser, ein gewöhnlicher Mensch, gemein in allen seinen Bestrebungen und seinem Geschmacke, hatte nach zahllosen Ausschweifungen schließlich eine untergeordnete Hofdame geheirathet und lebte mit ihr abgesondert von seiner Familie auf dem Schlosse Meudon, umgeben von den sittenlosesten und unwürdigsten Elementen des Hofes. Aus Abneigung gegen seinen ältesten Sohn von Burgund mehr als aus Liebe zu seinem zweiten, dem Könige von Spanien, stimmte der Dauphin für die energische Fortführung des Krieges; die Abenteurer und Verschwender, die seine Gesellschaft ausmachten, bestärkten ihn darin, weil sie in der Armee und den Finanzen einträgliche Aemter erhascht hatten oder noch zu erhaschen hofften.

Indem die Kabale der Heiligen den Minister des Auswärtigen, Torcy, für sich gewonnen, hatte sie die vergeblichen Friedensverhandlungen von 1706 durchgesetzt. Sonst aber war ihr innerstes Wesen dem greisen Könige allzu widersprechend, als daß sie auf die Länge die Herrschaft hätte bewahren können. Welch' Gegensatz zu Ludwig XIV., dieser gutherzige, fromme Herzog von Burgund, der sich mit seinen Büchern in sein Arbeitskabinet einschließt und ganze Tage mit physikalischen Experimenten verbringt, seine Studien nur durch peinliche Uebungen einer formalistischen Kirchlichkeit unterbricht, alle Vergnügungen wie eine Sünde scheut, durch seine Gutmüthigkeit ein Spielball jedes Betrügers wird! Er trug auch kein Bedenken, das Verfahren seines Großvaters laut zu verurtheilen. Als Mensch besser, war er doch als Herrscher eines großen Landes diesem Großvater tief untergeordnet. Dabei war er stolz auf seinen Rang und duldete keinen Widerspruch. Ludwig XIV. begann, seinen Enkel für lästig und gefährlich zu halten; die Kriegspartei hatte, zumal nach den Ereignissen von 1707, entschieden das Uebergewicht am Hofe zu Versailles.

Ludwig wollte beweisen, daß die Herrschaft noch nicht den Heiligen aus der Schule von Cambrai gehöre; er ging mit dem März 1708 zur Offensive gegen England über. Die Jakobiten schmeichelten sich, in Schottland viele Anhänger zu besitzen; eine Flotte, mit Landungstruppen dicht besetzt, wurde ausgesandt, um Jakob III. nach Edinburgh zu bringen. Die englischen Truppen stauben in den Niederlanden, in Schottland befanden sich kaum 1700 Mann. So hätte die Expedition, einmal gelandet, sicher im Beginne Fortschritte gemacht und zu einer bedeutenden Schwächung der englischen Armee in Belgien genöthigt. Allein durch ein überlegenes englisches Geschwader verfolgt, wagten die Franzosen nicht zu landen und kamen, nicht ohne Verlust, unverrichteter Sache und unrühmlich nach Dünkirchen zurück.

Auch in den Niederlanden wollte Ludwig XIV., durch die Vorgänge des vorigen Jahres ermuthigt, zum Angriffe übergehen. Er hatte zu diesem Zwecke beträchtliche Streitkräfte dort vereinigt: nicht weniger als 110,000 der besten Soldaten, die Frankreich zur Verfügung hatte. Den Oberbefehl erhielt, da Ludwig mit dem Verfahren Villars' im vergangenen Jahre unzufrieden war, der neben diesem beste Feldherr Frankreichs, Vendôme. Ein anderes beträchtliches Heer war im Elsaß aufgestellt, unter dem Kommando Berwicks, des ruhmreichen Siegers von Almanza; es hatte den Befehl, sich dem Prinzen Eugen gegenüber zu halten und für den Fall, daß derselbe sich mit Marlborough vereinigen würde, zu Vendôme zu stoßen. Um diese zu glorreichen Siegen bestimmte niederländische Armee zu ermuthigen und auszuzeichnen und zugleich um seinen Enkel mit dem großen Kriege vertraut zu machen, sandte er den Herzog von Burgund nach Belgien als nominellen Oberbefehlshaber. Dieser Schritt freilich stellte sich bald als der größte Fehler heraus. Burgund sollte der Absicht des Königs nach den Vorschriften eines so bewährten und geistvollen Feldherrn, wie Vendôme war, folgen; allein der zukünftige Thronerbe war viel zu stolz, um sich von dem Urenkel eines Bastards Gesetze ertheilen zu lassen. Fast jedes Wort, jede Handlung des cynischen Wüstlings Vendôme mußte dem frommen Burgund als ein verabscheuungswerther Gräuel erscheinen. Dazu kam, daß Vendôme eines der Hauptglieder der Kabale von Meudon und deßhalb dem Prinzen durchaus verhaßt war, der nun ebenso wie seine Umgebung jede Gelegenheit ergriff, um die Absichten Vendômes zu vereiteln, ihn zu ärgern. Endlich war der Prinz wenig kriegerisch, ja im Grunde nicht allzu sehr unglücklich im Gedanken an etwaige Niederlagen, die den Frieden beschleunigen könnten.

Zuerst hatte freilich die große französische Armee den gewünschten Erfolg. Nach Ablehnung der Marlborough'schen Statthalterschaft in Belgien hatten die Generalstaaten dort eine Regierung eingesetzt, die schon durch ihren protestantisch-holländischen Charakter den lebhaften Widerwillen der streng katholischen und seit 140 Jahren den nördlichen Stammesgenossen versein- detern Südniederländer hervorrief, übrigens auch durch Erpressung und Rücksichtslosigkeit die Mißstimmung erhöhte. Mit Hülfe der Einwohner konnten sich so die Franzosen fast ohne Schuß noch Schwertstreich der beiden Hauptstädte von Flandern, Brügges und Gents, bemächtigen. Dann begannen sie, um diese Eroberungen mit Frankreich zu verknüpfen, die Belagerung der damals starken Festung Oudenaarde.

Diese Streiche entmuthigten den beweglichen Geist Marlboroughs tief.

Mit dringenden Sendungen rief er den Prinzen Eugen herbei, der, durch die Generalkapitulation in Italien überflüssig geworden, mit kaiserlichen und Reichstruppen am Oberrhein stand. Indeß nur mit einer kleinen Reitereskorte vermochte Eugen rechtzeitig herbeizukommen, um an der Schlacht theilzunehmen, die von ihm ermuthigt Marlborough zum Entsatze Oudenaardes bei diesem Orte am 11. Juli 1708 den Franzosen lieferte. Niemals vielleicht ist eine große Schlacht so ganz ohne Zuthun der Feldherrn, lediglich durch die Tapferkeit und Geschicklichkeit der Soldaten entschieden worden. Von beiden Seiten kamen die Brigaden nur allmählich auf das Schlachtfeld und griffen einander an, wo sie den Feind antrafen. Nur hatten die Verbündeten das Glück, daß die feindlichen Oberselbherrn sich in störendster Weise in den Kampf mischten, indem die Anordnungen Vendômes [als von dem Herzoge von Burgund und dessen Umgebung widerrufen und vereitelt wurden; außerdem waren die alliirten Truppen — fast ausschließlich Deutsche und Holländer — ältere und geübtere Soldaten, im Schießen den Franzosen weit überlegen. So wurden die letzteren mit einbrechender Nacht zum Weichen genöthigt. Vendôme, wüthend zum ersten Male besiegt zu sein, und zwar an der Spitze einer an Zahl die Alliirten weit übertreffenden Armee, wollte am nächsten Tage den Kampf erneuern; aber Burgund befahl den sofortigen Rückzug. Derselbe gestaltete sich nun sehr unglücklich; die Truppen kamen in der Dunkelheit der Nacht völlig aus einander und büßten allein an Gefangenen 9000 Mann ein. Mit dem Reste verschanzte sich Burgund bei Gent, in der Meinung, dadurch die Verbündeten an jedem Vorbringen nach dem Süden zu verhindern.

Allein wie wenig kannte der gute Prinz den unternehmenden Charakter seiner Gegner, zumal Eugens, der in diesem Feldzuge weit mehr als sein Freund Marlborough die Leitung der Unternehmungen hatte. Kaum waren seine 30,000 Soldaten zu Marlboroughs Truppen gestoßen, als sie die Belagerung der stark befestigten Hauptstadt des französischen Flanderns, Lilles, begannen. Zunächst machten sie die Feinde unsicher, indem sie Streifparteien nach dem Artois und der Picardie sandten, die furchtbar verheert und geplündert wurden, so daß nun auch einmal französische Provinzen etwas von dem Weh empfanden, das Frankreich seit fast einem Jahrhundert so reichlich den benachbarten Ländern gebracht hatte. Deßhalb vereinigte der herbeigeeilte Berwick sich nicht mit Burgund und Vendôme, sondern suchte die Provinzen und Festungen des französischen Nordens vor den Angriffen der kühnen Feinde sicher zu stellen. Vendôme und Burgund sahen inzwischen hinter den Genter Kanäle, indem sie durch fortwährende Bänkereien — denn was der eine für gut befand, mißbilligte regelmäßig der andere — an jedem Unternehmen verhindert wurden. So hielten die feindlichen Heere, um 30,000 Mann den Verbündeten überlegen, dieselben nicht ab, mit ungeheuren Zügen von Artillerie, Schanzzeug, Schießbedarf und Mundvorrath vor Lille anzulangen, obwohl sich Burgund mitten zwischen Lille und den Vorrathsstädten der Alliirten befand.

Schlacht bei Oudenaarde.

Lille war außer durch seine natürliche Lage zwischen sumpfigen Flüssen noch durch alle Mittel der Kunst befestigt; zumal die Citadelle war eines der Meisterwerke Baubans. Die Besatzung war in der letzten Zeit auf 10,000 Mann verstärkt worden und stand unter dem Befehle des unerschrockenen Vertheidigers von Mainz und Namur, des greisen Marschalls Boufflers. Während Eugen mit der kleinern Hälfte des verbündeten Heeres die Belagerung führte, hatte Marlborough mit der größern Hälfte dieselbe gegen äußere Angriffe zu decken. Er hatte noch nicht halb so viele Soldaten, wie die vereinigten feindlichen Heere! Allein die fortwährenden Streitigkeiten zwischen Burgund, Vendôme und Berwick ließen sie zu keinem Ergebnisse gelangen; und als sie endlich auf des Königs unmittelbaren und strengen Befehl den Entsatz versuchten, hatten sich die Alliierten so trefflich verschanzt, daß an einen Angriff auf ihr Lager nicht zu denken war. Die drei französischen Feldherren mußten mit ihren 110,000 Mann Lille seinem Schicksale überlassen; nicht einmal einen großen Wagenzug mit Munition, der von Ostende an ihnen vorbeikam, wußten sie fortzunehmen!

Um so wackerer vertheidigte sich Boufflers über zwei Monate hindurch; in einem der fünfzehn großen Kämpfe, die während dieser Zeit stattfanden, wurde Eugen selbst am Kopfe verwundet. Schließlich (Ende Oktober) übergab Boufflers die Stadt, aber nur um sich in die Citadelle zurückzuziehen. Vergebens suchte Burgund dieselbe durch einen Angriff auf Brüssel zu retten; Eugen und Marlborough ließen nur die nöthigsten Truppen zur Beobachtung Boufflers zurück, und kaum näherten sie sich mit dem Gros ihres Heeres Brüssel, als Burgund sich mit Rücklassung vieler Geschütze und Vorräthe zurückzog. Darauf verlor Ludwig XIV. die Geduld und legte sein Heer in die Winterquartiere auseinander. Am Tage, nachdem sich die große französische Armee getrennt hatte, am 9. Dezember 1708, kapitulirte auch die Citadelle von Lille gegen freien Abzug der tapfern Besatzung. Nun wurden Gent und Brügge nicht durch ihre starken Besatzungen gerettet. Bis zum Neujahrstage 1709 waren sie gleichfalls in die Gewalt der Verbündeten gerathen. Die glänzendsten Erfolge hatten ihren Feldzug gekrönt: der größte freilich lag in der kläglichen Aufführung der zahlreichen französischen Heere.

Die Strafe für dieselbe fiel ausschließlich auf Vendôme. Seinen Enkel liebte zwar Ludwig nicht, allein schon um des Glanzes der Krone willen, die jenem bestimmt war, konnte er ihn nicht bemüthigen. Um so härter wurde dessen Gegner getroffen, der freilich durch sein cynisches Wesen, seine herausfordernde Keckheit dem Thronerben gegenüber und seine Zänkereien mit Berwick sich einen großen Theil der Schuld aufgeladen hatte; er wurde nun seines Feldherrnranges entsetzt und vom Hofe verbannt. Boufflers dagegen ward zum Herzog und Pair des Reiches erhoben und noch durch andere Gnadenbeweise ausgezeichnet.

Weder am Rhein noch in Spanien war irgend etwas von Bedeutung geschehen. Der Reichsfeldmarschall, der Kurfürst von Hannover, nahm den

Abzug der kaiserlichen, preußischen und Pfälzer Truppen zum Vorwande, um nicht einmal einen Versuch wider die schwachen französischen Abtheilungen, die ihm nach Berwicks Abmarsch gegenüber geblieben waren, zu machen. In Spanien rettete der tüchtige Guido Starhemberg, den der Kaiser mit einigen tausend Mann dem „Könige Karl III." zu Hülfe gesandt hatte, wenigstens Barcelona und die benachbarten Distrikte vor der überlegenen Macht des Herzogs von Orleans, der sich bald durch die ungenirte Weise, in der er die Errichtung eines besonderen aragonischen Königthums zu seinen eigenen Gunsten betrieb, dort unmöglich machte. Inzwischen hatte eine englische Flotte mit verbündeten Truppen an Bord, die von Barcelona aussegelte, bessern Erfolg. Sie nahm mit Hülfe der Einwohner die Insel Sardinien für den Kaiser in Besitz oder vielmehr für König Karl III. Dann segelte sie nach Minorca, das besonders wegen seines Hafens, Port Mahon, des besten im Mittelmeere, merkwürdig war. Deshalb beschloß auch das englische Ministerium auf den Rath Stanhopes, welcher die Seeveste eroberte, die Insel nie auszugeben, sondern gleich Gibraltar als Flottenstation im Mittelmeere zu bewahren.

Inzwischen schaltete Kaiser Joseph I. als Beherrscher Italiens. Endlich fand sich für diesen Monarchen die sehnlichst gewünschte Gelegenheit, das alte römische Kaiserthum deutscher Nation wieder mit einem Abglanz seiner früheren Strahlenkrone zu umkleiden. Zunächst zog er Mirandola und Mantua als erledigtes Reichslehen ein. Von dem letzten Herzogthume mußte er freilich den westlichen Gebietstheil, das Montferrat mit der hochwichtigen Festung Casale als Kampfespreis dem Savoyer überlassen, weil dieser sonst mit Abfall von der Koalition drohte; das eigentliche Mantua aber mit der überaus starken Hauptstadt vereinigte er mit den österreichischen Erblanden. So faßte der deutsche Zweig der Habsburger in Italien, wo ihm bisher kein Zoll breit Erde gehört hatte, festen Fuß. Dann aber proklamirte er sich überhaupt kraft kaiserlicher Gewalt als Schutzherr Italiens. Als solcher galt es zunächst, Papst Klemens XI. für seine Parteinahme zu Gunsten Frankreichs zu strafen. Er erklärte deshalb dessen Suzeränetät über Neapel für erloschen. Als der Papst dagegen nicht allein Truppen aushob, sondern auch, von der französischen Diplomatie unterstützt, Bundesgenossen unter den italienischen Staaten anzuwerben suchte, rückte ein kaiserliches Armeecorps in den Kirchenstaat ein, in dem es nach Kriegsrecht hauste. Der hülflose Papst wußte sich nicht anders zu helfen, als indem er sich dem kaiserlichen Belieben unterwarf, seine bourbonischen Sympathien verleugnete und Karl III. als König von Spanien anerkannte, von dem dieser freilich nur Barcelona besaß.

Immerhin hatte man nun ganz Italien, mit Ausnahme der Insel Sicilien, und Belgien den Bourbonen entrissen, durch die Einnahme von Lille das französische Gebiet selbst beschränkt, die Herrschaft des Mittelmeers den Engländern erworben — es waren das beträchtliche Ergebnisse des großen Koalitionskrieges, der nun schon acht Jahre lang Europa in Flammen setzte.

Und dabei sah Ludwig XIV. sich genöthigt, selbst auszurufen: „Der Zustand meiner Finanzen gestattet mir nicht, einen solchen Kampf fortzusetzen!" Es hatte sich bei der schon durch den vorigen Krieg bewirkten Verarmung des französischen Volkes als unmöglich herausgestellt, die ohnehin so drückende Steuerlast noch weiter zu erschweren. Der unsähige Kriegs= und Finanzminister Chamillart hatte unter diesen Umständen zu den verderblichsten Auskunftsmitteln gegriffen. Er hatte fünfmal die Münzen verändert, zum größten Nachtheile des Publikums. Er hatte zu acht, ja zu zehn Prozent Anleihen aufgenommen. Er hatte für 489 Millionen Livres verzinsliche Schatzscheine ausgegeben, welche, da die Interessen für sie nicht bezahlt werden konnten und keine Aussicht auf ihre demnächstige Wiedereinlösung war, bald nur noch mit achtzig Prozent Verlust an den Mann gebracht werden konnten. Er hatte tausende von unnützen und höchst lästigen Aemtern verkauft, wie Inspektionen der Fleischereien, des Butter= und Käseverkaufes, der Perrücken, der Früchte und des Schweinehandels; durch die ungeheure Vermehrung der Bevorrechteten blieben kaum noch wohlhabende Leute übrig, die zur Zahlung der direkten Steuern herangezogen werden konnten. Um so furchtbarer wurden die Armen belastet, die kein Geld hatten, um solche Aemter zu kaufen, und bald kam es in dem turbulenten Süden zu Aufständen, die man nur durch Steuererlässe zu stillen vermochte. So mußten denn die Abgaben schon auf Jahre hinaus verpfändet werden, um Geld herbeizuschaffen. Und trotzdem litten die Heere Mangel an dem Nöthigsten, selbst an Schießbedarf, wie denn der belgischen Armee mitten in der Schlacht bei Oudenaarde die Munition ausgegangen war. Der große König sah sich gezwungen, persönlich um die Gunst von Finanzleuten und Wucherern zu buhlen, um nur noch Anleihen zu erhalten. Endlich gab Chamillart in heller Verzweiflung die Generalkontrolle der Finanzen an einen Neffen Colberts, Desmarets, ab.

Das Elend des Volkes wurde erhöht durch die ungewöhnliche Kälte des Winters von 1708 auf 1709, durch das Erfrieren der Obstbäume und selbst der Keime des Getreides: eine ungeheure Theuerung erfolgte, welcher die Regierung in beliebter Weise durch Verfolgung der Kornwucherer, natürlich fruchtlos, abzuhelfen suchte. Aufstände des Pöbels gegen die Behörden und die Bäcker fanden in allen Theilen des Königreiches statt; um sie zu unterdrücken mußte ein Theil der gegen den äußern Feind bestimmten Truppen zurückbehalten werden. Der Dauphin, der König selbst wurden auf offener Straße von dem wüthenden Volke beleidigt. Maueranschläge und anonyme Schreiben bedrohten ihn mit dem Dolche Brutus' und Ravaillacs. Am verhaßtesten war die Frau von Maintenon: sie konnte sich nicht sehen lassen, ohne beschimpft zu werden. Bittere Flugschriften drangen bis vor Ludwigs Augen. Was war aus dem „König Sonne" geworden, von dem Colbert einst geschrieben hatte, er kenne keine anderen Grenzen seiner Macht als sein Belieben!

Unter diesen trostlosen Aussichten erlangte die Friedenspartei am Versailler Hofe einen vollkommenen Sieg. Ludwig entschloß sich von neuem,

Friedensanerbietungen zunächst an die Generalstaaten und durch diese an die Allianz überhaupt gelangen zu lassen. Er hatte sich jetzt mit dem Gedanken vertraut gemacht, Spanien und dessen überseeische Besitzungen den Habsburgern und Belgien dem Gutdünken der Generalstaaten zu überlassen, wenn nur die spanischen Provinzen in Italien seinem Enkel Philipp blieben. Indeß auf solche Anerbietungen gaben zunächst die drei Hauptmächte unter den Verbündeten — England, Holland und der Kaiser — abweisende Antworten. Vor allem beeinflußte Marlborough die Friedensverhandlungen in dem Sinne, daß Philipp nichts von den Ländern der spanischen Monarchie behalten solle. Am wenigsten Italien wollte man ihm lassen: denn begehrte nicht der Kaiser Mailand, England aber die Herrschaft über das Mittelmeer, die bei bourbonischer Herrschaft über Neapel und Sicilien unmöglich schien? Bei diesen Schwierigkeiten beschloß Ludwig im April 1709, daß sein Minister des Auswärtigen, der Marquis von Torcy, selbst sich zur Erlangung besserer Bedingungen nach dem Haag begeben solle. Indeß die Verbündeten, welche der Ansicht waren, daß der französische Herrscher unter keinen Umständen den Krieg würde weiter führen können, verlangten jetzt nicht nur die Abtretung der ganzen spanischen Erbschaft an das Haus Habsburg, Anerkennung der protestantischen Thronfolge in England und Ausweisung der Stuarts aus Frankreich, sondern auch Ueberlassung einer Reihe nordfranzösischer Festungen zur „Barriere" an die Holländer. Mit diesen schweren Bedingungen erklärte sich nach vielen Zögerungen und Verhandlungen Torcy schließlich einverstanden. Allein die Verbündeten gingen noch weiter. Sie forderten die Wiederherstellung der Grenze gegen Deutschland auf den Stand des westphälischen Friedens, sowie die Einräumung einer weitern „Barriere" auf Kosten Frankreichs an den Herzog von Savoyen. Dies verweigerte Ludwig XIV. Solche Opfer waren in der That durch den Verlauf des Krieges noch nicht gerechtfertigt; nicht mit schmerzlichen Verlusten an Territorium wollte Ludwig XIV. seine lange Regentenlaufbahn abschließen. Da die Alliirten nur täglich ihre Ansprüche steigerten, brach Torcy, so bringend er, der Freund des Herzogs von Burgund, auch den Frieden wünschte, doch Anfang Juni 1709 die Haager Konferenzen ab; zum großen Kummer selbst der verbündeten Staatsmänner, welche gemeint hatten, Frankreich werde keinen Widerstand mehr zu leisten wagen. Vergebens hatte Marlborough in den letzten Wochen den Alliirten eifrig von überspannten Forderungen abgerathen. Es ist jetzt erwiesen, daß er, seinem beliebten Schaukelsystem entsprechend und in Hinsicht auf die Zwischenfälle bei dem zukünftigen Dynastiewechsel nach dem Tode Königin Annas, sich durch Torcy sogar wieder dem Prätendenten, dem sogenannten Jakob III., genähert hat.

Völlig war eben Frankreich noch nicht gedemüthigt. Das französische Volk billigte die Gründe für den Abbruch der Friedensverhandlung, die ihm von Ludwig XIV. in einer Proklamation bekannt gemacht wurden; auch brachte er der öffentlichen Meinung das Opfer der Entlassung Chamillarts,

Die Haager Konferenzen.

der im Kriegsministerium durch den fähigern Voisin ersetzt wurde. Noch einmal stellte das von dem Uebermuth der Feinde tief gereizte Frankreich dem Könige Geld und Blut zur Verfügung: die wohlhabenden Privatleute brachten freiwillige Gaben dar, die Millionen betrugen. Die Kastilier jubelten geradezu, daß ihnen nicht der König der Fremden aufgedrängt werden sollte. An die Spitze des Heeres in den Niederlanden, das freilich nur durch die persönlichen Opfer der Offiziere unterhalten werden konnte, wurde Marschall Villars gestellt, der einzige unter den hohen französischen Befehlshabern, der dort noch keine Niederlage erlitten hatte, ein Mann von raschem Geiste, glänzender Tapferkeit und rastlosem Eifer, zugleich aber unglaublicher Eitelkeit und Prahlsucht sowie von räuberischem Eigennutze. In den Alpen befehligte, gegen Viktor Amadeus, Berwick. Auch das Heer in Spanien wurde neu verstärkt. Mit solchen Streitkräften und unter der Führung der fähigsten Generale bereitete sich Frankreich auf einen neuen Waffengang mit seinen überlegenen Feinden vor, einen Waffengang, von dem man glaubte, daß er der letzte des furchtbaren Krieges sein und diesem seine endgültige Entscheidung geben werde.

Den 80,000 Mann Villars' traten 110,000 Verbündete, abermals unter dem Befehle Marlboroughs und Eugens gegenüber. Bei dieser Ueberlegenheit der Feinde hielt es Villars um so mehr für seine Aufgabe, dieselben am weiteren Vordringen in Frankreich zu verhindern, und legte deshalb zwischen Douai und dem Lys-Flusse starke Verschanzungslinien an, hinter denen er sich verborgen hielt. Freilich konnte er nunmehr nicht verhindern, daß die Verbündeten die bedeutende Festung Tournai angriffen; aber dieselbe hielt sich 2¼ Monate lang, so daß damit der beste Theil des Sommers vergangen war. Indessen dieser negative Erfolg genügte Ludwig XIV. nicht; er sandte Villars den wackern Boufflers zur Unterstützung, der mit jenem wirklich in seltener Eintracht lebte, und forderte beide auf, den Feinden keine weiteren Eroberungen zu gönnen. Als deshalb die Alliirten zur Belagerung von Mons, der Hauptstadt des Hennegau, auszogen, trat ihnen Villars entgegen, indem er bei Malplaquet eine treffliche Vertheidigungsstellung wählte. Sein rechter Flügel, von Boufflers geführt, lehnte sich an den dichten Wald von Lagniere, der durch Verhaue und Schanzen sowie einige Bataillone gesichert war, der linke an den Wald von Taisniere, der gleichfalls stark besetzt ward und, indem er weit vor die französische Front vorsprang, aus seinen Schanzen dieselbe der Länge nach bestrich und dadurch eine Annäherung sehr schwierig machte. Das französische Centrum befand sich in der großen Waldlichtung von Aulnoit. Auf den steilen Hügeln, auf welchen die Franzosen postirt waren, erhob sich eine dreifache Reihe von Verschanzungen, mit Artillerie reichlich versehen. Es schien unmöglich, daß diese überaus feste und von 80,000 Mann vertheidigte Stellung von den 90,000 Soldaten Eugens und Marlboroughs erstürmt werde. Trotzdem griffen diese am Morgen des 11. September an: Marlborough auf dem linken Flügel und im Centrum, mit den Holländern, Engläubern, Hannoveranern und Preußen, Eugen rechts mit den kaiserlichen, dänischen und Reichstruppen. Stundenlang wogte der Kampf, welcher bei der gedeckten Stellung der Franzosen sich für deren Feinde außerordentlich blutig gestaltete. Eugen erstürmte den vorderen Theil des Waldes von Taisnierre, aber nur um in der Waldlichtung von Louvierr eine neue feindliche Schanzenreihe vor sich zu sehen. Auf dem linken Flügel der Verbündeten opferte der junge Prinz von Oranien dreißig holländische und deutsche Bataillone im Angriffe auf die französischen Werke. Endlich brachte Eugen die Entscheidung. Obwohl selbst am Kopfe verwundet, benutzte er die Verwirrung, die bei dem Gegner entstand, als eine Kanonenkugel Villars am Beine getroffen hatte, um der Franzosen linken Flügel von Stellung zu Stellung zu treiben, endlich zum Rückzug zu nöthigen. Kaum fielen 90 Schwadronen seiner Reiterei auf das Centrum des Feindes; Bufflers ordnete den Rückzug an, der übrigens in bester Ordnung vor sich ging. Die Alliirten hatten an diesem Tage 18,000 Mann, dabei ein volles Viertel ihrer Infanterie, eingebüßt, die Franzosen nur 15,000, darunter bloß 500 Gefangene; Trophäen waren den Marschällen beinahe gar nicht entrissen worden.

Indeß so schwer auch der Sieg der Verbündeten erkauft war, so lebhaft man darüber in Frankreich wie über einen Gewinn jubelte und so herzlich der König seinem schwer verwundeten Feldherrn durch Erhebung zur Pairie dankte — die Schlacht bei Malplaquet war doch immer ein Sieg der Verbündeten. Mons wurde von ihnen belagert und zur Kapitulation genöthigt, ohne daß die Franzosen das Mindeste zu seinem Entsatze gewagt hätten. Damit war der Hennegau für die Alliirten gewonnen. Indeß das Heer war durch Schlachten und Belagerungen so geschwächt und ermüdet, daß Eugen und Marlborough es schon Ende Oktober 1709 in die Winterquartiere verlegten. Die großen Verluste Marlboroughs scheinen die Ursache für das Entstehen des bekannten französischen volksthümlichen Spottliedes Marlborough s'en va-t-en guerre gebildet zu haben, welches berichtet, wie die Nachricht seines Todes seiner Gemahlin daheim überbracht wird.

Dennoch knüpften die Leiter der großen Allianz an den Ausfall dieses abermaligen großen Gottesurtheils von Malplaquet die lebhaftesten Hoffnungen auf einen baldigen günstigen Ausgang des furchtbaren Weltkampfes. Denn inzwischen hatten sich auch in Ungarn die Ereignisse zum Vortheile des Kaiserhauses gestaltet, so daß man die bisher dort verwandten Regimenter demnächst an den Rhein zu entsenden vermochte.

Der Uebermuth und die Anmaßung, mit der Rakoczy auf dem Reichstage zu Onod verfahren war, hatte unter allen Klassen Ungarns lebhafte Mißbilligung hervorgerufen. Revolutionäre Gewalten, scheinbar von der öffentlichen Meinung vorwärts getragen, lassen dieselbe oft hinter sich zurück, ohne es zu merken. Die altererbte habsburgische Herrschaft mit einem Königthum Rakoczys zu vertauschen, hatten alle Gemäßigten und Besonneren um so weniger Luſt, als bei der zunehmenden Schwäche Polens, Ungarn nur durch Oeſterreich vor den Türken geſchützt zu werden vermochte, zwiſchen einem doppelten Feinde aber, dem deutſchen und dem osmaniſchen, ſicher zu Grunde gegangen wäre. Eine beſſere Regierung ſeitens der deutſchen Herrſcher, aber nicht Umſturz derſelben wollte die große Mehrheil der Magyaren, wollten die zugehörigen ſlaviſchen Bezirke. Der Palatin Fürſt Eſterhazy, 22 Biſchöfe, 11 Barone, 26 Obergeſpane, 40 Adelsabgeordnete, 13 Freiſtädte, die geſammten drei Königreiche Kroatien, Dalmatien und Slavonien proteſtirten gegen die Beſchlüſſe des Onoder Konventes. Eine ſchlagende Unterſtützung erhielt dieſer Proteſt durch den glänzenden Sieg, mittelſt deſſen der wieder mit dem Oberbefehl in Ungarn betraute Feldmarſchall Heiſter bei Trenesin, im Auguſt 1708, das Heer Rakoczys gänzlich zerſprengte. Die barbariſche Strenge, mit welcher Heiſter auch fürder gegen die Anhänger der Rebellion verfuhr, beſchleunigte nunmehr, wo dieſelbe im Nachtheile war, nur deren Auflöſung. Eine Stadt nach der andern, ein aufrühreriſcher Magnat nach dem andern, in Siebenbürgen ſowohl wie in dem eigentlichen Ungarn, fielen zu dem ſiegreichen Kaiſer ab. Und als Rakoczy mit blutiger Härte gegen den Verrath einzuſchreiten begann, machte ihn dies vollends verhaßt, zumal er gegen die kaiſerlichen Generale nur Niederlagen erlitt. Jeder eilte von der allgemeinen Amneſtie Gebrauch zu machen, welche der großmüthige Joſeph I. durch den General Palffy den Inſurgenten anbot. Nur Rakoczy ſelbſt ſowie ſeine erſten und treueſten Anhänger, die Grafen Bereſenyi, Forgach und Eſterhazy, verweigerten die Unterwerfung und flüchteten lieber nach Polen. Allein ſonſt erkannten unter Bewilligung des Grafen Karolyi die letzten der anfrühreriſchen Großen, Adeligen und Städte auf dem Konvente zu Szathmar — er fand allerdings erſt im April 1711 ſtatt — die kaiſerliche Herrſchaft an gegen Zuſage bedingungsloſer Verzeihung und Aufrechterhaltung aller Rechte und Freiheiten der Lande Ungarn und Siebenbürgen. Mit dieſem Szathmarer Frieden war der ungariſche Aufſtand — der letzte für faſt anderthalb Jahrhunderte! — nach neunjähriger Dauer beendigt. Rakoczy ſah ein, daß ſeine Sache völlig verloren ſei, und begab ſich mit den wenigen ihm gebliebenen Freunden nach Frankreich.

Wenn nun auch am Oberrhein der Kurfürſt von Hannover, der kläglichen Reichsarmee noch kläglicherer Feldherr, nicht einmal die deutſchen Grenzlande vor franzöſiſchen Plünderungen zu ſchützen wußte; wenn in Spanien der wackere Guido Starhemberg mit fliegenden Kräften, noch dazu durch den ſteten Widerſpruch des engliſchen Generals Stanhope behindert, nur geringe Fortſchritte machte: ſo konnte das gegen die in Ungarn und beſonders in den Niederlanden eingetretene Entſcheidung wenig ins Gewicht fallen. Freilich würde man ungleich größere Ergebniſſe erzielt haben, wenn man nach Marlboroughs Vorſchlag das Moſelthal hinauf gedrungen wäre, wo nach dem Falle der einzigen Feſtung Metz der Weg nach Paris offen geſtanden hätte: aber auch ſo ließ ſich die Zeit genau berechnen, wo die Verbündeten die letzte nordfranzösische Festung genommen haben und den Marsch auf die Hauptstadt des französischen Reiches antreten würden. Nach Siegen wie bei Ramillies, Oudenaarde, Malplaquet würde ein Friedrich der Große, ein Napoleon längst vor Paris erschienen sein. Ludwig XIV. hoffte nicht mehr, dem Feinde Widerstand zu leisten. Er war in solchem Geldmangel, daß er kaum von den Kaufleuten die nöthigen Lieferungen für seinen persönlichen Bedarf erhalten konnte. Die Soldaten bekamen nicht einmal mehr regelmäßig Brod, und dann meist schlechtes Haferbrod, das sie kaum zu verzehren im Stande waren. Die Intendanten der Grenzprovinzen mußten die ihnen untergebenen Bevölkerungen förmlich ausplündern, um für die Heere Kleidung, Pferde, Fuhrwerke zu beschaffen, da der König sie nicht mehr zu liefern vermochte. Nicht nur ein allgemeiner Staats-, sondern ein förmlicher Nationalbankerott schien bevorzustehen. Fénelon, stark durch die Unterstützung des Herzogs von Burgund, wagte es, an den König drei Denkschriften zu richten, in denen er den Monarchen — der nur den Nießbrauch, nicht den Besitz des Königthums habe — behufs Rettung des letzteren aufforderte, sofort Frieden zu schließen, Philipp V. wenn nöthig zur Abdankung zu zwingen, ja schlimmsten Falles auch einige französische Festungen abzutreten.

Das Haupt der „Heiligen" gab diese Rathschläge in Hinblick auf die Friedensverhandlungen, die inzwischen von neuem begonnen hatten, freilich ohne die kriegerischen Unternehmungen zu behindern. Diese Negotiationen wurden seit dem März 1710 auf dem holländischen Schlosse Gertruydenberg geführt und zwar zunächst zwischen den holländischen Bevollmächtigten Buys und van der Dussen und den französischen, dem alten Marschall von Huxelles und dem Abbé von Polignac, einem gewandten, thatkräftigen, völlig skrupellosen Diplomaten. Ludwig hatte sich jetzt zu dem Opfer der ganzen spanischen Erbschaft entschlossen und versprach, seinem spanischen Enkel im Falle von dessen Ungehorsam jede, auch indirekte Unterstützung zu entziehen. Er erbot sich ferner, den Holländern eine „Barriere" auf Kosten Frankreichs zu überliefern, die Werke Dünkirchens sowie sämmtlicher elsässischer Festungen zu rasiren. Er stimmte zu, daß jene Barriere in den wichtigen und reichen Städten Valenciennes und Douai sowie in Cassel bestehen solle. Indeß dieses Mal wollten die verbündeten Staatsmänner nicht aufrichtig den Frieden. Sie hielten die Lage Frankreichs für so verzweifelt, daß sie meinten, durch Fortsetzung des Kampfes dasselbe auf den Bestand des 16. Jahrhunderts herabdrücken zu können; und so forderten sie hartnäckig, daß Ludwig sich verpflichte, selbst seinen Enkel aus Spanien zu vertreiben. Nun führten sie allerdings zur Beschönigung dieses exorbitanten Verlangens an, daß Philipp V. sich hartnäckig weigere, unter irgend einer Bedingung das spanische Volk, das sich ihm so enthusiastisch ergeben hatte, zu verlassen, und daß man nach früheren Vorgängen fürchten müsse, Ludwig werde trotz aller seiner Verheißungen im Geheimen seinen Enkel doch unterstützen. Allein der französische Herrscher erklärte sich bereit, jede gewünschte Sicherheit, sei es selbst in einzuweiliger Ueberlieferung von Festungen an die Alliirten, für die Aufrichtigkeit seiner Zusagen zu geben. Und war man so Ludwigs gewiß, wie wollte Philipp V. den vereinigten Kräften des großen Bundes widerstehen, da er sich kaum gegen die schwachen Regimenter Starhembergs, Stanhopes und der Portugiesen zu halten vermochte? Es war vielmehr Rachgier und Uebermuth von Seiten der Alliirten, wenn sie nichtsdestoweniger auf einer Bedingung bestanden, die für Ludwig eine unerträgliche Schmach in sich schloß! Man kann es durchaus nicht mißbilligen, wenn er sich weigerte, unter fremdem Zwang mit den eigenen Waffen den Enkel und die Spanier auseinander zu reißen, die er selbst erst mit einander verbunden hatte. Schließlich ging er bis zum Aeußersten: er bot den Verbündeten zum Kampfe gegen Philipp V. zwölf Millionen Livres französischer Subsidien; nur die französischen Soldaten sollten nicht gegen den bourbonischen Fürsten, ihren bisherigen Schützling, kämpfen. Er verhieß sogar, wenn man ihm dies erspare, den ganzen Elsaß an das Haus Oesterreich zurückzugeben. Alles dies vermochte den Alliirten nicht zu genügen. In einem Ultimatum vom 13. Juli stellten sie in härtestem Tone die Forderung auf: Ludwig müsse allein und zwar binnen zwei Monaten seinen Enkel aus Spanien fortschaffen; binnen 14 Tagen müsse der König diese Bedingung annehmen. Das war zu viel. Ludwig rief sofort seine Bevollmächtigten zurück.

Damit war die Aussicht auf einen so günstigen Frieden vereitelt, wie er bis dahin nie einem französischen Könige abgerungen worden war! Ludwigs XIV. ganze Eroberungspolitik wäre mit der härtesten Züchtigung belegt, Frankreich mit einer Niederlage bestraft worden, wie sie bis auf die neuesten Zeiten dort nicht ihres Gleichen gehabt hat. Die kühnsten Hoffnungen der Verbündeten wären übertroffen worden. Allein ein Uebermuth, wie ihn selbst Ludwig in seinen stolzesten Tagen nicht gezeigt hatte, von Seiten eben dieser Alliirten machte solch' glänzender Perspektive ein Ende. Schmerzlichste Opfer, das Geständniß völligen Unterliegens wollte Ludwig XIV. auf sich nehmen, vor der offenbaren Schande scheute er mit Recht zurück. Die Diktatoren von Gertruydenberg aber hatten nicht in ihre Rechnung gezogen die unerschöpflichen Hülfsquellen des französischen Bodens und Volksgeistes, den opferwilligen Patriotismus der französischen Nation, vor allem nicht das Walten der Nemesis, die doch erst soeben Ludwig und Frankreich selbst auf das Deutlichste getroffen hatte.

Zunächst freilich schien der Verlauf des Feldzuges von 1710 die Anmaßung der Koalition zu rechtfertigen. Nach dem zwischen Eugen und Marlborough vereinbarten Feldzugsplane sollte man am Rheine sich vertheidigungsweise verhalten. Dagegen sollten der Herzog von Savoyen einen Angriff auf Südfrankreich unternehmen, Karl III. und die Portugiesen durch kombinirte Operationen von Osten und Westen her dem Königthum Philipps V. ein Ende bereiten; in den Niederlanden die letzten Festungen weggenommen werden, die noch den Weg nach Paris versperrten. Landungen verbündeter

Truppenkorps sollten im südlichen und nordwestlichen Frankreich erfolgen, über dieses den Jammer des Krieges im reichsten Maße bringen. Wenn diese Absichten ausgeführt wurden, dann fehlte freilich nichts mehr an der vollständigen Demüthigung Ludwigs XIV.

Zuerst, schon im April, waren Eugen und Marlborough im Felde. Nach der Einnahme Morlagues zogen sie vor Douai, das von 8000 Mann unter den besten französischen Generalen, Artillerie- und Genieoffizieren vertheidigt wurde. Villars wagte nicht, einen ernstlichen Entsatzversuch zu unternehmen. Ende Juni mußte sich auch Douai ergeben. Zwar Arras, auf das beide alliirte Feldherren nunmehr ihr Augenmerk gerichtet hatten, schützte Villars durch starke Linien: dafür nahmen jene die kleineren Festungen Bethune, Aire und St. Bruant.

Und inzwischen gab der Feldzug in Spanien Hoffnung, daß das Jahr nicht vergehen werde, ohne daß Philipp V. vom Boden der pyrenäischen Halbinsel vertrieben sei. Damit wäre allerdings das bisher größte Hinderniß eines allgemeinen Friedens beseitigt gewesen.

Im Beginne des Jahres hatte Ludwig, um den Alliirten die Aufrichtigkeit seiner Anerbietungen zu beweisen, seine Truppen aus Spanien zurückgezogen und sich nach vielen Schwierigkeiten nur dazu bereit erklärt, Vendôme aus seiner bisherigen Ungnade zu erlösen und den Spaniern als Feldherrn zu überlassen. Sonst war Philipp auf seine eigenen Kräfte beschränkt. Er zog selbst wider seine Gegner zu Felde, die von England und Italien her nicht unbedeutende Verstärkungen erhalten hatten. Starhemberg und Stanhope, in deren Gefolge sich der „König" Karl III. befand, rückten nun mit ihrer bunt zusammengesetzten Armee den Feinden entgegen, die sie bei Almenara am Segre-Flusse besiegten (Juli 1710). Mit Hitze, Durst und Hunger kämpfend, marschirten nach diesem Erfolge die Verbündeten in Aragon vorwärts. Um dessen Hauptstadt zu retten, wagte Philipp V. vorwärts von Saragossa am 20. August die Schlacht: seine frisch ausgehobenen spanischen Regimenter ließen nach den ersten Schüssen davon, und so wurde er mit Verlust aller seiner Fahnen, Geschütze und Vorräthe und mit Einbuße von 9000 Todten, Gefangenen und Verwundeten völlig besiegt. Noch an demselben Tage zog Karl III. triumphirend in Saragossa ein, und indem er sämmtliche Freiheiten und Privilegien der Länder der Krone Aragon — deren geliebte „Fueros" — wieder in Kraft setzte, fesselte er die Herzen der Aragonier, Catalanen und Valencianer dauernd an seine Sache.

Philipp, dessen Heer auf 9000 entmuthigte Soldaten reduzirt war, eilte nach Madrid; wohl empfing ihn die Bevölkerung der Hauptstadt mit lauten Zurufen: „Es lebe Philipp V., Tod den Verräthern!" — allein dies gab ihm noch nicht die nothwendigen Streitkräfte, um sich hier gegen die Verbündeten zu halten, die gegen den Rath des vorsichtigen Starhemberg durch den ungeduldigen und aufbrausenden Stanhope, den würdigen Nachfolger Peterboroughs, auf Madrid getrieben wurden. Während Philipp nach Valladolid zurückwich, zogen die Alliirten durch Kastilien, wo sie überall Einöde und Stillschweigen empfing. Auch aus Madrid war Alles, was fliehen konnte, alle hohen Beamten und Adeligen sowie die wohlhabenden Bürger dem Bourbonen nach Valladolid gefolgt. Inmitten eisigen Schweigens zog Karl im September in Madrid ein. „Die Stadt ist eine Wüste!" rief er ärgerlich und nahm in einem benachbarten Landhause Wohnung. Trotzdem war das Reich gewonnen, wenn die portugiesische Armee der Verbündeten sich in Madrid mit Starhemberg und Stanhope vereinigte. Dies erschien unzweifelhaft, da kein feindliches Heer zwischen der Hauptstadt und der portugiesischen Grenze stand. Beide Armeen vereint mußten ohne Schwierigkeit die schwachen Streitkräfte Philipps erdrücken.

Indeß in demselben Momente waren auch schon Frankreich und sein Schützling Philipp V. vor dem Verderben gerettet.

Um diesen Umschwung zu verstehen, muß man auf die inneren Verhältnisse Englands unter der Königin Anna einen Blick werfen.

———

Fünftes Kapitel.

Rettung Ludwigs XIV.; der Friede von Utrecht.

Die „Regierung der Königin Anna" hat sich einen dauernden Platz in der englischen Geschichte nicht nur durch die großen und rühmlichen Erfolge auf den Schlachtfeldern, sondern vor allem auch durch die gleichzeitige glänzende Entwickelung der Literatur erworben. Die kurze Periode dieser Monarchin erscheint wie eine Erneuerung und Uebertragung des Augusteischen Zeitalters. „Welch' herrliche Zeit," ruft ein moderner englischer Geschichtsschreiber aus, „welche die Siege Marlboroughs mit den Forschungen Newtons vereinigen konnte, die Staatskunde Somers mit den Ritterthaten Peterboroughs, die Beredsamkeit Bolingbrokes im Parlamente und Atterburys auf der Kanzel mit den prosaischen und dichterischen Schriften Swifts und Addisons, Popes und Priors!" In der That, die sichere Begründung der politischen Freiheit am Ende des 17. Jahrhunderts und die ruhmvollen Erfolge nach außen regten in England die Literatur zur fröhlichsten Triebkraft an; der blühende Wohlstand, die gemäßigte Richtung der politischen Bestrebungen, das gesunde bürgerliche Leben wiesen sie in eine fruchtbare Bahn; die großen naturwissenschaftlichen Entdeckungen und Locke's klare Erfahrungsphilosophie führten über die bisherigen Grenzen des Denkens hinaus.

Auch darin war dieses Zeitalter dem Augusteischen ähnlich, daß die Liebe zur Literatur, die Begeisterung für hervorragende geistige Schöpfungen, die Hochachtung für Schriftsteller alle Klassen der Bevölkerung erfüllte; daß der gefeierte Autor freien Zutritt zu den vornehmsten und höchstgestellten Männern des Reiches hatte und von ihnen aufgefordert wurde, auf dem Fuße vollkommener Gleichheit mit ihnen zu verkehren. Der Graf von Oxford als erster Minister, Viscount Bolingbroke als Minister des Auswärtigen tauschten mit Prior und Swift Briefe aus, in denen die Korrespondenten einander mit zärtlichen Abkürzungen ihrer Vornamen anredeten. Ja, die ersten Staatsmänner hielten es für eine Ehre, um die sie sich eifrig bemühten, einem berühmten Poeten oder Gelehrten vorgestellt zu werden. Es bildete sich aus diesen so glücklich gemischten Elementen die geistvollste und liebenswürdigste Gesellschaft, wie sie nie wieder, auch nicht in dem Paris des spätern 18. Jahrhunderts erreicht worden ist. Und dabei war diese Gesellschaft von einer echten Aufklärung und von einem Durste nach Wahrheit und tiefer Erkenntniß erfüllt, die sehr zu ihren Gunsten von dem cynischen Materialismus der französischen Encyklopädisten sich unterschieden.

Die religiös-philosophische Anschauung knüpfte einerseits an das scharf logische und nüchterne System Lockes an, andrerseits an Spinoza; die englischen Philosophen gingen nicht so weit wie dieser letztere, aber sie fanden bei ihm ihre schärfsten Waffen gegen die Lehren von der göttlichen Inspiration, von den Wundern und Weissagungen. Von jenen beiden Denkern ging die Schule der englischen „Deisten" aus, welche die Erkenntniß der Wahrheit rein auf die Vernunft basirten und eine Gottheit lehrten, der sie zwar Persönlichkeit und Außerweltlichkeit zuschrieben, jedoch in einer Allgemeinheit und Unbestimmtheit, die sich nur um weniges von pantheistischen Anschauungen entfernte. Die Bahn brach mit seinem Buche „Das Christenthum ohne Geheimnisse" Johann Toland (um 1700), zunächst im System und Inhalt seiner Lehre durchaus Lockes Spuren folgend; er suchte darin das Christenthum von allen heidnischen Zuthaten: das heißt Mysterien, Wundern und Ceremonien aller Art, zu reinigen. Das Werk machte über die Grenzen Englands hinaus allgemeines Aufsehen. Als sich später Toland offenbar dem Materialismus zuwandte, verlor er damit allen Einfluß. Aber deshalb ging die von ihm früher, dann von Collins, Lyons u. a. verfochtene rationalistisch-philosophische Richtung nicht unter. Graf Shaftesbury, ein feiner und eleganter Denker, wurde von ihr derart ergriffen, daß er, um ihr leben zu können, die Annahme jedes Staatsamtes verweigerte. In künstlerisch schöner Form preist er in seinen „Charakteristiken" und in seinem Briefwechsel eine auf Aesthetik gegründete Sittlichkeit, und in seiner „Rhapsodie" die auf das Ideale überhaupt begründete Gottesidee, in einer an Plato erinnernden und doch durchaus subjektiv-modernen Weise. Das Gesetz streng gegliederter Einheit, gemessener und harmonischer Klarheit, welches Natur, Leben und Kunst gleichermaßen beherrscht, das auch die eigentliche Moral ausmacht, erscheint ihm als das innerste Wesen der Gottheit. Tugend ist sittliche Schönheit, Lebensharmonie, die ihre Vollendung und ihren Lohn in sich selbst trägt, Laster Kampf gegen das beglückende Gleichmaß in unserm eigenen Innern. In der Natur aber heben sich die Uebel, die Disharmonien im Großen und Ganzen gegenseitig zu reinster Uebereins ſtimmung und Harmonie auf, welche letztere die ganze Welt beherrſchend und überwindend durchdringt. Und neben dieſem Shaftesbury, einem wahren Weiſen nach dem Sinne des Sokrates, ſtand der viel erfahrene, glänzende, grundſatzloſe Staatsmann Bolingbroke, der zu der Freigeiſterei des Verſtandes auch die des Herzens fügte. Er untergrub mit Schärfe und beißendem Spotte die Grundlagen des Glaubens. Er gab die Exiſtenz einer Gottheit zu, welche durch die in ſich harmoniſche Geſetzmäßigkeit der Weltordnung und durch die vollſtändige Uebereinſtimmung der Gottesidee mit der menſchlichen Vernunft erwieſen werde; aber jede nähere Einſicht in das Weſen Gottes und der Dinge überhaupt bezeichnete er als unmöglich. Allein jeder Staat müſſe aus Gründen der Nützlichkeit eine ausſchließliche Staatsreligion haben; ſo bekannte ſich der Deiſt Bolingbroke zu dem entſchiedenſten Toryismus.

Im Beginne hatte dieſe deiſtiſche Richtung mit der heftigen Feindſchaft aller kirchlich Geſinnten zu kämpfen, aber bald fand ſie in den Kreiſen der Gebildeten Englands immer allgemeinere Anerkennung, immer größern Beifall. Mit Eifer nahm man für die geiſtigen Beſtrebungen und Kämpfe Partei. Die Politiker, ſelbſt hervorragende Schriftſteller, gewöhnten ſich immer mehr daran, auch über ſtaatsmänniſches Wirken durch Streitſchriften das große Publikum als höchſten Richter anzurufen.

Im Ganzen geht übrigens durch die geſammte, auch die belletriſtiſche Literatur Englands in dieſer Zeit ein mehr verſtandesmäßiger als gerade dichteriſch phantaſievoller Zug. Dem entſpricht eben auch die Poeſie, deren gefeiertſter Vertreter ſchon in unſerer Zeit der noch junge Alexander Pope war, „der Fürſt des Reimes und der große Dichter des Verſtandes". In ſeiner Sprechweiſe fein und witzig, vermochte er zugleich eine Kunſt des Versbaues zu erreichen, die ſelbſt die Virtuoſität Drydens weit überragte. Der kräftige wohllautende Reim Popes iſt noch heute ein Stolz der engliſchen Literatur; und ſelbſt Franzoſen mit ihren in dieſer Beziehung ſo hohem Anſprüchen vergleichen ihn mit dem Ton einer Flöte. Aber der Inhalt ſelbſt iſt äußerſt flach und trocken verſtändig, nirgends ein warmer Hauch, der zum Herzen bringt und daſſelbe erweitert und erhebt. In einem Gedichte: „Verſuch über den Menſchen" umkleidete Pope die Gedanken Shaftesburys mit dem Versgewande und huldigte auch in der Poeſie dem Deismus.

Dieſer vorwiegend verſtändige Zug des engliſchen Geiſtes zur Zeit der Königin Anna macht ſich dann nach drei Richtungen geltend: nach derjenigen des moraliſirenden Dramas, der moraliſirenden Wochenſchriften und des belehrenden und ſatyriſchen Romans. Dazu trug freilich auch das ernſte ſittliche Weſen bei, das in erfreulichem Maße ſeit der Reſtauration den großen engliſchen Mittelſtand erfüllte. Die moraliſirend ſentimentale Tragödie Southerns, Congreves und Rowes iſt kaum noch als ein dramatiſches Kunſtwerk, ſondern nur als eine dramatiſirte Fabel zu betrachten, zur Geißelung des Laſters, zur Verherrlichung der Tugend, ſein in den drei ariſtoteliſchen Einheiten eingeſchloſſen, mit einer lobenswerthen Nutzanwendung am Schluſſe.

Der Führer dieser ganzen moralischen Schaar ist Addison, der nun freilich mit seinem „Cato" größere Ansprüche machte, schließlich aber auch nichts anderes gab, als die Moraltragödie seiner Zeitgenossen, mit französischer Rhetorik verquickt; trotzdem machte der „Cato" ungeheures Aufsehen und fand um so lebhaftern Beifall, je freigebiger Addison auch politische Anspielungen einmischte.

Addison wußte dann die allgemeine Theilnahme, welche die Literatur in seiner Heimath damals fand, zur Herausgabe einer moralisirenden belletristischen Wochenschrift zu benutzen, welche den lebhaftesten Beifall hervorrief. Nach dem „Tatler" gab er den „Spectator", den „Zuschauer" heraus, der in vielen Zehntausenden von Exemplaren mit größter Begierde gelesen wurde. An der Leitung eines novellistischen Jahens werden wir durch alle Schichten und Richtungen des englischen Lebens, alle Situationen des menschlichen Herzens, durch populäre Philosophie und anmuthige Märchen und Anekdoten, durch die Thorheiten der Mode und praktischen Psychologie geführt, stets in anziehender, abwechselnder und durchaus geist- und seelenvoller Weise. Der Spectator fand dann vielfache Nachahmung. Diese moralisirend belletristischen Zeitschriften haben der Verbreitung echter und guter Geistes- und Herzensbildung in England, der Aufklärung der Nation, der Veredelung der Sitten unschätzbare Dienste geleistet. Ein Schmutz, wie er in den Dichtungen der Restaurationszeit sich noch breit machte, ist damit unmöglich geworden.

Mit diesen Zeitschriften stand der belehrende und der satyrische Roman in Zusammenhang. Das unerreichte Muster der letztern Gattung ist bis auf unsere Zeit Daniel Defoes Robinson Crusoe geblieben. Defoe war ein Dissenter, der in lebendigen und kühnen Schriften die religiöse Gleichstellung verfochten und dafür mit Geldstrafen, Gefängniß und Pranger zu dulden hatte, der eine vielgelesene whiggistische Zeitschrift herausgab und überraschende national-ökonomische Kenntnisse und Anschauungen besaß. Politik und Literatur gingen in dem kräftigen, bewegten, lebensvollen England jener Tage überall Hand in Hand. Dem Robinson selbst liegt die wahre Geschichte eines schottischen Matrosen Alexander Selkirk zu Grunde, die aber von Defoe mit der größten psychologischen Kunst, mit unvergleichlicher Geschicklichkeit der Detailmalerei und mit schöpferischer Phantasie ausgeführt worden ist. Schade, daß Defoes Robinson, meist durch alberne Bearbeitungen durchaus verunstaltet, fast ausschließlich zur Kinderlektüre wurde! Der satyrische Roman fand seinen Meister in Jonathan Swift. Schon das Schicksal bestimmte gewissermaßen Swift zum Satyriker: er, der in sich alle Eigenschaften eines Staatsmannes und die Neigungen eines Weltmannes fühlte, wurde durch seine Armuth zum geistlichen Stande gezwungen. Dürfen wir den Dichter zu streng verurtheilen, wenn sein Widerwille gegen den aufgenöthigten Beruf, verbunden mit einem reizbaren, leidenschaftlichen Temperamente, zum Bruche mit Anstand und Sitte, zur bittersten und oft ungerechten Satyre führte? Leider gingen in diesem allgemeinen Schiffbruche seines moralischen Wesens Ernst schließlich Redlichkeit und Ehre verloren. Politisch wurde er aus einem entschiedenen Whig ein ebenso entschiedener Tory; im Dienste beider Parteien schrieb er Pamphlete voll Geist, Witz, Scharfsinn und Bosheit. Aber von bleibendem Werthe ist sein Roman „Gullivers Reisen", eine vortreffliche Satyre auf die damaligen Zustände Englands und Europas überhaupt, dabei im fesselndsten Stile, voll poetischer Einbildungskraft, mit dem geschicktesten Anschein der Wahrheit geschrieben. „Gullivers Reisen" sind ein Volksbuch aller Länder und Zeiten geworden wie die Abenteuer Robinson Crusoes. Ist es doch der beste Prüfstein für den dichterischen Werth einer Satyre, wenn sie ihre Anziehungskraft bewahrt, obwohl dem Leser späterer Zeiten der Reiz der persönlichen Beziehungen und Anspielungen entgeht!

Es war immerhin seit den Tagen Shakespeares und Johnsons wieder die erste wahrhaft schöpferische und selbständige Epoche der schönen Literatur in England, zum ersten Male wieder eine Zeit, die Bleibendes und allgemein Gültiges geschaffen hat. Es war diese Literatur das Zeugniß einer großen und mächtig sich entwickelnden Nation, die eifrig der Vermehrung des materiellen Besitzstandes oblag, dabei der Erringung und Befestigung der innern Freiheit nicht vergaß und zu gleicher Zeit eine ruhmvolle und segensreiche Rolle in Europa zu spielen entschlossen war. Das englische Volk jener Tage hielt es nicht für den Gipfel der Weisheit, sich ängstlich auf der heimischen Insel einzuschließen und lediglich auf die Vermehrung des Pfund Sterling oder höchstens eigener Kolonien in entlegenen Welttheilen bedacht zu sein; es fühlte vielmehr den Beruf in sich, eine mächtige und ausschlaggebende Stellung unter den civilisirten Staatswesen einzunehmen, und zwar im diplomatischen und Waffenkampfe für die Unabhängkeit der Nationen und die Freiheit des Bekenntnisses. Das ist der Weg, auf dem England groß, reich und angesehen wurde.

Freilich, Königin Anna war wenig zur Führerrolle auf dieser Bahn geeignet. Siebenunddreißig Jahre war sie alt, als sie den Thron bestieg, äußerlich eine stattliche korpulente Frau mit männlichen Zügen, nicht ohne natürliche Beredsamkeit. Ihrer Mutter früh beraubt, war sie nach der Wiederverheirathung ihres Vaters fern von den katholischen Eltern durch den anglikanischen Bischof von London erzogen worden, der ihr einen sehr gründlichen Widerwillen gegen ihres Vaters Glaubensbekenntniß, sonst aber eine äußerst mangelhafte Bildung beibrachte. Ihr Gatte, Prinz Georg von Dänemark, war wegen seiner Einfalt berüchtigt und konnte so auf die beschränkte geistige Ausbildung der Prinzessin nicht fördernd wirken. Ihre zahlreichen Kinder waren sämmtlich in zarter Jugend gestorben. Müßiggang bei Kartenspiel, regelrechten Andachtsübungen und nichtigem Hofgeplauder füllte Jahre lang ihre Zeit aus. So war Annas Geist in engen Grenzen geblieben, ihr Charakter unselbständig, ihr Urtheil langsam und schwerfällig; angestrengte Gedankenarbeit scheute sie über Alles. Sie wagte kaum ihre Ansichten und

Gefühle auszusprechen und konnte dieselben Jahre lang in dem Schrein ihrer Brust verschließen. Aber mit großer Zähigkeit hielt sie dieselben fest, bis sie oft plötzlich zum Ausbruche kamen und dann fälschlich wie Hinterlist und Heuchelei erschienen. Mißtrauisch gegen ihre eigene Begabung war sie argwöhnisch auch gegen Andere; und grade dieses Bewußtsein ihrer persönlichen Schwäche ließ sie eifersüchtig die äußern Zeichen ihres Ranges und ihrer Würde bewahren und aufrecht erhalten. Ihre schwankende und unselbstständige Natur hatte sie veranlaßt, sich an ein kräftigeres und bestimmteres Wesen anzulehnen, und da sie ein solches in Sarah Jennings, der späteren Herzogin von Marlborough fand, so hatte sie sich mit glühend schwärmerischer Freundschaft an dieselbe angeschlossen. Kein Zweifel, daß die Herzogin nicht von wahrer Freundschaft, wie Anna, sondern nur von ehrgeiziger Berechnung geleitet ward; aber um so sicherer wußte sie die der starken Hülfe und Stütze bedürfende Prinzessin an sich zu fesseln. Dezennien lang folgte Anna blindlings den Rathschlägen der Herzogin und ihres Gemahls. Allein zwischen diesen beiden anscheinend auf das Engste verbundenen Frauen gab es doch mehr als einen Gegensatz. Die Herzogin hätte Anna stets beherrschen können, unter der Bedingung, daß sie dieser gegenüber die der Souveränin gebührende äußerliche Ehrerbietung und Unterwürfigkeit gewahrt hätte. Aber sie war viel zu stolz, um sich nicht im Genusse der höchsten Macht und des bestimmenden Einflusses dessen zu überheben, durch ein herrisches Benehmen die Königin zu verletzen und in steigendem Maße sich zu entfremden — allmählich aber sicher: vergebens warnte Marlborough unabläßig seine Gemahlin. Zu diesen persönlichen Motiven kamen allgemeinere. Königin Anna haßte den Katholizismus und hatte sich bestimmt gegen das Regierungssystem ihres Vaters Jakobs II. erklärt; indeß sie hing mit Eifer der orthodoxesten Richtung der anglikanischen Kirche an und hegte die so natürliche Hoffnung, bereinst ihrem Bruder, dem „Prätendenten" Jakob III. zur Nachfolge auf dem englischen Throne verhelfen zu können. Kurz, sie stand mit ihren Neigungen vollkommen auf der Seite wenn nicht der Jakobiten, so doch der Hochtories. Nun waren Marlborough und sein vertrauter Freund, der Großschatzmeister — d. h. erster Minister — Godolphin ursprünglich auch Tories gewesen; allein sie hatten sich immer mehr den Whigs genähert, theils weil die Herzogin sich eifrig zu den Whigs bekannte, theils aber, und wohl noch mehr, durch die Macht der Verhältnisse dazu gedrängt.

Zunächst nach ihrem Regierungsantritte hatte Anna ein Ministerium aus strengen Tories gebildet, die indeß meist so unfähig waren, daß Marlborough und Godolphin die Leitung der Geschäfte ausschließlich in Händen hatten. Godolphin, arbeitsam und gründlich, kühlen Urtheils und von sicherm Verwaltungstalente, dabei aufrichtig und treu, wenn auch mürrisch und eigensinnig, war für Marlborough und die Kriegspartei überhaupt ein unschätzbarer Bundesgenosse. Unter der Leitung dieser Männer und bei der allgemeinen Stimmung des Volkes hatte die Torymehrheit in dem ersten Parlamente Annas sich ebenso eifrig wie die Whigs dem Kriege gegen Ludwig XIV. gewidmet. Indeß die konsequenten Tories und Hochkirchler wollen doch dem Zusammengehen mit den calvinistischen Niederländern ein Ziel gesetzt und Verhandlungen mit Jakob III. Stuart über dessen Nachfolge nach dem Tode Annas angeknüpft haben. Darüber zerfielen sie mit Marlborough, der um der öffentlichen und seiner eigenen Interessen willen eine entschiedene kriegerische und — was so ziemlich gleichbedeutend war — eine entschiedene protestantische Politik versocht. Schon dadurch wurden die beiden leitenden Staatsmänner einigermaßen zu den Whigs hinübergedrängt, die übrigens auch in dem Oberhause die Mehrheit hatten. Die entschiedenen Tories traten schon 1704 aus dem Kabinete und machten gemäßigten Männern dieser Partei Platz; wie Robert Harley, einem gewandten, gesetzeskundigen, strupellosen Nützlichkeit huldigendem Parlamentsmanne — „Trickster" oder Gauner nannte man ihn — und Heinrich St. John, einem geistreichen, in Sprache und Schrift gleich eleganten und feurigen, klar denkenden aber höchst gewissenlosen Wüstling.

Die Parlamentswahlen des Jahres 1705 waren dann unter dem Eindrucke der steigenden Kriegsbegeisterung vorwiegend whiggistisch ausgefallen. In Folge dessen wurden die letzten eifrigen Tories aus der Verwaltung entfernt und trotz Annas Widerstreben Whigs an deren Stelle gesetzt, deren politische und religiöse Gesinnungen der Königin im Grunde durchaus verhaßt waren. Je schärfer Lords und Unterhaus sich gegen den Jakobitismus und die hochkirchlichen Anschauungen erklärten, um so mehr grollte Anna den beiden leitenden Staatsmännern, denen sie die Schuld an diesem Zustande beimaß. Indessen gegen die Mehrheit des Parlamentes vermochte sie nichts auszurichten, und so mußte sie mit verhaltenem Ingrimm zusehen, wie die Dinge sich immer mehr in der ihr durchaus verhaßten Richtung entwickelten.

Die glänzendste That des neugestalteten Kabinetes war, neben der kräftigen Fortführung des Krieges, die Wiedererrichtung der von Cromwell eingeführten, aber von der Restauration aufgelösten Union Schottlands mit England. Schottland war als Anhängsel zu dem immer mächtiger sich entfaltenden England materiell und moralisch mehr und mehr verfallen; zu allen Lasten des englischen Staates wurde es herangezogen, aber von allen Vortheilen: den Handelstratlaten, den Kolonien und so weiter eifersüchtig ausgeschlossen. Die Stimmen der schottischen Parlamentsmitglieder wurden mit englischem Gelde zur Unterwürfigkeit erkauft; um so ingrimmigerer Haß gegen den mächtigern, selbstsüchtigen Nachbarn im Süden verzehrte die gänzlich verarmten unteren Klassen des schottischen Volkes. Die englischen und schottischen Whigs suchten längst diesem heillosen Zustande durch Errichtung einer Union, welche Schottland mit England zu einem Staats- und Volkswesen verbinden sollte, ein Ende zu machen. Die entschiedenen Tories widersetzten sich dem aufs äußerste, theils aus reaktionärer Gesinnung, theils weil in Schottland der Jakobitismus überwog und sie hofften, sich in diesem

Lande, wenn es nur unabhängig bleibe, die Fortdauer der Stuart'schen Dynastie zu sichern. Trotzdem drangen die Whigs nach langwierigen Verhandlungen, nach Straßenaufläufen und Tumulten der schottischen Nationalpartei, in beiden Ländern durch: am 27. Januar 1707 war der Unionsentwurf von dem schottischen Parlamente angenommen und durch königliche Bestätigung zum Gesetze erhoben worden! Schottland und England verwuchsen zu einem Reiche, Großbritannien, mit einheitlicher Freizügigkeit und voller Gleichberechtigung beider Länder in staatsbürgerlicher und kommerzieller Beziehung. Ein Parlament sollte dieses Reich regieren, indem Schottland zu dem englischen Unterhaus 45 Vertreter der schottischen Städte und Grafschaften und zu dem englischen Oberhaus 16 Abgeordnete der schottischen Lords entsenden sollte. In den Steuerangelegenheiten wurde den Schotten einstweilen bedeutende Besserstellung bewilligt. Schottland behielt seine übertommene Gerichtsverfassung und Gesetzgebung, sowie seine besondere Staatskirche, welche hier die presbyterianische war.

Von dieser Zeit datirt eine neue Periode des Aufschwunges für das hochbegabte schottische Volk. Königin Anna aber wurde durch den abermaligen Sieg der Whigs nur unangenehm berührt; sie war gewohnt, alle Staatsfragen in echt weiblicher Weise als persönliche Angelegenheiten aufzulassen. Als Godolphin und Lady Marlborough, um dem Andringen der Whigs gerecht zu werden, die Aufnahme des Carl Sunderland, eines feurigen, hochbegabten aber entschiedenen ja republikanischen Führers jener Partei, in das Kabinet forderten, schlug Anna dies rundweg ab. Robert Harley, der nun seine Zeit für gekommen hielt, schürte gegen die eigenen Kollegen im Ministerium den Zwiespalt. Noch einmal erwirkte Marlborough, im vollen Glanze der Siege aus den Niederlanden nach England zurückkehrend, eine Aussöhnung mit der Königin, die nun wirklich Sunderland zum Staatssekretär des Innern ernannte. Indessen diese Vergewaltigung hat die Königin Godolphin und dem Marlboroughs nicht vergessen. Dazu kam, daß eine junge Dame von Talent, Ehrgeiz und Hinneigung zu Intriguen, Mrs. Masham, die von der Herzogin selbst in die Umgebung der Königin gebracht war und den Schwächen derselben vorzüglich zu schmeicheln gelernt hatte, feindlich gegen ihre Wohlthäterin arbeitete im heimlichen Einverständniß mit Harley, einem Manne, der, wie ein Kollege von ihm sagte, von dem Verhängniß zum Schurken bestimmt war. Nur durch das ganze Aufgebot des whiggistischen Einflusses, ja durch die gemeine Drohung, ihren tödtlich erkrankten Gemahl, den Prinzen Georg von Dänemark, wegen Mißverwaltung der Admiralität peinlich anzuklagen, wurde die Entlassung Harleys von der heftig widerstrebenden Königin erpreßt (1708). Mit ihm zog sich der letzte Tory im Ministerium, St. John, aus demselben zurück. Aber beide waren dadurch der Königin nur um so lieber geworden, auf welche Harley durch Mrs. Masham fortwährend den bestimmendsten Einfluß übte.

Der so offen gegen sie bethätigte Zwang erbitterte Anna um so mehr, je hülfloser für sich augenblicklich fühlte den von der kriegerischen Stimmung des Volkes getragenen Whigs gegenüber. Indeß einige unbesonnene Schritte Marlborough's, welcher die Anstellung als lebenslänglicher Generalkapitän forderte, die Bestrafung einiger unbedeutenden gegen seine Person gerichteten Libelle mit dem größten Eifer und doch vergeblich betrieb, der sich außerdem gierig nach Geld und Reichthum zeigte, nahm auch die öffentliche Meinung mehr und mehr gegen den Herzog ein. Man begann über den endlosen Krieg und die schweren Lasten, die er auferlegte, ohne daß durch ihn für England ein greifbarer Vortheil erwuchs, laut zu murren. Die Steuern waren verdreifacht, indem das Jahresbudget den Betrag von sieben Millionen Livres Sterling — nach heutigem Geldwerth etwa 350 Millionen Mark — erreichte. Die Staatsschulden waren im Jahre 1710 auf die Höhe von 50 Millionen Pfund — 2500 Millionen Mark — angewachsen. Von zwei und zwanzig Jahren, die seit der Revolution verstrichen, waren nur vier Friedensjahre gewesen. Eine heftige Reaction erfolgte unter dem englischen Volke gegen diese fortwährende, aufreibende Kriegspolitik.

Mit Freuden sah Anna, daß die öffentliche Stimmung ihrem Abscheu gegen die Whigs zu Hülfe komme. Marlborough sah sich jetzt vom Hofe mit offener Feindseligkeit behandelt. Die Herzogin, deren rauhes gebietendes Wesen der ohnehin gereizten Königin unerträglich geworden, hatte im April 1710 eine letzte Zusammenkunft mit dieser, die ihrem ungestümen Eindringen eisige Kälte entgegensetzte. Vergebens suchten jetzt die Whigs durch Nachgiebigkeit die Königin zu versöhnen, die vielmehr genau nach dem von Harley ihr vorgeschriebenen Plane verfuhr. Zunächst wurde Sunderland wieder entlassen, ein eifriger Tory an seine Stelle berufen. Von allen Seiten wußten die Tories Zustimmungs- und Ergebenheitsadressen an die Königin zu bringen. So ermuthigt fühlte diese sich stark genug, ihre längst gehegten Absichten auszuführen. Im August 1710 geschah der entscheidende Schlag: Godolphin, der vertrauteste Freund und eigentliche Vertreter Marlborough's in der Heimath, wurde entlassen; ihm folgten bald die eigentlichen Whigs im Ministerium. Ein neues toryistisches Kabinet, an dessen Spitze Harley stand, wurde gebildet, welches sofort das Parlament auflöste. Die Neuwahlen ergaben eine Zweidrittel-Majorität für die Tories. Darauf wurde die Herzogin von Marlborough aus ihrer Stelle als Oberhofmeisterin entlassen, und wenn ihr Gemahl sein Generalamt beibehielt, so sah er sich doch jedes staatsmännischen Einflusses entkleidet. Freilich betheuerten die Toryminister den Verbündeten Englands, nicht minder kriegerisch als ihre Vorgänger gesinnt zu sein; aber in Wahrheit begannen sie, besonders der zum Earl Oxford erhobene Harley und der Staatssekretär des Aeußern, der zum Viscount Bolingbroke ernannte St. John, sofort geheime Friedensverhandlungen mit Frankreich.

Und zu diesem für die Interessen der Allianz so bedrohlichen Umschwunge in England kamen noch einige fernere Ereignisse, die alle in friedlicher Richtung wirken mußten.

Karl III. und die verbündete Armee hatten sich in Madrid vollständig verlassen gesehen. Dagegen strömten von allen Seiten Freiwillige in das Lager Philipps V. bei Valladolid, so daß derselbe sich bald an der Spitze eines Heeres von 25,000 Mann sah; und den Befehl desselben übernahm ein so ausgezeichneter Feldherr wie Vendôme. Inzwischen drang ein französisches Heer in Catalonien, das Herz von Karls Macht, ein, während das Torysministerium die versprochenen Subsidien an Karl und die Portugiesen zurückbehielt. Darauf blieben die Portugiesen vollständig unthätig und überließen Starhembergs und Stanhopes Truppen ihrem Schicksale. Unter solchen Umständen hätten die letzteren sich sofort an die catalonische Küste zurückziehen müssen, indeß Stanhopes Eigensinn verzögerte den Rückzug, bis es zu spät war. Die Trennung des verbündeten Heeres in drei weit von einander entfernte Kolonnen benutzte Vendôme, der in diesem Feldzuge eine ungewöhnliche Thätigkeit entwickelte, um die eine derselben, 6000 Engländer unter Stanhope, bei Brihuega im Dezember 1710 zur Ergebung zu zwingen. Mit dem Reste seines Heeres schlug zwar Starhemberg in der festen Stellung von Villaviciosa alle Angriffe Vendômes siegreich ab, mußte sich aber vor der feindlichen Uebermacht, die ihn zu umzingeln drohte, endlich zurückziehen. Diese Wendung der Dinge machte auf das spanische Volk einen außerordentlichen Eindruck; in zahllosen Volksliedern verspottete man Karl III., dessen Reich nicht länger gedauert habe als das Sancho Pansas auf seiner Insel, welcher sich auf den Ketzer Stanhope gestützt und mit lutherischen Bischöfen habe Spanien beherrschen wollen. Die aragonischen Truppen Karls verliefen sich, und gegen das Frühjahr 1711 konnte er nur noch Barcelona und zwei oder drei andere catalonische Festungen behaupten.

In all' diesem Unheile kam noch ein drittes: im April des Jahres 1711 wurde Kaiser Joseph I. von den Blattern befallen, denen er schon nach zehntägiger Krankheit am 17. jenes Monats erlag. Er stand erst im dreiundbreißigsten Lebensjahre. Das war an sich schon ein schwerer Verlust für die Koalition, bei dem Eifer, der Entschlossenheit und dem klaren Sinne des Verstorbenen, der nicht ohne Erfolg nach der Wiedererhebung des so tief gesunkenen Kaiserthums gestrebt hatte. Aber noch schlimmer waren die mittelbaren Konsequenzen. Da Joseph keine Söhne hinterließ, fielen seine weiten Länder und die Anwartschaft auf die Kaiserkrone an seinen Bruder Karl, den einzigen noch lebenden Habsburger, der auch schleunigst von den österreichischen Ministern aus Spanien herbeigerufen wurde. Konnte es nun im Interesse der Seemächte liegen, daß die ungeheuren spanischen Besitzungen in allen Erdtheilen mit den deutsch-österreichischen Erblanden und dem Kaiserthume vereint würden? daß dadurch eine Monarchie entstehe, weil mächtiger als die Karls V., da jetzt ja ganz Ungarn und Siebenbürgen den Türken entrissen, diese letzteren zu völliger Ohnmacht verdammt waren? Die englischen Staatsmänner verhehlten sich nicht, daß dies keineswegs zu dulden sei, und schlugen vor, dem Herzoge von Savoyen Spanien und Indien, dem

Hause Oesterreich aber Mailand, Neapel und Sicilien zuzuwenden. So wäre wenigstens die Bourbonenherrschaft in Spanien vermieden worden. Aber Karl zeigte schon durch die lange Verzögerung seiner von der österreichischen Regierung und deren Verbündeten gleich dringend begehrten Abreise aus Spanien nach Deutschland, wie durchaus ihm jener Plan widerspreche. Hätte ihm die Wahl freigestanden zwischen der Herrschaft in Deutschland und Spanien, er würde gewiß das letztere vorgezogen haben, für welches sein ernster, schwermüthiger und streng kirchlicher Charakter bei weitem mehr Sympathie empfand als für das Wesen seines Heimathlandes. Seitdem war im englischen Ministerium und auch wohl bei den Generalstaaten der Entschluß gefaßt, den Frieden mit theilweiser Aufopferung der habsburgischen Ansprüche so bald wie möglich herbeizuführen. Kann man dies dem Toryministerium zum Vorwurfe machen? Gewiß nicht, denn es lag ein solches Verfahren im Interesse Englands. Schmählich war nur die heimliche und bundesbrüchige Art, in der Oxford und Bolingbroke den Frieden herbeiführten, und wie sie in demselben ihre Verbündeten aufopferten.

Eine solche Gesinnung von Seiten der englischen und holländischen Machthaber wirkte natürlich lähmend auf den Feldzug des Jahres 1711 ein.

Ludwig XIV. und die Maintenon sowie die französischen Minister hatten die Nachricht von dem Siege bei Brihuega-Villaviciosa mit gemischten Gefühlen aufgenommen: war doch dadurch Spanien wieder zum großen Hindernisse des Friedens geworden, während man nach dem Einzuge Karls in Madrid dort bereits Alles beendet geglaubt hatte. Dagegen gab der Amtsantritt des Toryministeriums in England neuen Muth. Es handelte sich offenbar für Frankreich nur noch darum, Zeit zu gewinnen, und in diesem Gedanken scheute dasselbe nicht vor den gewaltigsten Anstrengungen zurück. Der Klerus opferte auf einmal 24 Millionen Livres, die er freilich durch eine Anleihe sich brichaffen mußte. Der Börse, welche bei der Agiotage mit den königlichen Schatzscheinen ungeheuer gewonnen hatte, wurde eine Abgabe von 20 Millionen auferlegt. Zugleich wurde für die Kriegsdauer von allen Unterthanen des Königs, ohne Unterschied des Standes, der zehnte Theil des reinen Einkommens eingefordert: schonend durchgeführt, ergab diese Steuer immerhin ein jährliches Reinergebniß von 25 Millionen. So konnte Frankreich noch einmal nach Süden, nach Spanien, und nach Norden bedeutende Heere senden. Das letztere ward abermals von Villars befehligt, der den Auftrag hatte, sorgfältig jede Schlacht zu vermeiden, da eine Niederlage natürlich die Stellung Frankreichs verschlechtert, ein Sieg des letzteren aber wahrscheinlich die öffentliche Meinung in England von neuem in kriegerische Aufregung versetzt haben würde. Die verbündete Armee war infolge von Entsendungen nach Schlesien gegen die nordischen Kriegführenden und nach Spanien viel schwächer als in den vorhergehenden Jahren. Dazu mußte Eugen die Niederlande verlassen, um die Rückkehr Karls nach Deutschland und dessen Wahl zum deutschen Kaiser zu betreiben, zu diesem letzteren Zwecke auch einen Ueberfall der Franzosen auf die Wahlstadt Frankfurt zu verhindern. Beide Absichten glückten. Ende September 1711 schiffte sich Karl, indem er seine Gemahlin Elisabeth von Braunschweig als Regentin in Barcelona zurückließ, nach Deutschland ein. An demselben Tage, wo er in Oberitalien das Land wieder betrat, am 12. Oktober, ward er in Frankfurt zum Kaiser erwählt, als welcher er den Namen Karl VI. führte.

Marlborough indessen, seines geistvollen Mitfeldherrn beraubt und von dem Uebelwollen der Toryregierung auf Schritt und Tritt gehemmt und behindert, führte nichtsdestoweniger den Kampf mit seiner gewohnten Geschicklichkeit. Villars hoffte, in seinen überaus festen Linien hinter der Sambre und Scarpe dem englischen General Trotz bieten zu können; allein Marlborough gelang es, durch eine Reihe glänzender Manöver, ohne ernstlichen Kampf die französischen Linien zu durchbrechen und Bouchain zu nehmen. Aber damit waren auch seine Erfolge zu Ende. Vergeblich hatte er sich erboten, wieder zu seinen alten Freunden, den Tories, überzutreten. Oxfords Rache konnte keine Rücksicht auf des Feldherrn Verdienste und die Interessen des Landes: er benachtheiligte die Armee derart, daß diese nichts weiteres zu unternehmen wagte. So ruhmlos endete der letzte Feldzug des Herzogs von Marlborough.

In der That hatten Oxford und Bolingbroke schon im Januar 1711 im tiefsten Geheimniß einen gefangenen französischen Militärgeistlichen nach Paris geschickt, um die Friedensverhandlungen wieder anzuknüpfen. Die französischen Minister und Ludwig XIV. waren zu sehr von dieser unerwarteten Freudenbotschaft entzückt, als daß sie nicht eifrig zugegriffen und die Engländer die für diese günstigsten Bedingungen — wie die Erlangung von Gibraltar, Handelsvortheile und dergleichen — hätten erhoffen lassen. Daß die Generalstaaten einstweilen noch ablehnten, an diesen Negotiationen Theil zu nehmen, war den englischen Ministern nur erwünscht, weil sie dieselben nunmehr zum alleinigen Vortheile Englands mit möglichster Schonung Frankreichs führen konnten. Zumal Bolingbroke war ein entschiedener Freund des französischen Wesens; wenn nur der besondere Nutzen Englands berücksichtigt wurde, war er gern bereit, seinerseits den Franzosen jede erdenkliche Rücksicht angedeihen zu lassen. Nach wiederholten Sendungen Bolingbrokes schickte, im August 1711, Ludwig XIV. einen gewandten und zumal im Handelsfache wohl erfahrenen Unterhändler, Ménager, nach London. Derselbe hatte den Engländern die Abtretung Neufundlands, Gibraltars und Minorcas mit Port Mahon sowie die Handelsvortheile der meistbegünstigten Nation in Frankreich und Spanien, endlich das Monopol des Negerhandels in den spanischen Kolonien anzubieten. Für diese Vortheile, von denen die politischen England schon sämmtlich in Händen hatte, forderte Ludwig XIV. nichts weniger denn die Anerkennung Philipps V. als Königs von Spanien, die Intervention Englands, um diese Anerkennung von Seiten der übrigen Verbündeten zu erwirken, die Rückgabe aller in Frankreich gemachten Eroberungen, die Wieder-

Kaiser Karl VI.
Nach dem Stich von Bernhard Vogel, 1683–1737.

Einsetzung der Kurfürsten von Köln und Baiern in ihre Länder. Kurz, mit Ausnahme Englands sollten alle übrigen verbündeten Mächte lediglich Opfer bringen! Trotzdem wurden im Ganzen und Großen diese Artikel den Präliminarien zu Grunde gelegt, welche am 28. October 1711 Menager und Bolingbroke unterzeichneten; nur daß im Allgemeinen auch den andern Bundesgenossen Entschädigungen verheißen wurden. Die Königin und die Minister von England ließen ein geradezu unanständiges und verrätherisches Verlangen nach Frieden sehen, als ob ihr Staat der im Kampfe besiegte sei. Es war nicht nur Haß gegen die Whigs, der sie so handeln ließ, sondern auch die Hoffnung, den Frieden zur Rückführung Jakob Stuarts benutzen zu können.

Den Verbündeten wurden ganz unechte Präliminarien vorgelegt, in denen die ungeheuren Zugeständnisse, die England dem französischen Könige gemacht, verborgen wurden. Trotzdem waren die Generalstaaten, welche bei der Stimmung des englischen Ministeriums für ihre „Barriere" fürchteten, nur durch die Drohung sofortigen Abfalles von Seiten Englands zur Einwilligung in den Beginn definitiver Friedensunterhandlungen zu bewegen, die in den ersten Tagen des Jahres 1712 in Utrecht eröffnet werden sollten. Noch entrüsteter war der kaiserliche Hof; zumal Karl VI. konnte die Aussicht, sein geliebtes Spanien verlieren zu müssen, kaum ertragen. Der kaiserliche Gesandte in London, Graf Gallas, äußerte sich öffentlich so energisch über die englischen Minister und die Königin selbst, daß ihm der Hof verboten wurde und er zurückberufen werden mußte. Aber auch der Kaiser weigerte sich, einen Bevollmächtigten nach Utrecht zu senden, um auf Grund von Präliminarien zu unterhandeln, die allen Abmachungen des großen Bündnisses so durchaus entgegen liefen. Selbst der gesetzliche Thronerbe Englands, der Kurfürst von Hannover, protestirte. Indeß die Toryminister, auf die Gunst der Königin und die Mehrheit des Unterhauses gestützt, blieben fest. Kein Zweifel, daß Marlborough sein hohes Amt an der Spitze des englischen Heeres zu persönlicher Bereicherung mißbraucht hat. Allein der Nachtheil, den er so vielleicht hier und da dem Staatsschatze zugefügt, wurde doch durch seine glänzenden Siege im Felde und in der Diplomatie überreich wieder gut gemacht; und außerdem pflegten fast alle hohen Staatsbeamten dergleichen pots-de-vin, wie man es in Frankreich nannte, als Nebeneinkommen einzuziehen. Nichts desto weniger ward Marlborough von dem Unterhause als der Unterschlagung schuldig bei den Peers verklagt: und die Königin schien dieser Anschuldigung beizupflichten, indem sie den „großen Herzog" aller seiner Aemter entkleidete. Es genügte ihrer Feindschaft und Rachgier gegen ihre ehemaligen Freunde nicht, deren großes politisches Werk zu zerstören, sie wollte dieselben auch persönlich vernichten (31. Dezember 1711). Dann ward versucht, durch einen Peersschub in großartigem Umfange die whiggistische Mehrheit des Oberhauses zu brechen. Vergebens erschien Prinz Eugen in London, um das englische Kabinet sei es zu einem andern Verfahren zu veranlassen, sei es durch geheime Intriguen zu stürzen. Beides mißglückte ihm; die Regierung behandelte ihn kalt und in Intriguen war ihm Bolingbroke bei weitem überlegen. Die gewaltsamen und ungerechten Maßregeln der Tories haben sie für viele Dezennien von der Herrschaft in England entfernt — leider dauerte dieselbe trotz der schon damals eintretenden Ungunst der öffentlichen Meinung gerade lange genug, um England zu einem für seine politische Ehre höchst schimpflichen Frieden zu veranlassen.

Ende Januar 1712 wurden die Friedenskonferenzen in Utrecht eröffnet. Es ergaben sich zunächst große Schwierigkeiten, da die französischen Gesandten, Huxelles, Polignac und Mönager, Bedingungen stellten, als ob Frankreich als Sieger aus dem großen Kampfe hervorgegangen wäre. Oesterreich sollte sich mit Mailand und Neapel, Holland mit wenigen kleinen Städten als Barriere begnügen, Frankreich selbst allerorten die Grenzen des Ryswyker Friedens behalten! Man kann sich vorstellen, wie durchaus dies den Ansprüchen der verbündeten Mächte zuwider lief! Dazu kam ein fernerer Umstand, welcher selbst die Engländer bedenklich stimmte.

Im April 1711 war der einzige legitime Sohn Ludwigs XIV., der Dauphin Ludwig, nach kurzer Krankheit an den Blattern gestorben. Niemand hatte diesen unfähigen und schwelgerischen Fürsten bedauert: hatten sich doch schon längst alle Hoffnungen auf seinen ältesten Sohn, den Herzog von Burgund, gerichtet. Fénelon, der Herzog von Saint-Simon, die klerikale und die aristokratische Partei geberdeten sich bereits als die Herrscher Frankreichs. Plötzlich ward des neuen Thronfolgers Gemahlin, Marie Adelaide von Savoyen, eine geist- und lebensvolle Dame, der heitere Liebling des greisen Königs, von den Röthelen ergriffen; kaum war sie daran gestorben, als auch ihr Gemahl derselben Krankheit erlag (18. Februar 1712). Sie hatten zwei junge Kinder, die Herzoge von der Bretagne und von Anjou: beide verfielen demselben Uebel, das den ältern dahinraffte, während der jüngere wieder genas. Derselbe wurde nur gerettet, indem seine Wärterinnen ihn mit Gewalt der Behandlung der Doktoren entzogen, die seine Mutter und seinen Bruder bei den Röthelen mit Aderlässen und Brechmitteln traktirt hatten! In weniger als einem Jahre waren drei Generationen von Königen hinweggerissen, Vater, Sohn, Schwiegertochter und Enkel in die Königsgruft von St. Denis gebracht worden: ein beispielloses Ereigniß! Das Geschick vollzog an Ludwig XIV. eine furchtbare Strafe. Das Elend des Erbfolgekrieges hatte ihn für seinen politischen und militärischen Uebermuth, seinen Stolz, seine Herrschsucht tief gedemüthigt, die universelle Monarchie, die er über Europa ausüben wollte, völlig zernichtet. Für seine Ausschweifungen, für die Vernachlässigung seiner Gemahlin, für die Bevorzugung seiner Bastarde wurde er durch das schreckliche Mißgeschick in seiner Familie auf das Schwerste gezüchtigt. In wenigen Jahren hatte er als König und Familienhaupt das denkbar Schlimmste zu erdulden gehabt. Zumal der Verlust der Herzogin von Burgund ging ihm außerordentlich nahe; es war der tiefste Herzensschmerz, den er je erlitten. Zehn Tage lang schloß er sich ein: als er wieder erschien, war er kaum eines Wortes fähig. Und dabei mußte er aus den hinterlassenen Papieren der Herzogin erfahren, daß diese ihn konsequent verrathen und einen Briefwechsel über die geheimsten Vorgänge des französischen Kabinets mit ihrem Vater, dem Feinde Frankreichs gepflogen hatte.[1]) In einem Jahre hatte er seinen Sohn, den ältesten Enkel, dessen Tochter und den ältesten Urenkel verloren. Von seiner ganzen legitimen Familie war niemand mehr übrig, als sein zweiter Enkel, Philipp, der als König von Spanien ihm entfremdet war, sein dritter Enkel, der einfältige Herzog von Berry, und ein zweijähriger Urenkel, der jetzige Thronfolger Ludwig (XV.). Dazu kamen furchtbare Gerüchte. Der schnelle Tod der königlichen Prinzen erweckte den damals so leichten Verdacht, daß sie dem Gifte erliegen seien: wer anders aber konnte solches gereicht haben, als derjenige, der nach dem Verschwinden der legitimen Nachkommenschaft Ludwigs XIV. den Thron erben mußte, des Königs Neffe, Herzog Philipp von Orleans? Die skandalös cynische Unsittlichkeit dieses Prinzen, seine häufige Beschäftigung mit chemischen Untersuchungen verstärkten den Verdacht. Orleans beging die Thorheit, vom Könige eine gerichtliche Untersuchung, seine Einschließung in die Bastille bis zur Erweisung seiner Unschuld zu fordern. Der König wies ihn kalt zurück, denn das Schauspiel eines solchen Skandals in seiner Familie wollte er seinem Volke und dem schadenfrohen Europa nicht geben. Immerhin erhöhte das Gewicht, welches Orleans selbst jenen Anklagen verliehen hatte, in den Augen der Welt deren Wahrscheinlichkeit. Sogar die Hofleute mieden Orleans wie einen Verpesteten. Man kann sich vorstellen, wie tief diese Vorgänge den Stolz des großen Königs verwundeten.

Aber abgesehen von der menschlichen Seite hatten die Todesfälle in Ludwigs Familie auch eine politische. Nur noch ein schwaches, kränkliches, zweijähriges Kind stand zwischen der französischen Krone und Philipp V. von Spanien. Dieser hatte noch nicht einmal Verzicht auf das französische Erbe geleistet und damit trat drohend das Gespenst einer Vereinigung der beiden Monarchien in den Vordergrund. So völlig hatten selbst Anna und ihre Minister nicht das Interesse ihres Landes und ihrer Religion vergessen, um dieselben den Gefahren einer solchen Eventualität auszusetzen; auch würden sie — denn schon jetzt waren viele Tories mit der äußeren Politik durchaus unzufrieden — die Möglichkeit einer großen nationalen Erhebung gegen sich heraufbeschworen haben. Die Verbündeten beschlossen also, nicht weiter zu verhandeln, als bis ein in den feierlichsten Ausdrücken abgefaßter Verzicht Philipps V., für sich und seine Nachkommen, auf die französische Krone eingetroffen wäre. Ungern gab Philipp die Aussicht auf, dereinst als König in Frankreich zu regieren, und es währte geraume Zeit, bis sein Groß-

---

[1]) Die Briefe der Herzogin von Burgund an ihren Vater sind neuerlich von Herrn Combes in dem Turiner Archive aufgefunden worden: Revue Historique VI, 366.

vater ihn dazu bestimmen konnte. Und endlich weigerte sich Ludwig selbst, den Engländern, wie diese es zur Sicherung für die Aufrichtigkeit der französischen Verhandlungen verlangten, einstweilen bis zum Abschluß des endgültigen Friedens Dünkirchen einzuräumen.

Inzwischen hatte der Feldzug des Jahres 1712 unter Verhältnissen begonnen, wie sie glücklicher für die Verbündeten gar nicht liegen konnten. Dieselben hatten unter Eugens Oberbefehl in den Niederlanden 120,000 Mann unter den Waffen, die Franzosen nur 100,000, noch dazu aus Geldmangel schlecht versorgt und schlecht ausgerüstet und überdies nach all den Niederlagen und Verlusten der letzten Jahre tief entmuthigt. Eugen beabsichtigte, mit seinen an Zahl, Tüchtigkeit und Material überlegenen Truppen den Feind zur Schlacht zu zwingen, ihn zu besiegen und dann die ihm offene Straße nach Paris einzuschlagen. Erschienen die Kaiserlichen und Holländer vor dieser damals durchaus unbefestigten Stadt, so konnten sie nach Belieben den Frieden biktiren, ohne sich weiter um die englische Regierung zu kümmern. Aber gerade deshalb hatte diese dem Nachfolger Marlboroughs im Befehle über die englischen Truppen, dem Herzoge von Ormond, die strenge Weisung gegeben, an keiner Schlacht theilzunehmen. Als nun Eugen im Begriffe stand, in vortheilhafter Stellung die Franzosen anzugreifen, mußte er vernehmen, daß er dabei nicht auf die Beihülfe der englischen National- und Soldtruppen zu rechnen habe. Er mußte sich also damit begnügen, die Festung Le Quesnoy zu belagern und durch Streifkorps das nördliche Frankreich bis Reims, Metz und Paris hin zu verheeren. Le Quesnoy fiel Anfang Juli, ohne daß Villars auch nur einen Versuch zum Entsatze gemacht hätte.

Ludwig XIV. sah ein, daß er nachgeben müsse, um sich wenigstens der Engländer zu entledigen und damit völliges Verderben abzuwehren. Indem er nach Utrecht den Verzicht Philipps V. auf Frankreich übermittelte, erklärte er auch, Dünkirchen den Engländern einzuräumen. Nun befahl Königin Anna, trotz aller Proteste des Oberhauptes, wo noch immer Whigs und gemäßigte Tories die Mehrheit bildeten, einen zweimonatlichen Waffenstillstand mit Frankreich abzuschließen; Ende Juni 1712. Darauf reiste Bolingbroke selbst nach Paris, wo er mehr als Bittender, denn als Fordernder auftrat; war doch für ihn und seine Freunde die Fortbauer der Macht und die Verwirklichung ihrer geheimen widergesetzlichen Pläne an die Erlangung des Friedens geknüpft! In persönlichen Unterhandlungen mit Torcy schloß er im August 1712 einen Waffenstillstand zu Lande und zu Wasser zwischen England, Frankreich und Spanien ab, der bis zum Ende des Jahres dauern sollte. Man muß nun den Holländern die Gerechtigkeit widerfahren lassen, daß sie trotz ihrer eigenen Friedenssehnsucht einem so schmachvollen bundesbrüchigen Benehmen der Engländer widerstrebten; allein von dem mächtigern Alliirten verlassen, mußten sie sich zu Utrecht auf ihre Einwendungen die übermüthigsten und höhnischsten Abfertigungen von Seiten der Franzosen ge-

Abschluß des Friedens.

fallen laſſen. „Wir ſpielen," ſagte der Abbé von Polignac, „jetzt die Figur, welche die Holländer zu Gertruydenberg hatten, und ſie die unſere; es iſt eine vollſtändige Vergeltung." Und gar nichts machte es den Engländern und den Franzoſen aus, daß der Kaiſer noch immer keinen Bevollmächtigten nach Utrecht geſchickt hatte; man verhandelte und beſchloß ganz einfach ohne jenen.

Die Kriegsereigniſſe kamen dem wieder erwachten Uebermuthe der Franzoſen, der Verrätherei der Tories nur allzu ſehr zu Hülfe.

Sofort nach dem Abſchluſſe des erſten franzöſiſchen Waffenſtillſtandes ward Ormond mit allen engliſchen Streitkräften von dem verbündeten Heere abberufen; nur mit Mühe gelang es Eugen, die bisher im engliſchen Solde ſtehenden deutſchen Truppen zum Ausharren bis zum Ende des Feldzuges zu bewegen. Immerhin war Eugen in beträchtlichem Umfange materiell geſchwächt, und was noch ſchlimmer war, die moraliſche Depreſſion, die bisher auf den Franzoſen gelaſtet hatte, war jetzt auf deren Gegner übergegangen. Er nahm eine defenſive Stellung ein: und in dieſer ließ ſich ein abgeſondertes Korps der Holländer unter dem Grafen von Albemarle bei Denain von Villars überfallen (12. Juli 1712); ehe Eugen noch zur Hülfe herankommen konnte, war daſſelbe ſchon zum größten Theile vernichtet. An und für ſich war dieſes Ereigniß nicht von großer Bedeutung, aber ſeine Folgen waren überaus wichtig. Es erhöhte die Zuverſicht der Franzoſen, gab den engliſchen Miniſtern neue Veranlaſſung, auf Abſchluß des Friedens zu bringen, ſchüchterte die Generalſtaaten völlig ein und nahm den Reklamationen des Kaiſers ihre Kraft. Eine Anzahl nordfranzöſiſcher Feſtungen wurde von Villars zurückerobert, der Weg nach Paris war endgültig verloren! Durch die Friedensliebe der Holländer und den durch ihre Eiferſucht erfolgten Abfall Preußens wurde Eugen gänzlich brach gelegt.

Freilich das Friedensgeſchäft in Utrecht ſelbſt wurde wegen eines elenden Zwiſtes zwiſchen den Bedienten eines holländiſchen und eines franzöſiſchen Geſandten ein halbes Jahr hindurch ſuspendirt, aber außerhalb des Kongreßortes ging es um ſo lebhafter vorwärts. Der König von Portugal wollte nicht der letzte ſein und ſchloß einen Waffenſtillſtand, wofür ihm Philipp V. die Herrſchaft über die beiden Ufer des Amazonenfluſſes abtrat. England hatte für ſeine Verbündeten einige kleine Konzeſſionen von Frankreich erlangt und forderte nun von den Holländern gebieteriſch die Wiederaufnahme und den Abſchluß der Verhandlung. Das Verfahren, welches die Generalſtaaten einſt zu Nymwegen beobachtet, wurde jetzt gegen ſie ſelbſt zur Anwendung gebracht. Sie mußten auf allen Punkten weichen, obwohl die Franzoſen ſelbſt meinten, ihr König habe das franzöſiſche Intereſſe nicht ſorgfältiger wahrnehmen können, als das die engliſche Regierung thue. Im Februar 1713 wurden die Negotiationen wieder aufgenommen und trotz des lebhaften Widerſpruchs des Kaiſers zu gedeihlichem Ende geführt. Am 11. April 1713 unterzeichneten die Vertreter Englands, Hollands, Portugals, Preußens, Savoyens und Frankreichs den Frieden zu Utrecht.

England erhielt durch denselben die Anerkennung der hannoverschen Erbfolge und den Ausschluß der Stuarts aus Frankreich sowie den ewigen Verzicht der französischen Bourbonen auf die spanische und der spanischen Bourbonen auf die französische Krone; an territorialen Errungenschaften von Frankreich die Länder der Hudsonsbai, Neuschottland und Neufundland mit den umliegenden Inseln, von Spanien aber Gibraltar und die Insel Minorca; endlich von Frankreich die Zusicherung, die Festungswerke von Dünkirchen zu schleifen und dessen Hafen auszufüllen. Durch diese Bedingungen gewann England die dauernde Beherrschung des nördlichen atlantischen Ozeans und des westlichen Mittelmeers, sowie die Vernichtung desjenigen Kriegshafens — Dünkirchen — der durch seine Lage, der Themsemündung gegenüber, bei jedem Kriege der Ausgangspunkt der für den englischen Handel so gefährlichen Kaper gewesen war. Weniger glänzend war das Loos der vereinigten Provinzen. Sie erlangten zwar das Besatzungsrecht, die „Barriere" in einer Reihe südbelgischer Festungen, aber von den zahlreichen eroberten französischen Plätzen sollte hiezu im Wesentlichen nur Tournay gehören; die übrigen, darunter das überaus wichtige Lille, wurden an Frankreich zurückerstattet. Ihre Handelsvortheile in Frankreich und Spanien wurden auf das bescheidenste Maß zurückgeführt. Portugal wurde endgültig mit den Ländern des Amazonenstromes erfreut. Preußen wurde für seine Ansprüche auf das ehemals oranische, von Frankreich eingezogene Fürstenthum Orange mit dem Oberquartier von Spanisch-Geldern sowie mit dem Fürstenthum Neufchatel und Valengin abgefunden; ferner erkannten Frankreich und Spanien den preußischen Königstitel an: Alles höchst ungenügender Ersatz für seine gerechten Forderungen an die oranische Gesammtherrschaft und für seine im Kriege gebrachten Opfer. Savoyen wurde um so freigebiger bedacht. Der schlaue Viktor Amadeus hatte frühzeitig erkannt, daß die leitende Macht der Koalition England sei, und sich deshalb stets eifrig um dessen Freundschaft bemüht. Diese richtige politische Einsicht trug ihm jetzt die reichlichsten Früchte. Er erhielt von Frankreich alle Thäler und Festungen auf dem östlichen Abhange der See- und cottischen Alpen; die Bestätigung des Montferrat und einiger bisher mailändischen Gebietstheile, die Insel Sizilien mit dem Königstitel; und endlich die Zusicherung der Nachfolge in Spanien für den Fall des Aussterbens der Nachkommenschaft Philipps V. Man sieht, wie nur die Laune Englands den Frieden machte. Wie konnten die Wichtigkeit und die Dienste Savoyens für die Sache der Koalition mit denjenigen Preußens verglichen werden; und doch wie wurde jenes mit Freigebigkeit förmlich überschüttet, während dieses fast leer ausging!

Oesterreich als solches kam in dem Utrechter Frieden nicht allzu übel fort. Es erhielt einmal die katholischen Niederlande, unter der doppelten Bedingung der Schließung der Schelde zu Gunsten des holländischen Handels und des holländischen Besatzungsrechtes in den südlichen Festungen, ferner Mailand, Neapel und die Insel Sardinien. Dafür mußte der Kaiser Cata-

Ionien räumen, die Kurfürsten von Baiern und Köln restituiren. Am übelsten aber kam das Reich weg: es sollte von Frankreich nur die von diesem eingenommenen Orte Alt-Breisach und Kehl, sowie die elsässische Festung Landau bekommen. Vom Elsaß war nicht mehr die Rede.

Bei dem elenden Benehmen der Reichsstände während des Krieges war eine solche Vernachlässigung des Reiches durch seine Verbündeten nur in der Ordnung. Doch ist kein Zweifel, der Kaiser hätte für sich und für das Reich bei weitem bessere Bedingungen erhalten können, wenn er sich gefügiger gegen England gezeigt und überhaupt an den Utrechter Verhandlungen und Schlüssen Theil genommen hätte. Denn er war von den Verbündeten der einzige, der an dem Status quo Opfer bringen mußte. Alles, was ihm im Frieden zugesprochen wurde, hatte er im Besitz, und außerdem sollte er Baiern, Köln, Catalonien herausgeben. Sämmtliche Vortheile der übrigen Verbündeten hatte er zu büßen. Das war eben die Folge davon, daß er und das Reich den Frieden von Utrecht abgelehnt hatten. Es würde ein so schroffes Verfahren in der That einen Sinn gehabt haben, wenn der Kaiser sich vergewissert hätte, daß er und das Reich die nöthigen Kräfte zur Verfügung hätten, um auch ohne die bisherigen Bundesgenossen den Kampf mit einiger Aussicht auf Erfolg weiter zu führen. Dem war aber nicht so. Man hatte nicht die mindeste Veranlassung zur Annahme, daß das Reich in Zukunft mehr leisten werde, als bisher; und die österreichischen Kassen waren völlig leer. Die Fortsetzung des Kampfes war also von Seiten des Kaisers lediglich ein Ausfluß blöden und beschränkten Starrsinnes, dem Prinz Eugen mit allen Kräften, aber vergeblich entgegen gearbeitet hatte.

Kein Wunder, daß das Mißgeschick, welches Deutschlands Unternehmungen gegen Frankreich seit so lange verfolgte, sie auch jetzt wieder betraf. Der Norden Deutschlands war durch den verheerenden Krieg in Anspruch genommen, der damals gerade in seinen Marken zwischen Schweden, Dänemark, Polen und Rußland geführt wurde. Die südlichen und westlichen Reichskreise waren erschöpft durch die seit zwölf Jahren auf ihnen lastenden Unbilden des Erbfolgekrieges. Und an die Stelle des thatkräftigen, frischen, begabten Kaisers Joseph war Karl VI. getreten, der ein ehrlicher, fleißiger, frommer aber überaus beschränkter Fürst war ohne jedes Unterscheidungsvermögen und eigenes Urtheil. Eugen, der zum Oberbefehlshaber der kaiserlichen und Reichsarmee am Oberrhein ernannt worden, hatte etwa halb so viel Truppen wie sein Gegner, und litt dazu den kläglichsten Mangel an Geld. Weit entfernt, angriffsweise gegen Villars, der ihm auch hier gegenüberstand, vorgehen zu können, befand er sich nicht einmal in der Verfassung, demselben ausreichenden Widerstand zu leisten. Die Franzosen konnten zur Belagerung Landaus schreiten, das sie nach zwei Monaten nahmen; die ganze Besatzung ward kriegsgefangen. Dann durchbrach Villars die kaiserlichen Linien am Schwarzwalde und belagerte und eroberte Freiburg (Herbst 1713).

Nach einem so traurigen Feldzuge sah Eugen die Nothwendigkeit, mit

Frankreich Frieden zu schließen, für um so bringender an, als Karl VI. von spanischen Rathgebern umringt und geleitet, für den Reichskrieg nur geringes Interesse zeigte und sich vielmehr mit dem lächerlichen Plane trug, ohne Flotte Sizilien dem Hause Savoyen abzunehmen. Er bewog also den Kaiser, auf die Friedensanerbietungen, die Frankreich machte, einzugehen. In Rastatt unterhandelte Eugen seit Ende November 1718 persönlich mit Villars. Dabei ergaben sich Schwierigkeiten in Betreff dreier Punkte, die Frankreich verlangte: Ueberlassung von Landau, Ersatz für Freiburg und völlige Wiederherstellung des Kurfürsten Maximilian Emanuel. Hierüber schien es wiederholt zum Bruche kommen zu sollen. Indessen Villars wünschte bringend, seinem Feldherrnruhm durch Abschluß des endgültigen Friedens auch noch einen neuen schöneren Ruhm zuzugesellen; und Eugen seinerseits wußte, daß Deutschland unfähig zu energischer Fortführung des Krieges sei. So wurde am 7. März 1714 der Friede zu Rastatt abgeschlossen. Das Ergebniß war: Bestätigung der Bedingungen, die in Utrecht für Kaiser und Reich ausgemacht worden waren, nur mit der einzigen Ausnahme, daß Landau bei Frankreich verblieb. Dieser wichtige Verlust war also eben Hohn und Spott das einzige Ergebniß des Krieges, welchen Kaiser Karl VI. in kindischem Trotze allein gegen das Frankreich Ludwigs XIV. hatte unternehmen wollen, nicht etwa um das Reich zu vergrößern und auszudehnen, sondern nur um in Sizilien noch eine weitere spanische Provinz für seine unmittelbare Herrschaft zu erlangen!

Das Reich trat, mit geringen Modifikationen, zu Baden im Aargau am 7. September 1714 formell dem Rastatter Frieden bei.

Mit löblichem Eifer hatte der Kaiser sich bemüht, für die ihm in allen Gefahren treu gebliebenen Catalanen nicht nur Amnestie, sondern Bestätigung aller ihrer Vorrechte und Freiheiten durchzusetzen: vergebens. Nur Amnestie bot man den Catalanen an, aber von einer solchen wollten sie, ohne ihre Privilegien, nichts wissen. Mit dem ganzen Hasse der Unterdrückten gegen das herrschende Castilien, mit dem Muthe der Verzweiflung wehrten sie sich gegen die Truppen Philipps V., so daß noch der Marschall von Berwick 30,000 Franzosen zur Hülfe herbeiführen mußte. Nun wurde, im September 1714, das heldenmüthige Barcelona in mehrtägigem Kampfe erstürmt, dann auch die übrigen catalonischen Städte genommen. Mit der Vernichtung der freien catalonischen Verfassung triumphirte der Absolutismus auf allen Punkten der spanischen Halbinsel.

Und dies war zugleich das letzte Nachspiel des spanischen Erbfolgekrieges, welcher die Zersplitterung des großen, von Ferdinand dem Katholischen gegründeten, von Karl V. erweiterten spanischen Weltreiches herbeiführte und Spanien selbst endgültig aus der Reihe der europäischen Großmächte strich, in welcher es sich zwei Jahrhunderte hindurch behauptet hatte.

Mit dem Frieden zu Baden und der Unterwerfung Cataloniens war also endlich der große, dreizehnjährige, das ganze Abendland umfassende Kampf abgeschlossen. Will man ein Facit ziehen, so war er — trotz der Untreue und Verrätherei der englischen Minister, welche die Interessen nicht nur ihrer Bundesgenossen, sondern auch ihres eigenen Landes der Parteiranküne opferten — ohne Zweifel zum Nachtheile Frankreichs ausgefallen. Frankreich hatte sich früher allein dem gesammten Europa überlegen gezeigt; es hatte demselben noch in dem zweiten Koalitionskriege nicht ohne Ruhm getrotzt. Dieses Mal hatte es die ungeheure spanische Monarchie auf seiner Seite gehabt und außerdem mächtige Bundesgenossen in Teutschland; und doch so sehr war es unterlegen, daß nur der plötzliche Umschwung der englischen Politik es vor völligem Verderben rettete. Seine Grenzen waren ja, mit verschwindenden Ausnahmen, dieselben geblieben, wie nach dem Ryswyker Frieden, aber seine Rolle in Europa war eine durchaus andere geworden. Frankreich blieb noch immer die erste unter den europäischen Großmächten, aber nur die erste unter ziemlich gleichen. Auf den Schlachtfeldern dieses Krieges hatte es das erdrückende Uebergewicht eingebüßt, mit dem Richelieu, Mazarin und vor allem Ludwig XIV. selbst auf Europa lasteten und dem zitternden Erdtheile Gesetze vorschrieben. Insofern war trotz der großen partiellen Erfolge das Lebenswerk Ludwigs XIV. in seinem innersten Wesen gescheitert. Freilich hatte Ludwig seinen Enkel auf den spanischen Thron gesetzt, allein damit war für Frankreich selbst sehr wenig gewonnen. Binnen kurzem zeigte es sich, daß die Familienbande nicht stark genug seien, um die spanische Politik dauernd an die französische zu knüpfen. England war nunmehr Frankreich zur Seite getreten und mit diesem zugleich die hauptsächlich bestimmende Macht in Europa geworden. Es faßte diese neue Rolle hauptsächlich in einem konservativen Sinne auf, in dem der Beschützung des europäischen Gleichgewichtes. Vor allem hatte es seine Herrschaft über die Meere begründet durch wichtige maritime Eroberungen und durch die vortheilhaften Handelsverträge mit Frankreich, Portugal, Spanien und den Kolonien des letztern. Das hatte die Politik Wilhelms III. und seiner Schüler Marlborough und Godolphin bewirkt. Dieser selben Politik aber war Wilhelms Heimathland, war Holland zum Opfer gefallen. Es mußte mit seiner Großmachtstellung den Preis für die europäische Freiheit zahlen. Durch Leistungen, die mit seiner geringen Bevölkerungszahl ganz außer Verhältniß standen, hatte es seine finanziellen Kräfte völlig erschöpft und sich mit einer ungeheuerlichen Schuldenlast beschwert. Die Verbindung mit dem mächtigeren England hatte es nicht gekräftigt, sondern erdrückt. Als Lohn für seine kriegerischen Leistungen hatte es nur die Festungsbarriere erhalten, die sich bald so deutlich nicht als ein Vortheil, sondern nur als eine Bürde herausstellte, daß es dieselbe dann freiwillig aufgab. England aber hatte den großen maritimen europäischen Frachtverkehr ihm völlig aus den Händen genommen. So wurde infolge dieses Krieges Holland eine Macht zweiten Ranges, ein bloßes Boot im Schleppthau des mächtigen Kriegsschiffes England. Dagegen erhielt der Kaiser durch die Abtretung der spanischen Niederlande und — einstweilen mit Ausnahme der Insel Sizilien — des spanischen Italien an das Haus Oesterreich eine unmittelbare Verstärkung, die seine Kräfte bedeutend steigerte. Da sie zusammenfiel mit der endgültigen Unterwerfung Ungarns und Siebenbürgens unter das kaiserliche Scepter, so war nunmehr Oesterreich als dritte Großmacht neben Frankreich und England gestellt; die kaiserlichen Einkünfte beliefen sich auf 2¼ Millionen Gulden jährlich, dem relativen Geldwerthe nach etwa 168 Millionen Reichsmark unseres Geldes. Wäre es nur nach der Ausdehnung des Reiches und der Zahl seiner Bewohner gegangen, so hätte Oesterreich die erste unter den drei Großmächten sein müssen. Allein die Unfähigkeit der Regierenden und die bornirte Unwissenheit und die Armuth der großen Mehrzahl der Unterthanen beschränkte Oesterreichs Kraft, wie denn die Ziffer der jährlichen Einkünfte kaum halb so groß war, wie die Englands oder Frankreichs. Dazu kam die große räumliche Entlegenheit einiger Provinzen, wie Neapels und Belgiens, die ihre Vertheidigung sehr erschwerte und dieselben andererseits für den Haupttheil der Monarchie fast werthlos machte. Nicht wenig benachtheiligt wurde die letztere auch durch den Umstand, daß sie aus einer so bunten Mischung von Völkerschaften bestand, die, an Sprache, Sitte, Vergangenheit und Interessen durchaus verschieden, für das große Ganze, das sie verband, keine Sympathie hegten. Von österreichischem Staatsgefühl oder gar Patriotismus konnte bei den Italienern, Flamingen, Wallonen, Magyaren, Südslawen einstweilen gar keine Rede sein. Schwächten diese Thatsachen die materielle Macht des Kaiserhauses, so hatte sich doch das moralische Ansehen desselben bedeutend gehoben. Seine Krieger und Generale hatten sich den vorzüglichsten Truppen und den berühmtesten Heerführern Europas gleichberechtigt, ja überlegen gezeigt. Feldherren wie Prinz Eugen, Guido Starhemberg und Heister gehörten zu den ersten der Welt; nicht minder die kaiserlichen Regimenter, die bei Höchstädt, Turin und Oudenaarde gesiegt hatten. Ueberhaupt hatte sich der Waffenruhm Teutschlands glänzend gehoben. Wenn man sah, wie die preußischen Bataillone in einer großen Zahl der Siegesschlachten das entscheidende Wort gesprochen hatten, wie sich neben ihnen Hessen, Braunschweiger, Hannoveraner und Pfälzer mit Ruhm bedeckt, so erkannte man, daß die Teutschen noch immer die kriegerischste Nation der Welt seien, und daß die Misère der Reichsarmee nicht dem Material, aus dem sie bestand, sondern der Art seiner Zusammenfassung und Direktion zugeschrieben werden müsse.

Dieser Erbfolgekrieg also, der, mit Ausnahme der Zersplitterung der spanischen Erbschaft, so wenig Aenderung in den territorialen Zuständen herbeigeführt hatte, daß man wohl meinte, er sei ganz vergebens geführt worden, hatte doch in den gegenseitigen Machtverhältnissen der betheiligten Staaten einen folgenschweren Umschwung herbeigeführt. Die Nachwirkungen dieser Umwälzung dauern großentheils bis zum heutigen Tage. Die Einheit der spanischen Monarchie, zu deren Aufrechterhaltung Frankreich auf der einen, Oesterreich auf der andern Seite ins Feld gezogen, war durchaus nicht erstritten worden, aber die Ergebnisse waren darum nicht minder großartige und bedeutende.

Sechstes Kapitel.

Die europäischen Staaten bei dem Lebensende Ludwigs XIV.

Während Hollands künstliche Größe infolge des spanischen Erbfolgekrieges ein allmähliches Ende nahm, stürzte unter blutigen und schweren Kämpfen auch die Machtstellung eines andern Staates zusammen, die nicht auf der gesunden Basis materieller Kraft, sondern lediglich auf der hervorragenden Persönlichkeit einiger Regenten und dem soldatischen Feuer und Schwung der Bewohner beruht hatte: die Großmacht Schwedens. An ihrer Stelle erhob sich ein anderes Reich, das man vor kurzem kaum dem Namen nach gekannt und nicht einmal zu Europa gerechnet hatte, um so maßgebender, ja gefahrdrohender.

Karl XII. hatte kostbare Monate in Sachsen thatenlos zugebracht, nur in dem kindischen Vergnügen, die großen Mächte West- und Mitteleuropas vor sich in schreckenvollem Bangen zu erhalten. Endlich beschloß er, nach gänzlicher Bezwingung zweier Feinde — Dänemarks und Sachsen-Polens — gegen den dritten, den russischen Zaren, zu ziehen, dessen Besiegung er thörichterweise für ein leichtes Beginnen hielt.

Vielmehr hatte Peter die Zeit, die ihm Karl selbst vergönnt hatte, benutzt, um sich mit ganzer Macht zum Schutze seiner Eroberungen zu rüsten. Indem sein Reich sich bis zur Ostsee ausdehnte und gute Häfen an derselben erwarb, trat es eigentlich erst in den Zusammenhang des europäischen Staatensystemes ein. Peter hatte schließlich August zu einem Theilungsvertrage gezwungen, der Rußland alle baltischen Provinzen, also Karelien, Ingermanland, Esthland und Livland, mit Ausnahme eines Theiles dieser letzteren Provinz, überließ: eine völlige Umkehr des Abkommens von 1699. Damit hatte Peter den Zweck erreicht, um dessen willen er August ohne hinreichende Unterstützung gelassen; und indem er die eroberten Lande milde behandelte, gewann er dieselben dauernd, da sie die russische Herrschaft dem harten schwedischen Regierungssysteme vorzogen.

Freilich bot, als nun Karl im Glanze seiner bisherigen Siege gegen den Zaren heranzog, dieser dem Schwedenkönige den Frieden mit Rückgabe alles eroberten Gebietes an: nur das kleine Ingermanland mit Petersburg und damit den Zugang zur Ostsee wollte er unter allen Umständen — als eine Lebensbedingung für Rußlands europäische Stellung und innere Fortentwickelung — bewahren. Aber gerade infolge dieser Forderung scheiterten die Unterhandlungen an der bestimmten Weigerung Karls, der es nicht über sich gewinnen konnte, sich zu irgend einer, wenn auch noch so geringfügigen Abtretung zu verstehen, obwohl er dafür in dem von seinem Generale Lewenhaupt eroberten polnischen Lehnsherzogthume Kurland eine reiche Entschädigung besessen hätte.

Der Zar entwarf einen Vertheidigungsplan, welcher der Natur seines Reiches völlig entsprach und sich noch einmal — 1812 — unter größeren

Verhältnissen als der einzig richtige bewähren sollte. Er beabsichtigte, die Grenzprovinzen zu verwüsten, einstweilen sich überall vor den Schweden zurückzuziehen und diese damit in das Innere des weiten Gebietes zu locken, wo Mangel und Abbruch jedes Verkehrs mit der Heimath die besten Verbündeten der Russen gegen die kleine schwedische Armee werden mußten. Karls Aufgabe war, diese Uebelstände so viel möglich zu vermeiden; sie wurde erfüllt, wenn er, was ja schon an sich das Natürlichste für ihn war, zunächst von Kurland aus die von den Russen eingenommenen schwedisch-baltischen Provinzen zurückeroberte. Diese im Rücken, durch sie mit der See und dadurch mit Schweden in Verbindung, konnte er dann leichter und sicherer in das Innere Rußlands eindringen. Aber das Natürliche und Angemessene war nie nach dem Geschmack Karls XII., der vielmehr seinen Ruhm darein setzte, die Menschen durch Ueberraschungen zu verblüffen, unmöglich erscheinende Probleme zu lösen.

So hörte er auf die Vorspiegelungen eines alten, durch die verwerflichsten Mittel emporgestiegenen Abenteurers, des Häuptlings einer wankelmüthigen und uneinigen Nomaden- und Räuberschaar: Mazeppas, des Hetmans der ukrainischen Kosaken. In der That schloß er mit Mazeppa einen Vertrag und brach im Sommer 1708 unter dem lauten Unwillen aller erfahrenen Offiziere nach der Ukraine, also nach den kleinrussischen Steppen auf, wo selbst im Falle vollkommenen Sieges so bald keine Entscheidung zu gewinnen war. Bei Golowtschin schlug er noch einmal eine russische Heeresabtheilung; aber die Zähigkeit ihres Widerstaandes und die Größe des Verlustes, den sie den Schweden verursachte, erwiesen klärlich, daß die Russen seit Narwa ungeheure Fortschritte in der Kriegskunst gemacht hatten.

Und nun stürmte Karl unaufhaltsam in die Ukraine weiter, ohne den Anzug des Generals Lewenhaupt abzuwarten, der ihm aus Kurland 11,000 Veteranen mit bedeutenden Vorräthen zuführte. So gab er den Russen die Möglichkeit, sich zwischen ihn und Lewenhaupt zu werfen und letzteren, im Oktober 1708, in dem Treffen bei Liesna fast die Hälfte seines Korps und alle seine Artillerie und Vorräthe abzunehmen. Nur durch einen meisterhaften Zug konnte der treffliche Lewenhaupt den Rest seiner Schaar dem Könige zuführen. Alle dessen Berechnungen — wenn man überhaupt bei Karl XII. von Berechnungen sprechen kann — schlugen in diesem Augenblick fehl. Ein großes Unternehmen von Finnland aus auf Petersburg und Kronstadt scheiterte gänzlich. Mazeppas Versprechungen erwiesen sich als eitel Dunst. Derselbe hatte sich der Kosaken durchaus nicht vergewissert: im entscheidenden Augenblicke fielen sie alle von ihm ab, und er kam fast allein als Flüchtling zu dem schwedischen Könige, der sich nun in öder Steppe mehrere hundert Meilen von der Heimath von Feinden umringt fand. Im Frühjahr 1709 hatte Karl nur noch 20,000 Mann von den fast 50,000, die in Rußland eingedrungen waren. Mit dieser Handvoll Leute, die noch dazu an Mund- und Schießvorrath den größten Mangel litten, trat er nicht etwa den schleunigen Rückzug an, sondern belagerte vielmehr die Festung Pultawa im Angesichte von 80,000 Russen. Hierbei setzte er sich nach seiner Gewohnheit so sehr der Gefahr aus, daß er stark am Fuße verwundet ward. Trotzdem befahl er den Angriff auf die Schanzen der russischen Armee — es war der 8. Juli 1709 (neuen Styles) — allein da er infolge seiner Verwundung die Schlacht nicht kommandiren konnte, so gerieth Alles in Verwirrung, und der Kampf endigte mit einer gänzlichen Niederlage der Schweden, die 3000 Todte und 2000 Gefangene einbüßten.

Die Niederlage bei Pultawa hat dem von Gustav Adolf begründeten, von Karl X. Gustav vermehrten, von Karl XII. erneuerten Uebergewichte Schwedens im nördlichen und nordöstlichen Europa ein Ende gemacht. War doch diese Macht bei der schwachen und armen Bevölkerung Schwedens immer nur eine künstliche gewesen, beruhend auf einigen ausgezeichneten Königen und einer vorzüglich abgehärteten, disciplinirten und durch ruhmvolle Traditionen gehobenen Armee, die übrigens zum großen Theile aus deutschen Söldnern bestand. Diese Armee hat Karl XII. in dem russischen Feldzuge von 1708 und 1709 durch seine thörichte Abenteuerlichkeit und seinen unglaublichen Starrsinn vernichtet, und mit ihr zerschmolz die schwedische Macht wie Schnee im Sonnenschein. Es war die Zerstörung der letztern auch eine der für Frankreich unglücklichen Folgen des Streites um die spanische Erbschaft. Seit Gustav Adolf war Schweden fast der regelmäßige Bundesgenosse Frankreichs gewesen. Aber letzteres konnte nunmehr nur durch diplomatische Mittel in die schwedische Katastrophe eingreifen, ohne etwas Ernstliches für das befreundete Reich zu vermögen. Hülflos stand dieses den zahlreichen Feinden gegenüber.

Der Rückzug des geschlagenen Heeres ging an den Dniepr; aber dieser reißende und breite Strom versperrte den Weiterzug, und während der König mit 1500 Begleitern den Weg nach der Türkei nahm, als der er schon früher Unterhandlungen gepflogen hatte, mußte sich die treffliche schwedische Armee, die beste Truppe ihrer Zeit, noch 14,000 Mann stark, den Russen bei Parewolotschna ergeben. Traurig war das Schicksal dieser wackern Krieger: sie wurden meist nach Sibirien geschleppt. Das war das Ende des schwedischen Heeres und des schwedischen Ruhmes.

Nur 500 Mann rettete Karl aus den Strapazen der Flucht und vor den verfolgenden Russen nach der Türkei, wo er bei Bender sein Lager aufschlug. Die Pforte sorgte freigebig für seinen und der Seinen Unterhalt, und da er auch unter den Türken sehr populär war, faßte er den Beschluß, einstweilen in der Türkei zu verbleiben, diese zum Kriege gegen Rußland zu bewegen und an der Spitze eines osmanischen Heeres von neuem nach Rußland und Polen vorzubringen. Einmal reizte ihn das Abenteuerliche dieses Planes; aber die Hauptsache war, daß er sich schämte, als Besiegter, als hülfloser Flüchtling nach Schweden zurückzukehren. Ueber diesem falschen und selbstsüchtigen Stolz gab er lieber sein Vaterland dem Verderben preis. Die schwedische Regierungsmaschinerie war durch Karl XI. und Karl XII. selbst so eingerichtet worden, daß überall die Initiative vom Könige ausging, daß jedes selbständige Handeln auch von Seiten der höchsten Beamten für diese die Gefahr eines Hochverrathsprozesses begründete. Karl aber unterließ, in seiner jetzigen Lage begreiflich genug, es fast gänzlich, Anordnungen über die innern Angelegenheiten zu treffen, so daß die Verwaltung mehr und mehr in trägen Schlendrian verfiel. Da das überwachende Auge fehlte und in den Beamten jede Lust an ihrer Thätigkeit erstickt wurde, so begann ein verworfenes Diebs- und Plünderungssystem unter ihnen einzureißen. Ein Gericht, das zur Steuerung dieser Verbrechen eingesetzt wurde, mußte aufgelöst werden, weil eben Alles, auch seine eigenen Beisitzer, sich als schuldig erwies. Die beständigen Anforderungen an das Blut und das Geld des Volkes erschöpften dasselbe; das baare Geld fehlte, der Handel hörte fast ganz auf, die Aecker lagen wüst aus Mangel an Arbeitskräften. Eine immer bittrere, verzweifeltere Stimmung bemächtigte sich des unglücklichen Volkes, das durch den wahnsinnigen Ehrgeiz seines Regenten sein Glück und das Leben seiner Kinder vernichtet und dabei das Reich immer tiefer sinken sah.

Nach der Schlacht von Pultawa fiel auch der Schützling Schwedens in Polen. Sofort ward Stanislaus Leszezinski von fast allen seinen Anhängern verlassen, so daß er nach Schwedisch-Pommern flüchten mußte, während August II., der sich an den ihm aufgezwungenen Frieden von Altranstädt nicht kehrte, ohne Widerstand nach Polen zurückkam. Ein neues Bündniß wurde zwischen ihm, dem Könige Friedrich IV. von Dänemark und dem Zaren geschlossen. Am thätigsten und erfolgreichsten operirte wieder der letztere. Von der einen Seite drangen seine Truppen erobernd in Finnland ein, von der andern in Livland, dessen Hauptstadt Riga noch 1710 genommen wurde. Der Adel und die Deutschen Livlands überhaupt erhielten nun alle ihre Rechte und Freiheiten wieder, die sie der lettischen Bevölkerung gegenüber freilich tyrannisch genug geltend machten. Peter aber vermählte gleichzeitig seine Nichte Anna Iwanowna an den jungen Herzog von Kurland; und da dieser bald darauf starb und sein Oheim und Nachfolger wegen Streitigkeiten mit den Ständen außer Landes weilte, so übernahm Anna unter russischem Schutze und Einfluß die Verwaltung des Herzogthums.

Auch die Dänen versuchten einen Einfall, und zwar in das eigentliche Schweden, allein hier wurden sie 1710 von dem Generale Stenbock, einem rauhen aber thatkräftigen und geschickten Soldaten, bei Helsingborg auf das Entscheidendste geschlagen. Um so eher stimmte Dänemark zu, als noch in demselben Jahre die Mächte der großen Allianz, um alle Kräfte des deutschen Reiches auf den Krieg gegen Frankreich vereinigen zu können, in dem sogenannten Haager Konzerte sich dahin einigten, die deutschen Lande Schwedens für neutral zu erklären, wofür allerdings die Schweden auch von dort aus keine Kriegszüge unternehmen durften. Gern ging die bedrängte schwedische Regierung auf diesen Vorschlag ein, der ihr gestattete, ihre schwachen Streitkräfte auf die Vertheidigung Finnlands und des eigentlichen Schwedens zu konzentriren — aber Karl XII. verwarf ihn von Bender aus als eine unberechtigte Beeinträchtigung seiner Souveränität und seiner Kriegspläne. So verhängte er das Kriegsunheil auch über seine deutschen Provinzen.

Zunächst glaubte Karl froh in die Zukunft schauen zu dürfen. Nach langen Verhandlungen, Intriguen und Bestechungen setzte er es, begünstigt durch den französischen Gesandten in Konstantinopel, bei der Pforte durch, daß diese, schon längst auf Rußlands wachsende Größe eifersüchtig, im Jahre 1711 den Krieg gegen dasselbe begann. Peter fiel zwar in die Moldau ein, die sich gegen die Türkei empört hatte; hier wurde er aber am Pruth von der großen türkischen Armee unter dem Großwesir Mehemet Baltadschi völlig eingeschlossen. Peter schien verloren und mit ihm das ganze Werk seines Lebens, die Zukunft Rußlands! Indeß der schlaue Vicekanzler Schaffiroff, unterstützt von der Kaiserin Katharina, bewog den Zaren, den Weg gütlicher Unterhandlung und Bestechung bei dem Großwesir zu versuchen. Baltadschi, der seinem eigenen Erfolge mißtraute, wünschte in der That, denselben zu einem schnellen und ungestörten Abschlusse zu bringen. So bewog ihn Schaffiroff zu dem Huschier Frieden, der freilich für die Pforte sehr günstig war, aber doch keineswegs in einem der verzweifelten Lage der Russen entsprechenden Maße. Asow und sein Gebiet wurden den Türken zurückgegeben und damit Rußland wieder vom schwarzen und mittelländischen Meere ausgeschlossen. Peter versprach ferner, seine Truppen aus Polen zu entfernen und sich nicht mehr in die polnischen Angelegenheiten zu mischen, auch dem Rückkehr des schwedischen Königs in sein Reich kein Hinderniß in den Weg zu legen.

Mit diesen letzteren Bestimmungen glaubte Baltadschi den von der Pforte gegen ihren schwedischen Gast eingegangenen Verpflichtungen gerecht zu werden; oder er that wenigstens, als ob er das glaube, denn es war kaum anzunehmen, daß ein so durchaus skrupelloser Herrscher, wie Peter I. von Rußland, solchen Verbindlichkeiten länger, als der Zwang dauerte, nachkommen würde. Vergebens versuchte Karl diesen albernen Friedensvertrag rückgängig zu machen; er zog sich dadurch nur die Feindschaft Baltadschis zu, der den König nun dringend zur Abreise aufforderte und, als Karl sich aus reinem Eigensinn weigerte, ihn sogar bedrohte. Da gelang es den Gegnern des Großwesirs und den eifrigen Machinationen des französischen Gesandten, den Sturz Baltadschis herbeizuführen. Noch zweimal bedrohte der neue Großwesir Rußland und Polen, allein die Vermittelung der Seemächte, welche der sächsischen Unterstützung nicht verlustig gehen wollten, brachte immer den Ausgleich schnell wieder zu Wege. Ebenso scheiterte Karls Versuch, die evangelischen Fürsten Deutschlands gegen den katholischen August II. in Waffen zu bringen, begreiflicher Weise vollständig. Man muß es als eine große Unverschämtheit bezeichnen, wie Karl XII. die türkische Gastfreundschaft drei und ein halbes Jahr lang mißbrauchte, mit seiner Schaar stets auf türkische Kosten lebend, und sich auch dann noch weigerte, den Aufforderungen des Sultans zur Abreise Folge zu leisten. Es kann nur angenommen werden, daß er sich scheute, den unglücklichen Konsequenzen seines Benehmens für sein Land in diesem selbst ins Auge zu schauen. Endlich befahl Sultan Achmed III., von den Religionsgelehrten dazu ermächtigt, den überlästigen Gast mit Gewalt zum Abzuge zu zwingen. Karl aber verschanzte — es war im Januar 1713 — sein Haus bei Bender und vertheidigte sich mit Wuth gegen die stürmenden Janitscharen. Schließlich wurde er überwältigt und nach Adrianopel gebracht. Indessen eine abermalige Palastrevolution in Konstantinopel gestattete ihm einen weiteren Aufenthalt an verschiedenen türkischen Orten bis zum Herbste 1714. Als in dieser Zeit die Pforte auch mit August II. von Polen Frieden schloß, als sie dann Karl von neuem mit zwangsweiser Vertreibung bedrohte, entschloß dieser sich endlich zur Abreise. Am 1. Oktober 1714, also nach mehr als fünfjährigem gänzlich fruchtlosem Aufenthalte im Osmanenreiche, reiste er von Temolita ab und eilte nun mit ungeheurer Schnelligkeit — ebenso nutzlos wie früher sein langes Zögern — durch die Wallachei und unter fremdem Namen durch Siebenbürgen, Ungarn und Deutschland nach der stärksten Festung Schwedisch-Pommerns, Stralsund.

Hier fand er die Lage der Dinge für sich sehr traurig.

Die Ablehnung des Haager Konzertes hatte die von dem schwedischen Reichsrathe gefürchteten Folgen gehabt. Dänen und Russen, letztere 40,000 Mann unter dem Zaren Peter selbst, setzten sich im Jahre 1712 in Pommern und Mecklenburg fest. Der schwedische General Stenbock, der Sieger von Helsingborg, meinte sich in Pommern nicht halten zu können und nahm rücksichtslos Quartier in Mecklenburg, wo er dem befreundeten Holstein-Gottorp nahe war. In der That schlug er hier die weit überlegenen Dänen im Dezember 1712 bei Gadebusch; aber da die Russen und Sachsen ihm nachrückten, warf er sich auf den dänischen Theil von Holstein, wo er aus Rache das offene Altona grausam niederbrannte. Die Strafe folgte dieser Unthat auf dem Fuß: bald war er von den verfolgenden Feinden eingeschlossen und mußte sich bei Tönningen mit seinem ganzen Heere kriegsgefangen ergeben; im Mai 1713. Endlich ergriff ein rein deutscher Staat die Gelegenheit, sich des gequälten Norddeutschland anzunehmen, nämlich Preußen.

Immer unglücklicher und nachtheiliger hatte sich für Preußen die Herrschaft Friedrichs I. gestaltet. Er hatte das einzige Aequivalent, das sein Vater für die Hohenzollern'schen Ansprüche auf drei schlesische Herzogthümer erhalten hatte, den Schwiebuser Kreis, dem Kaiser zurückgegeben. Die Bevölkerung seufzte unter der Last schwerer Abgaben, und doch waren die Kassen leer; auf eitlen Prunk und Glanz war der Schweiß des Volkes verwendet worden. Ein abenteuerliches Verpachtungssystem der Domänen brachte den Staatsfinanzen grenzenlose Verwirrung, und vielen Privatleuten den Ruin. Während die Hauptstadt Berlin durch den Luxus des Hofes künstlich in Aufnahme kam, entvölkerten sich und verarmten die kleinern Städte und das flache Land; enthielten doch selbst Friedrichs I. pomphafte Schöpfungen, die Akademien der Wissenschaft und der Künste mehr Schein als wahres

Friedrich I., König von Preußen.
Nach dem Stich von E. Desrochers. Originalgemälde von J. J. Wenzel

Leben. Und wie gänzlich war die äußere Politik verfahren! Friedrich hatte es verstanden, die 25,000 Preußen, die Jahr aus Jahr ein für die große

Allianz fochten, beruht auf den verschiedenen Kriegsschauplätzen zu zersplittern, daß sie nirgends mit Kraft und eigener Geltung aufzutreten vermochten. Lohn hatte er dafür nicht erhalten. Auf das engste mit dem oranischen Hause verwandt und durch verschiedene Familienverträge mit demselben verbunden, hatte er nach den Verheißungen Wilhelms III. dessen Erbe, das auf 50 Millionen Gulden geschätzt wurde, erhofft: aber der tückische König hatte es einem entfernten nassauischen Seitenverwandten testamentarisch zugewiesen! Die Generalstaaten, als Garanten jener Verträge von Friedrich I. angerufen, aber stets eifersüchtig auf den Nachbar am Niederrhein, verweisen ihn läßt an die holländischen Gerichte, während Ludwig XIV. die in Frankreich eingeschlossene Enklave, das eigentliche Fürstenthum Orange, mit Beschlag belegte. Nur Neuschatel, das gleichfalls zur Erbschaft gehörte, konnte 1707 Friedrich I. erhalten, weil die Stände des kleinen Fürstenthums ihn allen andern Bewerbern vorzogen und die Schweizer sich seiner annahmen. Die auf deutschem Reichsgebiete gelegenen Erbstücke, die Grafschaften Mörs und Lingen belegten die Generalstaaten selbst mit Besatzung, die indeß Fürst Leopold von Anhalt-Dessau im November 1712 hinauswarf und durch preußische ersetzte. Aber was wollten diese im Grunde geringfügigen Erwerbungen sagen gegen die bedeutenden oranischen Besitzungen, welche die Mißgunst Wilhelms III. und die rücksichtslose Eifersucht der Holländer dem Könige entzogen hatten? Ebenso unfreundlich, aus politischen und religiösen Rücksichten, zeigte sich bei jeder Gelegenheit der Kaiser. Und doch opferte Friedrich bis zu seinem letzten Augenblicke seine wahren und nächsten Interessen der österreichisch-seemächtlichen Allianz!

Was eine gesunde Politik damals der preußischen Regierung vorgeschrieben hätte, ist wahrlich unschwer zu erkennen. In dem spanischen Erbfolgekriege handelte es sich offenbar durchaus nicht um preußische Interessen. Preußen hätte deshalb dem Kaiser das vertrags- und reichsgesetzmäßige Hülfskorps stellen müssen, aber auch nicht mehr, um das Hauptgewicht seines vortrefflich organisirten und disziplinirten Heeres im Osten, für den nordischen Krieg, in die Wagschale zu werfen. Hier hätte es etwas Bedeutendes ausrichten, bei kluger und energischer Leitung große Vortheile für sich erlangen können. Wende man nicht die Rücksicht auf das Interesse Gesammtdeutschlands ein: denn wahrlich Preußen hätte durch Vertreibung der Schweden vom Reichsboden, durch Fernhaltung der Russen, durch Erwerbung des polnischen Preußens der deutschen Sache bei weitem mehr genützt, als in den Niederlanden, am Rhein und in Italien. Wohl rühren jetzt die österreichischen Geschichtsschreiber die patriotische Trommel, wenn von den Interessen des Kaiserhauses die Rede ist: aber was ist denn dessen Ziel im Erbfolgekriege gewesen? Möglichst viele Fetzen von der spanischen Erbschaft für sich davon zu tragen, während es das Reich völlig leer ausgehen ließ, ihm auch nicht die kleinste Entschädigung für seine Anstrengungen und Opfer verschaffte! Nur als Mittel, nicht als Zweck galt überall das Reich für die damaligen Habsburger.

Friedrich I. schlug aber den einzig vernünftigen Weg nicht ein, und so wurden die zahlreichen überaus günstigen Gelegenheiten, die sich während der Wechselfälle des nordischen Krieges Preußen zur maßgebenden Einmischung und eigenen Vergrößerung darboten, verabsäumt. Während bis 1712 die Preußen für die Allianz und den Kaiser fochten, mußte vielmehr Friedrich ohnmächtig mit ansehen, wie Sachsen und Russen durch sein Gebiet nach Schwedisch-Pommern vorrückten, wie Russen und Dänen in den deutschen Ostseelanden als Herren schalteten, zumal in eben jenem Vorpommern, dessen Erwerbung die wichtigste Aufgabe der preußischen Politik war. Die kleineren Orte in dieser Provinz fielen jenen in die Hände, die Hauptstadt Stettin belagerten sie; während die Dänen das schwedische Herzogthum Bremen eroberten, in Mecklenburg und Holstein der Krieg wüthete. Es hatte den Anschein, als ob diese deutschen Ostseelande sämmtlich den Fremden zum Opfer fallen sollten: besonders Zar Peter traf Anstalten, sich hier förmlich und dauernd festzusetzen.

Da starb Friedrich I. am 25. Februar 1713. Unter seinem Sohne Friedrich Wilhelm I.[1]), dem bisher selten richtig Gewürdigten, trat in allen Beziehungen eine heilsame Reaktion gegen das verschwommene, großartig-liederliche Verfahren des Vaters ein. Friedrich Wilhelm war geraden, ehrlichen, gottesfürchtigen Sinnes, mit Leib und Seele seinen Pflichten gegen den Staat hingegeben; freilich war er zugleich hart und streng und von eng begrenzter Anschauung. Nur den nächstliegenden Vortheil wußte er zu erfassen, für weitere Pläne war er wenig geeignet. Das sollte ihm im Fortgange seiner Regierung schaden, für den Augenblick aber war es ein Glück. Sofort entließ er die Kammerherren, Künstler, Luxushandwerker, die sein Vater besoldet hatte; mit 10—11,000 Thalern jährlich bestritt er die Kosten seines Hofhaltes. Die vielen Hunderttausende, die dabei gespart wurden, verwendete er auf sein Heer, das er schon im ersten Jahre um sieben Regimenter vermehrte, und das dann mit einer vielfach barbarischen Disziplin unter ausschließlich adeligen Offizieren zu strengstem Gehorsam und unerhörter Präzision abgerichtet wurde. Die Einführung des eisernen Ladestockes durch Feldmarschall Leopold von Dessau beschleunigte das Feuer der Infanterie. Kurz, er schuf jenes despotisch-feudale automatische Heer, das unter Friedrich des Großen genialer Leitung unvergänglichen Ruhm erwerben, unter minder geschickter Führung aber und gegenüber frischen Kräften das kläglichste Ende nehmen sollte. Mit derselben absolutistischen Schärfe wurde das Beamtenthum von den vielen Mißbräuchen, die sich in dasselbe eingeschlichen hatten, gereinigt; freilich konnte Friedrich Wilhelm damit nicht verhüten, daß er bald gerade von seinen Vertrautesten hinter das Licht geführt wurde.

---

[1]) J. Förster, Friedrich Wilhelm I. (mit Urkundenbuch 4 Bände, Potsdam 1835—59). — J. G. Droysen, Geschichte der preußischen Politik, Th. IV. Abth. 2- 4 (Leipzig 1869—70): die erste gerechte Würdigung dieses vielfach verkannten Fürsten.

Auch in Bezug auf die äußere Politik trat eine heilsame Reaktion ein. Der neue König schloß sofort in Utrecht ab und weigerte jede weitere, über

Friedrich Wilhelm, König von Preußen.
Nach dem Stich von M. Bernigeroth.

seine reichsmäßigen Verpflichtungen hinausgehende Unterstützung des Kaisers. Seine so wieder zur eigenen Verfügung gelangten Streitkräfte beschloß er zur Rettung der deutschen Ostseeküsten vor dem Joche der Fremden und zugleich, wo möglich, zur Erlangung eines Theiles von Vorpommern zu verwenden. Die Gelegenheit zur Einmischung in die nordischen Angelegenheiten fand sich, indem der präsumptive Erbe der schwedischen Krone, Herzog Karl Friedrich von Holstein-Gottorp, in Schwedens tiefer Bedrängniß Preußen ersuchte, in Gemeinschaft mit holsteinischen Truppen die vorpommerschen Festungen in Sequester zu nehmen, um dieselben so vor den Angriffen der Alliirten zu schützen. In dem Juni 1713 zu Gottorp abgeschlossenen Vertrage ging Preußen hierauf ein; aber nicht eher sollte das preußische Sequester aufhören, als bis Preußen für die ihm dabei erwachsenden Kosten entschädigt sei. Zwar weigerte sich anfangs der schwedische Kommandant von Stettin, diese wichtige Handelsstadt und Festung den Preußen und Holsteinern zu übergeben; indessen von den Russen belagert, mußte er schließlich froh sein, unter der Bedingung zu kapituliren, daß Stettin neutralen Truppen überliefert werde. In dem Schwedter Rezeß vom Oktober 1713 übernahm nun Preußen für sich und Holstein die 400,000 Thaler, die Russen und Polen zum Ersatze für die bei der Belagerung Stettins aufgewandten Kosten forderten, und erhielt dafür die Zusicherung, daß es vor Rückerstattung dieser Summe Stettin nicht wieder auszugeben brauche; der bevollmächtigte Minister Schwedens stimmte diesem Rezesse bei. Zugleich wurde Pommern überhaupt neutral erklärt. Eine preußische Armee drohte den Dänen, dem Herzog von Holstein zu Hülfe zu kommen, und so gaben dieselben letzterem sein schon größtentheils entrissenes Land wieder zurück.

Nach diesen Ereignissen mochte Friedrich Wilhelm hoffen, Pommern und Holstein vor den Fremden gerettet zu haben; indeß bald sah er sich doch in eine überaus schwierige Lage versetzt. Karl XII. verwarf den Schwedter Rezeß und bedrohte Preußen mit seiner Feindschaft; und darauf fiel auch der holsteinische Herzog, der mit Schweden nicht brechen mochte, von Preußen zu diesem ab. Die nordischen Alliirten aber, Rußland, Polen und Dänemark, zürnten Preußen, daß es die schon sichere Beute, Vorpommern und Holstein, ihnen entzogen hatte. Inzwischen hatte der Zar ganz Finnland erobert und war nun mit seinen zahlreichen verfügbaren Truppen um so gefährlicher. Unter solchen Umständen mußte offenbar Friedrich Wilhelm eine Partei ergreifen, wenn er nicht von Allen mißhandelt sein wollte. Der Unhaltbarkeit Holsteins und Schwedens gegenüber schloß er im Juni 1714 mit Rußland einen Vertrag, der Preußen das östliche Vorpommern mit Stettin, Rußland aber Karelien, Ingermanland, Esth- und Livland garantirte. Die preußische Besatzung in Stettin wurde derart vermehrt, daß die wenigen holsteinischen Bataillone daselbst vollends ungefährlich gemacht waren. Diesem Vertrage trat binnen kurzem Hannover für die ehemals schwedischen Herzogthümer Bremen und Verden bei, die es den Dänen abgekauft hatte.

Hannovers Anschluß an die nordischen Alliirten war um so bedeutungsvoller, als dasselbe gerade zu der nämlichen Zeit mit der englischen Großmacht unter einem und demselben Herrscher vereinigt wurde.

England[1]) war mit einer Schuldenlast von 52 Millionen Pfund Sterling, die jährlich 3½ Millionen an Zinsen kostete, aus dem großen Kriege hervorgegangen. Aber zum Erstaunen der Bevölkerung drückte diese enorme Schuld, ausschließlich im Lande untergebracht, dasselbe wenig in seinem fröhlich aufblühenden Wohlstande. Trotzdem zürnte die Landbevölkerung den Whigs, die eine solche Last über den Staat gebracht, und die Neuwahlen des Jahres 1713 ergaben abermals eine starke Mehrheit für die Tories. Um so mehr fühlten sich Anna und ihre Freunde Bolingbroke und Lady Masham in ihren jakobitischen Plänen ermuthigt; alle wichtigeren Aemter wurden mit Anhängern der Stuarts besetzt, die verfassungstreuen Offiziere entlassen und in ihre Stellen Freunde der gestürzten Dynastie gebracht. Der Oberbefehlshaber des Heeres, der Herzog von Ormond, war ein entschiedener Jakobit. Das Haupthinderniß war noch, daß Jakob III. sich mit ehrenhafter Beharrlichkeit weigerte, den katholischen Glauben aufzugeben und zur Kirche von England überzutreten. Schon gedachten die Freunde des Hauses Hannover dessen Sache dadurch zu sichern, daß bei einer ernstlichen Erkrankung der Königin Kurfürst Georg Ludwig mit einem Truppenkorps nach Großbritannien herüberkommen solle. Aber die Minister wurden auf diesen Plan aufmerksam und thaten Alles, um seine Durchführung zu hindern. Indem sie das Unterhaus beherrschten, gewannen sie auch durch wiederholte Peersernennungen im Oberhaus die Mehrheit; sie vermochten ein äußerst reaktionäres und unhaltbares Gesetz durchzubringen — die sogenannten Schisma-Akte, welches jeden öffentlichen oder privaten Unterricht durch ein Nichtmitglied der Staatskirche untersagte. Dieses Gesetz war auf England beschränkt, damit es nur die protestantischen Dissenters und nicht auch zugleich die irischen Katholiken treffe! Die Fluth des Jakobitismus stieg so hoch, daß selbst Oxford, der im Grunde an seiner Religion hing, unwillig wurde und mit Bolingbroke brach. Die Folge davon war, daß er im Juli 1714 entlassen und das Schatzmeisteramt und damit die Ministerpräsidentschaft Bolingbroke übergeben wurde. Schon stand die englische Regierung in unmittelbarer Verbindung mit dem Hofe des Prätendenten in Lothringen, der nicht wenig zum Sturze des für ihn unsichern Oxford beigetragen hatte.

Da wurden alle Hoffnungen der Jakobiten mit einem Male vereitelt durch den Schlaganfall, der nach wenigen Tagen — am 1. August 1714 — dem Leben der Königin Anna ein Ende machte! Ihre Vorbereitungen zum Staatsstreiche waren noch nicht fertig, während die Whigs sich in nachdrücklicher Weise organisirt hatten. „In sechs Wochen," klagte Bolingbroke dem französischen Gesandten, „hätten wir die Dinge in solchen Stand gesetzt, daß sie nach unseren Wünschen ausgefallen wären." Jetzt fand er nicht

---

1) Lord Mahon, History of England from the peace of Utrecht to the peace of Versailles (Tauchnitz edition, 7 Bände, Leipzig 1853). An! guten Quellen beruhende, eingehende und im ganzen unparteiische Darstellung, freilich ohne die glänzenden Farben Macaulays.

Die hannoverische Dynastie in England.

Muth noch Macht, die Proklamirung Georgs I. zu verhindern, und der allgemeine Jubel, welcher die Ankündigung der protestantischen Erbfolge empfing, schlug die Anhänger der Stuarts vollends danieder. Der neue König setzte sofort eine whiggistische Regierung ein, entließ Bolingbroke und langte dann im September, von den Zurufen des Volkes begrüßt, selbst in England an.

Georg I. war ein harter, herz- und geistloser, selbstsüchtiger und ausschweifender, wenn auch kirchlich frommer Fürst, der aber zum Glücke Großbritanniens zu wenig von dessen Sprache und Verfassung verstand, um irgend einen bedeutenden Einfluß auf dessen Geschick ausüben zu können. Er überließ naturgemäß die Herrschaft den Whigs; unter den neuen Ministern übernahm zunächst Lord Townshend die Leitung, ein ehrenhafter, rechtlicher, aufrichtiger, aber rauher und heftiger Mann, welcher bald eine herbe Rache gegen die jakobitischen Widersacher in Scene setzte. Während Marlborough seine hohe Stellung als Generalkapitän wieder erhielt, während der Prätendent sich nur zu einer Proklamation ermannte, wurde das alte Parlament aufgelöst; und unter den Einwirkungen der jüngsten Ereignisse ergaben die Neuwahlen eine überwältigende Mehrheit für die Whigs. Darauf klagte man unter vielen andern Bolingbroke und Oxford des Hochverrathes an: der letztere wurde zwar freigesprochen, der erstere aber verurtheilt; er hatte sich freilich rechtzeitig nach Frankreich gerettet (1715). So erhielt er den gerechten Lohn für seine verrätherische Thätigkeit bei dem Friedensschlusse mit Ludwig XIV.

Die extremen Tories, durch diese Maßregeln in Wuth gesetzt, erhoben freilich in Schottland und dem nördlichen England das Banner des Aufstandes, wurden jedoch nach einigen Monaten völlig besiegt; der Prätendent, der in Schottland erschienen war, mußte nach wenigen Tagen wieder nach Frankreich überschiffen, während seine vornehmsten Anhänger ihre Treue für seine Sache mit dem Tode büßten. Seitdem herrschten die Whigs unbestritten in England und den Nebenländern.

So befestigte sich die Macht der hannoverschen Dynastie in Großbritannien. Freilich thaten das englische Volk und die englische Regierung, mit nationaler Befangenheit verächtlich auf das deutsche Heimathland ihres Königs herabsehend, Alles, um dessen Angelegenheiten von den ihren gesondert zu erhalten; freilich mißfiel ihnen nun doppelt die Habgier, mit welcher die armen hannoverschen Günstlinge des Monarchen sich direkt und auf Umwegen an englischem Gelde bereicherten, und die schamlose Maitressenwirthschaft an Georgs Hofe: immerhin konnte der englische König jetzt auch als Kurfürst von Hannover mit ganz anderm Gewichte auftreten, als vor seiner Erhebung auf den britischen Thron. Um so schätzbarer wurde sein Beitritt der Koalition, welche sich nunmehr in überwältigender Menge und Macht gegen das bedrängte Schweden vereinigte.

So fand Karl XII. bei seiner Rückkehr von Stralsund, wo der noch immer als Held Gefeierte mit Jubel aufgenommen wurde, die äußere Lage seines Reiches schwer gefährdet; im Innern des eigentlichen Schweden war

32*

die Unzufriedenheit so groß, daß die Stände beinahe eine Revolution gegen das mit ihrer eigenen Hülfe erhobene Königthum hervorgerufen hätten. Aber Karl ließ sich in seinem großartigen Selbstvertrauen nicht erschüttern und beirren: den Reichsrath, der während seiner Abwesenheit ihm nur allzu gehorsam gewesen war, versetzte er in Anklagezustand; Preußens und Polens zum Frieden ausgestreckte Hand wies er zurück; ja er überwarf sich auch, durch Anordnung von Kaperei gegen alle fremden Schiffe in der Ostsee, noch mit England und Holland, deren Kriegsfahrzeuge nun mit den dänischen und russischen in Gemeinschaft gegen die schwedische Flotte operirten. Ohne vorhergehende Warnung ließ er die preußischen Besatzungen in Usedom und Wolgast überfallen und entwaffnen. Die Folgen eines so offenbar wahnsinnigen Verfahrens konnten nicht ausbleiben. Friedrich Wilhelm I. ließ sofort die Holsteiner in Stettin entwaffnen und die schwedische Regierung daselbst durch eine preußische ersetzen (1715). Nur 16,000 Mann konnte Karl gegen die 40,000 Preußen, Sachsen und Dänen zusammen bringen, die wider ihn anrückten, während die Hannoveraner Wismar belagerten; und noch dazu führte er den Vertheidigungskrieg sehr schlecht. Ohne weitere Gegenwehr ließ er sich in Stralsund einschließen. Obwohl er dann Rügen stark besetzt und selbst hier sein Hauptquartier aufschlug, wußte er nicht zu verhindern, daß Leopold von Dessau mit einem Korps Verbündeter auf der Insel landete. Er wartete, bis sie sich verschanzt hatten: erst dann griff er sie mit blindem Ungestüm an, wurde aber dabei mit Verlust von zwei Dritteln seiner Soldaten völlig geschlagen und mußte Rügen räumen, im November 1715. Durch den Verlust dieser Nachbarinsel wurde auch Stralsund unhaltbar. Nachdem der König die Stadt verlassen, wurde sie Ende 1715 an die Könige von Preußen und Dänemark überliefert. Wenige Monate darauf fiel auch Wismar, die letzte Besitzung Schwedens auf dem eigentlichen Kontinente, in die Gewalt der Verbündeten. Inzwischen verheerten die Russen die schwedischen Küsten!

Nach fünfzehnjähriger Abwesenheit erschien Karl in Schweden. Er hatte indessen alle seßhaften Provinzen seiner Krone und daher ihnen das Leben von mehreren Hunderttausenden seiner Unterthanen aufgeopfert. Murren und Unzufriedenheit empfing ihn, durch Selbstverstümmelung suchten die zur Aushebung Bestimmten sich der Rekrutirung, die sie als sichern Tod betrachteten, zu entziehen. Trotzdem beharrte Karl in seinen Kriegsplänen. Nicht nur wurden Steuern und Zwangsanlehen unter unglaublicher Bedrückung auferlegt, sondern auch werthlose Nothmünzen im Betrage von mehr als 35 Millionen Thaler geprägt und Papiergeld gedruckt. Die Ausgaben betrugen jährlich 34,700,000 Thaler, die ordentlichen Einkünfte reichten hierzu nur auf vierzehn Tage aus!

Aber alle diese ungeheuerlichen Anstrengungen waren bei der massigen Ueberlegenheit der wider Schweden verbündeten Mächte fruchtlos, bis dann Karl XII. selbst durch eine feindliche — nicht durch eine meuchelmörderische — Kugel vor der norwegischen Festung Fredrikshal seinen Tod fand (11. Dezemder neuen Styls 1718). Sein Todtenopfer waren 16,000 Schweden gewesen, die er mitten im Winter in die norwegischen Eisgebirge geschickt hatte mit dem Befehle, nur siegreich nach Schweden zurückzukehren, und die bis auf tausend sämmtlich umkamen!

Karl XII. war durchaus kein großer Feldherr: er war ein blinder, sinnloser, hartnäckiger Abenteurer, der zuerst einige Erfolge erstritt, weil er ein vorzügliches Heer befehligte und weil seine Gegner nur völlig ungeübte Truppen besaßen. Sowie ihm gleichfalls tüchtige Soldaten entgegentraten, hat er lediglich Niederlagen erlitten. Nur sein tollbreister Muth, seine nie verzagende Keckheit haben seinen Ruhm erhalten. Er hat nicht allein Schwedens äußere Macht, sondern für ein Jahrhundert auch dessen innern Wohlstand vernichtet. Erbarmungslos kannte er nichts als seine eigene Leidenschaft und seinen eigenen thörichten Stolz.

Nach seinem Tode brach der lange gährende Unwille des gequälten Volkes gegen den ihm so verderblichen monarchischen Absolutismus los. Der schnell einberufene Reichstag verwandelte Schweden in eine Wahlmonarchie, in der die Macht abermals an den Reichsrath, also an die Reste des früheren Hochadels kam. Diese neue Regierung beeilte sich, mit den feindlichen Mächten um jeden Preis Frieden zu schließen; der letzte und wichtigste kam 1721 mit Rußland zu Nystädt zu Stande. Von allen seinen festländischen Besitzungen erhielt Schweden nur das öde Finnland und den westlichen Theil von Vorpommern mit Stralsund zurück. Die Herzogthümer Bremen und Verden wurden hannoverisch, das östliche Vorpommern mit Stettin preußisch, Holstein-Gottorp dänisch, die sogenannten baltischen Provinzen aber russisch. Nur mit Mühe, ja durch Androhung offener Feindseligkeiten hatte König Friedrich Wilhelm I. den Zaren vermocht, seine Absichten auf Westpreußen und Mecklenburg aufzugeben.

Durch diese Kämpfe und ihren Ausgang hatte Schweden seine Großmachtstellung für immer verloren, Rußland dagegen an seiner Statt das Uebergewicht im europäischen Osten und Norden erworben. Die gesammte Ostsee stand jetzt unter der Herrschaft der russischen Flotte, denn Teutschland war zur See wehrlos. Besonders aber hatte Polen das russische Uebergewicht schwer zu fühlen.

Dieses unglückliche Reich, dem charakterlosen August II. zurückgegeben, ging noch mehr geschwächt als selbst Schweden aus dem nordischen Kriege hervor. Hadernde Parteien zerwühlten, da der König gar keines Ansehens genoß und als Fremder nur Abneigung einflößte, das Land; jeder Reichstag wurde durch das liberum veto gesprengt; fast jedes Jahr erhob sich in irgend einem Theile der Republik ein durch das Gesetz erlaubter Adels-Aufstand, eine sogenannte „Konföderation"; durch einen Reichstagsbeschluß von 1717 wurden, in allen Verträgen durchaus zuwiderlaufender Weise, sämmtliche Dissidenten, d. h. Nichtkatholiken von den öffentlichen Aemtern ausgeschlossen. Dabei setzte unter dem Scheine der Freundschaft der Zar sich immer fester auf dem Boden Polens, den seine Heere gar nicht mehr verließen. Auf den Reichstagen verhinderte eine von Rußland bestochene Partei jedesmal das

Zustandekommen eines Beschlusses gegen diese russische Unterdrückung. Peter dachte gar nicht daran, den wiederholten Verträgen mit Polen entsprechend demselben einen Theil Livlands abzutreten. Die gesammten Staatseinkünfte Polens und Litthauens betrugen nicht ganz drei Millionen Thaler, das Heer auf dem Papiere 24,000 Mann, in Wahrheit viel weniger.

Je drohender sich die russische Macht im Osten erhob, je bedenklicher die vorwiegende Macht des Kaiserhauses in Deutschland durch das auftretende Preußen, in Italien durch das aufstrebende Savoyen-Sizilien beschränkt zu werden fürchten mußte — um so schmerzlicher bedauerten die kaiserlichen Minister, daß zu Rastatt nicht wenigstens der Austausch der südlichen Niederlande mit Baiern, zu welchem Kurfürst Max Emanuel selbst vollkommen bereit gewesen wäre, vollzogen werden konnte. So all wie der Besitz Belgiens ist also dieser Plan bei der österreichischen Regierung. In der That würde damals, vor dem Auftreten und den Erfolgen Friedrich des Großen, der Uebergang Baierns an Oesterreich dessen unbedingtes Uebergewicht in Deutschland, die Wiederherstellung des wirklichen deutschen Kaiserthumes zu Gunsten der Habsburger bedeutet haben. Allein eben darum hatte Frankreich nichts von einem solchen Projekte hören wollen. Daß es später, nach Abschluß des Friedens, von Wien aus nicht mit dem Nachdrucke betrieben wurde, dessen es wohl werth war, daran war vor Allem die wälsche Gesinnung und spanische Umgebung dieses letzten Habsburgers Schuld. Wie Karl V. war Karl VI. mehr Spanier auf deutschem Throne als Deutscher; aber wie der fünfte Karl den spanischen Geist auf seinem Höhepunkte, so repräsentirte der sechste den spanischen Geist in seinem Verfalle. Die steife spanische Etiquette, die anbetende Verehrung der Spanier für die Person des Herrschers sagten dem stolzen und dabei leeren Wesen dieses Kaisers vor allem zu, während die mehr gerade, offene Weise des fürstenähnlichen deutschen Hochadels ihn beleidigte. Dazu kam die Dankbarkeit für die spanischen Emigranten, die ihm zu Liebe Heimath und Besitzthümer im Stiche gelassen hatten; und endlich die wehmüthig-schmeichelnde Erinnerung an seinen Jugendtraum, einst alle Staaten Karls V. unter seinem Scepter zu vereinigen! Er überschüttete deshalb die Spanier nicht nur mit Reichthümern und Würden und hörte vor allem auf ihr Wort, sondern er bildete auch zur Verwaltung der ehemals spanischen Provinzen, die ihm zugefallen waren, aus jenen den „spanischen Rath". Die Geschäftssprache desselben war spanisch, nur Spanier wurden in ihn aufgenommen. Wenn man nun die Größe der Abneigung, ja des Hasses der italienischen Unterthanen der Spanier gegen diese ihre vielhundertjährigen Bedrücker kennt, so wird man leicht den üblen Einfluß einer solchen Anordnung auf die Gesinnung der neu erworbenen Provinzen des Kaisers begreifen. Und wie lastete dieser „spanische Rath" auf den dürftigen Finanzen Oesterreichs! Während die ganze kaiserliche Staatskanzlei, alle Beamten des höchsten und niedersten Ranges eingerechnet, sieben Personen umfaßte, zählte der spanische Rath nicht weniger als fünfzig Individuen, von denen der einfachste Rath jährlich 10,000 Gulden Gehalt — heute mindestens gleich 30,000 — bezog! Alle einträglichen Aemter in Italien wurden mit schmarotzenden und bettelnden Spaniern besetzt. Diese Männer bestimmten auch den Kaiser, auf den Eintausch Baierns gegen Belgien zu verzichten, um nicht einträgliche Stellen für sich einzubüßen und das ihnen verhaßte deutsche Element zu stärken. An der Spitze des letzteren stand Prinz Eugen — dieser italienische Prinz, in Frankreich geboren und aufgewachsen! — der durch sein hohes Ansehen den Spaniern einigermaßen die Spitze bot, obwohl Karl VI. keineswegs wie sein Bruder Joseph den Prinzen würdigte und liebte, sondern ebenso wie sein Vater, dem er in so vielen Punkten glich, den überlegenen und kräftigen Geist Eugen's scheute. Diese Fürsten, selbst unbedeutend, hielten es für eine Art Majestätsbeleidigung, wenn ein Unterthan dem Geist und Charakter nach mehr war als sie. Ein so klägliches Geschöpf, wie der stets besiegte Feldmarschall Schlick, durfte einem Eugen gegenüber treten und ihm mit geheimer Konnivenz des Kaisers Schwierigkeiten und Ungelegenheiten aller Art bereiten. So kam Oesterreich freilich nicht zu einer heilsamen Politik und einem konsequenten und sichern Verfahren, weder nach außen noch in seinem Innern.

Es war immerhin Eugen zu danken, nicht den von bitterstem Hasse gegen die Bourbonen erfüllten spanischen Rathgebern des Kaisers, wenn jetzt ein besseres Verhältniß zwischen Oesterreich und Frankreich angebahnt wurde, ein Verhältniß, das wenigstens vorübergehend von den wichtigsten und für den Kaiser vortheilhaftesten Folgen wurde. Eugen knüpfte dasselbe bei den Friedensverhandlungen zu Baden mit Villars an; man übersah nicht das wichtige Bindemittel, welches die Gleichheit der Religion zwischen den beiden Staaten bildete. Wie stark aber hatte Eugen mit dem reinsten Unverstande zu kämpfen! In eben derselben Zeit beredeten die Spanier in Wien den Kaiser, in offener Verletzung des Friedens den letzten gegen die Bourbonen ringenden Catalonieren von Neapel aus einen Sukkurs zu übersenden. Ein Glück, daß derselbe zu spät kam: sonst würde um einer ganz aussichtslosen Sache willen der soeben erst beendete, für den Kaiser so unglücklich verlaufene Streit von neuem ausgebrochen sein! Daß Eugen hiergegen gewarnt hatte, trug ihm den Verlust seines mailändischen Statthalterpostens ein; das war die Rache des „spanischen Rathes". Es dauerte nicht ein Jahr, so war man in Neapel und Mailand ebenso antiösterreichisch gesinnt, wie früher antispanisch.

So ging der österreichische Staat und das Kaiserthum schweren Zeiten entgegen. Nicht immer fand sich ein Wilhelm III., eine große Allianz, die mit eigener Aufopferung das „erlauchte Haus Oesterreich" aus Noth und Gefahr rissen und mit englischem und holländischem Gold und Blut die Fehler und Thorheiten wieder gut machten, welche die bigotten und beschränkten Fürsten in Wien sich mit unverwüstlichem Vertrauen auf den Stern der Felix Austria zu Schulden kommen ließen.

Siebentes Kapitel.

Der Tod Ludwigs XIV.

Unter dem Geräusche der Waffen hatten auch die Kämpfe des Geistes nicht geruht. Zu lebhaft waren schon damals die von allen Seiten hereinbrechenden neuen Bestrebungen mit dem hartnäckig sich vertheidigenden Alten in Streit gerathen, als daß selbst der Weltbrand des Erbfolgekrieges diesem erbitterten Ringen einen Stillstand hätte gebieten können. Mit dem richtigen Instinkte, der Ludwig den Vierzehnten stets ausgezeichnet hat, erkannte derselbe in den neuen Ideen den gefährlichen Feind des konservativen, absolutistischen, priester- und adelsfreundlichen Königthums, wie er es stets sich gedacht und mit großem Geschicke repräsentirt hatte. Fest verbündete er sich deshalb in seinen letzten Lebensjahren mit den überkommenen Gewalten und zumal mit dem Papstthume, gegen das er einst so erbitterte Kämpfe bestanden hatte. Immer einförmiger und stiller wurde, zumal unter dem Eindrucke der politischen und häuslichen Unfälle, die Umgebung des greisen Monarchen. In Gesellschaften und bei Tafel in den ungeheuren Palastsälen ward wenig und leise gesprochen: Konversation über politische und kirchliche Dinge schien unschicklich, man redete über die gewöhnlichen Vorfälle des täglichen Lebens; die verschiedenen Parteien, die den Hof spalteten, standen einander haßerfüllt gegenüber. Um so inniger schloß der König sich der Maintenon an, die sich ihm so völlig anzupassen wußte, auf seine Neigungen und Sorgen geschickt einging, ihm stets eine kluge und verschwiegene Rathgeberin war, gerade durch ihre vollkommene Unterwürfigkeit und Ergebenheit einflußreich; zumal dem körperlichen Befinden des Greises, diesem sehr wichtig, widmete sie die größte Aufmerksamkeit. Unter ihrer Einwirkung erhielt das kirchliche Wesen um so eingehendere und aufmerksamere Pflege. Jede Handlung des Hofes und des Lebens, jede Aktion nach außen wurde mit Gebeten eingeführt und begleitet. Vielleicht bis auf Ludwig den Heiligen muß man zurückgehen, um bei dem französischen Königthume und seiner Umgebung eine so innige Verknüpfung mit den religiösen Formen und Gedanken zu finden.

Um so widerwärtiger war es dem Könige, daß der Jansenismus, den er vernichtet glaubte, von neuem sein Haupt erhob; daß selbst der Kardinal v. Noailles, den Frau v. Maintenon zum Erzbischofe von Paris gemacht hatte, weil sie in ihm ein taugliches Rüstzeug gegen alle Ketzerei zu finden hoffte, eine schuldbare Lauheit zeigte, als mehrere religiös-moralische Schriften jansenistische Meinungen, wenn auch in milder und vorsichtiger Form, wieder vorbrachten und zumal verlangten, daß man den päpstlichen Entscheidungen gegen den Jansenismus wohl „achtungsvolles Stillschweigen", nicht aber „geistige Zustimmung" zu widmen nöthig habe. Es schien dies um so gefährlicher, als sich in Holland unter dem Schutze der dortigen Glaubensfreiheit um den Erzbischof von Utrecht eine förmliche jansenistische Kirche

Ludwig abermals gegen den Jansenismus.

gebildet hatte. Ludwig war von vorn herein entschlossen, auch nur Aehnliches in Frankreich nicht zu dulden und die Einheit des Glaubens und der Kirche, die er in seinem Staate mit so vielen Opfern hergestellt hatte, ungeschwächt seinem Nachfolger zu hinterlassen. Die Sache hatte einen tiefern Hintergrund und eine größere Bedeutung als je; denn mehr und mehr verband sich die politische Opposition mit der religiösen, und beide vereint gewannen in den größern Städten und zumal in Paris bei allen Gebildeten offenbar an Boden. Selbst vierzig Doktoren der theologischen Fakultät von Paris, der Sorbonne, erklärten sich mit dem „achtungsvollen Stillschweigen" zufrieden. Der König wollte der Sache vollkommen ein Ende bereiten, legte deshalb den Parteien einstweilen Ruhe auf und wandte sich um eine Entscheidung nach Rom.

Die Antwort der Kurie konnte nicht zweifelhaft sein. Sie hatte schon früher den Jansenismus vollständig verdammt; und dazu erschien ihr die Lehre von dem achtungsvollen Stillschweigen als eine Einschränkung ihrer absoluten Macht über Doktrin und Gewissen, als ein nicht zu duldender passiver Widerstand. Ohne Zögern erließ sie am 15. Juli 1705 die Bulle Vineam Domini, in der sie nicht nur alle frühern päpstlichen Entscheidungen gegen den Jansenismus erneuerte, sondern auch erklärte, „daß dem Gehorsam, der denselben gebühre, mit jenem achtungsvollen Stillschweigen durchaus nicht genügt werde, vielmehr die verurtheilte Lehre nicht allein mit dem Munde, sondern auch mit dem Herzen verworfen und verdammt werden müsse". Darauf hatte der König nur gewartet. Er setzte seine volle Autorität ein, um diese Bulle zum unanfechtbaren religiösen und politischen Gesetze zu erheben. Unter seinem Einflusse nahm zunächst die Versammlung der französischen Geistlichkeit die Konstitution Vineam Domini einstimmig an, trugen sie dann die Parlamente in ihre Register ein. Auch der entschiedenste Anhänger der gallikanischen Freiheiten konnte nichts mehr gegen ihre Rechtsbeständigkeit einwenden. In der That war die Unterwerfung, wenigstens äußerlich, eine allgemeine. Nur an einer Stelle trat Widerstand hervor. Die Nonnen von Port royal des Champs, dem Tochterkloster des Pariser Port royal, weigerten sich entschieden, den Glauben ihrer Lehrer und Vorgängerinnen zu verwerfen. Sie fühlten dazu um so größeres Recht, als Papst Clemens IX. im sogenannten Kirchenfrieden des Jahres 1668 (I. S. 184) förmlich gestattet hatte, den Sinn der fünf verurtheilten Sätze des Jansenius anders aufzufassen, als wie er vom römischen Stuhle verdammt worden war. Die Kurie hatte also selbst eine Freiheit zugestanden, die eben durch das „achtungsvolle Stillschweigen" gewahrt werden sollte. Auf diesen Kirchenfrieden beriefen sich die Nonnen von Port royal des Champs. Allein dies brachte ihnen einem Despoten, wie Ludwig XIV., gegenüber keinen Nutzen. Wegen einfache schutzlose Nonnen konnte er noch immer die Gewaltthaten ausüben, die er sich wider die Nachbarstaaten nicht mehr erlauben durfte. Zuerst verbot ihnen der König, wie eine geistliche Obrigkeit, ferner Novizen aufzunehmen oder eine Aebliffin zu erwählen. Da fie immer noch widerstanden, erschien im Oktober 1709. der Polizeilieutenant mit Häschern und Wagen vor Port royal, packte die bejahrten und meist kränklichen Damen in die Kutschen und führte sie in verschiedene andere Klöster; selbst die Todten wurden ausgegraben und in andere Beinhäuser gebracht; dann zerstörte man die Gebäude bis auf den Grund.

Das Martyrium von zwanzig alten Damen war Ludwig nicht schwer geworden, aber es hatte gerade die seinen Absichten entgegengesetzte Folge, indem es durch die Bewunderung für die unthätigen Dulderinnen und durch den Abscheu gegen die rohe Gewalt dem Jansenismus zahllose Anhänger unter den gebildetsten Klassen zuführte. Es kam hinzu, daß die Sieger ihren Vortheil mißbrauchten und, indem sie ihn bis zum Aeußersten führen wollten, selbst wieder in Frage stellten. Sie konnten dem Kardinal von Noailles seine frühere Lauheit dem Jansenismus gegenüber nicht verzeihen und gingen sofort zum Angriffe wider ihn über.

Als er noch einfacher Bischof von Chalons gewesen, hatte er ein Buch des Paters Quesnel „Moralische Reflexionen über das neue Testament" empfohlen; da man zu Rom in demselben jansenistische Lehren witterte, war es dort verurtheilt, der Verfasser zur Flucht nach Holland gezwungen worden. In Frankreich war über die Sache, die im Grunde keine Wichtigkeit besaß, geschwiegen worden, als plötzlich, nach fünfzehn Jahren (1711) zwei unbedeutende Bischöfe, offenbar von den Jesuiten angetrieben, in Hirtenbriefen das Buch Quesnels mit zelotischem Eifer verdammten; und dieses Urtheil ließen sie, dem Kardinal zum Hohne, in dessen eigener Diözese und an dessen eigenem Palaste anheften. Noailles, seiner guten Intentionen und seines frommen Lebenswandels gewiß, stolz auf seine vornehme Familie und seine hohe Stellung als Kardinal und Erzbischof der hauptstädtischen Diözese, antwortete auf diesen niederträchtig boshaften und echt ultramontan gemeinen Angriff durch eine Verdammung jener beiden Bischöfe, die außerhalb seiner Amtsgewalt lag. Bald aber mußte er erkennen, daß jene beiden untergeordneten Prälaten nur die Werkzeuge Mächtigerer waren.

An Stelle des frommen und biedern Pater La Chaise war als Beichtvater des Königs der Pater Le Tellier getreten, ein fanatischer Anhänger seines Ordens, gewillt, dessen Interessen unter allen Bedingungen zu vertreten und durchzusetzen. Von jeher waren die Jesuiten die eifrigsten Gegner des Jansenismus gewesen; sie meinten, jetzt die letzten Spuren desselben vertilgen und zugleich an dem vornehmsten Prälaten Frankreichs ihre Macht erweisen zu müssen. Dem Erzbischof fiel der Entwurf eines Schreibens an den König in die Hände, welcher in Le Telliers Namen an eine Anzahl ergebener Bischöfe mitgetheilt worden, um von ihnen unterzeichnet und alsdann dem Könige als ihre freie Meinungsäußerung zu Ungunsten des verurtheilten Buches und des Kardinals vorgelegt zu werden. Noailles war außer sich vor Zorn und griff sofort zu den schärfsten Waffen: er entzog den Jesuiten seiner Diözese die Ermächtigung, Beichte zu hören, und klagte außerdem den Pater Le Tellier ausdrücklich bei dem Könige an. Die Sache hatte noch einen tiefern und bedeutendern Hintergrund, als einen bloßen Streit zwischen dem hochgeborenen feingebildeten Prälaten und dem plebejisch derben Ordensbruder oder selbst zwischen Jansenismus und Pelagianismus; vielmehr war zugleich Noailles Vertreter der bischöflichen Freiheit und Unabhängigkeit gegenüber dem Joche, welches das Königthum in Verbindung mit dem Papstthume der französischen Kirche aufzuerlegen gedachte.

Je mehr aber hierdurch jansenistische Hinneigung in Verbindung mit einer Opposition gegen Ludwigs ganze kirchliche Politik der letzten beiden Dezennien erschien, um so eifriger nahm der König gegen den Erzbischof Partei. Er gab demselben offen Unrecht; Noailles hatte den Muth, eine Antwort auf des Königs Befehl zu veröffentlichen, der darin als ein Werk der Ludwig umgebenden Jesuiten dargestellt wurde. Ludwig wollte sich nicht in einen persönlichen Streit mit einem Kardinal einlassen. Wie früher bei der Streitfrage über den achtungsvollen Gehorsam wandte er sich nach Rom, da ihm die Antwort der Kurie nicht zweifelhaft sein konnte. Wirklich nahm diese sich der Sache, die ja auch die ihre war, mit Eifer an, um endlich dem Jansenismus völlig Garaus zu machen. Nach jahrelanger Vorbereitung erließ Clemens XI. im September 1713 die Bulle Unigenitus, in welcher nicht weniger als 107 Sätze in Quesnels Buch verdammt und dabei die jansenistische Gnadenlehre, die freie Auslegung der heiligen Schrift und jedes Recht der eigenen Meinung gegenüber den päpstlichen Entscheidungen auf das bestimmteste verworfen wurden.

Die Bulle Unigenitus, diese erste Erklärung der päpstlichen Unfehlbarkeit, dieser geharnischte Protest wider jedes weltliche Recht, der Kirche gegenüber, erschien — Dank der Verblendung des von Beichtvätern und Beischwestern beherrschten Monarchen — eben so sehr als ein Sieg des Königthums wie der jesuitischen und mystisch frommen Richtungen. Ludwig XIV., Le Tellier und Fénelon begrüßten sie mit gleicher Freude. Es schien, als ob sie den Frieden innerhalb der Kirche wieder herstellen sollte. Noailles widerrief jetzt in einem Hirtenbriefe seine frühere Billigung des Quesnel'schen Buches und verbot dessen Lektüre in seiner Diözese.

Man hätte es hierbei bewenden lassen können, indeß die kirchliche Partei wollte eben dem besiegten Gegner keine goldene Brücke bauen. In feierlicher Kirchenversammlung sollte die Bulle Unigenitus angenommen, dann von den Parlamenten einregistrirt und so zum Reichsgesetze erhoben werden, ganz wie es mit der Bulle Vineam Domini geschehen war. Nun fehlte viel, daß die Bischöfe und das Parlament alle Bestimmungen jener gebilligt hätten; zumal die Verdammung des Satzes, daß man sich von der Furcht vor einer ungerechten Exkommunikation nicht von der Erfüllung seiner Pflicht zurückhalten lassen dürfe, erschien wie eine Verwerfung der gallikanischen Freiheiten und der dem Könige gebührenden Treue. Aber mit solchen Einschränkungen nahmen doch das Parlament und von den versammelten 51 Bischöfen 40 die Bulle an (Februar 1714); freilich hatte Ludwig Drohungen und Bestechungen nicht gespart, denn er sah in der Bulle sein eigenstes Werk, durch das er auch in Glaubenssachen der Welt gebiete. Da protestirten auf der Versammlung der Bischöfe selbst neun, an ihrer Spitze der Kardinal von Noailles, gegen die tyrannischen Bestimmungen der Bulle, indem sie Berufung an den besser zu unterrichtenden Papst einlegten. Sie gingen noch weiter, wozu sie durch ihre bischöfliche Stellung berechtigt zu sein glaubten. Der Bischof von Tours und nach ihm der Erzbischof von Paris selbst verboten den Geistlichen ihrer Diözesen, ohne bischöfliche Erlaubniß die Bulle anzunehmen und zu verkündigen.

Es war in der That ein eigenthümliches Beginnen, daß ein Bischof bei Strafe der Suspension die Annahme einer dogmatischen Entscheidung untersagte, welche vom heiligen Stuhle ausgegangen und von der höchsten und maßgebenden geistlichen wie weltlichen Autorität des eigenen Landes angenommen worden war. Wirklich theilten von den 110 Bischöfen Frankreichs nur 12 die Ansichten Noailles', ohne sich aber zu so entschiedenen Schritten wie dieser und sein Amtsgenosse von Tours verleiten zu lassen. Man kann dem Könige nicht Unrecht geben, wenn er das Verfahren des Kardinals als einen Akt der Rebellion gegen geistliches und weltliches Gesetz auffaßte. Noailles würde auch wahrscheinlich ganz allein gestanden haben, wenn nicht die grausame Verfolgungssucht der jesuitischen Partei damals alle Welt gegen sie eingenommen hätte. Ludwig XIV., der ganz unter ihrer Herrschaft stand, wüthete mit Verhängung seiner Ungnade, Verbannung, Einkerkerung gegen jeden, der nur im entferntesten Verdachte des Jansenismus stand. Er entblödete sich nicht, in kirchlichen Prozessen selbst das Urtheil zu sprechen. Sowie man einen Gegner am Hofe verderben wollte, bezeichnete man ihn als einen Jansenisten, und war seines Sturzes sicher. — Dieselbe, ja noch härtere Unduldsamkeit wurde dem Reformirten erwiesen. Ergriff man ihrer einen, selbst in den entfernten amerikanischen Kolonien am Lorrenzostrome oder Mississippi, so wanderte er ohne Gnade auf die Galeere. Sogar auf dem Krankenlager hatten die Protestanten keinen Frieden: der Arzt mußte nach seinem zweiten Besuche dem nächsten katholischen Pfarrer Anzeige machen und, wenn der Kranke sich weigerte, denselben zu empfangen, jenen ohne Beistand verderben lassen! In diesem Falle wurden des Verstorbenen Güter eingezogen und sein Leichnam nackt unter den Galgen geschleppt. Dieses schändliche Gesetz verdankt man dem Einfluß der Maintenon und des Pater Le Tellier. Seit der Aufhebung des Ediktes von Nantes wurde die Verfolgung der Protestanten der Hauptgegenstand der königlichen Geheimkorrespondenz; dreißig Jahre lang diente die Polizei besonders dazu, die Leute, welche „schlechter" religiöser Grundsätze verdächtig waren, zu verfolgen, sie an der Auswanderung zu verhindern, sie zu arretiren und zu martern. Hochgestellte protestantische Adlige, wie der Herzog von La Force, wurden in die

Bastille, ihre Gattinnen in andere Kerker geworfen, ihre Kinder ihnen entrissen und durch grausame Mißhandlungen zum Glaubenswechsel bewogen. Auch in das Ausland verfolgte der Haß der „Frommen" ihre früheren Landsleute: auf Veranlassung der französischen Regierung verbannte die spanische alle Hugenotten aus ihren Handelsstädten. — Kein Wunder, daß diesem Cäsaropapismus gegenüber die öffentliche Meinung aller Gebildeten entschieden auf die Seite der Vertheidigung individueller Denkfreiheit, des Widerstandes gegen die verbündete jesuitische und despotische Partei trat. Die kirchliche Opposition selbst glaubte nicht den heiligen Stuhl und das Königthum zu bekämpfen, sondern den Jesuitismus, der auf jene beiden augenblicklich einen verderblichen Einfluß ausübe. Zumal das Papstthum wieder dem rechten Wege und seinen wahren Interessen zuzuführen, erschien den widerstrebenden Bischöfen als heiligste Pflicht.

Aber Ludwig war nicht gewillt, einen solchen Widerstand gegen seine Vorschriften zu dulden. Er ahnte nicht die folgenschweren Wirkungen, die dieser kirchliche Streit gerade durch die Einmischung der weltlichen Gewalt für die letztere selbst mit sich führen sollte; es handelte sich bei ihm lediglich um Aufrechterhaltung des Prinzipes, daß die französische Kirche nur das glauben und lehren dürfe, was dem Monarchen gut schien. Die Armee des Geistes sollte in Frankreich ebenso wohl nach den Befehlen des Königs marschiren und streiten, wie seine Dragoner oder Füsiliere: gestern gegen Rom, heute für Rom, je nach dem Belieben Seiner Majestät. Uebrigens hatte er hier wieder denselben blinden Fanatiker auf seiner Seite, der schon die Reformirten so unerbittlich verfolgt hatte, und den man so irrthümlich als einen milden versöhnlichen Dulder darstellt: Fénelon von Cambrai. Noch kurz vor seinem Tode — der am 7. Februar 1715 erfolgte — reizte er durch eine Denkschrift den König zu unnachsichtiger Verfolgung Noailles' auf, der durch ein Nationalkonzil verurtheilt werden sollte. Der König ersuchte den Papst, ein solches zusammen zu berufen und durch seine Legaten zu leiten.

Bis dahin hatte die römische Kurie sich durch die französischen Einwirkungen leiten lassen, und zwar ganz einfach darum, weil dieselben eine Stärkung viel weniger des Königthums als des Papstthums zur Folge haben mußten. Aber jetzt wies sie den König ab; von einem Nationalkonzile wollte sie nichts hören. War diese Einrichtung den absolutistischen Bestrebungen Roms überall verhaßt, so ganz besonders in Frankreich: konnten nicht auf dem Nationalkonzile die Scenen von 1682 sich wiederholen, Beschlüsse zu Gunsten jener verruchten gallikanischen Freiheiten gefaßt werden?

Diese abschlägige Antwort der Kurie brachte Ludwig in nicht geringe Verlegenheit; wie jeder, der sich mit Rom verbindet, hatte er die Erfahrung zu machen, daß dieses nie das Interesse des Alliirten, sondern stets und ausschließlich nur das eigene im Auge hat. Ludwig schwankte, was er zu thun habe. Er dachte zunächst an seine eigene Autorität: aber einem Karbinal und Erzbischof von Paris gegenüber konnte er nicht wie gegen den ersten besten Jansenisten verfahren; und des Parlamentes, das doch nicht zu umgehen war, würde er nach den Beschränkungen, die es selbst der Bulle gesetzt, nicht sicher gewesen sein. Dann wollte er wieder selbst das Nationalkonzil zusammen berufen: allein dadurch würde er sich mit dem Papste entzweit, seinem ganzen kirchenpolitischen System seit 1690 ins Antlitz geschlagen und der bischöflichen Opposition Berechtigung und Verstärkung verliehen haben.

So standen die Dinge in den letzten Tagen Ludwigs XIV. Er wollte das Parlament zwingen, die Bulle Unigenitus ohne jede Bedingung einzuregistriren und gegen jeden Bischof, der sie nicht ohne Einschränkung unterschriebe, Verfolgung zu verhängen; zum ersten Male seit sechzig Jahren weigerte sich jene sonst so fügsame Körperschaft! Wie in der politischen Welt, so mußte Ludwig auch in der kirchlichen erkennen, daß mit bloßer Despotenwillkür nicht Alles entschieden werden könne, daß Herz und Geist von zahlreichen Millionen sich nicht ohne Weiteres in das Belieben eines Einzelnen fügten. Lange war es ihm geglückt, das System der religiösen Uniformität in seinem Reiche unter endlosen Strömen von Blut und Thränen durchzuführen; alle gefährlichen Widersacher: der eigentliche Jansenismus, der bischöfliche Unabhängigkeitssinn, der Protestantismus, schienen durch kühle Grausamkeit besiegt; — da begann der Gegensatz von neuem aus den Kreisen gerade jener höfischen Prälatur, in welcher der König die sichersten und schmeidigsten Werkzeuge für seine kirchliche Diktatur zu finden gemeint hatte. Die Macht der Ideen ist eben unzerstörbar für die Hand der Tyrannei. — In jenem Jahre 1713 begann die Veröffentlichung der „Kirchlichen Nachrichten", eines satyrischen Blattes von äußerster Heftigkeit, das, von der Polizei eifrig gesucht, doch im undurchdringlichsten Geheimniß weiter gedruckt und mit Begier im ganzen Lande gelesen wurde. Die öffentliche Meinung stand völlig auf Seiten seiner kühnen und geistvollen Verfasser und Herausgeber, die eine vortrefflich organisirte Gesellschaft über das ganze Land bildeten. Es ging ein revolutionärer Hauch damals durch Frankreich!

Die Literatur der „großen Regierung" — wie man wohl noch heute die Zeit Ludwigs XIV. nennt — sank unaufhaltsam in den letzten fünfzehn Jahren; sie mußte untergehen, um jener Schriftstellerwelt des achtzehnten Jahrhunderts Platz zu machen, die, an die Engländer sich anlehnend, den alten Kampf dieser Nation gegen Ludwig XIV. und all' dessen Gedanken, Bestrebungen und Einrichtungen nach seinem Tode fortsetzte und ansponnen. Schon an der Wende des Jahrhunderts beklagt die Herzogin von Orleans, daß alle jungen Leute „Atheisten" seien. In den bisherigen Dichtungsarten war nur Verfall. Boileaus Nachfolger wurde Jean Baptiste Rousseau, ein großer Verskünstler, aber kein wahrer Dichter, geschmackvoll in der Wahl und Fülle des Ausdruckes, allein ohne Tiefe des Gefühls oder Reichthum der Gedanken und Phantasie. Wie sein Charakter so ist auch sein Talent unsicher und schwankend. Racines Nachfolger war Crébillon, der bei gänzlichem Mangel wahrhaft dichterischer und dramatischer Begabung seine Zuflucht zu dem groben Mittel schauerlicher und schreckenerregender Motive, heftigster Leidenschaften und Knalleffekte nahm, mit denen dann eine süßliche Liebelei unangenehm kontrastirt. Die Zeit des Klassizismus, die Zeit des steifen und officiellen Ideals Ludwigs XIV. war vorüber — die Zeit Montesquieus und Voltaires brach heran. Nicht mehr das Königthum, sondern Freiheit, Wahrheit, Wissenschaft werden die freilich oft mißverstandenen Banner, um die sich mit lebhafter Begeisterung und scharfen, verwundenden Waffen die Schriftstellerwelt schaart.

Die Kunst war in offenbarstem Verfalle. Es gab außerhalb des Porträtfaches keinen einzigen Maler von Bedeutung mehr, und in der Skulptur wimmelte es von untergeordneten Talenten vierten und fünften Ranges. Die affektirte Anmuth, dieses sichere Zeichen einer sinkenden Kunst, die übertriebene Pflege des nebensächlichen Details, die künstlichen Linien und Stellungen herrschten in den beiden Schwesterkünsten.

Und ebenso wenig kam das Finanzwesen des Staates zu einem gedeihlichen Abschlusse unter diesem Könige.

Die neunundzwanzig Kriegsjahre, welche Frankreich seit 1667 hatte durchmachen müssen, hatten demselben auf dem Schlachtfelde und in den Kriegslazarethen ungefähr 1,200,000 Menschen und an direkten Ausgaben — ohne die indirekten Verluste an Handel, Industrie, gekapertem Gut und dergleichen — 1500 Millionen Livres gekostet. Solche Ausgaben hatten schließlich selbst die reichen Hülfsquellen Frankreichs erschöpft. Man hatte zur Rekrutirung des Heeres endlich zu dem längst veralteten feudalen Adelsaufgebot greifen müssen. Die Finanzen waren in völlige Zerrüttung gerathen, zumal seit den Jahren 1705 und 1707, wo die regelmäßigen Einnahmen um fast 30 Millionen gesunken, die Ausgaben dagegen bis auf 258 Millionen Livres erhöht waren. Auch die beliebte Finanzquelle des Aemterverkaufes versiegte; denn bei dem ungeheuren Angebote und bei der sich verringernden Zahl der Wohlhabenden fiel der Preis der Aemter so tief, daß er den Nachtheilen, die daraus für die königliche Kasse erwuchsen, nicht entsprach. Zuweilen vernichteten neue Aemter das Einkommen der alten und damit die Subsistenz ganzer Familien. Dann kamen Durchzüge und Winterquartiere der Truppen — die nicht mehr im feindlichen Lande lagerten — Aushebungen von Milizen, Jahre des Mißwachses und der Theuerung. Die Großen, die Staatsgläubiger und Beamten wurden mit Papier bezahlt, dessen Werth vorübergehend bis auf 20 Prozent sank, der arme Bauer wurde ausgepfändet, um die Taille aufzubringen, von der sich alle seine reichern Nachbarn durch Aemterkauf befreit hatten. Als der Krieg ein Ende nahm, waren die Einkünfte zweier Jahre schon im Voraus verbraucht. Die Schuld im Ganzen betrug bereits mehr als zwei Milliarden Livres, die zurückzubezahlen einstweilen nicht die mindeste Aussicht war. Man half sich so gut es ging, ohne die geringste Rücksicht auf staatliche Ehre, mit einer Reihe der tyrannischsten Maßregeln, die nicht allein einen theilweisen Staatsbankerott, sondern geradezu einen

Betrag ausmachten. Die auf das Pariser Stadthaus eingetragenen Renten — 750 Millionen Kapital — wurden willkürlich von fünf, sechs, acht Prozent auf vier Prozent herabgesetzt. Die Münzzettel und Schatzscheine wurden unter dem Vorwande ihres niedrigen Kurswerthes nur zur Hälfte ihres Nennwerthes und zwar nicht mit barem Gelde, sondern mit Rentenverschreibungen bezahlt. Alle diejenigen, welche die Kapitation, die Kopfsteuer, einer königlichen Aufforderung gemäß auf sechs Jahre voraus entrichtet hatten, mußten sie jetzt noch einmal bezahlen. Die Kriegssteuern wurden nach wie vor erhoben. Dazu kam die nackte Gewalt. Dem Klerus wurden zwölf Millionen, den Generalpächtern neun Millionen entrissen. Aber alles das waren doch nur Palliative ohne durchgreifende Wirkung. Es war keine Möglichkeit, das Gleichgewicht der Finanzen wieder herzustellen, wo eine so enorme Schuldenmasse Tilgung verlangte, wo für Zinsen allein jährlich 70—80 Millionen erforderlich waren, wo der König so sehr Treue und Glauben verscherzt hatte, daß niemand mehr ihm Kapitalien anzuvertrauen Lust hatte. Und diese finanzielle Zerrüttung war eine Angelegenheit von außerordentlicher politischer Bedeutung. Nur durch die ehrgeizigen Kriege Ludwigs XIV. herbeigeführt, ist das chronische und deshalb steigende Defizit der eindringlichste Reformprediger gewesen, hat am meisten zur Untergrabung der königlichen Verwaltung beigetragen und endlich, als es dieselbe ganz rathlos gemacht, die Revolution auf die politische Bühne geführt. Was nur eine Verlegenheit für den Staat schien, wurde zur drohendsten Gefahr für dessen Bestand.

Nun muß man doch sagen, daß dieser König bis zu seinem letzten Augenblick den Herrscherpflichten treu geblieben ist, wie er sie eben verstand. Wir haben gesehen, wie thatkräftig er in die innern Verhältnisse eingriff, um sie nach seinem Sinne und in seinen Prinzipien zu leiten; nicht anders nach außen. Mit 50 Bataillonen unter dem Herzoge von Berwick unterstützte er seinen Enkel Philipp V. gegen den Aufstand der Catalonier, mit 22 gegen den der Mallorcaner. Dieser sein spanischer Enkel hatte im Februar 1714 seine Gemahlin, die er zärtlich liebte und deren Rath er zu folgen gewohnt war, Marie Luise von Savoyen, die an Geist und Witz nicht unwürdige Schwester der verstorbenen Herzogin von Burgund, verloren. Ihre Herrschaft über den schwachen Gatten, der ihrer Einsicht Unendliches verdankte, verlängerte sich gewissermaßen über ihren Tod hinaus durch ihre bevorzugte Freundin, die Fürstin Orsini. In seinem tiefen Schmerze wollte Philipp V. niemanden sehen als diese bejahrte Dame, die mütterliche Vertraute der verstorbenen Gattin. Sie führte in der That die Herrschaft über Spanien, und zwar in der energischen und intelligenten Weise, die sie stets auszeichnete. Sie reorganisirte mit Hülfe einiger französischer Freunde das zerrüttete Steuer- und Finanzwesen Spaniens und basirte es auf so gesunde Grundlagen, daß von dieser Zeit eine neue Epoche in der ökonomischen Verfassung und dem politischen Machtzustande Spaniens beginnt. Wenn das letztere binnen kurzem sich zu einer Kräfteentfaltung erhob, wie sie seit mehr denn einem halben

Jahrhundert unbekannt war, so verdankte es dies hauptsächlich der Fürstin Orsini und ihrem Helfer, dem Marquis von Orry. Vor allem suchten dieselben auch den Reichthum und den Einfluß der Kirche und besonders die Gewalt der Inquisition zu Gunsten der königlichen Autorität und der Gedankenfreiheit zu vermindern. Indeß zu der letzteren Reform war damals Spanien nicht reif; nicht allein daß sie völlig scheiterte, sie rief auch den Haß der Kastilianer gegen die Fürstin hervor. Um so mehr war sie darauf angewiesen, eine ihren Interessen günstige neue Gemahlin für den König auszusuchen, denn ohne Gefährtin konnte man den, den Freuden der Familie zugethanen und einer steten unmittelbaren Leitung bedürftigen Philipp nicht lassen, und wenn die zukünftige Königin der Orsini ebenso ergeben war, wie die frühere, so war die Prinzessin der Dauer ihres Einflusses sicher. Zu diesem Zwecke mußte sie wieder die Tochter eines kleinen Fürsten erwählen, die nicht dem Ansehen des eigenen Hauses, sondern eben nur dem Schutze der Orsini ihre Erhebung auf den spanischen Königsthron verdankte und später, ohne Anhalt durch die heimische Macht, eben nur durch die Gunst dieser Frau eine gewichtige Stellung bewahren würde. Indem sie sich nach einer solchen Persönlichkeit umschaute, veranlaßte sie ein gewandter Wink des Abbé Alberoni, des schlauen Agenten des Herzogs von Parma in Madrid, ihre Wahl auf eine Prinzessin dieses Hauses, des in Parma herrschenden Geschlechtes Farnese zu richten. Es gelang dem Abbé, die Orsini von dem ruhigen und schmiegsamen Charakter seiner Prinzessin, sowie von dem Nutzen zu überzeugen, welchen deren Ansprüche auf das Erbe von Parma und Tostana Spanien bringen würden.

Es konnte der geschickten und ehrgeizigen Frau nicht schwer werden, die Zustimmung Ludwigs XIV. und vor allem des parmesanischen Hofes für diesen Plan zu erwerben. Schon im September 1714 wurde die Vermählung in Parma gefeiert. Allein wie sehr hatte sich die Orsini in dem Charakter Elisabeths von Parma täuschen lassen! Die junge Königin war von unersättlichem Ehrgeiz und grenzenloser Herrschsucht erfüllt, und ihr erster Schritt auf spanischem Boden war von dem Sturze der Orsini begleitet. Denn weit entfernt, sich von ihr beherrschen zu lassen, wollte Elisabeth vielmehr die Nebenbuhlerin in der Regierung aus dem Wege räumen. Sie benutzte den Einfluß, welchen das eheliche Zusammensein und ihr überlegener Geist ihr sofort auf den König gaben, um die Fürstin in schmählicher Weise über die Grenze nach Frankreich bringen zu lassen. Der ehrenvolle Empfang, welchen die Orsini in Versailles fand, tröstete sie nur wenig über den plötzlichen Verlust der Macht und Herrschaft. Nach mannigfachem Wechsel des Aufenthaltes starb sie im Jahr 1722, von aller Welt vergessen, in Rom. In Spanien aber wurden Königin Elisabeth und ihr Vertrauter Alberoni allmächtig und diese beiden ehrgeizigen und kühnen Geister hatten nichts anderes im Auge, als Spanien die im Utrechter Frieden verlorenen auswärtigen Provinzen wieder zu verschaffen und es von neuem auf den Gipfel der Größe und Macht zu erheben, auf dem es ein Jahrhundert früher sich befunden hatte.

Spanien und Europa, kaum beruhigt und befriedet, wurden dadurch in neue blutige Abenteuer gestürzt.

Ludwig XIV. kannte die ehrgeizigen Entwürfe des spanischen Hofes sehr wohl, aber er war weit davon entfernt, dieselben zu unterstützen. Zumal die Absichten desselben gegen Portugal duldete er nicht; denn als vorsichtiger Politiker traute er der Anhänglichkeit der bourbonischen Sekundogenitur in Spanien an die Hauptlinie des Hauses nicht, und um einer zukünftigen Feindseligkeit des Madrider Kabinets gebührend entgegen treten zu können, suchte er vielmehr die ehemaligen guten Beziehungen Frankreichs zu Portugal wieder anzuknüpfen. Ueberhaupt hatte er jetzt genug des Krieges: in Frieden wollte er, der Sechsundsiebzigjährige, seine Tage beschließen.

In diesem Sinne wies er auch alle Aufforderungen der jakobitischen Partei, ihr nach dem Tode der Königin Anna zu einer Landung in Großbritannien beizustehen, von der Hand. Doch nicht in feigem Zurückziehen vor England; den alten hochfahrenden Trotz behielt er bis zu seinem Ende bei. An Stelle Dünkirchens, dessen schönen Hafen er schließen mußte, eröffnete er die nahe, seit einigen Jahrzehnten verkommene Rhede von Mardyk. Alle Reclamationen der Engländer, daß dies wenn nicht dem Buchstaben so doch dem Geiste der Utrechter Verträge widerspreche, lehnte er als unbegründet ab. Denn war auch die Kriegsmarine einstweilen zum zweiten Range herabgedrückt, den Seehandel Frankreichs wünschte Ludwig nur um so kräftiger zu beleben. Er erkannte wohl, ein wie wichtiger Faktor derselbe zur Hebung des durch seine eigene Schuld verarmten Reiches sein würde. Unausgesetzt widmete er demselben seine Sorgfalt und Thätigkeit. Fröhlich blühte unter seinem Schutze die Hauptniederlassung der Franzosen in Ostindien, Pondichéry, empor. Noch wichtiger waren die französischen Ansiedelungen in Amerika. Hier behnten sie sich — auch abgesehen von den reichen westindischen Inseln — von Kanada zum Mississippi und diesen hinunter durch Louisiana bis nach Texas und Florida aus. Es war ein Ludwigs XIV. nicht unwürdiger Gedanke, diese ungeheueren Gebiete unter einer einzigen Leitung zu vereinigen und dadurch desto ergiebiger und vertheidigungsfähiger zu machen. An Umfang waren sie den englischen Niederlassungen am mittleren Ostrande des nordamerikanischen Festlandes um vieles überlegen und schlossen dieselben in einem weiten Bogen ein. Noch konnte die Frage sein, ob sie dieselben nicht erdrücken würden, ob nicht die frankoromanische Rasse hier die angelsächsische verdrängen und damit jenem ganzen Kontinente den Stempel aufdrücken würde. Kaum läßt sich ein schärferer Gegensatz denken, als zwischen dem protestantischen autonomen Wesen, das in den englischen Kolonien herrschte, und dem katholischen autoritativen, royalistischen, das die französischen Pflanzstätten auf das Engste mit dem Mutterlande verknüpfte. Ludwig XIV. hat ihnen die Organisation gegeben, die Richtung vorgezeichnet, die sie freilich nach kurzer Blüthe zum Verderben führen sollte!

Um so anerkennenswerther ist die unausgesetzte Thätigkeit des greisen

Königs, als er selbst durch fortgesetzte Unglücksfälle in seiner Familie gebeugt wurde. Nach dem furchtbaren Mißgeschicke, das dieselbe betroffen, hatte er von seinen ehelichen erwachsenen Nachkommen nur den Herzog von Berry, den jüngsten seiner Enkel behalten; „ich habe also nur Dich noch," sagte er zu ihm nach dem Tode Burgunds. Er hatte ihn mit der Tochter seiner eigenen illegitimen Tochter, der Gemahlin des Herzogs von Orleans, vermählt, um die Reste seiner Familie um so enger unter einander zu verbinden und zu verschmelzen. Die Herzogin von Berry aber, die ihren einfältigen Gatten verachtete, hatte durch ihre Ausschweifungen und ihre Trunksucht — beides hatte sie von ihrem Vater überkommen — das Aergerniß des Hofes und der Welt erregt, dabei als zukünftige Regentin den unbändigsten Stolz gezeigt. Aber dieser letztere Traum verflüchtigte sich, als im Mai 1714 der Herzog von Berry starb, an den Folgen eines Sturzes, dessen Geschichte noch nicht ganz aufgeklärt ist.

So blieben für die Regentschaft für den kleinen Dauphin nur zwei Bewerber übrig: Philipp V. von Spanien und der Herzog Philipp von Orleans. Der erstere, als Oheim des Dauphins, war durch den Verwandtschaftsgrad der zunächst Berufene, allein durch den Utrechter Vertrag war ihm jede Anwartschaft, jede Beziehung zur französischen Krone abgeschnitten. Zwar bewarb er sich nichtsdestoweniger um die Regentschaft, aber Ludwig wollte nicht durch einen Bruch der Verträge einen neuen Kampf heraufbeschwören, dem sein Reich kaum gewachsen war und dem nach seinem Tode sich wahrscheinlich von Seiten des Herzogs von Orleans der Bürgerkrieg hinzugesellt haben würde. Es war also nur noch dieser Orleans als Regent da. Indeß nur ungern vertraute ihm Ludwig die Regentschaft und die Erziehung des Dauphin an. Lastete doch auf dem Prinzen noch immer der schwere, damals nicht widerlegte Argwohn der Vergiftung zahlreicher königlicher Prinzen. Mußte man nicht fürchten, daß dasselbe Gift, welches angeblich die übrigen Mitglieder der königlichen Familie, die zwischen dem Herzoge von Orleans und der Krone standen, aus dem Wege geräumt hatte, auch das königliche Kind Ludwig XV. beseitigen würde? Dazu kam, daß die Persönlichkeit Orleans dem greisen Herrscher eine durchaus antipathische war. Der Prinz war ein Freigeist, ohne Achtung für die Kirche und für die Würde des Königthumes, nicht allein von zügelloser Liederlichkeit, sondern auch — was für Ludwig viel schwerer ins Gewicht fiel — seine Ausschweifungen mit cynischer Offenheit vor der Welt zur Schau tragend. Mit seinem Mitbewerber um die Regentschaft, Philipp V. von Spanien, war er unversöhnlich verfeindet. So mußte Ludwig fürchten, alle die Dinge, an denen er Zeit seines Lebens gearbeitet hatte, von dem zukünftigen Regenten umgestürzt und vernichtet zu sehen.

Und doch blieb ihm weiter keine Wahl! Um diese Gefahren möglichst zu mindern, hatte der König schon seit geraumer Zeit die Absicht gehegt, dem Herzoge von Orleans in seinen eigenen illegitimen Söhnen eine gleichberechtigte kontrollirende Macht zur Seite zu stellen. Zu diesem Behufe war er in seiner tyrannischen Weise nicht vor einer den Rechtsanschauungen, Gewohnheiten und Gesetzen aller Völker widersprechenden Erhöhung jener zurückgescheut. Das Mindeste war, daß er ihnen einen Rang zwischen den königlichen Prinzen und den Pairs des Reiches anwies, sehr zur Kränkung der letzteren. Er dehnte dann auch durch seinen persönlichen Willen das Recht der Geburt weiter aus, als es je gereicht hatte. Im Juli 1714 erklärte er seine unehelichen Söhne und deren Nachkommen für erbberechtigt nach dem Aussterben der legitimen Prinzen des Hauses Bourbon.

Es war nicht blos väterliche Vorliebe, die ihn zu dieser Erhöhung seiner natürlichen Söhne veranlaßte; er hoffte, die Stellung, die er ihnen gab, sollte dazu beitragen, daß das Regiment auch nach seinem Tode in seinem Sinne fortgeführt und seinem Urenkel, wenn derselbe majorenn würde, ebenso überliefert würde. Von demselben Tage, an welchem das Parlament jene Bestimmungen bestätigte, dem 2. August 1714, ist das Testament, das ihnen diese letztere Mission ertheilte. Durch das Testament setzte der König einen Regentschaftsrath ein, welcher aus dem Herzoge von Orleans, dem Herzoge von Bourbon und den beiden illegitimen Prinzen, sowie aus fünf Marschällen und fünf Ministern zu bestehen habe, und der alle Akte der königlichen Autorität ohne Ausnahme festsetzen solle. Orleans hatte in diesem Rathe kein anderes Vorrecht, als im Falle der Stimmengleichheit die Entscheidung zu geben. War hierdurch schon die Macht des Regenten fast völlig vernichtet, so zeugten andere Bestimmungen des Testamentes noch weiter von dem tiefen Mißtrauen des Königs und von seiner Absicht, nicht jenem, sondern dem ältesten und geliebtesten seiner natürlichen Kinder, dem Herzoge von Maine die ausschlaggebende Gewalt und die Fortsetzung seines Werkes anzuvertrauen. Denn die Erziehung und Beschützung des jungen minderjährigen Königs wurde ohne Einschränkung diesem Maine übergeben. Alle Offiziere der königlichen Garde und der Maison-du-Roi, also alle Truppen im Centralpunkte des Reiches sollten nur von dem Herzog von Maine Befehle entgegennehmen. Durch solche Anordnungen wurde der Bastard zum wahren Regenten Frankreichs gemacht, während dem legitimen Prinzen nur der Name und Schatten der Gewalt blieb.

Mit der Selbstverblendung des Despoten meinte Ludwig XIV. Festsetzungen, die in so hohem Grade der Natur der Dinge sowie den sittlichen und Rechtsanschauungen des Volkes widersprachen, auch über seinen Tod hinaus Geltung zu sichern. Man hatte dem Könige gerathen, seine Anordnungen durch eine Versammlung der Notabeln oder durch die Generalstände des Reiches bestätigen zu lassen. Aber das hält ihm eine Beeinträchtigung seiner königlichen Vollgewalt und damit eine Verneinung seines ganzen bisherigen Regierungssystemes geschienen. Wie bei seinem Leben, so sollte auch nach seinem Dahinscheiden sein Wille allein und ausschließlich Frankreich beherrschen. Er zog es vor, das Testament dem Parlamente verschlossen und versiegelt zur Aufbewahrung zu übergeben. Wenn er durch dieses Geheimniß seinen letzten Willen vor den Anfechtungen des Herzogs von Orleans, der Feinde desselben und aller oppositionellen Elemente zu schützen gedachte, so hatte er sich doch sehr verrechnet. Da die volle Regentengewalt für Orleans das Natürliche war, so mußte die bloße Existenz eines geheimnißvollen Testamentes dessen Argwohn erregen, zumal er wohl wußte, wie wenig hold ihm der König sei: der Herzog war entschlossen, das Testament nicht zur Ausführung zu bringen, und mit ihm die zahlreichen Unzufriedenen, die politische und kirchliche Opposition unter den Hofleuten und im Parlamente. Ein Präsident des letztern schlug geradezu vor, sofort nach dem Tode des Königs das Testament zu zerstören, da es keine Abschrift von demselben gab. Es war eben nicht nur eine Personenfrage, um die es sich hier handelte, sondern es galt die Befreiung von den drückenden Fesseln des Despotismus die Emanzipirung der Geister und der Gewissen, die Wiederbelebung des Jansenismus, die Opposition gegen die Bulle Unigenitus mit deren klerikalen, dem Gallikanismus feindlichen Tendenzen. Dazu war es allerdings nöthig, daß das Regiment, wie es unter dem alternden Ludwig bestanden hatte, die Maintenon, Maine, Le Tellier, Villerry, die Frömmler und Jesuiten, aus dem Wege geschafft würden.

So war Alles am Hofe in Spannung und Aufregung und übel verhüllter Feindschaft, als seit dem August 1715 die Kräfte des Königs und sein Körper zusehends abnahmen. Heftige Schmerzen am Beine nöthigten ihn, das Bett zu hüten, ohne daß er deshalb die Leitung der Geschäfte unterbrochen hätte. Indeß am 24. August erkannte man, daß es der Altersbrand sei, der sich am Beine des Königs geltend machte, jenes faulige Fieber, von dem es kaum eine Rettung gibt. Man muß sagen, daß Ludwig in seiner letzten leidensvollen Krankheit dieselbe Gemüthsruhe zeigte, die ihn sein ganzes Leben hindurch so selten, selbst nicht in den ärgsten Unglücksfällen, verlassen hatte. Das ruhige und feste Selbstbewußtsein, das ihn stets erfüllte, kam ihm zu Hülfe: er meinte, die Dinge gut geleitet und die Fortdauer seines Systemes gesichert zu haben. Nur daß er den Kirchenfrieden noch nicht völlig hergestellt, schmerzte ihn. Er segnete den Dauphin und rieth ihm, friedfertiger zu sein als er selbst, der oft zu leicht und aus Eitelkeit Kriege unternommen und weitergeführt habe. Schade, daß diese Erkenntniß zu spät kam!

In jenen Tagen des herannahenden Todes, wo man nichts mehr von diesem soeben Allmächtigen zu hoffen und zu fürchten hatte, wo er selbst von seinem Urenkel als „dem Könige" sprach, zeigten sich die Charaktere seiner Umgebung in ihrem wahren Lichte. Vergebens redete er auf das Zärtlichste und unter Thränen mit der Maintenon; sie ermahnte ihn kühl, nicht an sie, sondern nur an Gott zu denken! Dann, sowie der Tod bevorstehend schien, eilte sie nach St. Cyr, ihrer Lieblingsschöpfung, um sich auf alle Fälle in Sicherheit zu bringen. Ihr Zögling, der Herzog von Maine, welchen Ludwig mit Zärtlichkeit überhäuft hatte, fühlte nicht die mindeste Sympathie mit den Leiden seines Vaters; er schwelgte in dem Gedanken, daß binnen wenigen Tagen die Herrschaft ihm gehören werde; er scherzte und spottete in schmählicher Ausgelassenheit. Am 29. August wurde durch die von einem Charlatan gereichte Medizin der König noch einmal belebt, und sofort kam die Maintenon aus St. Cyr zurück; aber kaum zeigte es sich, daß diese Besserung nicht von langer Dauer sein werde, als sie abermals diesen Greis, für dessen kleinsten Wunsch sie bisher zuvorkommende Unterwürfigkeit gehabt hatte, in seinen letzten Kämpfen verließ.

Am 1. September 1715 starb Ludwig XIV. bewußtlos, wenige Tage vor Vollendung seines siebenundsiebzigsten Lebensjahres, im dreiundsiebzigsten Jahre seiner nominellen, im fünfundfunfzigsten seiner wirklichen Herrschaft.

Das Volk — nicht nur die unteren Klassen, sondern alle Stände — begrüßten diesen Tod mit Jubel! Vielleicht niemals ist die ein Jahrhundert lang verfolgte Tendenz so plötzlich, so gänzlich, so bewußt verlassen worden wie damals. Der Moment, in dem Ludwigs XIV. Seele „gleich einer Kerze" erlosch, bedeutete eine Revolution. Alle die oppositionellen Bestrebungen, die sein furchtbarer Absolutismus bis dahin niedergehalten hatte, machten sich plötzlich gewaltsam Luft. Am nächsten Tage schon vernichtete das bisher so unterwürfige und schweigsame Parlament den letzten Willen des „großen Königs", froh, an ihm eine späte Rache nehmen und seine eigene so lange vernichtete politische Bedeutung wieder ins Leben rufen zu können. Orleans ward alleiniger unbeschränkter Regent, jener Orleans, welcher in allen Dingen der ausgesprochene Gegner von Ludwigs Anschauungen und Richtungen ist. Er rühmt sich liberaler Grundsätze; er gibt dem Adel, dem Parlamente größere Freiheit, er begünstigt neue ökonomische und philosophische Ideen; er ermutigt den Jansenismus; er feuert die dem Papste widerstrebenden Bischöfe an, gegen die Bulle Unigenitus von jenem an ein allgemeines Konzil Berufung einzulegen. Aber nicht allein das System Ludwigs XIV. stürzte mit einem Schlage zusammen; auch sein persönliches Ansehen ist mit dem Augenblicke seines Todes dahin. Seine Höflinge, die sich sonst zu Hunderten um ihn drängten, glücklich, einen wohlwollenden Blick seines Auges zu erhaschen, lassen jetzt seine sterblichen Reste allein. Kaum fünf begleiten sein Herz zu der Jesuitenkapelle, welcher er es vermacht; sein Leichenbegängniß wird auf das Einfachste veranstaltet, um „die Kosten und die Zeit zu sparen"; das Volk von Paris, das sich von unerträglichem Joche befreit glaubt, verfolgt den Sarg des „großen Königs" bei der Fahrt durch die Straßen nicht allein mit Schimpfreden und Flüchen, sondern mit Schmutz- und Steinwürfen. Rings in den Provinzen erhob sich ein mit Verwünschungen gegen den Verstorbenen gemischter Freudenschrei, überall wurden Tanzgebete gehalten, das Glück, von diesem Despoten erlöst zu sein, zeigte sich offen und ohne Scheu. Frieden, freie Bewegung, Verminderung der Steuern erhoffte man von dem Regenten.

Das war das Ende Ludwigs XIV., so der Beschluß des Zeitalters des

Ende und Ergebnisse von Ludwigs Regierung.   519

„großen Königs". Von der Nachwelt als glänzendste Zeit Frankreichs gepriesen, wurde wenigstens bei ihrem Ausgange sie von der französischen Mitwelt als eine Epoche des Elends und schmerzlichsten Druckes betrachtet. Verschwunden war der Glanz glorreicher Siege, überraschender Eroberungen; verschwunden die blendende Pracht neuer Riesenbauten und kostbarer Feste; verschwunden der Glorienschein verherrlichender Dichterwerke. Nach dem Rausche war die Ernüchterung gekommen. Nirgends hatte Ludwig XIV. seine Ziele erreicht. Die Herrschaft über Europa, die er angestrebt und eine Zeit lang mit so vieler Härte und Rechtsverletzung ausgeübt, war seinen Händen entrissen worden. Er sah seine zahlreichen Heere geschlagen, seine stolzen Marschälle gedemüthigt, seinen unüberwindlichen Festungspanzer beschädigt und durchbrochen. Er büßte die Vorlande ein, mit denen er Frankreich zu umgeben gedacht hatte: das südliche Belgien, Lothringen, Savoyen, die Alpenpässe, Nordspanien bis zum Ebro. Wiederholt war der Feind auf französischem Gebiet erschienen, Ludwig mußte erleben, wie die Dynastien, die sich auf ihn gestützt, seine Sache zu der ihrigen gemacht hatten, gerade deshalb vom Throne gestürzt wurden: die Stuarts in England, die Gonzaga in Mantua, die Pico in Mirandola. Wenig hätte gefehlt, daß die Wittelsbacher in Baiern und Köln dasselbe Schicksal theilten. Nicht Ludwig hatte mehr seinen Feinden, sondern diese ihm das Gesetz diktirt. Wider seinen Willen hatten sich die Hannoveraner in England, die Habsburger in Italien festgesetzt. Gegen seinen Willen war das mit Frankreich stets verbündete Schweden von seiner Macht herabgestürzt, hatte sich an dessen Stelle das mit Oesterreich verbündete Rußland erhoben. So war Frankreich nicht mehr die einzige Großmacht, nicht mehr der Ausschlag gebende Staat in Europa, sondern gleichberechtigt traten andere Gemeinwesen verschiedener Rasse und abweichender Einrichtungen und Tendenzen ihm zur Seite und gegenüber. Verflogen war der stolze Traum, daß die französische Nation und das französische Wesen und als ihr Repräsentant und Führer der französische König die Welt beherrschen müßten. Gerade der hauptsächlichste politische Gegner Ludwigs in der zweiten Hälfte seiner Regierung, gerade England, erzeugte eine Geistesrichtung und Literatur, die berufen waren, das französische Königthum im eigenen Laude anzugreifen und endlich zu entthronen. In den Schriften Locke's, Tolands und Swifts erklingen die ersten Töne des Ça ira und der Marseillaise. Ein Glück persönlich für Ludwig XIV., daß er in seiner ewigen Selbstzufriedenheit und stolzen Sicherheit nicht eine Ahnung von dem furchtbaren Gegner hatte, der sich hier erhob und mit dem jugendlichen Voltaire bereits den französischen Boden betreten hatte. Denn auch im Innern war Ludwigs Regierung gescheitert, vielleicht noch mehr als nach außen. Zunächst, und dem konnte er selbst sein Auge nicht verschließen, in Bezug auf die Gewerb-, Handels- und bäuerliche Thätigkeit, auf den Wohlstand und das Glück seiner Unterthanen. Freilich nicht gerade das letztere als solches hatte er angestrebt, wie er denn durchaus gleichgültig war für Menschenwohl, unempfindlich bei fremdem Leiden: aber er wußte wohl, in wie hohem Maße Reichthum Macht ist, und daß auf die Länge nur ein reicher Staat die Herrschaft behaupten und ihren Anforderungen genügen kann; Schweden zeigte das ja deutlich! Er wollte, daß sein Frankreich wie im Felde und in der Literatur so auch durch Industrie, Seehandel, Luxushandwerke, leichtes glänzendes Leben das erste Land der Welt sei. Alle Völker sollten sich bewundernd, unterwürfig, tributär als die Untergeordneten dieses Frankreichs fühlen, staunend zu ihm und zu seinem großen König, der all dies geschaffen, hinaufsehen. Da war nun gerade das Gegentheil eingetreten. Die steten Kriege hatten den auswärtigen Handel so gut wie vernichtet. Die hohen Steuern hatten die Industrie zum großen Theile zerstört. Die Vernachlässigung, ja Beeinträchtigung des unscheinbarsten, aber wichtigsten Gewerbszweiges, des Ackerbaues, hatte sich durch furchtbares Sinken desselben und Zusammenschwinden der ländlichen Bevölkerung gerächt. Frankreich zählte am Ende der Regierung Ludwigs XIV. kaum 18 Millionen Einwohner, weniger als in deren Beginn. Dabei war das Land überladen mit Schulden, mit enormen Steuern, mit der Kopfsteuer, die zu der Taille, und mit dem Vermögenszehnten, der zu der Kopfsteuer hinzugetreten war, mit kolossalen Zöllen, welche die Einführung der nothwendigsten fremden Erzeugnisse fast unmöglich machten. Des Königs Stolz, sonst so lebhaft und empfindlich, war nicht vor einem schamlosen Staatsbankerott zu Ungunsten vertrauensvoller Gläubiger zurückgeschreckt.

Aber das waren nicht die alleinigen Mißerfolge seiner Herrschaft; größere und bleibendere Uebel waren diejenigen, die ihm persönlich verborgen geblieben sind. Indem er die letzten Reste politischer Unabhängigkeit und Selbständigkeit neben dem Königthume zerstörte, hat er dieses selbst untergraben. Den Adel machte er aus einem eigenberechtigten Stande, aus dem Repräsentanten der kriegerischen Kräfte der Nation zu einer Heerde gewissenloser und niedrig gesinnter Höflinge, die ihren Stolz in dem Lächeln des Fürsten, ihren Ehrgeiz in schillernden Hofämtern, ihre Tüchtigkeit in schlauen und verworfenen Intriguen suchten. Dem Parlamente nahm er das frohe Bewußtsein richterlicher Unabhängigkeit und eines gemäßigten Einflusses auf die Gesetzgebung, so daß sie sich bald in knechtischer Liebedienerei gegen die Laune des Monarchen, bald in demagogischen Umtrieben gegen die Monarchie gefielen. Auf das Volk schaute er mit einer Geringschätzung herab, die demselben nicht verborgen blieb, und preßte ihm den letzten Pfennig und den letzten frischen Blutstropfen mit einer kühl verächtlichen Gleichgültigkeit aus, die den Gequälten ihre Leiden doppelt schrecklich erscheinen ließ. Sie mußten schließlich mit Gut und Leben die Rechnung für all die königliche Pracht und Macht bezahlen, die Europa blenden und unterjochen sollte. Das Endergebniß war, daß er alle Stände, alle Klassen der Nation gegen sich aufbrachte und sie unzufrieden nach einer Aenderung sich umschauen ließ. Indem er immer nur von sich, seinem Ruhme, seinem

Ergebnisse von Ludwigs Regierung.

Dienste sprach, Alles im Staate auf sich bezog, von der Gesammtheit nur für sich Opfer forderte, machte er das Königthum verhaßt, ließ er es als ein System der Ausbeutung Aller zu Gunsten eines Einzelnen erscheinen. Hier war kein bevorrechteter Stand mehr, auf den der Grimm des Volkes sich wenden ließ, hinter dem wie einem schützenden Vorhang die Monarchie sich verbergen konnte: sie und nur sie allein, die ja ausschließlich die Macht in Händen hatte, erschien als die Schuldige an allem Elend und Jammer. Sie that in Wirklichkeit nichts, um der Noth des Volkes auch nur im mindesten abzuhelfen. Es hat vielleicht nie ein absolutes Herrscherthum gegeben, das so wenig für die Unterthanen und zumal für die Nothleidenden zu leisten auch nur versucht hat, wie das Ludwigs XIV. Ein ungeheurer Zorn gegen diese egoistische Gewalt, die für sich Alle ausbeutete und für niemanden etwas that, bemächtigte sich immer weiterer Kreise, wurde immer allgemeiner und unwiderstehlicher. Man haßte bald nicht mehr den einzelnen König, sondern das Königthum, — und dieses Gefühl, so verhängnißvoll für die Zukunft Frankreichs, schreibt sich von Ludwigs XIV. Herrschaft her.

Und ebenso selbstherrlich, ebenso egoistisch verfuhr er in seinen Vergnügungen und in seinen Ausschweifungen. Indem er für die erstern das öffentliche und die privaten Vermögen erschöpfte, indem er seine Geliebten zu offiziellen Nebenköniginnen und deren Kinder zu königlichen Prinzen erhob, legalisirte er Verschwendung und Laster, und gab Beispiele, die zunächst auf sein Volk, dann auch auf ganz Europa den verderblichsten Einfluß hatten. Niemals war der Luxus und die Sittenverwirrung unter den herrschenden Klassen so groß und allgemein, wie während und nach der Zeit Ludwigs XIV.

In der äußern und der innern Politik hatte das System Ludwigs schließlich Schiffbruch gelitten und nur die Reaktion hervorgerufen; kaum weniger war dies in der kirchlichen Politik der Fall. Die von ihm so lange verfolgte und unterdrückte Gewissensfreiheit erhob sich in der Gestalt des Jansenismus von neuem wider ihn, ohne daß er sie dieses Mal zu vernichten vermocht hätte. Wenn dies die einzige Sache war, die den König auf seinem Todesbette beunruhigte, so betrog ihn hierin seine Ahnung nicht: der Jansenismus wurde ein gefährliches Ferment der Opposition gegen das mit dem Papstthum verbündete Königthum, und so trugen die religiösen Verfolgungen Ludwigs in vollem Maße bittere Frucht für ihn und seine Nachfolger.

Ein gefährlicher Pessimismus hatte im Staate um sich gegriffen. War es doch so weit gekommen, daß wohldenkende und geistig hervorragende Männer während des spanischen Erbfolgekrieges — etwa wie viele Oesterreicher im Jahre 1859 — das Heil von äußeren Niederlagen erwarteten. Selbst Fénelon, der doch in so manchem mit dem Könige übereinstimmte, rief damals aus: „Was kann uns retten, wenn wir aus diesem Kriege ohne eine gänzliche Demüthigung hervorgehen?"

Und doch besaß Ludwig XIV. nicht geringe Gaben des Geistes und Charakters, doch ragt er unter den Fürsten seiner Zeit hoch hervor und verdient wenigstens in manchem Sinne den Beinamen des Großen, den ihm seine Zeitgenossen in den Jahren seiner höchsten Macht ertheilten.

Vor allem ist die stolze Festigkeit des Charakters zu rühmen, die durch alle Wechselfälle der Politik und des Krieges dieselben Pläne und Gesichtspunkte, die einmal gefaßten Anschauungen und Ihren beizubehalten und durchzuführen vermochte. Ludwig war sich stets bewußt, daß er der erste König der Welt sein wollte und mußte. Keinen Schritt that er ohne diese Erinnerung; in Handlungen, Geberden und Worten sollte Alles diesem Ideal entsprechen. Er war nicht blos ein gedankenleerer Komödiant des Königthums, wie man ihn wohl geschildert hat, den habsburgischen Philippen in Spanien, oder den sächsischen Augusten gleich: es war in der That dieser höchste königliche Ehrgeiz, der ihn in jeder Secunde seines Daseins erfüllte. Wie er Miene und Stimme zum unentwegten Dienste der Königswürde zu zwingen wußte, so sollte auch jede seiner Thaten von ihr erfüllt sein. Das Entscheidende war, daß er diese Gesinnung nicht nur im Glücke, im Uebermuthe des Erfolges bethätigte, sondern auch im Mißgeschicke, daß er auch hier lieber dem schlimmsten Verderben trotzte, als etwas Unangemessenes und Schimpfliches zu begehen. Dieser Festigkeit, dieser Bewahrung seiner und Frankreichs Würde blieb der Lohn des Geschickes nicht aus: ihr allein ist zu danken, daß er die Eroberungen Richelieus und Mazarins, den Elsaß, die Freigrafschaft, das französische Flandern behielt: Provinzen, die wenigstens zum Theil unauflöslich mit dem französischem Volksthume sich verschmolzen haben. Und es verband sich bei ihm dieser persönliche Stolz auf das Innigste mit einem lebhaften Gefühle für die Größe und Ehre Frankreichs, die ihm in der That mit seinem eigenen Ansehen und seinen eigenen Interessen identisch schienen. Wenn er das gesammte Staatswesen in sich vereint glaubte, so fühlte er sich doch auch beständig verantwortlich für dasselbe. Jede Niederlage, jeder Verlust von Franzosen dem äußern Feinde gegenüber erregte seine lebhafte Theilnahme, und es war wenigstens der Wahrheit nahekommend, wenn er einst zu Villars sagte: „Ich bin noch mehr Franzose als König." Man muß Ludwig die Gerechtigkeit widerfahren lassen, daß er kein Königsgewerbe vortrefflich verstand. Mit wie vorzüglicher Menschenkenntniß wußte er seine Werkzeuge im Krieg und Frieden auszuwählen, mit welcher Kunst einen jeden von ihnen an den richtigen Platz zu stellen! Man sage nicht, daß er diese Fähigkeit nur in seiner Jugend bewiesen habe. Zwar ließ er sich im Alter durch langjährige Freundschaft zu einigen Mißgriffen verleiten, aber der Monarch, der einen Vendôme, Villars, Berwick herauszufinden und zu verwenden wußte, verdient dadurch noch immer den Dank seines Volkes. Nicht als ob Ludwig XIV. ein unthätiger Herrscher gewesen wäre, der die Staatsgeschäfte den Ministern und Feldherrn überlieferte: er war von seiner Bedeutung viel zu sehr eingenommen, und hegte ein viel zu lebhaftes Interesse für seinen Staat und seine eigene Größe, als daß er nicht auf das fleißigste und entscheidendste an den Dingen der Verwaltung und der hohen Politik theilgenommen hätte. Man darf ihm nicht alles Verdienst an den großen Errungenschaften Frankreichs unter seiner Regierung absprechen, denn zu sehr sind sie aus seinem eigenen Geiste hervorgegangen und mit ihm erfüllt. Unter ihm wurde die bis dahin feudale Armee zu einer wahrhaft königlichen umgestaltet; wie die Regimenter nicht mehr die Farben ihrer Obersten, sondern die des Monarchen trugen, so beherrschte auch sein Wille die Hunderttausende, so hatte jeder Offizier vom niedrigsten bis zum höchsten nur von ihm Anstellung und Beförderung zu erhoffen. Demnach ist er der eigentliche Begründer jenes französischen Heeres, das dann Frankreichs Ruhm anderthalb Jahrhunderte lang auf den Schlachtfeldern ganz Europas vertheidigte und erhob. Nicht minder verdankt Frankreichs Kriegsmarine seiner Herrschaft die Entstehung; stets ist man auf seine Einrichtungen in dieser Institution zurückgekehrt. Es ist doch nichts Kleines, daß man nach zwei Jahrhunderten, nach der großartigen Entwickelung des modernen Seewesens nichts Eingreifendes an der maritimen Wehrverfassung Ludwigs XIV. hat verändern können. Und endlich — und zwar ist dies Ludwigs eigenstes Werk — hat er die scharfsinnige und in ihrer Centralisation so äußerst wirksame Verwaltungsmaschinerie Richelieus zum Abschluß und zur Vollendung gebracht. Er hat die verschiedenen Ministerien geschaffen mit ihrer nach unten hin unbedingten, aber nach oben durchaus vom Monarchen abhängigen Autorität. Wenn unter seinem Vater eigentlich der Prinzipalminister den Staat in allen Zweigen beherrschte und regierte, so hatte das nun völlig aufgehört: gleichberechtigt standen sich die Chefs der einzelnen Verwaltungszweige gegenüber, ihren gemeinschaftlichen und unumgänglichen Mittelpunkt fanden sie nur im Monarchen, der ihrer zeitigen Allmacht jeden Augenblick ein Ende bereiten konnte.

Und hat dieser König es nicht verstanden, wie seine Soldaten, Priester und Intendanten, auch die Schriftsteller und Dichter Frankreichs wie ein Regiment nach seinem Willen marschiren zu lassen? Ob zu ihrem Heile, ob zum Vortheile für die geistige Entwickelung Frankreichs und die Entfaltung seiner Literatur, das ist eine andere Frage. Aber immerhin zeugt es von dem blendenden und unwiderstehlichen Einflusse, welchen dieser Herrscher wenigstens in seiner Glanzzeit auf die Besten und Begabtesten seines Volkes übte, wenn er so die geistige Schöpfungskraft seiner Nation in die von ihm gewollten und verschlossenen Richtungen zu lenken vermochte. Wahrhaft königlich und ein Zeichen nicht gemeiner Anschauung war es, daß Ludwig seinen Ruhm nicht allein in kriegerischen Erfolg und strahlenden Pomp, sondern auch in die bleibendere Ehre hoher literarischer und künstlerischer Entwickelung setzte. Selbst die trockeneren und weniger verlockenden Gefilde der Wissenschaft erfreuten sich der befruchtenden Einwirkung dieses Königs, welcher hier die officiellen Institutionen schuf, die bis auf den heutigen Tag sie beherrschen.

Gerade mit diesen Dingen hat er seinen Einfluß und die Herrschaft des französischen Wesens über Europa vereinigt. Seine Heere waren geschlagen, seine Verwaltung durch Unfähigkeit und volksthümlichen Haß unwirksam gemacht, seine Finanzen zusammengebrochen: aber die feine Sitte und Eleganz, die er in seinen Palästen heimisch gemacht hatte, die fruchtbare wissenschaftliche Entwickelung, die er angeregt, die glänzende literarische Production, die sich unter seinem und seines Hofes Schutze entfaltet — alles dies machte Frankreich zum Mittelpunkte und Paris zur wahren Hauptstadt Europas. Französische Sitte und Sprache blieben noch ein Jahrhundert die herrschenden in der civilisirten Welt, und dies war die bleibende Wirkung des Zeitalters Ludwigs XIV.

Verzeichniß der Illustrationen.

Seite 20: Das Palais Cardinal. (Guizot, Histoire de France, vol. IV.)
„ 20: Facsimile von Jules Mazarin. (Oeuvres de Louis XIV, vol. I. Paris 1806.)
„ 49: Jean Baptiste Colbert. (Nach einem Stich von Jac. Lubin.)
„ 50: Facsimile von Jean Baptiste Colbert. (Oeuvres de Louis XIV. vol. I. Paris 1806.)
„ 58: Louvois. (Guizot, Histoire de France, vol. IV.)
„ 60: Karl II., König von England. (Nach dem Stich von N. Beatur; 1730. Originalgemälde von Peter Lely.)
„ 66: Friedrich Wilhelm, Kurfürst von Brandenburg. (Nach dem Stiche von G. P. Busch; 1733. Originalgemälde von G. J. Schmidt.)
„ 104: Der große Condé. (Nach dem Stich von Ph. le Febvre. Originalgemälde von Nanteuil.)
„ 107: Wilhelm III. von Oranien. (Nach dem Stich von J. Houbraken; Originalgemälde von de Baan.)
„ 141: Ludwig XIV. (Oeuvres de Louis XIV, vol. 1. Paris 1806.)
„ 146: Schloß von Versailles in den ersten Jahren der Regierung Ludwigs XIV. (Laborde, Versailles ancien et moderne.)
„ 148: Mademoiselle de la Vallière.
„ 150: Madame de Montespan.
„ 154: Grundriß des Schlosses von Versailles.
„ 155: Das Schloß von Versailles von der Terrasse aus gesehen. (Photographische Aufnahme nach der Natur.)
„ 156: Aus den Gärten von Versailles: Die Fontaine der Diana. (Photographische Aufnahme nach der Natur.)
„ 157: Das Schlafzimmer Ludwigs XIV. im Schloß von Versailles. (Photographische Aufnahme nach der Natur.)
„ 159: Aus den Gärten von Versailles: Die Bäder des Apollo. (Photographische Aufnahme nach der Natur.)
„ 160: Aus den Gärten von Versailles: Die Colonnaden. (Photographische Aufnahme nach der Natur.)
„ 164: Jean Racine. (Nach dem Stich von P. Dupin; Originalgemälde von J. B. Santerre.)
„ 165: Facsimile von Racine. (Oeuvres de Louis XIV, vol. I. Paris 1806.)
„ 167: Nicolas Boileau des Préaux. (Nach dem Stich von Drevet, 1704; Originalgemälde von de Piles.)

Verzeichniß der Illustrationen.

Seite 168: Jean de la Fontaine. (Nach dem Stich von P. Drevet; Originalgemälde von H. Rigaud.)
„ 171: Molière. Nach dem Stich von Bracquemont; Originalgemälde von E. Bourdon.
„ 174: Milo von Kroton und der Löwe. Von Pierre Puget. Paris, Louvre. (Photographische Originalaufnahme.)
„ 176: Der Marmorhof unter Ludwig XIV. — 1. Aufführung der Alceste 1676. (Laborde, Versailles ancien et moderne.)
„ 179: Jacques Benigne Bossuet, Bischof von Meaux. (Nach dem Stich von C. Roy; Originalgemälde von Hyacinte Rigaud.)
„ 217: Gerhard Terburg, Väterliche Ermahnung. Berlin. (Photographische Originalaufnahme.)
„ 223: Isaak Newton. (Nach einem gleichzeitigen Stich.)
„ 226: Benedikt Spinoza. (Nach dem Stich von C. Jessard.)
„ 236: Der Genius des Ruhms. Von Caracci. Dresden. (Photographische Originalaufnahme.)
„ 237: Sibylla Samia. Von Guercino. Uffizien, Florenz. (Photographische Originalaufnahme.)
„ 238: Schlacht. Von Salvator Rosa. Gallerie Pitti, Florenz. (Photographische Originalaufnahme.)
„ 255: Madame de Maintenon.
„ 260: Facsimile der Madame de Maintenon. (Oeuvres de Louis XIV, vol. I. Paris 1806.)
„ 272: Jakob II., König von England. (Nach dem Stich von J. Kubren; Originalgemälde von van der Werff.)
„ 325: Ludwig XIV. als Greis. (Guizot, Histoire de France, vol. IV.)
„ 327: Ludwig, der Grand Dauphin. (Nach dem Stich von P. van Schuppen, 1684; Originalgemälde von François de Troy.)
„ 329: Fénelon. (Nach einem gleichzeitigen Stich.)
„ 336: Vauban, Marschall von Frankreich. (Nach dem Stich von Bertonnier; Originalgemälde von H. Rigaud.)
„ 345: Alain René le Sage. (Nach dem Stich von J. B. Guélard; Originalgemälde von demselben.)
„ 363: John Locke. (Nach dem Stich von J. Morellon la Cave, 1734; Originalgemälde von G. Kneller, 1697.)
„ 365: Leibniz. (Nach dem Stich von Steinla; Originalgemälde von J. F. Bause.)
„ 400: Königin Anna von England. (Nach dem Schwarzkunstblatt von J. Smith; Originalgemälde von G. Kneller.)
„ 405: Herzog von Marlborough. (Nach dem Stich von J. Houbraken, 1746; Originalgemälde von G. Kneller.)
„ 493: Friedrich I., König von Preußen. Nach dem Stich von C. Desrochers; Originalgemälde von J. F. Wentzel.)
„ 496: Friedrich Wilhelm I., König von Preußen. (Nach dem Stich von M. Bernigeroth.)

Verzeichniß der Illustrationen.

Vollbilder.

Seite 5: Schloß St. Germain. (Guizot, Histoire de France. vol. III.)
„ „ 7: Schloß Fontainebleau. (Photographische Aufnahme nach der Natur.)
„ „ 9: Kardinal Richelieu. (Nach dem Originalgemälde von Ph. de Champaigne. Paris, Louvre.)
„ „ 23: Kardinal Mazarin. (Nach dem Stiche von Nanteuil, 1660. Originalgemälde von P. Mignard.)
„ „ 40: Ludwig XIV. (In jüngeren Jahren). (Nach dem Stiche von P. van Schuppen, 1860; Originalgemälde von B. Vaillant.)
„ „ 42: Zusammenkunft Ludwigs XIV. mit Philipp IV., König von Spanien, im Jahre 1660 auf der Fasaneninsel. (Nach dem Stiche von C. Jennrat, 1728; Originalgemälde von Charles Le Brun.)
„ „ 45: Das Louvre und die Tuilerien. (Guizot, Histoire de France. vol. IV.)
„ „ 141: Ludwig XIV. Nach dem Stich von Pierre Drevet, 1697–1739; Originalgemälde von H. Rigaud.
„ „ 154: Schloß Versailles. (Laborde, Versailles ancien et moderne.)
„ „ 158: Schloß von Versailles. Hofansicht. (Photographische Aufnahme nach der Natur.)
„ „ 163: Peter Corneille. (Nach dem Stiche von Troyen. Originalgemälde von Charles Le Brun.)
„ „ 235: Landsknechte in der Wachtstube. Von Caravaggio. Dresden. (Photographische Originalaufnahme.)
„ „ 240: Kaiser Leopold I. (Nach dem Schwarzkunstblatt von Peter Schenck.)
„ „ 357: Prinz Eugen. (Nach dem Etich von B. Picart, 1722; Originalgemälde von Jacques van Schuppen.)
„ „ 427: Kaiser Joseph I.
„ „ 476: Kaiser Karl VI. Nach dem Stich von Bernhard Vogel, 1683–1737.

Beilagen.

Seite 52: Facsimile eines Billets des Marquis de Louvois an den Marschall von Turenne. (Oeuvres de Louis XIV. vol. I. Paris 1806.)
„ „ 110: Facsimile eines Briefes Ludwigs XIV. an den Marschall von Turenne. (Oeuvres de Louis XIV. vol. I. Paris 1806.)
„ „ 170: Facsimile eines Briefes von Jacques Benigne Bossuet, Bischof von Meaux, an den Prinzen von Condé. (Oeuvres de Louis XIV. vol. I. Paris 1806.)

Inhalts-Verzeichniß.

Vorwort . . . .

Erstes Buch.
Die Anfänge des großen Königs.

Erstes Kapitel. Die französische Monarchie von Heinrich IV. bis auf Ludwig XIV. . . . .
Aristokratie und Königthum in Frankreich S. 3. — Die religiösen Bürgerkriege S. 4. — Heinrich IV. S. 6. — Richelieu als Vorkämpfer des absoluten Königthums (S. 7), gegen die Hugenotten (S. 8), gegen den Hochadel (S. 9). — Richelieu gegen das Haus Oesterreich S. 11. — Verschwörung von Cinqmars und Tod Richelieus S. 11. — Ergebnisse seiner Regierung: Organisirung des königlichen Absolutismus S. 12.

Zweites Kapitel. Die Jugend Ludwigs XIV.; Mazarin . . . . . .
Mazarins Vorgeschichte S. 21. — Anna von Oesterreich S. 27. Mazarin ihr erster Minister S. 28. — Die Fronde S. 32. — Allmacht Mazarins; der pyrenäische Friede S. 40. — Vermählung Ludwigs XIV. S. 42. — Tod Mazarins S. 44.

Drittes Kapitel. Ludwig XIV. als Alleinherrscher . . . .
Oberintendant Fouquet S. 45. — Colbert S. 47. — Lyonne, Le Tellier, Louvois S. 51. — Regierungsweise und erste Reformen Ludwigs S. 53. — Seine äußere Politik S. 58. — Karl II. von England S. 61. — Deutschland S. 63. — Der große Kurfürst S. 65. — Ludwigs Lebensweise S. 67.

Viertes Kapitel. Der Devolutionskrieg . . . .
Das spanische Erbe S. 69. — Tod Philipps IV. S. 72. — Die freien Niederlande S. 73. — Die französische Armee in den spanischen Niederlanden S. 76. — Aachener Friede S. 79.

Fünftes Kapitel. Die Vollendung des königlichen Absolutismus; Colbert und Louvois . . . .
Colberts Verwaltung und ihre Wirkungen S. 80. — Allmacht des Königthums S. 85. — Die Heeresorganisation unter Louvois S. 90. — Vauban S. 92.

Sechstes Kapitel. Der Ueberfall Hollands 82
Verhandlungen mit England S. 90. — Oesterreich unter Leopold I. S. 95. — Verträge Frankreichs mit Oesterreich und Schweden S. 101. — Schweden unter Karl X. Gustav S. 104. — Einmarsch der Franzosen in Holland S. 105.

Siebentes Kapitel. Der erste Koalitionskrieg gegen Ludwig XIV. . . . 106
Erfolge Ludwigs in Holland S. 106. — Revolution in Holland S. 108. — Spanien und Brandenburg für Holland S. 109. — Koalition gegen Frankreich S. 112. — Umwälzung in Dänemark S. 114. — Erfolge Frankreichs S. 116. — Schweden gegen Brandenburg: Fehrbellin S. 120. — Wilhelm III. von Oranien S. 126. — Siegreicher Aufstand in Ungarn S. 129. — Die Friedensschlüsse zu Nymwegen und St. Germain S. 132. — Frankreichs Allmacht S. 137.

Zweites Buch.
Ludwig XIV. als Beherrscher Europas.

Erstes Kapitel. Ludwig XIV. und sein Hof 141
Ludwigs Persönlichkeit S. 141. — Hofzeremoniell S. 143. — Regierungssystem S. 146. — Die Maitressen S. 148. — Die Kinder Ludwigs S. 149. — Hof und Adel S. 152. — Versailles S. 155. — Marly und Trianon S. 158.

Zweites Kapitel. Ludwig XIV. und die französische Literatur, Wissenschaft und Kunst. 160
Ludwig als Mäcen S. 160. — Die Klassizität S. 161. — Die Schriftsteller S. 164. — Die Malerei S. 173. — Bildhauerei S. 174. — Baukunst S. 176. — Geschichte S. 176. — Naturwissenschaften und Philosophie S. 177.

Drittes Kapitel. Ludwig XIV. und die Kirche 178
Die großen Kanzelredner S. 178. — Die Jansenisten S. 181. — Der Regalienstreit S. 184. — Die vier Artikel S. 187.

Viertes Kapitel. Unterthanen und Regierung in der Blütezeit Ludwigs XIV. 190
Aufschwung Frankreichs: Paris S. 190. — Allmähliche Erschöpfung des Volkes S. 192. — Der Adel S. 194. — Sittenlosigkeit S. 196. — Colberts Tod S. 200. — Louvois' Allmacht S. 201. — Defizit und allgemeine Unzufriedenheit S. 204.

Fünftes Kapitel. Frankreichs Einfluß auf das Ausland in der Blütezeit Ludwigs XIV. 207
Allgemeine Nachahmung des französischen Wesens S. 207. — Die deutsche Literatur S. 212. — Die deutsche Kunst S. 214. — Literatur und Kunst in Holland S. 215. — Die englische Literatur S. 219. — Die englische Wissenschaft S. 224. — Spinoza S. 225. — Die englischen Philosophen S. 227. — Literatur und Kunst in Spanien S. 128. — Literatur und Wissenschaft in Italien S. 231. — Die italienische Kunst S. 233.

Inhalts-Verzeichniß

Sechstes Kapitel. Ludwigs XIV. Gewaltherrschaft: die Reunionen und die Aufhebung des Edikts von Nantes 239
Französische Anschläge auf Italien S. 239. — Die Reunionskammern S. 241. — Ueberfall Straßburgs und Casales S. 242. — Die Türken vor Wien S. 246. — Bombardement Genuas S. 250. — Die Hugenotten S. 252. — Die Maintenon S. 254. — Verfolgung der Hugenotten S. 256. — Aufhebung des Edikts von Nantes S. 261.

Drittes Buch.
Ludwigs XIV. Niedergang.

Erstes Kapitel. Der Fall der Stuarts und die zweite Koalition gegen Frankreich 267
Ende der Regierung Karls II. von England S. 267. — Jakob II. S. 271. — Verschwörung gegen Jakob S. 277. — Neue Gewaltakte Ludwigs S. 278. — Ueberfall Deutschlands durch die Franzosen S. 283. — Wilhelm III. in England; Sturz der Stuarts S. 283. — Die zweite Koalition gegen Ludwig XIV. S. 286.

Zweites Kapitel. Ludwig XIV. im Vortheile gegen die Koalition . . . 288
Verwüstung der Pfalz S. 288. — Kaiserliche Siege gegen Ungarn und Türken S. 291. — Jakob II. in Irland S. 294. — Anstrengungen und Erfolge Frankreichs S. 296. — Die Schlacht an der Boyne S. 300. —, Tod Louvois' S. 304. — Französische Siege S. 307.

Drittes Kapitel. Ermatten Frankreichs; der Friede von Ryswyk . . . 311
Steuerdruck und Noth Frankreichs S. 311. — Zurückweichen der Franzosen S. 316. — Friede in Italien S. 319. — Der Ryswyker Friede S. 321.

Viertes Kapitel. Der große König auf dem Rückzuge 324
Die Maintenon und die Krümmler S. 324. — Ludwigs XIV. Aussöhnung mit Rom S. 328. — Der Quietismus S. 331. — Verfall der französischen Verwaltung, Bevormung S. 335. — Literarische Opposition S. 340. — Gesellige Opposition S. 346.

Fünftes Kapitel. Die europäischen Staaten nach dem Ryswyker Frieden 346
Regierung Wilhelms III. in England S. 347. — Materieller Aufschwung Englands S. 351. — Englische Literatur S. 353. — Die Türkenkriege und Eugen von Savoyen S. 356. — Hannover, Sachsen, Brandenburg-Preußen S. 360. — Kulturzustand Deutschlands S. 365. — Dänemark S. 369. — Sturz der Adelsherrschaft in Schweden; Karl XI. S. 370. — Zar Peter der Große S. 373. — Bündniß gegen Schweden S. 375.

Viertes Buch.
Der spanische Erbfolgekrieg; das Ende Ludwigs XIV.

Erstes Kapitel. Die Erledigung der spanischen Erbfolge 379
Karl II. von Spanien S. 379. — Streit um seine Erbschaft S. 384. — Die beiden Theilungsverträge S. 386. — Testament und Tod Karls II. S. 391. — Philipp von Anjou, König von Spanien S. 397.

Inhalts Verzeichniß.

Zweites Kapitel. Die große Allianz im Nachtheil gegen Ludwig XIV. . . . 394
Oesterreichs Kriegserklärung an Frankreich S. 394. — Anmaßungen Ludwigs S. 397. — Die große Allianz; Tod Wilhelms III. S. 398. Prinz Eugen in Italien S. 401. — Ausbruch des Koalitionskrieges S. 404. — Marlborough S. 405. — Die Aufstände in den Cevennen (S. 409) und in Ungarn (S. 410). — Erweiterung der Koalition S. 412. — Französische Erfolge in Süddeutschland S. 415.

Drittes Kapitel. Marlborough und Prinz Eugen 419
Vereinigung Marlboroughs und Eugens S. 419. — Schlacht bei Höchstädt S. 422. — Ende des Camisardenkrieges S. 425. — Kaiser Joseph I. S. 427. — Der Krieg in Spanien S. 434. — Schlacht bei Ramillies S. 436. — Schlacht bei Turin S. 438. — Die Alliirten in Madrid S. 441.

Viertes Kapitel. Tiefste Erniedrigung Ludwigs XIV. 442
Der nordische Krieg; Siege Karls XII. S. 443. — Karl XII. in Sachsen S. 448. — Eugen in der Provence S. 450. — Innerer Zustand Frankreichs S. 461. — Schlacht bei Oudenaarde S. 454. — Die Haager Konferenzen S. 458. — Schlacht bei Malplaquet S. 459. — Konferenzen von Gertruydenberg S. 462. — Erzherzog Karl in Madrid S. 464.

Fünftes Kapitel. Rettung Ludwigs XIV.; der Friede von Utrecht. . . . 465
Die Regierung der Königin Anna von England S. 465. — Sturz der englischen Kriegspartei S. 473. — Tod Kaiser Josephs I. S. 474. Französisch-englische Verhandlungen S. 476. — Todesfälle in der französischen Königsfamilie S. 478. — Der Friede von Utrecht S. 481. — Friedensschlüsse zu Rastatt und Baden S. 484.

Sechstes Kapitel. Die europäischen Staaten bei dem Lebensende Ludwigs XIV. 487
Niederlage Karls XII. S. 487. — Preußen unter Friedrich I. (S. 492) und Friedrich Wilhelm I. (S. 495). — Die hannoverische Dynastie in England S. 497. — Tod Karls XII; Ende des nordischen Krieges S. 499. — Oesterreich unter Karl VI. S. 502.

Siebentes Kapitel. Der Tod Ludwigs XIV. 504
Erneute Verfolgung des Jansenismus S. 504. — Die Bulle Unigenitus S. 507. — Verfall der Literatur und des Staatswesens S. 510. Königin Elisabeth von Spanien S. 513. — Die Frage der Regentschaft in Frankreich S. 515. — Ende und Ergebnisse von Ludwigs Regierung S. 518. — Große Eigenschaften Ludwigs S. 522.

Verzeichniß der Illustrationen 525

Berichtigung.

S. 108, Z. 13 von unten muß es anstatt: „in Amsterdam" heißen: „im Haag".

34*

www.ingramcontent.com/pod-product-compliance
Lightning Source LLC
Chambersburg PA
CBHW031941290426
44108CB00011B/631